DUMONT *Kunst-Reiseführer*

H0073326

Zur schnellen Orientierung – die wichtigsten Orte und Sehenswürdigkeiten Polens auf einen Blick:
(Auszug aus dem ausführlichen Ortsregister S. 616)

In der vorderen Umschlagklappe: Übersichtskarte von Polen

In der hinteren Umschlagklappe: Stadtplan von Warszawa/Warschau

Ivan Bentchev, Dorota Leszczyńska,
Michaela Marek, Reinhold Vetter

Polen

Geschichte, Kunst und Landschaft einer alten
europäischen Kulturnation

Mit einer historischen Einleitung
von Manfred Alexander

DuMont Buchverlag Köln

Umschlagvorderseite: Warszawa/Warschau, Altstadt, vom Ostufer der Weichsel gesehen
Umschlagklappe vorn: Szczecin/Stettin, Kathedrale des hl. Jakob, Muttergotteskapelle, Gnadenbild
der Muttergottes von Częstochowa/Tschenstochau, die sogenannte Schwarze Madonna, 14. Jh.
Umschlagklappe hinten: Kraków/Krakau, Sigismundkapelle in der Wawel-Kathedrale, 1517–33
Umschlagrückseite: Jaszczuvówce bei Kraków/Krakau, Kirche in Holzbauweise
Frontispiz: Gdańsk/Danzig, Krantor, Holzstich

Über die Autoren: *Manfred Alexander,* geboren 1939 in Paderborn, ist nach einem Studium der
Geschichte, Osteuropäischen Geschichte, Germanistik und vergleichenden Sprachwissenschaft seit
1983 Professor für Osteuropäische Geschichte an der Universität zu Köln.
Ivan Bentchev, geboren 1944 in Lovetch, Bulgarien, Restaurator, Kunsthistoriker und Slawist, ist seit
1973 in der rheinischen Denkmalpflege tätig.
Dorota Leszczyńska, geboren 1955 in Ośno, Polen, studierte Germanistik, Kunstgeschichte und Thea-
terwissenschaften, arbeitet seit 1980 als freie Autorin mit Beiträgen für Rundfunk und Fernsehen.
Michaela Marek, geboren 1956 in Prag, arbeitet seit 1986 als Kunsthistorikerin, zunächst in Marburg,
heute in München.
Reinhold Vetter, geboren 1946 in Hollabrunn, Österreich, Ingenieur, Politologe, Journalist, ist seit
1988 als ARD-Hörfunkkorrespondent in Warschau tätig. Zu seinen Veröffentlichungen zählt u. a. eine
Dokumentation über die polnische Gewerkschaft ›Solidarność‹. Im DuMont Buchverlag erschien von
ihm der Kunst-Reiseführer ›Schlesien‹.

© DuMont Buchverlag, Köln
5. Auflage 1996
Alle Rechte vorbehalten
Satz und Druck: Rasch, Bramsche
Buchbinderische Verarbeitung: Bramscher Buchbinder Betriebe

Printed in Germany   ISBN 3-7701-2023-X

Inhalt

Glossar 569
von Helga Willinghöfer

Praktische Reiseinformationen 577
von Dorota Leszczyńska

Bitte schreiben Sie uns, wenn sich etwas geändert hat!

Alle in diesem Buch enthaltenen Angaben wurden von den Autoren nach bestem Wissen erstellt und von ihnen und dem Verlag mit größtmöglicher Sorgfalt überprüft. Gleichwohl sind – wie wir im Sinne des Produkthaftungsrechts betonen müssen – inhaltliche Fehler nicht vollständig auszuschließen. Daher erfolgen die Angaben ohne jegliche Verpflichtung oder Garantie des Verlags oder der Autoren. Beide übernehmen keinerlei Verantwortung und Haftung für etwaige inhaltliche Unstimmigkeiten. Wir bitten dafür um Verständnis und werden Korrekturhinweise gerne aufgreifen: DuMont Buchverlag, Postfach 10 10 45, 50450 Köln.

Vorbemerkung

Der Schlüssel zu einer Situation steckt oft in der Tür des Nachbarn.

Stanisław Jerzy Lec

»Namen wie Auschwitz werden beide Völker noch lange begleiten und uns daran erinnern, daß die Hölle auf Erden möglich ist; wir haben sie erlebt. Aber gerade diese Erfahrung zwingt uns, die Aufgaben der Zukunft entschlossen anzupacken. Die Flucht vor der Wirklichkeit schafft gefährliche Illusionen. Nichts ist wichtiger als die Herstellung eines gesicherten Friedens. Dazu gibt es keine Alternative. Und Frieden ist nicht möglich ohne europäische Solidarität.« Am 7. Dezember 1970, dem Tag der Unterzeichnung des deutsch-polnischen Vertrages, wandte sich der damalige Bundeskanzler Willy Brandt von Warszawa/ Warschau aus mit diesen Worten an das Rundfunk- und Fernsehpublikum in der Bundesrepublik. Seine Ausführungen haben bis heute ihre Gültigkeit behalten. Der Vertrag von 1970 schlug eine Brücke zwischen beiden Staaten und beiden Völkern, setzte einen ersten Schlußstrich unter Leiden und Opfer einer bösen Vergangenheit.

Im 18. Jh. wirkte Preußen an der Aufteilung Polens unter den damaligen benachbarten Großmächten mit; im September 1939 überfielen deutsche Truppen das Land; fünf Jahre später schlugen Wehrmacht und SS den Warschauer Aufstand nieder. Für Hitlers Angriffskrieg mußten Millionen Deutsche mit dem Verlust ihrer Heimat in Schlesien, Pommern und Ostpreußen büßen.

Doch Polen und Deutsche verbindet eine tausendjährige Nachbarschaft, die mehr Phasen der vertrauensvollen Kooperation als Zeiten des Konflikts erlebt hat. Das gilt in hohem Maße auch für die Kunst und Kultur, wenn auch polnische Wissenschaftler kunsthistorische und geschichtliche Phänomene, beispielsweise in Schlesien, anders bewerten als ihre deutschen Kollegen. Aber gerade engagierte polnische Kunsthistoriker waren es auch, die für die Bewahrung deutschen Kulturguts gestritten haben und dies bis heute tun; wohl nicht zufällig arbeiten die besten polnischen Germanisten in Wrocław/Breslau.

In diesem Geist des gegenseitigen Verstehens haben wir das Buch verfaßt; überzeugt von der Erkenntnis, daß kulturelles Interesse oft schon Türen öffnet, wenn die Politiker noch nach Schlüsseln suchen. Wir haben uns bemüht, die Auswahl der Kunstdenkmäler auf das notwendigste zu begrenzen und, ausgehend vom aktuellen Forschungsstand, das wichtigste aus Architektur, Malerei, Plastik, Kunsthandwerk u. a. zu beschreiben und im kunsthistorischen Zusammenhang zu erläutern.

VORBEMERKUNG

Um die Orientierung zu erleichtern, sind wir bei der Gliederung des Buches von den aktuellen politisch-administrativen Gegebenheiten Polens ausgegangen, ohne die historischen Schlüsselgebiete und kunstgeschichtlich homogenen Räume aus den Augen zu verlieren.

Sprachlich stehen für uns die polnischen Namen der Städte und Flüsse, der Straßen und Plätze, der Kunstdenkmäler und Exponate im Vordergrund; dort wo deutsche Traditionen wirksam sind, haben wir selbstverständlich auch die deutschen Namen aufgeführt.

Unser Dank gilt Agnieszka Lulińska (Bonn) für die unermüdliche redaktionelle Unterstützung des Lektorats sowie Helga Willinghöfer (Köln), die das Glossar erstellte und im Zusammenwirken mit Alicja Sowińska (Köln) wesentliche Korrekturarbeiten leistete.

Geschichtlicher Überblick

Polen ist eine europäische Landschaft, die in vorhistorischer und in historischer Zeit viele Völker und Menschen angezogen hat. Die slawische Bevölkerung der Polanen, die dem Land den Namen gibt, ist aus ihrer Urheimat nach Norden und Westen gewandert, hat sich mit den dort ansässigen Menschen vermischt und deren Kulturen aufgenommen. Seit die Christianisierung Polen zu einem Teil des Abendlandes machte, setzte ein Prozeß des Gebens und Nehmens mit den Nachbarn ein, in dem die Polen ihre eigene Kultur geformt, bereichert und weitergegeben haben.

Stets nahm Polen an den großen Entwicklungen des Abendlandes teil: Renaissance, Reformation und Gegenreformation haben ihre Spuren hinterlassen; italienische Architektur und französische Sprachkultur prägten den Lebensstil des Adels, deutsche Kaufleute und Künstler die Städte. Niederländer legten die Flußauen trocken, und englische Kaufleute waren in den Hafenstädten gern gesehen. Handelsbeziehungen vermittelten Waren, Menschen und Ideen aus dem Westen weit in den Orient und umgekehrt.

Aus all dem ist eine unverwechselbare polnische Kultur von großer Faszination und Ausstrahlung erwachsen, die nach Osten über die Sprach- und Staatsgrenzen hinausreichte. Zum Westen hin war Polen eher der nehmende, manchmal der bedrängte Teil. Böhmen und Deutsche haben zunächst politischen Einfluß gewonnen, dann wandelten sich ganze Landstriche langsam in deutschsprachige um, bis dieser Prozeß in unserem Jahrhundert zugleich seinen Höhepunkt und seine Umkehr erfuhr.

Polen ist von seiner Geschichte her ein Land des Überganges zwischen Ost und West, der kulturellen Begegnung in Adel und Bürgertum und der beharrlichen bäuerlichen Lebensart. Die preußisch-deutsch geprägte Stadt Poznań/Posen verfügt in der Piastenkapelle des Doms über einen byzantinischen Pantokrator; das Stadtbild Lublins bestimmen Bürgerhäuser, Weinkeller und Kirchen von mitteleuropäischem Aussehen. Das Zusammentreffen von Religionen und Kulturen prägt die polnische Geschichte und das Erscheinungsbild des Landes, auch wenn die Katastrophe des Zweiten Weltkrieges mit der Vernichtung der Juden und eines Teils der polnischen Bevölkerung eine grauenhafte ›Flurbereinigung‹ und eine unhistorische Vereinheitlichung bewirkt hat.

Polen war nach Sprache und Religion nie so einheitlich wie seit dem Zweiten Weltkrieg, aber es bewahrt in seinem Geschichtsbewußtsein den Reichtum seiner Vergangenheit.

Die frühe Zeit

Sprachwissenschaftler glauben Beweisgründe dafür zu haben, wo sich die Urheimat der Slawen befunden hat: Aus den slawischen Wörtern für ›Weißbuche‹ und ›Efeu‹ wurde nach deren Verbreitungsgebiet die Ost- und Westgrenze urslawischer Besiedlung zwischen dem Karpatenbogen im Süden und den Pripjetsümpfen im Norden erschlossen. So unsicher wie diese Argumente sind auch Rückschlüsse aus frühen archäologischen Funden oder etwa die Zuordnung antiker Namen (*Anten, Veneti*).

Deutlicher faßbar werden die slawischen Stämme, als sie der Hunneneinfall um 375 n. Chr. zwang, sich der Völkerwanderung anzuschließen. Wie vor ihnen die Germanen drangen sie nun in alle Himmelsrichtungen vor. Strittig, aber wohl wahrscheinlich ist, daß die slawischen Stämme dabei noch ansässige Bevölkerungsreste antrafen und sich mit ihnen verbanden. Die weiteste Ausdehnung erreichte die slawische Wanderung im Norden innerhalb des Siedlungsgebietes der Balten und Finnen; im Westen führte sie während des 6. und 7. Jh. an die Unterelbe, von dort in einer gewundenen Linie zum oberen Main und weiter über den Bayerischen Wald in die Ostalpen; in Südosteuropa verbreiteten sich die Slawen über den ganzen Balkan bis in die Peloponnes. Auf den Resten älterer Kulturen, den Trümmern des römischen Imperiums und am Rande des Byzantinischen Reiches entstanden so die Vorläufer der slawischen Staaten. Diese räumliche Zersplitterung förderte die sprachliche Differenzierung der Slawen, sie erreichte jedoch nicht den Grad der germanischen Sprachen.

Die frühesten Nachrichten von den späteren Polen stammen von dem sogenannten BAYRISCHEN GEOGRAPHEN, der um die Mitte des 9. Jh. die ihm bekannten Stämme aufzählte: u. a. die Opolanen, Ślężanen, Wiślanen, Namen, in denen sich oft geographische Bezeichnungen wiederfinden. Aus frühesten russischen Nachrichten ist der Name der Lachen überliefert, der mit einem sagenhaften Stammvater Lech identifiziert wird.

Umstritten, und noch vor einer Generation heftig nach nationalen Gesichtspunkten diskutiert, bleibt, ob die Polen ein menschenleeres Land besiedelt haben. Unbestreitbar sind archäologische Funde, welche die Anwesenheit von Menschen zwischen den Karpaten und der Ostsee schon in der Altsteinzeit belegen. Seit der jüngeren Steinzeit (seit etwa 8000 v. Chr.), sind kontinuierliche Siedlungen zu belegen, und in der Bronzezeit (etwa 1600 bis etwa 700 v. Chr.) werden einzelne Kulturgruppen unterscheidbar. Welchem ›Volk‹ oder besser welcher Sprachgruppe gar die schriftlose ›Lausitzer Kultur‹ (späte Bronzezeit, um 1200 bis etwa 800 v. Chr.) zuzuordnen ist, muß unsicher bleiben. Sie wird um die Zeitenwende durch die Germanen abgelöst, die von der Ostseeküste her das Land besiedelten und in mehreren Wellen weiter nach Süden oder Westen vordrangen. Sueben/Schwaben, Goten und Gepiden, Burgunder und Vandalen sind durch das spätere Polen in südlichere Gegenden gewandert, in denen sie ihre Reiche begründeten oder untergingen.

Beständiger war demgegenüber die slawische Landnahme, und dieses Faktum hat auch als Argument für die Existenz einer autochthonen slawischen Urbevölkerung gedient. Der

Die polnischen Könige von Lech bis Zygmunt III. Waza, Stich von M. Merian ▷

unauffällige Wanderungsvorgang der Slawen ist oft mit dem Wort ›einsickern‹ beschrieben worden; nicht zu beweisen ist aber, ob dieser Vorgang so friedlich verlief, wie eine nationale Deutung ihn gern dargestellt hat, um ein Gegenbild zu den kriegerischen Germanen zu zeichnen. Am Beginn der schriftlichen Überlieferung, die für Polen mit der ersten politischen Organisation und der Christianisierung zusammenfällt, findet man jedenfalls die Polen als Nachbarn anderer Slawen: der Tschechen und Mährer, der Pommeranen und der Lausitzer Sorben, der *Rus'*-Stämme im Osten, schließlich der Balten (Litauer und Pruzzen) im Nordosten und Norden.

Während über die einfache Bevölkerung jener Zeit nichts bekannt ist, deuten Ausgrabungen von Holz- und Erdbefestigungen auf eine Adelsverfassung hin. Sie ließ aus Großfamilien eine Stammesorganisation entstehen, die wohl auch durch gemeinsame religiöse Kulte gefestigt wurde. Aus dieser Zeit stammt noch die Verehrung ins Auge fallender Hügel inmitten ebener oder sanft gewellter Landschaften, die in christlicher Zeit zu Wallfahrtsstätten umgewandelt wurden (Ślęża, Góra św. Anny/Annaberg, Piekary u. a.). Es ist bemerkenswert, daß die polnischen Begriffe für ›Kirche‹ (›*kościół*, von mährisch *kostel*, lateinisch *castellum*) und ›Priester‹ (›*ksiądz*‹, von mährisch *kněz*, germanisch *kuning*) aus dem benachbarten Großmährischen Reich nach Polen gelangten, ohne daß jedoch sicher belegt ist, daß die ›Slawenapostel‹ KYRILL (Konstantin) und METHOD hier jemals gewirkt haben.

Uralte Handelsstraßen durchzogen das Land, auf denen Bernstein (griechisch *ēlektron)* bis zum Mittelmeer gelangte; Salz, Pelze und Sklaven wurden von Ost nach West und von Nord nach Süd befördert. Der spanische Jude IBRAHIM IBN JA'QŪB fand für seinen arabisch geschriebenen Reisebericht aus der Mitte des 10. Jh. schon landes- und sprachkundige Glaubensgenossen vor, die ihm Informationen über Länder und Fürsten geben konnten.

Polen war also seit ältester Zeit mit seinen Nachbarn und dem übrigen Europa eng verbunden.

Polen unter den Piasten

Als erster polnischer Herrscher erscheint in den Quellen MIESZKO I. (reg. um 960–992), der sein Fürstentum im Gebiet der Polanen, zwischen Warta/Warthe und Noteć/Netze, gut organisiert hat. Seine Vorgänger sind sagenhafte Gestalten, wie Piast, der vom Bauern zum Begründer der Dynastie aufgestiegen sein soll. MIESZKO I. ist seit 965 mit der böhmischen Fürstentochter DUBRAVA verheiratet, die auch das Christentum ins Land brachte. MIESZKO I. ließ sich und sein Volk 966–967 nach lateinischem Ritus taufen und trat damit in das christliche Abendland ein. Mit dem böhmischen Einfluß auf die Religion und das Land (der Süden um Kraków/Krakau unterstand dem Böhmerfürsten BOLESLAV, poln. BOLESŁAW) konkurrierte bald der sächsisch-deutsche; denn seit HEINRICH I. (reg. 919–936) und OTTO I. (reg. 936–973) waren die Sachsen um die Eroberung und Christianisierung der Slawen zwischen Elbe und Odra/Oder bemüht. Die Annahme des Christentums bedeutete für das polnische Fürstenhaus die Anerkennung der Gleichberechtigung mit dem sächsischen

Hochadel, was sich bald in Heiratsbeziehungen, gemeinsamen Feldzügen, aber auch feudalen Streitigkeiten zeigen sollte. MIESZKO I. konnte gleichwohl eine besondere Stellung erreichen, wurde als *Amicus imperatoris* bezeichnet und nahm an den berühmten Hoftagen der deutschen Kaiser teil. MIESZKO I. erkannte die Autorität des deutschen Königs an, er scheint jedoch nur für einen Teil seines Herrschaftsbereiches einen Vasalleneid geleistet zu haben.

Sein Sohn BOLESŁAW I. CHROBRY (der ›Tapfere‹, reg. 992–1025) aus der Ehe mit DUBRAVA folgte ihm in der Herrschaft. Dessen vier Ehen sind anschauliche Beispiele für die Verbindung von ›Familienglück‹ und Außenpolitik in dieser Zeit: zwei Ehefrauen stammten aus dem sächsischen Hochadel, eine aus Ungarn, und eine war die Tochter des slawischen Fürsten von Brandenburg (der Heveller). Die Beisetzung des böhmischen Fürstensohnes VOJTĚCH (WOJCIECH/ADALBERT), der als Missionar von den Pruzzen getötet worden war (997), nahm BOLESŁAW I. zum Anlaß, das größte Fest während seiner Herrschaft auszurichten, denn der junge Kaiser OTTO III. war nach Gniezno/Gnesen angereist, um am Grabe des Freundes zu beten (1000). Ein unbekannter Chronist aus Lothringen (GALLUS ANONYMUS) berichtet später von dem unglaublichen Reichtum und der unübertroffenen Gastfreundschaft des polnischen Fürsten, der von OTTO III. als *Dominus* und *Amicus et socius* geehrt wurde. Die Erhebung Gnieznos zum Sitz eines Erzbischofs begründete eine eigene polnische Kirchenprovinz mit den Bistümern Kraków, Kołobrzeg/Kolberg und Wrocław/Breslau. Wenn auch die führenden Männer der Kirche weiterhin Böhmen – der erste Erzbischof wurde RADIM (GAUDENTIUS), ein Halbbruder WOJCIECHS – und Deutsche waren, so entwickelte sich die Kirche Polens nun unabhängig von der Reichskirche.

Nach dem Tode des jungen OTTO III. (1002) unterstützte BOLESŁAW I. die Thronkandidatur des Markgrafen EKKEHARD VON MEISSEN, mit dessen Familie er durch Heirat verbunden war. Als dieser ermordet wurde, schwenkte er zu HEINRICH II. (reg. 1002–1024) um, ließ sich jedoch seine Erbansprüche auf Meißen zusichern. Aus diesem Territorialstreit erwuchs ein lange andauernder Kampf, in dem der deutsche König HEINRICH II. sogar die heidnischen Liutizen gegen das Heer des christlichen Polenfürsten zu Hilfe holte, sehr zum Ärger des sächsischen Adels und der Geistlichkeit. Die wechselseitigen Feldzüge sind oft als Beginn eines tausendjährigen deutsch-polnischen Grenzkonfliktes mißdeutet worden; für die Zeitgenossen waren es ›normale‹ Erbstreitigkeiten unter Verwandten auf höchster Ebene. Bei den Friedensverhandlungen, die den Kampf HEINRICH II. mit BOLESŁAW I. um die Grenzgebiete (Markgrafschaft Meißen) beendeten, konnte der Pole einen großen Teil seines territorialen Anspruches durchsetzen: Für diese Gebiete der Lausitz und des Milzener Landes leistete er HEINRICH II. den Lehnseid. Der Erfolg sicherte die polnische Westgrenze und die polnische Gleichberechtigung gegenüber Sachsen. BOLESŁAW I. war noch in der Lage, seine Krönung zum König zu erleben, starb aber im selben Jahr (1025).

Sein Sohn MIESZKO II., der mit der Lothringerin RICHEZA seit 1013 verheiratet war und die Königswürde seines Vaters beanspruchte, geriet aber bald in Konflikt mit dem neuen deutschen Kaiser KONRAD II. (reg. 1024–39), der ihn dank militärischer Überlegenheit zum Verzicht auf die Königswürde und die Reichsterritorien zwingen konnte. Streitigkeiten mit einem Halbbruder und Widerstände innerhalb des Adels schwächten zusätzlich seine Stellung, so daß nach seinem frühen Tod im Jahre 1034 das Land politische Wirren erlebte, bei denen der Adel und eine heidnische Reaktion die Einheit im Inneren, Angriffe fast aller Nachbarn das Land von außen bedrohten. Zu jener Zeit gelang es dem Böhmenherzog BŘETISLAV (poln. BRZETYSŁAW), Kraków und Gniezno zu zerstören sowie die Gebeine des hl. WOJCIECH zu rauben und nach Prag mitzunehmen.

Nach seiner Flucht ins Exil konnte KAZIMIERZ I. (reg. 1034 bzw. 1039–58) das Reich seines VATERS MIESZKO II. langsam zurückgewinnen, diesmal aber von dem Zentrum Kraków aus. Er baute eine neue Kirchenorganisation auf, wobei ihn sein Onkel, der Erzbischof HERMANN VON KÖLN, tatkräftig unterstützte. Bei seinem Tode hatte sich KAZIMIERZ I. den Beinamen ›Odnowiciel‹ (der ›Erneuerer‹) verdient.

Sein Sohn BOLESŁAW II. ŚMAŁY (der Kühne, auch Szczodry, der Freigebige, genannt, reg. 1058–79) setzte das Aufbauwerk fort und erstritt sich die Unabhängigkeit von Böhmen, das seinerseits unter Bruderkämpfen der Herzogsfamilie litt. Der Verfall der zentralen Reichsgewalt unter Kaiser HEINRICH IV. (reg. 1056–1106) erlaubte es ihm, sich unmittelbar vor dessen Gang nach Canossa zum König krönen zu lassen; den Verfall seiner Macht konnte er jedoch nicht aufhalten: aus unbekannten Gründen ließ er den Krakówer Bischof STANISŁAW grausam hinrichten (1079), was den Adel, der ohnehin schon seinen politischen Einfluß gefährdet sah, noch mehr gegen ihn aufbrachte. BOLESŁAW II. mußte fliehen und starb um die Jahreswende 1081/82 an unbekanntem Ort in Ungarn oder Kärnten.

Da nunmehr eine starke Zentralgewalt fehlte, versank Polen in Bruderkämpfen und Streitigkeiten des erstarkten Adels, überdies litt das Land unter ausländischen Angriffen. Nur die Regierungszeit BOLESŁAW III. KRZYWOUSTY (›Schiefmund‹, reg. 1102 bzw. 1107–38), führte zu einer gewissen Beruhigung, denn er konnte durch einen Verzicht auf Schlesien (1137) den hundertjährigen Streit mit Böhmen beenden, andererseits dehnte er seine Herrschaft auf Pommern aus. Verhängnisvoll wirkte sich die Neuregelung der Thronfolge nach dem Senioratsprinzip aus: Um Bruderkämpfe auszuschließen, sollte der älteste Sohn (Senior) mit Sitz in Kraków die Oberherrschaft über die unter den vier Söhnen verteilten und fest umschriebenen Territorien ausüben. Im Ergebnis entstanden verschiedene Linien der Piasten, die sich voneinander entfernten und trotzdem miteinander stritten. Die Einheit des Landes wurde nur noch von der Kirche bewahrt. Der ewige Streit mit dem Kaiser um Vasalleneid und Tributzahlung verlagerte sich auf die Territorien, besonders Pommern und Schlesien.

Gerade von Schlesien ging schließlich eine neue Entwicklung aus. Herzog HEINRICH I. (HENRYK BRODATY, der Bärtige, reg. 1201–38) erweiterte seine Herrschaft in Niederschlesien um weitere Territorien und schuf auch die Grundlage für den Landesausbau. Seine Frau HEDWIG, aus dem Hause der Grafen VON ANDECH und des Herzogs VON MERANIEN, sollte als hl. JADWIGA die Namenspatronin zahlreicher Kirchen in Schlesien werden (kanonisiert 1267); zu ihren Lebzeiten förderte sie die Ansiedlung von geistlichen Orden (Kloster Henryków/Heinrichau 1225) und deutschen Einwanderern. Städte ›zu deutschem Recht‹ wurden gegründet, deutsche Kaufleute und Handwerker angesiedelt; das deutsche Stadtrecht verbreitete sich allerdings auch ohne eine (belegte) Beteiligung von deutschen Stadtbewoh-

OSTSEE

Königsberg

Pommern

Danzig

Marienburg

Pomerellen

Stettin

Ordensstaat

Neumark

GFSM. Litauen

Kujawien

Groß-

Masowien

Poznań

Gniezno

Płock

Warthe

Polen

Lausitz

Czersk

Rawa

Breslau

Klein-Polen

Lublin

FSM. Halycz-Wolhynien

Sandomierz

KGR. Böhmen

Oppeln

Kraków

Teschen

N

0   100 km

KGR. Ungarn

Polen unter Władysław I.
Łokietek 1320
---- Grenzen des Kgrs.
Polen
☐ *Lehen der böh-*
mischen Krone
☐ *unabhängige*
Herzogtümer
der Piasten
▨ *seit 1309 vom*
Deutschen Orden
verwaltet

nern langsam weiter nach Osten. Zeitgleich wurden bisher brachliegende Böden durch Bauern aus dem Reich besiedelt, die neue Werkzeuge, Anbaumethoden, Feldfrüchte und spezielle Fertigkeiten (Mühlenbau und Trockenlegung von Flußniederungen) mitbrachten. Dieser Landesausbau führte für die gesamte Bevölkerung zur bezweckten Anhebung des Wohlstandes und der Steuerkraft, förderte aber auch in einigen Gebieten den Rückgang der polnischen Sprache unter der Landbevölkerung.

Eine andere Sonderentwicklung ist für das Pruzzenland aufzuzeigen. Dorthin gelangte – wohl auf Ersuchen des Herzogs KONRAD MAZOWIECKI (VON MASOWIEN) – der Deutsche Orden (1197 vor Akkon gegründet), der gerade im ersten Kolonisierungsversuch im Burzenland/Siebenbürgen gescheitert war. Von Kaiser FRIEDRICH II. und vom Papst ließ sich der Hochmeister HERMANN VON SALZA das noch zu erobernde Land der Pruzzen übereignen (Bulle von Rimini 1226), ehe der Orden begann, die Bekämpfung der Heiden und die Kolonisation miteinander zu verbinden, die Pruzzen durch Burgenbau und Städtegründungen zu befrieden, zu christianisieren oder zu töten und zu vertreiben. Die Verlegung des Hochmeistersitzes 1309 in die Marienburg (Malbork s. S. 356) kennzeichnete die Machtstellung des Ordensstaates, der am Handel der Hanse teilnahm, über eine ungewöhnlich gute innere Organisation verfügte, aber mit dem Rechtsbruch der Eroberung von Gdańsk/Danzig und Pomerellen (1308) in einen langen Rechtsstreit mit Polen geriet.

17

Um den Kräften gegen die polnische Oberherrschaft entgegenzuwirken, die sich sowohl im Erstarken der Nachbarn (Böhmen, Litauen und dem Ordensstaat) als auch im hohen deutschen und jüdischen Anteil an der Stadtbevölkerung äußerten und die im Abdriften Schlesiens am deutlichsten zu sehen waren, versuchte König WŁADYSŁAW I. ŁOKIETEK (Ladislaus Ellenlang, reg. 1320–33) von Sieradz aus wieder die Stärkung der Königsmacht zu erreichen. Gestützt auf die Kirche und den Adel, konnte er nach dem Tode der beiden böhmischen Könige WENZEL I. und II. Stück für Stück des Landes unter seine Herrschaft bringen, den Widerstand der selbstbewußen Städte brechen und Polens Ansehen nach außen fördern. Zeichen dafür war, daß er 1320 in Kraków zum König gekrönt wurde. Fortan galt die Metropole im Süden Polens als Krönungsstadt (wie etwa Aachen im Heiligen Römischen Reich Deutscher Nation), auch als der Regierungssitz später nach Warszawa/Warschau verlegt wurde.

KAZIMIERZ III. WIELKI (der Große, reg. 1333–70) konnte die Erfolge seines Vaters WŁADYSŁAW I. zielstrebig fortsetzen und nach der Konsolidierung im Innern auch wieder aktive Außenpolitik betreiben. Zwar ging Schlesien 1348 endgültig an KARL IV. und die Krone Böhmens verloren, im Südosten erschloß er sich jedoch neue Territorien. Für die

Piasten

ca. 960–992	Mieszko I.
992–1025	Bolesław I. Chrobry (der Tapfere)
1025/1032–1034	Mieszko II.
1031–1032	Bezprym
1034/1038–1058	Kazimierz I. Odnowiciel (der Erneuerer)
1058–1079 († 1081)	Bolesław II. Śmiały/Szczodry (der Kühne/Freigebige)
1079–1102	Władysław I. Herman
1102/1107–1138	Bolesław III. Krzywousty (Schiefmund)

Zeit der Teilfürsten (Seniorat)
Böhmische Könige

1300–1305	Wenzel I. (in Böhmen II.)
1305–1306	Wenzel II. (in Böhmen III.)

Polnische Könige

1305/1320–1333	Władysław I. Łokietek (Ellenlang)
1333–1370	Kazimierz III. Wielki (der Große)

Haus Anjou (Könige von Ungarn)

1370–1382	Ludwik Węgierski (der Große)
1384–1399	Jadwiga (Hedwig)

König Kazimierz III. Wielki (reg. 1333–70), zeitgenössischer Stich

Toleranz des Herrschers spricht, daß er den Juden, die während der Pestjahre in ganz Mitteleuropa systematisch verfolgt und vertrieben wurden, eine neue Heimstatt bot und ihnen sogar eine autonome Verwaltung gestattete, die in Europa einmalig war. Unter KAZIMIERZ III. WIELKI wuchs der Adel in Polen zu einem politisch einheitlichen Stand mit besonderen Rechten heran, wodurch der Grundstein für die spätere Adelsrepublik gelegt wurde: Der ärmere Kleinadel (›Szlachta‹, von deutsch ›Geschlecht‹) wurde in die Ämter des Staates einbezogen, während der ungleich reichere Magnatenstand in der Frage der Thronfolgeregelung seinen Einfluß ausbauen konnte, da KAZIMIERZ III. WIELKI keinen männlichen Erben hatte. Die Gründung der Universität Kraków (1364) sollte die Ausbildung von jungen Adeligen im eigenen Lande erlauben und ihnen den Weg nach Padua oder Bologna ersparen.

Um seine Nachfolge zu regeln, hatte KAZIMIERZ III. mit dem ungarischen Königshaus Anjou einen Erbvertrag geschlossen. Nach seinem Tode eilte darum LUDWIG DER GROSSE von Ungarn (LUDERIK, poln. LUDWIK WĘGIERSKI), der Schwestersohn des Verstorbenen, nach Kraków und ließ sich dort krönen (reg. 1370–82). Seine häufige Abwesenheit ermunterte jedoch den Adel zur Opposition. Gegen das Zugeständnis, das Erbe einer seiner beiden Töchter zu erhalten, gewährte LUDWIG dem Adel die (fast vollständige) Steuerfreiheit und die Mitsprache am Regiment eines ungeschmälert zu erhaltenen Reiches. Mit diesem ›Privileg von Kaschau‹ (1374) hatte die Szlachta eine herausragende Stellung erreicht und die Städte an Einfluß überflügelt. Als LUDWIG starb, befand sich das Land schon in Aufruhr, und der selbstbewußte Adel nutzte die Situation, um Bedingungen für die Thronnachfolge der jungen Tochter JADWIGA (HEDWIG) zu stellen. Als elfjähriges Mädchen wurde JADWIGA 1384 in Kraków gekrönt (gestorben 1399) und damit das Interregnum beendet.

Polen unter den Jagiellonen (1386–1572)

Ein junges Mädchen, landfremd und ohne Anhang, mußte als Königin zum Spielball des Hochadels werden. Unter diesen Bedingungen war es ein Schritt von großer Tragweite, die piastische Thronerbin mit dem mächtigen Litauerfürsten JAGIEŁŁO zu verheiraten, dessen

ausgedehntes Reich im Osten zum Rivalen Polens aufgestiegen war. Litauen, dessen kriegerischer Adel ein großes, mehrheitlich von Christen bewohntes Reich zwischen Ostsee und
Schwarzem Meer beherrschte und vielfältige Beziehungen zu den orthodoxen Christen wie
zu den Muslimen im Osten und Südosten unterhielt, war der letzte heidnische Staat Europas. JADWIGA mußte auf Drängen des Adels ihr Lebensglück einer erzwungenen Ehe mit
dem mehr als 20 Jahre älteren JAGIEŁŁO sowie den Interessen des Landes und der *Szlachta*
opfern: JAGIEŁŁO trat zum Christentum lateinischer Observanz über und erhielt den Tauf-
namen WŁADYSŁAW II. (reg. 1386/99–1434), heiratete JADWIGA und wurde am 4.3.1386
zum *Tutor et Gubernator Regni Poloniae* gekrönt. Polen hatte damit auf einen Schlag einen
erprobten Herrscher, Ruhe im Osten, ein weites Feld für die Ausbreitung polnischer Kultur
und polnischen Einflusses im Osten und einen mächtigen Partner im Streit gegen den Deutschen Orden gewonnen. Auf der anderen Seite erhielt der litauische Adel, der seine Selbständigkeit bewahren konnte, Zutritt zum Abendland und allmählich die gleichen Rechte wie die
polnische *Szlachta,* ohne daß jedoch die Personalunion eine Vereinigung beider Reiche
bedeutet hätte. Dafür sorgte schon der Streit in der litauischen Fürstenfamilie, weil sich
WITOLD den Ansprüchen seines Vetters JAGIEŁŁO weitgehend entziehen konnte und eine
eigenständige ›Ostpolitik‹ betrieb.

Zwischen Polen und Litauen vollzog sich langsam ein Prozeß innerer Vereinheitlichung.
Auf einem Adelstreffen in Horodło (1413) wurde die Zusammenarbeit der Adelsvertretun-
gen beider Länder vereinbart, zahlreiche litauische Adelsfamilien in polnische Wappenver-
bände aufgenommen und damit als gleichberechtigt anerkannt. Vorangegangen war ein
gemeinsamer Schlag gegen den Deutschen Orden bei Grunwald/Tannenberg 1410. Polen,
das erfolglos einen hundertjährigen Rechtsstreit um Pomorze Wschodnie/Pomerellen und
Gdańsk geführt hatte, und Litauen, das in einem ständigen Kleinkrieg um Schamaiten
verwickelt gewesen war, hatten gemeinsam das Ordensheer besiegt und eine große Zahl von
führenden Ordensleuten getötet. Nur Malbork/Marienburg war durch HEINRICH VON
PLAUEN behauptet worden, der als neuer Hochmeister den relativ günstigen Ersten Thorner
Frieden (1411) beschwören mußte: Nur wenige Gebiete gingen verloren und Gdańsk verblieb dem Orden. Dennoch ruinierte die Zahlung einer großen Geldsumme die Ordensver-
waltung, wodurch die Stände (Adel und Städte) im Ordensland an der Verwaltung und
Steuerbewilligung mehr und mehr Anteil erhalten sollten.

Auch in Böhmen gewannen die Jagiellonen gegen die Anhänger der Lehre von JAN HUS
(1415 in Konstanz verbrannt) und deren Verteidigungskämpfe einen neuen Spielraum.
WŁADYSŁAW II. JAGIEŁŁO schlug zwar 1420 die angebotene Krone Böhmens aus, aber der
Neffe WITOLDS, ZYGMUNT KORYBUT, konnte eine kurze und erfolglose Herrschaft antre-
ten, die Optionen für spätere Ansprüche offen ließ.

König WŁADYSŁAW II. JAGIEŁŁO waren erst in vierter Ehe, 1424 und 1427, zwei Söhne
geboren worden, WŁADYSŁAW und KAZIMIERZ; dies beendete zwar die Hoffnungen konkur-
rierender Herrscherhäuser auf die Krone Polens (der Hohenzoller FRIEDRICH VON BRAN-

◁ *Stammbaum der Jagiellonen, Holzschnitt aus dem 16. Jh.*

DENBURG hatte 1421 HEDWIG, die Tochter der Königin JADWIGA, geheiratet), bedeutete aber für den polnischen Adel unter Leitung des Krakauer Bischofs ZBIGNIEW OLEŚNICKI die Möglichkeit, seinen Einfluß auf die Regenten auszudehnen. 1430 wurde dem Adel das Recht der Königswahl zugestanden sowie das Grundrecht der Rechtssicherheit bestätigt (»*Neminem captivabimus nisi iure victum*« – »wir werden niemanden inhaftieren, es sei denn, er ist nach dem Recht überführt«). So wuchs das Fundament langsam weiter, auf dem die polnische Adelsrepublik entstehen sollte.

Dem 80jährigen WŁADYSŁAW II. folgte nach seinem Tode dessen zehnjähriger Sohn WŁADYSŁAW III. (reg. 1434–44). Wieder erhielt der Magnatenadel unter OLEŚNICKI die Gelegenheit zur weiteren Stärkung seiner Rechte, insbesondere, als siegreiche Schlachten im Osten den Rücken für eine aktive Politik gegenüber Böhmen, Ungarn und dem Deutschen Reich freigemacht hatten. Der erfolgversprechende Kampf um Ungarn wurde jedoch durch den Sieg der Türken bei Varna (1444) und den Tod des jungen polnischen Königs beendet.

Nachfolger sollte sein siebzehnjähriger Bruder KAZIMIERZ werden, der sich inzwischen in Litauen eine eigene Machtposition aufgebaut hatte. Nach langen Verhandlungen, in denen die Selbständigkeit Litauens bestätigt wurde und der litauische Adel die gleichen Rechte wie der polnische erhielt, wurde KAZIMIERZ IV. JAGIELLOŃCZYK (der Jagiellone, reg. 1447–92) in Kraków gekrönt. Während seiner Herrschaftszeit kam es erneut zu Kämpfen mit dem Ordensstaat und zur ersten ernsthaften Auseinandersetzung mit dem aufstrebenden Moskauer Rußland. Im Ordensstaat war das Selbstbewußtsein der Stände gewachsen, die Polen zu Hilfe riefen, woraufhin 1454 der polnische König das Ordensgebiet in den polnischen Staat eingliederte und den Landadel sowie die Städte mit umfangreichen Rechten ausstattete. In langen, wechselvollen Kämpfen, bei denen der Orden Malbork als Ersatz für Geldzahlungen an seine Söldner abtreten mußte (die sie an den polnischen König verkauften), wurde 1466 in Toruń/Thorn ein weiterer Friede geschlossen. Nunmehr erzwang der polnische König die Abtretung von Pomerellen und Gdańsk, des Ermlandes, des Kulmer Landes und weiterer Territorien und gewann damit den ganzen Unterlauf der Wisła/Weichsel und den ungehinderten Zugang zum Meer. Der Reststaat des Deutschen Ordens wurde zum Lehen des polnischen Königs erklärt und der Hochmeister mit dem neuen Sitz in Königsberg zur persönlichen Eidesleistung und zur Heerfolge verpflichtet. Der Streit mit Polen war damit aber noch nicht beendet.

Der Tod des zum König aufgestiegenen böhmischen Adeligen GEORG VON PODIEBRAD ermöglichte es dem polnischen König, seinen erst einjährigen Sohn WŁADYSŁAW 1471 in Böhmen krönen zu lassen; nach dem Ableben des Konkurrenten MATTHIAS CORVINUS erhielt WŁADYSŁAW 1491 auch noch die Stephanskrone Ungarns. Vier Reiche – Polen, Litauen, Böhmen und Ungarn – wurden somit von den Jagiellonen beherrscht, ohne daß sie jedoch eine innere Vereinheitlichung ihrer Herrschaftsbereiche und eine Sicherung ihrer Stellung hätten erreichen können; die Gegenkräfte – der polnische Adel, Moskau, die Türken und das Haus Habsburg – machten eine Konsolidierung unmöglich.

In Polen-Litauen war 1492 KAZIMIERZ' dritter Sohn JAN I. OLBRACHT auf den Thron gelangt (gest. 1501), der sich bald an der Schwarzmeerküste in Kämpfe mit den Krimtataren

Königreich Polen-Litauen
unter Władysław II.
Jagiełło um 1420

▨ Königreich Polen
▤ Ordensstaat
▥ Vorübergehend
   poln. Lehnsgebiete
☐ West-Podolien

Map labels: OSTSEE, Livland, Riga, Rep. Pskov, Rep. Novgorod, Moskau, Samogitien (Schamaiten), Danzig, Wilna, Kaluga, Ordensstaat, Grodno, Groß-fürstentum, Neumark, Minsk, Briansk, Moskau, Poznań, Masowien, Großfürstentum, Schlesien, Warszawa, Litauen, Lublin, Horodło, Kraków, Łuck, Kiew, Bełz, Wolhynien, Königreich Polen-Litauen, Kgr. Böhmen, Rotreussen, Halycz, Podolien, Kgr. Ungarn, Suceava, Moldau, Goldene Horde, Krim, 0 200 km, N

verwickelt sah. Als Gegenleistung für die Zusage der Hilfeleistung sicherte sich der polnische Adel 1496 in Piotrków/Petrikau weitere Rechte: Landbesitz nur für den Adel, Schollenpflichtigkeit der Bauern (Bindung der Bauern an den Bodenbesitz des Feudalherrn; Verlust des Rechtes, sich einen anderen Herrn und Boden zu suchen) und das Versprechen *Nihil novi,* d. h. keine politische Veränderung im Lande ohne Zustimmung des Adels auf den Landesversammlungen *(Sejmiki).* KAZIMIERZ IV. hatte seinen vierten Sohn ALEKSANDER zum Großfürsten in Litauen bestellt (König von 1501–06), der bald in Streit mit IVAN III. VON MOSKAU geraten war. Zahlreiche kleinere Gebietsabtretungen, die daraufhin 1508 in Moskau in einem ›ewigen Vertrag‹ besiegelt wurden, konnten IVAN und seinen Sohn VASILIJ III. jedoch nicht davon abhalten, weiter nach Westen vorzudringen und sich mit Smolensk (1514) und Pskov (1537) weitere Territorien einzuverleiben.

ZYGMUNT I. STARY (Sigismund der Alte, reg. 1506–48) hatte ebenfalls im Südosten wechselvolle Kämpfe mit den Krimtataren, den Herrschern der Moldau, und deren Oberherrn, dem türkischen Sultan, zu bestehen; dennoch breitete sich langsam die polnische Kultur in den Steppengebieten aus, in denen Kosaken – entflohene ostslawische Leibeigene, die die Lebensweise der Steppennomaden übernommen hatten – eine Pufferfunktion mit stets unsicherer Loyalität erfüllten.

Seinen größten Erfolg erzielte ZYGMUNT I. STARY unerwartet im Ordensland. Der Orden befand sich seit dem Zweiten Thorner Frieden in einem steten Niedergang, da die aufstrebenden Stände an der Landesherrschaft der immer kleiner werdenden Gruppe von Ordensleuten beteiligt werden wollten. Darüber hinaus hatte der Orden streitbare Söldnerführer im

Lande ansiedeln müssen, denen er keinen Sold mehr bezahlen konnte; alle diese Gruppen sahen in den Freiheiten des polnischen Adels ein Vorbild für das eigene Land. Die beiden letzten Hochmeister des Ordens kamen, entgegen der Tradition, aus dem Hochadel des Reiches und weigerten sich mit Unterstützung des Kaisers Maximilian I., den geforderten persönlichen Treueid gegenüber dem polnischen König zu leisten. Besonders Albrecht von Hohenzollern-Ansbach, der 1511 in jugendlichem Alter zum Hochmeister gewählt worden war, versuchte in einer Mischung von Hinhaltetaktik und Kleinkrieg seinem Onkel Zygmunt I. Stary gegenüber die volle Selbständigkeit zu behaupten. Albrecht konnte schließlich von einer unerwarteten Wendung profitieren, indem er sich mit den meisten seiner noch etwa 50 Ordensleute der neuen Lehre Luthers anschloß und auf dessen Rat hin den Ordensstaat in ein säkularisiertes Herzogtum unter der Krone Polens überführte. Die ›Preußische Huldigung‹, am 10. 4. 1525 feierlich in Kraków vollzogen, bescherte Polen endlich Ruhe an der Nordgrenze; und allen Skeptikern zum Trotz (der Hofnarr Stańczyk auf dem berühmten Bild von Jan Matejko dient hierfür stets als Beispiel) war damals nicht abzusehen, daß aus der Verbindung Ostpreußens mit Brandenburg auf Grund einer rein theoretischen Erbrechtsregelung – Polen hatte den Brandenburger Hohenzollern die Erbfolge zugesichert – der gefährlichste Gegenspieler der polnischen Adelsrepublik erwachsen sollte.

Polnische Kaufleute im 15. Jh., Miniatur aus einer Jagiellonen-Handschrift

Einen Verlust erlitt die Jagiellonenfamilie hingegen aus einem anderen Erbvertrag mit den Habsburgern. WŁADYSŁAW (VLADISLAV) VON BÖHMEN hatte schon 1491 in Preßburg den Habsburgern vor seinem Tode die Nachfolge in Ungarn zugesichert, 1507 und erneut 1515 wurden nach Eheverbindungen die Ansprüche des polnischen Königs ZYGMUNT I. STARY auf Böhmen zurückgestellt. Wie im Falle der Luxemburger, die mit Aussterben ihres Hauses den Habsburgern ihr Erbe überlassen hatten, so kam auch diesmal das Glück den Habsburgern zu Hilfe, als der junge König LUDWIG in der Schlacht von Mohács sein Leben verlor und damit die Wenzelskrone und die Stephanskrone endgültig an das Haus Habsburg fielen. Die Jagiellonen waren damit auf ihre Erblande Polen-Litauen zurückgeworfen. Dort suchte die Gemahlin von ZYGMUNT I. STARY, Königin BONA (seit 1518, gest. 1557) aus der Mailänder Condottieri-Familie der SFORZA, die Macht des Königs und der Dynastie mit z. T. fragwürdigen Methoden zu stärken. ZYGMUNT I. STARY ließ 1529 seinen neunjährigen Sohn ZYGMUNT AUGUST in Litauen zum Großfürsten krönen, und der polnische Reichstag in Piotrków/Petrikau zog im gleichen Jahre nach, *vivente rege* (zu Lebzeiten des Königs) den Nachfolger zu wählen. Dies aber traf die *pupilla libertatis* (das Recht der *Szlachta* auf eine freie Wahl des Königs) und verstärkte den Widerstand gegen die Zentralmacht des Monarchen. Das königliche Haus wurde des Rechtsbruchs, der Korruption und der Ämterhäufung bezichtigt und von den Vertretern der *Szlachta* auf den Reichstagen kritisiert. Im Zentrum des politischen Interesses standen dabei drei Fragen: die Sicherung der Einheit von Polen und Litauen, die Wahrung der Rechte des Adels und der Schutz der Reformation. Nicht alle Fragen konnten schon zu Lebzeiten von ZYGMUNT II. AUGUST (reg. 1548–72) eine Regelung erfahren.

Im Laufe der Zeit hatte die Personalunion zwischen Polen und Litauen seitens des Adels eine breite Unterstützung erfahren. Die Rechte der polnischen *Szlachta* sowie die polnische Sprache und Kultur hatten den litauischen Adel tief beeinflußt und den Wunsch nach einer engeren Bindung der beiden Staaten geweckt, dem nur der reiche Hochadel, die Magnaten, ihre stärkeren Selbständigkeitsbestrebungen entgegenhielten. Sie konnten jedoch nicht verhindern, daß man auf dem Reichstag von Lublin 1569 nach stürmischen Beratungen und unter maßgeblicher Beteiligung des Landadels eine Unionsakte unterzeichnete. Das Großfürstentum Litauen wurde danach mit dem Königreich Polen zu einem untrennbaren Ganzen verbunden, behielt aber eine gewisse Selbständigkeit in Fragen des Heerwesens, der Verwaltung, der Rechtssprechung und der Ämterbesetzung. Die Union von Lublin machte aus Polen und Litauen einen Staat, der aus zwei Reichsteilen mit einer sprachlich und religiös außerordentlich heterogenen Bevölkerung bestand. Das Reichs- und Standesbewußtsein des Adels wurde zum Bindemittel, das der polnischen Sprache, mit Ausnahme der deutsch besiedelten Gebiete, eine breite Entfaltung sicherte.

Auch die Frage der Glaubensfreiheit fand in diesem ›Goldenen Zeitalter‹ *(Wiek złoty*, die Regierungszeiten der letzten beiden Könige aus dem Hause der Jagiellonen, 1506–72) eine vorbildliche, wenngleich vorübergehende Lösung. Trotz des Verbots, reformatorische Schriften einzuführen, fand die Lehre LUTHERS schnell Eingang in Polen, verständlicherweise am leichtesten in den deutschsprachigen Gebieten und beim deutschen Bürgertum der

Polnisches Parlament (›Sejm‹) zur Zeit der Jagiellonen, zeitgenössischer Holzschnitt

polnischen Städte. Staatliche Zwangsmaßnahmen hatten nur vorübergehend Erfolg, denn die reformatorischen Gedanken CALVINS wurden im Adel schon deshalb verbreitet, weil hier der Freiheitswille des einzelnen auch eine religiöse Begründung erhielt. Antiklerikale Tendenzen vermischten sich mit humanistischen Neigungen und ermöglichten eine politische Stärkung der gegen eine zu große Macht der katholischen Kirche gerichteten Adelsopposition. Hinzu kamen bald Flüchtlinge, so die Antitrinitarier und andere radikale Gruppen. König ZYGMUNT II. AUGUST blieb zwar dem alten Glauben treu, unternahm aber keine energischen Schritte zu dessen Verteidigung. In mehreren Reichstagsbescheiden wurde eine Regelung vorbereitet, die 1555 dem Adel das Recht der Glaubensfreiheit garantierte und 1565 die geistliche Gerichtsbarkeit abschaffte; 1573, während des Interregnums, wurde sogar die völlige Bekenntnisfreiheit erreicht. Damit war Polen ein ›Land der Toleranz‹ geworden, in dem neben den erwähnten Glaubensgruppen die orthodoxen Christen, Juden, Muslime und Armenier lebten. Zugleich aber bahnte sich schon die Gegenreformation an, die mit dem 1551 in das exemte (d. h. direkt dem Vatikan unterstellte) Bistum Warmia/

Das ›Goldene Zeitalter‹ (1506–72)

Dynastie:	Herrschaft der Jagiellonen in Polen und Litauen; bis 1525 auch in Böhmen und Ungarn
Staat:	1525 ›Preußische Huldigung‹, der Ordensstaat kommt unter die polnische Krone; Union von Lublin 1569, Vereinigung Polens mit Litauen
Adel:	1505 *Nihil novi* auf dem Reichstag von Radom: der Adel erhält die politische Mitsprache und das ›Vetorecht‹; 1573 Festlegung der Adelsrechte in den *Articuli Henriciani*
Religion:	Polen wird in der Reformation ein Land der Glaubenstoleranz: neben Katholiken finden sich Calvinisten, Lutheraner, Antitrinitarier (Socinianer), Böhmische Brüder; Orthodoxe und Uniierte Christen (seit 1595); Armenier; Juden; Moslems
Wirtschaft:	blühender Handel (über Gdańsk) mit Getreide, Bauholz, Vieh, Hanf, Flachs, Pottasche
Wissenschaft:	Zentrum der Wissenschaft ist die Universität Kraków; berühmt werden der Astronom MIKOŁAJ KOPERNIK (1473–1543), die Humanisten FILIPPO BUONACCORSI, ›KALLIMACH‹ (1437–96, Erzieher der Söhne von KAZIMIERZ JAGIELLOŃCZYK), ANDRZEJ FRYCZ MODRZEWSKI (1503–72), Verfasser utopisch-staatstheoretischer Schriften, in der Geschichtsschreibung machen sich einen Namen: JAN DŁUGOSZ (1415–80), ›Annales seu cronice inclyti Regni Poloniae‹, bis 1480, MARCIN BIELSKI (1495–1575), ›Weltchronik‹ in polnischer Sprache, erschienen 1597, MACIEJ STRYJKOWSKI (1547–1582), ›Chronik von Polen, Litauen, Schamaiten und ganz Rußland‹, 1580
	Es erfolgt ein Aufschwung der allgemeinen Bildung, um 1580 soll ein Viertel der polnischen Bevölkerung alphabetisiert sein
Buchdruck:	Zwischen 1514 und 1524 erscheinen die ersten Bücher in polnischer Sprache, Bibeldruck 1534; große Produktion von Werken in lateinischer und polnischer Sprache (um 1580 existieren in Kraków acht Druckereien)
Literatur:	Aufschwung der religiösen und säkularen Literatur in polnischer Sprache: MIKOŁAJ REJ (1505–69), Versdichtung und Dramen JAN KOCHANOWSKI (1530–84), satirische und belehrende Versdichtung, Lieder
Kunst:	GIOVANNI MARIA PADOVANO (gest. 1574), BARTOLOMMEO BERRECCI (um 1480–1537), SANTI GUCCI (um 1538 – um 1600); STANISŁAW SAMOSTRZELNIK (gest. 1541), Miniaturenmalerei
Architektur:	Ausbau des Wawel 1505–36: FRANCESCO FIORENTIONO/FRANCISZEK FLORENCZYK; BARTOLOMMEO BERRECCI (1480–1537); Collegium Maius in Kraków (1519 beendet); Bau von Adelsschlössern, Stadtpalästen, Rathäusern, Kaufhallen (Tuchhallen in Kraków), Kirchen und Klöstern.

Ermland berufenen Bischof STANISŁAW HOZJUSZ verbunden war. Besonders der Jesuitenorden, der seit 1565 unter dem Schutz der Königs überwiegend im Erziehungswesen tätig wurde, sollte sich stetig um eine Rekatholisierung des Landes bemühen.

Das ›Goldene Zeitalter‹ bereitete die spezifische polnische Adelsherrschaft vor, die am Ende der Jagiellonenzeit schriftlich fixiert werden sollte. Ausgehend von der Maxime, daß aller Adel (rechtlich) gleichgestellt sei und für den ganzen Staat spreche, war es der *Szlachta* gelungen, auf die Gesetzgebung maßgeblichen Einfluß zu gewinnen. Das Ergebnis bedeutete eine noch stärkere Entrechtung der Bauern durch die Einführung der Erbuntertänigkeit (1543) sowie die Einengung des städtischen Handels, indem der Adel sich selbst zollfreie Im- und Exporte sicherte. Die Städte verloren daraufhin an Bedeutung, weil ihnen die Entwicklung zu autonomen administrativen Einheiten wie im Reich verwehrt wurde. Wenn auch ein (zu erheblichem Teil deutsches) Patriziat die ›großen Städte‹ Kraków, Poznań, Warszawa und Gdańsk beherrschte, so ging die Kultur vorrangig vom Adel, vom Königshof und den Magnatensitzen aus. Die Königin BONA SFORZA (1518) symbolisierte und verstärkte den italienischen Einfluß, der schon vorher in humanistischen Ideen und im Renaissancestil sichtbar geworden war. Von den Adelssitzen strahlte diese Entwicklung auf die Städte zurück, die sich von der Gotik weg zur Renaissance zu öffnen begannen. Die Vielschichtigkeit der Zeit läßt sich an zwei Personen veranschaulichen: der Astronom NIKOLAUS KOPERNIKUS (MIKOŁAJ KOPERNIK, 1473–1543), ein Kanoniker, dessen Zuordnung zur deutschen oder polnischen Sprache unsicher ist und der sein bahnbrechendes Werk »*De revolutionibus orbium coelestium*« in lateinischer Sprache schrieb, es aber erst am Ende seines Lebens veröffentlichen ließ (Nürnberg 1543), da seine mathematischen Beweise der Kirchenlehre widersprachen; des weiteren der Nürnberger Bildhauer und Maler VEIT STOß (WIT STWOSZ, um 1448–1533), der von 1477–96 in Kraków lebte und wirkte und dort noch vor dem eigentlichen ›Goldenen Zeitalter‹ den spätgotischen Hochaltar der Marienkirche schuf.

Jagiellonen

1386–1434	Władysław II. Jagiełło
1434–1444	Władysław III. Warneńczyk (der von Varna)
1444/1447–1492	Kazimierz IV. Jagiellończyk (der Jagiellone)
1492–1501	Jan I. Olbracht
1501–1506	Aleksander
1506–1548	Zygmunt I. Stary (Sigismund der Alte)
1548–1572	Zygmunt II. August

Die Zeit der Wahlkönige in der Adelsrepublik (bis 1795)

1572 war König ZYGMUNT II. AUGUST verstorben, ohne einen Sohn zu hinterlassen. Das Aussterben des Hauses der Jagiellonen in männlicher Linie erlaubte nun erstmals, das Recht der freien Königswahl auszuüben, das zwar seit 1429 theoretisch bestand, jedoch durch dynastische Ansprüche bisher unterlaufen worden war. Mangelnde Verfahrensregelungen, Magnateninteressen, religiöse Unterschiede und ausländische Einflußnahme machten nun aber eine schnelle Entscheidung unmöglich.

Ein Konvokationsreichstag im katholischen Warszawa bestimmte zunächst den Primas der katholischen Kirche, den Erzbischof JAKUB UCHAŃSKI aus Gniezno zum *Interrex;* die Königswahl sollte *viritim* erfolgen, d. h., jeder erwachsene Adelige konnte persönlich an der Wahl in Wola bei Warszawa teilnehmen. Aus diesen ad-hoc-Regelungen wurde in der Folgezeit eine feste Einrichtung. Unter Druck von außen, mit Bestechungsgeldern und durch Gruppeninteressen fraktioniert, wählte der Adel schließlich den Bruder des französischen Königs KARL IX., HENRI DE VALOIS (poln. HENRYK WALEZY), zum neuen polnischen König (11. 5. 1573). Die bisher vom Adel errungenen Rechte wurden in den *Articuli Henriciani* zusammengefaßt und mußten hinfort von jedem neuen König beschworen werden; konkrete Probleme der anstehenden Regierungszeit erfuhren in den *Pacta conventa* eine verbindliche Festlegung. HENRI DE VALOIS war jedoch eine solche Beschränkung seiner Königsmacht von seiner französischen Herkunft her fremd. Da er außerdem wenig Neigung zeigte, die um fast 30 Jahre ältere Schwester ZYGMUNTS II., ANNA, zu heiraten, verschob er nach seiner Krönung im Februar 1574 weitere Festlegungen und nutzte den Tod seines Bruders im Juni desselben Jahres zur Flucht aus Polen. Nach Ablauf eines Jahres erklärte man ihn für abgesetzt und wählte erneut einen König.

Unter den Kandidaten befanden sich diesmal allein drei Habsburger, des weiteren IVAN IV. (›der Schreckliche‹) aus Moskau und Fürsten aus Schweden, Böhmen und Italien – das ›Rennen‹ um die polnische Königskrone sollte hinfort zu einem Gesellschaftsspiel des europäischen Hochadels werden, und selbst eine Aufteilung des Landes wurde damals bereits diskutiert. In der unübersichtlichen Situation wählte man schließlich zwei Kandidaten, gegen den vom *Interrex* favorisierten Kaiser MAXIMILIAN II. setzte sich jedoch der Fürst von Siebenbürgen, STEFAN BATORY, allein deshalb durch, weil er mit seinen Anhängern schneller eintraf und die Krönungsstadt Kraków besetzte. Er heiratete die Erbin ANNA, und beide wurden am 1. 5. 1576 gekrönt.

Dieses Verfahren der Königswahl sollte – fast unverändert – bis zum vorläufigen Ende des polnischen Staates 1795 gelten. Der König war nur *Primus inter pares,* denn er wurde nicht nur vom Adel gewählt, sondern mußte auch jeweils dessen Rechte bestätigen; beim Bruch seiner Versprechen war es möglich, ihn abzusetzen. Die Angst vor dem *dominium absolutum* des Königs begründete eine Beschränkung seiner Kompetenzen auf die Repräsentation der Staatsmacht, für die er jedoch durch die Einkünfte der Staatsgüter reichlich entschädigt wurde. Die Gesetzgebung und Personenwahl für die wichtigsten Staatsämter konnte er zwar beeinflussen, die Entscheidung selbst lag jedoch beim Magnatenadel oder beim *Sejm* insgesamt. Der polnische Reichstag *(Sejm)* bestand aus dem Senat, dem der König, die Bischöfe und die Funktionsträger höchster Staatsämter (Magnaten, Heerführer für Polen und Litauen) angehörten, und den Vertretern des Kleinadels *(Szlachta)* in der Landbotenkammer *(Izba poselska)*. Diese Abgeordneten waren auf Landesversammlungen *(Sejmiki)* gewählt worden, um in konkreten Fragen, die der König vor jeder Sitzungsperiode des *Sejm* dem Adel vorzulegen hatte, den Standpunkt ihres *Sejmik* zu vertreten. Der Adel wählte auch auf Landesebene die unteren Funktionsträger der Verwaltung und Justiz, während die höheren Beamten (Wojewoden und Kastellane) vom König oder dem Senat bestimmt wurden.

König Stefan Batory, Stich von Jost Amman 1576

STEFAN BATORY (reg. 1576–86) hatte nach den Jahren der Lähmung zunächst die innere und äußere Sicherung des Landes im Blick. Ein Konflikt mit Gdańsk endete damit, daß dessen innere Autonomie und Monopolstellung in der Getreideausfuhr gesichert wurde, wofür aber eine hohe Summe in die Staatskasse zu zahlen war.

Gegen IVAN IV. war STEFAN BATORY in mehreren Feldzügen erfolgreich, ohne jedoch alle früher verlorenen Gebiete zurückgewinnen zu können. In der Religionsfrage ließ er sich von der Toleranz leiten, die etwa für die Juden in der ›Generalität der jüdischen Nation‹ eine Zusammenfassung der sich autonom verwaltenden Einzelgemeinden *(Kahal)* auf Landesbasis bedeutete und Konfliktfälle im Zusammenleben mit anderen Religionsgruppen einem festen Verfahren unterwarf. Trotz seiner kurzen Regierungszeit hat sich STEFAN BATORY im Geschichtsbewußtsein der Polen ein hohes Ansehen bewahrt.

Nach seinem Tod standen erneut mehrere Kandidaten zur Verfügung. Aus der Doppelwahl von 1587 ging schließlich ZYGMUNT III. WAZA, der Sohn des schwedischen Königs JOHANN III. (Wasa), siegreich hervor (reg. 1587–1632). ZYGMUNT war in vielem das Gegenteil seines Vorgängers auf dem polnischen Thron; mit seiner mißtrauischen Art und fanatisch-religiösen Einstellung machte er sich bald viele Gegner im mächtigen Magnatenstand, zumal er 1592 auch König von Schweden wurde und diesem Land mehr Aufmerksamkeit widmete. Von seiner neuen Residenz Warszawa aus (seit 1596) versuchte er beide Reiche zu regieren und in den baltischen Ländern einen Ausgleich der konkurrierenden polnisch-schwedischen Interessen zu erreichen. 1604 verlor er indes die schwedische Königskrone de facto – nicht de iure – an den Usurpator KARL IX., konnte aber verhindern, daß Polen später in den Dreißigjährigen Krieg hineingezogen wurde, den der Sohn seines Gegenspielers, GUSTAV ADOLF, im Deutschen Reich maßgeblich betrieb. ZYGMUNT III. WAZA erreichte im Osten Erfolge, als nach dem Aussterben des *Rjurikiden*-Hauses Rußland in der ›Zeit der Wirren‹ (›*Smuta*‹) versank. Nach Unterstützung des ›falschen Demetrius‹, der mit einer polnischen Magnatentochter verheiratet war, präsentierte er 1610 in Moskau sogar seinen Sohn WŁADYSŁAW nach einem siegreichen Feldzug als eigenen Thronkandidaten. Ungeschicktes und herrisches Verhalten ZYGMUNTS und sein Verbot, daß der bereits zum Zaren gewählte WŁADYSŁAW den orthodoxen Glauben annehmen dürfe, brachten den Umschwung. Ein Landesaufgebot der Russen verjagte die Polen und inthronisierte mit ALEKSEJ MICHAJLOVIČ ROMANOV 1613 einen neuen Zaren, dessen Familie bald das Ausgreifen der Polen nach Osten beenden und das russische Territorium auf Kosten Polen-Litauens erweitern sollte.

Auch im Innern wirkte sich die betont katholische Einstellung des Königs aus: zum einen wurde 1595 mit einer päpstlichen Bulle die Unierte Kirche begründet, die den orthodoxen Geistlichen – bei Anerkennung der päpstlichen Suprematie – eine Aufrechterhaltung ihres Ritus und die Priesterehe sicherte, sich im Lande jedoch nur teilweise durchsetzen konnte; zum anderen förderte ZYGMUNT nach Kräften die Gegenreformation und benachteiligte den protestantischen Adel. Diese Politik wurde durch die gute Ausbildung der jungen Adeligen in den Jesuitenschulen unterstützt und sollte zu Beginn des 17. Jh. große Teile des protestantisch gewordenen Adels in die katholische Kirche zurückführen. Erfolglos blieben dagegen Versuche, durch Reformen (feste Steuern, stehendes Heer) die Zentralmacht zu stärken. Die Anstrengungen lösten einen Aufstand gegen das gefürchtete *dominium absolutum* aus (1607, *Rokosz*), den der König zwar siegreich überstand, der ihn aber dennoch zwang, auf wesentliche Veränderungswünsche zu verzichten. Die alte Einrichtung der ›Konföderation‹ des Adels, eine Art legitime Verschwörung gegen den König, gewann nun Verfassungscharakter, um die Freiheit des Adels zu bewahren.

Trotz des Anspruchs der freien Königswahl gelangte der junge WŁADYSŁAW IV. WAZA fast widerspruchslos auf den Thron seines Vaters (reg. 1632–48). Nach Kämpfen mit den Russen verzichtete er auf den Zarentitel, der – wie der Anspruch auf die Krone Schwedens – keinen Realitätsbezug mehr besaß. Der Krieg gegen die Türken, den sein Vater mit dem Sieg bei Chocim (1621) noch erfolgreich geführt hatte, versandete indes wegen mangelnder Finanzmittel. Innenpolitisch machte die Rekatholisierung des Adels rasche Fortschritte; zugleich änderte sich allmählich die bislang geübte Toleranz in Religionsfragen, denn in die Zurückdrängung der ›Dissidenten‹ mischten sich nun zunehmend Übergriffe gegen Nicht-Katholiken.

Zum Nachfolger WŁADYSŁAWS wurde sein Stiefbruder, Jesuit und Kardinal Jan bestimmt, der als JAN II. KAZIMIERZ WAZA zum König gewählt wurde und die Witwe seines Stiefbruders heiratete (reg. 1648–68). Er mußte gleich in die Wirren in der Ukraine eingreifen, wo der Ataman der Zaporoger Kosaken BOHDAN CHMEL'NYC'KYJ (CHMIELNICKI) gegen den langsam vordringenden polnischen Einfluß einen Aufstand begonnen hatte. Seit STEFAN

Ein Untertan beschwert sich über die Herren, Zeichnung, Mitte des 17. Jh.

BATORY stand ein kleiner Teil der Kosaken im Solde des polnischen Königs, die in den polnischen Adel hineinwuchsen, während der Rest in alter Lebensweise von Raubzügen lebte. Mangelndes militärisches Geschick des Königs, Auseinandersetzungen mit dem Adel und Finanzschwierigkeiten auf polnischer Seite halfen den Kosaken, die – teils mit den Türken und Tataren verbündet, teils mit ihnen verfeindet – die bäuerliche Bevölkerung und die Juden in den Kleinstädten des polnisch-ukrainischen Gebietes grausam verfolgten. Der Vertrag von Perejaslav 1654 brachte Moskau als zunehmend wichtigeren Konkurrenten des polnischen Königs ins Spiel und stellte den ersten Schritt des Zaren in die Steppe nördlich des Schwarzen Meeres dar, die unter KATHARINA II. nach der vollständigen Zurückdrängung der Türken endgültig zum Zarenreich kommen sollte.

Dieser Krieg, in dem sich die Kosaken dem Moskauer Zaren unterstellten und der von HENRYK SIENKIEWICZ in seiner Trilogie ›Sintflut‹ literarisch gestaltet worden ist, uferte durch den Einfall der Schweden 1655 weiter aus, denen unter König KARL X. ganz Polen fast kampflos zufiel. Die Wende im Kriegsglück der Polen verband sich – mehr psychologisch als real – mit dem Widerstand des Klosters Jasna Góra in Częstochowa/Tschenstochau, dessen Marienbild in der Folge für das katholische Polen – gegen protestantische Schweden, orthodoxe Kosaken und muslimische Türken – Einheit und Freiheit symbolisieren sollte. JAN II. KAZIMIERZ WAZA proklamierte am 1. 4. 1656 in Lwów (L'viv)/Lemberg die Muttergottes als ›Königin Polens‹ und begründete damit eine bis heute währende besondere Verehrung der ›Schwarzen Madonna‹ (›Czarna Madonna‹) (s. S. 483). Polen erzielte bald darauf erste Erfolge in einem Kleinkrieg gegen die sich allmählich abnützenden schwedischen Truppen. Diese riefen daraufhin Brandenburger zu Hilfe und übertrugen dafür dem Großen Kurfürsten die volle Souveränität über Ostpreußen (1656). Fast alle Nachbarn waren schließlich an dem Ringen in und um Polen beteiligt, das im Frieden von Oliwa 1660 beendet wurde, das

Land aber verwüstet zurückließ. Bis auf Brandenburg, das über Landgewinne hinaus auch Einfluß im ›königlichen‹ Preußen gewonnen hatte, konnte Polen zwar fast ungeschmälert seinen territorialen Bestand bewahren; in der Ukraine wuchsen sich die Kämpfe indes zu einem Ringen zwischen Polen und dem Zarenreich aus, das im Frieden von Andruszów/ Andrussovo 1667 zu einem Kompromiß führte: Smolensk blieb bei Rußland, Litauen behielt die Grenzen von 1569, und Moskau bekam die östlich des Dnepr gelegene Ukraine samt Kiew zugesprochen.

Die ›Sintflut‹ hatte Polen nicht nur einige Territorien und die Großmachtstellung in Osteuropa gekostet. Die Hälfte der Bevölkerung des Landes war getötet worden; ganze Landstriche waren entvölkert, die Städte verwüstet, das städtische Leben und die Kultur ruiniert und die Landwirtschaft lag am Boden. Besonders groß waren die Verluste bei der jüdischen Bevölkerung, die von etwa 450 000 Menschen auf etwa 180 000 geschrumpft war; die Schäden des zerstörten jüdischen Gemeindelebens – es bedeutete die materielle Grundlage ihres relativen Wohlstandes – konnten nie wieder wettgemacht werden.

Adelsgruppen hatten während der Schwedenkriege ihre eigenen Interessen weiter verfolgt und waren nach Kriegsende deshalb an einer Wiederherstellung der vorherigen Ordnung nur noch wenig interessiert. Symbolisch für den Niedergang des Landes – seines Wohlstandes wie seiner politischen Ordnung – wurden nun Schlagworte wie das *Liberum veto* und die ›polnische Unordnung‹. Dabei war das *Liberum veto* 1652 nur durch Zufall zustande gekommen, als ein Abgeordneter eines Landtages *(Sejmik)*, der normalerweise den Wahlauftrag der Adeligen seiner Landschaft im *Sejm* zu vertreten hatte, vor Abschluß der Beratungen sein ›veto‹ gegen einen Beschluß einlegte und den Reichstag verließ, so daß die hilflosen Abgeordneten die ›Zerreißung‹ des *Sejm* konstatieren konnten. Dieser Präzedenzfall eines ›veto‹ (polnisch: ›nie pozwalam‹; deutsch: ›ich erlaube nicht‹) wurde zum Verfassungsgrundsatz und ermöglichte hinfort Magnaten, Adelsgruppen und ausländischen Mächten, durch ›Kauf‹ von Landboten jede ihnen mißliebige Reform der Staats- und Gesellschaftsordnung zu hintertreiben. Aus dem höchsten Rechtsideal, der Freiheit des adeligen Abgeordneten, war ein Instrument zur Zerstörung des ganzen Staates geworden. Auch die vielzitierte ›polnische Unordnung‹ entspringt einem Mißverständnis: das komplizierte System von Wahlen und Beratungen bis zum Erfordernis einstimmig getroffener Beschlüsse war schon den Zeitgenossen als zeitraubend, umständlich und unberechenbar erschienen, was sie mit der Formel »*Polonia confusione regitur*« (»Polen wird durch Unordnung regiert«) auf einen Begriff gebracht hatten. Nach der ›Sintflut‹ war aber wirklich ein Verfall der Sitten, der Staatsinstitutionen und besonders des Wohlstandes festzustellen, was nun ›Unordnung‹ mit ›Chaos‹ gleichsetzen ließ. Angesichts des aufstrebenden preußischen Staates, in dem seit dem Großen Kurfürsten bis zu Friedrich II. die innere Verwaltung rational geordnet war und der ideale Staatsbürger im Beamten, Soldaten oder im Untertanen gesehen wurde, läßt sich zwischen den beiden Nachbarn kein größerer Gegensatz denken.

Um den Verfall der staatlichen Ordnung aufzuhalten, versuchte Jan II. Kazimierz, die Wahl des Thronfolgers zu Lebzeiten *(vivente rege)* und das Mehrheitsprinzip im *Sejm* (statt der geforderten Einstimmigkeit) einzuführen; als aber die dagegen revoltierenden Republikaner mit ausländischer Hilfe in der Schlacht bei Mątwy einen blutigen Sieg erkämpften (1666), dankte der König verbittert ab. Polen drohte völlig in Ohnmacht und Chaos abzusinken, zum Spielball der Magnaten und Nachbarn zu degenerieren.

Die folgende Königswahl brachte mit MICHAŁ KORYBUT WIŚNIOWIECKI den Sohn eines reichen und im Kriege verdienten Magnaten auf den Thron, einen ›Piast‹, wie man den einheimischen Kandidaten nannte (reg. 1669–73). In seiner glücklosen kurzen Regierungszeit lebte der Krieg gegen die Türken wieder auf, bei dem der Kron-Hetman (Oberfeldherr) JAN SOBIESKI zwar einige Siege errang, wegen des Todes WIŚNIOWIECKIS aber zurückkehren mußte und die Kriegserfolge nicht nutzen konnte. Die Wahl von JAN III. SOBIESKI zum neuen König (reg. 1674–96) zeigte, daß auch energische und kluge Kandidaten die Ochsentour zum polnischen Thron schaffen konnten, jedoch half ihm zusätzlich die Gunst der Stunde und das Geld der französischen Verwandtschaft seiner Gemahlin ›MARYSIEŃKA‹. König JAN III. konnte den Krieg mit französischen Hilfsgeldern erfolgreich beenden und daraufhin die Tributzahlungen an die Hohe Pforte einstellen. Europäischen Ruhm erntete JAN III. SOBIESKI, als er im Bündnis mit dem Kaiser 1683 die Stadt Wien vor der Eroberung durch das türkische Heer bewahrte. Nach weiteren Kämpfen konnte die Offensivkraft des Osmanischen Reiches im Frieden von Karlowitz 1699 gebrochen werden, auch wenn damals die Grenzen des Osmanischen Reiches fast unverändert blieben. Die militärischen Erfolge des polnischen Königs überdeckten indes nur den fortschreitenden Niedergang des Staates: Die Magnaten verfolgten rücksichtslos ihre Privatinteressen, und selbst JAN III. SOBIESKI sicherte seiner Familie bedenkenlos materielle Vorteile. Eine stabile Nachfolgeordnung konnte der Volksheld nicht verwirklichen, und auch die weitreichenden Heiratsverbindungen seiner Kinder brachten keinen bleibenden Gewinn. Die Ablehnung der Königin ›MARYSIEŃKA‹ ging beim Adel sogar so weit, daß nach dem Tode von JAN dessen Kinder ausdrücklich von einer Thronkandidatur ausgeschlossen wurden.

Dennoch beteiligten sich 1697 an der Königswahl noch immer zehn Kandidaten, welche die Geldzahlungen von jeder Seite gern annahmen. Der französische Prinz FRANÇOIS LOUIS DE CONTI erhielt zwar die meisten Stimmen, aber sein Gegenkandidat Kurfürst AUGUST VON SACHSEN war schneller im Lande und konnte seine Krönung in Kraków erreichen. Mit ihm als König AUGUST II. MOCNY (der Starke, reg. 1697–1737) begann die ›Sachsenzeit‹ in Polen, in der sich angeblich gut leben ließ, die aber auch den steten Niedergang und die ausländische Einmischung in den gelähmten Staat symbolisierte. Polen wurde nun zum Objekt der Politik seiner Nachbarn. Der Nordische Krieg, den AUGUST mit dem Zaren PETER leichtfertig bei Trinkgelagen entworfen hatte, machte Polen zum Durchgangsland für fremde Truppen und endete damit, daß das Zarenreich ungeniert in die Verhältnisse Polens eingreifen konnte. Das Votum PETER DES GROßEN brachte AUGUST nach der Schlacht von Poltava (1709) auf den Thron zurück, den er 1704 an STANISŁAW LESZCZYŃSKI verloren hatte. Kämpfe mit den Türken und Intrigen der Brandenburger, die nach der Ausrufung FRIEDRICH I. zum ›König in Preußen‹ an Gesprächen über etwaige Teilungspläne beteiligt waren, ergänzen das Bild des zur Ohnmacht verurteilten Staates. 1720 verständigten sich Rußland und Preußen darauf, alle politischen Reformen in Polen zu unterbinden.

König Jan III. Sobieski in der Schlacht gegen die Türken, Stich aus dem 17. Jh.

Erneut hatte Polen durch Krieg, Hungersnot und Seuchen ein Viertel seiner Bevölkerung verloren. Dramatischer noch war der innere Verfall: Trunksucht, Eigennutz, Verarmung und wachsender religiöser Fanatismus. Die Nichtkatholiken wurden aus Ämtern gedrängt und ihrer Rechte beraubt. Das bot ihren Glaubensgenossen im Ausland erneut Anlaß, sich unter dem Vorwand, den Dissidenten zu ihren Rechten zu verhelfen, in die inneren Verhältnisse einzumischen (preußisch-russischer Allianzvertrag von 1730).

AUGUST II. MOCNY hat in Polen mehr wegen seiner barocken Lebensweise, seiner Bautätigkeit und seiner großen Kinderschar einen bleibenden Eindruck hinterlassen als durch politische Aktivitäten. Nach seinem Tode versuchte STANISŁAW LESZCZYŃSKI seinen Anspruch auf den Thron erneut zu beleben, mußte jedoch zugunsten des von den Russen favorisierten AUGUST III. (reg. 1733–63) resignieren und wurde mit dem Herzogtum Lothringen abgefunden. AUGUST III. war an Politik mäßig und an Polen kaum interessiert. Unter seinen Ministern verkam das Regiment zur Günstlingswirtschaft. Im Lande herrschten die Magnatenfamilien, die praktisch auf ihren riesigen Besitzungen wie unabhängige Kleinkönige *(Królewięta)* walteten und einander argwöhnisch belauerten. Die Masse der *Szlachta* wurde von den reichen Familien umworben, z. T. bezahlt und politisch ausgenützt. Dennoch erholte sich das Land langsam wieder; der Wohlstand wuchs und zeigte sich im Bau großer Schloßanlagen und Städte im Besitz von Magnaten. Hochgebildete Adelige

35

»Der Kuchen der Könige«, Allegorie auf die erste Teilung Polens 1773; v. li. n. re.: Zarin Katharina II., Joseph II. von Österreich, Stanisław August Poniatowski, Friedrich II. von Preußen

beschäftigten sich intensiv mit Reformvorschlägen, die die Schwächen von Staat und Gesellschaft zu bessern suchten. Gute Ansätze, etwa die Schulreform des Piaristen STANISŁAW KONARSKI, endeten aber immer dort, wo sie mit den Interessen der Nachbarn und der Magnaten kollidierten. Russische Truppen bewegten sich wie im eigenen Lande; Österreicher und Preußen verletzten besonders nach der Eroberung Schlesiens (Frieden von Dresden 1745) die polnische Neutralität und schädigten den polnischen Handel. Besonders im Siebenjährigen Krieg wurde Polen zum Aufmarschgebiet der verfeindeten Nachbarn

(1756–63), und FRIEDRICH II. VON PREUßEN, dem die Polen den Beinamen ›der Große‹ aus ihrer Sicht wohl zu Recht abstreiten, preßte durch Geldfälschungen und illegale Zölle auf der Weichsel hemmungslos einen beträchtlichen Teil seiner Kriegskosten aus Polen heraus. Mit dem Tode AUGUST III. schien Polen am Ende. *(1763)*

Der Tod der Zarin ELISABETH 1762 rettete nicht nur FRIEDRICH II. und die Ergebnisse seiner rücksichtslosen Politik, sondern bot auch Polen eine unerwartete Chance. Die mächtige Adels-›Familie‹ der CZARTORYSKI konnte ihren Kandidaten STANISŁAW AUGUST PONIATOWSKI (reg. 1764–95) zum König wählen lassen, der nicht nur ein begabter und kenntnisreicher Mann war, sondern auch das besondere Wohlwollen der neuen Zarin KATHARINA II. genossen hatte. Mit russischer Unterstützung setzte er sich rasch durch, fand aber für seine Reformvorstellungen im In- und Ausland nur wenig Zustimmung. Wurden die Wirtschafts- und Steuerreform noch hingenommen, so stieß die Verstärkung der Armee und insbesondere die geplante Einschränkung des *Liberum veto* auf scharfe Ablehnung bei den Nachbarn.

Unter dem Vorwand, die Rechte der (orthodoxen) Dissidenten sichern zu müssen erzwang Rußland 1767 einen ›ewigen Vertrag‹, der einerseits die Grenzen der Republik, andererseits heuchlerisch die ›Kardinalrechte‹ des Adels garantierte (freie Königswahl, *Liberum veto*, Gleichberechtigung der Dissidenten). Die einst hohen Ideale der Adels-Staatsbürger waren somit dazu benutzt worden, die Ohnmacht des Staates zu verewigen. Der *Sejm* mußte 1768 in einem ›stummen‹ Reichstag, bei dem die Vorlagen nicht diskutiert werden durften, den Vertrag billigen. Rußland hatte damit die informelle Vorherrschaft in Polen erreicht; seine Truppen durchzogen ungeniert das Land; der russische Gesandte regierte und intrigierte in Warschau neben dem und gegen den König. Oppositionelle Kräfte, die zwar die Russen vertreiben wollten, aber sonst nicht besonders reformfreudig waren, sammelten sich in der Konföderation von Bar (1768); der daraus folgende Bürgerkrieg weitete sich durch einen Aufstand ukrainischer Bauern *(Hajdamaken)* aus, bei dem etwa 100000 polnische und jüdische Menschen grausam getötet wurden.

Aus dem erneut aufgeflammten russisch-türkischen Krieg, in dem nun das Zarenreich endgültig die Oberhand gewinnen sollte (Frieden von Küçük Kaynarci 1774), erwuchsen die konkreten Gedanken einer Aufteilung Polens. Schon vor dem ersten Teilungsvertrag hatten österreichische und preußische Truppen Gebiete der von Rußland de facto beherrschten Adelsrepublik besetzt. Dennoch waren die Teilungsverträge von 1772, die auf Drängen Preußens zustande gekommen waren, eine Überraschung. Preußen erhielt zwar den kleinsten Teil der Beute, aber den wichtigsten, denn nun war die Landverbindung von Brandenburg/Pommern nach Ostpreußen hergestellt und damit Polen von der Ostsee abgeschnitten. Wie ein Anachronismus wirkte es, wenn 1773 formell die Lehnsabhängigkeit der preußischen Gebiete von der polnischen Krone gelöst wurde – das mochte nur noch Juristen interessieren. Österreich, dessen Kaiserin MARIA THERESIA angeblich Tränen über das Schicksal Polens vergossen hatte, sicherte sich den (der Einwohnerzahl nach) größten Anteil, um angebliche historische Ansprüche auf Galizien und Lodomerien (Halyč – Volodymyr) zu realisieren. Rußland annektierte die östlichen Gebiete bis zur Düna. Der macht-

lose *Sejm* mußte unter militärischer Drohung den Verlust von 203 000 km² und 4,5 Millionen Menschen hinnehmen.

Der Schock der Teilung weckte eine neue Reformbereitschaft, die sich in einer Umgestaltung des Regierungskollegiums (nach Ressortverantwortlichkeit), der Reform des Steuerrechts, des Heeres und insbesondere des Bildungswesens äußerte. Seinen Höhepunkt fand der polnische Reformeifer im vierjährigen Reichstag (1788–92), der die Verfassung vom 3. 5. 1791 beschloß. Polen hatte sich damit die damals modernste Verfassung Europas geschaffen, ein Gesetzeswerk, das den altständischen Adelsstaat in eine moderne konstitutionelle Demokratie hätte überführen können.

Daran aber war weder den konservativen Kräften in Polen noch den Nachbarn gelegen. Preußen, das mit Polen 1790 einen Defensivvertrag abgeschlossen hatte, ließ den Verbündeten im Stich; die Zarin KATHARINA, noch mit der Türkei beschäftigt, verurteilte die ›französische Pest‹ an der Weichsel, Reformideen, die sie einstmals in ihrer Korrespondenz mit VOLTAIRE selbst gerühmt hatte. Die Konföderation von Targowica sammelte im April 1792 die konservativen Kräfte, von KATHARINA mit 100 000 Mann Soldaten ›selbstlos‹ unterstützt. Dagegen halfen weder der polnische Freiheitswille noch der im amerikanischen Unabhängigkeitskrieg geschulte TADEUSZ KOŚCIUSZKO. Anfang 1793 wurde eine zweite Teilung Polens vereinbart, die der ›stumme Sejm‹ zu akzeptieren hatte. Nach einem erneuten verzweifelten Aufstand unter KOŚCIUSZKO erzwang 1795 die dritte Teilung die Abdankung des letzten Königs und das Ende des Polnischen Staates.

Zwar hatte es immer wieder in der europäischen Geschichte Teilungen von Ländern gegeben, aber die Tilgung eines ganzen Staates von der Landkarte war etwas Unerhörtes. Die Arroganz selbstherrlicher Monarchen war zudem bereits ein Anachronismus geworden, da in den Vereinigten Staaten von Amerika seit der Unabhängigkeitserklärung und in Frankreich mit der Revolution von 1789 die Idee der Volkssouveränität längst ihren Siegeszug begonnen hatte. Der brutale Akt der Teilung Polens stieß in der aufgeklärten Öffentlichkeit in Europa auf einhellige Empörung. Auch die Teilungsmächte selbst versteckten ihr schlech-

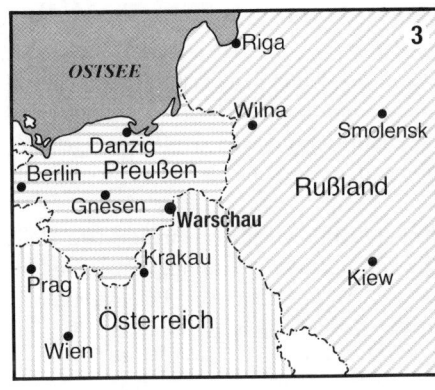

Erste Teilung 1772
Preußen besetzt Westpreußen (außer Danzig),
Rußland nimmt die östlichen Provinzen Polens in
Besitz, und Österreich annektiert Galizien

Zweite Teilung 1793
Preußen okkupiert ›Großpolen‹ und Danzig,
Rußland vereinnahmt die gesamten ostpolnischen
Gebiete

Dritte Teilung 1795
Preußen dehnt sein Territorium bis Warschau aus,
die übrigen Gebiete des polnischen Rumpfstaates
nehmen Rußland und Österreich in Besitz

tes Gewissen hinter hochtönenden Propagandaparolen und einer Politik gemeinsamer Unterdrückung, die die tatsächlich zwischen ihnen bestehenden Gegensätze zudecken sollten. Polen als Teil der europäischen Familie seit seiner Christianisierung, die Großmacht des späten Mittelalters und das Muster eines Landes, in dem der Freiheitswille seiner (adeligen) Staatsbürger über rationaler Perfektion der Staatsmaschinerie gestanden hatte, war zwar von der Landkarte getilgt, aber nicht aus dem Bewußtsein seiner Bewohner verschwunden. Als Herausforderung für Europa sollte das ausgelöschte Polen bis zur Wiederentstehung im Ersten Weltkrieg weiterwirken.

Wahlkönige (Daten ab Wahl)

1573–1574	Henryk Walezy (Henri de Valois, abgedankt)
1576–1586	Stefan Batory
1587–1632	Zygmunt III. Waza
1632–1648	Władysław IV. Waza
1648–1668	Jan II. Kazimierz Waza
1669–1673	Michał Korybut Wiśniowiecki
1674–1696	Jan III. Sobieski
1697–1706	August II. Mocny (der Starke)
1704–1709	Stanisław Leszczyński
1709–1733	August II. Mocny (der Starke)
1733–1736	Stanisław Leszczyński
1733–1763	August III.
1764–1795	Stanisław August Poniatowski

Polen unter der Herrschaft der Teilungsmächte (1795–1918)

Mit der dritten Teilung endete vorläufig die Historie des Polnischen Staates, aber nicht die Geschichte der polnischen Gesellschaft. Die Darstellung der weiteren historischen Entwicklung gestaltet sich kompliziert, denn es gilt, sie nicht nur für jedes der Teilungsgebiete, sondern auch für die Auslandspolen selbst gesondert aufzuzeigen, bis sie wieder größtenteils mit der Geschichte des Staates zusammenfällt.

Zunächst müssen die Jahre bis zum Wiener Kongreß 1815 ebenfalls getrennt dargestellt werden. Während dieser Zeit waren als erste die Emigranten Hoffnungsträger für die Polen, da vielleicht mit Hilfe der Franzosen ein Weg zur Wiederherstellung Polens gefunden werden konnte. Eine konkrete Maßnahme stellte die Aufstellung einer polnischen Legion dar, die bis auf 10 000 Mann anwuchs, aber von den Franzosen vornehmlich in Italien eingesetzt wurde, bis ihre Reste schließlich als französische Kolonialtruppe auf Haiti verbluteten (1803). Bleibende Erinnerung an diese Legion ist die spätere Nationalhymne: »Noch ist Polen nicht verloren, solange wir leben«, deren Refrain: »Marsch, Marsch DĄBROWSKI, von Italien nach Polen« zugleich Hoffnung und Hoffnungslosigkeit symbolisiert.

In ähnlicher Weise wurde die polnische Frage auch von NAPOLEON benützt. Nach dem Sieg über Preußen und seinem Einzug in Warschau drängten ihn viele, einen neuen polnischen Staat zu schaffen. NAPOLEON wollte jedoch die polnische Karte gegenüber dem Zaren ALEXANDER nicht vorzeitig ausspielen, um Verhandlungsspielraum zu behalten. NAPOLEONS zynische Feststellung, daß die Polen zeigen sollten, daß sie ihren Staat wert seien, war die Kehrseite der romantischen Liebesbeziehung zu Madame WALEWSKA. NAPOLEON benötigte vor allem Soldaten. Etwa 100 000 Polen zogen in der *Grande Armée* 1812 mit nach Moskau und bezahlten während des Rückzuges die Hoffnung auf den Rückerhalt ihres Landes mit dem Leben.

Politisch war die Schaffung eines Herzogtums Warschau 1807 ein schlechter Kompromiß, obgleich der *Code Napoléon,* das französische Verwaltungssystem, und die Mitwirkung nichtadeliger Bewohner an der Politik weitere Wirkungen zeigten. NAPOLEON hatte den Polen nie besondere Versprechungen gemacht, sein Auftreten blieb letztlich eine Episode, aber die Polen waren damals der Erfüllung ihrer Wünsche so nahe wie lange nicht wieder.

Auf dem Wiener Kongreß redeten die Vertreter aller Großmächte über Polen, aber nur wenige mit dessen Vertretern. Ein weiteres Mal wurde die Landkarte verändert, indem Preußen auf die meisten in der dritten Teilung erworbenen Gebiete verzichtete. Alle Teilungsmächte machten den Polen vage Versprechungen, wie der Zusammenhalt der Nation über die Teilungsgrenzen hinweg zu bewahren sei, verfolgten aber untereinander in erster Linie eigene Interessen. Wichtigster Hoffnungsträger wurde ausgerechnet Zar ALEXANDER, der nicht nur als ›Befreier Europas‹ gefeiert wurde, sondern auch mit 82 % des früheren polnischen Staatsgebietes den Löwenanteil der Beute erworben hatte. Sein Versprechen, ein ›Königreich Polen‹ in Personalunion mit Rußland zu errichten, war das Maximum, das die Polen erreichen konnten.

*Der polnische Kleinadel
(›Szlachta‹) in einer
Darstellung Anfang des
19. Jh.*

Die in der ersten Teilung 1772 an Rußland gefallenen Gebiete waren in diesen Versprechungen aber nicht eingeschlossen, da sie als ›wiedergewonnene Territorien‹ und spätere
›Westgouvernements‹ nicht mehr zur Debatte standen. In den drei Generalgouvernements
Litauen, Weißrußland und Ukraine blieben die Sozialstruktur und der Einfluß des Adels
weitgehend erhalten, wobei der Adel oft gern die russische Form der Leibeigenschaft auf
seine Bauern übertrug. Der besitzlose Adel drohte hingegen, seiner Privilegien verlustig zu
gehen und zu verbauern. Während die orthodoxen Gläubigen eine gewisse Entlastung empfinden konnten, war das Schicksal der Juden – etwa 10 % der Bevölkerung – erneut schwerer
geworden. Die Kriege der ›Sintflut‹, Kosakenüberfälle und Pogrome hatten die einst relativ
wohlhabenden Gemeinden ruiniert. Die Menschen jüdischen Glaubens versuchten auf zwei
Wegen ihren Lebensunterhalt zu verdienen: zum einen waren sie als Vermittler zwischen
Grundherren und Bauern tätig, etwa als Gutsverwalter, Händler oder Kneipenwirt, was in
spannungsreichen Zeiten den Zorn beider Seiten auf sie lenkte; zum anderen suchten sie in
den Landstädten ihre Existenz im Kleinhandel oder im Handwerk in abgeschlossenen
Gebieten *(Štetl)* zu sichern. Betrachtet man zudem die religiöse Spannung zwischen den
frommen und antiintellektualistischen *Chassidim* und jenen auf Aufklärung (der *Haskala*)
gerichteten Glaubensgenossen, ferner die Unterdrückung durch die zaristische Polizei, die

eine Konzentrierung der Juden in den besser überschaubaren Städten beabsichtigte, ihnen Berufsverbote auferlegte und Umsiedlungen erzwang, so wird das ganze Umfeld einer mehr als mühseligen, oft rechtlosen Existenz dieser Bevölkerungsgruppe ersichtlich.

Günstiger schienen hingegen die politischen Möglichkeiten auf der obersten Sprosse der Gesellschaftspyramide. Fürst ADAM JERZY CZARTORYSKI war als Mitglied der ›Familie‹ als Geisel nach Rußland gebracht worden, hatte dort Anschluß an den Freundeskreis um den Thronfolger ALEXANDER gefunden und wurde nach dessen Thronbesteigung sogar russischer Außenminister. Obgleich er im Schul- und Bildungswesen viel für die Polen erreichen konnte, blieb sein politisches Bemühen um eine Wiederherstellung der polnischen Staatlichkeit erfolglos. Seine Gedanken flossen zwar in die Verfassung des am 20. 7. 1815 ausgerufenen Königreiches Polen ein, das Gesetzeswerk beruhte jedoch allein auf dem Wohlwollen des Zaren, und CZARTORYSKI wurde nicht – wie erhofft – der Statthalter des Zaren. Zunächst ließ das politische Leben im Königreich durchaus weitergehende Erwartungen zu, wenn auch die Russen unter dem Zarenbruder KONSTANTIN die Macht über Verwaltung und Armee in den Händen behielten. Aber die Kluft zwischen dem immer mehr von seinen Jugendidealen abrückenden Zaren ALEXANDER auf der einen und der polnischen Gesellschaft mit ihrem Wunsch nach Mitsprache und Rechtssicherheit auf der anderen Seite wurde immer tiefer. Zar NIKOLAUS (reg. 1825–55), durch den Dekabristenaufstand im Dezember 1825 am Beginn seiner Herrschaft ohnehin tief getroffen, fand noch weniger Gefallen an

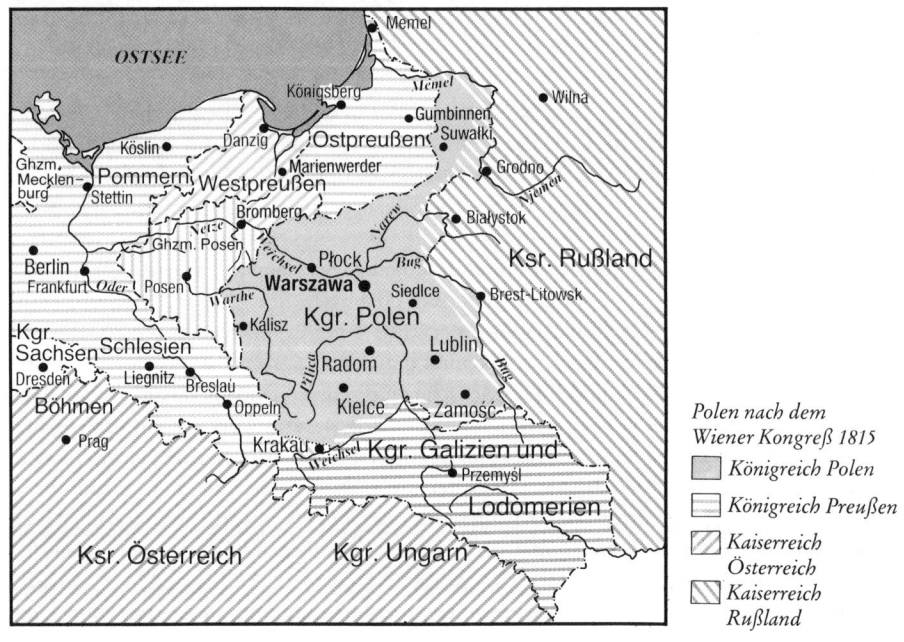

Polen nach dem Wiener Kongreß 1815

Königreich Polen

Königreich Preußen

Kaiserreich Österreich

Kaiserreich Rußland

polnischen Sonderwünschen. Ein spürbarer ökonomischer Aufschwung und die Hoffnung auf russisches Nachgeben bildeten den Hintergrund dafür, daß die Pariser Julirevolution von 1830 in Warschau Resonanz fand. In Verkennung der Machtverhältnisse und ohne vorausschauende Planung lösten junge Offiziere im November 1830 einen Aufstand aus, der rasch die ganze polnische Gesellschaft mit sich zog. Die Absetzung der ROMANOV-Dynastie zerriß den ohnehin schon dünnen Verhandlungsfaden mit Moskau und verlagerte die Auseinandersetzung in den militärischen Bereich, auf dem die Polen trotz aller Tapferkeit den russischen Truppen unterlagen. Der russische Gegenzug führte zur Abschaffung der polnischen Institutionen und zu einem schweren Strafgericht. Zahlreiche Güter wurden konfisziert, die Universitäten geschlossen, Beschuldigte und Sympathisanten hart bestraft und verbannt. Zwar blieb der polnische Charakter der Provinzen erhalten, der russische Einfluß wurde weit unbekümmerter durchgesetzt.

Die Blüte der polnischen Intelligenz ging in die Emigration, vorwiegend nach Frankreich. Auf dem Wege nach Westen fanden die Flüchtlinge zahllose Sympathisanten im deutschen Bürgertum, das in den geschlagenen Polen auch die Sehnsucht nach eigener politischer Freiheit verkörpert sah. In vielen ›Polenliedern‹ jener Zeit wird deutlich, daß Polen und Deutsche – wie nie zuvor oder danach – einander nahe gekommen waren. Fürst ADAM JERZY CZARTORYSKI organisierte nun von Paris aus den Widerstand für das adelig-konservative Lager in Polen. In allen europäischen Konflikten sollte hinfort die polnische Frage eine Rolle spielen, ohne daß sich jedoch an den Machtverhältnissen etwas änderte. Auf der Suche nach Verbündeten ist z. B. der größte polnische Dichter ADAM MICKIEWICZ 1855 in Istanbul gestorben. Das demokratische Lager der ›Großen Emigration‹ unter Leitung des Historikers JOACHIM LELEWEL versuchte unterdessen, über die Heranziehung der nichtadeligen Bevölkerungsschichten, insbesondere der Bauern, Verständnis für soziale Veränderungen und für eine innere Nationwerdung der Polen zu wecken, die der äußeren Freiheit vorauszugehen habe. FRYDERYK CHOPIN schließlich warb in den Salons der bürgerlichen Welt für die polnische Kultur und Nation.

Österreich hatte mit Galizien und Lodomerien den Süden und Südosten des alten Polen erworben. Die Landbevölkerung bestand fast zu gleichen Teilen aus katholischen Polen und orthodoxen bzw. unierten Ukrainern, von den Österreichern Ruthenen genannt. Nationale und religiöse Differenzen machten einen einheitlichen Widerstand unmöglich; darüber hinaus waren in den wenigen Städten die Juden stark vertreten, während in der Verwaltung eher österreichische Beamte deutscher Sprache den Ton angaben. Galizien war ein wirtschaftlich zurückgebliebenes Gebiet; hohe Steuerlast, Bevorzugung des grundbesitzenden Adels und geringe Investitionen ließen das Gebiet im Laufe des Jahrhunderts zum Armenhaus der k. u. k. Monarchie werden. Andererseits gewährte die österreichische Verwaltung dem polnischen Adel mehr Freiheiten als die beiden anderen Teilungsmächte.

Ein besonderer Fall war die Stadt Kraków, die 1815 zu einer Republik geworden war, deren 88000 Einwohner aber der Kontrolle der Teilungsmächte unterstanden. Als Universitätsstadt, mit einer durch das Zensuswahlrecht bedingten oligarchischen Verfassung bedacht, blieb Kraków für die Polen ein Ort freier Betätigung. Nach dem Novemberaufstand 1830 beschränkten die ›Schutzmächte‹ indes die Freiheiten der Stadt weiter. Ein von polnischen Emigranten geplanter Aufstandsversuch führte 1846 zur Beendigung der Krakauer Selbständigkeit und zur Angliederung des Gebietes an Österreich, wobei die Stadtbevölkerung die einmarschierenden österreichischen Truppen als Schutzmacht gegen revoltierende ukrainische Bauern begrüßen mußte. Die sprachlichen und religiösen Unterschiede verschärften sich nun weiter wegen der zunehmenden sozialen Spannungen zwischen polnischen Grundherren und ukrainischen Bauern.

Preußen gestand seinen neuen Provinzen zunächst eine weitgehende Selbstverwaltung zu. Die Sozialstruktur wurde belassen, verschiedene Reformen in Verwaltung, Wirtschaft und Schulwesen schufen bis 1830 ein Klima des Respektes. Dieses relativ gute Einvernehmen endete jedoch mit dem Novemberaufstand, als der bisherige Statthalter, Fürst RADZIWIŁŁ, durch den Oberpräsidenten EDUARD VON FLOTTWELL ersetzt wurde. Vorher nur latente Germanisierungsversuche traten nun offen zu Tage; der polnische Adel sollte zurückgedrängt, die deutsche Einwanderung in die Städte gefördert und die adelige polnische Intelligenz von den polnischen Bauern getrennt werden, in denen sie Verbündete sah. Deutsch wurde zur Amtssprache erhoben und die polnische Schulverwaltung zerschlagen. Der

Der Aufstand von 1863 in einer englischen Karrikatur; der russische Bär erbittet ›Amnestie‹ mit den Worten: »Auch wenn ich dein Haus angesteckt und deine Kinder getötet habe, vergebe ich dir, wenn du mich nicht mehr schlägst!«

THE AMNESTY.

[Russia. "THOUGH I HAVE BURNED YOUR HOUSE AND MURDERED YOUR CHILDREN, LEAVE OFF HITTING ME AND *I'LL FORGIVE YOU!"*

Kampf gegen die katholische Kirche, die für gemischt konfessionelle Ehepaare die Erziehung der Kinder im katholischen Glauben gefordert hatte, schuf eine breite Solidarisierung der Polen, die in der Stadtbevölkerung zunehmend eine neue, ökonomisch erfolgreiche und politisch selbstbewußte Sprechergruppe fanden. FRIEDRICH WILHELM IV., der 1840 den Thron bestiegen hatte, unterbrach vorübergehend den antipolnischen Kurs der preußischen Verwaltung, die nun durch eine liberale Politik die Polen zu ›guten Preußen‹ machen wollte. Der Aufstandsversuch in Krakau 1846 und die Unruhen von 1848, in denen auch die Polen ihre Hoffnungen auf Demokratie und einen Nationalstaat artikuliert hatten, wuchsen sich zu militärischen Konflikten aus und senkten die Sympathien im deutschen Bürgertum für die Sache der Polen. Der alte Sprach- und Religionsunterschied entwickelte sich nun zum Nationalitätenstreit in der Bevölkerung, in dem beide Seiten mit geschärftem Konfliktbewußtsein und gleichen politischen Mitteln (Gründung von nationalen Vereinen, Wirtschaftszusammenschlüsse, Öffentlichkeitsarbeit) einander zu bekämpfen begannen. Waren die Polen schon schwer zur Loyalität gegenüber Preußen zu bewegen gewesen, so konnte man sie – trotz verstärkter Germanisierungsbemühungen – unter keinen Umständen zu ›guten Deutschen‹ machen.

Im russischen Kongreßpolen hatte das Jahr 1848 zu keinen Unruhen geführt, und die Regierungszeit von NIKOLAUS I. (reg. 1825–55) bescherte den Polen eine Zeit ›gemäßigter Unterdrückung‹. Eine langsame Modernisierung der Wirtschaft ermöglichte auch nichtadeligen Bevölkerungsteilen gewisse Einkommensverbesserungen. Zum Repräsentanten einer vorsichtigen, auf Autonomie gerichteten Politik gegenüber Rußland wurde ALEKSANDER WIELOPOLSKI. Dagegen erhielten in der jungen Intelligenz die ›Demokraten‹ oder ›Roten‹ mehr und mehr Zulauf, die die antirussische Stimmung aufheizten. Eine Reihe von Zwischenfällen im Jahre 1861 führten zu einer weitgehenden Solidarisierung innerhalb der polnischen Bevölkerung. Die Spannungen entluden sich im Januar 1863 in einer schlecht geplanten Aufstandsaktion. Trotz drückender militärischer Überlegenheit der Russen konnten sich die Polen bis zum April 1864 unter wechselnden Führungspersonen behaupten. Dann aber brachten die Russen wieder einmal ein schreckliches Strafgericht über das Land: Hinrichtungen, Enteignungen, Verurteilung zur Zwangsarbeit und Verbannung nach Sibirien trafen den polnischen Adel, die Intelligenz und die katholische Geistlichkeit. Der Adel wurde zwar nicht völlig entmachtet, verlor jedoch seine bis dahin fast unbestrittene Rolle als Sprecher der Nation; das Bürgertum und die technische Intelligenz gewannen mehr und mehr an Gewicht, und der Bauernstand wurde als eine neue Kraftquelle entdeckt. In Abkehr von romantischen Vorstellungen versuchte nun eine neue Generation unter der Losung ›organische Arbeit‹ eine Hebung von Bildung und Wohlstand der Menschen in Kongreßpolen zu erreichen, um dadurch die innere Nationwerdung vor einer staatlichen Selbständigkeit zu erlangen.

Von einer politischen Autonomie waren die Polen nach der Niederschlagung des Januaraufstandes weiter denn je entfernt; im Gegenteil, erst jetzt begann die gezielte Unterdrückung: der Name ›Polen‹ verschwand völlig, das Land wurde von Russen nach russischem Recht verwaltet, der Unterricht mußte in russischer Sprache erteilt werden (seit 1867, mit

Ausnahme des Religionsunterrichtes). Im Gefolge dieser Vorschriften stieg die Rate der Analphabeten. Die katholische Kirche durfte keines der vakant werdenden Bistümer mehr besetzen. Aber alle radikalen Maßnahmen konnten den Selbstbehauptungswillen der Polen nicht brechen. Aus den Reihen der bürgerlichen und adeligen Intelligenz wurde versucht, mit Hilfe von Vertretern der Presse und Literatur den nationalen Widerstand zu stärken, eine moderne Nationalgesellschaft zu begründen und ein alle Polen umfassendes Geschichtsbewußtsein zu verbreiten. Die historischen Romane von HENRYK SIENKIEWICZ sollten (z. T. bis heute) an diesem Prozeß einen großen Anteil haben. Ein hoher Bevölkerungsanstieg verlief mit dem Wachstum der Produktivität in der Wirtschaft parallel und zog überschüssige Arbeitskräfte vom Land in die Stadt. Dort entstand unter den Industriearbeitern eine sozialistische Bewegung, die sich allerdings an der Grundfrage, ob der Sozialismus vorrangig eine internationale oder eine polnisch-nationale Frage sei, in zwei Parteirichtungen spaltete. Auf diese Weise kam es 1892 zur Gründung der Polni-

Galizische Kleinstadt, Photo von 1900

schen Sozialistischen Partei (PPS), in der JÓZEF PIŁSUDSKI einen gewissen Einfluß gewinnen sollte. Die internationalistisch ausgerichteten Sozialisten entstammten größtenteils der jüdischen Intelligenz, die sich von den zunehmenden nationalen Spannungen keine Besserung ihrer Lage erwarten konnte (ROSA LUXEMBURG). Das bürgerliche Lager sammelte sich in politischen und wirtschaftlichen Vereinigungen, die schließlich in der *Liga Narodowa* (Nationalliga) zusammenflossen: großpolnisches Geschichtsbewußtsein verband sich dort mit Antisemitismus und Antigermanismus zu einer nationalen Integrationsideologie, die in der Öffentlichkeit besonders von ROMAN DMOWSKI vertreten wurde.

Zu Anfang des 20. Jh. waren damit im russischen Teilungsgebiet die neuen Konturen der polnischen Gesellschaft deutlich geworden: Der Adel hatte seine führende Rolle weitgehend an das Bürgertum abgetreten, besser gesagt, er war mit diesem im wesentlichen zusammengewachsen, politisch repräsentiert durch die Nationaldemokratie (ND). Ihr gegenüber stand die große Masse der Bauern, die noch auf volle gesellschaftliche Anerkennung warteten, und jene Abkömmlinge von Bauern, die in der sich entwickelnden Industrie zu Arbei-

tern mit sozialistischen Interessen geworden waren. Ein gewisses Austragen der Interessenkonflikte war unter der russischen Herrschaft nur während des russisch-japanischen Krieges, 1904, der Revolution von 1905 und im Ersten Weltkrieg möglich. Im zunehmenden nationalistischen Klima auf beiden Seiten, mit der Verquickung von antirussischen und antijüdischen Ressentiments, wurden die internationalistischen Sozialisten, die eine Zusammenarbeit mit dem russischen Proletariat erstrebten und nationale Ressentiments gerade überwinden wollten, zwischen beiden Fronten zerrieben. Wenn die zaristische Regierung auch die Russifizierungstendenzen nach der Jahrhundertwende vorübergehend abschwächte (1905 wurde die polnische Unterrichtssprache wieder erlaubt), so wuchsen die gewaltsamen Zusammenstöße mit der Staatsmacht zur gleichen Zeit an, getragen von jenen Kräften, die sich in der ›Legion‹ PiŁSUDSKIS im Ersten Weltkrieg wiederfinden sollten.

Alle Hoffnungen auf eine Demokratisierung des Zarenreiches, das Polen in slawischer Solidarität zu neuer Staatlichkeit verhelfen sollte, waren zu Beginn des Ersten Weltkrieges verflogen, obwohl Großfürst NIKOLAJ NIKOLAJEWITSCH am 14. 8. 1914 in einem Manifest solche Hoffnungen geweckt hatte. Kongreßpolen hatte wenig Grund, dem Zarenreich dankbar zu sein; unter der Bezeichnung ›Weichselgouvernement‹ besaß es an der Peripherie des Reiches einen Status minderen Rechts. Trotz gewisser wirtschaftlicher Erfolge – etwa der Textilindustrie in Łódź / Lodsch – blieb das Land weitgehend agrarisch strukturiert, dabei in seiner Wirtschaft auf die russischen Bedürfnisse zugeschnitten. Die Verkehrsverbindungen entsprachen ebenfalls den russischen Anforderungen (wie etwa die Spurbreite der Eisenbahnschienen). Die Bevölkerung war mühsam an den Gehorsam gewöhnt worden, darunter aber lauerte das Mißtrauen gegen die Obrigkeit, der man grundsätzlich ablehnend gegenüberstand. Demokratisch-parlamentarische Verfahrensweisen waren nicht eingeübt; die Intellektuellen erschöpften sich in endlosen Debatten und hatten nie gelernt, politische Verantwortung zu tragen. Aus der polnischen Provinz des Russischen Reiches führte kein vorbereiteter oder auch nur sichtbarer Weg in die staatliche Selbständigkeit.

Österreich hatte seine polnischen Provinzen nach 1848 auch nicht gerade verwöhnt. Am Ende der neoabsolutistischen Ära BACH war dem polnischen Adel immerhin die Mitarbeit in den Verwaltungen der Provinzen erlaubt worden, und 1868 erreichte Galizien gar einen Autonomiestatus. Die Schulen und Hochschulen (Lwów 1869 und Kraków) benutzten seit 1870 die polnische Sprache, die auch wieder die Amtssprache wurde. Galizische Polen gelangten sogar bis in die Wiener Zentralbehörden, wo sie zu Beginn des Jahrhunderts de facto zur dritten staatstragenden Volksgruppe (nach Deutschen und Ungarn) avancierten.

Diese Erfolge der adeligen Standesvertreter hatten gleichwohl ihre Schattenseiten. Der wachsende polnische Einfluß mobilisierte immer deutlicher den ukrainischen Nationalismus, da sich diese Volksgruppe von einer doppelten Fremdherrschaft unterdrückt fühlte. Und was die ukrainischen Intellektuellen aussprechen konnten, erlitten die ukrainischen Bauern schweigend: die Vernachlässigung der Wirtschaft, die Armut und Ausbeutung des Dorfes. In vielen kleinen Städten stellten zudem die Juden die Mehrheit der Bevölkerung und dominierten im Kleinhandel. Allzuleicht konnten sie in dem unsicheren Gleichgewicht von polnischem und ukrainischem Nationalismus, von katholischen, unierten und orthodoxen Christen, zwischen Stadt und Land bei Konflikten in die Lage des von allen geprügelten Sündenbocks geraten. Stiegen aufgeklärte Juden in Intelligenzberufe auf (Ärzte, Rechtsanwälte), so verlagerte sich der latente Antisemitismus nur auf eine andere Ebene.

Das höhere Maß an geistiger Freiheit erlaubte in diesem Armenhaus der Monarchie aber immerhin die Selbstorganisation der Bauern. Ihre Interessen artikulierten sie in der Polnischen Volkspartei und deren zahlreichen Absplitterungen, die zusätzlich zu den auch hier vertretenen bürgerlichen und sozialistischen Parteien existierten. Im Umfeld der Parteien bildeten sich im Revolutionsjahr 1905 Geheimorganisationen, die vom Boden Galiziens aus das Zarenreich publizistisch und militärisch bekämpften. Aus dieser Schule des Untergrundes gingen die meisten von den später führenden Politikern und Militärs der neuerstandenen Republik Polen hervor. Sie verfügten über parlamentarische und militärische Erfahrungen, waren aber in ökonomischen Fragen oft hilflos.

Preußen, seit 1871 das Deutsche Reich, hat seine polnische Bevölkerung auf ganz andere Weise geprägt. Die preußisch-deutsche Verwaltung und der Anschluß an den deutschen Wirtschaftskreislauf hatten der polnischen Teilgesellschaft unzweifelhaft Vorteile gebracht. Aber was wogen diese im Bewußtsein der Menschen, wenn sie um ihre Sprache und Religion lange einen harten Kampf auszufechten hatten? Von den Zeitgenossen unbemerkt, erzog Preußen seine Gegner, die gleichen Waffen mit umgekehrten Vorzeichen zu verwenden. Nationale und ökonomische Vereine stärkten den Widerstandswillen und die Organisationsfähigkeit der Polen. Jeder Konflikt der Behörden mit der katholischen Kirche festigte das Band ›Polak – katolik‹. Die brutale Germanisierungspolitik BISMARCKS zielte auf die Ausschaltung des polnischen Adels, der katholischen Kirche und der polnischen Sprache, hatte aber – als Ironie der Geschichte – den gegenteiligen Effekt. Nirgendwo wuchs die polnische Gesellschaft so über die Standesgrenzen hinweg zusammen, formierte sie ihre nationale Widerstandskraft in derart zahlreichen Vereinigungen, die die Mängel und Ungerechtigkeiten der preußischen Verwaltung zu korrigieren suchten (Förderung der Landwirtschaft, des Schulwesens, des Landbesitzes in polnischer Hand). Je härter die Zwangsmaßnahmen der behördlichen Sprach- und Bodenpolitik wurden, die Menschen und Boden ›germanisieren‹ sollten (Ostmarkenverein, ›Hakatisten‹), desto fester fanden sich die Polen zusammen, kämpften mit den gleichen Waffen und verherrlichten Symbole des Widerstandes (z. B. der Bauer DRZYMAŁA, der 1904 in einem Planwagen hauste, weil er auf seinem Land keinen Hof bauen durfte). Polnische Abgeordnete im Reichstag und eine kämpferische Presse lernten, sich im nationalen Konkurrenzkampf zu behaupten, und sie taten dies erfolgreich gegen die damals beste Verwaltung. Mußten die Polen der Provinz Posen darum den Deutschen für diese harte Schule dankbar sein? Ein großer Teil des später so verhängnisvollen deutsch-polnischen Gegensatzes beruht auf der Erfahrung mit diesem nationalen Ringen: aus der preußischen Provinz Posen sollte für den neuen polnischen Staat eine durchgegliederte, moderne und selbstbewußte Gesellschaft kommen, die – wohlhabend und national bewußt – im Konkurrenzkampf geschult war, aber neben der Effektivität auch Kompromißlosigkeit gelernt hatte.

Das Dreieck Warszawa – Kraków – Poznań kennzeichnet somit Entwicklungslinien, die aus der Teilungszeit bis in die Gegenwart Polens weiterführen.

Der Erste Weltkrieg brachte eine weitere Talsohle, die von den Menschen in Polen durchschritten werden mußte. Polen kämpften auf beiden Seiten der Front, und lange verlief diese auch auf polnischem Gebiet. Versprechungen wurden von sämtlichen drei Teilungsmächten reichlich gemacht, zielten aber bei aller inhaltlichen Unbestimmtheit konkret nur auf die Gewinnung von Soldaten für eigene politische Ziele. Die weitestreichenden Zusicherungen machten die Mittelmächte Deutschland und Österreich-Ungarn in einer gemeinsamen Erklärung vom 5. 11. 1916, als sie die Wiederherstellung eines polnischen Staates proklamierten, dessen Grenzen jedoch nicht genau definierten. Dennoch bereiteten sich schon andere Entwicklungen vor. PIŁSUDSKI gelang es, mit Unterstützung der Besatzungsmächte eine militärische Organisation aufzubauen, die den Kern einer polnischen Armee bildete. Rechtzeitig vor Kriegsende bewahrte ihn ein Streit mit den deutschen Militärs, die ihn nach Magdeburg in Festungshaft brachten (22. 7. 1917), vor dem Vorwurf der Kollaboration. Die Militärbehörden hatten auch zivile Führungsorgane der Polen zugelassen (Regentschaftsrat, 27. 10. 1917), die zwar nur die oberen Schichten repräsentierten, aber die schleichende Übernahme der Verwaltung durch die Polen vorbereiteten.

Eine unkalkulierbare politische Kraft stellten während des Krieges die polnischen Emigranten dar. Polen war lange eine ›Karte‹ von zweifelhaftem Wert für die Politik der Alliierten gewesen, trotz der aktiven Propagandatätigkeit etwa des Pianisten PADEREWSKI; erst die Oktoberrevolution befreite den Westen von der Pflicht zur Rücksichtnahme gegenüber dem russischen Verbündeten. Zuvor hatte Präsident WILSON am 22. 1. 1917 das Recht der Polen auf einen eigenen Staat öffentlich betont, und im Verlauf des Jahres 1917 konnte das polnische Nationalkomitee in Paris seine Anerkennung durch die Alliierten und in der Bereitstellung einer Auslandsarmee den Status einer kriegführenden Macht erreichen. Die 14-Punkte-Erklärung des Präsidenten WILSON vom 8. 1. 1918 bezeichnete die Erhebung eines »von unbestreitbar polnischer Bevölkerung bewohnten Gebietes« zum polnischen Staat als Kriegsziel der Alliierten, wobei mit dem »gesicherten Zugang zum Meer« zugleich eine weitergehende Forderung eingebracht worden war.

Der Verlauf des Ersten Weltkrieges hatte das Problem Polen wiederbelebt und zu einem internationalen Streitfall gemacht, der aus der Zuständigkeit der ehemaligen Teilungsmächte herausgewachsen war. Damit erhielt die polnische Bevölkerung jene Chance eines staatlichen Neubeginns, auf die sie seit den Teilungen vergebens gewartet hatte.

Die Zweite Polnische Republik und der Zweite Weltkrieg (1918–1945)

Das Ende des Ersten Weltkrieges bescherte den Polen eine politische Konstellation, die vorher undenkbar gewesen war: Die Teilungsmächte hatten gegeneinander einen Krieg geführt, den beide Seiten verloren hatten. Dies erlaubte einen Neubeginn polnischer Staatlichkeit, ohne sich der deutschen oder der russischen Seite zu verpflichten.

An der Staatsgründung, die in den Monaten Oktober und November 1918 in Etappen ablief, waren mehrere Gruppierungen beteiligt. Zunächst einmal bestand ein Regentschaftsrat, der von den deutschen Militärbehörden eingesetzt worden war und der am 7. 10. 1918 ein ›unabhängiges Polen‹ proklamierte. Daneben waren im Lande spontane Aktionen zu verzeichnen, die den Machtzerfall des Besatzungsregimes nutzen konnten, beispielsweise die ›Vorläufige Volksregierung‹ in Lublin vom 6./7. 11. 1918. Wichtiges Ordnungsorgan waren die militärischen Einheiten, die PIŁSUDSKI nach seiner Befreiung aus deutscher Haft einen großen Einfluß sicherten; am 11. 11. 1918 wurde ihm der Oberbefehl über die polnischen Streitkräfte übertragen, am 22. 11. 1918 ernannte man ihn zum ›vorläufigen Staatschef‹. Im Ausland stand ROMAN DMOWSKI dem Polnischen Nationalrat und der Exilarmee vor. Schließlich spielten auch die Alliierten eine nicht zu unterschätzende Rolle, deren Votum allein Polen an den Verhandlungstisch bringen konnte und die die neuen Grenzen des Landes international anerkennen mußten.

Die Grenzfrage nahm in der innenpolitischen Diskussion eine zentrale Rolle ein. Zwei Konzeptionen standen einander gegenüber: PIŁSUDSKI plante eine Art Föderation aus den Völkern, die der alten Adelsrepublik vor 1772 angehört hatten, was eine Frontstellung gegen Rußland und eine gewisse Annäherung an Deutschland bedeutet hätte (›jagiellonisches Prinzip‹). Sein Gegenspieler DMOWSKI wollte sich im Osten bescheiden, erstrebte dagegen im Westen auf Kosten Deutschlands kräftige Landgewinne, die zwar ›altes slawisches Land‹ bis zur Oder, jedoch die dauernde Feindschaft Deutschlands erbracht hätte (›piastisches Prinzip‹). Verwirklicht wurde schließlich eine Kombination beider Ideen, weil Sowjetrußland im Osten als Machtfaktor ausgefallen war und in der Ukraine unklare politische Verhältnisse polnische Nationalisten geradezu einzuladen schienen. Die Grenzen reichten infolgedessen bald weit über die ethnischen, von polnischer Landbevölkerung bewohnten Gebiete hinaus. Polen erlangte auf diese Weise eine maximale Ausdehnung, weitgehend mit den Mitteln der militärischen Gewalt. Dies trug dem Land die Feindschaft fast aller Nachbarn ein: die

Grenzen mit Deutschland legten z. T. die Alliierten auf der Friedenskonferenz fest; in unklaren Gebieten (Oberschlesien, Südostpreußen) sollten Volksabstimmungen stattfinden; Gdańsk wurde ein Freistaat unter Völkerbundaufsicht (15. 11. 1920). Mit der Tschechoslowakei, die am 28. 10. 1918 entstanden war, führte Polen im Januar 1919 einen kurzen Krieg um Teschen und erreichte nach langen Streitigkeiten eine Teilung des Gebietes. Mit dem militärischen Vorstoß gegen Kiew (am 7. 5. 1920 besetzt) handelte sich Polen fast eine Niederlage ein, denn im Gegenstoß gelangte die Rote Armee bis Warszawa, wo die polnische Armee sie im August 1920 zum Rückzug zwingen konnte (›Wunder an der Weichsel‹). Der Friedensvertrag von Riga (18. 3. 1920) brachte Polen fast bis an die Grenze von 1772 heran. Gegen den neuen Staat Litauen und dessen historische Hauptstadt Wilna organisierte PIŁSUDSKI durch den General ŻELIGOWSKI einen Überraschungscoup (9. 10. 1920), der Polen die beanspruchten Territorien, aber auch den fortdauernden Konflikt mit Litauen eintrug. Unter besonders schlechten Vorzeichen stand das Verhältnis zum Deutschen Reich. Nicht nur die Abtretungen wurden in Deutschland als schwerer Verlust gewertet, sondern als besonders belastend empfand man auch, daß trotz des deutschen Erfolges bei den

Marschall Józef Piłsudski, Photo
von 1918

51

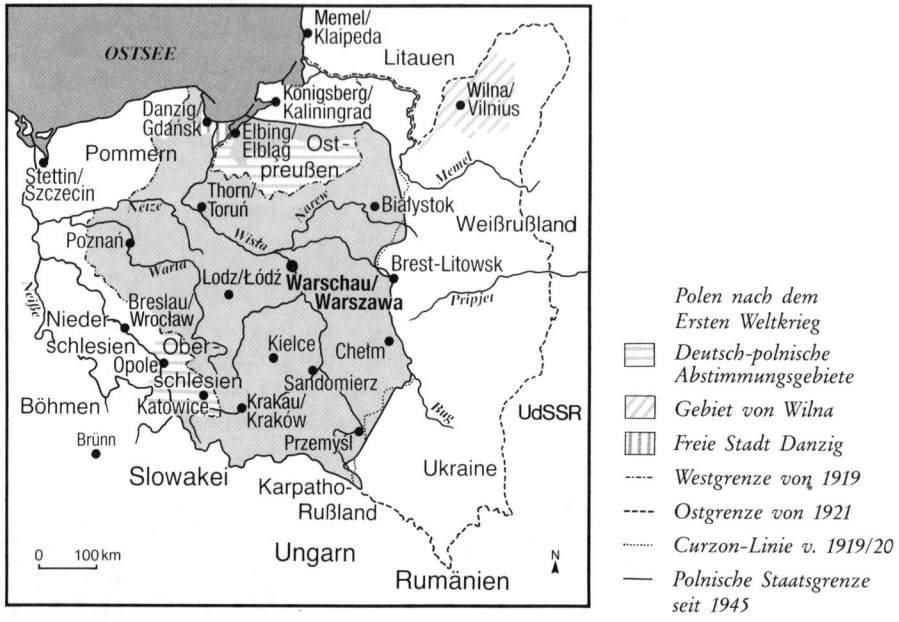

Polen nach dem
Ersten Weltkrieg

Deutsch-polnische
Abstimmungsgebiete

Gebiet von Wilna

Freie Stadt Danzig

---- Westgrenze von 1919

---- Ostgrenze von 1921

········ Curzon-Linie v. 1919/20

—— Polnische Staatsgrenze
seit 1945

Abstimmungen Oberschlesien geteilt wurde. Nach den polnischen Aufständen und den Gegenaktionen deutscher Freicorps war eine derartige Emotionalisierung des Problems entstanden, daß keine der beiden Seiten die tatsächliche Lösung akzeptieren wollte. Zusammen mit dem alten preußisch-polnischen Gegensatz bedeutete dies die schwerste Hypothek für das Nachbarschaftsverhältnis.

In den neuen Grenzen war Polen zu einem Vielvölkerstaat geworden. 1921 zählte man von rund 27 Millionen Einwohnern etwa 70 % Polen, ferner 14 % Ukrainer (3,8 Mio.), Weißrussen und Deutsche je 3,9 % (1 Mio.), 7,8 % Juden (2,1 Mio.), wobei die Zahlen für die Minderheiten nicht in allen Fällen als korrekt ermittelt gelten können. Belastet wurde das Verhältnis der Nationalitäten zum Staat aber vor allem durch den Nationalismus der polnischen Führungsschichten, die ihren Staat auch gegen die Rechte der Minderheiten gestalten wollten. Die Gebiete kamen aus drei Wirtschaftsregionen, die erst nach den neuen Gegebenheiten umstrukturiert werden mußten. Das Rechtssystem, das Verkehrswesen und überhaupt alle staatlichen Einrichtungen bedurften im ganzen Land einer Abstimmung und Anpassung auf- bzw. aneinander.

Angesichts der vielen innen- und außenpolitischen Probleme war die Parteienlandschaft Polens verhängnisvoll zersplittert. Im Grunde kann man drei große politische ›Lager‹ nennen, die in zahlreiche Einzelgruppierungen zerfielen, an den Rändern stets fluktuierten und eigentlich nur durch die Führungspersonen zusammengehalten wurden: die liberalen und bürgerlichen Kräfte unter ROMAN DMOWSKI (Nationaldemokratie), die linken Parteien, besonders die PPS unter Piłsudski, der aber aus der Partei ausgetreten war, und schließlich die Bauerngruppen unter Wicenty Witos. Kompliziert wurde das Verhältnis der Parteien und ›Lager‹ zueinander durch unüberbrückbare persönliche Gegensätze der Führungspersonen.

Nach der Staatsgründung übernahm zunächst Piłsudski als Staatschef diktatorische Funktionen und versuchte, mit wechselnden Regierungen eine nationale Konzentration zu erreichen. Den institutionellen Rahmen bildete zunächst die Kleine Verfassung vom 20.2. 1919 und schließlich die Große Verfassung vom 17.3.1921. Nach der alten Tradition parlamentarischen Denkens in Polen betonte die Verfassung die Kontrollfunktion der Volksvertretung *(Sejm)*, was die Entstehung einer starken Exekutive zumindest nicht förderte. Das zerklüftete Parteienwesen, die persönlichen Konflikte der Parteiführer, Streitigkeiten zwischen Beamten und Offizieren der verschiedenen Teilungsgebiete und der Emigration schufen ein Klima, in dem innenpolitische Kontroversen den Vorrang vor Gemeinsamkeiten hatten. Dabei hätte das Land, statt ständig wechselnder Regierungen, zur inneren Konsolidierung Ruhe benötigt. Polen war ein Agrarstaat (72% der Beschäftigten waren in der Landwirtschaft tätig) und der Boden zwischen wenigen reichen Großgrundbesitzern und vielen z.T. sehr armen Bauern außerordentlich ungleich verteilt. Die Industrie war schwach entwickelt, an ungünstigen Standorten gelegen und arm an Kapital. Das Bürgertum der Städte wies einen hohen Prozentsatz an Nichtpolen auf, wobei insbesondere der Anteil der Juden an den freien und Intelligenzberufen bei den Nationalisten auf Kritik stieß. Streiks, hohe offene und strukturelle Arbeitslosigkeit (besonders in der Landwirtschaft), Bevölkerungswachstum und Auswanderung (bis 1939 mehr als zwei Millionen Menschen) prägten die sozialen Verhältnisse, die zusammengenommen im Ausland die Vorstellung von den ›instabilen polnischen Verhältnissen‹ stützen konnten.

Piłsudski, der mit seinem Nimbus als Nationalheld eine Integrationsfigur hätte werden können, zog sich im Sommer 1923 indigniert von allen politischen und militärischen Ämtern zurück und lebte seitdem auf seinem Landgut. Dort wurde er jedoch weiter von Teilen der Armee hofiert und informiert, und schließlich erschien er im Mai 1926 an der Spitze seiner Truppen vor Warszawa. Aus einer Machtdemonstration wurde ein blutiger Staatsstreich, als dessen Rechtfertigung Piłsudski die Sanierung *(Sanacja)* der inneren Verhältnisse versprach. Der erste Verstoß gegen die Gesetze der Demokratie zog indes immer neue nach sich, so daß das neue Regime im Laufe der Zeit von einer moralischen Diktatur immer deutlicher zu einer tatsächlichen werden sollte. Piłsudski griff persönlich nur wenig in den Lauf der Dinge ein und überließ die Tagespolitik seinen Vertrauten, insbesondere den Offizieren seiner Legion. Zum *Sejm* stand er bald in schlechten Beziehungen, da er den Einfluß der Parteien und die Kontrollfunktion des Parlamentes beschränkte. Nur das Budgetrecht blieb eine Waffe des Parlamentes, und da ihn die Parteien immer heftiger bekämpften, schuf sich Piłsudski eine Partei, die erklärtermaßen keine sein wollte: den ›Parteilosen Block der Zusammenarbeit mit der Regierung‹ (BBWR, 1927). Als aber 1928 die Wahlen keine Mehrheit für Piłsudski brachten (nur 122 von 444 Sitzen im *Sejm*), griff er 1930 zu offen diktatorischen Mitteln: Er löste das Parlament auf und ließ etwa 70 Oppositionspolitiker in der Festung Brześć/Brest einsperren. Obwohl die Regierung sich daraufhin eine knappe Mehrheit sichern konnte (243 von 444 Abgeordneten), entfremdete sich PIŁSUDSKI durch den Prozeß gegen die Oppositionspolitiker und deren nachfolgende Emigration einem großen Teil der polnischen Öffentlichkeit. Aus der zunehmenden Isolierung zog man für die Neue Verfassung von 1935 den Schluß, hinter der Fassade einer weitergeltenden Gewaltenteilung die eigentliche Macht in den Händen des Präsidenten zu konzentrieren. Die auf seine Person zugeschnittene Verfassung konnte PIŁSUDSKI indes nicht mehr lange nutzen, da er am 12. 5. 1935 verstarb. Ungeachtet starker Verstöße gegen die demokratischen Grundsätze findet PIŁSUDSKI mit seinen Verdiensten um die Staatsgründung noch heute in Polen viel Verehrung, was die stets frischen Blumen auf seinem Grab auf dem Wawel in Kraków bezeugen.

Keinem seiner Nachfolger paßte der Rock, den sich PIŁSUDSKI mit der Verfassung selbst geschneidert hatte, und so geriet das Obristenregime in einen zunehmenden Widerspruch zur polnischen Gesellschaft. Überzeugende Erfolge konnte das Regime weder in der Wirtschaft noch in der Sozialpolitik aufweisen. Nur die Armee bedeutete ein Moment nationalen Stolzes, verbarg aber hinter einem imponierenden Auftreten die strukturellen Schwächen und veralteten Ausrüstungen.

In der Außenpolitik wurde die enge Anlehnung an Frankreich, die in den Locarno-Verträgen einen Bruch erfahren hatte, durch zunehmendes Selbstbewußtsein gelockert, besonders als 1934 der Nichtangriffsvertrag mit HITLER eine Entlastung gegenüber Deutschland gebracht hatte. Nach dem Tode PIŁSUDSKIS erlag die Außenpolitik gar dem Versuch eines neuen Großmachtanspruchs, den der Außenminister Oberst BECK in der Vorstellung eines ›Dritten Europa‹ zwischen Deutschland und der Sowjetunion formulierte. Ausdruck dieser Überschätzung der realen Machtverhältnisse war, daß Polen nach der Zerstörung der Tschechoslowakei im Münchener Abkommen (29. 9. 1938) den anderen Teil Teschens forderte. Schon im März 1938 hatte Litauen unter ultimativem Druck die Aufnahme diplomatischer Beziehungen zugestehen müssen. Vor der Zuspitzung der Hitlerschen Agressionspolitik im Frühjahr 1939 stand Polen in Europa ohne rechte Freunde da; mit den Nachbarn ringsum war es verfeindet, selbst Rumänien war auf Distanz gegangen. Die Westmächte vertraten wegen ihrer eigenen Schwäche eine *Appeasement*-Politik, die nur allmählich einer härteren Haltung gegenüber HITLER Platz machte. Polen hatte auch mit seiner eigenen Innenpolitik viele Sympathien der westlichen Demokratien verspielt.

Diese Innenpolitik war durch eine ständig zunehmende Einschränkung der demokratischen Rechte gekennzeichnet. Besonders die nationalen und religiösen Minderheiten sahen sich starken Benachteiligungen ausgesetzt, auf die die Ukrainer schon 1929 mit Gewalt geantwortet hatten; im Winter 1936/37 gerieten die Spannungen gar bis an den Rand eines Bürgerkrieges. Der latente Antisemitismus, den die Rechtsparteien gepflegt hatten, wurde in den letzten Jahren der Obristenherrschaft durch gesetzliche Maßnahmen verfestigt, die die Zahl der jüdischen Studenten beschränkten, Sonderrechte bei der Berufsausübung vorsahen und rituelle Handlungen verboten. Durch solche Eingriffe, die die jüdischen Gemeinden und Individuen hart trafen, wollte man die Emigration der Juden fördern.

Deutsche Truppen beim Niederreißen der Grenzschranken im September 1939

Auch die deutsche Minderheit war zwischen die Fronten geraten. Die Weimarer Republik hatte die Deutschen zum Verbleib im Lande aufgefordert und in ihren politischen Tätigkeiten unterstützt; Hitler nahm deren politische Situation seit Frühjahr 1939 zum Anlaß, den polnischen Staat durch eine intensive Propaganda zu schwächen und zu provozieren. Die daraus resultierende Eskalation von Gewalt auf beiden Seiten hat ein Klima des Hasses geschaffen, das für die Greueltaten des Zweiten Weltkriegs mitverantwortlich war.

Allen innenpolitischen Problemen Polens zum Trotz war es allein der politische Wille Hitlers, der am 1. 9. 1939 zum Krieg führte. Das Abkommen mit der Sowjetunion vom 23. 8. 1939 hatte eine Bündniskonstellation geschaffen, vor der sich die Polen stets gefürchtet haben (›Rapallo-Komplex‹): beide Nachbarn waren sich über ›Einflußzonen‹ einig, die eine neue Teilung des Landes bedeuten sollten. Der eigentliche Kriegsanlaß, der von deutschen Stellen in Gliwice/Gleiwitz provoziert wurde, war nebensächlich, lagen die militärischen Pläne für den Fall ›Weiß‹ doch schon seit langem vor. In einem kurzen Feldzug, der die Überlegenheit der modernen deutschen Wehrmacht gegen die überrumpelten Polen ausspielte, wurde die polnische Armee geschlagen. Als am 17. 9. 1939 auch die Rote Armee von Osten her bis zu der im Hitler-Stalin-Pakt vereinbarten Linie vorrückte, floh die polnische

Regierung nach Rumänien, wo sie interniert wurde. Der unabhängige polnische Staat hatte aufgehört zu existieren; seine Vertretung im Exil übernahmen nun jene Kräfte, die gegen PIŁSUDSKI in Opposition gestanden hatten.

Es war jedoch kein ›normaler‹ Krieg, der über Polen hereingebrochen war. Nach den kurzen harten Schlägen der Wehrmacht folgte die langsame Politik von nationalsozialistischen Parteistrategen, die die Vernichtung großer Teile der polnischen Bevölkerung, die Vertreibung der Landbevölkerung aus vielen Gebieten und die Versklavung der Restbevölkerung beabsichtigten. Dieser besondere Krieg gegen die Zivilbevölkerung stützte sich auf den Gedanken der ›biologischen Überlegenheit‹ der germanischen ›Rasse‹ über die Slawen und insbesondere die Juden, ferner auf die Ziele, im Osten einen ›Lebensraum‹ zu erobern, den HITLER von der ansässigen Bevölkerung freimachen und mit ›germanischen Wehrbauern‹ besiedeln lassen wollte.

Wenn diese wahnwitzigen Pläne auch nicht vollständig durchgeführt wurden, so ist der Weg dahin jedoch mit bedrückender Planmäßigkeit verfolgt worden, und er hinterließ unendliches Leid und die Leichen von Millionen Menschen.

Formal-rechtlich wurden einige Gebiete im Westen (Posen, Wartheland) direkt in das Deutsche Reich eingegliedert; der Rest geriet als ›Generalgouvernement‹ unter die deutsche Verwaltung, deren Leitung Reichsminister HANS FRANK vom alten Königsschloß Wawel in Kraków aus übernahm. Die Sowjetunion ließ in ihren Gebieten im Oktober ›Volksabstimmungen‹ abhalten und gliederte die Territorien dann der Sowjetunion ein.

Diese formale Entwicklung sagt aber wenig über die tatsächliche Geschichte aus. Schon im Herbst 1939 begann der Rassenkrieg gegen die Polen mit Vertreibungen aus dem Warthegau, in dem repatriierte Deutsche aus der Sowjetunion angesiedelt wurden. Spektakuläre Aktionen wie die Verhaftung und Deportation der Lehrenden an der Universität Kraków (6. 11. 1939) sind nur die Spitze von Einzelaktionen, die die Tötung, Gefangennahme und Versklavung von Polen (als ›Arbeitseinsatz im Reich‹ getarnt) betrafen. Die Pläne der SS zielten schlicht auf die Auslöschung des polnischen Volkes als einer europäischen Kulturnation, deren unteren Schichten allein in harter Arbeit für die ›arische Rasse‹ eine Existenzberechtigung zugesprochen wurde. Noch schlimmer war das Los der Juden, denen HITLER als ›Widerpart der germanischen Rasse‹ die Ausrottung zugedacht hatte. Über Zwangsansiedlungen in Ghettos, Deportationen und Todeslager führte der Leidensweg der Juden aus fast ganz Europa in die Gasöfen von Brzezinka/Birkenau, Treblinka u. a., wo insgesamt etwa sechs Millionen Menschen (davon weit mehr als zwei Millionen Juden polnischer Staatsangehörigkeit) umgebracht worden sind. Andere Todeslager, wie etwa Majdanek, in Sichtweite der Stadt Lublin gelegen, dienten der Vernichtung von Gegnern der Nationalsozialisten aus ganz Europa und zur Abschreckung der ansässigen Bevölkerung.

Gegen die planmäßige Vernichtungsaktion wehrte sich das polnische Volk auf zwei Ebenen. Zum einen trat die polnische Exilregierung unter General SIKORSKI in den Krieg gegen das Deutsche Reich ein; polnische Soldaten haben von Beginn an (in Dünkirchen) bis zum Ende des Krieges (etwa in Monte Cassino) den Feind ihres Landes tapfer und mit hohem Blutzoll bekämpft. Zum anderen bildete sich eine Heimatarmee *(Armia Krajowa)*, in welcher der militärische und zivile Widerstand zusammengefaßt wurde. Eine scheinbare Erleichterung der polnischen Situation schuf der deutsche Überfall auf die Sowjetunion am 22. 6. 1941, da nun der Ring um Polen gesprengt zu sein schien. Aber die polnische Forderung nach Rückgabe der an die Sowjetunion gefallenen Gebiete im Osten belastete die Beziehungen während des Krieges ständig mehr. Die Leichenfunde von Katyń (Frühjahr 1943), von der deutschen Propaganda zu Recht der sowjetischen Seite angelastet, jedoch heuchlerisch propagandistisch ausgeschlachtet, nahm STALIN zum Vorwand für den Abbruch der Beziehungen zur Londoner Exilregierung. Das Schweigen der Sowjets über das Schicksal der polnischen Offiziere und von Teilen der Zivilbevölkerung nach dem russischen Einmarsch in Polen belastet das Verhältnis der beiden Völker bis heute.

Während in der alliierten Anti-Hitler-Koalition die Polen, um derentwillen die Alliierten in den Krieg gezogen waren, zunehmend in die Rolle eines Störenfriedes gerieten, dessen Interessen auf den Konferenzen von Teheran und Jalta über die Köpfe der Betroffenen hinweg entschieden wurden, konnte der polnische Widerstand aus eigener Kraft gewisse Erfolge erzielen. Dazu gehörte in erster Linie die Bewahrung der Substanz der polnischen Intelligenz, die teilweise sowohl aktiv im militärischen Widerstand tätig war als auch im Untergrund die weitere Ausbildung eines Teils der Jugend in geheimen Gymnasien und Universitäten fortführen konnte. Nach dem Verzweiflungsakt des Aufstandes im Warschauer Ghetto (April 1943) war die Erhebung der Heimatarmee gegen Sommerende 1944 zwar besser geplant, da man auf die Hilfe der nahe herangerückten Roten Armee gehofft hatte, aber angesichts geringer tatsächlicher Hilfe von außen und der überlegenen deutschen Militärmacht ähnlich opferreich und vergeblich.

Neben den erwähnten Widerstandszentren der Exilregierung in London und der Heimatarmee ist schließlich auch der kommunistische Widerstand zu nennen, der zusammen mit der Roten Armee das Geschick Polens nach der Befreiung von der deutschen Besatzung bestimmen sollte. Nach 1918 hatten die Kommunisten in Polen wegen ihrer prorussisch-prosowjetischen Orientierung keine besonderen Aktivitäten entwickeln können: ihre Partei wurde schließlich 1938 von der Komintern aufgelöst. Der Weltkrieg bot den Kommunisten die Chance eines Neuanfangs: zum einem im Lande mit dem Aufbau einer eigenen militärischen Einheit (*Armia Ludowa*/Volksarmee, vorher ›Volksgarde‹) und der Parteiorganisation, zum anderen im Moskauer Exil, wo jene Polen, die STALINS Säuberungen überlebt hatten, auf neue Aufgaben vorbereitet wurden. Nach sowjetischen Wünschen wurde so im Lande die Reorganisation der kommunistischen Kräfte durchgeführt, die ständig vom deutschen Geheimdienst dezimiert wurden. WŁADYSŁAW GOMUŁKA, als Führer des Widerstandes in Polen, und BOLESŁAW BIERUT, als Vertrauensmann und Abgesandter STALINS, standen einander als Vertreter zweier Richtungen gegenüber – ein Konfliktpotential, das sich erst nach dem Krieg auswirken sollte. Der große Einfluß STALINS auf die Entwicklung in Polen zeigte sich im Kriegsverlauf um so stärker, da die Rote Armee die Hauptlast des Kampfes gegen die deutsche Wehrmacht zu tragen hatte. STALIN entschied in den Konferenzen der ›Großen Drei‹ über die künftigen Grenzen Polens, und dies bedeutete die ›Westverschiebung‹ auf Kosten von Gebietsabtretungen des Deutschen Reiches. Die 1939 an die

Sowjetunion gefallenen Gebiete standen für ihn nie zur Diskussion, und es wurde auch bald deutlich, daß er das befreite Polen als seinen Einflußbereich betrachtete. Mit dem Vormarsch der Roten Armee über die von STALIN als Ostgrenze Polens angesehene Linie begann bereits der Wiederaufbau. Aber auch hier ist zu konstatieren, daß dies nicht ein ›normaler‹ Wiederaufbau nach den Kriegszerstörungen war, sondern ein nach den Vorstellungen der Kommunisten organisierter Neuaufbau von Staat und Gesellschaft. Dazu gehörte die Auflösung und notfalls Bekämpfung von konkurrierenden militärischen und zivilen Kräften des nichtkommunistischen Widerstandes, die Änderung der Besitzverhältnisse durch Enteignungen sowie der Aufbau einer Verwaltung nach dem Räteprinzip und die Einschleusung von Vertrauensleuten. An der Spitze stand das ›Lubliner Komitee‹, das am 22. 7. 1944 in Chełm erstmals auftrat und bereits drei Tage später in Lublin amtierte.

Der Rückzug der besiegten deutschen Wehrmacht gestaltete sich auch für die Zivilbevölkerung zu einer Katastrophe. Sinnlose Zerstörungen von Städten und Industrieanlagen kennzeichneten die Politik der ›verbrannten Erde‹. Aus berechtigter Angst vor der Rache

Kriegskonferenz der ›Großen Drei‹ (v. l. sitzend: Josef Stalin, Franklin Roosevelt, Winston Churchill), bei der auch über das Schicksal Polens verhandelt wird

vormals diffamierter Gegner flohen schuldige und unschuldige Deutsche nach Westen, von einer irrwitzigen Propaganda bis zuletzt über den wahren Sachverhalt getäuscht. Den Tragödien dieser Trecks im Winter entsprachen auch die unendlichen Leiden jener, die von der Roten Armee überrollt wurden und erste Opfer der Vergeltung für vormals deutsche Greueltaten wurden. Das Pendel der Gewalt traf nun mit voller Wucht jene, deren politische Vertreter 1939 mit dieser Gewaltpolitik begonnen hatten.

Auch für die polnische Bevölkerung, soweit sie ihre Hoffnungen auf das westliche Exil und die Heimatarmee gesetzt hatte, kam manches anders als erhofft. Das Lubliner Komitee hatte sich am 1. 1. 1945 zur Provisorischen Regierung erklärt, und es übersiedelte im Laufe des Monats in das fast völlig zerstörte Warszawa. Die westlichen Alliierten konnten nur mit Mühe die Aufnahme einiger Mitglieder des Londoner Exils in die von der Sowjetregierung bereits anerkannte Regierung erreichen (darunter die des Führers der Bauernpartei Mikołajczyk); das Versprechen freier Wahlen stand aber nur auf dem Wort Stalins, der eine Kontrolle von außen nicht zuzulassen gewillt war. Angesichts der neuen Machtverhältnisse, auf die sie keinen Einfluß mehr hatten, resignierten die Anhänger des westlichen Exils. Die Heimatarmee löste sich auf, ihre Anführer wurden von Stalin nach Moskau ›eingeladen‹ und verschwanden nach Prozessen in Lagern. Auf der Potsdamer Konferenz (17. 7. bis 2. 8. 1945) war eine polnische Regierung vertreten, die eher Stalins Wohlwollen als die erklärte Zustimmung der polnischen Bevölkerung besaß. Der polnische Staat, der aus dieser Konferenz mit neuen Grenzen hervorging, hatte nur noch die Südgrenze mit der Zweiten Republik gemeinsam. Die Gebiete östlich der Oder und Neiße – bei Szczecin/Stettin die Oder überspringend – kamen an Polen. Die Endgültigkeit dieser Entscheidung, die von deutscher Seite mit der Formulierung »unter polnischer Verwaltung stehende Gebiete« lange in Frage gestellt wurde (und z. T. noch wird), war für die Polen und ihre Verbündeten nie zweifelhaft. Die deutsche Bevölkerung wurde, soweit sie nicht geflohen oder umgekommen war, vertrieben, deren Reste später gewaltsam umgesiedelt. Von den einstmals etwa zwölf Millionen Menschen deutscher Sprache in diesen Gebieten haben – nach Verlusten bei Kriegsende und bei den Aussiedlungsaktionen – mehr als neun Millionen Aufnahme im Westen gefunden. In ihre verlorene Heimat rückten Polen ein, die zumeist ein ähnliches Schicksal einer Zwangsumsiedlung aus den an die Sowjetunion gefallenen Gebieten erlitten hatten. Gewaltsame Umsiedlungsaktionen dieser Art reißen Wunden auf, die in einer Generation nicht vernarben können; im politischen Bewußtsein und im Leben der Betroffenen sind diese Ereignisse wohl noch lange nicht überwunden.

Polen war nach der Befreiung von der deutschen Herrschaft ein anderes Land geworden: Es war von der Kriegsmaschinerie mehrfach überrollt und zerstört worden, mehr als sechs Millionen Menschen (darunter auch die polnischen Juden) hatten durch die deutsche Gewaltherrschaft ihr Leben verloren; der Neubeginn unter sowjetischen Vorzeichen hatte weitere Opfer gekostet. Die Städte waren meist zerstört, die Industrieanlagen ausgeplündert und verwüstet, die Dörfer im Westen menschenleer; Polen hatte einen großen Teil seiner Intelligenz und seiner Fachkräfte verloren. Der Landgewinn auf Kosten der Deutschen mußte die Beziehungen zu diesem Nachbarn auf Jahre hinaus zusätzlich belasten und begründete

Republik Polen (Zweite Republik)

14. 11. 1918–9. 12. 1922	Józef Piłsudski (Staatschef)
9.–16. 12. 1922	Gabriel Narutowicz (Präsident, ermordet)
20. 12. 1922–14./15. 5. 1926	Stanisław Wojciechowski (Präsident)
1. 6. 1926–30. 9. 1939	Ignacy Mościcki (Präsident)

Exil

30. 9. 1939–Juli 1945	Władysław Raczkiewicz

andererseits eine enge Bindung an die Sowjetunion, die allein die neuen Grenzen garantierte, aber auch innenpolitisch dem Land ihren Stempel aufdrückte. Manchem mochte es scheinen, daß Polen den Krieg zweimal verloren hatte.

Polen als Volksrepublik

Die tragende politische Kraft des neuen Polen war die Kommunistische Partei, die sich hinter dem Namen PPR (Partei der Arbeit) verbarg und sich auf die Rote Armee und sowjetische Berater stützte. Aus dem Widerstand und dem Exil kamen noch andere politische Parteien, wie die Volks-Bauernpartei (PSL) mit ihrem Führer Mikołajczyk, den das Votum der westlichen Alliierten in die Regierung getragen hatte. Von Anfang an war klar, daß die Kommunisten die Fäden der Macht in den Händen hielten und andere politische Kräfte allenfalls neben sich dulden würden. Die kommunistische Machtbasis im Lande konnte – nach Anfangsproblemen – durch einen Mitgliederzuwachs bis zum Jahre 1948 auf 950 000 erhöht werden. Die Kommunisten besetzten die Schlüsselpositionen in der Regierung und hatten ihre Vertrauensleute auch dort in zweiter Reihe, wo ein Minister einer anderen Partei angehörte. Dieses System, die Macht hinter einer formalen Mehrparteienherrschaft in einem ›Demokratischen Block‹ fest zu kontrollieren, machte den Kern des Übergangsstaates einer ›Volksdemokratie‹ aus. Über die Polizei, den Sicherheitsdienst, die Armee und bewaffnete Milizen baute die Partei ihren Machtapparat zielbewußt aus und kontrollierte bald die polnische Gesellschaft und das Land, auch wenn erst 1947 die letzten Reste eines aktiven Widerstandes beseitigt werden konnten.

Nach der Gleichschaltung der politischen Kräfte im Demokratischen Block war nur die PSL unter dem Landwirtschaftsminister Mikołajczyk eine selbständige Partei geblieben. Sie hoffte darauf, in freien Wahlen ein deutliches Vertrauensvotum durch die Bevölkerung zu erhalten. Um die Stimmung im Lande zu testen, schrieb die Regierung unter dem Sozialisten Osóbka-Morawski zunächst für den 30. 6. 1946 eine Volksabstimmung aus, in der drei Fragen gestellt wurden: Abschaffung des Senats? Zustimmung zur Agrarreform und zum Verstaatlichungsprogramm? Endgültigkeit der neuen Westgrenze? Da die beiden letzten Punkte in der Bevölkerung nicht strittig waren, konzentrierte sich die Auseinandersetzung auf die erste Frage, die in ihrer tatsächlichen Bedeutung zurücktrat und zu einer Kraftprobe mit dem Demokratischen Block wurde. Die Abstimmungsergebnisse, die erst nach zehn Tagen bekannt gegeben wurden, wiesen 32 % Neinstimmen für die erste Frage auf, was die Anhänger Mikołajczyks als ihren Sieg feierten, den die Regierung durch Manipulationen geschmälert habe. Die innenpolitischen Gegensätze verschärften sich nun weiter.

In Wahlen für den *Sejm* am 19. 1. 1947 war die PSL die einzige Oppositionspartei gegen den von den Kommunisten geführten Block. Ausländische Beobachter haben dieser Wahl eine unkorrekte Durchführung bescheinigt, und so ist das Ergebnis, demgemäß 80 % der Stimmen dem Demokratischen Block, der PSL jedoch nur 10 % der Stimmen zufielen, wohl ›geschönt‹ worden. Der neue *Sejm* wählte Bolesław Bierut zum Staatspräsidenten und den PPS-Sekretär Józef Cyrankiewicz zum Ministerpräsidenten. Wegen des Bestrebens, jegliche Opposition gegen die Regierung als Verrat zu kriminalisieren und in Schauprozessen zu ahnden, verengte sich das politische Spektrum weiter, bis mit der Flucht von Mikołajczyk und einiger seiner Anhänger im Oktober 1947 die Opposition ausgeschaltet war. Die Macht in Polen lag damit in den Händen der Kommunisten, auch wenn nach außen hin erst durch die Verschmelzung mit der vordem selbständigen PPS (Polnische Sozialistische Partei) im Dezember 1948 zur PZPR (Vereinigte Polnische Arbeiterpartei) die Einheit der Arbeiterklasse dokumentiert wurde.

Die innere Umgestaltung des Landes hatte gleich nach der Befreiung von der deutschen Okkupation begonnen: Enteignungen, Verstaatlichungen von Industrie- und Handwerksbetrieben und eine Bodenreform, die den Bauern Kleinbetriebe mit durchschnittlich 5 ha Land eintrug, schufen die Grundlage eines neuen Wirtschaftssystems, in dem sich der Staat die ordnende Funktion vorbehielt. Die Wirtschaft wurde auf die Sowjetunion ausgerichtet, die auch die Teilnahme Polens am Marshallplan (Sommer 1947) verhinderte. Polen sollte hinfort dem sowjetischen Modell einer Planwirtschaft mit Forcierung der Schwerindustrie entsprechen.

Der Gleichschaltung von Wirtschaft und Gesellschaft folgte ein Machtkampf innerhalb der Partei. Zuvor schon waren verschiedene Säuberungswellen über die Partei hinweggegangen, aber mit dem Vorwurf des ›Titoismus‹ und des Nationalismus machten die ›Moskowiter‹ unter Bierut ab Herbst 1948 systematisch die ›Heimatkommunisten‹ mit Gomułka an der Spitze mundtot. Der von Gomułka propagierte »eigene Weg zum Sozialismus« und sein Widerstand gegen die Kollektivierung der Landwirtschaft hatten ihn als ›Radieschen‹ in Verruf gebracht (außen rot, innen weiß, zugleich die polnischen Nationalfarben). Allerdings endete der Abschied von der Macht, den Gomułka und viele andere erleben mußten, nicht in Schauprozessen und Hinrichtungen (wie in Ungarn und der Tschechoslowakei), sondern (nur) in der Gefängnishaft (1951–54).

Dem innerparteilichen Machtkampf entsprach eine weitere Umgestaltung aller Lebensbereiche nach sowjetischem Vorbild, die ›Sowjetisierung‹ Polens. Die Partei, selbst zentralistisch organisiert, kontrollierte die Wirtschaft und die Gesellschaft, gängelte die Kunst, die Wissenschaft und das Bildungswesen und bekämpfte jede Selbständigkeitsregung. Die Verfassung von 1952 dokumentiert ein Machtsystem, in dem die Gewaltenteilung aufgehoben war. In der Wahl vom Oktober desselben Jahres wurde mit 99,8 % Zustimmung zur Einheitsfrontliste der Nationalen Front auch hier das sowjetische Vorbild kopiert. Etwas allerdings unterschied das Land wesentlich von der Sowjetunion: Polen war nach 1945 zu fast 98 % ein katholisches Land geworden, und die moralische Kraft der Kirche konnte mit Verstaatlichungsmaßnahmen nicht beseitigt werden. Die Regierung ging jedoch unterschiedlich vor, um die Konkurrenz zu dämpfen: die Geistlichen zwang man, einen Treueid auf den Staat zu leisten; gewisse Einrichtungen blieben zwar garantiert (etwa die katholische Universität Lublin), der Primas WYSZYŃSKI (seit 1948) mußte aber seine Proteste gegen Einschränkungen und Schauprozesse mit langer Haft und vorübergehender Amtsenthebung bezahlen. Viele Priester und Ordensleute wurden ebenfalls in Haft genommen.

Die dem Stalinismus anzulastende Talsohle war mit dem Tode STALINS zwar durchschritten (5. 3. 1953), der Weg zu einer Liberalisierung blieb jedoch zunächst sehr mühsam. Insbesondere die Zwangskollektivierung der Landwirtschaft und die einseitige Bevorzugung der Schwerindustrie erwiesen sich als Hauptstreitpunkte, die mit dem Machtkampf in der Partei verbunden waren. Offen brach dieser aus, als BIERUT bald nach der berühmten Anti-Stalin-Rede CHRUSCHTSCHOWS (Februar 1956) in Moskau unerwartet starb. Die vorsichtigen Lockerungen erfuhren im Juni 1956 durch einen Streik in Poznań, der blutig unterdrückt wurde, eine starke Beschleunigung. Gegen den Widerstand der Stalinisten konnte nun GOMUŁKA, der erst im August voll rehabilitiert worden war, im Oktober 1956 die Position des Ersten Sekretärs der PZPR erreichen und die Stalinisten ausbooten. Angesichts der sich dramatisch zuspitzenden Unruhe in Ungarn war diese Personalentscheidung für die Sowjets das geringere Übel. Im Windschatten der ungarischen Ereignisse gelang es GOMUŁKA, zwischen verschiedenen Parteigruppierungen geschickt taktierend, die Hoffnung der Bevölkerung auf mehr Freiheit zu nähren, was in der Formulierung der Schlagworte vom ›Frühling im Oktober‹ zum Ausdruck kam. Die Zwangskollektivierung wurde aufgehoben und die Produktivität der Landwirtschaft durch Bereitstellung von Krediten und einer Minderung der Zwangsablieferung gesteigert. Dem entsprach auch eine Zurücknahme staatlichen Einflusses in anderen Teilen der Wirtschaft, indem Betrieben diverser Branchen mehr Eigeninitiative gestattet wurde.

Die Anfangshoffnungen erfüllten sich jedoch nicht. Zwar konnte sich Polen einen größeren Anteil an innenpolitischen Freiheitsräumen bewahren als andere sozialistische Staaten und in der Außenpolitik – nach dem Ausgleich mit der DDR (Görlitzer Abkommen vom 6. 7. 1950) – mit dem Rapacki-Plan das Angebot einer atomwaffenfreien Zone in Mitteleuropa entwickeln, der gesamte Parteiapparat litt jedoch in den 60er Jahren unter zunehmender Verkrustung und der Entfremdung GOMUŁKAS von der Alltagsrealität. Ein Machtkampf zwischen ihm und dem Innenminister (ab 1964) General MOCZAR, der die ›Partisanen‹ hinter sich wußte, führte zu einer erneuten Beschränkung der geistigen Freiheit, der Rechtssicherheit und (seit 1967) zu einer Kampagne gegen den ›Zionismus‹ der im Lande verbliebenen Juden. Der ›Prager Frühling‹ 1968 fand Polen an der Seite der reformfeindlichen Kräfte, die mit der bewaffneten Intervention dem ›Sozialismus mit menschlichem Antlitz‹ ein Ende bereiteten. In der letzten Phase seiner Herrschaft stützte sich GOMUŁKA auf die Vertreter der technischen Intelligenz, aus der auch sein Nachfolger EDWARD GIEREK stammte. Das Ende der Ära GOMUŁKA war mit zwei dramatischen Ereignissen verbunden: Zum einen gelang am 7.12.1970 die Unterzeichnung eines Vertrages mit der sozialliberalen Regierung der Bundesrepublik Deutschland in Warszawa, der neben einer lange überfälligen Vergangenheitsbewältigung in der Grenzfrage auch die Möglichkeiten einer besseren Kooperation für die Zukunft eröffnete; zum anderen aber brachte eine Preiserhöhung für Konsumgüter am 12.12.1970 die schon lange schwelende innenpolitische Krise explosionsartig zum Ausbruch. Es war GOMUŁKAS Tragik, daß er, nach seinem mit großen Hoffnungen verbundenen Machtantritt, die Streiks der Arbeiter in Gdańsk blutig niederschlagen ließ. Am 20.12.1970 wurde GOMUŁKA von seinen Ämtern abgelöst und zur Unperson erklärt.

Willy Brandt am 7.12.1970 in Warszawa

An die Wahl GIEREKS zum Ersten Sekretär der PZPR knüpften sich hohe Erwartungen, die der Pragmatiker aus Katowice/Kattowitz zunächst auch erfüllen konnte. GIEREK wechselte die alte Führungsriege der Partei aus, ging zu den Arbeitern in die Fabriken, um deren Klagen anzuhören und leitete auch Maßnahmen zur wirtschaftlichen Verbesserung ein. Ein Generationswechsel und ›neue Horizonte‹ wurden den Polen versprochen, die nun weitere Auslandskredite erhielten und Angebote der Regierung (etwa mehr Auslandsreisen) mit einer Steigerung der Arbeitsproduktivität honorierten. Die weitgesteckten Pläne brachen aber jäh mit der Wirtschaftskrise infolge der Ölpreiserhöhungen zusammen; Polen mußte diverse Importe erhöhen, die für den Fortgang der Produktion auch unrentabler Betriebe notwendig waren; darüber hinaus wurden höhere Nahrungsmitteleinfuhren auf Kredit unumgänglich, während Polen für eigene Produkte nicht genügend Absatzmöglichkeiten fand. Die ökonomischen Schwierigkeiten führten Mitte der 70er Jahre in der Innenpolitik zur langsamen Rücknahme bisheriger Liberalisierungsmaßnahmen. Eine erhebliche Erhöhung von Nahrungsmittelpreisen sorgte im Juni 1976 für Streiks, die gewaltsam unterdrückt wurden. GIEREK war damit dort angelangt, wo die Bevölkerung von der Partei nur noch mit Zwangsmaßnahmen ruhiggehalten werden konnte.

Anders als zuvor regten sich jetzt aber Gegenkräfte in der Gesellschaft. Aus Protest über das Vorgehen der Polizei gegen streikende Arbeiter und zur Unterstützung von notleidenden Familien entstand ein ›Komitee zur Verteidigung der Arbeiter‹ (KOR), in dem bekannte

Persönlichkeiten der Kultur und Wissenschaft mitarbeiteten. Bald entstanden weitere Vereinigungen, in denen die Probleme Polens – gegenwärtige wie historische – diskutiert und durch entsprechende Publikationen unzensiert veröffentlicht wurden. Die verfehlte Wirtschaftspolitik der Regierung geriet ins Visier, insbesondere die hohe Schuldenlast des Landes und die Anzeichen eines moralischen Verfalls der Partei. Neu für das Regime war auch ein Anwachsen des Einflusses der katholischen Kirche. GIEREK war der Kirche zunächst weit entgegengekommen und hatte etwa dem Bau von Gotteshäusern im Lande zugestimmt, aber die charismatische Gestalt des alten Primas Kardinal WYSZYŃSKI, der als Mahner und Widerpart der Regierung geschätzt und gefürchtet war, erhielt in Gestalt des Krakauer Kardinals KAROL WOJTYŁA (und dessen Wahl zum Papst JOHANNES PAUL II. am 16. 10. 1978) eine unerwartete Verstärkung. Mit den drei Faktoren Partei, Gesellschaft und katholische Kirche zeichnete sich jene Konstellation ab, die für die Krise der 80er Jahre bestimmend werden sollte.

Die Unzufriedenheit der Bevölkerung über die schleichende Verschlechterung der Versorgungssituation kulminierte im Juli 1980 in der Reaktion auf die Erhöhung der Fleischpreise. Der Entlassung von Arbeitern, die sich Gedanken über eine unabhängige Gewerkschaft gemacht hatten, folgten rasch Streiks in Gdańsk und in anderen Städten. Neu war nun die Entstehung eines überbetrieblichen Streikkomitees, für das der Gdańsker Elektriker LECH WAŁĘSA bald weitergehende Forderungen nach Gründung einer landesweiten unabhängigen Gewerkschaft erhob. Die Arbeitsniederlegungen und das disziplinierte Verhalten der Arbeiter zwangen die Partei zu Gesprächen, da sie als ›Partei der Arbeiter‹ nicht mit Gewalt gegen eben diese Arbeiter vorgehen wollte. Grundsätzliche Kritikpunkte der Arbeiter, die von Intellektuellen und Priestern beraten wurden, erkannte die Regierung an; die weitergehende Forderung nach einer sich selbst verwaltenden, damit das Organisationsmonopol der Partei brechenden Gewerkschaft ›Solidarität‹ (›Solidarność‹) bereitete der Partei indes erhebliche Probleme. Für die Versäumnisse der Partei mußte GIEREK im Oktober 1980 mit seiner Amtsenthebung büßen.

Der neue Parteichef STANISŁAW KANIA kam den Arbeitern noch weiter entgegen, indem er die ›Solidarność‹ im Oktober ›registrieren‹, d. h., zuließ. In den folgenden Monaten geriet die Regierung jedoch unter Druck von zwei Seiten: den sozialistischen Nachbarn gingen die Zugeständnisse der Partei zu weit, der Gewerkschaft jedoch nicht weit genug. Auch die ›Solidarität‹ geriet zunehmend in Probleme, da von einzelnen Gruppen immer weiter gehendere, selbstbewußtere Forderungen erhoben wurden, deren Erfüllung zu einer Sprengung des Nachkriegssystems hätten führen müssen. Zum anderen nützte sich der Streik als einzige Waffe der ›Solidarität‹ ab und brachte außerdem das Land an den Rand des Chaos.

1 WARSZAWA/WARSCHAU   Klosterkirche der Visitandinnen ▷

2 WARSZAWA/WARSCHAU   Stadtpanorama ▷◁

3 WARSZAWA/WARSCHAU Palais Ostrogski

4 WARSZAWA/WARSCHAU
  Pfarrkirche St. Alexander

5 WARSZAWA/WARSCHAU Großes Theater

6 WARSZAWA/WARSCHAU   Ghetto-Denkmal

7 WARSZAWA/WARSCHAU   Marktplatz der Altstadt ▷

8/9 WARSZAWA/WARSCHAU Palais Wilanów, Badezimmer der Izabela Lubomirska und Karmesin-Saal

10 WARSZAWA/WARSCHAU Łazienki-Park, ›Theater auf der Insel‹

11 WARSZAWA/WARSCHAU Łazienki-Park, Schloß Ujazdów

12 ARKADIA Diana-Tempel, Nordseite

13 PUŁTUSK Pfarrkirche St. Matthäus

14 ZAKROCZYM Pfarrkirche

15 GOLUB-DOBRZYŃ/GOLLUB Burg

16 Radzyń Podlaski Schloß

17 Opinogóra Schloß Zygmunt Krasińskis

19 LESZNO/LISSA   Rathaus
18 POZNAŃ/POSEN   Rathaus, Innenansicht
20 POZNAŃ/POSEN   Rathaus

21 PAWŁOWICE/PAULSDORF
Kolonnadensaal im Palais Mielżyński ▷

Der Gegenschlag der Partei, die in der Öffentlichkeit mittlerweile kaum mehr sichtbar war, wurde durch die Berufung des Verteidigungsministers und Oberkommandierenden der Armee General WOJCIECH JARUZELSKI am 9. 2. 1981 zum Ministerpräsidenten vorbereitet; als er am 18. 10. auch den Parteichef KANIA in dessen Amt ablöste, war er mit einer in der Geschichte des neuen Polen bisher unerreichten Machtfülle ausgestattet. Während die Bevölkerung unter zunehmenden Versorgungsproblemen litt, erfreute sie sich zugleich einer bisher ungewohnten Meinungsfreiheit. Allerdings kamen dabei nicht nur alte Gedanken der Vorkriegszeit wieder zum Vorschein, sondern auch radikale Forderungen, die die politischen Gegebenheiten der geographischen Lage Polens nicht mehr berücksichtigen wollten. Während die ›Solidarität‹ im Herbst 1981 in zwei Beratungen ihre Reihen wieder zu ordnen versuchte, führte die Partei überraschend am 13. 12. 1981 den Gegenschlag, indem sie den Kriegszustand (Stan wojenny) ausrief. Viele Mitglieder der ›Solidarität‹ und einige Verantwortliche der alten Parteiführung wurden in Lagern interniert.

General JARUZELSKI hatte mit der Ausrufung des Kriegszustandes und dem Verbot der Gewerkschaft ›Solidarität‹ die Ruhe im Lande wiederhergestellt; dies war jedoch eine Ruhe der Lähmung und Resignation, die von der versprochenen ›Normalisierung‹ weit entfernt war. Neben der Beruhigung der Gesellschaft, an der auch der neue Primas Kardinal GLEMP mit seinen vorsichtigen, wenngleich oft unpopulären Äußerungen teilhatte, stand die Reorganisation der Wirtschaft im Vordergrund. Das Land war mit etwa 30 Milliarden Dollar verschuldet, verfügte jedoch nur über beschränkte Möglichkeiten, diese Schulden abzubauen, zumal die Ausrufung des Kriegszustandes von vielen Ländern mit einer Art Boykott beantwortet worden war. Die Preise für Waren des täglichen Gebrauchs explodierten, wichtige Lebensmittel wie Fleisch mußten über ein Kartensystem verteilt werden. Da die Lohnerhöhungen mit diesen inflationären Preissteigerungen nicht Schritt halten konnten, bedeutete dies einen spürbaren Rückgang des Lebensstandards.

Das Konfliktpotential, das im Gegenüber von Staat und Kirche steckt, offenbarte sich bei der Ermordung des Warschauer Kaplans JERZY POPIEŁUSZKO am 19. 10. 1984 durch Beamte des Sicherheitsdienstes. Das Grab POPIEŁUSZKOS in Warszawa ist seither zu einer inoffiziellen nationalen Gedenkstätte geworden (s. S. 150).

Das Hauptproblem Polens war die schlechte wirtschaftliche Lage, die sich in inflationären Preiserhöhungen und Versorgungsmängeln äußerte, was zu wachsender Apathie und ziviler Verweigerung der Bevölkerung geführt hat, die die Partei nicht überwinden konnte.

Der Wirtschaftsprofessor ZBIGNIEW MESSNER, der 1985 von JARUZELSKI das Amt des Ministerpräsidenten übernahm, scheiterte bald. Er wurde 1988 durch MIECZYSŁAW RAKOWSKI ersetzt, der als Journalist (u. a. in Bonn) den Ruf eines ›Liberalen‹ erworben hatte, in verschiedenen Staats- und Parteiämtern aber eine gemäßigte, wenngleich in Prinzipien konsequente Linie der Partei vertrat. Im Schatten der Politik von Glasnost und Perestrojka in der Sowjetunion, mit der Partei- und Staatschef MICHAIL GORBATSCHOW seiner Partei neue Wege wies, eröffneten sich seit Herbst 1988 im politischen System Polens sensationelle Perspektiven.

In langwierigen Verhandlungen am ›Runden Tisch‹ trat die ›Solidarność‹ für eine allmähliche Umgestaltung der Volksrepublik Polen in einen Verfassungsstaat ein. Die einzelnen Stufen dieser Entwicklung waren dadurch gekennzeichnet, daß die Kräfte des alten Systems an ihrer schrittweisen Entmachtung beteiligt waren. Im Mai wurde die Zensur abgeschafft und die Glaubens- und Gewissensfreiheit festgeschrieben. Für die ersten freien Wahlen seit Ende des Zweiten Weltkrieges wurde noch eine Übergangslösung vorgesehen, die den Kommunisten und den mit ihnen verbündeten Parteien und Gruppen von vornherein 65 % der Sitze des *Sejm* zusicherte; für den gleichzeitig neu eingerichteten Senat sollte das freie Wahlrecht gelten. Die Wahlen am 4. Juni 1989 brachten dann eine Abrechnung des Volkes mit den alten Kräften: im Senat gewann die ›Solidarität‹ 99 % der Sitze, und im *Sejm* hatten die Kommunisten Mühe, die ihnen zugebilligten Sitze tatsächlich zu besetzen; selbst ausgewiesene Reformer (RAKOWSKI) waren durchgefallen.

Polen war damit ein Staat des Überganges, und WOJCIECH JARUZELSKI, der am 19. Juni 1989 mit knapper Mehrheit zum Staatspräsidenten gewählt worden war, verkörperte in seiner Person diesen Übergang. Im *Sejm* scheiterte die Wahl von Kandidaten der kommunistischen Partei, und auf Vorschlag von LECH WAŁĘSA wurde am 24. August 1989 TADEUSZ MAZOWIECKI zum ersten nichtkommunistischen Ministerpräsidenten Polens seit Ende des Zweiten Weltkrieges gewählt. Allerdings war auch sein Kabinett ein solches des Übergangs, denn neben Vertretern der ›Solidarität‹ waren auch ›Parteilose‹ (Außenminister KRZYSZTOF SKUBISZEWSKI) und in ›sensiblen Ressorts‹ (Inneres und Armee) auch Kommunisten vertreten.

Die Republik Polen

Eine wichtige Etappe zur Rechtsstaatlichkeit bildete die Reformnovelle zur Verfassung vom 30. Dezember 1989, die den Namen des Staates wieder in *Republik Polen* änderte und dem Adler im Staatswappen als Zeichen der Souveränität die Krone zurückgab. Mit der Aufhebung jener Artikel, die die führende Rolle der kommunistischen Partei behaupteten, und der Ersetzung der ›Werktätigen‹ durch das ›Volk‹ als Quelle staatlicher Gewalt wurde ein weiterer Schritt weg vom Zwangsstaat der ›Volksdemokratie‹ getan.

Die Probleme der wiedererstandenen Republik Polen lassen sich auf drei Ebenen finden. Das schwierigste Problem war die Umstellung der Wirtschaft von der sozialistischen Planwirtschaft auf eine Marktwirtschaft. Dies bedeutete die Schließung unrentabler Betriebe, die Einfuhr von Kapital und Wissen aus dem Ausland und die Öffnung des Binnenmarktes für ausländische Produkte. Nach den ersten Erfahrungen eines wirtschaftlichen Niederganges, der dem Lande einer Hyperinflation und eine Senkung des Lebensstandards von etwa 40 % bescherte, konnte über die Stabilisierung des Staatshaushaltes die Inflation gebremst und ein allmählicher wirtschaftlicher Aufstieg verzeichnet werden. Trotz einer guten Versorgung mit allen Waren ist aber festzuhalten, daß weite Teile der Bevölkerung verarmt sind und sich diese Waren kaum leisten können.

Neben dem staatlichen Wirtschaftssektor, der durch eine zögerliche Privatisierung gekennzeichnet ist, entstand ein blühender ›grauer Markt‹ der Privatwirtschaft. Viele Polen suchten im privaten Kleinhandel einen Ausweg aus Verarmung oder Arbeitslosigkeit, und der kleine Grenzverkehr mit den Nachbarländern oder zeitweise Emigration zum Zweck des Geldverdienens trugen erheblich zum langsam steigenden Wohlstand bei. International gewann das Land durch einen Teilerlaß von Schulden und die Konsolidierung der Währung (darunter auch die Umstellung des alten Złoty) an Ansehen.

Kennzeichnend für die innenpolitischen Verhältnisse war der mühsame Prozeß der Gewöhnung an die Demokratie. Im Spannungsdreieck Sejm (Parlament), Regierung und Präsident entbrannte ein politischer Machtkampf, der manche sinnvolle Entscheidung (es galt eine Übergangsverfassung vom 17. 10. 1992) blockierte. Die alte Koalition der Solidarność konnte mit LECH WAŁĘSA zwar den ersten demokratisch gewählten Präsidenten stellen, dieser trug in seiner Amtszeit jedoch in erheblichem Maße zur innenpolitischen Polarisierung der Parteien und zum Überdruß an der Politik bei, indem er durch unüberlegte Äußerungen in der Öffentlichkeit oder Eingriffe in die Tagespolitik hart am Rande der Legalität das Vertrauen in den demokratischen Meinungsbildungsprozeß störte.

Wie sich die Parteienlandschaft in eine Vielzahl von politischen Gruppierungen in der Nachfolge der Solidarność-Bewegung zersplitterte, so war auch die Regierung durch große Instabilität geprägt. In der Zahl der Regierungen und dem politischen Streit der einzelnen Instanzen untereinander erinnerte Polen an Italien; und vergleichbar war auch, daß trotzdem die langsame Erholung des Landes fortschritt. Das Land war polarisiert, die Parteien in ›Lager‹ mit Orientierung auf Persönlichkeiten gespalten; die Politiker verloren in der Bevölkerung an Ansehen, wie Umfragen und die geringe Wahlbeteiligung bewiesen; die Wahlentscheidung für ALEKSANDER KWAŚNIEWSKI (am 19. 11. 1995) war mit 51,7 % denkbar knapp. Der Wahlsieg der Linksparteien in den Sejmwahlen vom 19. 9. 1993, denen die Herkunft aus der kommunistischen Partei zum Vorwurf gemacht wurde, war daher mehr Ausdruck eines Protestes als eine ideologische Frage, die eine Rückkehr zu der ›Volksdemokratie‹ nahegelegt hätte. Außerdem standen auch die Linksparteien, deren Sieg durch die Wahl von Aleksander Kwaśniewski zum Staatspräsidenten gekrönt wurde, unter Druck der politischen Vorentscheidung, sich den westlichen Ländern zu nähern.

Eine polnische Besonderheit bleibt die katholische Kirche, die in einer Phase des Überganges mühsam eine neue Stellung zu finden sucht. Die Vorstellung scheint paradox, daß die Kirche in der ›Volksdemokratie‹ mehr Einfluß besaß, als in der demokratisch verfaßten Republik. Die Kirche versucht zum einen, ihren Einfluß auf die Gesellschaft zu halten oder gar zu verstärken (Diskussionen über die Abtreibung, die Fundierung von christlichen Werten in der geplanten Verfassung), muß aber zum anderen die zunehmende Entfremdung der Menschen erkennen, die sich durch Mahnungen und einen emotionalen Appell an echt polnische Traditionen nicht von den Wünschen nach Kommerz und Konsum, letztlich von einer wachsenden Säkularisierung abbringen lassen wollen. Bezeichnenderweise hat die deutliche Parteinahme der Kirche für den abgewirtschafteten WAŁĘSA in der letzten Phase des Wahlkampfes dem Kandidaten wohl nur geschadet.

Die Staatsoberhäupter Polens seit 1944

Volksrepublik Polen

22. 07. 1944 – 6. 02. 1947 Bolesław Bierut (Vorsitzender des Landesnationalrates)
 7. 02. 1947 – Aug. 1952 Bolesław Bierut (Staatspräsident)
20. 09. 1952 – 7. 08. 1964 Aleksander Zawadzki (Vorsitzender des Staatsrates)
12. 08. 1964 – 11. 04. 1968 Edward Ochab (Vorsitzender des Staatsrates)
11. 04. 1968 – 23. 12. 1970 Marian Spychalski (Vorsitzender des Staatsrates)
23. 12. 1970 – 28. 03. 1972 Josef Cyrankiewicz (Vorsitzender des Staatsrates)
28. 03. 1972 – 6. 11. 1985 Henryk Jabłoński (Vorsitzender des Staatsrates)
 6. 11. 1985 – 19. 07. 1989 Wojciech Jaruzelski (Vorsitzender des Staatsrates)
19. 07. 1989 – 30. 12. 1989 Wojciech Jaruzelski (Staatspräsident)

Republik Polen

30. 12. 1989 – 22. 12. 1990 Wojciech Jaruzelski (Staatspräsident, vom *Sejm* gewählt)
22. 12. 1990 – 23. 12. 1995 Lech Wałęsa (Staatspräsident, vom Volk gewählt)
ab 23. 12. 1995 Aleksander Kwaśniewski (Staatspräsident, vom Volk gewählt)

Ein Lichtblick ist demgegenüber die Veränderung der außenpolitischen Lage Polens. Erstmals in der neuen Geschichte des Landes hat Polen mit keinem seiner Nachbarn einen Streit; die Grenzen sind anerkannt, und zugleich wurden sie – in unterschiedlichem Maße – durchlässig wie nie zuvor. Alte Feindbilder haben damit ihre Gültigkeit verloren und zwingen Polen zu einer Neudefinition seiner geographischen Lage, die vom Rande des westlichen Europas nun zu einer Mittellage geworden ist. Dies wird sich noch verstärken, wenn der Wunsch, der NATO und der Europäischen Union beizutreten, langsam realisiert wird. Schon jetzt (1996) ist Polen – wie kein anderes postkommunistisches Land – in politische Entscheidungen einbezogen und nimmt de facto bereits die Stellung eines Landes innerhalb der westlichen Organisationen ein, wie gemeinsame Manöver mit NATO-Truppen oder der lebhafte Grenzverkehr belegen.

Als geradezu dramatisch ist der Wandel des deutsch-polnischen Verhältnisses zu bezeichnen. Mit dem ›Vertrag über gute Nachbarschaft und freundschaftliche Zusammenarbeit‹ (vom 17. 6. 1991) wurde besiegelt, was sich bereits vorbereitet hatte: aus zwei Völkern, die sich über Generationen hindurch bekämpft haben, die im Zweiten Weltkrieg die tiefstmögliche Entfremdung erfahren hatten, wurden nun Nachbarn, die ihre enge Bindung aneinander akzeptiert haben. Die Rollenverteilung ist dabei ungleich: während die Regierung der Bundesrepublik Deutschland zur Hauptfürsprecherin für die polnischen Wünsche einer Verstärkung der Westbindungen geworden ist und die deutsche Wirtschaft einen vorderen Platz in den ausländischen Investitionen belegt, wird die Entwicklung von vielen Polen noch eher verstandesmäßig als gefühlsmäßig akzeptiert. »Polens Weg nach Europa führt über Deutschland«, dieses Wort des ehemaligen polnischen Außenministers SKUBISZEWSKI zeigt die Abhängigkeit Polens von seinem entwickelteren Nachbarn und einen neuen Realismus im Umgang miteinander. Polen hat für die Besserung der Beziehungen auf manche alte Vorstellung verzichten müssen, und etwa in der Anerkennung der ›deutschen Minderheit‹ innenpolitische Zugeständnisse gemacht, die gegenüber anderen Nachbarn noch nicht zu verzeichnen sind. Das Resultat ist positiv, denn die wachsenden Bindungen über die Grenze hinweg kommen beiden Seiten zu Gute. Das Ziel verstärkter Kontakte zwischen Institutionen (Kulturinstitute, Universität Viadrina in Frankfurt/Oder) und Menschen (Jugendaustausch, Städtepartnerschaften) ist die Überwindung alter Vorurteile und die innere Füllung der politischen Vorgaben. *Manfred Alexander*

Die nationalen und ethnischen Minderheiten in Polen

Im demokratischen Staat Polen befinden sich verschiedene ethnische Minderheiten, deren genaue Zahlen aber schwer zu erfassen sind, da die letzte Volkszählung keine Fragen zur Muttersprache oder zur Abstammung enthielt und mancher aus privaten Gründen die Zugehörigkeit zu einer Minderheit verheimlicht. Die Minderheiten haben das Recht zur Bildung von Vereinen, einige haben Parteien gegründet und sind im *Sejm* vertreten; verschiedentlich werden Rundfunksendungen in den Minderheitensprachen ausgestrahlt und Schulunterricht in nicht-polnischer Sprache abgehalten. Eine Kommission für nationale und ethnische Minderheiten im *Sejm* überwacht die Rechtlichkeit der offiziellen Beziehungen. Obgleich in Polen nur ca. 3–4 % der Bevölkerung nicht-polnischer Sprache sind, kann von einem entspannten Verhältnis zu den Minderheiten nicht überall gesprochen werden. So warten die Ukrainer bis heute auf eine tiefgreifende Diskussion über die während des Stalinismus – insbesondere im Rahmen der Aktion ›Wisla‹ – gegen sie ausgeübte Repression. Auch die historischen Ursachen des polnischen Antisemitismus sind bis heute öffentlich nicht erschöpfend behandelt worden. Das Thema ›Minderheiten in Polen‹ bedürfte allerdings einer ausführlichen Erörterung, die jedoch den Rahmen dieses Buches sprengen würde. Zu nennen sind:

Deutsche	350 000–500 000	Sinti und Roma	20 000–25 000
	(bis zu 1 Mio. geschätzt)	Tschechen und	
Weißrussen	250 000–350 000	Slowaken	20 000
Ukrainer	200 000–300 000	Litauer	15 000–20 000
Russen	20 000– 25 000	Juden	10 000

Hinzu kommen Immigranten und Flüchtlinge aus zahlreichen Ländern, deren Angehörige zwischen einigen Hundert und 2000 Personen ausmachen (Quelle: Kommission für nationale und ethnische Minderheiten des Sejm).

Die ›deutsche Minderheit‹ in Polen

Das Ende des Zweiten Weltkrieges brachte mit Flucht, Vertreibung und Aussiedlung das Ende der deutschsprachigen Bevölkerung auf dem Territorium des neuen polnischen Staates. Nur in wenigen Gebieten (z. B. Ostpreußen) waren einige Deutsche geblieben, die zumeist mit polnischen Ehepartnern verbunden waren.

Ein Sonderproblem stellt hingegen Oberschlesien dar. Die autochthone Bevölkerung ist slavisch und spricht eine Sprache (Schlonsakisch), die zwischen dem Polnischen und dem Mährisch-Slowakischen steht. Bis zum Ersten Weltkrieg zogen viele Deutschsprachige nach Oberschlesien, und die einheimische Bevölkerung des Gebietes war infolge der Einbindung in die deutsche Wirtschaft und Verwaltung auf dem Wege zur Zweisprachigkeit. Auch dort, wo trotz Besuch deutscher Schulen und Militärdienst der heimische Dialekt des Schlonsakischen bewahrt oder durch Aufnahme zahlreicher deutscher Lehnworte zum ›Wasserpolnischen‹ verfälscht wurde, bekannte sich ein großer Teil der Einheimischen zum Deutschtum und setzte sich von den ethnischen Polen ab. Nach dem Ersten Weltkrieg wurde im Vorfeld der Abstimmung über die Zuordnung Oberschlesiens das Problem politisiert und spaltete viele Familien bis hin zur Teilnahme von Brüdern an den entgegengesetzten Fronten der Aufstände. In der Zwischenkriegszeit bewahrten die Oberschlesier auch über die Teilungsgrenze hinweg ein Bewußtsein der Zusammengehörigkeit, das sich in der Bezeichnung *tutejsi* (Hiesige) von Fremden abgrenzte. Während im deutschen Gebiet über die Zweisprachigkeit die Tendenz zur Übernahme der deutschen Umgangssprache weitere Fortschritte machte, gelang es den Polen kaum, die Kluft zu den ihnen sprachlich nahe stehenden Oberschlesiern zu überbrücken.

Der Zweite Weltkrieg brachte den zeitweiligen Vorrang des ›Deutschtums‹, das in der nationalsozialistischen ›Volksliste‹ in vier Grade klassifiziert wurde. Nach dem Weltkrieg haben Flucht und Vertreibung, nach 1956 auch die legale Auswanderung (›Umsiedlung‹) zu einem Exodus der deutschsprachigen oder deutschbewußten Bevölkerung geführt. Dies wurde dadurch noch verstärkt, daß die polnischen Behörden die Benutzung der deutschen Sprache verboten und verfolgt, ja auch den regionalen schlonsakischen Dialekt behindert und diskriminiert haben. Da auch in den Schulen kein Deutsch unterrichtet werden konnte, ging, zumal in der nachwachsenden Generation, die Kenntnis der deutschen Sprache allmählich verloren.

Bewahrt wurde indes das regionale Sonderbewußtsein, weil Oberschlesien als Industriegebiet mit einer selbstbewußten Arbeiterschaft und als Industrielandschaft mit besonderen Umweltproblemen seinen prägenden Charakter bewahrt hat. Die ökonomischen Probleme Polens haben in den achtziger Jahren zur Verklärung der ›guten alten deutschen Zeit‹ beigetragen und das Rinnsal der auswandernden Oberschlesier zu einem Strom anschwellen lassen. Dem kam die deutsche Rechtsprechung entgegen, die jene als deutsche Staatsbürger anerkannte, deren Vorfahren 1914 die reichsdeutsche Staatsbürgerschaft besessen hatten oder die in der ›Volksliste‹ als ›Volksdeutsche‹ eingetragen worden waren. Die endgültige Anerkennung der deutsch-polnischen Grenze an Oder und Neiße durch die Bundesrepublik Deutschland hat manche Illusion über eine Änderung der Landkarte zerstört.

Der ›Vertrag über gute Nachbarschaft und freundschaftliche Zusammenarbeit‹ vom 17. 6. 1991 hat der deutschen Minderheit die politische Anerkennung gebracht. Nach der Neugründung von Vereinen und Parteien wurden in den Sejmwahlen vom 19. 9. 1993 vier Abgeordnete der deutschen Minderheit in den Sejm und einer in den Senat gewählt. Diese Entwicklung zeigt, daß mit Toleranz und Fingerspitzengefühl auf beiden Seiten alte Gräben überbrückt und die Grundlagen für ein friedliches Zusammenleben geschaffen werden konnten.

Literatur

Ähnlich wie im übrigen Europa entwickelte sich die polnische Literatur teils aus vorchristlichen mündlichen Überlieferungen, teils aus der christlich-religiösen Literatur, die zunächst noch in lateinischer Sprache abgefaßt war.

Als ältestes Schriftzeugnis in Polen gilt die Chronik von GALLUS ANONYMUS aus dem Jahre 1112–13. Hervorragendes Beispiel für mittelalterliche Rhetorik mit panegyrisch-erzieherischem Charakter sind die ›Chroniken des Meisters Vinzenz‹ (WINCENTY KADŁUBEK 1150–1233), geschrieben um 1200. Die aus dem späten 13. Jh. stammende ›Chronik aus Großpolen‹ ist eine Art literarische Geschichtsschreibung; als Verfasser gelten entweder JANKO AUS CZARNKÓW, Vizekanzler KAZIMIERZ III. WIELKI, oder BASZNO, Geistlicher am Hofe des Bischofs von Poznań. Eine monumentale Geschichte Polens, die sogenannten ›Annales Poloniae‹, wurde von JAN DŁUGOSZ (1415–80) in den Jahren 1455–80 niedergeschrieben. Im Bereich der politischen Publizistik wirkten PAWEŁ WŁODKOWIC (1370–1435), Polens Sprecher beim Prozeß gegen den Deutschen Orden auf dem Konzil von Konstanz sowie JAN OSTRORÓG (1436–1501), der erste nichtkirchliche politische Schriftsteller Polens; er verteidigte die königliche Politik gegen die Ansprüche des Vatikans sowie gegen die Autonomiebestrebungen der polnischen Kirche und des Hochadels; sein politisches Traktat ›Monumentum pro Rei publicae Ordinatione‹ (›Von der Organisation des Staates‹) ist das erste Literaturwerk dieser Art in Polen.

Eingang in die Literatur fand die polnische Sprache erst Mitte des 14. Jh. Die sogenannten ›Heilig-Kreuz-Predigten‹, sind das älteste literarische Zeugnis polnischer Sprache. Durch eine Aufzeichnung aus dem Jahre 1407 wurde das älteste polnische Gedicht, die ›Gottesgebärerin‹ (›Bogurodzica‹), bekannt, eine religiöse Hymne, die wahrscheinlich auf dem Schlachtfeld vor dem Kampf gesungen wurde und aus dem früheren 13. Jh. stammt; der Name geht auf das Altslawische zurück und entspricht dem griechischen Theotokos. Oft wurden auf Wunsch der Königin Jadwiga Bibeln und juristische Traktate ins Polnische übersetzt. Aus dem 14. und 15. Jh. stammen Übersetzungen von Psalmen, etwa ›Das Psalmenbuch der Königin Hedwig‹. Im Jahre 1455 fertigte PATER ANDRZEJ aus Jaszowice eine Bibelübersetzung an, die als ›Die Bibel der Königin Zofia‹ bekannt geworden ist.

Zu der Gattung der Apokryphen in Romanform gehören ›Die Betrachtungen über das Leben des Herrn Jesu‹ sowie Biographien von Heiligen und Predigten (›Kazania Świętokrzyskie‹ aus dem 14. Jh. und ›Kazania Gnieźnieńskie‹ aus dem 15. Jh.). Die spätmittelalterliche Dichtung berücksichtigte auch die aktuelle weltliche Problematik, zunächst in Form von Gelegenheitsdichtung satirischen Charakters (›Vom Betragen bei Tisch‹) oder sozialkritischer Thematik (›Satire von den faulen Bauern‹ oder etwa das ›Lied von Tęczyńskis Ermordung‹). Beide Lieder sind gegen die niederen Stände gerichtet und dienten der Etablierung des Adels in jener Zeit.

Die Ereignisse der Reformation spiegeln sich in dem hussitischen ›Wycliff-Lied‹ wider, das von JĘDRZEJ GAŁKA aus Dobczyn, einem Professor an der Universität Kraków/Krakau, geschrieben wurde. Ein weiteres Beispiel weltlicher Poesie sind die in Disputform abgefaßten ›Gespräche des

Mikołaj Rej, Holzschnitt von 1562

Meisters mit dem Tod‹; gekennzeichnet durch einfallsreiche Sprache und plastische Schilderungen lokaler Bräuche, nimmt diese Dichtung einen bedeutenden Platz in der polnischen Literatur ein.

Die Epoche der Renaissance ist auch das ›Goldene Zeitalter‹ der polnischen Literatur, die immer mehr von weltlichen, humanistischen, an die Antike anknüpfenden Tendenzen beeinflußt wurde. Es entwickelten sich mehrere Genres der schönen Literatur: das Epigramm, die Ode, das Lehrdrama, die Tragödie, die Satire, das politische Gedicht und andere. Die erste Schriftstellergeneration der polnischen Renaissance schrieb noch in lateinischer Sprache; zu nennen sind der politische Schriftsteller JAN OSTRORÓG, die Dichter KLEMENS JANICKI und JAN DANTYSZEK sowie GRZEGORZ AUS SANOK, ANDRZEJ KRZYCKI und

MIKOŁAJ HUSSOWSKI. BIERNAT VON LUBLIN (etwa 1465–1529) war der erste Schriftsteller, der ausschließlich auf polnisch schrieb und das erste gedruckte Buch in polnischer Sprache verfaßte: ›Das Seelenparadies‹ (1513), eine Art Gebetbuch; große Beachtung fand sein Hauptwerk, die 1522 in Gedichtform angelegte Übersetzung ›Das Leben Aesops des Phrygiers‹.

Die Reihe der großen Schriftsteller der Renaissance wird von MIKOŁAJ REJ (1505–69) eröffnet, dem ›Vater der polnischen Literatur‹. Eng mit seiner sozialen Klasse, dem Adel, verbunden, spielte er eine bedeutende Rolle in der damaligen Öffentlichkeit und wirkte nicht nur als Literat, sondern auch als Publizist, Politiker und religiöser Propagandist. In seinen Versdialogen ›Kurze Auseinandersetzung zwischen einem Herren, einem Schulzen und einem Dorfpfarrer‹ (1543), in Epigrammen und der Prosaschrift ›Das getreue Leben eines rechtschaffenen Menschen‹ (1558), charakterisierte er treffend Mentalität und Bräuche des Adels.

JAN KOCHANOWSKI (1530–84), der ›Dichter aus Czarnolas‹, galt bis ins 19. Jh. hinein nicht nur als der größte Dichter der polnischen Renaissance, sondern auch als bedeutendster Vertreter der schöngeistigen Literatur der damaligen Zeit im gesamten slawischen Sprachraum. Der Humanist, Patriot und geschätzte Kenner der Antike, verfaßte vor allem Lyrik: Gedichte und Klagelieder. Er schrieb auch das Drama ›Abweisung der griechischen Abgesandten‹ (deutsch 1901, 1930), ein Versuch, die antike Tragödie in Form und Inhalt nachzuahmen; das Drama wird als ein Glanzstück des polnischen Humanismus angesehen. KOCHANOWSKIS Satiren ›Eintracht‹ und ›Satyr‹ berühren politische sowie gesellschaftliche Probleme und können als ›gereimter Journalismus‹ betrachtet werden. Höhepunkt seines Schaffens auf lyrischem Gebiet waren Klagelieder ›Treny‹ (deutsch ›Threnodien‹, 1932).

Im 16. Jh. entwickelte sich auch die Publizistik. ANDRZEJ FRYCZ MODRZEWSKI (1503–72) gewann aufgrund seines 1551 erschienenen Werkes ›De republica emendanda‹ (›Über die Staatsreform‹) an internationaler Bedeutung, da die von ihm aufgeworfenen Fragen (Probleme der Staatstheorie, die Rolle der Kirche, des Bildungs- und Justizwesens) damals ganz Europa betrafen. Als Publizisten wirkten auch STANISŁAW ORZECHOWSKI (1513–66) sowie der Jesuit, Prediger und Verfechter der Gegenreformation PIOTR SKARGA (1536–1612). MARCIN BIELSKI (1495–1575) veröffentlichte im Jahre 1551 die erste Weltgeschichte in polnischer Sprache.

Durch die Gegenreformation wuchs das Interesse für die Literatur Italiens: PIOTR KOCHANOWSKI übersetzte den ›Rasenden Roland‹ von ARIOSTO und ›Das erlöste Jerusalem‹ von TASSO. Methaphysische Sehnsucht und Weltschmerz, die von MIKOŁAJ SĘP-SZARZYŃSKI (1550–81) in die Lyrik eingeführt wurden, gehören zu den Leitmotiven des polnischen Barock.

Das 17. Jh. war reich an kriegerischen und religiösen Auseinandersetzungen, die den polnischen Staat zerrütteten und seine kulturellen Leistungen zerstörten. Die polnische Prosa des 17. Jh. bestand vor allem aus Tagebüchern und politischer Literatur: verfaßt im sogenannten ›Makkaronistil‹, einer polnisch-lateinischen Sprachmischung, und geprägt vom Geist des Sarmatismus. Dem Sarmatismus lag ein patriotisch-historischer Mythos zugrunde, begleitet von einer spezifisch polnischen Adelsideologie, die auf strikter Ablehnung des westeuropäischen, zentralistisch ausgerichteten Absolutismus beruhte. Das epische Schaffen und die Ansichten jener Zeit fanden ihren vollendetsten Ausdruck in den ›Tagebüchern‹ von JAN CHRYZOSTOM PASEK (1636–1701), in dem historischen Poem ›Kampf um Chocim‹ von WACŁAW POTOCKI (1625–95) und in der ›Polnische(n) Psalmodie‹, geschichtsphilosophischen Psalmen von WESPAZJAN KOCHOWSKI (1633–1700).

Der Barockstil, in dem die Form über den Inhalt dominierte, fand besonders in der Lyrik Ausdruck, auffallend war der pompöse Duktus der Autoren. Zu den herausragenden Vertretern der Barocklyrik gehörten ANDRZEJ MORSZTYN (1613–93), ein Meister des Konzeptualismus, so-

Titelblatt von Jan Kochanowskis ›Satyr‹, 16. Jh.

wie SZYMON ZIMOROWIC (1608–29), der Autor der ›Roxolanki‹, erotisch-idyllische Liebeslieder (Schäferdichtung).

Die erste Hälfte des 18. Jh. wird in der polnischen Literaturgeschichte ›Sächsische Nacht‹ genannt, eine besonders bizarre Phase der Barockliteratur in Form eines obskuren Sarmatismus. Aus der Fülle durchschnittlicher Poeten ragte eine Gruppe energischer Intellektueller heraus, die angesichts der krisenhaften Entwicklung Polens die Notwendigkeit von Reformen in Politik und Bildungswesen erkannten. STANISŁAW KONARSKI (1700–73) ebnete mit seinem Werk ›Von wirksamer Beratung‹ der zukünftigen staatsbürgerlichen Literatur den Weg; STANISŁAW LESZCZYŃSKI, 1704–09 und noch einmal 1733–36 polnischer König, verfaßte das politische Traktat ›Eine freie, die Freiheit schützende Stimme‹. ANDRZEJ ZAŁUSKI

(1702–72) gründete eine berühmte Bibliothek, die seinen Namen erhielt.

All diese Initiativen kündigten schon das Zeitalter der Aufklärung an. Mit der Thronbesteigung STANISŁAW AUGUST PONIATOWSKIS bekam auch die literarische Kultur einen fürsorglichen Hüter und Mäzen. Die 30 Jahre der ›Stanisławschen Ära‹ (reg. 1764–65) waren von einer Literatur geprägt, die sich didaktische Aufgaben stellte und den Anspruch erhob, zur Umgestaltung der sozialen, politischen und ökonomischen Verhältnisse beizutragen. Dem diente nicht nur eine rege publizistische Tätigkeit, bei der vor allem STANISŁAW STASZIC (1755–1826) und HUGO KOŁŁĄTAJ (1750–1812) als Verfechter radikaler Reformen herausragten, in diesem Sinne erfolgte auch die Gründung literarischer Zeitschriften wie ›Monitor‹ und ›Angenehme und nützliche Unterhaltungen‹. WOJCIECH BOGUSŁAWSKI gründete 1765 in Warszawa das polnische Nationaltheater, das die Bedeutung der Hauptstadt als kulturelles Zentrum noch mehr hervorhob.

Ignacy Krasicki (1735–1801)

In der Literatur der polnischen Aufklärung waren Genres wie die Erzählung, das Drama, die Fabel und das komödienhafte Heldenpoem besonders beliebt. Als ›Dichterfürst‹ und als führender Repräsentant der Aufklärung gilt IGNACY KRASICKI (1735–1801), der regelmäßig an den Donnerstags-Tafelgesprächen bei König STANISŁAW teilnahm, ein Zusammentreffen von Künstlern, Wissenschaftlern und Publizisten. KRASICKI ist als Verfasser des ersten neuzeitlichen Romans anzusehen; sein Werk ›Die Begebenheiten des Mikołaj Doświadczyński‹ (deutsch 1776) ist eine Mischung aus Abenteuerroman à la Robinson Crusoe und satirisch-philosophischer Erzählung in der Art VOLTAIRES, Erziehungsroman im Sinne ROUSSEAUS und utopische Erzählung im Geiste JONATHAN SWIFTS.

Verbunden mit dem Hof STANISŁAW AUGUST PONIATOWSKIS war auch ADAM NARUSZEWICZ (1733–96), ein Dichter und Historiker, der zwischen 1780 und 1785 ein gewaltiges Werk schuf: die Darstellung polnischer Geschichte mit Hilfe moderner Forschungsmethoden. Insgesamt erschienen sechs Bände seiner ›Geschichte des polnischen Volkes seit der Bekehrung zum Christentum‹, die bis an das Jahr 1386 (polnisch-litauische Personalunion) heranreichte. Der Dichter STANISŁAW TREMBECKI (1739–1812) präsentierte in seinem Werk ›Sofiówka‹ gelehrte philosophische Ansprachen, die er mit meisterhaften Naturbeschreibungen zu verknüpfen verstand. Zu den Gästen der königlichen Donnerstags-Tafel gehörten auch KAJETAN WĘGIERSKI (1755–87), ein viel zu früh verstorbener Übersetzer und Satiriker, sowie JAN JASIŃSKI (1761–94), ein überzeugter Republikaner und Vorkämpfer der Tugenden im jakobinischen Sinne.

Das andere kulturelle Zentrum Polens jener Zeit war die dem Fürsten CZARTORYSKI gehörende Stadt Puławy. Dort, im Salon der Fürstin IZABELA CZARTORYSKA, verkehrten FRANCISZEK KARPINSKI (1741–1825) und DIONIZY KNIAŹNIN (1750–1807), beides Vertreter des polnischen Sentimentalismus, deren Dichtung volkstümliche und idyllische Elemente (Schäferdichtung) enthielt.

Für das Theater schrieben FRANCISZEK ZABŁOCKI (1754–1821), der es in seinen bissigen Komödien besonders auf den Sarmatismus abgesehen hatte, sowie JULIAN URSYN NIEMCEWICZ (1757–1841), der im Auftrag der Reformpartei während der Sitzungsperiode des *Sejms* im Jahre 1790 die Komödie ›Die Heimkehr des Landboten‹ (deutsch 1792) schrieb; ein Werk, dessen brisanten politischen Inhalt das Publikum Warszawas sofort begriff und das der Bewegung für eine neue Staatsverfassung Auftrieb verschaffte.

Durch die dritte Teilung Polens 1795, die den vorläufigen Untergang des Landes als Staat bedeutete, fühlten sich die Literaten in die patriotische Pflicht genommen. Die polnischen Klassizisten wollten nach französischem Vorbild mit der Darstellung von Themen aus der eigenen Geschichte ein neues Genre schaffen: die nationale Tragödie. Hierzu zählt die Verstragödie ›Barbara Radziwiłłówna‹ von ALOJZY FELIŃSKI, die 1817 uraufgeführt und später ins Französische und Deutsche übersetzt wurde. An der Schwelle zwi-

Adam Mickiewicz (1798–1855), Porträt von Walenty Wańkowicz

schen Klassik und Romantik standen vor allem JULIAN URSYN NIEMCEWICZ und KAZIMIERZ BRODZIŃSKI (1791–1835). Letzterer gab 1818 die umfangreiche Abhandlung ›Über die Klassik und Romantik sowie den Geist der polnischen Poesie‹ heraus. Im Kreise der an der Seite NAPOLEONS kämpfenden Legionen des Generals JAN HENRYK DĄBROWSKI entwickelte sich die patriotische Dichtung. Erwähnenswert ist hier das Schaffen von CYPRIAN GODĘBSKI (1765–1809) und sein Gedicht ›An die polnischen Legionen in Italien‹ (1805). Von Italien aus (1797 entstanden) erklang der neue, hoffnungsvolle Ton des patriotischen Liedes, jenes Gesangstückes, das später zur Nationalhymne wurde: »Noch ist Polen nicht verloren...«

Das in Werken von ADAM MICKIEWICZ (1798–1855), JULIUSZ SŁOWACKI (1809–49), ANTONI MALCZEWSKI (1793–1826), SEWERYN GOSZCZYŃSKI (1801–76) und JÓZEF BOHDAN ZALESKI (1802–86) dargestellte Idealbild des rebellischen romantischen Helden machte nach der Niederschlagung des Novemberaufstandes von 1831 die Romantik zur literarischen Hauptströmung. Wichtiges Merkmal der Romantik in Polen war die messianische Botschaft der Literatur, die Polen zum ›Christus der Nationen‹ emporstilisierte. Die Hauptvertreter der Romantik waren MICKIEWICZ, SŁOWACKI und auch ZYGMUNT KRASIŃSKI (1812–59). In ihren Dramen (MICKIEWICZ: ›Ahnenfeier‹, deutsch 1887; SŁOWACKI: ›Kordian‹, 1834, ›Lilla Weneda‹, 1839, und KRASIŃSKI: ›Die ungöttliche Komödie‹, deutsch 1841), versuchten sie, die Konflikte des romantischen Helden in moralisch-philosophischen Begriffen zu erfassen und darzustellen. Das Nationalepos ›Pan Tadeusz‹ (deutsch 1836) von MICKIEWICZ und das Drama ›Beniowski‹ (1841) von SŁOWACKI gehören zur Weltliteratur.

Mit seiner stark intellektualisierten Poesie nimmt der Verfasser von Poemen, Dramen und philosophischen Essays CYPRIAN KAMIL NORWID (1841–83) eine Sonderstellung ein (u. a. die Gedichtsammlung ›Vademecum‹, 1886); erst nach seinem Tode wurde NORWID die verdiente

Adam Miekiewicz beim Vortragen seiner Gedichte in einem literarischen Salon, Gemälde von G. Mjasoldov 1877

Anerkennung zuteil. Während die genannten Dichter vor allem in der Emigration (Paris, Rom) wirkten, arbeiteten die hervorragendsten Vertreter zeitgenössischer Literatur im Land, so auch der Komödiendichter ALEKSANDER FREDRO (1793–1876) – bekannteste Werke: ›Mädchenschwüre‹ (1827), ›Die Rache‹ (1833) und ›Herr Jowialski‹ (1832) – und JÓZEF IGNACY KRASZEWSKI (1812–87), dessen Zyklus historischer Romane in der Zeit der Teilung stark zur Popularisierung der nationalen Geschichte beitrug. In der damals geschaffenen Lyrik fanden sich rebellische Elemente (bei WINCENTY POL und RYSZARD BREWIŃSKI), aber auch volkstümliche und naturverbundene Dichtungen (TEOFIL LENARTOWICZ, WŁADYSŁAW SYROKOMLA).

Die Niederschlagung des Januaraufstandes 1863–64 verursachte eine antiromantische, positivistische Gegenbewegung in der polnischen Literatur. Diese um 1870 entstandene, besonders durch ALEKSANDER ŚWIĘTOCHOWSKI (1849–1938)

repräsentierte Strömung, förderte den Realismus und setzte auf die belehrende, erzieherische Funktion der Literatur, die zur Lösung praktischer Probleme beitragen sollte. Diese Strömung manifestierte sich in erster Linie in der Prosa; die hervorragende – und weltweit anerkannte – Leistung des Positivismus war der realistische Roman, für den drei Namen stehen: BOLESŁAW PRUS (1845–1912), ELIZA ORZESZKOWA (1841–1910) und der Nobelpreisträger HENRYK SIENKIEWICZ (1846–1916). BOLESŁAW PRUS' Hauptwerk ›Die Puppe‹ (deutsch 1954) behandelt in epischer Breite das gesellschaftliche und geistige Leben im Polen des 19. Jh. ELIZA ORZESZKOWAS ›Am Niemen‹ (deutsch 1953) beschreibt in bewegender Sprache das Schicksal des ostpolnischen Adels nach dem Januaraufstand. In bewußter Abkehr von den prophetisch-messianischen Tendenzen der polnischen Romantik entstanden historische Romane wie BOLESŁAW PRUS' ›Pharao‹ (deutsch 1944), in dem die Funktionsweise politischer Macht ge-

zeigt wurde sowie die Romane von HENRYK SIEN-
KIEWICZ (›Trylogie‹, 1884–88; ›Die Kreuzritter‹,
1900 und das weltbekannte ›Quo vadis‹, 1896), in
denen der Autor die Auffassung zurückwies, daß
die Geschiche eine moralisch-optimistische Vor-
bildfunktion für das zeitgenössische Polen habe.

Die Krise des Positivismus Ende der 80er Jahre
des 19. Jh. und die Entstehung des Naturalismus
mit seinen Hauptvertretern ADOLF DYGASIŃSKI
(1839–1903), ANTONI SYGIETYŃSKI (1850–1923)
und GABRIELA ZAPOLSKA (1857–1921) markierten den Beginn eines neuen Zeitalters in der polnische Literatur, die Entstehung des ›Młoda Polska‹
(›Junges Polen‹). Zwei Faktoren waren in den
90er Jahren für das Bewußtsein der neuen
Schriftstellergeneration und ihre Abgrenzung
vom Positivismus entscheidend: das Heraufzie-
hen sich verstärkender sozialer Konflikte und ein
wiederauflebender, kämpferischer Patriotismus.
L'art pour l'art war allerdings die Zauberformel
der zahlreichen Manifeste des Schriftstellers und

Henryk Sienkiewicz (1846–1916)

Dramatikers STANISŁAW PRZYBYSZEWSKI (1868 bis
1927). In der Poesie von KAZIMIERZ PRZERWA-
TETMAJER (1865–1940) und JAN KASPROWICZ
(1860–1926) wurden – unter Anwendung impres-
sionistischer wie auch symbolischer Stilmittel –
philosophisch-kontemplative und erotische Themen aufgegriffen.

Anfang des 20. Jh., nach einer gewissen Enttäu-
schung über die weitverbreitete Ablehnung dieses
Ästhetizismus, gewannen die Werke des ›Jungen
Polen‹ an intellektueller Tiefe; in der Weiterent-
wicklung wandten sich JAN KASPROWICZ, KAZI-
MIERZ PRZERWA-TETMAJER, der Klassiker des
›Jungen Polen‹ LEOPOLD STAFF (1878–1957) sowie der Expressionist TADEUSZ MICIŃSKI
(1873–1918) moralphilosophischen Themen zu.

Unter den Prosaisten dieser Literaturperiode
ist vor allem STEFAN ŻEROMSKI (1864–1925) zu
nennen: ein Dramatiker, Erzähler und Publizist,
der die Prosa des kritischen Realismus um Elemente der Lyrik, aber auch der intellektuellen Reflexion bereicherte. In seinen Romanen ›Die Hei-
matlosen‹ (1900), ›Schutt und Asche‹ (deutsch
1904), ›Der getreue Strom‹ (deutsch 1915) verband er sprachliche Schönheit mit leidenschaftli-
chem sozialen wie patriotischen Engagement.

Besonders berühmt wurde der Romancier und
Erzähler WŁADYSŁAW REYMONT (1867–1925),
Autor des Romans ›Die Bauern‹ (deutsch 1912),
einer Beschreibung des damaligen dörflichen Lebens, für die er 1924 den Nobelpreis erhielt.

Bestimmend für das Drama des ›Jungen Polen‹
ist das Werk des Malers, Dichters und Regisseurs
STANISŁAW WYSPIAŃSKI (1869–1907). Seine Werke, die unter Zuhilfenahme ideologisch fundierter
Polemik die polnische Adelstradition wie auch die
Indolenz der polnischen Intellektuellen attackie-
ren, gehören zum ständigen Repertoire des polnischen Nationaltheaters.

Das Jahr 1918 mit der Wiedererlangung der
Unabhängigkeit Polens und der Entstehung der
Zweiten Republik hatte für die Literatur eine immense Bedeutung. Zunächst verlieh – stellvertre-
tend für die inzwischen ältere Schriftstellergeneration – STEFAN ŻEROMSKI mit dem Roman ›Vor-

frühling‹ (1925) seiner Begeisterung über die Befreiung Polens Ausdruck. Ähnliche Tendenzen wiesen WACŁAW BERENTS ›Lebende Steine‹, ANDRZEJ STRUGS ›Das gelbe Kreuz‹ und LEOPOLD STAFFS ›Feldwege‹ auf. Vergleichbar in ihrem Enthusiasmus, jedoch radikaler in ihrer Abkehr von der Tradition, war die neue Schriftstellergeneration. Indem sie sich mit italienischen und französischen Einflüssen auseinandersetzten, bahnten die polnischen Futuristen der ›Krakauer Avantgarde‹ den Weg. Mit ihrem hervorragendsten Vertreter JULIAN PRZYBOŚ (1901–70) und ihrem Hauptideologen TADEUSZ PEIPER (1891–1969) bewunderten sie Technologie und Maschine, waren eingeschworene Feinde alles Spontanen und Naturverbundenen und wollten als ›Weichensteller‹ mit der reinen Form der Poesie wirken.

Parallel dazu entwickelte sich mit der 1920 gegründeten Gruppe ›Skamander‹ ein neuer Kult der künstlerischen Schlichtheit und eine Reaktivierung antiker Tradition, die solche unterschiedliche Einzelpersönlichkeiten wie JULIAN TUWIM (1894–1953), ANTONI SŁONIMSKI (1895–1976), JAN LECHOŃ (1899–1956), KAZIMIERZ WIERZYŃSKI (1894–1969) und JAROSŁAW IWASZKIEWICZ (1894–1980) verband. Obwohl eigenständig in der Konzeption ihrer Werke, standen auch MARIA PAWLIKOWSKA-JASNORZEWSKA (1894 bis 1945) und KAZIMIERA IŁŁAKOWICZÓWNA den Skamandriten nahe. Der wichtigste Vertreter dichterischen revolutionären Protestes gegen die gesellschaftspolitischen Zustände der 20er Jahre in Polen war WŁADYSŁAW BRONIEWSKI (1897 bis 1962). Auch in der Prosa – etwa in dem Roman ›Das Verhältnis der Therese Hennert‹ von ZOFIA NAŁKOWSKA (1884–1954) – wurde scharfe Kritik an der Regierungselite und den Mechanismen ihrer internen Machtkämpfe laut.

Unter der Führung von STANISŁAW IGNACY WITKIEWICZ (1885–1939) entwickelte sich in den 30er Jahren mit WITOLD GOMBROWICZ (1904–69) und BRUNO SCHULZ (1892–1942) jenes geniale Dreigestirn, dem die polnische Literatur in der Zwischenkriegszeit große Werke verdankt, die nachhaltig die europäische Literatur beeinfluß-

ten. Unter dem Eindruck des ›Katastrophismus‹, der vom Gedanken einer allumfassenden Bedrohung der Zivilisation ausging, schuf STANISŁAW IGNACY WITKIEWICZ schon Ende der 20er Jahre die grotesk-tragischen Werke ›Verabschiedung des Herbstes‹ (1927) und ›Unersättlichkeit‹ (deutsch 1966). Mit beißender Ironie entlarvte GOMBROWICZ in ›Ferdydurke‹ (deutsch1982) die stereotypen sittlichen und moralischen Grundsätze der polnischen Gesellschaft. BRUNO SCHULZ, der in ›Zimtläden‹ (deutsch 1961) und ›Sanatorium zur Sanduhr‹ (1937) Visionen provinziellen jüdischen Lebens beschwor, bediente sich des Surrealismus, um neue geistig-emotionale Inhalte zum Ausdruck zu bringen. Motive des ›Katastrophismus‹ griffen auch die in den 30er Jahren debütierenden Schriftsteller auf: CZESŁAW MIŁOSZ, polnischer Nobelpreisträger für Literatur (geb. 1911), KONSTANTY ILDEFONS GAŁCZYŃSKI (1905–53) und MIECZYSŁAW JASTRUN (1903–83) bedienten sich bei der Behandlung moralisch-ideologischer Themen unterschiedlicher lyrischer Formen. In der jungen Prosa der 30er Jahre traten JERZY ANDRZEJEWSKI (1909–83), Autor von Romanen mit moralisierender Thematik, sowie TADEUSZ BREZA (1905–70) und ADOLF RUDNICKI (geb. 1912) als Vertreter einer nach psychologischen Gesichtspunkten strukturierten Literatur erstmals auf. Für die Publizistik sind die Schriftsteller und Übersetzer französischer Klassiker TADEUSZ BOY-ŻELEŃSKI (1874–1941), in der sogenannten ›Tatsachenliteratur‹ die Reporter MELCHIOR WAŃKOWICZ (1892–1974) und KSAWERY PRUSZYŃSKI (1907–50) zu erwähnen.

Das Jahr 1939 markierte mit dem Ausbruch des Zweiten Weltkrieges einen tiefen Einschnitt im literarischen Leben Polens: Viele Intellektuelle starben eines gewaltsamen Todes, jegliche Form literarischen Lebens wurde verboten, viel Kulturgut vernichtet. Nach Beendigung des Zweiten Weltkrieges erlebte die polnische Literatur einen kaum erwarteten Aufschwung. Rasch kam es zur Gründung literarischer Zeitschriften, u. a. der marxistisch orientierten ›Kuźnica‹ (›Schmiede‹) und der ›Allgemeinen Wochenzeitung‹ *(Tygodnik*

*Stanisław Wyspiański
(1869–1907), Selbst-
porträt*

Powszechny), um die sich katholische Schriftsteller wie JERZY ZAWIEJSKI (1902–69), HANNA
MALEWSKA (geb. 1911), ANTONI GOŁUBIEW
(1907–80) gruppierten.

Die Literatur der ersten Nachkriegsjahre
1945–49 beschränkte sich zunächst auf Kriegsthe-
men, wobei die Problematik der Konzentrationslager und der Judenvernichtung besondere Be-
rücksichtigung fand. Dieses Thema kam am deutlichsten in den Prosawerken von ZOFIA NAŁ-
KOWSKA (›Medallions‹) und TADEUSZ BOROWSKI
(1922–51, ›Bei uns in Auschwitz‹), in den Essays
von LUCJAN RUDNICKI (›Lebendiges und totes
Meer‹) und in der Dichtung von TADEUSZ RÓŻE-
WICZ (geb. 1921) zum Ausdruck. Nennenswert ist
auch das Drama ›Die Deutschen‹ von LEON
KRUCZKOWSKI (1900–62), das ein differenziertes
Bild der Besatzer vermittelte.

Auf den zweiten Themenbereich, die Frage
nach den Ursachen der Septemberniederlage
1939, bezogen sich die Romane ›Die Mauer von
Jericho‹ von TADEUSZ BREZA, ›Lebensbande‹ von
ZOFIA NAŁKOWSKA, ›September‹ von JERZY PU-
TRAMENT (1910–86) und ›Zwischen den Kriegen‹

von KAZIMIERZ BRANDYS (geb. 1916). Was die
Poesie anbelangt, so erlangten neben TADEUSZ
RÓŻEWICZ jene Autoren wieder Bedeutung, die
schon vor dem Krieg bekannt waren: BRONIEW-
SKI, TUWIM, SŁONIMSKI, GAŁCZYŃSKI, PRZYBOŚ,
WAŻYK, JASTRUN und MIŁOSZ. Sie befaßten sich
sowohl mit der Kriegszeit als auch mit zeitgenös-
sischer Problematik. Einem der heikelsten Pro-
bleme, dem weiteren Schicksal der ›Heimatarmee‹
(Armia Krajowa) im sozialistischen Polen, wand-
te sich JERZY ANDRZEJEWSKI in seinem Roman
›Asche und Diamant‹ (deutsch 1961) zu.

Aus der Zeitspanne 1949–56 sind kaum erwähnenswerte Werke zu nennen. Erst 1956, im sogenannten Polnischen Oktober, räumte man der Literatur wieder breitere Entfaltungsmöglichkeiten
ein; die stalinistischen Dogmen wurden verwor-
fen, der Existenzialismus beeinflußte das literarische Schaffen. In der Poesie sind erwähnenswert
die Gedichtbände ›Das Leben vom Marktplatz‹
von PAWEŁ HERTZ und ›Grausamer Stern‹ von
WIKTOR WOROSZYLSKI (geb. 1927); in der Prosa
JERZY ANDRZEJEWSKIS ›Dunkelheit bedeckt die
Erde‹, KAZIMIERZ BRANDYS’ ›Mutter der Könige‹

und TADEUSZ KONWICKIS (geb. 1926) ›Aus der umzingelten Stadt‹. Bei ZBIGNIEW BIEŃKOWSKI (geb. 1913) werden nicht geschichtliche Abläufe, sondern die Beziehungen zwischen Mensch und Materie zum Mittelpunkt der Dichtung. ZBIGNIEW HERBERT (geb. 1924), neben JAROSŁAW IWASZKIEWICZ bedeutendster Vertreter der klassizistischen Tradition, versuchte in seinen Gedichten die kontrast- und dissonanzenreiche Welt zu ordnen, ohne sich ihr unterzuordnen. MIRON BIAŁOSZEWSKI (geb. 1922) und TYMOTEUSZ KARPOWICZ (geb. 1921) gehörten zu einer Gruppe experimentierfreudiger Literaten, die verschiedene Stile ineinandergreifen ließen, die Syntax aufbrachen und im Gedicht auf Versmaß und Reim verzichteten. Banale Gegenstände und Umstände des Alltags dienten der Demontage hohler Ideologien. Die »entfesselte Phantasie« von JERZY HARASYMOWICZ (geb. 1933) hingegen nährte aus Märchen und Träumen eine sich dem Rationalismus entziehende Sprache. STANISŁAW GROCHOWIAK (geb. 1934) ist dem Turpismus zuzuordnen (von lat. ›turpis‹ = häßlich). In seiner Poesie trieb er mit schneidender Ironie den Kult des Abstoßenden auf die Spitze, opponierte damit gegen geistige Lässigkeit und dokumentierte – besonders in seiner Liebeslyrik – die Vergänglichkeit des Seins. Dagegen verzauberte mit Liebesliedern WISŁAWA SZYMBORSKA in ihrem Band ›Salz‹ (1962). Neben eigener Lyrik verfaßte ARTUR MIĘDZYRZECKI (geb. 1922) zahlreiche Abhandlungen über moderne Poetik und Übersetzungen französischer Literatur.

Einen besonderen Platz in der Prosa nimmt der historische Roman ein (TEODOR PARNICKI geb. 1908, HANNA MALEWSKA geb. 1911, JAN PARANDOWSKI geb. 1895). JAROSŁAW IWASZKIEWICZ schilderte in seinem Roman ›Ruhm und Lob‹ das vergebliche Bemühen der Menschen um stabile Kultur- und Lebensformen in den Jahren 1913–47. JACEK BOCHEŃSKI schrieb über das römische Kaiserreich (›Der göttliche Julius‹), PAWEŁ JASIENICA veröffentlichte eine ganze Reihe von Büchern über die Geschichte Polens, ANDRZEJ KIJOWSKI verfaßte Essays über die polnische Romantik. Probleme des gesellschaftlichen Wandels in polnischen Dörfern und die damit zusammenhängende Entwurzelung vieler Menschen inspirierten JULIAN KAWALEC (›Tanzender Habicht‹), TADEUSZ NOWAK geb. 1930 (›Wenn du König, wenn du Henker wirst‹) und EDWARD REDLIŃSKI (›Konopielka‹).

Von der Zukunft dagegen sprechen die Romane STANISŁAW LEMS (geb. 1921), dem Meister der seriösen und intelligenten Science-fiction und einem der populärsten und international bekanntesten Gegenwartschriftsteller: Aus der Vielzahl seiner Bücher, die Struktur und Methode des gegenwärtigen wissenschaftlichen Denkens widerspiegeln, erlangte ›Solaris‹ (1961) wegen Verfilmung durch den großen russischen Regisseur ANDREJ TARKOWSKI besondere Beachtung.

LESZEK KOŁAKOWSKI (geb. 1927; Friedenspreis des deutschen Buchhandels 1977) repräsentierte in seinen politischen Essays (›Der Mensch ohne Alternative‹, 1960) und Erzählungen den rebellischen, rationalistisch-antiklerikal denkenden Teil der polnischen Intellektuellen.

Dem Nihilismus zugeneigt, fast zynisch, traten die Prosaisten MAREK HŁASKO (1934–69), MAREK NOWAKOWSKI (geb. 1935) und ANDRZEJ BRYCHT auf; in Ablehnung der offiziellen Sichtweise und auf der Suche nach Menschlichkeit wandten sie sich gesellschaftlichen Randgruppen sowie dem Schicksal des Einzelnen zu und schilderten das brutale Leben der Vorstadtmilieus.

Die jeweils aktuelle Realität nahm für TADEUSZ KONWICKI absurde und groteske Formen an: unterdrückte Emotionen, unter der Oberfläche der vom Gesellschaftssystem aufoktroyierten Masken versteckt, prägen das Innenleben. Dies wird beschrieben etwa in ›Kleine Apokalypse‹ oder auch in ›Die Chronik der Liebesereignisse‹.

Als Schüler von GOMBROWICZ galt STANISŁAW DYGAT (geb. 1914); er schilderte Menschen, die sich aus ihrem Milieu und den Konventionen zu befreien suchen.

Millionen Leser in aller Welt kennen die treffenden Aphorismen des STANISŁAW JERZY LEC (1909–66). Seine Karriere als Aphoristiker begann mit dem Polnischen Oktober 1955–56; die ›Unfrisierten Gedanken‹ (1957–59) wurden auch international zu geflügelten Worten.

Das absurde Drama entwickelten TADEUSZ RÓŻEWICZ und SŁAWOMIR MROŻEK. TADEUSZ RÓŻEWICZ (geb. 1921), Dramatiker, Lyriker und Erzähler, sucht durch den Abbau dekorativer Fassaden der Sprache die Essenz des Wortes wiederherzustellen. Zu seinen bekanntesten Stücken gehören ›Die Laokoongruppe‹ (1961) und ›Er ging aus dem Haus‹ (1965). SŁAWOMIR MROŻEK (geb. 1930), gern gespielter Dramatiker auf deutschen Bühnen (›Tango‹, 1965), gilt als der führende Autor auf dem Gebiet der Satire und Groteske.

Nach Verleihung des Nobelpreises für Literatur (1980) wurden die Werke von CZESŁAW MIŁOSZ in mehrere Sprachen übersetzt. Sein Schwerpunkt ist Lyrik; erwähnenswerte Prosawerke sind u. a. ›Tal der Issa‹ (1955), die poetische Geschichte einer Kindheit in Litauen (MIŁOSZS Heimat), und ›West- und östliches Gelände‹ (1959).

An der Wende zwischen den 60er und 70er Jahren trat eine neue Schriftstellergeneration auf, die sich selbst als ›Neue Welle‹ charakterisierte. Autoren wie STANISŁAW BARAŃCZAK, RYSZARD KRYNICKI, EWA LIPSKA, JULIAN KORNHAUSER und ADAM ZAGAJEWSKI bringen in ihren Werken den Widerstand gegen die Verwendung der Literatur zu Propagandazwecken zum Ausdruck.

Aus den Brennpunkten politischer Wandlung in Afrika berichtete RYSZARD KAPUŚCIŃSKI in den 70er Jahren als Korrespondent der Zeitschrift ›Polityka‹. Diese Berichte verarbeitete er zu literarischen Erzählungen mit exakter Beschreibung politischer Fakten, wie z. B. über Haile Selassie in ›König der Könige – eine Parabel der Macht‹ (1978), die als politische Allegorie auf die Zustände in Polen gedeutet wurde.

Die Publikationen der 80er Jahre dienen als Beispiel dafür, wie unterschiedlich individuelle künstlerische Betrachtungsweisen der gleichen gesellschaftlichen Erfahrung sein können. Als lyrische Sensation jenes Jahrzehnts gilt ›Raport aus einer belagerten Stadt‹ (1983) von ZBIGNIEW HERBERT. Hier dokumentiert der Autor sich nicht wie in den späten 50er Jahren als stoischer Klassizist, sondern als zutiefst ambivalenter, tragischer Dichter an der Bruchstelle von Vergangenheit und Gegenwart, zerrissen vom geschichtlichen Mythos, dem kulturellen Erbe der westlichen Zivilisation und den Erfahrungen eines spezifisch polnischen Alltags. Ähnliche Aktualität vermitteln die philosophischen Gedichte der wohl bedeutendsten zeitgenössischen Lyrikerin WISŁAWA SZYMBORSKA, die 1991 den Goethepreis der Stadt Frankfurt/Main, 1995 den Herder-Preis und 1996 den Nobelpreis für Literatur erhielt. Konkret politische Thematik findet sich in ihrem Band ›Die Leute auf der Brücke‹ (1986). Die Gedichte von ADAM ZAGAJEWSKI (›Ode an die Vielfalt‹, 1983) zeichnen das Porträt eines individuellen Denkers und seinen Konflikt aus der Pflicht, sozio-moralisches Sprachrohr seiner Landsleute zu sein und das subjektive Ich bewahren zu wollen. ARTUR MIĘDZYRZECKIS ›Nervenkrieg‹ (1983) sowie MIRON BIAŁOSZEWSKIS ›Oho‹ (1985) reflektieren politische Realität.

Zwei Autorinnen und ein Autor setzten sich seit den späten 80er Jahren mit jüdischer Problematik in der Nazi-Zeit auseinander: ANDRZEJ SZCZYPIORSKI in seinem Bestseller ›Die schöne Frau Seidemann‹ (1986), HANNA KRALL in ›Untermieterin‹ (1986) sowie MARIA NUROWSKA in ›Postscriptum für Anna und Miriam‹ (1991) und in ›Briefe der Liebe‹ (1993). Die Romanprotagonisten werden vielschichtig konfrontiert mit den tiefgreifenden Fragen nach der eigenen Identität und den historischen, kulturellen und nationalen Zugehörigkeiten. Bemerkenswert ist das überaus hohe literarische Niveau dieser intensiven Aufarbeitung gemeinsamer Geschichte von Polen, Deutschen und Juden.

Typisch für die Literatur der 90er Jahre ist der von ANDRZEJ WAJDA verfilmte Roman ›Fräulein Niemand‹ von TOMASZ TRYZNA, der sich mit existentiellen Fragen, so dem Identitätsverlust im Chaos sozialer und wirtschaftlicher Veränderungen, auseinandersetzt und nicht mit der Reflexion politischer Realität befaßt.

Theater

Das wenige, was vom polnischen Theater aus der Zeit vor dem 16. Jh. erhalten geblieben ist, geht auf liturgische Spiele zurück, die in der Kirche aufgeführt wurden und aus dramatisierten, dem Evangelium entnommenen Dialogen, Gesängen und Kirchenliedern bestanden. Im späten Mittelalter wurden diese Spiele meist vor die Kirche verlegt und oft auf den Treppenstufen zum Portal aufgeführt.

Ausgangspunkt des polnischen Theaters ist jedoch der Humanismus. Im 16. Jh. erfolgte die Verbreitung des humanistischen Dramas der Renaissance, das Erfahrungen westeuropäischer Schulen nach Polen vermittelte. Das Kirchendrama machte um 1500 dem neulateinischen Dialog Platz, dieser wiederum ein halbes Jahrhundert später dem Theater in polnischer Sprache.

Antike Schauspiele, vor allem Komödien, wurden zuerst an Herrenhöfen und Universitäten aufgeführt. Am königlichen Hofe gab es bereits im Jahre 1515 Theateraufführungen, wie aus der Notiz des Schatzmeisters von König ZYGMUNT I. STARY hervorgeht.

Das humanistische, der Antike nachgebildete Drama wurde in Polen durch das ›Spectaculum de Judicio Paradis‹ des JACOBUS LOCHER PHILOMUSUS eingeführt. LOCHERS Drama, 1522 in Kraków zum ersten Mal gespielt, muß sich großer Beliebtheit erfreut haben, denn 1542 erschien es auch in einer polnischen Fassung. Dieses Werk steht an der Grenze zwischen Mittelalter und Renaissance und ist theatergeschichtlich noch weit entfernt von JAN KOCHANOWSKIS Stück ›Die Abweisung der griechischen Abgesandten‹ (1578 am Hofe des Kanzlers JAN ZAMOYSKI in Jezdów uraufgeführt), einem der besten humanistischen Dramen der damaligen Zeit in Polen. KOCHANOWSKIS Dichtung wurde in ihrem Aufbau von seinem Nachfolger PIOTR CIEKLIŃSKI (1558–1604) weitergeführt, der die Komödie ›Trinummus‹ von PLAUTUS ins Polnische übersetzte und bearbeitete.

Die erste polnische Komödie war das volkstümlich-humanistische Stück ›Die Bettler-Tragödie‹, 1552 gedruckt. Es begründete die ›Komedia rybałtowska‹, so benannt nach den *Rybałci* (verarmte Dorfschullehrer, heruntergekommene Schriftsteller, Geistliche und Künstler, die als Komödianten herumzogen; lat. *Ribaldus*). Dieses Genre hielt sich bis etwa Mitte des 17. Jh.

In der mittelalterlichen Volkstheatertradition standen die Mysterienspiele, die an Feiertagen in Form von Krippenspielen aufgeführt wurden. Sie nahmen jetzt neue weltliche Formen an, ihre Grundmuster wurden oft durch lokale lustige Gegebenheiten ergänzt.

Zu den bekanntesten Mummenschanzkomödien dieser Zeit gehört PIOTR BARYKAS ›Der Bauer als König‹, 1634 uraufgeführt und später ins Repertoire des Hoftheaters aufgenommen. Der aus dem Mittelalter stammende Dialog nahm zur Zeit der religiösen Konflikte neue theatralische Formen an, noch bevor MIKOŁAJ REJ (s. S. 88) sein wichtiges Werk › Kurze Auseinandersetzung zwischen einem Herren, einem Schulzen und einem Dorfpfarrer‹ veröffentlicht hatte. So findet sich z. B. in einer aus der Mitte des 16. Jh. stammenden Fastnachtskomödie ein langes Gespräch zwischen einem katholischen Priester und einem protestantischen Bürger.

Schon gegen Ende des 16. Jh. gewann das von den Jesuiten, Piaristen und Theatinern initiierte sogenannte Schultheater an Bedeutung; bald gab es solche Theater überall in größeren und kleineren Städten. Man spielte an den Schulen aus didaktischen Erwägungen und zu feierlichen Anlässen; die Themen kamen aus der Bibel, aus Heiligenlegenden, aus Geschichte und Mythologie.

Später bedienten sich die Jesuiten des Schultheaters in ihrem Kampf gegen die Reformation. Sie besaßen eigene Seminare zur Ausbildung von Dramatikern, eine Stelle zur Koordination der Spielpläne und eine eigene Zensur. Die Geschich-

Freilufttheater in Warszawa, Stich von 1871

te des polnischen Jesuiten-Theaters zieht sich über zwei Jahrhunderte hin.

In den Jahren 1637–46 erschien das polnische Theater zum ersten Mal in Form einer zentralen Institution, nachdem König WŁADYSŁAW IV. WAZA 1637 im Schloß von Warszawa die *Sala del teatro* hatte errichten lassen. Die Bühne war für die Aufführung von Opern, Ballett und Komödien ausgestattet; Dekorationen, Kostüme und andere Requisiten entsprachen dem üppigen Vorbild des italienischen Barocktheaters.

Die Zeit der Aufklärung bedeutete ab 1765 auch für das polnische Theater eine neue Epoche. Auf Anregung König STANISŁAW AUGUST PONIATOWSKIS wurde damals in Warszawa die erste öffentliche polnische Bühne, das ›Nationaltheater‹, als ständige Einrichtung geschaffen, zu dessen erstem Direktor der Schauspieler und Dramatiker WOJCIECH BOGUSŁAWSKI (1751–1829) berufen wurde. Die didaktische Konzeption des Theaters spiegelte sich im Repertoire wider: bevorzugt wurden Komödien und *Vaudevilles* mit Musikeinlagen.

Die Komödie der Stanisławschen Ära war auf französische Vorbilder, insbesondere auf MOLIÈRE ausgerichtet. Als erster Dramatiker schrieb der Jesuitenpater FRANCISZEK BOHOMOLEC (1720–84) für das Nationaltheater; sein Nachfolger FRANCISZEK ZABŁOCKI (1754–1821), wohl der bedeutendste polnische Dramatiker der Aufklärungszeit, verfaßte nach einer Vorlage von ROMAGNESI die beliebte Komödie ›Der Geck auf Freiersfüßen‹, eine Satire auf die goldene Jugend der Hauptstadt. ZABŁOCKI beschrieb in seinen Stücken zeitgenössische polnische Milieus und Charaktere und bediente sich dabei einer sehr ausdrucksvollen Sprache. Die erste sozialpolitische Komödie in Polen, das Stück ›Die Heimkehr des Landboten‹ von JULIAN URSYN NIEMCEWICZ (1757–1841), rief im Parlament einen Sturm der Entrüstung hervor, weil sie die Rückständigkeit eines Teils des Adels anprangerte.

Zur Zeit der Romantik wurde das polnische Theaterleben von zwei gegensätzlichen Richtungen geprägt, die sich in den dramatischen Werken von ALEKSANDER FREDRO (1793–1878) – dem

99

polnischen MOLIÈRE – einerseits, und von JÓZEF KORZENIOWSKI (JOSEPH CONRAD, 1857–1924) andererseits widerspiegelten. FREDRO ist unbestritten einer der großen polnischen Lustspieldichter; MOLIÈRE und GOLDONI waren seine Vorbilder, die Schauplätze und Personen seiner Stücke waren jedoch polnisch. Im Gegensatz zu FREDRO suchte JÓZEF KORZENIOWSKI die Vorliebe für Stücke französischen Stils zu überwinden. Seine Dramen waren Ergebnis eingehender Beobachtung sozialer Zustände und ihres Wandels aufgrund wirtschaftlicher Veränderungen.

Während der Epoche nationaler Unfreiheit Polens spielte das Theater in Warszawa eine wesentliche Rolle; es war ein wichtiger Hort polnischer Kultur und Sprache im russischen Teilungsgebiet.

In der zweiten Hälfte des 19. Jh. erlebte das polnische Theater die sogenannte ›Epoche der Stars‹, die mit den Namen brillanter Schauspieler wie etwa HELENA MODRZEJEWSKA (1840–1909), ALOJZY ŻÓŁKOWSKI D. J. (1814–89) und anderen verbunden war. Auch in Städten wie Lwów, Wilno, Poznań/Posen nahm das Berufstheater einen starken Aufschwung. Vor allem aber entwickelte sich das Theater in Kraków unter der Leitung von STANISŁAW KOŹMIAN (1836–1922) zu einer der führenden Bühnen in Polen. Man begann jetzt auch die Werke der großen Romantiker MICKIEWICZ, SŁOWACKI und KRASIŃSKI (s. S. 91) zu inszenieren, die bis dato als ›Lesedramen‹ angesehen worden waren.

Besonders in Kraków war der Einfluß zeitgenössischer gesamteuropäischer Reformbestrebungen unverkennbar, und man inszenierte das modernistische Drama. Als Nachfolger KOŹMIANS tat sich TADEUSZ PAWLIKOWSKI hervor. Bedeutendster Theaterschaffender jener Zeit wurde STANISŁAW WYSPIAŃSKI (1869–1907), der Maler, Dichter und Dramatiker sowie Erneuerer der bühnenbildnerischen Gestaltung. WYSPIAŃSKIS Werke (›Die Hochzeit‹, ›Die Befreiung‹, ›La Varsovienne‹, ›Novembernacht‹, ›Der Fluch‹), die unter Zuhilfenahme ideologisch gefärbter Polemik die polnische Adelstradition ebenso wie die Indolenz der polnischen Intellektuellen attackierten, gehören seither zum ständigen Repertoire des polnischen Nationaltheaters.

1913 wurde in Warszawa mit einer Aufführung von ZYGMUNT KRASIŃSKIS Drama ›Irydion‹ das ›Polnische Theater‹ eröffnet, das – für damalige Verhältnisse – aufs modernste ausgestattet und organisiert war. Als Gründer fungierte ARNOLD SZYFMAN, der sich in der Folgezeit darum bemühte, ein Theater für das breite Publikum zu machen, aber auch avantgardistische Strömungen zum Ausdruck kommen zu lassen. Mit diesem ›Teatr Polski‹ war auch LEON SCHILLER (1877–1954), eine andere hervorragende Theaterpersönlichkeit Polens, lange Zeit verbunden. Ein Schüler von EDWARD GORDON CRAIG und vertraut sowohl mit dem westeuropäischen als auch mit dem sowjetischen Theater (STANISLAWSKIJ, TAIROW, MEYERHOLD), strebte SCHILLER in Polen eine monumentale Theaterreform an, die Illusionstheater und Bühnennaturalismus ablösen sollte. Bis weit nach dem Zweiten Weltkrieg war SCHILLER führend in der polnischen Bühnenkunst tätig. Eines seiner großen Verdienste war es, 1933 ein systematisches Hochschulstudium für Regisseure eingeführt zu haben.

Überhaupt boten sich dem Theater neue Entfaltungsmöglichkeiten, nachdem Polen 1918 seine Unabhängigkeit wieder erlangt hatte; im ganzen Land schossen neue Bühnen aus dem Boden, und die Theatergruppe ›Reduta‹ entfaltete unter der Leitung von JULIUSZ OSTERWA (1885–1947) eine rege Tätigkeit als Wanderbühne; mehrere Stücke des populärsten Dramatikers der Zwischenkriegszeit, JERZY SZANIAWSKI (1886–1970), wurden mit Erfolg von OSTERWAS Ensemble aufgeführt. ›Reduta‹ als avantgardistisches Theater lenkte das Hauptaugenmerk auf die Schauspieler und wandte sich gegen das vorherrschende Malerische im Bühnenbild.

Während aber die Dramatik eines SZANIAWSKI eher in der polnischen Tradition verankert war, verhalf STANISŁAW IGNACY WITKIEWICZ (1885–1939, Pseudonym: WITKACY), in seinen Werken der Moderne zum Durchbruch. WITKACY beseitigte mit seiner Theorie der ›reinen Form‹ die letzten Reste des traditionellen Theaters und der Illusion auf der Bühne; Theater und Drama sah er als reines Produkt der Phantasie an. Auch LEON SCHILLER war ab 1932 an einem Avantgardetheater tätig, dem ›Ateneum‹ in Warszawa.

Der Zweite Weltkrieg und die deutsche Besetzung führten zum völligen Zusammenbruch der offiziellen Bühnenkunst. Gleichzeitig aber entstanden Theatergruppen sowie eine Schauspielschule im Untergrund und ein geheimer Theaterrat (u. a. mit LEON SCHILLER), der sich Gedanken über die Zukunft des polnischen Theaters machte.

Schon wenige Jahre nach Kriegsende begann das neue Ministerium für Kunst und Kultur die Bühnenkunst im Sinne der neuen politischen und gesellschaftlichen Ordnung umzugestalten; was nicht ohne Widerspruch blieb: Regisseure wie ERWIN AXER, ein Schüler LEON SCHILLERS, polemisierten gegen »jede Art von Idealismus im Namen einer realistischen Haltung und einer unter dem Gesichtswinkel der Klassendialektik gesehenen Wirklichkeit« im Theaterschaffen.

AXER, der zu der Zeit schon dreißig Jahre als Direktor und künstlerischer Leiter an der Spitze des ›Zeitgenössischen Theaters‹ (›Teatr Współczesny‹ in Warszawa) stand, gehörte 1956 zu denjenigen, die nach den Jahren der Erstarrung und der Isolierung vom Westen die Erneuerungsbewegung des polnischen Theaters vorantrieben, eine Bewegung, in der beispielsweise das ›Neue Theater‹ in Łódź eine bahnbrechende Rolle spielte. AXERS Interesse galt von jeher vor allem dem zeitgenössischen Repertoire, und zwar den Dramen sowohl in- als auch ausländischer Autoren des 20. Jh. Er war es z. B., der das polnische Publikum mit den Stücken von FRIEDRICH DÜRRENMATT und MAX FRISCH vertraut machte.

Am konsequentesten hat KAZIMIERZ DEJMEK, der Mentor des 1949 gegründeten ›Teatr Nowy‹ in Łódź, das Werk LEON SCHILLERS fortgeführt; DEJMEKS Inszenierungen haben sowohl politischen wie poetischen Charakter.

ADAM HANUSZKIEWICZ hat es immer wieder verstanden, Stücke des klassischen polnischen

Der Theaterregisseur Tadeusz Kantor

und internationalen Repertoires unter Verwendung modernster Ausdrucksmittel aufzuführen.

Auch KONRAD ŚWINARSKI, JERZY JAROCKI und ANDRZEJ WAJDA (geb. 1926) sind Namen, die internationales Theaterrenommee genießen; alle drei waren zeitweise künstlerische Direktoren des ›Alten Theaters‹ in Kraków. ŚWINARSKI, Schüler des Berliner Ensembles, bemühte sich in seinen Inszenierungen um ein polyphones Zusammenspiel verschiedenster Ausdruckselemente. JAROCKI verstand es, einen passenden Schlüssel zu den interessantesten Werken der modernen polnischen Schriftsteller zu finden. WAJDAS Ruf gründet sich auf dynamische, einfallsreiche Aufführungen wie z. B. ›Dämonen‹ (DOSTOJEWSKIJ).

JERZY GROTOWSKI, JÓZEF SZAJNA und TADEUSZ KANTOR wiederum stehen für die polnische Avantgarde. GROTOWSKI ist der Schöpfer des ›Armen Theaters‹, das auf traditionelle Theaterstaffage verzichtet und die Aussage des Textes in den Hintergrund drängt, dafür aber die Beziehung zwischen Schauspielern und Zuschauern als wesentliches Instument der Aufführung betrachtet. SZAJNA, von der Malerei zum Theater gekommen und seit 1971 Leiter des Theaters ›Studio‹ in Warszawa, befaßt sich mit dem Konflikt zwischen Künstler und Gesellschaft; in seinen Inszenierungen bedient er sich vor allem der szenischen Gestaltung, deren Komponenten dabei nicht nur Dekorationen, Kostüme und Requisiten, sondern auch der Körper des Schauspielers und bestimmte Bühnensituationen sind. TADEUSZ KANTOR (gest. 1990), unentwegter Neuerer und Gründer des Krakauer Theaters ›Cricot 2‹, suchte ständig nach neuen Impulsen, versuchte sich in Happenings auf der Bühne und als bildender Künstler.

In den 80er Jahren hatte das polnische Theater die Rolle eines politischen Forums übernommen. Entscheidend für den Erfolg eines Stückes war nicht der intellektuelle oder künstlerische Wert, nicht die Qualität der Aufführung, sondern die Aura geheimer Verständigung über die Köpfe der Zensoren hinweg. Diese Akzentuierung führte u. a. dazu, daß sich das Theater heute schwertut, neue dramaturgische Wege zu finden.

Ende der 80er Jahre setzte im Zuge der *Perestroika* eine anhaltende Welle der szenischen Verarbeitung von Prosa sowjetischer Autoren ein, unter ihnen MICHAIL BULGAKOW, JEWGENIJ SAMJATIN, JOSSIF BRODSKIJ. In diesem neuen Klima konnte auch die über lange Zeit verbotene Inszenierung des Romans ›Kleine Apokalypse‹ (1979) von TADEUSZ KONWICKI in einer Adaption von KRZYSZTOF ZALEWSKI zur Aufführung gelangen.

Den aktuellen Fragen der Zeit stehen die in die Demokratie entlassenen polnischen Bühnendichter gegenwärtig noch recht sprachlos gegenüber. So greift man alte Stoffe brisanter Epochen auf: Zu grundlegenden Fragen der polnischen Geschichte nimmt eine Inszenierung der ›Befreiung‹ von WYSPIAŃSKI Stellung. Als Kommentator aktueller Ereignisse dient WITKIEWICZ, und GOMBROWICZ, Kritiker polnischer Mythengläubigkeit, zählt heute zu den meistgespielten Autoren. In seinem ›Theater der lebendigen Bilder‹ bezieht sich JANUSZ WIŚNIEWSKI (geb. 1949) in bewährter Kantor-Manier häufig sowohl auf die Lehren des Christentums als auch auf BRUNO SCHULZ. ERWIN AXER, der seit Verhängung des Kriegsrechtes im Ausland wirkte, feierte ein triumphales Comeback mit der Inszenierung ›Der Theatermacher‹ von THOMAS BERNHARD: Der 1989 verstorbene österreichische Autor steht für die tragisch-komischen Reflexionen absurder Lebensrealität.

Einen großen Erfolg verzeichnete auch das im amerikanischen Stil von AGATA und MARYNA MIKLASZEWSKA geschriebene und von JANUSZ STOKŁOSA komponierte Musical ›Metro‹ (1990) – effektvoll aufgeführt von einem choreographisch und vokalistisch glänzenden Ensemble.

Innerhalb der politischen und wirtschaftlichen Neugestaltung arbeitet das polnische Theater unter Einsatz der letzten Reserven. Es wird noch Jahre dauern, bis die ehemals staatlichen Subventionen durch private ersetzt werden. Bis dahin kann viel verlorengehen. Eine Erschöpfung der intellektuellen Energien, ein Versiegen der bisherigen Inspirationsquellen ist leider heute bereits sichtbar.

Musik

Die Anfänge der polnischen Musik lassen sich bis in die heidnische Zeit zurückverfolgen; zumindest gehen manche Hochzeits- und Volkslieder sowie damit zusammenhängende Bräuche, etwa ›Der Umzug um den Hain mit Gesang‹ darauf zurück. Diese wurden teilweise in das spätere christliche Liedgut übernommen.

Schon im 11. Jh. pflegte man in Polen den gregorianischen Gesang. Das älteste bekannte polnische Lied ist die ›Gottesgebärerin‹ (Bogurodzica), höchstwahrscheinlich wurde es auf dem Schlachtfeld vor dem Kampf gesungen. (Überlieferung 1407, aller Wahrscheinlichkeit nach aber schon vorher bekannt.) Zu den ältesten musikalischen Zeugnissen gehören auch die liturgischen Handschriften der Kapitularbibliothek von Gniezno.

Im 15. Jh. erreichte die polnische Musik das Niveau der größten Kulturzentren Europas. Bereits seit 1406 waren an der *Facultas Artium* der Universität von Kraków Musikvorlesungen Pflicht; zu den dortigen Professoren und Studenten zählten u. a. der Sänger GRZEGORZ AUS SANOK, der spätere Erzbischof von Lwów, und JĘDRZEJ GAŁKA, der Schöpfer des ›Wycliff-Liedes‹ aus dem Jahre 1447.

Das ›Goldene Zeitalter‹ hielt auch Einzug in die polnische Musikgeschichte; bedeutende Musiker waren eng mit dem Hof der beiden Jagiellonenkönige ZYGMUNT I. STARY und ZYGMUNT II. AUGUST verbunden. Unter ihnen befand sich MIKOŁAJ GOMÓŁKA (1535–91), der als Mitglied der Hofkapelle tätig war und die berühmten ›Melodien zu einem polnischen Psalter‹ schuf (erschienen 1580 in Kraków); desgleichen WACŁAW SZAMOTULSKI (1520–60) und MARCIN LEOPOLITA (gest. 1589), beides Hofkomponisten. Wichtige Dokumente dieses historischen Abschnitts sind die beiden ältesten Orgeltabulaturen; die des JAN VON LUBLIN (1540) und die des Heilig-Geist-Klosters in Kraków (1548).

Bedeutendster Komponist an der Wende von der Renaissance zum Barock war MIKOŁAJ ZIELIŃSKI, der Schöpfer des aus zwei Teilen bestehenden Werkes ›Offertoria totius anni‹ und ›Communiones totius anni‹, 1611 in Venedig erschienen. ZIELIŃSKI, in der Kapelle des Primas WOJCIECH BARANOWSKI in Łowicz als Organist tätig, war der erste in Polen, der den neuen Konzertstil, die Verbindung des Orchesters mit dem Chor auf dem Hintergrund des *basso continuo*, beherrschte. Zu Beginn des 17. Jh. machte sich in der polnischen Musik italienischer Einfluß stark bemerkbar; nach 1596 holte König ZYGMUNT III. WAZA vor allem italienische Musiker an den neuen Königshof in Warszawa. Hier wurde 1628 auch die erste italienische Oper gespielt. Unter WŁADISŁAW IV. WAZA nahm die Oper in Warszawa einen großen Aufschwung. Auch an den Magnatenhöfen wirkten im 17. und teilweise im 18. Jh. viele Musiker aus Italien.

Unter den polnischen Musikern traten in dieser Zeit besonders die Komponisten ADAM JARZĘBSKI (1590–1648) und BARTŁOMIEJ PĘKIEL (gest. 1670) hervor. Im 17. Jh. entfaltete sich das musikalische Leben auch in Kirchen und Klöstern.

Mit der Stanisławschen Ära (nach 1764) verbindet sich das Bemühen, die polnische Nationalmusik stärker zu entwickeln und damit auch die Volksmusik aufzuwerten. Am 11. 7. 1778 wurde in Warszawa die Oper ›Glück in der Not‹ von MACIEJ KAMIEŃSKI uraufgeführt, die man allgemein als erste polnische Oper ansieht; allerdings war das Werk eher ein *Vaudeville*, ein Volksstück mit Liedern und Chören, die von einem Orchester begleitet wurden. Ein wichtiges Ereignis in der polnischen Musikgeschichte bedeutete 1794 auch die Uraufführung der komischen Oper ›Das

Polnische Volksmusiker, Holzschnitt aus dem ▷
19. Jh.

vermeintliche Wunder oder die Krakauer und die Goralen‹ mit einem Libretto von WOJCIECH BO-GUSŁAWSKI und der Musik von JAN STEFANI (1764–1829). In der zweiten Hälfte des 18. Jh. belebte sich die klassische Musik insgesamt. Besonders beliebt wurde die Polonaise, ursprünglich ein polnischer Tanz, der nun ins Repertoire der Konzertmusik überging. MICHAŁ OGIŃSKI schrieb etwa zwanzig Polonaisen, die den Boden für den späteren Weltruhm FRYDERYK CHOPINS bereiteten. Andere klassische Tänze wie Mazurka, Walzer, Anglaise, Kontertanz, nach 1835 die Polka, wurden zum festen Bestandteil der bürgerlichen Musikkunst jener Zeit. An der Schwelle des 19. Jh. bildete die Instrumentalmusik von JÓZEF ELSNER (1769–1834) das Bindeglied zwischen klassischem Stil und polnischer Frühromantik.

Mit der politischen Situation (Teilungen, Verlust der Unabhängigkeit) hängt das verstärkte Aufkommen patriotischer Lieder zusammen: 1797 komponierte JÓZEF WYBICKI die Nationalhymne ›Noch ist Polen nicht verloren‹ (›Jeszcze Polska nie zginęła kiedy my żyjemy . . .‹).

Der reifen Romantik, deren berühmtester Vertreter FRYDERYK CHOPIN (1810–49) war, ging eine Komponistengeneration voraus, die den Stil der Wiener Klassik besonders HAYDNS und MOZARTS mit Merkmalen des ›empfindsamen Stils‹ verband; während MICHAŁ OGIŃSKI und FRANCISZEK LESSEL die sentimentale Richtung vertraten, dominierte bei MARIA SZYMANOWSKA das virtuose Element. Zu dieser Zeit entwickelte sich auch das musikalische Leben an den Schulen, um das sich JÓZEF ELSNER (Lehrer von CHOPIN) und KAROL KURPIŃSKI besonders verdient machten. Seit 1803 weilte in Warszawa E. T. A. HOFFMANN, der die ersten Aufführungen der Symphonien BEETHOVENS in der Metropole veranlaßte. In dieser Atmosphäre wuchs CHOPIN auf.

Seinem genialen Schaffen verdankt die polnische Musik Weltruhm. Seine Musik verschmolz polnische Melodien und Musiktraditionen mit den allgemeinen Stilelementen der Romantik. Ab 1831 wirkte CHOPIN als Lehrer und Komponist in Paris. Hier stand er in enger Beziehung zur Welt der bekanntesten Künstler und Dichter seiner Zeit. CHOPIN ist der Schöpfer eines für ihn charakteristischen und bis heute künstlerisch einflußreichen Klavierstils, dem polnisch-slawische Tanztypen und ihre Rhythmik (Polonaise, Mazurka, Krakowiak) in Verbindung mit elegantgeschmeidiger Melodik des Satzes ihr Gesicht geben. Die leicht poetisierende Grundhaltung seiner Musik entwickelt sich besonders in der kleinen Form (Ballade, Nocturno, Scherzo, Prélude, Etude usw.). Wenn auch die Anfänge der polnischen Oper vor allem mit dem Namen MACIEJ KAMIEŃSKI verbunden sind, so ist doch eigentlich erst STANISŁAW MONIUSZKO als ihr eigentlicher Schöpfer anzusehen. MONIUSZKOS Oper ›Halka‹, 1858 in Warszawa uraufgeführt, bedeutete tatsächlich die Geburtsstunde der nationalen polnischen Oper. ›Halka‹ erlebte nicht nur einen Siegeszug in Polen, sondern fand auch Aufmerk-

Fryderyk Chopin (1810–49), Zeichnung von George Sand

samkeit im Ausland. MONIUSZKOS Nachfolger auf dem Gebiet der Oper waren WŁADYSŁAW ŻELEŃSKI, dessen Wirken schon ins 20. Jh. hineinreichte, sowie ZYGMUNT NOSKOWSKI.

In der zweiten Hälfte des 19. Jh. hielt die Entwicklung des polnischen Musiklebens insgesamt nicht Schritt mit dem Geschehen in der europäischen Musik. Neue Impulse gab der Musik dann erst eine Bewegung, die sich wie in der Literatur ›Junges Polen‹ nannte; sie suchte auch wieder Anschluß an die Entwicklung im Westen, vor allem auf symphonischem Gebiet. Einer dieser ›Jungen‹ war KAROL SZYMANOWSKI (1883–1937), er löste sich von deutschen und französischen Vorbildern und gab der polnischen Musik ein neues, unverwechselbares Gesicht; sein Wirken war auch wegweisend für die zeitgenössische Generation der polnischen Musiker.

Inspirationsquelle im ersten Nachkriegsjahrzehnt war für Musiker wie JAN MAKLAKIEWICZ, ARTUR MALAWSKI, ANDRZEJ PANUFNIK die Folklore. PANUFNIK verarbeitete in seiner ›Tragischen Ouvertüre‹ auch die Kriegsereignisse, ähnlich BOLESŁAW WOYTOWICZ in der ›2. (Warschauer) Symphonie‹ oder ZBIGNIEW TURSKI in der ›2. (Olympischen) Symphonie‹.

Mitte der 50er Jahre zeichnete sich eine Auseinandersetzung mit den Techniken aleatorischer, serieller und experimenteller Musik ab. Die Hauptvertreter der neuen Richtung kamen aus dem Neoklassizismus: TADEUSZ BAIRD (geb. 1928), KAZIMIERZ SEROCKI (1922–81) und JAN KRENZ (geb. 1926), Gründer der Avantgard-›Gruppe 49‹, erlangten Weltgeltung.

Die moderne Musik Polens wurde zweifellos vorrangig durch WITOLD LUTOSŁAWSKI (1913–94) geprägt. Er verstand es, verschiedene Stilideome von der Spätromantik über die Neue Musik und begrenzte Aleatorik bis zum vitalen Traditionalismus zu durchlaufen, Elemente der osteuropäischen Musik mit der aufgebrochenen Syntax zeitgenössischer Kompositionstechniken zu verbinden. In ›Trauermusik in memoriam Bela Bartók‹ (1958) gelang es LUTOSŁAWSKI, auf originelle Weise Probleme der Zwölftonmusik zu lösen.

Von JOHN CAGE inspiriert, widmete er sich dem ›gelenkten Zufallsprozeß‹ – erstmals 1964 in einem Streichquartett hörbar. Die Spätwerke stellen besonders ein neues Verhältnis zur Tradition dar: ›Doppelkonzert‹ für Oboe, Harfe und Kammerorchester‹ (1980); als Verbeugung vor den Genien der Klaviermusik bis zurück in die Spätromantik ist sein von KRYSTIAN ZIMERMAN 1988 bei den Salzburger Festspielen uraufgeführtes Klavierkonzert zu deuten.

Aus der führenden polnischen Avantgarde ragt KRZYSZTOF PENDERECKI (geb. 1933) heraus. Seine Verwurzelung im Katholizismus und europäischen Humanismus findet vor allem Ausdruck in seinen frühen Werken: Mit ›Anaklasis‹ (für Streichinstrumente und Schlagzeug) gelang ihm 1960 bei den Donaueschinger Musiktagen der internationale Durchbruch. Im gleichen Jahr entstand ›Threnos – Klagelied für die Opfer von Hiroshima‹ (für 52 Streicher). Viele seiner Kompositionen waren nun Auftragswerke: Die 1966 im Dom zu Münster uraufgeführte ›Lukas-Passion‹ zählt zu seinen größten Erfolgen; 1969 kam in der Hamburgischen Staatsoper seine erste Oper, ›Die Teufel von Loudun‹, zur Premiere und 1970 in New York sein Werk ›Kosmogonia‹ zum 25. Jubiläum der UNO. In Chicago wurde 1978 sein Bühnenwerk ›Paradise Lost‹ mit einem Libretto von CHRISTOPHER FRY herausgebracht. Erstmals in vollständiger Form war ›Polnisches Requiem‹ 1984 in Stuttgart zu hören. 1958–66 Professor für Komposition an der Staatlichen Musikhochschule Kraków, lehrte PENDERECKI 1966–72 an der Folkwang-Hochschule in Essen, danach auch an der Yale University in den USA.

HENRYK MIKÓŁAJ GÓRECKI (geb. 1933) gilt in Deutschland als einer der expressivsten polnischen Komponisten der jüngeren Zeit. Seine Arbeiten waren ursprünglich durch extreme dynamische Effekte gekennzeichnet, die Strukturen seiner monumentalen ›Koperkanischen Symphonie‹ (1973) sind jedoch bereits rigoros reduziert und weisen auf die Konzeption der Minimal art hin. 1993 war seine ›Symphonie N° 3 – der Klagelieder‹ das allein auf CD meistverkaufte Stück

Musik eines lebenden Komponisten. Seit Jahren zählt ZYGMUND KRAUZE (geb. 1938) zur Weltavantgarde. Er formuliert originelle Konzeptionen einer von populären Einflüssen gelösten Musik; eine Offenbarung ist ›Piece for Orchestra N° 1‹ (1969). Zahlreiche in- und ausländische Auszeichnungen erhielt KRZYSZTOF MEYER (geb. 1943), u. a. 1970 den 1. Preis von Monaco für seine Komische Oper ›Kyberiade‹ nach einem Libretto von STANISŁAW LEM.

In den 70er Jahren wuchs eine neue Komponistengeneration heran. All ihren Vorgängern unähnlich, traten ihr ausgeprägtes Talent und ihre präzise künstlerische Haltung erst allmählich hervor: ohne Manifeste ihrerseits, ohne extremes Pro und Contra der Musikwelt. Diese Gruppe dokumentiert eine Entfernung von der experimentellen Musik und Entwicklung neuer Techniken und Stile. Angestrebt ist wieder die große, ausgewogene Form, die Schönheit des Details, die Klarheit der melodischen Zeichnung. ALEKSANDER LASÓN (geb. 1951) schuf u. a. ein Violinsolo mit dem Titel ›Sonate‹ (1975) und einen Zyklus, der als ›Kammermusik Nr. 1–4‹ (1976–80) bezeichnet ist. EUGIENIUSZ KNAPIK (geb. 1951) erweckte mit einigen großen Werken Aufmerksamkeit: ›La flûte de jade‹ für Sopran und Orchester (1973), ›So wie am Meeresstrand‹ für Instrumentalensemble und Band (1977) sowie ›Streichquartett‹ (1980). Beide Komponisten sind häufig beim ›Warschauer Herbst‹ vertreten.

Die Entwicklung der modernen Musik in Polen ist mit dem lebhaften Interesse des Konzertpublikums für diese Musik verbunden. Geeignetes Forum sind die regelmäßig veranstalteten polnischen und internationalen Festivals, von letzteren ist besonders der ›Warschauer Herbst‹ zu nennen. Erstmals 1956 von den Komponisten BAIRD, SEROCKI und LUTOWSŁAWSKI organisiert, sollte er den im sozialistischen Realismus isolierten polnischen und übrigen Ostblock-Musikern den Anschluß an die Weltavantgarde ermöglichen. Sehr bald wurden das Festival Sprungbrett für internationale Karrieren, u. a. vor allem von PENDERECKI, GÓRECKI und KRAUZE.

Ebenso gerne wird aber auch die ›Klassische Musik‹ gehört, was in der Gründung von Ensembles wie der ›Capella Bydgosiensis pro Musica Antiqua‹ und ›Fistulatores et Tubicinatores Varsovienses‹ zum Ausdruck kommt. Seit dem 19. Jh. hat Polen eine Reihe berühmter Interpreten vorzuweisen, zu denken ist in erster Linie an Namen wie HENRYK WIENIAWSKI oder IGNACY PADEREWSKI, IGNACY FRIEDMAN und ARTUR RUBINSTEIN, schließlich JAN KIEPURA.

Auch das heutige Musikleben Polens profitiert von begabten Interpreten, vor allem aber von Dirigenten, die in der Regel führende musikalische Einrichtungen leiten (Nationalphilharmonie, Śląsker Philharmonie, Großes Symphonieorchester des Polnischen Rundfunks und Fernsehens). Zu diesen Dirigenten gehören WITOLD ROWICKI, HENRYK CZYŻ, KAZIMIERZ KORD und BOHDAN WODICZKO. Internationalen Ruhm genießt überdies ROBERT SATANOWSKI. Zu den berühmtesten polnischen Geigern zählen TADEUSZ WROŃSKI und WANDA WIŁKOMIRSKA. Letztere widmete einen großen Teil ihrer Karriere der zeitgenössischen Musik und trat als Solistin bei Uraufführungen einzelner Werke von BAIRD und PENDERECKI hervor. Als bekannteste Sänger Polens muß man unbedingt TERESA ŻYLIS-GARA, BERNARD ŁADYSZ und WIESŁAW OCHMAN nennen.

Der internationale Fryderyk Chopin-Wettbewerb in Warszawa stellt eine Art Forum für die Diskussion über die tatsächliche Qualität von CHOPINS Musik und die besten Methoden ihrer Interpretation dar. Alle fünf Jahre wird hier den Pianisten höchste Virtuosität abverlangt. Unter den namhaften Preisträgern zeigten Größen wie WLADIMIR ASCHKENASI und von polnischer Seite KRYSTIAN ZIMERMAN ihr Können. Hier begannen die Weltkarrieren von WITOLD MAŁCUŻYŃSKI, HALINA CZERNY-STEFANSKA und JAN EKIER.

Polen hat überdies viele interessante Erscheinungen im traditionsreichen Jazz sowie in der Unterhaltungsmusik vorzuweisen, die auf jährlich stattfindenden internationalen Veranstaltungen wie dem Jazz-Jamboree in Warszawa oder dem Schlagerfestival in Sopot präsentiert werden.

Film

Insgesamt hatte das Filmschaffen in Polen bis zum Ende des Zweiten Weltkriegs keine sehr große Bedeutung. Die Anfänge gehen zurück auf die Jahre 1908–10; der vermutlich erste polnische Film war die 1908 in Warszawa gedrehte Komödie ›Antoś zum ersten Mal in Warschau‹ mit ANTONI FERTNER in der Hauptrolle, Regie führte JÓZEF MEYER. Generell standen die ersten polnischen Filme unter französischem Einfluß, bevorzugt wurde die Verfilmung großer literarischer Werke, berühmte Theaterschauspieler gaben ebenso im Filmschaffen den Ton an.

Nach dem Ersten Weltkrieg hemmten staatliches Desinteresse und materielle Hindernisse zunächst die Entwicklung des Films. Erst nach 1926 belebte sich dieses Medium wieder. ALEKSANDER HERTZ, schon vor dem Ersten Weltkrieg mit seinem Unternehmen ›Sfinks‹ der größte polnische Produzent, verstärkte sein Engagement, und mit den Filmen ›Iwonka‹ und ›Die Aussätzige‹ von WIKTOR BIEGAŃSKI wurden zum ersten Mal originär polnische Werke auch Kassenerfolge im eigenen Land. Drei andere Regisseure, die nach dem Zweiten Weltkrieg das Filmschaffen in Polen an vorderster Stelle mitgestalten sollten, machten in diesen Jahren vor allem mit Kurzfilmen ihre ersten Versuche: LEONARD BUCZKOWSKI, ALEKSANDER FORD und EUGENIUSZ CĘKALSKI.

In den frühen 30er Jahren wurden vor allem die Werke großer polnischer Schriftsteller wie STEFAN ŻEROMSKI, HENRYK SIENKIEWICZ, GABRIELA ZAPOLSKA und ELIZA ORZESZKOWA verfilmt, später wandte man sich auch der zeitgenössischen Literatur zu. Einige Filme der Vorkriegszeit sind besonders hervorzuheben: ›Wilde Felder‹ (1932), von JÓZEF LEJTES, eine getreue Beschreibung des Lebens auf dem Lande; ›Vom Leben verurteilt‹ (1834), von JULIUSZ GARDAN, ein psychologischer Film; ›Die Legion der Straße‹ (1932), von ALEKSANDER FORD, ein kritischer Streifen über das Leben von Zeitungsjungen in der Hauptstadt Warszawa.

Wichtig für die spätere Entwicklung waren einige avantgardistische Filmgruppen, die sich um die intensive Ausbildung von Regisseuren und Kameraleuten kümmerten und sich bemühten, anspruchsvolle kurze Dokumentarfilme auch für ein breiteres Publikum zu drehen: in Warszawa die ›Start‹-Gruppe mit ALEKSANDER FORD, WANDA JAKUBOWSKA, JERZY TOEPLITZ u. a., in Kraków die Gruppe ›Linia‹, in Lwów/Lemberg ›Awangarda‹ und später noch einmal in Warszawa die ›Genossenschaft der Filmautoren‹.

Erste Erfolge feierte auch die polnische Filmkritik; schon 1924 hatte KAROL IRZYKOWSKI mit seiner Arbeit ›Die Zehnte Muse‹ eine der ersten theoretischen Abhandlungen über das Filmschaffen überhaupt veröffentlicht.

Während der deutschen Besetzung Polens im Zweiten Weltkrieg konnten polnische Filmkünstler nur unter großen Schwierigkeiten ihre Arbeit im Untergrund fortsetzen; trotzdem wurden weiterhin einzelne Regisseure ausgebildet, einige wenige Filme wie die ›Chronik über den Warschauer Aufstand 1944‹ entstanden. Die meisten Regisseure gingen ins Ausland, vor allem in Länder, in denen polnische Armee-Einheiten aufgestellt wurden (Frankreich, England, UdSSR).

ALEKSANDER FORD und andere Mitglieder der früheren ›Start‹-Gruppe bildeten 1943 in der Sowjetunion im Rahmen der Kościuszko-Division die Filmstaffel ›Filmavantgarde des Polnischen Heeres‹, die später mit dem Vorrücken der sowjetischen Truppen zunächst in Lublin, dann in Łódź die ›Filmstelle des polnischen Heeres‹ betrieb, aus der dann im November 1945 das erste (verstaatlichte) Filmunternehmen ›Polski Film‹ hervorging. Noch vor allen anderen Kunstrichtungen wurde damit der Film staatlicher Aufsicht und Förderung unterstellt; das neue Unternehmen kümmerte sich auch um die Herstellung und den Vertrieb der Filme, die Ausbildung des Nachwuchses, die Herstellung des zur Produktion notwendigen Materials und den Austausch mit anderen Ländern. Wegen der Zerstörung Warschaus wurde Łódź neues Zentrum des Filmschaffens; hier entstand das erste Atelier, hier wurde 1948 die bekannte Filmhochschule eingerichtet.

Die deutsche Besatzungszeit war zentrale Thematik der ersten Nachkriegsfilme. ›Verbotene Lieder‹ (1947) von LEONARD BUCZKOWSKI war der erste in Łódź gedrehte Spielfilm: Spottlieder, die von den Deutschen verboten worden waren, doch überall gesungen wurden, und auch Soldatenlieder der Untergrundbewegung gaben die ungewöhnliche Atmosphäre der besetzten Hauptstadt Warszawa wieder.

Die Vernichtung der Juden auf polnischem Boden steht im Mittelpunkt des Films ›Die Grenzstraße‹ (1948, Regie: ALEKSANDER FORD). Indem FORD gleichzeitig aber auch das Zusammenleben zwischen polnischer und jüdischer Bevölkerung im Vorkriegspolen und ihr Verhältnis zueinander während des Zweiten Weltkriegs thematisiert, ist der Film sowohl eine Verurteilung nationalsozialistischer Verbrechen als auch eine Kritik an nationalistischen und inhumanen Tendenzen in der polnischen Vorkriegsgesellschaft.

Der dritte polnische Nachkriegsfilm, ›Die letzte Etappe‹ (1949, Regie: WANDA JAKUBWOSKA), führte den Zuschauer in das Konzentrationslager Auschwitz. Mit dieser Arbeit errang der polnische Film seinen ersten Welterfolg.

Schon in der offiziellen Kritik an diesen drei Filmen hatten sich Tendenzen angedeutet, die 1949 dann zum Durchbruch kamen: »Gegen den Formalismus und Kosmopolitismus, für den sozialistischen Realismus« war jetzt die Devise. In erster Linie mußte nun der Klassenkampf gezeigt, statt Vergangenheit sollte Gegenwart behandelt und der Aufbau des Sozialismus gefördert werden. Die so legitimierte Ausrichtung des polnischen Filmwesens durch Partei und Staat führte dazu, daß bis 1956 kaum ästhetisch interessante und kritisch-unabhängige Filme entstanden. Zwei Filme von JERZY KAWALEROWICZ, ›Zellulose‹ und ›Unter dem phrygischen Stern‹ (beide 1954 entstanden), und besonders zwei Filme von ALEKSANDER FORD, ›Chopins Jugend‹ (1952) und

›Die Fünf von der Barska-Straße‹ (1954), sind zu nennen. ›Chopins Jugend‹ charakterisierte den Künstler und die aktive politische Persönlichkeit FRYDERYK CHOPINS, besonders in der Zeit von 1826–30. ›Die Fünf von der Barska-Straße‹ stellte mit filmischen Mitteln die Frage, wie eine durch den Krieg entwurzelte Jugend wieder in die Gesellschaft integriert werden kann.

Die politischen Ereignisse des Jahres 1956 ebneten auch dem polnischen Filmschaffen wieder neue Wege. Wichtig war vor allem die Bildung selbständig arbeitender Filmgruppen mit autonomer künstlerischer Verantwortung. Nun konnten auch Stoffe verfilmt werden, die Fehler und Ungerechtigkeiten der stalinistischen Zeit zum Inhalt hatten. Die Filme dieser neuen Welle unterschieden sich in ihrem Nonkonformismus stark von denen aus anderen sozialistischen Ländern und hatten auch im Westen Erfolg.

Der neue Aufschwung stand vor allem in Zusammenhang mit einer Gruppe junger Regisseure, die allesamt ihr Handwerk an der Filmhochschule in Łódź erlernt hatten: ANDRZEJ MUNK, ANDRZEJ WAJDA, JERZY KAWALEROWICZ und WOJCIECH HAS. WAJDAS ›Kanal‹ (1957), der den Warschauer Aufstand behandelte, war nicht nur eine Korrektur jüngster polnischer Geschichte und damit Rehabilitierung der Heimatarmee, die die Hauptlast des Widerstandes getragen hatte, sondern auch der Versuch, das im Volk tief verwurzelte Heldentum um des Heldentums willen zu kritisieren. Ähnliches gilt für MUNKS ›Eroica‹ (1958), ein Film über das Leben in einem Offiziersgefangenenlager.

ANDRZEJ WAJDAS ›Asche und Diamant‹ (1958), nach dem Roman von JERZY ANDRZEJEWSKI, zeigt eine Gruppe junger Soldaten der Heimatarmee, die gegen die neue Staatsmacht kämpfen; sie führen einen aussichtslosen Kampf, die historische Entwicklung ist gegen sie. Der Film ›Asche und Diamant‹ wurde von der Filmkritik weitgehend positiv aufgenommen, weil er die Widerstandskämpfer nicht verurteilte, sondern sie als tragische Figuren darstellte.

Überhaupt war Pessimismus eine der drei wichtigsten Thematiken (neben Krieg und Besatzungszeit) im polnischen Filmschaffen nach 1956: Ausdruck der seelischen Verfassung aufgrund mangelnden Vertrauens in die politische Zukunft. Beispielsweise in dem Film ›Die Schlinge‹ (1958, Regie: WOJCIECH HAS), der den Kampf eines Alkoholikers gegen seine Krankheit und sein letztliches Scheitern, den nicht zu verhindernden Selbstmord, zeigt. Oder etwa ›Der achte Wochentag‹ (1958, Regie: ALEKSANDER FORD), eine Geschichte zweier junger Menschen, die sich lieben, aber mit den Widrigkeiten des täglichen Lebens nicht fertig werden. Auch ›Samson‹ (1961, Regie: ANDRZEJ WAJDA), ein Film über die Leidensgeschichte des polnischen Juden Jakub Gold, steht in diesem Zusammenhang.

Diese Grundtendenz rief wiederum offizielle Kritik hervor und die Forderung nach mehr Engagement für den sozialistischen Aufbau. Tatsächlich trat in der Folgezeit die Kriegs- und Besatzungsthematik in den Hintergrund, gleichzeitig stieg die Zahl künstlerisch teilweise sehr gut gemachter Unterhaltungsfilme wie etwa ›Das Messer im Wasser‹ (1962) von ROMAN POLAŃSKI. Einige wenige Regisseure nahmen die Gegenwart nur als Ausgangspunkt, um von da aus erneut Themen der jüngsten Vergangenheit zu behandeln: › Allerseelen‹ (1961, Regie: TADEUSZ KONWICKI), ›Die Kunst, geliebt zu werden‹ (1962, Regie: WOJCIECH HAS), ›Die Passagierin‹ (1963, Regie: zunächst ANDRZEJ MUNK, nach dessen Tode WITOLD LESIEWICZ). Oder man ging noch weiter zurück: ›Die Mutter Johanna von den Engeln‹ (1961, Regie: JERZY KAWALEROWICZ), nach einer Novelle von JAROSŁAW IWASZKIEWICZ; ›Die Kreuzritter‹ (1960, Regie: ALEKSANDER FORD), nach einem Roman von HENRYK SIENKIEWICZ; ›Die Handschrift von Saragossa‹ (1964, Regie: WOJCIECH HAS), nach einem Roman von JAN POTOCKI; ›Aschenhaufen‹ (1965, Regie: ANDRZEJ WAJDA), nach STEFAN ŻEROMSKI.

Der polnische Trickfilm entstand Ende der 50er Jahre. Die hohe Qualität, Humor, Neigung zu philosophischer Reflexion und formale Originalität dieser Produktionen (70 % Kinderfilme) machten Namen wie WALDEMAR BOROWCZYK, JAN LENICA und WITOLD GIERSZ auch im Ausland bekannt.

Der polnische Dokumentarfilm entwickelte sich parallel zum Spielfilm, besonders nach dem Zweiten Weltkrieg, und thematisierte ebenfalls die gesellschaftlichen Unzulänglichkeiten. Anfang der 60er Jahre formierte sich die eigentliche Schule diese Genres. KAZIMIERZ KARABARZ und JAN ŁOMNICKI bedienten sich einer poetischen Bildersprache, Narration und Kommentar waren auf das äußerste beschränkt. Die ›Kontestatoren‹ der 70er Jahre (TOMASZ ZYGADŁO, GRZEGORZ KRÓLIKIEWICZ, KRZYSZTOF KIEŚLOWSKI, MAREK PIWOWSKI) brachen diese ruhige Stilistik auf und rückten den Realismus moralischer, gesellschaftlich-wirtschaftlicher Probleme sowie politischer und gewerkschaftlicher Auseinandersetzungen in den Vordergrund.

Anfang der 70er Jahre herrschten im polnischen Film vor allem zwei Tendenzen vor. ANDRZEJ WAJDA setzte in seinen Filmen die mehr romantische, emotionale Richtung der polnischen Schule fort; so in den Filmen ›Birkenwäldchen‹ (1970), ›Hochzeit‹ (1972), ›Gelobtes Land‹ (1974/75) und ›Schattenlinie‹ (1976). 1977 kam WAJDAS ›Der Mann aus Marmor‹ in die Kinos; ein Film, der sich mit dem widersprüchlichen Lebenslauf eines ›Helden der Sozialistischen Arbeit‹ im Stalinismus der 50er Jahre auseinandersetzte. 1981 folgte ›Der Mann aus Eisen‹, WAJDAS Beitrag zur Aufarbeitung der sozialen Auseinandersetzungen im Polen des Sommers 1980. KRZYSZTOF ZANUSSI zeigte in seinen Filmen – die wichtigsten sind ›Illumination‹ (1973), ›Schutzfarben‹ (1977) und ›Constans‹ (1980) – Menschen, die sich selbst und der Welt hohe moralische Maßstäbe setzen und die jeden zweifelhaften Kompromiß ablehnen. Diese moralische Unruhe, die ethischen Probleme des einzelnen inmitten einer überwiegend konsumorientierten Wohlstandsgesellschaft prägten in den 70er Jahren auch die Filme junger Regisseure wie KRZYSZTOF KIEŚLOWSKI, AGNIESZKA HOLLAND, ANTONI KRAUZE, FELIKS FALK u. a.

111

Der Kriegsrechtzustand (1981) führte zur künstlerischen Stagnation. Gängiges Genre wurde bis Mitte der 80er Jahre der Krimi und die Komödie, wobei z. B. ›Vabanque – 2. Retourkutsche‹ (1984) von JULIUSZ MACHALSKI herausragt. Anspruchsvoll-kritische Filme wie ›Der Zufall‹ (1981) von KRZYSZTOF KIEŚLOWSKI wanderten ins Archiv. In diesem Streifen spielte er drei Möglichkeiten durch, die einem jungen Polen 1980/81 zur Wahl standen. Im gleichen Jahr gelang es JANUSZ ZAORSKI mit ›Mutter der Könige‹ in die Kinos zu kommen: Seine Verfilmung des Romans von KAZIEMIERZ BRANDYS erzählte Polens Geschichte unter der Nazi-Besatzung und in der Stalin-Ära künstlerisch neu. Filmemacher wie WOJCIECH MARCZEWSKI (›Schauder‹, 1981), die trotz der Zensur nicht ins Ausland gingen, zogen sich zurück; der emigrierte ANDRZEJ WAJDA drehte 1982 in Frankreich seinen ›Danton‹ und ein Jahr später ›Eine Liebe zu Deutschland‹ (1990 erhielt er den Euro-Oscar für sein Lebenswerk).

Anfang der 80er Jahre entwickelte sich das polnische Frauenkino: BARBARA SASS sprach mit ›Ohne Liebe‹ (1980) oder ›Die Debütantin‹ (1981) frauenspezifische Probleme an, die aus tradierten Sitten in Polen resultieren.

Auch nach der Aufhebung des Kriegsrechtes wirkten einige Regisseure im Ausland weiter. 1987 schilderte AGNIESZKA HOLLAND mit ›Der Priestermord‹ die Stationen des von der Geheimpolizei ermordeten Priesters JERZY POPIEŁUSZKO. 1992 sorgte ihr ›Europa, Europa‹ (dt. Titel ›Hitlerjunge Salomon‹) in der BRD und den USA für Schlagzeilen.

Die Festivals Ende der 80er Jahre dokumentieren vor allem die Aufarbeitung des polnischen Ausnahmezustandes: Der 1989 beim 14. Festival des polnischen Spielfilms in Gdańsk vorgeführte Beitrag (aus dem Archiv) von ANDRZEJ BUGAJSKI ›Das Verhör‹ (1981) gewann 1990 bei den Filmfestspielen in Cannes die ›Goldene Palme‹. ›Die letzte Fähre‹ (1989) von WALDEMAR KRZYSTEK oder MACIEJ DEJCZARS 1989 in Paris mit dem Euro-Oscar ausgezeichnete Film ›300 Meilen bis zum Himmel‹ thematisierten die Flucht aus Polen, auch deren wirtschaftliche Aspekte.

Besitzstreben im sich neu formierenden Kapitalismus ist Gegenstand der Filme ›Das Kapital‹ (1989) von FELIKS FALK und ›Der Krämer‹ (1990) von ANDRZEJ BARAŃSKI, während MARCZEWSKIS ›Die Flucht aus dem Kino Freiheit‹ (1990) bereits die Einschränkungen der langersehnten Freiheit reflektiert. Und der ehemalige Dokumentarfilmer MAREK PIWOWSKI übt 1993 humorvolle, doch scharfe Kritik an den politischen und gesellschaftlichen Zuständen der 90er Jahre mit seiner ›Entführung der Agata‹ – einer Politikertochter.

1988 wurde die Zensur aufgehoben und das Filmschaffen reorganisiert. Die neue Freiheit der Regisseure scheitert aber meist an der Finanzierung ihrer Vorhaben. Neben staatlicher Subvention ist das Engagement polnischer und verstärkt ausländischer Produzenten gefordert. WAJDAS ›Korczak‹ wurde 1991 in Berlin produziert. In Koproduktion mit Frankreich entstand 1991 KIEŚLOWSKIS ›Die zwei Leben der Veronika‹; der erste Teil der Trilogie ›Drei Farben – Blau‹, der 1993 den ›Goldenen Löwen‹ von Venedig erhielt, wurde ausschließlich mit französischem Geld finanziert.

Mit KRZYSZTOF KIEŚLOWSKI hat das polnische Kino nach WAJDA und ZANUSSI einen neuen Repräsentanten und Wegbereiter gefunden. Dem ehemaligen Autor von Dokumentarfilmen über die polnische Provinz gelang der Durchbruch mit subtilen Filmen von psychologischer Tiefe. Der erstmals 1988 in Berlin verliehene Euro-Oscar ging an seinen Beitrag ›Ein kurzer Film über das Töten‹, der einen Teil des Zyklus über die Zehn Gebote darstellt. 1994 kamen ›Weiß‹ und ›Rot‹ ins Kino, die restlichen Teile der Trilogie ›Drei Farben‹, die sich mit dem Ideal der französischen Revolution (Liberté, Egalité, Fraternité) im Hier und Jetzt auseinandersetzten. Im April 1996 verstarb KRZYSZTOF KIEŚLOWSKI an den Folgen einer Herzkrankheit im Alter von 53 Jahren.

Dorota Leszczyńska

23 GNIEZNO/GNESEN   Kathedrale St. Adalbert, Grabmal des Bischofs Krzycki
◁ 22 KRUSZWICA/KRUSCHWITZ   Stiftskirche St. Peter und Paul
24 SZAMOTUŁY   Pfarrkirche, Rokossowski-Grabmal

25 GNIEZNO/GNESEN Kathedrale St. Adalbert

26 TUM Stiftskirche

27 Bytów/Bütow Ordensburg

28 Szczecin/Stettin Herzogsschloß

29 PYRZYCE/PYRITZ Bańska-Tor

30 KAMIEŃ POMORSKI/CAMMIN Kathedrale

31 STARGARD SZCZECIŃSKI/STARGARD Rathaus

32 GDAŃSK/DANZIG Altstadtpanorama ▷

33 Gdańsk/Danzig Langer Markt

34 Gdańsk/Danzig Neptunbrunnen

35 GDAŃSK/DANZIG Krantor

36 GDAŃSK/DANZIG Marienkirche

37 GDAŃSK/DANZIG Großes Zeughaus

38 Frombork/Frauenburg Kathedrale   39 Włocławek Kathedrale

40 Toruń/Thorn Rathaus

41   MALBORK/MARIENBURG   Ordensburg, Hoch- und Mittelschloß

42   BIAŁYSTOK   Palais Branicki

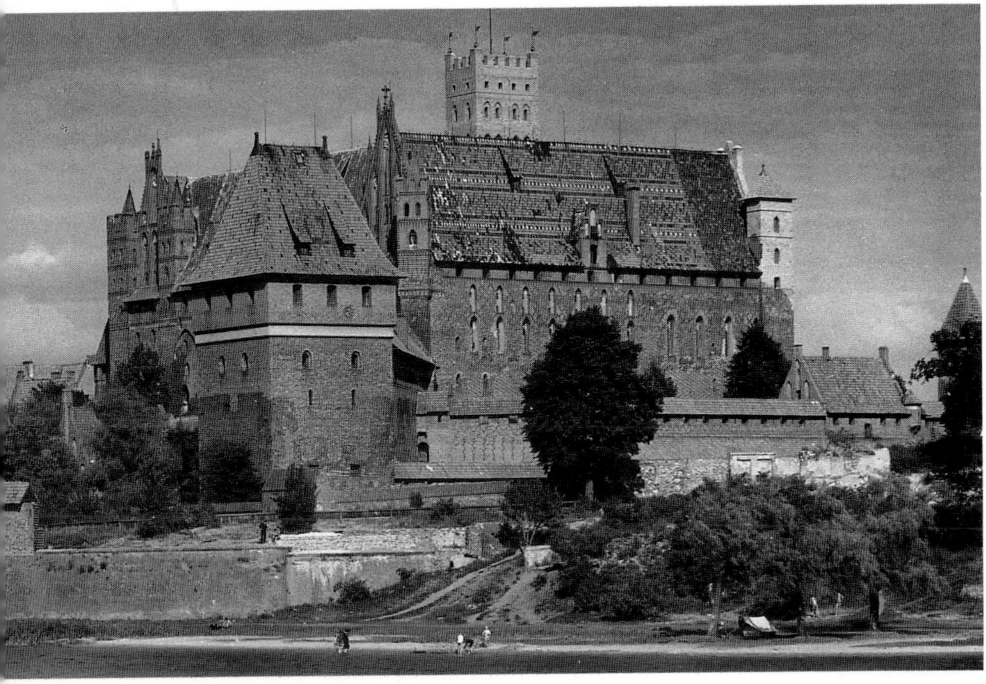

43 Suwałki Seenlandschaft ▷

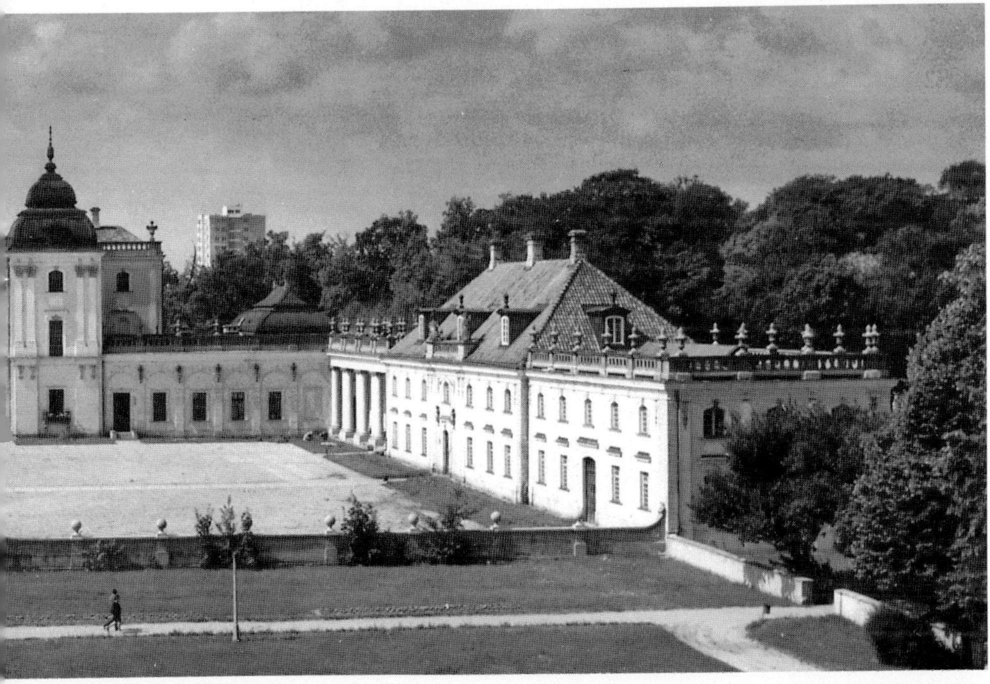

Kunstgeschichtlicher Überblick

7.–4. Jh. v. Chr.	Ende der ›Lausitzer Kultur‹: Wehranlagen in Holzbauweise (Biskupin); Ton- und Bronzegefäße mit Ornamentik; Slawische Kultgegenstände (*Svantevit*-Säule).
7.–10. Jh.	Frühmittelalterliche Siedlungen *(grody);* Befestigungsanlagen in Holz-Lehm-Bauweise (Poznań, Gniezno, Wrocław).
10./11. Jh.	Nach dem Vorbild der Kaiserpfalzen entstehen Burganlagen mit angeschlossenen Kapellen (Ostrów Lednicki, Przemyśl, Giecz, Kraków, Wiślica, Płock). Die ersten Kathedralen werden als dreischiffige Basiliken gebaut (Poznań, Gniezno, Kraków). Seit ca. 1040 kommt die **Romanik** auf.
11.–12. Jh.	Romanische Kathedralen (Gniezno, Poznań, Kraków); Stiftskirchen (Kruszwica, Tum, Opatów); Klosterkirchen (Kraków, Strzelno, Czerwińsk); kleine Burgkirchen (Inowłódz).
Zweite Hälfte 12. Jh.	Blütezeit der Bauplastik (Maria-Magdalenen-Kirche in Wrocław, Tum, Trzebnica); um 1170: Bronzetür der Kathedrale in Gniezno und Säulen der Norbertaner-Kirche in Strzelno.
Mitte 13. Jh.	Aufkommen der **Gotik**, verbreitet zuerst von den Zisterziensern (Klosterkirche in Mogiła 1226), dann von Franziskanern und Dominikanern; planmäßiger Städtebau (Wrocław – um 1242, Kraków – 1257). Kathedrale in Poznań erster gotischer Bau (1244–72); Anfänge der Backsteingotik im Deutschordensland (ehem. Kathedrale in Chełmża – 1254/63).
13.–14. Jh.	Ab Ende 13. Jh. Deutschordensburgen. Kleinpolen (sog. Krakauer Stütz- und Wandpfeilersystem), Schlesien (sog. Piastengewölbe/Rippendreistrahl) und Pommern (Kathedrale in Pelplin) werden Zentren der Bautätigkeit; Wechselbeziehungen im Baustil zwischen Schlesien und Kleinpolen. Älteste gotische Portale in Trzebnica (nach 1270) und Poznań (Tympanon der Heilig-Kreuz-Kirche um 1300).
14. Jh.	Erste Blüte der Gotik unter König Kazimierz III. Wielki (reg. 1333–70): zahlreiche Stadt- und Burggründungen, Kirchenstiftungen; Stadtbefestigungen (Kraków) und Rathäuser (u. a. Toruń, Gdańsk, Kraków, Wrocław); Als Basiliken entstehen die Kathedralen in Kraków (1320–64), Gniezno (nach 1342), Poznań (1346–57), die Marienkirche in Kraków (1355–1408), die Maria-Magdalenen- und die Corpus-Christi-Kirchen in Wrocław; bedeutende Hallenkirchen, u. a. die Kathedrale in Frombork (1329–88), die Marienkirchen in Gdańsk (Bau seit 1343) und

◁ 44 Święta Lipka/Heiligelinde Wallfahrtskirche

	Toruń (1350–70), die Kreuzkirche (1320–50) und die Marienkirche auf dem Sand (1334–80) in Wrocław, die Stiftskirche in Wiślica (vollendet 1380).
	Kleinformatige Bauplastik typisch für Kleinpolen, während sich der Einfluß der Parler aus Prag auch in Schlesien bemerkbar macht (Portale der Kathedrale in Strzegom). Zu den Leistungen von europäischem Rang gehört die Grabplastik. Sarkophagtypus mit liegender Figur: Königsgräber in der Wawel-Kathedrale für WŁADYSŁAW I. ŁOKIETEK (reg. 1305–13) und KAZIMIERZ III. WIELKI; eigener Beitrag zur europäischen Kunst (Ausstrahlung bis nach Böhmen und Finnland) werden die ›Löwenmadonnen‹ mit Zentrum Schlesien und Deutschordensland (ältestes Beispiel in Lubieszów, nach 1350).
um 1400	Z. T. unter Prager Einfluß entstehen zahlreiche Skulpturen des ›weichen Stils‹ (›schöne Madonnen‹ aus Toruń, Gdańsk und Krużlowa und Pieta in Wrocław); auch in der Tafelmalerei böhmische Einflüsse. Unter WŁADYSŁAW II. JAGIEŁŁO (reg. 1386–1434) Wandmalereien russischer Maler in byzantinischem Stil (Lublin, Kraków, Wiślica, Sandomierz).
15. Jh.	Marienkirche in Gdańsk (1447–1502) schönster gotischer Bau in Pommerellen. Beachtliche Zahl von Flügelaltären nach 1450: ›Krakauer Sudetenschule‹ (Wawel-Kathedrale) und als zweites Zentrum Schlesien: Barbara-Altar in Wrocław (1447); 1477–96: VEIT STOSS arbeitet in Kraków (wichtigstes Werk: der Altar der Marienkirche, 1477–89); Die Wandmalerei Großpolens unter schlesischem und kleinpolnischem Einfluß, während sich im Norden norddeutsche und niederländische Einflüsse durchsetzen; Holzkirchen, in überwiegender Zahl in Südpolen.
16. Jh.	**Renaissance**: 1506 Auftakt des ›Goldenen Zeitalters‹ (bis 1572); Italienische Künstler werden von König ZYGMUNT I. STARY (reg. 1506–48) nach Kraków geholt; 1505 beginnt FRANCESCO FIORENTINO mit dem Umbau des Wawel-Schlosses in Kraków (Arkadenhof von ihm und BARTOLOMMEO BERRECCI, 1507–36). Grabkapelle für ZYGMUNT I. STARY in der Wawel-Kathedrale (BERRECCI) einem der schönsten Renaissancebauwerke nördlich der Alpen (1517–33); Schloß und Grabkapelle gelten als Vorbilder für zahlreiche Schlösser, Stadtpaläste und Mausoleen bis Mitte 17. Jh. Eigenständige Architekturmotive: ›polnische Attika‹ (Sukiennice in Kraków) und Arkadenhöfe. Seit Mitte 16. Jh. **Manierismus** (bis ca. 1650), besonders ausgeprägt im Norden und Westen Polens, wo niederländische Elemente dominieren. GIOVANNI BATTISTA QUADRO baut um 1550 das gotische Rathaus in Poznań um; Neubau des Rathauses in

	Gdańsk – 1587–95 in niederländischem Stil. Nach einer einheitlichen urbanistischen Renaissancekonzeption von BERNARDO MORANDO entsteht 1579–81 die Stadt Zamość. Bedeutende Steinmetzwerkstätten in Kraków und Pińczów, angeführt von den Bildhauern SANTI GUCCI (gest. 1600) und GIOVANNI MARIA PADOVANO (gest. 1574).
um 1600	Mit den Jesuiten kommt der **Frühbarock** nach Polen: GIOVANNI BATTISTA TREVANO baut die Kirche St. Peter und Paul in Kraków (1605–19) in der Nachfolge von ›Il Gesù‹ in Rom, wohl auch das Königsschloß in Warszawa (1588–1611) und die Residenz in Ujazdów (1606–19). TOMMASO DOLABELLA (seit 1598 in Kraków) führt den Barock in die Malerei ein.
Erste Hälfte 17. Jh.	Neben frühbarocken Formen leben manieristische Tendenzen auf: Schloß und Kirche in Wiśnicz Nowy (MACIEJ TRAPOLA) und Krzyżtopór-Schloß (LAURENTIUS SENES). Die Bernhardiner-Kirche in Lublin initiiert den ›Lubliner Typus‹ (Lwów, Kazimierz Dolny) mit charakteristischem Stuckdekor (JAN WOLFF). Bedeutender polnischer Architekt: KASPAR BAZANKA (Kirche in Imbramowice, 1611–17). Die **sarmatische Kultur** etabliert sich Mitte 17. Jh.; Vorliebe für kniende Figuren in der Grabplastik in manieristischem Stil. Monumentalen Frühbarock repräsentiert dagegen die Sigismundsäule (Denkmal für ZYGMUNT III. WAZA [reg. 1587–1632] von 1633–34 in Warszawa).
Zweite Hälfte 17. Jh.	Die Schwedenkriege hinterlassen schwere Zerstörungen. Die Architektur Schlesiens unter dem Einfluß des Spätbarocks in Österreich und Böhmen. Klassizistische Strömungen zeigen sich im Schaffen von TYLMAN VAN GAMEREN (St. Anna-Kirche in Kraków, Krasiński-Palais und Sakramentinerinnenkirche in Warszawa). BALDASSARE FONTANA (Bonifatius-Kirche in Warszawa) führt den prunkvollen römischen Barock ein. Die Residenz JANS III. SOBIESKI (reg. 1674–96) in Wilanów ausgezeichnetes Beispiel barocker Palast- und Parkgestaltung. Der für Polen so typische Adelssitz, ein palaisähnliches Landhaus auf symmetrischem Grundriß, bildet sich endgültig heraus. Die Holzbauweise erreicht hohes Niveau; zahlreiche katholische und orthodoxe Kirchen (Powroźnik).
um 1730	Der österreichisch-böhmische **Spätbarock** etabliert sich in Schlesien: KILIAN IGNAZ DIETZENHOFER baut die Benediktinerkirche in Legnickie Pole (1727–31); Unter König AUGUST II. (dem Starken, reg. 1697–1733) dominiert das französisch-sächsische Rokoko in Warszawa als Hauptzentrum (KARL FRIEDRICH PÖPPELMANN, JOHANN SIGISMUND DEIBEL: Czapski-Palais und ›Sachsen-Achse‹).

um 1760–um 1840	Verbunden mit dem Mäzenatentum des Königs STANISŁAW AUGUST PONIATOWSKI (reg. 1764–95) entwickelt sich der **Klassizismus** mit Zentrum Warszawa: ›Stanisław-August-Stil‹, der polnische, französische und italienische Formen verbindet (DOMENICO MERLINI, JOHANN CHRISTIAN KAMSETZER, SZYMON BOGUMIŁ ZUG). Wichtigster Bildhauer ANDRÉ JEAN LEBRUN. CANALETTO und BACCIARELLI wichtigste Maler. FRANCISZEK SZMUGLEWICZ begründet die ›Vilniuser Schule‹ (sakrale Malerei).
seit 1830	**Historismus:** Die Neugotik (ADAM IDŻKOWSKI), aber auch weiterhin der Klassizismus bleiben populär. Romantisch-heroischer Stil in der Malerei (PIOTR MICHAŁOWSKI, HENRYK RODAKOWSKI).
Zweite Hälfte 19. Jh.	**Eklektizismus** in der Architektur. Blüte der realistisch-romantischen Historienmalerei (ARTUR GROTTGER, JAN MATEJKO, HENRYK SIEMIRADSKI).
1890–1914	›Młoda Polska‹ (›Junges Polen‹). **Jugendstil** Wiener Prägung mit Zentrum Kraków (JÓZEF MEHOFFER, STANISŁAW WYSPIAŃSKI). Künstlervereinigungen ›Sztuka‹ und ›Warsztaty Krakowskie‹. Symbolismus (JACEK MALCZEWSKI).
nach 1920	Der **Stilpluralismus** findet in der Bildung verschiedener Künstlervereinigungen Ausdruck: Expressionismus, Futurismus, Kubismus, Konstruktivismus, Suprematismus, Kolorismus/Postimpressionismus, Surrealismus.
1950–1956	›Sozialistischer Realismus‹ sowjetischer Prägung wird in der Architektur und den bildenden Künsten vom Staat gefördert.
nach 1956	Der Stilpluralismus setzt sich auch offiziell durch. Zahlreiche Denkmäler. Internationale Anerkennung erlangen polnische Grafik, Plakatkunst und Denkmalpflege.

Ivan Bentchev

Warszawa/Warschau

Inmitten der masowischen Tiefebene liegt Warszawa, das Herz Polens, das erst um 1600 zur Hauptstadt bestimmt wurde, nachdem vorher Kraków/Krakau diese Funktion innehatte. Warszawa begann also erst verhältnismäßig spät eine Rolle in der Geschichte Polens zu spielen. Um so schneller aber entwickelte es sich zu einer der bedeutendsten Metropolen Europas. Auf dem heutigen Stadtgebiet lassen sich bereits für das Neolithikum (ab 10000 v. Chr.) erste Spuren menschlicher Ansiedlungen nachweisen: am östlichen Wisła-/Weichselufer eine Burg und daneben eine Marktsiedlung (Stare Bródno). Die Legende berichtet, daß hier Wars und seine Schwester Sawa wohnten, auf deren Namen angeblich die älteste Form des Stadtnamens, Warszewa oder Warszowa, zurückzuführen ist.

Im 12. Jh. entstanden auf beiden Weichsel-Ufern Dörfer und Marktflecken. Diese Siedlungen dienten hauptsächlich dem Handel, der entlang der Verbindungswege von Wielkopolska/Großpolen und Śląsk/Schlesien nach Litauen und Moskau betrieben wurde. Zu Beginn des 14. Jh. gründete man hier eine Stadt, und bereits 1408 begann man auf dem von Norden her an die Altstadt grenzenden Gelände mit dem Bau der sogenannten Neustadt. Im Jahre 1413 verlegte der Herzog von Mazowsze/Masowien, Janusz, die Hauptstadt seines Herzogtums von Czersk nach Warszawa, an den Ort des heutigen Königsschlosses, wo der Herrenhof und eine hölzerne Kapelle entstanden. Neben diesen Bauten legte man ein schachbrettartiges Straßennetz mit einem rechteckigen Markt an, auf dem seit 1429 ein heute nicht mehr existentes Rathaus stand, und umgab den gesamten Bereich mit einem Erdwall.

Da die letzten masowischen Herzöge, Stanisław und Janusz, keine Nachfahren hinterließen, fiel Masowien an die polnische Krone. Ausdruck dessen war der feierliche Einzug des Königs Zygmunt I. Stary in die Warschauer Burg im August 1526. Der Anschluß Masowiens an die Krone stärkte die Beziehungen des Gebietes zu anderen Regionen Polens; seine zentrale Lage im polnisch-litauischen Staat machte es zu einem wirtschaftlichen und politischen Zentrum, das auf ganz Polen einwirkte.

Seit 1569 war Warszawa ständiger Tagungsort der vereinigten Landtage *(Sejm)* Polens und Litauens, und ab 1573 wurden hier die Königswahlen abgehalten. In den Jahren 1598–1611 verlegte König Zygmunt III. Waza die königliche Residenz von Kraków nach Warszawa, dabei wurde auch die aus dem 13. Jh. stammende Herzogsburg umgebaut. Mitte des 16. Jh. setzte eine beständige Ausdehnung und Umgestaltung der beiden Städte (Stare und Nowe Miasto/Alt- und Neustadt) ein; die gotischen Bürgerhäuser am Rynek Staromiejski/Altstäd-

Warszawa, Stich von N. Perelle nach einer Zeichnung von E. J. Dahlberg 1650

ter Markt wurden im Renaissance- und Barockstil umgebaut, die Adligen richteten ihre Stadtresidenzen ein, vor allem südlich der Altstadt entstanden neue Paläste und Kirchen. Auf dem rechten Weichsel-Ufer entwickelte sich eine separate Stadt, Praga, die 1573 durch die erste feste Brücke mit dem linken Weichsel-Ufer verbunden wurde.

Das Schicksal Polens war fast immer auch und zuerst Warszawas Schicksal. Mitte des 17. Jh. wurde die Entwicklung der Stadt durch den Einfall der Schweden unterbrochen; später dann, im 18. Jh., reifte Warszawa zum wichtigen kulturellen und wirtschaftlichen Zentrum sowie zum Mittelpunkt fortschrittlicher politischer Strömungen heran. Hier entwarf man die großen Reformkonzepte für das Staatswesen (KOŁŁĄTAJ, STASZIC), hier wurde die Verfassung des 3. Mai verabschiedet. Durch die Einbeziehung Pragas wuchsen die verschiedenen Stadtteile zu einem einheitlichen Organismus zusammen. Auf den Trümmern der durch die Schwedeninvasion zerstörten Gebäude entstanden neue, oft schönere Bauten: Häuser,

Paläste und Höfe. Ein entscheidendes Datum für den späteren Ausbau der Stadt war das Jahr 1757, als man die ul. Marszałkowska absteckte, so benannt nach dem großen Kronmarschall FRANCISZEK BIELEŃSKI.

Die zweite Teilung Polens 1793 unterbrach die Stadtentwicklung erneut; es folgten der KOŚCIUSZKO-Aufstand 1794 und das Blutbad, welches russische Truppen im Stadtteil Praga anrichteten, schließlich die dritte Teilung Polens 1795. Warszawa lebte wieder auf als Hauptstadt des gleichnamigen Herzogtums (1807) und – nach 1815 – des autonomen Königreiches Polen (Kongreßpolen). Später wurde es zum Zentrum des nationalen und sozialen Befreiungskampfes: während des Novemberaufstandes 1830–31, des Januaraufstandes 1863 und auch im Zusammenhang mit dem Erstehen der ersten Organisationen der polnischen Arbeiterbewegung; 1882 gründete LUDWIG WARYŃSKI in Warszawa die erste sozialistische Partei ›Wielki Proletariat‹ (›Großes Proletariat‹).

Warszawa, Deportation der jüdischen Bevölkerung aus dem Ghetto vor Beginn des Aufstands von 1943

Nachdem Polen 1918–19 seine Unabhängigkeit wiedererlangt hatte, entwickelte sich die Stadt in atemberaubendem Tempo: Es entstanden neue Verwaltungsgebäude, Wohnviertel, Schulen, Theater und Museen. Die Stadtgrenzen wurden ausgedehnt. Sehr viel hat für die Stadt der letzte vor dem Krieg amtierende Staatspräsident STEFAN STARZYŃSKI (seit 1934) getan, der im September 1939 bei der Verteidigung Warszawas an vorderster Stelle kämpfte.

Die Jahre der deutschen Okkupation waren für Warszawa eine Zeit blutigen Terrors und der Ausrottung eines Teils der Bevölkerung. Die Stadt erlitt gewaltige menschliche Verluste (ca. 800 000 Menschen, die Hälfte der Einwohner) und enorme materielle Schäden. Viele Denkmäler, Kunstwerke, Büchersammlungen, Archive, Museen wurden vernichtet bzw. geraubt. Als Reaktion auf die Massenhinrichtungen von Geiseln, auf Zwangsarbeit und Deportationen in die Konzentrationslager nahm ein großer Teil der Bevölkerung an der Widerstandsbewegung teil, die alle Lebensbereiche erfaßte. So wurde etwa die traditionsreiche ›Fliegende Universität‹ essentiell für die Weiterführung des intellektuellen Lebens in Polen. Ab 1941 verstärkten sich die Kampfhandlungen der Untergrundorganisationen. Die seit 1940 im Ghetto zusammengepferchte und zum Tode verurteilte jüdische Bevölkerung griff im April/Mai 1943, nachdem schon über 300 000 Menschen in Treblinka ermordet worden waren, zu den Waffen und stellte sich dem ungleichen Kampf. Die Heimatarmee *Armia Krajowa* (AK), von der die Hauptlast des Widerstands gegen die deutsche Besatzung getragen wurde, wollte die im Laufe des Jahres 1944 entstandene strategische Lage für das Ziel eines demokratischen und pluralistischen polnischen Staates nutzen; der vom 1. 8. bis 2. 10. 1944 während Widerstand der AK, der als ›Warschauer Aufstand‹ zum Synonym des Kampfes gegen die nationalsozialistische Vernichtungsmaschinerie geworden ist, wurde unter Führung des SS-Generals ERICH VON DEM BACH-ZELEWSKI von deutschen Einheiten brutal niedergeschlagen. Die überlebende Bevölkerung wurde ausgesiedelt, die Stadt systematisch zerstört und niedergebrannt. Am Tag der Befreiung, am 17. 1. 1945, war Warszawa zu 90 % zerstört; nur 7 % der Gebäude waren noch bewohnbar. Trotzdem blieb die Stadt nach dem Willen des Volkes und Kraft eines Regierungsbeschlusses die Hauptstadt Polens. Mit enormen Aufwand und gemeinsamen Anstrengungen der Bevölkerung begann man, die Stadt wiederaufzubauen. Die Rekonstruktion der historischen Baudenkmäler kann als gelungen bezeichnet werden, sie findet internationale Anerkennung.

Wie in anderen Großstädten Polens ist auch das Stadtbild des modernen Warszawa nach der politischen Umgestaltung in dynamischem Wandel; große Veränderungen stehen durch den U-Bahn-Bau bevor, z. Zt. bringt er noch erhebliche Probleme für den Stadtverkehr.

Stare Miasto/Altstadt

Der Rundgang durch die altstädtischen Viertel von Warszawa beginnt am Pl. Zamkowy/ Schloßplatz (Farbabb. 13, Stadtplan s. hintere Umschlagklappe). Ursprünglich Vorplatz der Burg sowie des Stadtores an der südlichen Ausfallstraße (der heutigen ul. Krakowskie Przedmieście), wurde der Pl. Zamkowy zum ersten Mal 1644 planmäßig gestaltet, als repräsentativer Rahmen für die Sigismundsäule. 1818–21 vergrößerte ihn der Architekt JAKUB KUBICKI zu seiner endgültigen Ausdehnung; die nach dem Krieg gebaute Ost-West-Trasse verunklärt vom südlichen Zipfel her die zu einem Dreieck regulierte Form.

Die **Kolumna Zygmunta III./Sigismundsäule** (1) erhebt sich, 22 m hoch, in der Mitte des Platzes. Gestiftet von KÖNIG WŁADYSŁAW IV. WAZA zum Andenken an seinen Vater, der die Waza-Dynastie auf dem polnischen Thron etabliert hatte, ist sie Polens erstes politisches Monument, entstanden 1633–34. Den Entwurf haben die Architekten AGOSTINO LOCCI und CONSTANTINO TENCALLA geliefert, die Bronzestatue stammt vom Bildhauer CLEMENTE MOLLI. Im Januar 1945 wurde das Denkmal schwer beschädigt; der Säulenschaft mußte ersetzt werden, die Statue wurde restauriert.

Die Ostflanke des Platzes nimmt – heute wieder – das **Zamek Królewski/Königsschloß** (2) ein. 1939 brannte es nach einem Bombenangriff weitgehend aus, wobei allerdings große Teile der Ausstattung gerettet werden konnten. Im Herbst 1944 wurde es gesprengt. Mit dem Neuaufbau begann man 1971 in frühbarocken Formen, jedoch gleichzeitig so, daß die wechselvolle Baugeschichte des Komplexes sichtbar wurde.

Diese nahm ihren Anfang mit einer hölzernen Wehranlage, die die Herzöge von Masowien im 13. Jh. auf der Böschung der Weichsel errichtet hatten. Um die Mitte des 14. Jh. baute man den Wieża Grodzka/Stadtturm am südlichen Rand des Areals. Zu Beginn des 15.

Jh. entstanden der gotische Große Hof *(Curia Maior)* als Wohnstätte der Herzöge, bald
darauf, nordöstlich der kleine Hof *(Curia Minor)* sowie einige Nebengebäude. Dieser Kern
der Anlage erstreckt sich im Bereich des heutigen Nordostflügels; gotische Kellergewölbe,
Reste der *Curia Maior*, haben sich erhalten. KÖNIG ZYGMUNT II. AUGUST ließ die Burg
1569–72 zu einer Renaissanceresidenz umgestalten; dabei wurde der nach Nordosten ausgreifende Flügel angefügt. Architekt war GIOVANNI BATTISTA QUADRO, den der Bau des
Rathauses von Poznań/Posen kurz zuvor berühmt gemacht hatte. Bald darauf bestimmte
ZYGMUNT III. WAZA das Schloß zum Sitz der polnischen Könige und ließ es 1598–1619 von
JACOPO RODONDO – ebenso ein italienischer Architekt – zu der endgültigen Fünfflügelan-
lage mit dem Torturm in der Mitte der Hauptfassade ausbauen. Im Zuge des Wiederaufbaus
rekonstruierte man im wesentlichen das Erscheinungsbild, welches das Schloß in dieser
Epoche erhalten hatte: die monumentale Strenge des Waza-Stils, der auf Dekorationsformen
weitgehend verzichtet und vornehmlich durch ausgewogene Proportionierung wirkt.

Während der Invasion schwedischer Truppen 1655–56 blieb auch das Schloß nicht verschont. Die Könige gaben es vorübergehend als Residenz auf (JAN III. SOBIESKI z. B. verlegte den Königssitz nach Wilanów). Erst König AUGUST II. Mocny (der Starke), der erste
polnische König aus der Sachsen-Dynastie, bezog wieder das Königsschloß. Eine Modernisierung des Schlosses, das als altmodisch und den Ansprüchen barocker Hofhaltung nicht
mehr angemessen galt, ließ sein Nachfolger, AUGUST III., vornehmen. 1741–47 bauten die
Architekten GAETANO CHIAVERI und ANTONIO SOLARI den Nordostflügel im Rokokostil
um: Im Inneren entstand eine Folge prächtiger Repräsentationsräume mit Ballsaal, Galerie
und Hofkapelle, zur Weichsel hin eine Fassade mit drei tiefen Risaliten.

Die Errichtung der Sigismundsäule, Zeichnung des Architekten A. Locci 1646

Transport eines Granitblocks für die Wiedererrichtung der im Zweiten Weltkrieg zerstörten Sigismundsäule, Photo von 1948

König STANISŁAW AUGUST PONIATOWSKI setzte die Umgestaltung des Schlosses fort (1767–86), beginnend mit der Neuausstattung der Wohnappartements im Südflügel. Nach französischem Vorbild versammelte er an seinem Hof einen Kreis hervorragender Künstler: JACOPO FONTANA, DOMENICO MERLINI, JOHANN CHRISTIAN KAMSETZER, MARCELLO BACCIARELLI, JAN BOGUMIŁ PLERSCH, ANDRÉ LEBRUN, GIACOPO MONALDI, CANALETTO (BERNARDO BELLOTTO). Sie schufen herrliche barocke und klassizistische Raumdekorationen in harmonischer Verschmelzung von Architektur, Wandmalerei und plastischem Schmuck.

Im Laufe des 19. Jh. erfolgten noch mehrere Eingriffe in die Bausubstanz und Ausstattung. Der 1973–83 rekonstruierte Nordostflügel zeigt sich heute in der Gestalt, die er unter STANISŁAW AUGUST PONIATOWSKI angenommen hatte.

Die *Privatkapelle* des Königs (a) im Obergeschoß des Wieża Grodzka, des Stadtturms am südlichen Ende der Raumflucht, hat 1774–77 DOMENICO MERLINI ausgestattet. Es ist ein kleiner, quadratischer Raum mit kreisförmigem Chor, der dank virtuoser architektonischer Artikulation zugleich monumental und leicht wirkt. Die durchfensterten Nischen verhindern den Eindruck von Enge, ebenso die Baldachinarchitektur im Chor – kassettierte Kuppel auf freistehenden Säulen –, die die Grenzen des Raumes verschleiert. Die delikate Farbgebung, charakteristisch für den Klassizismus, unterstreicht noch die lichte Wirkung.

Als Vorraum der Kapelle und Verbindung zum anschließenden königlichen Appartement fungiert *Sala Canaletta* (Canaletto-Saal) (b), deren Wände mit zahlreichen Stadtveduten und Landschaftsbildern des venezianischen Künstlers verkleidet sind. Ein typisches Beispiel für den polnischen Klassizismus, der als ›STANISŁAW AUGUST-Stil‹ unter dem Namen seines

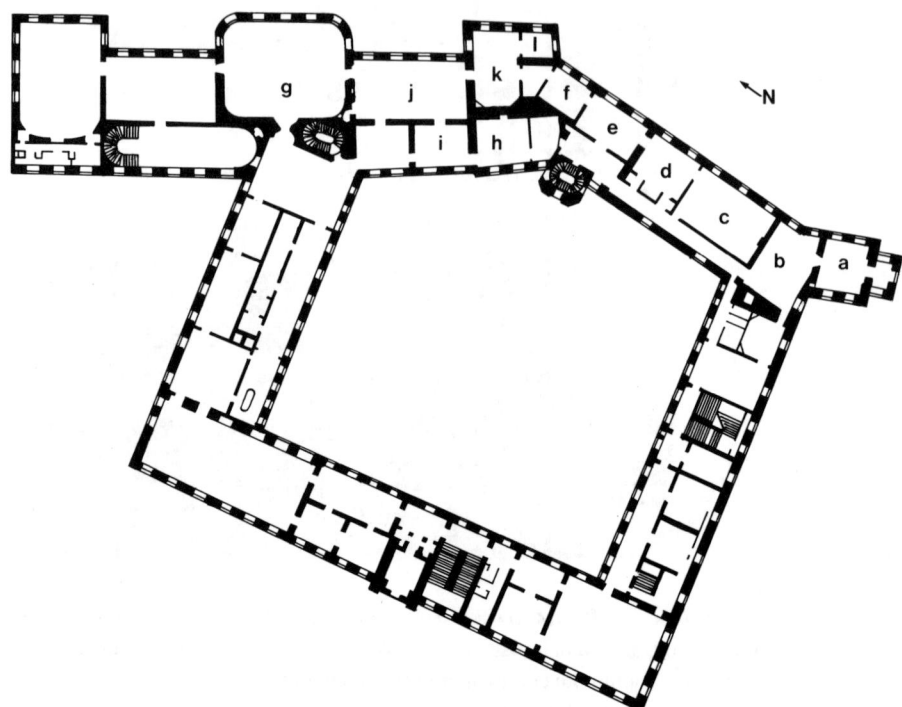

Königsschloß a Privatkapelle b Canaletto-Saal c Alter Audienzsaal d Königliches Schlafzimmer e Garderobe f Studierzimmer g Ballsaal h Grüner Salon i Gelber Salon j Rittersaal k Thronsaal l Konferenzkabinett

Mäzens in die Kunstgeschichte eingegangen ist, stellt der *Alte Audienzsaal* (c) dar. MERLINI entwarf eine zugleich zarte und strenge Gliederung für Wände und Decke, in die sich MARCELLO BACCIARELLIS Gemäldeprogramm einfügt. Das große Deckenbild feiert die Blüte von Kultur, Wissenschaften, Landwirtschaft und Handel, die Polen unter STANISŁAW AUGUST erlebte. Die Supraporten zeigen als Allegorien die Tugenden des Herrschers, die diesen Wohlstand ermöglichten: Tapferkeit, Weisheit, Gottesfurcht und Gerechtigkeit.

Das *königliche Schlafzimmer* (d) schließt sich direkt an den Audienzsaal an. Als Schauplatz zeremonieller *Levées* hatte es auch repräsentative Funktion zu erfüllen. Seine Ausstattung gehört zu den ersten, die MERLINI hier realisierte (1772–74); der Unterschied zum Audienzsaal verdeutlicht, wie sich der Architekt schrittweise entwickelte. Hier zeugt die tektonische Wandgliederung noch von einer traditionellen, dem späten Barock verhafteten Auffassung. Die Gemälde von MARCELLO BACCIARELLI stellen Szenen aus dem Alten Testament dar: Esther, wie sie vor Ahasver ohnmächtig wird, Rebekka und Elieser, die Verkündigung an Hagar sowie Hagar mit Ismael.

Das private Appartement des Königs schließt, wie es die kanonische Raumfolge erfordert, mit der *Garderobe* (e) und einem kleinen *Studierzimmer* (f) ab.

Der *Ballsaal* (g) erhielt seine architektonische Form bereits in der Mitte des 18. Jh. unter KÖNIG AUGUST III. Er bildet das Zentrum der damals angelegten Saalflucht, von außen durch den Mittelrisalit der Weichsel-Fassade ausgezeichnet. Frühe Entwürfe lieferten VICTOR LOUIS, den man 1740 eigens aus Paris berufen hatte, und (1765) JAN BOGUMIŁ PLERSCH. 1777 schrieb König STANISŁAW AUGUST PONIATOWSKI einen Wettbewerb aus, an dem außer PLERSCH auch EPHRAIM SCHROEGER und DOMENICO MERLINI teilnahmen. MERLINIS Entwurf gewann, und noch im selben Jahr wurde mit den Arbeiten begonnen. JOHANN CHRISTIAN KAMSETZER entwarf einige Details der Dekoration, JOHANN MICHAEL GRAFF führte die Stukkaturen aus. Die Konzeption folgt den Idealvorstellungen des Hochbarocks: Die Wand tritt hinter der umlaufenden Ordnung aus freistehenden, gesockelten Doppelsäulen zurück, die ein markantes Gebälk tragen. Den als Arkaden formulierten Fensteröffnungen im Risalitbereich antworten im Rauminneren Blendnischen; die Ecken sind verschliffen. Der Deckenspiegel, scharf gegen die Gliederung der Hohlkehle abgegrenzt, öffnet sich illusionistisch in den freien Himmel. Das Gemälde – eine Allegorie auf den Ruhm des Königs – schuf MARCELLO BACCIARELLI. In der Eingangsnische des Saals ist das ›Herrscherlob‹ bereits thematisiert: In der Supraporte befindet sich ein Porträtmedaillon des Königs, gehalten von Genien des Friedens und der Gerechtigkeit. Die beiden Figuren zu seiten der Tür (wie die Supraporte von ANDRÉ LEBRUN) stellen Apoll, den Gott der Künste, und Minerva, die Göttin der Wissenschaften, dar. Zusammen mit dem Supraportenrelief zeigen sie in der verschlüsselten Sprache des Barocks, daß sich Künste und Wissenschaften dank der Herrschaft STANISŁAW AUGUSTS zur Hochblüte entfalten konnten.

Die Beschreibung des Schloßinneren muß begrenzt bleiben, obgleich auch die übrigen Räume der in dieser Zeit ausgestatteten Saalflucht Kostbarkeiten darstellen: der *Grüne* (h) und der *Gelbe Salon* (i), der *Rittersaal* (j), der *Thronsaal* (k), das *Konferenzkabinett* (l).

In der Geschichte Polens war das Schloß mehrfach Schauplatz wichtiger Ereignisse; so wurde hier am 3. 5. 1791 die Verfassung verabschiedet, der erste festgeschriebene Gesetzestext dieser Art in Europa. In der Ära Kongreßpolens tagten hier der *Sejm* und der Senat, das oberste Staatsorgan. Zur Zeit der Zweiten Republik (1918–39) war das Schloß Sitz des Staatspräsidenten.

Etwas unterhalb des Schlosses, am Hang zur Weichsel hin und heute beeinträchtigt durch die nach dem Krieg gebaute Schnellstraße, liegt das **Pałac Lubomirskich/Palais Lubomirski** (3), ›Pod Blachą‹/›Unter dem Blechdach‹, genannt. Ursprünglich (17. Jh.) ein schlichtes Wohnhaus, ging es 1776 in königlichen Besitz über und wurde von DOMENICO MERLINI zur dreiflügeligen Palastanlage umgebaut. Später diente das Gebäude Fürst JÓZEF PONIATOWSKI als Residenz; heute beherbergt es die Warschauer Bauverwaltung.

Die ul. Świętojańska/Straße des hl. Johannes ist einer der ältesten Verkehrswege der Stadt. Sie verbindet das Schloß mit dem Rynek Starego Miasta/Altstädter Markt und führt weiter nördlich in die Nowe Miasto/Neustadt, auf der Strecke einer alten Verkehrsverbindung zwischen Czersk und Zakroczym.

Auf der rechten Seite befinden sich zwei interessante Kirchen, zunächst die ehemalige **Katedra św. Jana/Johannesdom** (4), heute Pfarrkirche. Ihre Geschichte reicht bis in die Entstehungszeit der Stadt selbst zurück. HERZOG JANUSZ I. MAZOWIECKI stiftete Anfang des 15. Jh. den Bau der ersten steinernen Kirche, die die ursprüngliche, hölzerne, ersetzte. Sie hatte etwa den Umfang des heutigen Chores. Es folgten mehrere Um- und Erweiterungsbauten, so bauten Danziger Meister die Gewölbe. Ende des 16. Jh. ließ ANNA JAGIELLONKA einen Verbindungsgang zur Residenz errichten; die Kirche erfüllte nun die Doppelfunktion von Pfarrkirche und Schloßkapelle. Später kam noch ein hoher Glockenturm hinzu. Schon bald darauf wurde die Kirche von einem Brand verwüstet; 1602 stürzte sie ganz ein. Nach und nach im Laufe des 17. und 18. Jh. wiederaufgebaut, wurde das Gotteshaus 1836–40 von ADAM IDŹKOWSKI im Stil der englischen Gotik noch einmal durchgreifend umgestaltet. In diesen Formen stellte man es auch nach der Sprengung 1944 wieder her (1947–56).

Die Kirche zeigt sich heute als dreischiffige Halle mit schönen Sterngewölben und dreiseitig geschlossenem, hellem Chor. Im Inneren finden sich einige Reste der alten Ausstattung, zumeist stark restauriert oder rekonstruiert. Das barocke Chorgestühl, eine Stiftung JAN III. SOBIESKI, konnte rekonstruiert werden; das Taufbecken von 1632, mit der Künstlersignatur ›Petrus Noire Gallus‹, hat sich erhalten. Das spätgotische Kruzifix in der Christuskapelle stammt aus einer Breslauer Werkstatt. Im rechten Seitenschiff befinden sich ein Renaissancegrabmal der letzten Herzöge von Mazowsze, STANISŁAW und JANUSZ, sowie das Epitaph des *Sejm*-Marschalls STANISŁAW MAŁACHOWSKI, nach einem Entwurf THORVALDSENS.

In der Krypta sind die Warschauer Erzbischöfe bestattet, außerdem der Schriftsteller HENRYK SIENKIEWICZ und GABRIEL NARUTOWICZ, der 1922 ermordete polnische Staatspräsident, sowie der spätere Staatspräsident IGNACY MOŚCICKI (1926–39). In jüngster Zeit brachte man hier für mehrere Priester der Erzdiözese Warszawa, die im Zweiten Weltkrieg von den Nationalsozialisten ermordet wurden, Gedenktafeln an, desgleichen für Pfadfinder des Bataillons *Wigry*, die im Warschauer Aufstand gefallen sind.

Unmittelbar neben der Kathedrale erhebt sich die **Kościół Jezuitów/Jesuitenkirche** (5), ein Saalbau mit einer Kapellenreihe an der Nordflanke, überkuppeltem Chor und dem höchsten Turm der Altstadt. Sie wurde 1608–20 als gemeinsame Stiftung König ZYGMUNT III. WAZA und mehrerer hoher Staatsbeamter errichtet. Die Planung hatte bereits 1598 begonnen, unmittelbar nachdem der Orden nach Polen gekommen war.

Von hier aus kann man in wenigen Schritten zum Marktplatz der Altstadt gelangen; es lohnt sich aber, einige Umwege durch die schmalen Gassen zu machen.

Unter dem Torbogen des Glockenturms von St. Johannes und entlang der kleinen ul. Dziekania erreicht man die ul. Kanonia. An deren Mündung ist der von ANNA JAGIELLONKA gestiftete Arkadengang zu sehen, durch den die Herzöge und Könige ungesehen vom Schloß in die Kirche gelangen konnten. Dahinter öffnet sich ein malerischer Platz, umsäumt von barocken Kanonikerhäusern (alle 1958–61 wiederaufgebaut). Hier befand sich bis 1780 ein Friedhof, an den nur noch die 1771 aufgestellte Rokokostatue der Muttergottes erinnert. Im Haus Nr. 8 lebte STANISŁAW STASZIC (1755–1826), der unter dem Einfluß französischer Philosophen, insbesondere ROUSSEAUS, ein radikales Reformprogramm entwarf. Im benachbarten Haus Nr. 10 wohnte der Historiker und erste Vorsitzende der ›Warschauer Gesellschaft der Freunde der Wissenschaften‹ Bischof JAN (CHRZCICIEL) ALBERTRANDI und im Haus Nr. 12 der Dichter und Prediger Erzbischof JAN PAWEŁ WORONICZ. Inmitten des Platzes befindet sich eine Warschauer Glocke aus dem Jahre 1646.

Das Eckhaus zur ul. Jezuicka (Haus Nr. 2) aus der Mitte des 16. Jh. lohnt einen Blick, bevor der Umweg fortgesetzt wird. Es zeigt eine schöne Fensternische aus glasierten Ziegeln und einen im 17. Jh. angebauten Erker. Das Nachbarhaus Nr. 4 mit der säulengeschmückten Fassade war im frühen 18. Jh. von den Bischöfen LUDWIK und ANDRZEJ ZAŁUSKI als Sitz des ›Gymnasium Zaluscianum‹ gestiftet worden. Ab 1773 beherbergte es das erste Erziehungs-ministerium in der Geschichte Europas (Kommission für nationale Erziehung).

Zurück zur Kathedrale biegt man in die ul. Piwna ein. Hier befindet sich der imposante Bau der **Kościół św. Marcina/Kirche St. Martin** (6) mit dem ehemaligen Augustinerkloster. Gestiftet im 14. Jh. von ZIEMIOWIT MAZOWIECKI, wurde die ursprünglich gotische Anlage mehrfach umgestaltet. Da St. Martin zu den ältesten Kirchen Warschaus zählt und sich als einzige auf dem damaligen Stadtgebiet befand, gewann sie im Laufe der Zeit politische Bedeutung. Zunächst fanden hier Sitzungen *(Sejmiki)* des masowischen Adels statt, in der Regierungszeit ZYGMUNTS III. WASA alle Staatszeremonien. 1977, als sich in Polen die Opposition und die *KOR* ihre ersten politischen Aktivitäten entwickelten, wurde in dem Gotteshaus der Hungerstreik durchgeführt. Intellektuelle, u. a. der spätere Minister-präsident TADEUSZ MAZOWIECKI, protestierten auf diese Weise gegen die politische Unge-rechtigkeit und die Verhaftungen der streikenden Arbeiter in Ursus und Radom. Von der Kirche St. Martin aus in nördlicher Richtung erreicht man an der nächsten Ecke den klei-nen Zapiecek-Platz, an dem sich die gleichnamige bekannte Galerie für Kunstgewerbe be-findet.

An den Wehrmauern steht das **Pomnik Kilińskiego/Jan-Kiliński-Denkmal** (7) (geschaf-fen von STANISŁAW JACKOWSKI), eines der Anführer des Aufstandes Warschauer Bürger gegen die zaristische Herrschaft im Jahre 1794; daneben liegt das Handwerksmuseum mit einer Sammlung alter Uhren.

Vom Zapiecek-Platz aus reicht der Blick bis zum Altstädter Marktplatz (Farbabb. 15, Abb. 7), der um 1400 in Rechteckform mit je zwei rechtwinklig anstoßenden Straßenzügen an jeder Ecke angelegt wurde, so daß ein streng geometrischer Grundriß der Altstadt ent-stand. Bis zum Beginn des 19. Jh. war der Platz ein Zentrum des politischen, administrati-ven, wirtschaftlichen und kulturellen Lebens der Stadt und mehrfach Schauplatz wichtiger Zeitereignisse: Hier empfingen 1764 die Bürger den neugewählten König STANISŁAW AUGUST PONIATOWSKI; ausgehend vom damals noch vorhandenen Rathaus begann hier 1794 die sogenannte Schwarze Prozession unter der Führung des Stadtpräsidenten JAN DEKERT, auf der Rechte für das Bürgertum eingefordert wurden. Alle vier Seiten des Markt-platzes tragen eigene Namen; die Ostseite den von FRANCISZEK BARSS, einem Verfechter der Bürgerrechte während des Großen *Sejm;* die gegenüberliegende den von HUGO KOŁŁĄTAJ; die südliche den von IGNACY ZAKRZEWSKI – dem Stadtpräsidenten während der Zeit des Kościuszko-Aufstandes 1794. Die Nordseite erhielt den Namen JAN DEKERTS. Nach schwe-

Marktplatz der Altstadt, Aufriß der rekonstruierten Häuser entlang der ›Dekert-Seite‹

ren Zerstörungen 1944 stellte man den Marktplatz bis 1953 wieder her. An der Rekonstruktion der Fassadendekoration beteiligten sich zahlreiche polnische Künstler.

Der Rundgang beginnt an der *Kołłątaj-Seite.* Im Haus Nr. 21, das wie viele der Bürgerhäuser am Platz nach einem Brand um 1700 umgebaut wurde, haben sich noch ein gotisches Portal und die Kellergewölbe des ursprünglichen Baus erhalten. Das darin untergebrachte Café und Restaurant ›Krokodyl‹ lohnt eine Pause. Im Nachbarhaus Nr. 21 a aus dem 17. Jh. wohnte 1812 HUGO KOŁŁĄTAJ. Das Fukier-Haus (Haus Nr. 27), benannt nach einem Nachkommen der Augsburger FUGGER, dem es seit 1810 gehörte, beherbergt einen 300 Jahre alten Weinkeller (›Winiarnia Fukierowska‹). Die Fassade, die sich über einem Vordach erhebt, wie es bei Geschäftshäusern im 18. Jh. üblich war, trägt eine schöne klassizistische Dekoration. Das Innere wurde ebenfalls in diesem Stil wiederhergestellt. Das Eckhaus ›Pod św. Anną‹/›Zur hl. Anna‹ (Haus Nr. 31), gehört zu den wenigen Häusern am Markt, die ihre gotische Grundform noch weitgehend erkennen lassen. Die Umgestaltungen beschränkten sich hier auf Einzelheiten: 1635 stockte man den Bau auf, veränderte die Fensterform sowie das Portal und fügte an der Seitenfront einen Erker an. Die Statue der Anna Selbdritt in der Ecknische stammt aus der ersten Hälfte des 16. Jh.

Die Häuser entlang der *Dekert-Seite* hat man im Zuge des Wiederaufbaus im Innern miteinander verbunden und dort das **Muzeum Historyczne Miasta Warszawy/Historische Museum der Stadt Warschau** (8) eingerichtet. Es dokumentiert in Plänen, Ansichten, Modellen und Porträts die Geschichte der Stadt von ihrer Entstehung bis in die Nachkriegszeit. Der Eingang befindet sich im Haus Nr. 42, das im 17. Jh. für den königlichen Postmeister MONTELUPI, einen polonisierten Italiener, im Stil der späten Renaissance umgebaut worden war. Das Nachbarhaus Nr. 40, das zeitweilig ebenfalls MONTELUPI gehörte, zeigt schöne rekonstruierte Fassadenmalereien. Im Erdgeschoß des Hauses Nr. 38 haben sich noch spätgotische Gewölbe erhalten. Bemerkenswert ist das schmiedeeiserne Rokokogitter, das man um 1735 im Eingang angebracht hat. Aus der späten Renaissance (Anf. 17. Jh.) stammt die mit Sgraffiti geschmückte Fassade des Hauses ›Pod Murzynkiem‹/›Zum kleinen Mohren‹ (Haus Nr. 36), dessen Besitzer im Überseehandel tätig war. Besondere Beachtung verdient auch das übernächste Haus Nr. 32 mit seiner reich geschmückten Spätrenaissance-fassade (erste Hälfte 17. Jh.), die wenig später ein frühbarockes Portal und eine Attika erhalten hat.

An der Ecke zur *Barss-Seite* hin mündet die malerische **Kamienne Schodki/Steintreppe** (9), die den Weichsel-Hang hinunterführt; sie existierte bereits um 1600.

An der *Barss*-Seite, in einem Haus mit gotischen Mauerresten und einem Portal aus dem 17. Jh. (Haus Nr. 20), befindet sich das **Muzeum Literatury im. Adama Mickiewicza/ Literaturmuseum** (10), nach dem berühmtesten polnischen Dichter der Romantik benannt s. S. 91); hier finden auch Ausstellungen statt, wie vor kurzem über BRUNO SCHULZ, einen der größten Autoren der Zwischenkriegszeit. Das Eckhaus, Haus Nr. 2, das 1780–95 FRAN-CISZEK BARSS gehört hatte, mußte nach dem Krieg vollständig neuerrichtet werden; es beherbergt heute die Galeria Sztuki Nowoczesnej/Galerie für moderne Kunst.

Von hier aus lohnt sich ein Abstecher in die ul. Celna, die, um 1300 angelegt, zur Stadtbe-festigung und zum 1830 abgerissenen Brama Gnojna/Mist-Tor führt. Die Aussichtsterrasse am hohen Ufer bietet einen schönen Ausblick auf die Weichsel und den Stadtteil Praga jenseits des Flusses. Die von hier aus nach links abbiegende ul. Brzozowa führte ursprünglich an der Stadtmauer entlang. Ihre linke Seite bilden die malerischen Rückfassaden der Bürgerhäuser am Markt; gegenüber war sie von Speichern gesäumt. An der Ecke zur ul. Celna sind Reste eines gotischen Hauses zu sehen, die beim Wiederaufbau freigelegt wurden.

Man kehrt zum Markt zurück, um noch die *Zakrzewski-Seite* kennenzulernen. Das Haus Nr. 5 mit eleganter klassizistischer Fassade bewohnte früher WOJCIECH OCZKO, Hofarzt der Könige ZYGMUNT I. STARY, STEFAN BATORY und ZYGMUNT III. WAZA; heute ist dort das beliebte Restaurant ›Bazyliszek‹ (›Basilisk‹) untergebracht. Das Eckhaus, Haus Nr. 13, nach dem Relief aus dem 18. Jh. ›Pod Lwem‹ (›Zum Löwen‹) genannt, stammt im Kern aus dem 14. Jh.; es wurde in den Spätrenaissanceformen des letzen Umbaus (1669) wiederhergestellt. Erneuert hat man auch die Fassadenmalerei der polnischen Künstlerin ZOFIA STRYJEŃSKA aus den Jahren 1928–29. An der Front zur ul. Świętojańska brachte man eine moderne Sonnenuhr an.

In nördlicher Richtung gelangt man durch die ul. Nowomiejska, vorbei an schönen Patri-zierhäusern der späten Renaissance und des Barock, zur **Barbakan/Barbakane** (11), einer bemerkenswerten Wehranlage aus dem 16. Jh. Der mächtige, kreisrunde Bau gehörte zum Komplex der – teilweise rekonstruierten – Stadtbefestigung; in der Mitte des 16. Jh. errich-tete ihn GIOVANNI BATTISTA DA VENEZIA, ein venezianischer Festungsbaumeister. Um 1800 war die Barbakane in die umliegende Wohnbebauung einbezogen und zu Wohnzwecken umgestaltet worden. In den Jahren 1937–38 legte man das Bauwerk wieder frei, einschließ-lich des Grabens und der Zugbrücke; in den 50er Jahren rekonstruierte man seine ursprüng-liche Form. Heute wird die Barbakane für Wechselausstellungen genutzt.

Von der Wehrmauer aus bietet sich ein schöner Ausblick auf die **Kościół Paulinów św. Ducha/Heilig-Geist-Kirche der Pauliner** (12); das 1707–17 von den italienischen Architekten Giuseppe Piola und Giuseppe Simone Bellotti errichtete Gotteshaus ist Ausgangsort der seit 1711 alljährlich stattfindenden Pilgerfahrt nach Częstochowa/Tschenstochau. Die doppeltürmige Giebelfassade zeigt eine zurückhaltende, harmonische Pilastergliederung, die den dreischiffigen Querschnitt des Inneren spiegelt. Die barocke Ausstattung wurde rekonstruiert; bemerkenswert ist vor allem ein Altargemälde des Gekreuzigten von dem wichtigsten Meister des schlesischen Barock, Michael Willmann.

Nowe Miasto/Neustadt und Cytadela/Zitadelle

An der Nordseite der Heilig-Geist-Kirche beginnt die ul. Długa/Lange Straße, ursprünglich eine Ausfallstraße nach Westen, die ihren Namen bereits seit dem 15. Jh. trägt. Im Mittelalter diente sie auch als Markt. Das heutige, klassizistische Erscheinungsbild erhielt sie während der Stanisław-Ära. Hier wohnten berühmte Persönlichkeiten wie Maurycy Mochnacki (im Haus Nr. 3), Sprecher der Patriotischen Gesellschaft, Publizist und politischer Aktivist zur Zeit des Novemberaufstandes 1830. Gegenüber steht das Geburtshaus von Joachim Lelewel (Haus Nr. 4), dem Begründer der polnischen Historiographie, 1830 Mitglied der Nationalregierung und Vorsitzender der Patriotischen Gesellschaft.

Wenige Schritte weiter erhebt sich der imposante Bau des **Pałac Raczyńskich/Palais Raczyński,** Haus Nr. 7 (13), in seiner heutigen Form hervorgegangen aus Johann Christian Kamsetzers durchgreifendem Umbau 1786. Seine Außengliederung ist ein Schaustück des strengen Klassizismus: wie gezeichnet wirkende Gesimslinien, schmucklos eingeschnittene Fensteröffnungen, zweifach gestufte Mittenbetonung der Fassade mit Pilasterordnung und vorgeblendeter Tempelfront. Hier tagte 1794 Kościuszkos Oberster Nationalrat und wohnten während der napoleonischen Kriege die französischen Marschälle Murat, Davout und Lannes; 1944 diente das Gebäude den Aufständischen als Lazarett, heute ist darin das Staatsarchiv untergebracht.

Vor der Einmündung der ul. Długa in die ul. Miodowa erstreckt sich der Komplex des ehemaligen **Klasztor Popijarski/Piaristenklosters** (14), mit der Kościół Najświętszej Marii Panny Królowej Korony Polskiej/Kirche der allerheiligsten Jungfrau Maria, Königin der

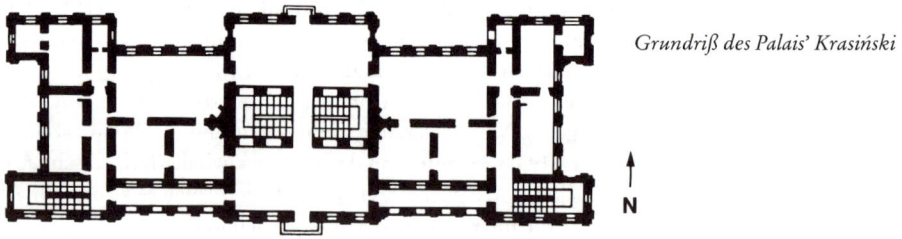

Grundriß des Palais' Krasiński

N

Krone Polens, die nach der Auflösung des Ordens 1835 zeitweilig in ein orthodoxes Gotteshaus umgewandelt worden war und seit 1918 als Garnisonskirche dient. 1660–81 als Stiftung des Königs JAN II. KAZIMIERZ WAZA errichtet, wurde die Anlage erst 1712 von GIUSEPPE FONTANA vollendet. Nach mehreren Umbauten gab man ihr 1923–33 die ursprüngliche Form zurück (1946–60 wiederaufgebaut). Die Kirche hat eine herrliche, monumentale Barockfassade in Gestalt einer kolossalen Giebelädikula auf Doppelpilastern, mit eingestellter Rundbogennische, bekrönt von zwei leicht zurückgesetzten Glockentürmen. Die symmetrisch anschließenden Gebäude mit ihren rhythmischen Fassadengliederungen schaffen eine wirkungsvolle optische Verklammerung. Der Kirchenraum, flankiert von zwei Kapellenreihen, ist mit sakralen Kunstwerken aus Niederschlesien ausgestattet worden (Flügel eines spätgotischen Triptychons, barocke Altarbilder).

Schräg gegenüber eröffnet sich der Blick auf die elegante Fassade des **Pałac Krasińkich/ Palais Krasiński** (15), auch Pałac Rzeczypospolitej/Palais der Republik genannt, eindrucksvoll in Szene gesetzt durch den großzügigen Vorplatz. Der 1677–82 erbaute Palast zählt zu den prominentesten Denkmälern der Barockarchitektur in Polen. Geplant hat ihn der aus den Niederlanden stammende Hauptmeister des polnischen Barock, TYLMAN VAN GAMEREN. Spätere Umbauten (1766–73 durch JACOPO FONTANA und 1783 durch DOMENICO MERLINI) veränderten nur unwesentlich die Innendisposition. Schwere Schäden aus dem Zweiten Weltkrieg konnten 1948–61 behoben werden. Heute befinden sich im Palast einzelne Abteilungen der *Nationalbibliothek;* herausragende Spezialsammlungen werden hier verwahrt, u. a. Manuskripte, Altdrucke, Karten, Druckgraphik, Musikalien.

Die langgestreckte Fassade spiegelt mit ihrer Intervallgliederung die Grundrißeinteilung: Hinter dem Mitteltrakt, ausgezeichnet durch einen Giebel, liegt das repräsentative Treppenhaus, nach rechts und links erstrecken sich die Appartements. Die Giebelreliefs an Fassade und Gartenfront feiern die legendäre Abstammung der Familie KRASIŃSKI von einem altrömischen Patriziergeschlecht – ein häufig wiederkehrendes Motiv des Fürstenlobes seit der Renaissance. Sie zählen zu den frühesten bekannten Werken ANDREAS SCHLÜTERS, der später durch sein Reiterstandbild des Großen Kurfürsten und den Bau des Berliner Schlosses berühmt werden sollte. Der ausgedehnte *Ogród Krasińskich/Krasiński-Park* ist Teil der ursprünglichen Anlage, ebenfalls von TYLMAN VAN GAMEREN geplant. 1766 wurde er umgestaltet und der Öffentlichkeit zugänglich gemacht.

Zurück durch die ul. Długa gelangt man zur Nowe Miasto/Neustadt, die in Wirklichkeit kaum jünger ist als die Altstadt, denn sie hat schon im 14. Jh. bestanden. An der Ecke zur ul. Freta sieht man die frühbarocke **Kościół Dominikanów/Dominikanerkirche** (16) und heutige Pfarrkirche aus dem 17. Jh., 1947–59 in abgewandelter Form wiederaufgebaut. Fast unversehrt hat sich die an ihre Nordflanke angesetzte Kapelle der Familie KOTOWSKI erhalten, 1691–94 von TYLMAN VAN GAMEREN und GIUSEPPE SIMONE BELLOTTI errichtet.

Unter den spätbarocken und klassizistischen Bürgerhäusern der ul. Freta verdient das Kamienica Pod Samsonem/Simson-Haus, Haus Nr. 5, einen näheren Blick. Die klassizistische Fassade schmücken zwei Reliefs: Simson im Kampf mit dem Löwen und Delila, wie sie Simson den Schopf abschneidet. Zu Beginn des 19. Jh. lebte hier E. T. A. HOFFMANN als

Verwaltungsbeamter. Im Haus Nr. 16, das 1770–80 SZYMON BOGUMIŁ ZUG gebaut hat, befindet sich das **Muzeum Marii Skłodowskiej-Curie/Marie-Skłodowska-Curie-Museum** (17). Hier wurde am 7. 11. 1867 die berühmte Physikerin geboren, die 1903 den Nobelpreis für die Entdeckung des Poloniums und des Radiums erhielt.

Der Rynek Nowego Miasta/Neustädter Marktplatz hatte ursprünglich, wie sein altstädtisches Gegenstück, einen rechteckigen Grundriß. In der Mitte stand seit dem 15. Jh. das Rathaus, ein Holzbau, den man nach zwei Bränden schließlich 1680 durch einen Steinbau ersetzte (1818 abgerissen). Um die Mitte des 18. Jh. wurde die umgebende Bebauung vollständig erneuert; dabei verengte sich der Platz zu seiner heutigen trapezoiden Form. Nach einer weiteren durchgreifenden Umgestaltung um 1900 versuchte man im Zuge des Wiederaufbaus das Erscheinungsbild des 18. Jh. nachzuempfinden.

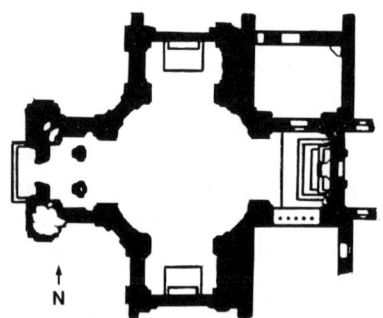

Sakramentinerinnenkirche, Gemälde
(Ausschnitt) von Canaletto; Grundriß

Dominierend auf dem Platz ist der elegante Zentralbau der **Kościół Sakramentek/ Sakramentinerinnenkirche** (18), die MARIA KAZIMIERA SOBIESKA (MARIE CASIMIÈRE D'ARQUIEN), Gemahlin König JAN III. SOBIESKI, zum Andenken an dessen Sieg über die Türken 1688/89 gestiftet hat. Der Giebel über dem Eingang trägt deshalb das Allianzwappen des Königspaares. Der Bau erhebt sich über dem Grundriß eines griechischen Kreuzes und gipfelt in einer Kuppel, die in vollendeter Logik über die abgeschrägten Ecken und den achteckigen Tambour aus dem kreuzförmigen Baukörper entwickelt ist. TYLMAN VAN GAMEREN setzte hier Errungenschaften der römischen Barockarchitektur fruchtbar um.

Von der Kirche aus weiter nördlich stößt man auf die ul. Kościelna, wo am Rande der Uferböschung die **Kościół Nawiedzenia Najświętszej Marii Panny/Marienkirche** (19) steht, ein spätgotischer Bau aus dem 15. Jh. mit einem Glockenturm aus dem 16. Jh. Nach zahlreichen Umgestaltungen brachte man sie erst 1906–15 in diese, nach dem Krieg wiederhergestellte Form; nur das Presbyterium behielt seine Gestalt im Stil der sogenannten Barockgotik (1759–79).

Weiter durch die ul. Kościelna, vorbei an zwei gräflichen Rokokopalästen, dem Pałac Przeździeckich/Palais Przeździecki, Haus Nr. 12, und dem Pałac Brzezińskich/Palais Brzeziński, Haus Nr. 10, führt der Weg zur Cytadela/Zitadelle.

An der Ecke zur ul. Zakroczymska befindet man sich zunächst dem ehemaligen Franziskanerkloster mit der **Kościół św. Franciszka Serafickiego/Franziskuskirche** (20) gegenüber. Das einschiffige, von Kapellen umschlossene Gotteshaus aus dem frühen 18. Jh. (GIUSEPPE und JACOPO FONTANA) hat 1788 seine heutige strenge Fassade erhalten (GIUSEPPE BORETTI). Die obeliskartigen Aufbauten über den Risaliten spielen auf die Funktion der Kirche als bevorzugte Grablege vieler vornehmer Familien an.

Schräg gegenüber befindet sich das spätbarocke **Pałac Sapiehów/Palais Sapieha**, Haus Nr. 6 (21), das in der ersten Hälfte des 18. Jh. der aus Dresden stammende Architekt JOHANN SIGISMUND DEIBEL für den Wojewoden von Troki, JAN FRYDERYK SAPIEHA, errichtete. Die Fassade zeigt eine schöne Rokokodekoration.

Auf der gegenüberliegenden Straßenseite (Haus Nr. 7) steht ein Gedenkstein zur Erinnerung an die dort am 30. 8. 1944 während des Warschauer Aufstandes gefallenen 32 jugendlichen Soldaten des Pfadfinderbatallions *Zośka*.

Die **Cytadela/Zitadelle** (22) auf dem Hügel Żoliborz, eine ehemalige Festung, wurde von den zaristischen Behörden nach der Niederschlagung des Novemberaufstandes 1830–31 errichtet. Hier hat man über lange Zeit viele polnische Patrioten eingekerkert und hingerichtet, so etwa 1864 den Anführer des Januaraufstandes, ROMUALD TRAUGUTT, und vier Mitglieder der damaligen Nationalregierung.

Die 1832–36 von General IVAN DEHN errichtete Anlage wurde bereits 1857–75 durch zusätzliche Bastionen vestärkt und von einem Graben umgeben. Aus der ersten Bauphase haben sich mehrere klassizistische Tore erhalten. Im Inneren der Zitadelle, am nördlichen Ende zwischen ul. Trojaka und ul. Czujna, befindet sich der klassizistische **X. Pawilon/X. Pavillon** (23) von 1822–27, der später als Gefängnisgebäude gedient hat; heute ist darin ein Museum untergebracht, das an die politischen Gefangenen erinnert.

Von der Zitadelle gelangt man entlang der Al. Wojska Polskiego in den Stadtteil Żoliborz, der in den 20er und 30er Jahren entstanden ist. Insbesondere die **Osiedle Warszawskiej Spóldzielni Mieszkaniowej ›WSM‹/Siedlung der Warschauer Wohnungsbaugenossenschaft** (24), die sich zwischen dem Pl. Komuny Paryskiej und den Straßen Krasińskiego, Stołeczna und Słowackiego erstreckt, zählt zu den Höhepunkten funktionalistischer Siedlungsarchitektur in Europa. Zwei Straßenzüge weiter südlich, in der ul. Niegolewskiego, steht das Wohnhaus Nr. 8 der Architekten BARBARA und STANISŁAW BRUGALSKI, die große Teile der Siedlung ›WSM‹ geplant haben. 1927–28 gebaut, stellt es gleichsam ein Manifest des polnischen Funktionalismus dar.

Zwischen der ul. Hozjusza und der ul. Alojzego Felińskiego, durch die man wieder die Al. Wojska Polskiego erreicht, steht die **Kościół św. Stanisława Kostki/Stanislaw-Kostka-**

Kirche (25), in welcher der 1984 vom Staatssicherheitsdienst ermordete Priester JERZY POPIEŁUSZKO bestattet ist.

Ul. Miodowa, ul. Senatorska; Teatr Wielki, Ogród Saski

Die glanzvolle Hofhaltung der polnischen Könige im 17. und 18. Jh. regte viele Adelsfamilien zu ehrgeizigen Bauprojekten an. In dem Bemühen, mit den jeweils jüngsten Bauvorhaben der Könige gleichzuziehen oder gar zu konkurrieren, ließen die fürstlichen Auftraggeber ihre Residenzen von den Hofarchitekten errichten und betrauten mit der Ausstattung ebenfalls Künstler, die zugleich für den König arbeiteten. Die Paläste gruppieren sich, auch im Wettbewerb untereinander, entlang der drei Prachtstraßen in nächster Umgebung des Königsschlosses: der ul. Miodowa, der ul. Senatorska und, nach Süden hin, der ul. Krakowskie Przedmieście.

1944 wurden alle Bauwerke schwer beschädigt, einige vollständig zerstört; was heute zu besichtigen ist, stellt das Ergebnis durchgreifender Restaurierung dar, häufig auch der Rekonstruktion eines früheren, im Laufe der Geschichte veränderten Zustandes.

Die ul. Miodowa, die ihren Ausgang am Pl. Krasińskich nimmt, wurde im 15. Jh. als Querverbindung zwischen den beiden alten Ausfallstraßen ul. Długa und ul. Senatorska angelegt; ursprünglich hieß sie deshalb ul. Poprzeczna/Querstraße. Ihre linke Seite säumt eine Reihe weitläufiger Palastanlagen aus der Zeit um 1700–1800, alle mehrfach umgestaltet, neuen Verwendungen angepaßt und nach dem Krieg wiederhergestellt. Heute sind in den Gebäuden verschiedene Einrichtungen von Verwaltung und Wirtschaft untergebracht.

Nähere Betrachtung lohnt auf der rechten Seite der ul. Miodowa zunächst das **Pałac Borchów/Palais Borch,** Haus Nr. 17–19 (26), heute Residenz des Primas von Polen. Die U-förmige Anlage geht auf das frühe 18. Jh. zurück. Im Zuge des Wiederaufbaus wurde der mehrfach umgestaltete Palast so rekonstruiert, wie er aus dem klassizistischen Umbau durch DOMENICO MERLINI um 1780 hervorgegangen war.

Der angrenzende Komplex des **Pałac Paca/Palais Pac,** Haus Nr. 15 (27), dient als Sitz des Gesundheits- und Sozialministeriums. Wie viele Palastanlagen, ist er in mehreren Phasen gewachsen und unter jedem neuen Besitzer umgestaltet und erweitert worden. 1681–87 erbaute TYLMAN VAN GAMEREN für den Fürsten DOMINIK MIKOŁAJ RADZIWIŁŁ den heutigen mittleren Flügel. 1757 ließ ANDRZEJ STANISŁAW KOSTKA ZAŁUSKI, der den Palast nur für kurze Zeit besaß, durch JACOPO FONTANA Wirtschaftsgebäude und Stallungen anfügen. LUDWIK PAC beauftragte schließlich 1824–28 den aus Rom zugewanderten Architekten ENRICO MARCONI mit dem durchgreifenden Umbau, der dem Palast seine heutige Gestalt gab: Der Haupttrakt erhielt eine neue Fassade, Seitenflügel und Torbau erweiterten den ursprünglichen Stadtpalast zu einer schloßähnlichen Anlage mit Ehrenhof.

Die **Kościół Kapucynów/Kapuzinerkirche,** Haus Nr. 13 (28), Ecke ul. Kapucyńska, ursprünglich als Stiftung König JAN III. SOBIESKI von TYLMAN VAN GAMEREN und AGOSTINO LOCCI errichtet, wurde nach dem Krieg vollständig wiederaufgebaut. Sie beher-

Palais des Primas von Polen, Aquarell von Z. Vogel 1789

bergt die Kaplica Królewska/Königskapelle am rechten Seitenschiff, die König AUGUST III. 1736 von seinem Hofarchitekten JOACHIM DANIEL JAUCH als Grablege für das Herz seines Vaters AUGUST II. ausstatten ließ, der 1697–1706 und 1709–1733 in Polen regierte. 1829 wurde im Auftrag des Zaren NIKOLAUS I. die Kapelle von ENRICO MARCONI modernisiert und ein Grabmal für das Herz König JAN III. SOBIESKI errichtet.

Am Ende der ul. Miodowa sind zwei spätbarocke Paläste zu sehen, die beide nach der Zerstörung 1944 vollständig neuerrichtet worden sind: Auf der rechten Seite das **Pałac Biskupów Krakowskich/Palais der Krakauer Bischöfe,** Haus Nr. 5, Ecke ul. Senatorska (29), und gegenüber das **Pałac Branickich/Palais Branicki,** Haus Nr. 6, Eingang ul. Podwale (30). Das Palais der Krakauer Bischöfe aus der ersten Hälfte des 17. Jh., das nach mehreren Umgestaltungen schließlich im 19. Jh. in Mietwohnungen aufgeteilt worden war, erhielt bei der Wiederherstellung sein spätbarockes Erscheinungsbild zurück; ein blockhaft bis an die Straßenflucht vorgezogener Baukörper mit rustizierter Sockelzone und der kolossalen Pilasterordnung, die die beiden oberen Geschosse übergreift. Das Pałac Branickich zeigt einen anderen, ursprünglich aus Frankreich importierten Palasttypus: einen zweigeschossigen, U-förmigen Komplex, dessen Hof eine Toranlage abschließt. Auch hier verpflichtete der Bauherr Architekten, die in königlichen Diensten standen: ab 1740 JOHANN SIGISMUND DEIBEL, später GIUSEPPE FONTANA.

Am Pałac Biskupów Krakowskich wendet man sich nach rechts in die ul. Senatorska. Sie gehört als Ausfallstraße nach Westen ebenfalls zu den ältesten Verkehrswegen der Stadt. Seit dem 16. Jh. siedelten sich hier, in der Nähe des Schlosses, der Adel und die hohe Geistlichkeit an; seither trägt die Straße ihren Namen (Senatorenstraße). Die heutige Bebauung – nach dem Krieg wiederhergestellt – stammt größtenteils aus dem 17. und 18. Jh.

Zunächst findet man gegenüber dem eleganten **Pałac Prymasowski/Palais der Primasse von Polen,** Haus Nr. 13–15 (31), heute ein Amtsgebäude des Ministeriums für Kultur und Kunst, eine villenähnliche Anlage mit niedrigem Haupttrakt und zwei gerundeten Flügelanbauten, die in Pavillons enden und zwischen sich einen großzügig gestalteten Ehrenhof einschließen. Auch dieser einheitlich und harmonisch wirkende Bau ist das Ergebnis mehrerer Umgestaltungen. Die ursprüngliche Residenz, 1593 für den Bischof von Płock (und Primas von Polen) WOJCIECH BARANOWSKI errichtet, wurde hundert Jahre später im Auftrag des Primas MICHAŁ RADZIEJOWSKI im Stil des Hochbarock umgestaltet, vermutlich von TYLMAN VAN GAMEREN. 1777–83 fügte EPHRAIM SCHROEGER die geschwungenen Flügelbauten an. Weitere, teilweise recht aufwendige Eingriffe bis Ende des 18. Jh., unter der Leitung SZYMON BOGUMIŁ ZUGS, gaben dem Palast schließlich die klassizistische Eleganz, die er heute zeigt.

Wenige Schritte weiter öffnet sich die ul. Senatorska zum Pl. Teatralny/Theater-Platz, den der monumentale Gebäudekomplex des **Teatr Wielki/Großen Theaters** (32) beherrscht (Abb. 5).

Um für den Bau des Theaters (1825–33) ein ausreichend großes Grundstück im Inneren der Stadt zu schaffen, wurde 1825 eine der bemerkenswertesten städtebaulichen Anlagen aus dem 17. Jh. abgerissen, das Marywil/Marie-Ville, ein Handels-, Wohn- und Repräsentationszentrum nach dem Vorbild ähnlicher Anlagen in Paris – etwa der Place des

Vosges –, angeregt und gestiftet von Königin MARIA KAZIMIERA SOBIESKA, deren Namen es trug. Architekt war TYLMAN VAN GAMEREN (1692–95). Wie der Name sagt, handelte es sich um eine Art ›Stadt in der Stadt‹, einen ausgedehnten Platz, hofartig umschlossen von fünf Gebäudeflügeln, die im Erdgeschoß Geschäftsräume und darüber Mietwohnungen beherbergten. Einer der repräsentativ ausgestatteten Flügel war dem königlichen Hof vorbehalten. Hier und auf dem Platz selbst fanden vom Königshof ausgerichtete Feierlichkeiten statt.

Daß dem Theater ein so wichtiges Baudenkmal geopfert wurde, hat seinen Grund in der besonderen Bedeutung dieses Bauvorhabens. In den Jahren um 1800 besann man sich überall in Europa der nationalen Traditionen, erforschte verstärkt die eigene Geschichte und pflegte die nationale Kultur. Den höfischen Theatern, die sich noch immer am Vorbild des französischen Hofes orientierten und nur einem kleinen, vornehmen Kreis zugänglich waren, stellte man bürgerliche Nationaltheater entgegen, die Opern und Stücke einheimischer Künstler in der Landessprache spielten, für ein großes Publikum, das seinen Anspruch nun auch in einem repräsentativen Ambiente ausgedrückt sehen wollte. An der Planung des Großen Theaters nahm denn auch das ganze polnische Bildungsbürgertum Anteil.

Mit dem Bau wurde ANTONIO CORAZZI beauftragt, einer der bedeutendsten Architekten des Klassizismus in Polen. Der riesige Komplex umfaßte nicht nur das Opernhaus mit 2500 Plätzen; in den Flügelbauten zu seiten des Haupttraktes waren Gesellschaftsräume für öffentliche Veranstaltungen und Feierlichkeiten aller Art untergebracht.

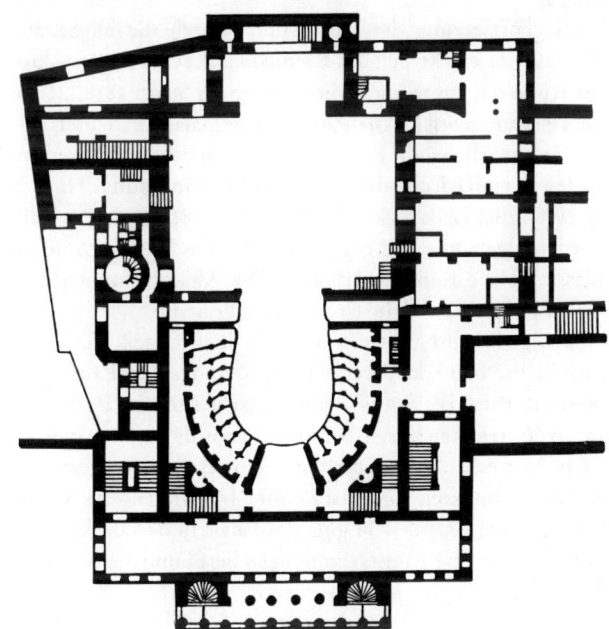

Grundriß des Großen ▷
Theaters

◁ *Großes Theater, Stich von*
F. Dietrich 1833

153

Nach verheerenden Zerstörungen 1939 und 1944 baute man das Theater zwischen 1951 und 1965 in veränderter Form neu auf, wahrte dabei aber den historischen Charakter eines ›Tempels nationaler Kultur‹. Die klassizistische Fassadengliederung – einschließlich des erst 1890 hinzugefügten Säulenportikus vor dem Eingang – wurde rekonstruiert; die innere Ausstattung paßte man jedoch dem Zeitgeschmack an.

Die beiden Denkmäler vor dem Theater (1965, JAN SZCZEPKOWSKI) ehren zwei wichtige Persönlichkeiten der polnischen Theatergeschichte: den Dramatiker und Schauspieler WOJCIECH BOGUSŁAWSKI (1757–1829), der als Begründer des polnischen Theaters gilt, sowie den Komponisten und Musiker STANISŁAW MONIUSZKO (1819–72).

Gegenüber dem Theater, auf dem kleineren Platz jenseits der Straße, steht eines der bedeutendsten modernen Denkmäler der Stadt, das **Pomnik Bohaterów Warszawy/Denkmal der Warschauer Helden** (33), 1964 von MARIAN KONIECZNY errichtet. Es ehrt die zwischen 1939 und 1945 gefallenen Soldaten, Widerstandskämpfer und die dem Krieg zum Opfer gefallene Zivilbevölkerung. Es zeigt die griechische Siegesgöttin Nike – nach der das Denkmal ebenso genannt wird –, wie sie, beinahe besiegt, doch noch Haupt und Schwert zum Kampf erhebt.

Im **Pałac Blanka/Palais Blank** in der ul. Senatorska 14 (34) residierte 1939 der Bürgermeister STEFAN STARZYŃSKI; er leitete von hier aus die Verteidigung der Stadt. Das frühklassizistische Palais, 1762–64 von SZYMON BOGUMIŁ ZUG gebaut, war erst 1935–38 zum Sitz der Stadtregierung adaptiert worden. Heute beherbergt es Werkstätten des Amtes für Denkmalpflege.

Die Fortsetzung des Weges führt durch die ul. Senatorska. Über die Ecke zum Pl. Teatralny erstreckt sich das **Kamienica Petyskusa/Petyskus-Haus,** Haus Nr. 27 (35), eines der frühesten vornehmen Mietshäuser der Stadt, 1818–21 von CHRYSTIAN PIOTR AIGNER in dem eleganten Stil klassizistischer Adelspaläste errichtet.

Der anschließende Komplex des Franziskanerklosters mit der **Kościół św. Antoniego Padewskiego/Kirche des hl. Antonius von Padua,** Haus Nr. 33 (36), ist ein schönes Beispiel polnischer Barockarchitektur (1671–81, Architekt unbekannt; 1944 zerstört, 1950–56 wiederaufgebaut). Die einschiffige Kirche hat im Laufe der Zeit zahlreiche barocke und klassizistische Kapellen erhalten. Die Altäre stammen durchweg aus dem 18. Jh., ebenso viele Epitaphien und die Kreuzwegstationen.

Wenige Schritte weiter erhebt sich das architektonisch interessante und auch dank seiner Geschichte bemerkenswerte **Pałac Zamoyskich/Palais Zamoyski,** Haus Nr. 35–37 (37), genannt ›Pałac Błękitny‹/›Blaues Palais‹. TEODOR POTOCKI, Bischof von Ermland, hatte es um 1700 errichten lassen. Schon 1726 wurde das Gebäude im Auftrag König AUGUST II. für seine Mätresse ANNA ORZELSKA grundlegend umgestaltet. Der König berief dazu seine besten Architekten JOACHIM DANIEL JAUCH, JOHANN SIGISMUND DEIBEL und KARL FRIEDRICH PÖPPELMANN. 1730 ging das Palais in den Besitz der Familie CZARTORYSKI über, die vor allem für ihre Kunstsammlungen berühmt ist. Auch unter den CZARTORYSKI wurde der Palast 1766–68 von JACOPO FONTANA und 1770–81 von EPHRAIM SCHROEGER umgebaut und dem neuen Geschmack angepaßt. Seine heutige Gestalt (1949–50 mit leichten Veränderungen wiederhergestellt) erhielt das Gebäude, nunmehr im Besitz der Familie ZAMOYSKI, in den Jahren 1812–19 von FRIEDRICH ALBERT LESSEL, der auch die Flügelbauten anfügte. Die Fassade zeigt eine seltene, extrem nüchterne Variante des Klassizismus. Außer einem Gesims und schlichten Fensterrahmungen hat LESSEL keinerlei Gliederung angewandt; der Eingangsportikus, den üblicherweise Säulen auszeichnen, ruht hier auf strengen, kubischen Stützen; statt eines Giebels krönt den Mittelrisalit lediglich eine attikaähnliche Leiste.

Schräg gegenüber, hinter eine kleine Parkanlage zurückgesetzt, steht das **Pałac Mniszchów/Palais Mniszech**, Haus Nr. 38–40 (38), das heute Sitz der Belgischen Botschaft ist. Der ursprünglich barocke Bau wurde 1829 von ADOLF SCHUCH in klassizistischen Formen umgestaltet. Daneben (Haus Nr. 42) befindet sich eines der schönsten Beispiele der Jugendstilarchitektur in Warszawa, das Gebäude der **Bank Landaua/Landau-Bank** (39), 1904–06 von dem Architekten GUSTAV LANDAU errichtet.

Um die Ecke des Bankgebäudes dehnt sich der Pl. Bankowy/Bankenplatz aus, der in seiner heutigen Größe erst nach dem Zweiten Weltkrieg angelegt wurde. Im Haus Nr. 1 befindet sich das **Muzeum Kolekcji Jana Pawła II./Museum der Kollektion von Johannes Paul II.** (40): eine umfangreiche Bildersammlung zum Thema Mutter und Kind, Mythologie und Allegorie. Auf dem Pl. Bankowy vermischt sich heute die Architektur des 19. Jh. mit der modernen Glasbauweise des ausklingenden 20. Jh. Ein eleganter Spiegelglasbau steht auf dem Gelände der 1943 gesprengten Synagoge.

An der Ecke Pl. Bankowy und Al. Solidarności befindet sich das **Instytut Historii Żydowskiej/Jüdische Historische Institut** (41). In seinem Ausstellungsraum begegnet man den Zeugnissen jüdischer Kultur, des Alltagslebens und der Verfolgung durch die Nationalsozialisten.

Über die Ecke zur ul. Elektoralna zieht sich das ehemalige Gebäude der Börse und Bank von Polen. Errichtet wurde es in strengen, klassizistischen Formen von ANTONIO CORAZZI in den Jahren 1825–28, als sich der Platz zum Zentrum der Finanzverwaltung entwickelte.

Die beiden sich anschließenden Gebäude der **Urząd Warszawy/Warschauer Stadtverwaltung** (42) an der Ostflanke des Pl. Bankowy – ursprünglich Familienpaläste – wurden 1823–30, ebenfalls von CORAZZI, in imposanten klassizistischen Formen zu Amtssitzen des Finanzministeriums und der Regierungskommission für Finanzangelegenheiten umgebaut. Heute beherbergen sie die Stadt- und Wojwodschaftverwaltung von Warszawa.

Von hier aus kann man wenige Schritte weiter nördlich, entlang der ul. Gen. Andersa, das **Muzeum Archeologiczne/Archäologische Museum**, Eingang ul. Długa 52 (43), besuchen. Es bewahrt ein Modell der Siedlung von Biskupin (6. Jh. v. Chr.), den Bernsteinschatz von Basson (5. Jh.) sowie Fundstücke aus der Stein-, Bronze- und Eisenzeit. Das Gebäude war 1638–43 unter König WŁADISŁAW IV. WAZA als Arsenal errichtet worden. Später wurde es mehrmals umgestaltet: 1752–57 von JOACHIM DANIEL JAUCH und JOHANN SIGISMUND DEIBEL, 1779–82 von SZYMON BOGUMIŁ ZUG. 1935–38 gab man dem Bauwerk seine frühbarocke Form zurück. Die Restaurierungspläne wurden für den Wiederaufbau nach dem Krieg noch einmal verwendet.

Nordöstlich von hier erstreckt sich der Stadtteil Muranów, der auf dem Areal des alten Ghettos angelegt wurde. An der ul. Zamenhofa steht das **Pomnik Bohaterów Getta/ Denkmal der Helden des Ghettos** (44), 1948 vom Bildhauer NATAN RAPPAPORT und dem Architekten LEON MAREK SUZIN geschaffen (Abb. 6). Es erinnert an den Überlebenskampf und die Martyrien der polnischen Juden. Während des Krieges waren in diesem Stadtviertel fast 500 000 Menschen unter unbeschreiblichen Bedingungen auf engstem Raum zusammengepfercht, gequält von Hunger und Krankheiten. Im Sommer 1942 wurden innerhalb von zehn Wochen mehr als 300 000 Juden von hier nach Treblinka deportiert und dort ermordet. Der Aufstand im Ghetto (19. 4. bis 8. 5. 1943) war ein wichtiger Wendepunkt jüdischer Geschichte; Juden demonstrierten, daß sie zur Selbstverteidigung in der Lage sind. Unvergessen ist Willy Brandts Kniefall von 1970, mit dem er die Toten ehrte und ein Zeichen der Völkerfreundschaft und Versöhnung setzte.

In der ul. Dzielna steht das **Muzeum Więzienia ›Pawiak‹/Museum des Pawiak-Gefängnisses** (45) mit Erinnerungen an die hier sowohl im 19. Jh. als auch während des Zweiten Weltkrieges eingekerkerten polnischen Patrioten und Revolutionäre; während der NS-Besetzung wurden über 100 000 Polen in diesem Gefängnis festgehalten, von denen etwa 35 000 bei Massenhinrichtungen umkamen und 60 000 in Konzentrationslager verschleppt wurden.

Von hier gelangt man südlich durch die ul. Przechodnia zum Pl. Żelaznej Bramy. Bis Anfang des 18. Jh. lag dieses Areal noch außerhalb der Stadt und diente als Marktplatz. Um 1725, unter König AUGUST II. VON SACHSEN, wurde es ins Stadtgebiet einbezogen. An seinem westlichen Ende errichtete man als Abgrenzung zum *Ogród Saski/Sächsischen Park* das Żelazna Brama/Eiserne Tor, nach dem der Platz benannt ist. Von der östlichen Flanke her beherrscht ihn das **Pałac Lubomirskich/Palais Lubomirski** (46). Der Palast, im Kern aus der Zeit um 1700, wurde im Laufe seiner Geschichte, nicht immer von begabten Architekten, mehrfach umgestaltet. Interessanter als sein Äußeres ist sein Standort. Das Gebäude befand sich ursprünglich weiter nördlich; erst 1970 beschloß man, es für eine Korrektur des städtebaulichen Erscheinungsbildes zu nutzen. Das Gebäude sollte einerseits einen optischen Abschluß für die Hauptachse des Ogród Saski setzen, andererseits die hinter ihm liegenden Sporthallen verdecken.

Weiter westlich, Richtung Pl. Grzybowski, befindet sich in der ul. Twarda die mit Unterstützung amerikanischer Juden restaurierte *Nożyk-Synagoge*.

Auf dem Weg zur ul. Krakowskie Przedmieście durchquert man den Sächsischen Park, der auf das 17. Jh. zurückgeht. 1666–71 von TYLMAN VAN GAMEREN angelegt, gehörte der Park ursprünglich zu einem im Zweiten Weltkrieg zerstörten und nicht wiederaufgebauten Palast. König AUGUST III. ließ ihn erheblich vergrößern. 1816–27 verwandelte ihn der englische Gartenarchitekt JAMES SAVAGE in einen Landschaftspark nach der in England entstandenen Mode, mit einer geraden Allee in der Mitte und scheinbar ungeordneten, aber wohlabgewogenen malerischen Landschaftsensembles. Im Laufe des 19. Jh. wurde der Garten zu einem beliebten Schauplatz sonntäglicher Vergnügungen, die sein Gesicht nach und nach immer mehr veränderten. Ein Sommertheater, eine damals berühmte Konditorei und verschiedene Kioske wurden errichtet. Die Kriegszerstörungen haben von der vielfälti-

Ansicht vom Markt am Rzeźnica-Tor, Zeichnung von J. P. Norblin

gen ›Möblierung‹ des Parks nur die 25 allegorischen Statuen weitgehend überstanden, die schon im 18. Jh. FRANZ XAVER DEIBEL geschaffen hatte. Am westlichen Ende des Gartens, dem heutigen Pl. Zwycięstwa/Siegesplatz, an dem bis 1944 der Palast stand, hat sich das Fragment eines Arkadenganges erhalten, das man 1947 zum **Grób Nieznanego Żołnierza/ Grab des unbekannten Soldaten** (47) umgestaltete; jeden Sonntag erfolgt hier um 12 Uhr die Wachablösung. An dieser Stelle feierte Papst JOHANNES PAUL II. im Juni 1979 die erste öffentliche Messe während seines ersten offiziellen Polenbesuchs.

Durch die ul. Moliera und die ul. Trębacka gelangt man in Richtung ul. Krakowskie Przedmieście. Bevor man die vornehmste Straße Warschaus beschreitet, kann man einen kurzen Abstecher in die ul. Bednarska mit ihrer reizvollen Bebauung aus dem frühen 19. Jh. machen, die sich schräg links gegenüber öffnet. Die klassizistischen und neugotischen Häuser wurden um 1950 sorgfältig restauriert. Am Ende der Straße steht das **Dom Łaziebny/ Badehaus**, Haus Nr. 2–4 (48), die elegante, klassizistische Badeanstalt von 1832 mit Eingangsportikus auf korinthischen Säulen; das Relief im Giebelfeld zeigt den Meeresgott Neptun inmitten seines ausgelassenen Gefolges. Heute beherbergt der Bau eine Grundschule.

Ul. Krakowskie Przedmieście, Park Łazienkowski

Die prächtige ul. Krakowskie Przedmieście, bis heute ein beliebter Korso der Warschauer, bildet zusammen mit der ul. Nowy Świat und der Al. Ujazdowskie den 4 km langen ›Königsweg‹, der vom Königsschloß zu den königlichen Sommerresidenzen Ujazdów und Łazienki und weiter nach Wilanów führt. Seit dem 17. Jh. entwickelte sich die alte Ausfallstraße deshalb zu einem der beliebtesten Standorte für Residenzen der dem Hof verbundenen Adelsfamilien.

Der Weg beginnt am Pl. Zamkowy, gleichsam auf den Spuren der Könige, die von hier aus in feierlichem Zug in die Sommerfrische fuhren (und erinnert vielleicht von Zeit zu Zeit daran, daß sich ihnen zumeist der Anblick einer gigantischen Baustelle bot, die jedoch von Wohlstand zeugte und von dem Willen, diesen in repräsentativer Architektur zu zeigen).

Zunächst passiert man die **Kościół św. Anny/Annenkirche** (49). Sie gehörte bis 1863 dem Bernhardinerorden, seit 1929 ist sie Pfarrkirche der Studentengemeinde. 1454 wurde sie von Herzog BOLESŁAW IV. von Masowien und seiner Gemahlin ANNA gestiftet. Der gotische Bau brannte 1655 ab und wurde anschließend im Auftrag von König JAN II. KAZIMIERZ WAZA in barocken Formen wiederaufgebaut. Im Inneren sind noch Reste des gotischen Mauerwerks zu sehen. Die barocke Ausstattung stammt aus dem 17. und 18. Jh. Bemerkenswert sind die geschnitzten und intarsierten Türen und Paramentenschränke der Sakristei, die 1729–54 in der klostereigenen Werkstatt ausgeführt wurden. Ihre imposante spätbarocke Fassade erhielt die Kirche 1786–88 von CHRYSTIAN PIOTR AIGNER. In den vier Nischen stehen Statuen der Evangelisten von GIACOPO MONALDI. Der freistehende massige Glockenturm links neben der Fassade wurde 1578 errichtet, als Stiftung der ANNA JAGIELLONKA. AIGNER gestaltete ihn 1820–21 im Stil der Neorenaissance um.

Rechts schließt sich an die Kirche die **Dawny Odwach Wojskowy/Ehemalige Hauptwache,** Haus Nr. 66 (50), an. Das ebenfalls 1820–21 von AIGNER errichtete Gebäude ist heute Sitz der Zentralbibliothek für Landwirtschaft. Als Vorbild für die Fassade mit ihrer rustizierten, in Bögen durchbrochenen Sockelzone und der schlanken Arkadenordnung im Obergeschoß diente AIGNER das antike Marcellus-Theater in Rom.

Das bernachbarte Gebäude (Haus Nr. 64) mit seiner im Neorenaissancestil plastisch gegliederten Fassade ist die **Resursa Obywatelska** (51), ein 1860–61 eingerichteter Klub für wohlhabende Bürger. In BOLESŁAW PRUS' Roman ›Die Puppe‹ trafen sich hier die Hauptfiguren, der Kaufmann Wokulski und Herr Łęcki.

Bis zur Ecke der ul. Bednarska zieht sich der Gebäudekomplex der **Warszawskie Towarzystwo Dobroczynności/Warschauer Wohltätigkeitsvereinigung,** Haus Nr. 62 (52), im 19. Jh. hervorgegangen aus Umbauten älterer Gebäude. Hier wurde bereits 1638 die schöne Bildsäule der ›Passauer Madonna‹ von GIUSEPPE SIMONE BELLOTTI aufgestellt.

Die Straße weitet sich an dieser Stelle zu einem Platz, der 1860–62 durch Abriß eines Häuserblocks entstanden war. In dessen Mitte stellte man 1898 das **Pomnik Adama Mickiewicza/Adam-Mickiewicz-Denkmal** (53) auf, der Dichter soll hier die nationale Literatur Polens symbolisieren. Die Mittel für das Standbild kamen aus einer öffentlichen Sammlung;

Bildhauer war Cyprian Godebski. 1942 demontierte man das Denkmal und brachte es in Sicherheit, 1950 wurde es wieder aufgestellt und feierlich neu enthüllt.

Am südlichen Ende des Platzes gruppieren sich in enger Nachbarschaft mehrere Gebäude, die nähere Betrachtung verdienen. Zur Linken ragt die **Kościół Wniebowzięcia Najświętszej Marii Panny i św. Józefa/Kirche der Himmelfahrt Marias und des hl. Josef** (54) mit ihrer bizarren Fassade in den Platz hinein. Sie gehörte ursprünglich zum Kloster der unbeschuhten Karmeliter. In der zweiten Hälfte des 17. Jh. vermutlich von Giuseppe Simone Bellotti errichtet, wurde erst 1782 ihre Fassade vollendet. Ephraim Schroeger hatte sie bereits 1761–62 entworfen, als einen der frühesten Versuche, den kurz zuvor entwickelten italienischen Klassizismus zu verarbeiten. Die üppige Barockausstattung der Kirche stammt aus dem 18. Jh. Die Figurengruppe auf der Chorschranke, die ›Vermählung Mariens‹, hat Jan Jerzy Plersch geschaffen.

Der anschließende Komplex des **Pałac Radziwiłłowski/Palais Radziwiłł,** Haus Nr. 46–48 (55), ist heute zweiter Sitz des Staatspräsidenten und seiner Kanzlei. 1970 wurde hier der Vertrag über die Normalisierung der Beziehungen zwischen Polen und der BRD unterzeichnet. Der Palast wurde Mitte des 17. Jh. errichtet. Nach mehrfachen Umbauten erhielt er sein heutiges Aussehen 1818–19 von Chrystian Piotr Aigner. Im Ehrenhof wurde 1965 ein Denkmal für Józef Poniatowski, bekannt als ›Pepi‹, aufgestellt, der zu seiner Zeit nicht nur als begehrter Dandy die Warschauer und Pariser Salons in Aufregung versetzte, sondern sich auch als Oberbefehlshaber der polnischen Streitkräfte unter Kościuszko und später unter Napoleon bewährte. Das Denkmal ist eine Kopie des 1826–32 entstandenen und im Krieg zerstörten Originals von Bertel Thorvaldsen.

Gegenüber erstreckt sich das **Pałac Potockich/Palais Potocki,** Haus Nr. 15 (56), heute Sitz des Ministeriums für Kultur und Kunst, ein ebenfalls dreiflügeliger Bau mit Ehrenhof, 1760–66 durch Umbau einer älteren Anlage entstanden. Das schöne neobarocke Gittertor wurde 1909 hinzugefügt.

Daneben, zwischen ul. Ossolińskich und ul. Bagińskiego, steht das **Hotel Europejski/ Hotel Europa** (57), das erste moderne Hotel Warschaus, errichtet zwischen 1855 und 1877 im Stil der Neorenaissance. Das gegenüberliegende **Hotel Bristol** (57a) wurde auf Betreiben des Pianisten Ignacy Paderewski 1901 ebenfalls im Neorenaissancestil erbaut. Anfang des Jahrhunderts beherbergte es eine Reihe berühmter Persönlichkeiten, u. a. Caruso, und diente den intellektuellen Zirkeln Warschaus als beliebter Treffpunkt. Heute ist das Bristol wieder die erste Adresse in der Stadt. Mit Hilfe amerikanischer Sponsoren wurde es, seinem Ruf gerecht, entsprechend renoviert.

Die **Kościół Wizytek/Klosterkirche des Visitandinnenordens** (58) ist eine der schönsten Barockkirchen Warszawas (Abb. 1). Königin Maria Ludovica Gonzaga hatte die Nonnen 1654 aus Frankreich berufen und den ersten – hölzernen – Kirchenbau gestiftet. Die heutige Kirche entstand in zwei Phasen im 18. Jh.: 1728–33 nach Karol Bays Entwurf; 1754–66 leitete Ephraim Schroeger den Bau. Die üppige, plastische Säulengliederung der Fassade setzt sich auch im Innern fort. Der lichtdurchflutete einschiffige Raum ist mit seiner rhythmisierten Säulenordnung und den oval überkuppelten Kapellen ein Glanzstück

Palais Kazimierz, Zeichnung aus dem 18. Jh.

spätbarocker Kirchenbaukunst. Besonders bemerkenswert ist der von EPHRAIM SCHROE-
GER entworfene und von JAN JERZY PLERSCH ausgeführte Hochaltar mit den schräg angeordneten Doppelsäulen, aus deren Gebälk eine Skulpturengruppe wie eine mystische Vision
hervorzubrechen scheint. Der Ebenholztabernakel, den SCHROEGER in den Altar einbezogen hat, stammt noch aus dem provisorischen Vorgängerbau: Er ist eine Stiftung der Königin MARIA LUDOVICA.

Die traditionsreiche Universität Warschaus residiert in einem ganzen Komplex historischer Gebäude: Das **Pałac Tyszkiewiczów/Palais Tyszkiewicz**, Haus Nr. 32 (59), aus dem
ausgehenden 18. Jh. stellt mit seinen zwei repräsentativen Schauseiten die Ecklösung dar
(JOHANN CHRISTIAN KAMSETZER). Die Hauptfassade ist durch einen Balkon ausgezeichnet,
den vier von ANDRÉ LEBRUN geschaffene Atlanten tragen (1787). Auch das Interieur stammt
von den angesehensten Künstlern, die im Königsschloß arbeiteten: KAMSETZER, GRAFF und
später ENRICO MARCONI. Auch der anschließende Neorenaissancebau des **Pałac Urus-
kich/Palais Uruski** (60) aus dem 19. Jh. und das ehemalige **Szpital św. Rocha/St.-Rochus-
Hospital** (61) bilden heute Teile der Universität, ebenso wie der Komplex des **Pałac Kazi-
mierzowski/Palais Kazimierz** (62), der sich mit seinem Park hinter der Straßenfront
erstreckt. Der Palast war 1634 als Sommerresidenz König WŁADYSŁAW IV. WAZA errichtet
worden. Den Namen trägt der Palast nach König JAN II. KAZIMIERZ WAZA, der ihn 1660
umgestalten ließ. 1737–39 folgte ein neuerlicher Umbau durch prominente Künstler wie KARL

Palais Staszic und Kopernikus-Denkmal, Zeichnung aus dem 19. Jh.

Friedrich Pöppelmann, Joachim Daniel Jauch und Johann Sigismund Deibel. Wenig später (1765–68) adaptierte ihn Domenico Merlini zu einer Militärakademie, an der u. a. auch Tadeusz Kościuszko ausgebildet wurde. Nach der Zerstörung im Zweiten Weltkrieg baute man den Palast in barocken Formen mit einer klassizistischen Frontfassade und einer spätbarocken Fassade zum Garten hin wieder auf. Die Nebengebäude, die seit 1815 nach und nach hinzugekommen sind, waren bereits für die Universität geplant; das Auditorium Maximum stammt aus dem Jahr 1930.

Gegenüber der Universität befindet sich im früheren **Pałac Czapskich/Palais Czapski** (63) aus dem 18. Jh. die Akademia Sztuk Pięknych/Akademie der Bildenden Künste. Hier lebte und arbeitete Fryderyk Chopin, bevor er 1830 Warszawa verließ. Im Hof sieht man das Reiterstandbild Bartolomeo Colleonis, eine Kopie des berühmten Bronzedenkmals von Andrea del Verrocchio in Venedig (Ende 15. Jh.).

Die **Kościół św. Krzyża/Heilig-Kreuz-Kirche** (64) verdankt ihre erste Entstehungsphase (1512–34) den Warschauer Handwerkerwitwen. Sie stifteten die Grundstücke, leiteten den Bau einer kleinen Kirche ein und stellten finanzielle Mittel für den Kaplan bereit. Über hundert Jahre hinweg wurde das Gotteshaus vom Warschauer Bürgertum erhalten. In den 50er Jahren des 17. Jh. ließ Königin Maria Ludovica Gonzaga die Kirche durch Giuseppe Simone Bellotti erweitern, um dort die Missionare des hl. Vinzenz de Paulo unterzubringen. Ihre doppeltürmige Fassade mit erhöhtem Portal erhielt sie im 18. Jh. von Giu-

161

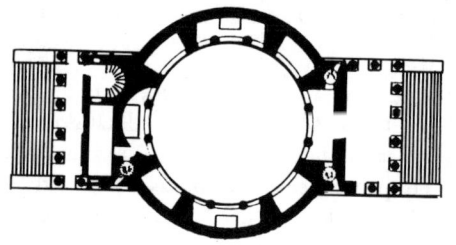

↑
N

*Pfarrkirche St. Alexander,
Stich von F. Dietrich 1829;
Grundriß*

SEPPE und JACOPO FONTANA. Im Innern, am ersten Pfeiler zur Linken, befindet sich ein Epitaph FRYDERYK CHOPINS, mit einer Porträtbüste und der Urne, in der sein Herz bestattet ist. Eine Reihe weiterer Persönlichkeiten wurde in dieser Kirche durch Epitaphien geehrt, darunter der Schriftsteller WŁADYSŁAW REYMONT (1867–1925), der Historiker, Dichter und Literaturkritiker JÓZEF IGNACY KRASZEWSKI (1812–78), der Romancier BOLESŁAW PRUS, der Dichter JULIUSZ SŁOWACKI (1809–49) sowie GENERAL WŁADYSŁAW SIKORSKI. Mehrere Gedenktafeln erinnern daran, daß die Kirche während des Warschauer Aufstandes im August und September 1944 Schauplatz erbitterter Kämpfe war.

Den Abschluß der ul. Krakowskie Przedmieście bildet BERTEL THORVALDSENS **Pomnik Mikołaja Kopernika/Nikolaus-Kopernikus-Denkmal** (65) aus dem Jahre 1830, hinterfangen von der imposanten klassizistischen Fassade des **Pałac Staszica/Palais Staszic** (66) (Sitz der Akademie der Wissenschaften), die der Architekt ANTONIO CORAZZI (1820–23) kulissenartig auf die Prachtstraße ausgerichtet hat.

Die wiederaufgebaute ul. Nowy Świat/›Neue Welt‹, die an dieser Stelle beginnt, hatte bis ins 19. Jh. hinein eine anspruchslose, hölzerne Bebauung. Die klassizistischen Häuser und Paläste, die sie heute säumen, stammen durchweg aus der ersten Hälfte des 19. Jh. Hier ließen die in dieser Zeit aufgestiegenen Magnatenfamilien wie die ZAMOYSKI, KOSSAKOWSKI, HOŁOWCZYC und andere ihre Sommerresidenzen errichten, an die große Tradition der ul. Krakowskie Przedmieście anknüpfend.

In der ul. Tamka, die von hier aus zur Wisła führt, lohnt das **Pałac Gnińskich/Palais Gniński**, Haus Nr. 41 (67), einen Besuch: Gegen Ende des 17. Jh. von TYLMAN VAN GAMEREN als Pavillon eines nie vollendeten großen Palastes errichtet und in der Folgezeit mehrfach umgestaltet, beherbergt es heute die FRYDERYK-CHOPIN-GESELLSCHAFT. Am Ende der ul. Tamka, nahe dem Weichsel-Ufer, befindet sich eines der Wahrzeichen Warschaus: die **Pomnik Syreny/Statue der Sirene** (68), einer mythischen Gestalt, die mit der Meerjungfrau von Kopenhagen verwandt ist.

Nach wenigen hundert Metern befindet man sich auf dem Rondo de Gaulle. An der nordwestlichen Ecke der Kreuzung hat der Internationale Buch- und Presseklub seinen Sitz, schräg gegenüber die junge **Warschauer Börse/Warszawska Giełda** (69). Das 1948–51 errichtete Gebäude beherbergte ehemals das Zentralkomitee der PVAP, bis es Anfang der 90er Jahre zum Bank- und Finanzzentrum umfunktioniert wurde.

Weiter südlich öffnet sich die ul. Nowy Świat auf den Pl. Trzech Krzyży/Platz der Drei Kreuze. Er trägt seinen Namen nach einem Kreuzweg, den König AUGUST II. 1724–31 auf dem Areal von Ujazdów hatte anlegen lassen, und der hier mit dem Kalvarienberg endete. Die Platzmitte nimmt die **Kościół św. Aleksandra/Pfarrkirche St. Alexander** (70) ein, das herausragende Beispiel des ausgereiften Klassizismus in Polen (Abb. 4). Gebaut hat sie 1818–25 CHRYSTIAN PIOTR AIGNER. Sie steht auf kreisrundem Grundriß, gedeckt von einer flachen Kuppel wie das Pantheon in Rom. Zwei übergiebelte Säulenportiken auf Treppensockeln sind streng symmetrisch von Süden und Norden angesetzt. Das Innere ist ebenfalls am Pantheon orientiert: Die Mauerflächen sind in Kapellen aufgelöst, rhythmisiert durch Säulen- und Pilasterstellungen.

Jenseits des Pl. Trzech Krzyży beginnt die Al. Ujazdowskie/Ujazdów-Allee, die repräsentativste Villen- und Parkallee Warschaus, heute wesentlich von Botschafts- und Regierungsgebäuden bestimmt. Architektonisch einheitlich gestaltet wurde sie erst in der zweiten Hälfte des 19. Jh. Eineinhalb Jahrhunderte lang waren die Parks und Gärten ein beliebter Treffpunkt im vornehmen gesellschaftlichen Leben, ähnlich dem Pariser Bois de Boulogne.

In einer Nebenstraße östlich der Allee, der ul. Wiejska, befindet sich der ausgedehnte Komplex des **Sejm/Parlaments** (71) der Republik Polen. Im Kern stammt der Bau aus der Mitte des 19. Jh. Bemerkenswert ist der im Zuge eines durchgreifenden Umbaus 1925–28 angefügte halbrunde Plenarsaal von KAZIMIERZ SKÓREWICZ. Die Form spielt gezielt auf altrömische Amphitheater an, die seit dem 19. Jh. vielfach im Zusammenhang bürgerlich-öffentlicher Bauaufgaben (etwa dem großen Theater) zitiert wurden; die Säulenordnung unterstreicht den Rang der in dem Bau symbolisierten demokratischen Gesellschaftsstruktur. Vor dem Gebäude Al. Ujazdowskie Nr. 23/25 mahnt ein Gedenkstein an das Todesurteil eines polnischen Untergrundgerichts über den SS-Kommandeur Franz Kutschera, das Kämpfer der Heimatarmee am 1. 2. 1944 hier vollstreckten.

In der Al. Szucha, Haus Nr. 25, befindet sich im Untergeschoß des Ministeriums für Volksbildung und Erziehung das **Muzeum Martyrologii Polskiej/Museum der Leidensgeschichte Polens** (72); es erinnert an die Menschen, die in dem hier untergebrachten Gestapo-Gefängnis gefoltert und ermordet wurden.

Vom Pl. na Rozdrożu überblickt man die nach Osten über die Weichsel führende Trasa Łazienkowska, die 1971–74 als eines der größten städtebaulichen Unternehmen im modernen Warszawa angelegt wurde.

Sie bildet die nördliche Begrenzung des ausgedehnten **Park Łazienkowski/Łazienki-Parks** (Lageplan S. 165). Seine Geschichte geht auf das 16. Jh. zurück: 1548 ließ sich Königin Bona Sforza im Dorf Ujazdów nieder und baute ein Anwesen zu ihrem Witwensitz aus. 1624 ließ König Zygmunt III. Waza auf dem Gelände ein Kastell errichten, das in der Tradition der frühen, noch befestigten Villenanlagen italienischer Fürsten stand. König Stanisław August Poniatowski kaufte 1764 das Dorf samt *Zamek Ujazdowski/Schloß von Ujazdów* (73), (o), (Abb. 11) und Park. Er plante eine glanzvolle königliche Residenz, ebenbürtig dem Königsschloß. Der dort tätige Stab hochrangiger Hofkünstler arbeitete parallel auch hier, u. a. Domenico Merlini, Ephraim Schroeger, Jan Bogumił Plersch, Johann Christian Kamsetzer, André LeBrun, Marcello Bacciarelli. 1772 wurde das ehrgeizige Projekt jedoch bereits abgebrochen, denn die politische Niederlage der Teilung Polens zwang den König, sich auf kleinere Vorhaben zu beschränken. Der ganze Komplex bildet heute eine Dependance des Nationalmuseums.

Südlich des Schlosses, im Winkel zwischen Al. Ujazdowskie und ul. Agrykola, erstreckt sich der 1819 gegründete Botanische Garten der Universität. Ebenfalls zur Universität gehört das klassizistische *Observatorium Astronomiczne/Observatorium* (n), das Chrystian Piotr Aigner 1820–24 erbaute.

Im Sommer kann ein sonntäglicher Spaziergang durch den Park Łazienkowski zu einem wahren Kulturerlebnis für Groß und Klein werden: Hier läßt sich das Interesse an klassizistischer Baukunst sättigen, und neben den Vorzügen eines Landschaftsparks genießt man Konzerte und Theateraufführungen. Beginnt man den Rundgang beim Haupteingang des Parks, in der Al. Ujazdowskie, so stößt man gleich auf eine Kopie des *Pomnik Fryderyka Chopina/Denkmals für Fryderyk Chopin* (75), (a), (Farbabb. 14). Das Original von 1926 war das erste Denkmal in Warszawa, das die Nazis zerstörten; die Bronzeteile wurden eingeschmolzen, Chopins Musik verboten. Seit 1958 nimmt das Standbild wieder seinen alten Platz ein, und die hier sonntagvormittags stattfindenden Konzerte sind für die Warschauer ein beliebtes Sommervergnügen.

Wandert man vom Chopin-Denkmal in nordöstliche Richtung, so gelangt man zu einem *Wodozbiór/Wasserreservoir* (b), erbaut von Merlini, 1823–27 umgestaltet von Chrystian Piotr Aigner. Das Reservoire versorgte ursprünglich die Springbrunnen vor dem ›Palast auf der Insel‹. Geradeaus nach Norden erblickt man die *Stara Pomarańczarnia/Alte Orangerie* (c). Das Gebäude wurde wie fast alle Bauten im Park nach einem Entwurf von Dome-

Park Łazienkowski
a Pomnik Fryderyka Chopina/
   Chopin-Denkmal
b Wodozbiór/Wasserreservoir
c ›Stara Pomarańczarnia‹/›Alte
   Orangerie‹
d Biały Domek/Weißes Häuschen
e Nowa Kordegarda/
   Neue Wache
f Pałac na Wyspie/Palast auf der
   Insel
g Teatr na Wyspie/Theater auf der
   Insel
h Wielka Oficyna/Großes
   Wirtschaftsgebäude
i Pałac Myślewicki/Palais
   Myślewicki
j Nowa Pomarańczarnia/Neue
   Orangerie
k Świątynia Egipska/›Ägyptischer‹
   Tempel
l Świątynia Diany/Diana-Tempel
m Pałac Belweder/Palais Belvedere
n Obserwatorium Astronomiczne/
   Observatorium
o Zamek Ujazdowski/Schloß von
   Ujazdów

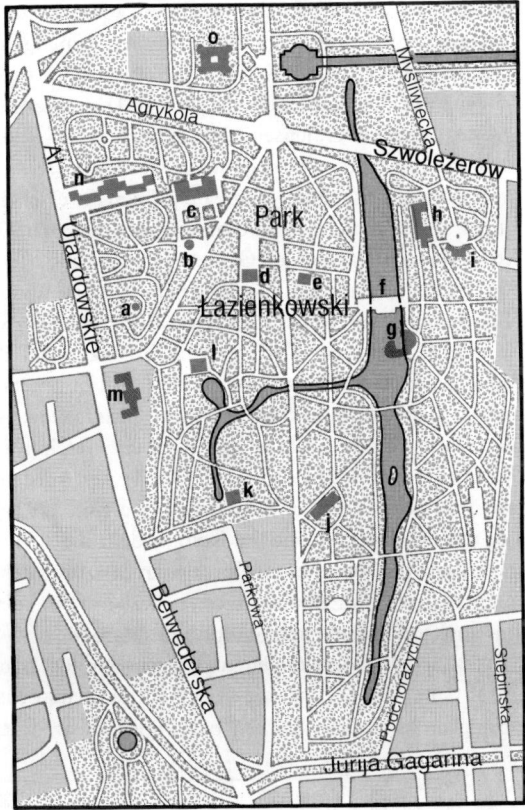

NICO MERLINI im klassizistischen Stil errichtet (1786–88). Ein Wintergarten beherbergt eine Skulpturengalerie aus der Sammlung von König STANISŁAW AUGUST PONIATOWSKI. Sie bildet ein stilvolles Ambiente für die hier aufgeführten Konzerte. Neben dem Wintergarten dient ein von Kriegsschäden verschonter Theatersaal als seltenes Beispiel für ein authentisches Hoftheater des 18. Jh. Das umgebene Areal gestaltete vor allem der Dresdner Gartenbaumeister JOHANN CHRISTIAN SCHUCH unter König STANISŁAW AUGUST zu einem der schönsten Landschaftsparks in Polen: Malerische Seen, Baumgruppen und Rasenflächen wurden nach englischem Gestaltungsideal in scheinbarer Zufälligkeit kunstvoll arrangiert und durch Einflüsse französischer Gartenkunst modifiziert.

Schräg gegenüber, südöstlich, kann man das *Biały Domek/Weiße Häuschen* (d) bewundern, ein ländlich gemeinter, doch eleganter Holzbau, mit plastisch dekoriertem Putz. Gebaut wurde das im damals beliebten Schäferstil gehaltene Häuschen vermutlich 1774–77 von MERLINI; aus schriftlichen Unterlagen geht hervor, daß es für die Herzdame des Königs

Stanisław August, Elżbieta Grabowska, bestimmt war. Es besitzt eine komfortable Rokoko-Einrichtung, mit Speisezimmer, Schlafgemach, Boudoir und Garderobe. 1803 wohnte hier der spätere König von Frankreich, Ludwig XVIII., im Exil. Vor der Südwestseite des ›Weißen Häuschens‹ baute man 1776 eine Sonnenuhr auf.

Genau gegenüber, jenseits der schnurgeraden Allee, die den Park in der Mitte teilt, stößt man auf die *Nowa Kordegarda/Neue Wache* (e). Der ehemalige Pavillon, der 1782 zur Wache umgebaut wurde, diente ursprünglich verschiedensten Unterhaltungen und war nach einem, dem heutigen Billard ähnlichen Spiel ›Trou-Madame‹ benannt. Eine Eisspezialität ›Trou-Madame‹ lassen sich Genießer im benachbarten Sommercafé auf der Zunge zergehen. Am Seeufer entlang führt der Weg zum *Pałac na Wyspie/Palast auf der Insel* (74), (f), der sich effektvoll auf einer künstlich aufgeschütteten Insel zwischen den Seeufern präsentiert.

1683–90 hatte hier Tylman van Gameren ein Badehaus (›Łazienki‹/›Bäder‹) für den damaligen Besitzer Stanisław Herakliusz Lubomirski gebaut. König Stanisław August ließ das Gebäude dann von Domenico Merlini nach und nach umgestalten und erweitern: 1775–76 wurde die südliche Partie um ein Geschoß erhöht, 1784 verblendete Merlini den Bau mit einer neuen Fassade, vier Jahre später wurden die Flügelbauten angefügt, die Nordfassade errichtet und das Belvedere aufgesetzt. 1792–93 bekam der Palast die beiden Pavillons auf den Ufern sowie die Kolonnaden, die sie mit dem Baukörper verbinden. Parallel arbeiteten die namhaftesten Künstler an der Ausstattung der Innenräume. Nach der Zerstörung 1944 sorgfältig rekonstruiert, beherbergt der Palast heute eine Abteilung des Nationalmuseums mit Malerei und Skulptur des Barock.

Trotz seiner langwierigen und wechselvollen Baugeschichte wirkt der Palast wie aus einem Guß. Merlini hat die verschiedenen Baukörper durch eine einheitliche Pilastergliederung und eine von Statuen bekrönte Balustrade als Attika verklammert. Während die

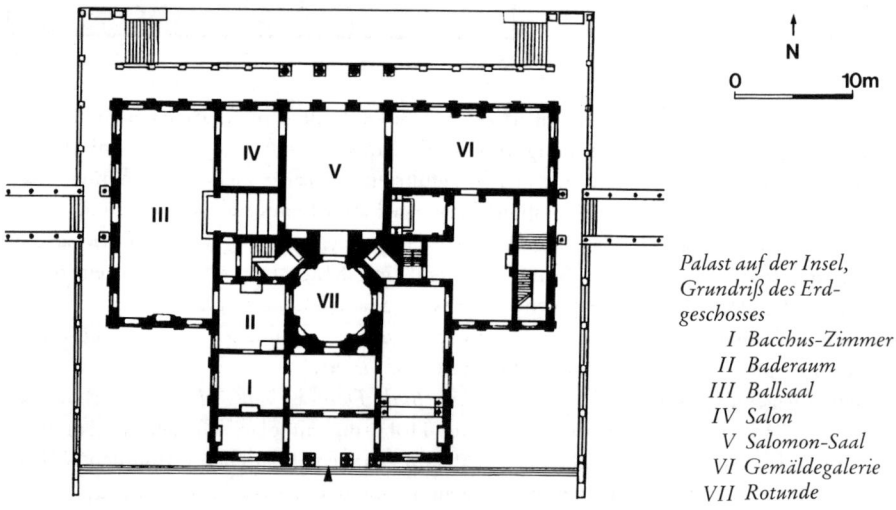

Palast auf der Insel,
Grundriß des Erd-
geschosses
  I Bacchus-Zimmer
  II Baderaum
  III Ballsaal
  IV Salon
  V Salomon-Saal
  VI Gemäldegalerie
  VII Rotunde

Palast auf der Insel im Łazienki-Park, Aquarell von Z. Vogel 1788

nördliche Fassade mit ihrem Giebelportikus eher streng wirkt, vermittelt die plastische südliche Front mit ihrer eingerückten Loggia und der vorgelagerten Terrasse den Eindruck eines Lustschlosses. Diese wohlausgewogene ›Doppelgesichtigkeit‹ unterstreicht auch das Figurenprogramm: Die ›offizielle‹ Fassade schmücken im Giebelrelief Gestalten des Ruhms und des Friedens mit dem königlichen Wappen, begleitet von Minerva und Achilles. Die Statuen an den Ecken verkörpern die vier Kontinente, auf dem Belvedere die vier Elemente. Die Südfassade schmücken die vier Jahreszeiten darstellende Figuren; auf der Terrasse spielen sich mit barocker Leidenschaft mythische Liebesszenen ab: ein Satyr, der eine Nymphe raubt, und ein Hermaphrodit, den die Quellnymphe Salmacis umarmt. Diese Skulpturen stammen aus der ersten Hälfte des 18. Jh.; die Figuren auf der Attika schuf ANDRÉ LEBRUN.

Anders als am Außenbau ist die Entstehungsgeschichte des Palastes im Inneren noch sichtbar. Der König hat die von TYLMAN VAN GAMEREN ausgestatteten Räume des alten Badepavillons bestehen lassen, so das *Bacchus-Zimmer* (I) links neben der Vorhalle, das mit blauweiß bemalten Kacheln ausgekleidet ist. Benannt ist der Raum nach einem über dem Kamin aufgehängten Gemälde des Silen mit Bacchanten von JACOB JORDAENS. Auch der anschließende *Baderaum* (II) hat noch seine alte Ausstattung von TYLMAN VAN GAMEREN bewahrt. Die Wandreliefs zeigen Szenen aus OVIDS Metamorphosen, die mit dem Element Wasser zusammenhängen: etwa Andromeda, an einen Felsen gefesselt und vom Meeresdrachen bedroht.

Der *Ballsaal* (III) befindet sich bereits in einem der von DOMENICO MERLINI angefügten Seitenflügel. Seine Dekoration ist streng klassizistisch, auch in der zurückgenommenen Farbigkeit, die die feine Stuckgliederung hervortreten läßt. Der Entwurf stammt von JOHANN CHRISTIAN KAMSETZER; ANDRÉ LEBRUN und JAN BOGUMIŁ PLERSCH führten die Plastiken sowie die Fresken mit den Groteskenornamenten aus. In den Nischen über den Kaminen stehen verkleinerte Gipskopien der berühmten antiken Skulpturen ›Herkules Farnese‹ und ›Apoll vom Belvedere‹, die der König von einer Romreise mitgebracht hat. Sie symbolisieren hier die Tugend und die Künste. Zu ihren Füßen kauern als Stützen der Kaminsimse Gestalten, die sie nach der mythischen Überlieferung besiegt haben: unter Herkules Zerberus und ein Kentaur, unter Apoll König Midas und der Satyr Marsyas.

Durch einen kleinen *Salon* (IV), in dem Porträts aus dem Besitz des Nationalmuseums ausgestellt sind, gelangt man in den repräsentativsten Raum der Residenz, den *Salomon-Saal* (V), der sich in einem großen Bogen zur zentralen Rotunde hin öffnet. Er diente als Audienzsaal. Seine prunktvolle Ausstattung hat deshalb die Weisheit König Salomons zum Thema. MARCELLO BACCIARELLI malte mehrere Szenen aus dessen Leben, die auf die Verdienste STANISŁAW AUGUST PONIATOWSKIS anspielen. Der anschließende Raum in der Nordostecke diente von Anfang an als *Gemäldegalerie* (VI); seine Dekoration ist zurückhaltend, um nicht von den ausgestellten Bildern abzulenken.

Die *Rotunde* (VII) wurde von DOMENICO MERLINI dekoriert. Die Kuppel, die bis ins Obergeschoß reicht, ruht auf einem Kranz von Säulen, deren Weiß sich reizvoll von der gelb und grün marmorierten Wandgliederung abhebt. Der Raum ist als Pantheon konzipiert; das Figurenprogramm stellt eine Art Ruhmesgenealogie dar. In den vier Nischen stehen Statuen der polnischen Könige KAZIMIERZ III. WIELKI (GIACOPO MONALDI), ZYGMUNT I. STARY und STEFAN BATORY (ANDRÉ LEBRUN) sowie JAN III. SOBIESKI (FRANCISZEK PINK). Über den Türen befinden sich Büsten der römischen Kaiser TITUS, TRAJAN und MARC AUREL. Das im Fries angebrachte Zitat »*Utile mundo editi exemplum*« besagt, daß diese Persönlichkeiten der Welt als Vorbild dienen sollten.

Von der Terrasse vor der Südfassade aus konnte man früher zum *Teatr na Wyspie/Theater auf der Insel* (g), (Abb. 10) hinüberblicken, das heute fast vollständig von Bäumen verdeckt wird. Es ist ein antikisches Amphitheater, dessen Bühne auf der künstlichen Insel liegt, durch Wasser getrennt vom Zuschauerraum am Ufer. 1790–91 erbaute es JOHANN CHRISTIAN KAMSETZER als malerische künstliche Ruine, in der heute Mozart-Konzerte aufgeführt werden. Wer im modernen Café neben dem Theater Erfrischungen oder ›Theatereis‹ (*Lody Teatralne*) genießt, kann sonntagmorgens leicht akustisch Zaungast einer Kindervorstellung werden: Stimmen der besten Warschauer Schauspieler und die Begeisterung der Kinder dringen herüber. Bei Regen wandert das Café in den Theaterkeller.

Dicht beim See, in der nordöstlichen Parkecke nahe ul. Szwoleżerów, steht das *Wielka Oficyna/Große Wirtschaftsgebäude* (h), in dem Anfang des 19. Jh. eine Kadettenschule untergebracht war. Der Anschlag der Kadetten auf das Palais Belvedere löste den Novemberaufstand (1830–31) aus. Heute befindet sich hier das Jagd- und Reitmuseum sowie das Museum für den Pianisten IGNACY PADEREWSKI. Das benachbarte *Pałac Myślewicki/Palais Myślewicki* (i) ist nach dem früher hier gelegenen Dorf Myślewice benannt. Der frühklassizistische Bau (MERLINI, 1775–78) diente zunächst wichtigen Hofbeamten als Quartier, später schenkte es der König seinem Neffen JÓZEF PONIATOWSKI. Erhalten ist die ursprüngliche Ausstattung der Räume mit Malereien von JAN BOGUMIŁ PLERSCH.

Am südlichen Flügel des Sees liegt die *Nowa Pomarańczarnia/Neue Orangerie* (j), die 1860–61 von ADAM ADOLF LOEWE errichtet wurde und in der man heute exotische Pflanzen zieht. Kreuzt man die schnurgerade Allee, so stößt man am südlichen Ende des Seeausläufers auf den *Świątynia Egipska/Ägyptischen Tempel* (k) von 1820 und an seinem nördlichen Ende auf den kleinen *Świątynia Diany/Diana-Tempel* (l) aus gleicher Zeit.

Nach links führt ein Weg zum *Pałac Belweder/Palais Belvedere* (m). Die von 1730–50 durch GIUSEPPE FONTANA errichtete Villa erhielt ihre eleganten klassizistischen Formen erst 1820 beim Umbau durch JAKUB KUBICKI. Zur Zeit des Königreichs Polen residierte hier Großfürst KONSTANTIN, nominell Befehlshaber der polnischen Armee, tatsächlich aber Statthalter des Zaren. Wie schon nach Polens Unabhängigkeit 1919 ist der Palast auch heute Sitz des Präsidenten der Republik. Hier nun befindet man sich am Ende des *Alten Königsweges,* in dessen Verlängerung ca. 10 km weiter südlich Wilanów (s. S. 173) liegt.

Das Stadtzentrum: ul. Marszałkowska, Muzeum Narodowe, Mokotów

Im Zuge des Wiederaufbaus nach dem Zweiten Weltkrieg wurde das Zentrum der Stadt aus der Altstadt nach Süden hin verlagert. Entlang der zwei großen, rechtwinklig sich kreuzenden Durchgangsstraßen ul. Marszałkowska und Al. Jerozolimskie, die beide auf das 18. Jh. zurückgehen, verzichtete man weitgehend auf die Wiederherstellung der historischen Bebauung aus dem 19. Jh. und errichtete hier, abseits vom ›musealen‹ alten Zentrum, ein neues, modernes. Die ul. Marszałkowska wurde dabei erheblich verbreitert und zur Hauptverkehrsachse der neu entstehenden Stadt bestimmt.

In der Nachkriegszeit war der **Pałac Kultury i Nauki/Palast der Kultur und Wissenschaft** (76) Wahrzeichen der Stadt. Für dieses ungeliebte Geschenk der Sowjetunion – stellt es doch das architektonische Diktat des Stalinismus in Warszawa und bis heute ein großes städtebauliches Problem dar – legte man den weitläufigen Paradeplatz frei. Der Architekt LEW V. RUDNEW stellte den Palast in nur drei Jahren 1955 fertig. Mit einer Höhe von 234 m und einem Volumen von 817 000 m³ ist er eines der größten Gebäude der Stadt und beherbergt zahlreiche Institutionen: die Polnische Akademie der Wissenschaften (PAN), die polnische Sektion des PEN-Clubs, das polnische UNESCO-Komitee, das polnische Fernsehen und das Goethe-Institut, die Museen für Technologie und Zoologie, drei Theater und drei Kinos. Immer mehr Räumlichkeiten werden an Privatunternehmen vermietet, da der Staat das Gebäude nicht mehr subventioniert. Von der Aussichtsterrasse im 30. Stock kann man die gesamte Stadt überblicken. Der Paradeplatz wurde mittlerweile zum Verkaufsplatz umfunktioniert. Zwei große moderne, bunte Markthallen bilden einen starken Kontrast zu dem im Zuckerbäckerstil erbauten Kulturpalast. Der Gebäudekomplex gegenüber, mit den **Domy Towarowe ›Centrum‹/Warenhäusern ›Centrum‹** (77), als Ensemble von ZBIGNIEW KARPIŃSKI geplant und 1960–69 erbaut, umfaßt Wohn-, Büro- und Kaufhäuser.

Hinter dieser Anlage, vorbei an der im 19. Jh. vom Schokoladenfabrikanten EDMUND WEDEL gegründeten, stilvollen Konfisserie und Kakaostube (Ecke ul. Górskiego/ul. Szpitalna), gelangt man in die ul. Jasna zur 1955–56 errichteten **Filharmonia/Philharmonie**

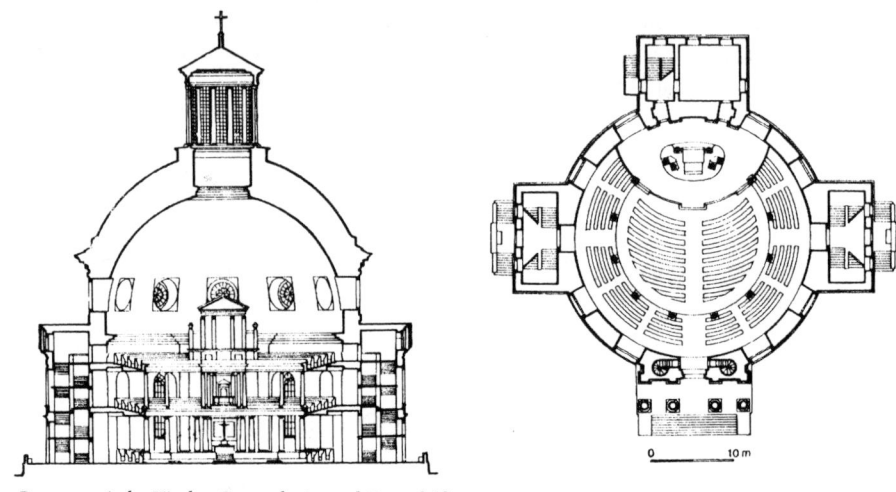

Protestantische Kirche, Querschnitt und Grundriß

(78), die einen 1944 vollständig zerstörten Vorgängerbau ersetzt. Sie ist Mittelpunkt des regen Musiklebens Warszawas und Schauplatz der Internationalen Chopin-Wettbewerbe sowie des Internationalen Festivals zeitgenössischer Musik ›Warschauer Herbst‹.

Folgt man der ul. Jasna weiter in nördlicher Richtung, stößt man nach einigen hundert Metern auf die im 19. Jh. angelegte ul. Kredytowa, so benannt nach dem Neorenaissance-Gebäude der Towarzystwo Kredytowe Ziemskie/Landeskreditgesellschaft (1854–58, Enrico Marconi und Józef Górecki). Heute ist darin das **Państwowe Muzeum Etnograficzne/Staatliche Ethnographische Museum** (79) untergebracht, mit unfangreichen Sammlungen zu Volkskunst und Alltagskultur Polens, aber auch Afrikas und Ozeaniens.

Gegenüber erhebt sich der Zentralbau der **Zbór Ewangelicko-Augsburgski/Protestantischen Kirche** (80), der zu den prominentesten Beispielen des Klassizismus in Warszawa gehört (1777–81, Szymon Bogumił Zug; 1950 wiederaufgebaut).

Bemerkenswert ist auch das benachbarte **Kamienica Heurichowska/Heurich-Haus** (81), eines der frühesten modernen Bauwerke der Stadt. Es wurde 1907–10 von Jan Heurich d. J. im Auftrag der Familie Krasiński errichtet; heute hat dort das Ministerium für Kommunikationswesen seinen Sitz.

Gegenüber steht die berühmte **Zachęta/Kunstgalerie ›Ermutigung‹** (82), 1898–1903 von Stefan Szyller als Sitz der Gesellschaft zur Pflege der Schönen Künste (Towarzystwo Zachęty Sztuk Pięknych) gebaut. Diese veranstaltet regelmäßig Ausstellungen einheimischer und ausländischer Kunst.

Von hier geht man über die ul. Mazowiecka zur ul. Nowy Świat. Diese Straße, von zweistöckigen Häusern mit Stukkaturen und Balkonen gesäumt, war um die Jahrhundertwende die beliebteste Einkaufsstraße Warschaus. 1945–60 wieder aufgebaut, beherbergt sie heute zahlreiche luxuriöse Galerien, Boutiquen, Antiquitätengeschäfte, Cafés und Restaurants. Kurz vor dem Rondo de Gaulle stößt man auf die *Cukiernia Bliklego/Konditorei Antoniego Blikle* aus dem Jahre 1869. Vom Rondell aus links gelangt man zum **Muzeum Narodowe/Nationalmuseum** (83), das mit dem Muzeum Wojska Polskiego/Museum der polnischen Streitkräfte in einem wichtigen Baudenkmal funktionalistischer Architektur (1926–38, Tadeusz Tołwiński) im östlichen Teil der Al. Jerozolimskie untergebracht ist.

Das Nationalmuseum ging aus dem Museum der Schönen Künste/Muzeum Sztuk Pięknych hervor, das 1862 gegründet wurde. Den Grundstock bildeten die Druckgraphiksammlungen der öffentlichen Bibliothek sowie der Schule für bildende Künste, eine Abgußsammlung aus dem Nachlaß König Stanisław Augusts sowie etwa 200 Gemälde, die der Kaufmann Pietro Fiorentini kurz zuvor der Schule für bildende Künste vermacht hatte. Bis zur Errichtung des heutigen Gebäudes verfügte das Museum über keinen eigenen Sitz. Seit 1898 war es provisorisch in angemieteten Räumen eines Hauses am Plac Teatralny untergebracht. Die Sammlungen wuchsen weniger durch Ankäufe als durch Nachlässe aus privatem Besitz. Erst 1922 wurde das inzwischen reich bestückte Museum offiziell der Öffentlichkeit zugänglich gemacht. Es besaß inzwischen eine herausragende Antikensammlung, eine ebenso hochrangige Sammlung europäischer Malerei sowie umfangreiche kunstgewerbliche, graphische und numismatische Bestände. Während des Krieges – insbesondere 1939 und im Warschauer Aufstand 1944 – haben das Gebäude und mit ihm auch die Sammlungen erhebliche Schäden erlitten. Die Wiederherstellung ging einher mit einer bedeutenden Erweiterung der Bestände. So sind die prominentesten Exponate in der Sammlung mittelalterlicher Kunst Altäre aus der Burgkapelle in Grudziądz/Graudenz, aus der Kościół św. Elżbiety/Elisabethkirche in Wrocław/Breslau und aus der Kościól N. P. Marii/Marienkirche in Gdańsk/Danzig. In der Sammlung europäischer Malerei, die mit der Privatsammlung Potocki 1946 einen bedeutenden Zuwachs erhalten hat, sind so wichtige Künstler wie Pinturiccio, Leonardo da Vinci, Rembrandt, Jacob Jordaens, Lukas Cranach, Philippe de Champaigne und Jacques Louis David vertreten. Die Galerie polnischer Kunst dokumentiert die Entwicklung vom 16. Jh. bis zum Ersten Weltkrieg; ein Großteil des Bestandes stammt aus der nach 1945 aufgelösten Gesellschaft Zachęta.

Vom Nationalmuseum aus kann man über die ul. Nowy Świat und die ul. Mokotowska den Pl. Konstytucji erreichen, das Zentrum des **Marszałkowska Dzielnica Mieszkaniowa ›MDM‹/Marszałkowska-Wohnviertels** (84), das in der Bierut-Ära 1949–52 entstand (Architekten Stanisław Jankowski, Jan Knothe, Józef Sigalin, Zygmunt Stępiński).

Folgt man der ul. Marszałkowska weiter in südlicher Richtung, so gelangt man an den Pl. Zbawiciela mit der 1901–11 erbauten **Kościół Zbawiciela/Erlöserkirche** (85). Ihr Erscheinungsbild ist eine interessante Mischung aus Elementen verschiedener historischer Stile, gemäßigt durch einen Hang zu modernistischer Nüchternheit. Die ul. Marszałkowska endet am Pl. Unii Lubelskiej, an dem die klassizistischen **Rogatki Mokotowskie/Mauthäuser** (86/87) aus den Jahren 1816–18 (Jakub Kubicki) einst die Stadtgrenze markierten.

An der ul. Puławska, die von hier aus durch das frühere Dorf und den jetzigen Stadtteil Warschaus Mokotów führt, steht kurz hinter dem Pl. Unii Lubelskiej das Anfang der

60er Jahre erbaute ›**Supersam**‹/**Kaufhaus Supersam** (88), ein wichtiger Teil der zeitgenössischen Stadt. Weiter südlich liegt die ehemalige Sommerresidenz der Familie LUBOMIRSKI aus dem späten 18. Jh.: das **Pałac Mokotów/Palais Mokotów**, Haus Nr. 55–59 (89), eine 1822–25 und noch einmal 1860–65 von ENRICO MARCONI neogotisch umgebaute Villa in einem Landschaftspark.

Noch weiter südlich stößt man schließlich auf das **Pałac Królikarnia/Palais Królikarnia**, den sogenannten Kaninchenstall, Haus Nr. 113 (90), das heute ein Museum mit Werken des zeitgenössischen Bildhauers XAWER DUNIKOWSKI beherbergt (Dependance des Nationalmuseums). Der Name stammt aus der Zeit König AUGUST II., der das Gut als Jagdrevier unterhielt; die Tiere wurden eigens für die königliche Jagd gezüchtet. Den Palast erbaute 1772–86 DOMENICO MERLINI für den Direktor der königlichen Theater, KAROL DE VALERY THOMATIS. Der zweigeschossige quadratische Bau mit zentraler Kuppelrotunde und Eingangsportikus geht im Typus auf ANDREA PALLADIOS Villa Rotonda in der Nähe von Vicenza (Veneto) zurück. Er ist ein herausragendes Beispiel für die Rezeption palladianischer Architektur, die im Zuge des Klassizismus vornehmlich in England, aber auch in anderen europäischen Ländern in Mode kam. Das Innere wurde nach einem Brand 1879 von JÓZEF HUSS neu ausgestattet; nach der völligen Zerstörung im Krieg baute man den Palast 1959–62 wieder auf. Der schöne, zum Spaziergang einladende Landschaftspark wurde 1968 rekonstruiert.

Natolin und Wilanów

Auf dem Weg nach Wilanów (Autobus Nr. 193 von der Al. Ujazdowskie bzw. ul. Belwederska) durchquert man zunächst die Satellitenstadt Ursynów-Natolin, ein in den 70er Jahren entstandenes Wohnviertel für 160000 Einwohner. Die moderne Architektur bestimmt aber nicht allein das Gesicht dieses Stadtteils. Schon die Könige JAN III. SOBIESKI und STANISŁAW AUGUST PONIATOWSKI haben ihn in den vergangenen Jahrhunderten erschlossen und den Grundstein für das zukunftweisende Konzept der Nord-Süd-Achse gelegt.

Historischer Mittelpunkt des Geländes ist das Anwesen **Natolin** mit seiner schönen klassizistischen Villa und dem Landschaftspark. Ursprünglich war es Teil der Residenz Wilanów; in der ersten Hälfte des 18. Jh. ging Natolin in den Besitz der Familie CZARTORYSKI über, im 19. Jh. gehörte sie ALEKSANDER POTOCKI, dessen Tochter NATALIA der Villa ihren Namen gegeben hat. Die Villa hat SZYMON BOGUMIŁ ZUG 1780–82 für AUGUST CZARTORYSKI errichtet; die Ausstattung der In-

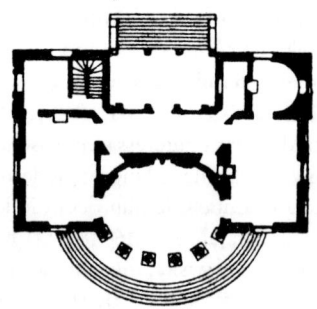

Grundriß der Natolin-Villa

nenräume entwarf VINCENZO BRENNA. Ein Teil der eleganten klassizistischen Dekorationen hat die späteren Eingriffe, Zerstörungen und Wiederherstellungen überstanden. Nach einem Umbau 1808 durch CHRYSTIAN PIOTR AIGNER wurden einige Räume neu ausgestaltet, so auch der bemerkenswerte, als offene, ovale Loggia konzipierte Ballsaal. Den englischen Park ließ 1806–15 ANNA POTOCKA anlegen; die darin verteilten kleinen Bauwerke – u. a. einen dorischen Tempel, einen antikisierenden Aquädukt und eine maurische Brücke – errichtete 1834–38 ENRICO MARCONI.

Die Residenz **Wilanów,** seit 1945 ein Teil des Nationalmuseums, gehört zu den kostbarsten Schloßanlagen Polens (Farbabb. 16). (Lageplan S. 175)

Bis ins 17. Jh. hinein war das Areal ein anspruchsloser Landsitz; seit 1650 wurde dort ein Herrenhaus gebaut, das jedoch unvollendet blieb. 1677 erwarb es JAN III. SOBIESKI und begann, es in eine königliche Residenz umzuwandeln.

Das *Pałac/Schloß* (a), in Hufeisenform angelegt, besteht aus einem Haupttrakt mit Seitenflügeln, die in – auch in der Formensprache differenzierten – Abschnitten hinzugefügt wurden. Die nicht sonderlich gefüllte königliche Schatulle erlaubte keine Planung in einem Zug, was man damals in Kauf nahm, konnte man doch auf diese Weise verschiedene Stilmittel verwenden. Die abschnittweise gewachsene Anlage stellt ein charakteristisches Beispiel der Barockresidenz *entre cour et jardin* dar.

Als Architekten berief der König seinen Sekretär AGOSTINO LOCCI, einen dilettierenden Ingenieur, der später zu einem der berühmten Barockarchitekten Polens werden sollte.

Schon 1679 war der erste Bauabschnitt vollendet: Auf den vorhandenen Fundamenten errichtete LOCCI ein bescheidenes, einstöckiges Herrenhaus mit vier Eckpavillons. Gleich darauf wurde aber der erste Erweiterungsbau begonnen (1681/87): Aufstockung um ein Halbgeschoß, Anbau von Galerieflügeln, die mit Türmen abschlossen. Damit hatte sich der Landsitz dem Typus nach bereits in eine herrschaftliche Villa verwandelt. Zugleich wurde die ganze Frontfassade mit einer Pilasterordnung verblendet, die sich in der Mitte zu dem nobilitierenden Motiv eines übergiebelten Portikus auf Halbsäulen steigerte. Die Gartenfassade schmückte man mit Stuckornamenten.

Von Anfang an waren italienische Barockvillen Vorbild für Wilanów, sicher auf Wunsch des Königs, der selbst auch aktiv Anteil an der Planung nahm.

1684–96 ließ JAN III. SOBIESKI eine weitere Umgestaltung vornehmen. Dem Mitteltrakt wurde ein weiteres Geschoß aufgesetzt, die Pavillons erhielten an der Front Attiken und die Fassade wurde zusätzlich mit einem repräsentativen Skulpturenprogramm versehen: in den Attiken Reliefs, die den soeben erst (1683) errungenen Sieg JAN III. SOBIESKI über die Türken auf dem Kahlenberg bei Wien feiern, darüber Statuen der Musen sowie der Minerva, Göttin der Gelehrsamkeit (die letztere nicht erhalten). Ausgeführt hat die Skulpturen der Bildhauer STEFAN SZWANER. Das Programm greift das aus der Antike überlieferte Motiv der *arma et litterae* auf, das sich zum Topos des humanistischen Fürstenlobes entwickelt hatte: Der Herrscher muß sein Land nach außen mit der Waffe verteidigen, im Innern aber mit Gelehrsamkeit und Weisheit regieren.

Bereits 1681 war auch mit der Ausstattung der Innenräume begonnen worden. Das Programm entwarfen Agostino Locci und der königliche Bibliothekar Adam Kochański unter reger Beteiligung des Königs selbst. Für die Ausführung berief man eine Reihe einheimischer und ausländischer Künstler; die Werkstatt, die sie gemeinsam bildeten, war als Keimzelle einer künftigen Kunstakademie gedacht – nach dem Vorbild des straff organisierten Mäzenatentums Ludwig XIV.

Der Park, der ebenfalls von Anfang an angelegt wurde, war am Beispiel italienischer Villengärten orientiert: ein Parterregarten auf zwei Ebenen mit ornamental geführten Buchsbaumhecken, am Ende abgeschlossen von einem See und seitlich begleitet von Nutzgärten zur Versorgung des Hofes. Vor dem Palast errichtete man vom Hof aus sichtbare Wirtschaftsgebäude – ganz im Sinne des aus der Antike hergeleiteten Ideals der Villa, die einen autarken Organismus darstellt und deren Bestandteile – Residenz, Park, Wirtschaftsgebäude, Landwirtschaft – deshalb weitgehend gleichen Rang genießen.

1696 starb König Jan III. Sobieski in Wilanów. Die Residenz blieb nicht nur unvollendet, sondern verlor auch die wertvolle Ausstattung. Diese teilten Königin Maria Kazimiera und ihre drei Söhne untereinander auf. Der Erbe Wilanóws, Prinz Konstanty Sobieski, betrieb die Ausgestaltung noch eine Zeitlang weiter, verlor aber bald das Interesse und ließ das Schloß verwahrlosen.

Eine zweite Blüte erlebte Wilanów, nachdem es 1720 in den Besitz Elżbieta Szeniawskas übergegangen war, der Tochter des Kunstmäzens Stanisław Herakliusz Lubomirski und selbst ebenso hochgelehrte wie ehrgeizige Kunstkennerin. Wie bereits Jan III. Sobieski, berief auch sie einen Kreis herausragender Künstler nach Wilanów – darunter Johann Sigismund Deibel, Giovanni Spazzio, Giuseppe Fontana, Jan Jerzy Plersch und Giuseppe Rossi – und nahm umfassende Wiederherstellungs- und Umbaumaßnahmen vor (hauptsächlich den Anbau der Flügel durch Spazzio und Fontana), die sich schließlich über ein Jahrhundert hinziehen sollten. Die nachfolgenden Besitzer, August Aleksander Czartoryski und seine Tochter Izabela Lubomirska, ließen den Gebäudekomplex immer wieder erweitern und modernisieren, den Park vergrößern und dem neuen Rokokogeschmack anpassen.

1799 erbte Wilanów Stanisław Kostka Potocki, und damit begann wiederum ein neuer Abschnitt in der Geschichte des Schlosses. Potocki betrachtete es nicht allein als eine repräsentative Familienresidenz, sondern als Denkmal einer großen Epoche in der Vergangenheit Polens. Er nahm sich vor, das Anwesen als Erinnerungsstätte für König Jan III. Sobieski herzurichten. Als herausragender Kunstkenner trug er in Wilanów Werke aller Art aus der Zeit Jan III. Sobieski zusammen; außerdem ließ er 1802 von Chrystian Piotr Aigner an den Nordflügel des Schlosses eine neugotische Galerie anfügen (um 1850 von Francesco Maria Lanci im Neorenaissancestil umgebaut), um dort Sammlungen polnischer und europäischer Porträtmalerei, antiker Skulpturen sowie chinesischer und japanischer Kunst auszustellen. 1805 wurde das Schloß mit den Sammlungen als Museum der Öffentlichkeit zugänglich gemacht. Auf die Initiative Stanisław Kostka Potockis geht auch die Einrichtung der berühmten Bibliothek zurück. Der Schatz seltener Handschriften,

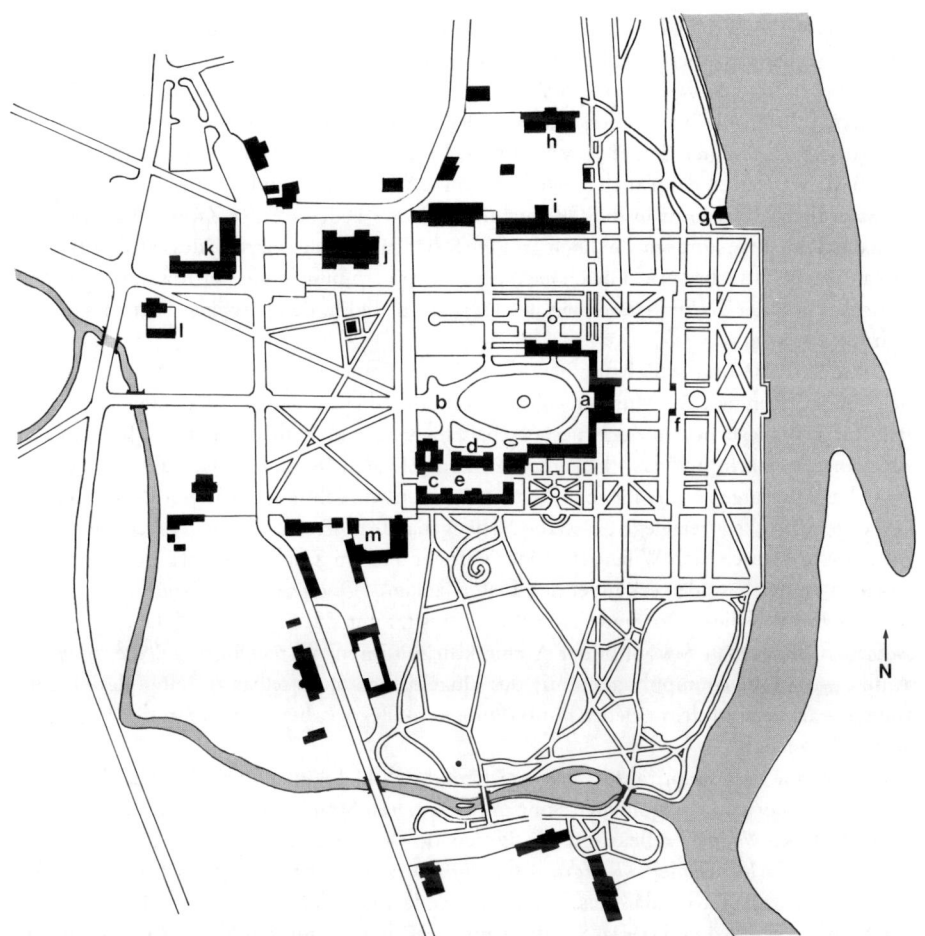

Wilanów a Pałac/Schloß b Tor c Waschhaus d Küche e Stallungen f Stützmauer g Pumpsta-
tion h Szpital św. Aleksandra/Hospital St. Alexander i Orangerie j Kościół św. Anny/Pfarrkirche
St. Anna k Karczma/Gasthaus l Stara Karczma/Altes Gasthaus m Muzeum Plakatu/Plakat-
Museum

illuminierter Wiegendrucke, Stiche und Kartenwerke wurde im ehemaligen Hauptsaal
untergebracht, den AIGNER für diesen Zweck neu ausstattete.

Auch der Garten erfuhr in dieser Zeit eine grundlegende Neugestaltung. POTOCKI, der
eine Vorliebe für die neue englische Gartenkultur hatte, ließ die barocken Parterres mit den
Statuen und Vasen beseitigen und einen ausgedehnten Landschaftsgarten anlegen. Die schon
unter früheren Eigentümern errichteten Wirtschaftsgebäude und Gartenpavillons blieben
bestehen, nun zum Teil umgebaut und ergänzt durch weitere antikisierende und chinoisie-

rende Bauwerke. Neben den Architekten CHRYSTIAN PIOTR AIGNER und SZYMON BOGUMIŁ ZUG hat auch der Bauherr selbst eine Reihe von Entwürfen und Plänen angefertigt.

Die Erben STANISŁAW KOSTKA POTOCKIS, sein Sohn ALEKSANDER und später sein Enkel AUGUST, führten die inzwischen traditionellen ständigen Veränderungen an Bausubstanz und Ausstattung weiter. Seit 1822 war ENRICO MARCONI in Wilanów tätig, um 1850 FRANCESCO MARIA LANCI, dann auch MARCONIS Söhne WŁADYSŁAW und LEONHARD.

Einen tiefen Einschnitt in die Geschichte Wilanóws bedeutete der Zweite Weltkrieg, in dem das Schloß zerstört wurde; noch größere Schäden erlitt der Garten, dessen alter Baumbestand zu 90 % verbrannte. Gleich nach dem Krieg begann man mit der Restaurierung des Schlosses und der Wiederherstellung des Parks, zum Teil in den barocken Formen aus der Zeit JAN III. SOBIESKI.

Zwischen 1954 und 1965 baute man das Schloß in einer großangelegten Maßnahme für neue Funktionen um. Als Museum sollte es weiterhin dienen, zugleich aber auch als Gästehaus für Staatsbesuche. Im Zuge dieser Arbeiten wurden die Umbauten des 19. Jh. zum Teil rückgängig gemacht und das Erscheinungsbild des 17. und 18. Jh. rekonstruiert. Dies erforderte Veränderungen am Außenbau; in den Räumen wurden unter späteren Putzschichten verborgene Fresken freigelegt. Auch die Nebengebäude führte man neuen Nutzungen zu.

Heute präsentiert sich Wilanów wieder vornehmlich im Zeichen JAN III. SOBIESKI. Die Inschrift an der Fassade verkündet den Leitgedanken: «*Quod vetus urbs coluit, nunc nova villa tenet*» (Was die antike Stadt [Rom] ehrte, besitzt nun die neue Villa [Wilanów]). Diese Botschaft findet man sowohl in der Architektur mit ihren Anspielungen auf die römische Antike – etwa im Triumphbogenmotiv der Flügelbauten unmittelbar zu seiten des Haupttraktes – als auch in dem gelehrten, mythologisch-allegorischen Programm des Fassadenschmucks wieder.

Die Fassade des Haupttraktes, ausgezeichnet durch Halbsäulen korinthischer Ordnung, wird beherrscht von der goldenen Sonnenkugel; deren Strahlen werden von Schilden mit dem SOBIESKI-Wappen reflektiert, die Putten der Sonne entgegenhalten. Ein Bibelzitat erläutert dieses Motivspiel: »*Refulsit sol/in clipeis*« (»Die Sonne spiegelt sich in den Schilden«). Hier bedeutet es, daß das lebensspendende Licht der Sonne, das zugleich Ruhm symbolisiert, von König JAN III. SOBIESKI auf die Welt abstrahlt. Die Schlachtszenen in den Reliefs und die Musen auf der Attika des Belvedere – ›*arma et litterae*‹ – illustrieren gleichsam im einzelnen dieses Generalthema.

Das allegorische Herrscherlob setzt sich im plastischen Schmuck der beiden Triumphbogenmotive fort: rechts, vor dem Privatappartement des Königs, auf diesen gemünzt, links auf die Königin.

Der Triumphbogen des Königs zeigt im Giebel über der Tür ein Porträt ALEXANDERS DES GROSSEN, in der Tracht des Herkules – jenem mythischen Heros, dessen Tugenden die Herrscher seit der Antike für sich in Anspruch nahmen.

1   LUBIĄŻ/LEUBUS   Zisterzienserkloster am Oderufer ▷

2 WROCŁAW/BRESLAU   Aula Leopoldina in der Universität

4   LUBLIN   Dominikanerkirche St. Stanislaus

3   WROCŁAW/BRESLAU   Bürgerhäuser an der Westseite des Großen Marktplatzes

5 KRAKÓW/KRAKAU   Saal der Gesandten im königlichen Schloß auf dem Wawel (vor dem Umbau)

7 KRAKÓW/KRAKAU   Marienkirche, geöffneter Hauptaltar von Veit Stoß ▷

6 KRAKÓW/KRAKAU   Marktplatz mit Tuchhallen und Rathausturm

9 KRASICZYN Renaissanceschloß

◁ 8 PRZEMYŚL Franziskanerkirche St. Maria Magdalena, Westfassade

11   MNICHÓW   Pfarrkirche St. Stephanus in Holzbauweise

◁ 10   TATRY/HOHE TATRA   Vorgebirgslandschaft   12   JASZCZUVÓWCE (bei Kraków)   Kirche in Holzbauweise

13 WARSZAWA/WARSCHAU   Schloßplatz mit Königsschloß und Sigismundsäule
14 WARSZAWA/WARSCHAU
   Denkmał Chopins im Łazienki-Park

15 WARSZAWA/WARSCHAU   Marktplatz der Altstadt

17   Ostseeküste in der Nähe von Szczecin/Stettin

18 LĄD Zisterzienserkloster

19 CZERWIŃSK Augustinerkloster

20 PELPLIN Zisterzienserkirche

22, 23   GDAŃSK/DANZIG   Bürger- und Speicherhäuser am Mündungsarm der Weichsel

◁ 21   GDAŃSK/DANZIG   Blick auf die Altstadt   24   GDAŃSK/DANZIG   Langer Markt mit Rathaus

Die Büsten stellen antike Kaiser dar, an denen sich der König maß; die Statuen in den Nischen darunter verkörpern ›Fortitudo‹ (›Kraft und Tapferkeit‹) sowie ›Splendor nominis‹ (den Glanz des Namens, hier JAN III. SOBIESKI). Die Darstellung eines Triumphzuges in der Lünette repräsentiert den Triumph des siegreichen Herrschers.

Während hier Tugenden und Verdienste des Königs gefeiert werden, zeigt das Gegenstück in der gleichen humanistisch-allegorischen Bildersprache den traditionellen weiblichen Tugendkanon. Das Medaillon über dem Portal stellt Dido dar, die Königin von Karthago, die als Verkörperung der Schönheit und der Klugheit galt. Die Gestalten in den Nischen sind ›Magnanimitas‹ (›Großmut‹) und ›Pudicitia‹ (›Keuschheit‹).

Die Statuen über den Pavillons gehören ebenfalls zum Programm: Über dem Appartement der Königin stehen Venus, Juno und Ceres, gegenüber Apoll, Jupiter und Mars. Die Fassaden der rechtwinklig anschließenden Flügel zeigen in den Lünetten mythologische Szenen aus OVIDS ›Metamorphosen‹, in den Nischen Tugendallegorien und darüber Büsten antiker Kaiser (1723–29, GIAN FRANCESCO FUMO, PIETRO INNOCENTE COMPARETTI).

An der Gartenfassade antworten diesem offiziell-repräsentativen Programm Freskenzyklen mit Darstellungen aus HOMERS ›Odyssee‹ und VERGILS ›Aeneis‹. Auch sie spielen auf Heldentugenden an, zugleich aber auf die Pflege der Kunst, der Poesie und der Gelehrsamkeit, die seit der Antike unter dem Motto ›Otium cum dignitate‹ (›Muße mit Würde‹) das Ideal des Villenlebens bedeutete. Die Pavillons zeigen eine interessante plastische Dekoration. Auf der Südseite sieht man eine Sonnenuhr aus der Zeit um 1690 (STEFAN SZWANER, GIUSEPPE SIMONE BELLOTTI): Saturn, der geflügelte und mit einer Sense bewehrte Gott der Zeit, breitet den Himmelsschleier aus, auf dem die Stunden und der Zodiakus (Tierkreis) eingezeichnet sind. Den nördlichen Pavillon schmückt an entsprechender Stelle ein Relief zu Ehren des Danziger Astronomen JOHANNES HEVELIUS (eigentlich: HOEWELKE, 1611–87), der angeblich die Sonnenuhr entworfen hat.

Das Innere des Schlosses hat trotz der zahlreichen Eingriffe seine wesentlichen Züge bewahrt. Die symmetrische Grundrißdisposition, die noch auf AGOSTINO LOCCIS Planung zurückgeht, ist am Vorbild italienischer Villen orientiert: in der Mitte zwei hintereinandergestaffelte Säle, rechts und links davon die Appartements des Königs und der Königin.

Der große Saal führte mit seiner ursprünglichen Ausstattung das an der Hauptfassade entfaltete Programm des Herrscherlobes fort. Über der Säulenordnung an den Wänden wölbte sich in illusionistischer Freskomalerei (JERZY ELEUTER SZYMONOWICZ-SIEMIGINOWSKI) der offene Himmel, an dem Apoll im Sonnenwagen aufstieg – ein verbreitetes Motiv des gemalten Herrscherlobes im Barock: Der König in Gestalt Apolls vertreibt aus der Welt die Mächte der Finsternis. In diesem Saal hatte JAN III. SOBIESKI 1694 ein monumentales Reiterstandbild aufstellen lassen, das ihn als Sieger über die Türken zeigt; Mitte des 18. Jh. brachte man es in den südlichen Eckturm, wo es bis heute steht. Das Fresko wurde im

19. Jh. durch Stuckornamente ersetzt; die heutige Wandgliederung mit ionischen Halbsäulen und Paneelen aus Stuckmarmor geht auf eine Umgestaltung durch SZYMON BOGUMIŁ ZUG Ende des 18. Jh. zurück.

Das dahinter gelegene ›Gabinet Holenderski‹ (›Holländisches Kabinett‹) ist nach einer Sammlung niederländischer Malerei benannt, die JAN III. SOBIESKI hier zusammengetragen hatte. Das Deckenfresko zeigt die ›Apotheose des Wohlstandes, der Wissenschaften und der Kunst in Zeiten sächsischer Herrschaft‹: Es entstand um 1730, als Wilanów für kurze Zeit König AUGUST II. gehörte (Werkstatt des Hofmalers LOUIS DE SILVESTRE).

Die Schlafzimmer und deren Vorzimmer haben noch die Ausmalung aus der Zeit JAN III. bewahrt. In den Deckenbildern sind allegorisch die vier Jahreszeiten dargestellt (JERZY ELEUTER SZYMONOWICZ-SIEMIGINOWSKI), die – jede für sich – wiederum als Anspielungen auf JAN III. und MARIA KAZIMIERA gedacht sind: im Schlafzimmer des Königs der Sommer (Apoll auf dem Sonnenwagen), in seinem Vorzimmer der Winter (Aeolus, der den Winden Ruhe befiehlt, d. h.: Macht des friedenbringenden Herrschers); im Schlafzimmer der Königin der Frühling (die Jahreszeit, in der Schönheit und Liebe erwachen) und im Vorzimmer der Herbst in Gestalt von Vertumnus und Pomona, den Göttern der fruchtbaren Natur, die eine romantische Liebesgeschichte verband.

In den reich stuckierten Friesen (GIUSEPPE SIMONE BELLOTTI) sind jeweils poetische Szenen des Landlebens nach VERGILS ›Georgica‹ dargestellt. Erhalten hat sich auch die ursprüngliche Ausstattung in den Kabinetten des Appartements der Königin: Im ›Gabinet Zwierciadlany‹ (›Spiegelkabinett‹) zeigt ein kreisrundes Deckengemälde von CLAUDE CALLOT die Königin als Aurora (Göttin der Morgenröte). In den Putten und Genien, die sie begleiten, sind ihre Söhne JAKUB, ALEKSANDER und KONSTANTYN porträtiert. Ein anderes Kabinett zeigt in illusionistischer Freskomalerei kostbare Gobelins, in die Szenen aus dem Apoll-Mythos ›eingewebt‹ sind (JERZY ELEUTER SZYMONOWICZ-SIEMIGINOWSKI).

Die übrigen Raumdekorationen der Appartements stammen aus der Zeit um 1730, so das dritte Kabinett der Königin mit Darstellungen der Liebschaften Jupiters, und das ›chinesische Kabinett‹ des Königs.

Ursprünglich waren die Räume mit kostbaren, aus Italien, Frankreich und den Niederlanden importierten Möbeln sowie mit Gemälden namhafter Künstler ausgestattet, darunter REMBRANDT, ANTHONIS VAN DYCK, BACICCIA. Nach dem Tod JAN III. SOBIESKI 1696 wurde ein detailliertes Inventar aufgenommen, ein Dokument, mit dessen Hilfe die Einrichtung stilecht rekonstruiert werden konnte. Heute zeigen sich die königlichen Appartements als Museum barocker Innengestaltung.

Das Obergeschoß beherbergte unter JAN III. Gästezimmer und Wohnräume der Prinzen sowie des Architekten AGOSTINO LOCCI. Die Ausmalungen, deutlich weniger repräsentativ als im Erdgeschoß, sind neueren Datums. Die Einrichtung soll einen Eindruck von der Inneneinrichtung polnischer Herrenhäuser aus der Zeit um 1700 vermitteln.

Einen näheren Blick verdienen die Galerieflügel, die den Haupttrakt mit den Eckpavillons verbinden. Sie sind mit Fresken MICHELANGELO PALLONIS geschmückt, in denen das aus der Antike überlieferte Märchen von Amor und Psyche erzählt wird.

Im Südflügel wurde das Appartement der Izabela Lubomirska mit seiner Einrichtung aus den 1790er Jahren wiederhergestellt, die aus französischen und polnischen Möbeln des 18. Jh. sowie Gemälden italienischer, flämischer und holländischer Künstler bestand (Abb. 8). Dazu gehört auch der große Speisesaal, den August II. 1730 von Johann Sigismund Deibel gestalten ließ.

Der nördliche Flügel zeigt heute wieder die Ausstattung, die er im Laufe des 19. Jh. unter den Potockis erhalten hatte. Die Wohnräume sind im Empirestil gehalten, ebenso die Säle und Kabinette der Galerie, die jeweils auf die ausgestellten Werke abgestimmt sind (etwa das ›etruskische Kabinett‹ mit einer Sammlung antiker Keramik).

Wie das Schloß dokumentiert auch der Park in seiner heutigen, restaurierten Form Geschichte und Entwicklung des Anwesens. (Lageplan S. 175)

Man betritt das Areal durch ein *Tor* (b) mit allegorischen Figuren des Krieges und des Friedens aus der Zeit Jan III. Im ›Hufeisen‹ des Schlosses breitet sich eine ovale Rasenfläche aus, die Mitte des 19. Jh. die barocke Hofanlage ersetzt hat. Zur Rechten stehen klassizistische Wirtschaftsgebäude – *Waschhaus* (c), *Küche* (d), *Stallungen* (e) (Szymon Bogumił Zug, 1775–78).

Ansicht von Warszawa, Stich aus dem frühen 17. Jh.

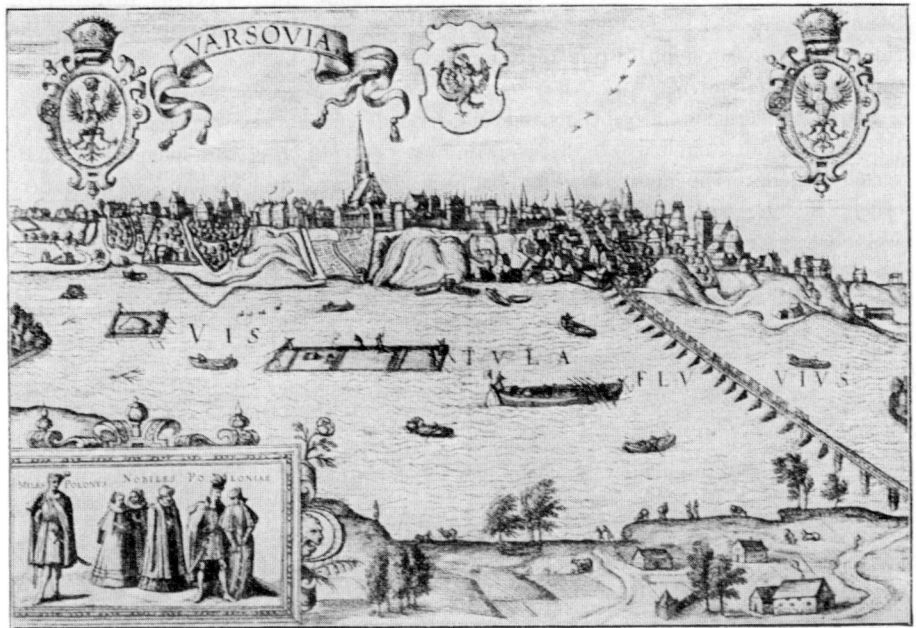

Auf der Rückseite des Schlosses rekonstruierte man den italienischen Parterregarten, wie ihn JAN III. gestalten ließ. Auf der *Stützmauer* (f), die die beiden Ebenen voneinander trennt, stehen allegorische Statuen in vier Jahreszeiten und der ›vier Stufen der Liebe‹ aus der ersten Hälfte des 18. Jh.

Südlich des Schlosses und des Barockgartens dehnt sich ein großer englischer Landschaftspark aus, den IZABELA LUBOMIRSKA auf dem Areal von JAN III. SOBIESKIS Gutshof (SZYMON BOGUMIŁ ZUG) mit künstlich aufgeschütteten Erhebungen und schönem Baum- und Strauchbestand anlegen ließ.

Ein zweiter englischer Park erstreckt sich nördlich des Barockgartens, am Ufer des Sees von Wilanów entlang. An der Grenze zwischen beiden Anlagen steht eine 1856 von ENRICO MARCONI errichtete *Pumpstation* (g), über die die Gärten mit Wasser aus dem See versorgt wurden. Weiter nördlich trifft man auf einen chinesischen Pavillon von 1806.

Auf dem Rückweg zum Schloß kommt man an einem Komplex von Nebengebäuden vorbei, die nach und nach seit dem 17. Jh. errichtet wurden und für die Bewohner des Dorfes Wilanów und Reisende gedacht waren: so zunächst das *Szpital św. Aleksandra/Hospital St. Alexander* (h), im 18. Jh. errichtet und 1845–47 von ENRICO MARCONI umgebaut (heute Lagerhaus); gegenüber steht die *Orangerie* (i) aus der Mitte des 18. Jh. (1806–21 umgestaltet). Weiter westlich erhebt sich die *Kościół św. Anny/Pfarrkirche St. Anna* (j), um 1770, die ENRICO MARCONI 1857–70 im Stil der Neorenaissance umbaute.

Das *Karczma/Gasthaus* (k) gegenüber der Kirche, in dem heute das ›Restaurant Wilanów‹ untergebracht ist, und das *Stara Karczma/Alte Gasthaus* (l), hat bereits 1681 JAN III. SOBIESKI von AGOSTINO LOCCI errichten lassen. Ihr heutiges Erscheinungsbild ist Ergebnis eines Neorenaissanceumbaus (um 1850, FRANCESCO MARIA LANCI) sowie einer Renovierung in den 60er Jahren.

Schließlich verdient ein Nebengebäude auf der anderen Seite des Vorplatzes Beachtung: Die ehemalige Reitschule wurde 1848–50 von FRANCESCO MARIA LANCI in einem Gemisch verschiedener Stilelemente errichtet und hat nach einem modernen Ausbau 1968 das außerordentlich interessante *Museum Plakatu/Plakat-Museum* (m) aufgenommen. Auf dem Weg dorthin kommt man am malerischen neugotischen Mausoleum STANISŁAW KOSTKA POTOCKIS und seiner Gemahlin ALEKSANDRA (1836, ENRICO MARCONI) vorbei.

Dorota Leszczyńska/Michaela Marek

Mazowsze/Masowien

Sandige Ebenen, ausgedehnte Wälder und sanft gewellte Moränenanhöhen prägen Mazowsze, zu dem das Nizina Mazowiecka/Masowische Tiefland rund um Warschau, im Nordosten das Nizina Podlaska/Podlassische Tiefland und im Südosten das Polesie Lubelskie/Lubliner Waldland, ein Teil der Osteuropäischen Tiefebene, gehören.

Masowien war einst für seine herrlichen Urwälder berühmt, an die heute noch Waldbestände im Kampinoski-Naturpark erinnern, Polens größtem Naturreservat, das sich auf einer Fläche von 407 km² jenseits der westlichen Stadtgrenze von Warszawa ausbreitet. Relikte dieser in Europa selten gewordenen urwüchsigen Landschaften haben sich auch im Puszcza Biała/Weißen Urwald, in der Gabelung von Narew und Bug, sowie an den rechten Nebenflüssen der Narew im Puszcza Zielona/Grünen Urwald erhalten.

Als sich im Gebiet der oberen Wisła/Weichsel, Warta/Warthe, Odra/Oder und am Jezioro Gopło/Goplo-See Staatsorganismen gebildet hatten, war Masowien als solches noch nicht existent. Erst während der Herrschaftsperiode von Mieszko I. siedelten sich hier Einwanderer aus Kujawy/Kujawien an, vorwiegend in der Nachbarschaft bereits existierender Stadtburgen oder in den weitläufigen Heide- und Urwaldgebieten. Sie hatten sich unabhängigen Feudalherren zu unterwerfen, die sich zunächst erfolgreich gegen die Etablierung einer Zentralmacht in Polen wehren konnten.

Nur zehn Jahre nach der Gründung des separaten Fürstentums Masowien durch den feudalen Machthaber Masław im Jahre 1037 wurde dieses Gebiet vom polnischen Herzog Kazimierz I. Odnowiciel erobert und ging an einen in Płock residierenden Piastenfürsten über. Etwa 100 Jahre später, 1138, verfügte Herzog Bolesław III. Krzywousty in seinem Testament die Gründung eines eigenständigen Fürstentums, dem neben Masowien ein Teil von Kujawien und vom Sieradz-Land angehörten, das aber in der darauffolgenden Zeit wieder in mehrere Teilfürstentümer zerfiel.

In dieser Epoche wurde eine intensive Kolonisation betrieben, die im Osten bis nach Podlasie und im Südosten nach Ruthenien vordrang; Grenzburgen wie Drohiczyn oder Bielsk waren deshalb im 12. und 13. Jh. besonders hart umkämpft. Im Norden reichte die masowische Kolonisation über die Hochebene von Ciechanów bis an das Land der Pruzzen

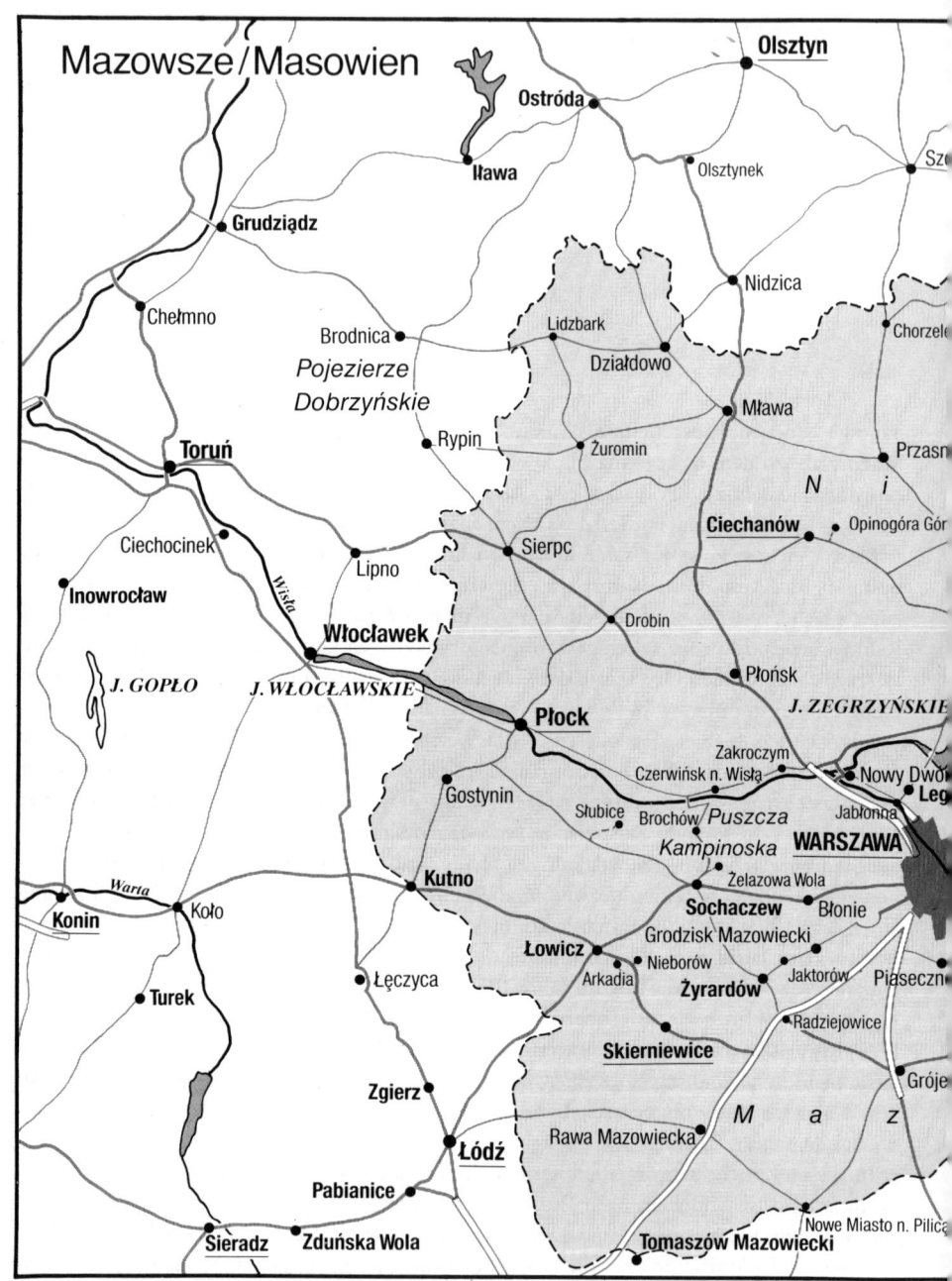

Mazowsze / Masowien

Olsztyn
Ostróda
Iława
Olsztynek
Sz
Grudziądz
Nidzica
Chełmno
Brodnica
Lidzbark
Chorzele
Pojezierze
Działdowo
Dobrzyńskie
Mława
Toruń
Rypin
Żuromin
Przasn
N i
Ciechocinek
Ciechanów
Opinogóra Gór
Inowrocław
Lipno
Sierpc
Wisła
Włocławek
Drobin
J. GOPŁO
J. WŁOCŁAWSKIE
Płońsk
Płock
J. ZEGRZYŃSKIE
Zakroczym
Czerwińsk n. Wisła
Nowy Dwó
Gostynin
Słubice
Brochów Puszcza
Jabłonna
Leg
Kampinoska
WARSZAWA
Warta
Kutno
Żelazowa Wola
Konin
Koło
Sochaczew
Błonie
Grodzisk Mazowiecki
Łowicz
Nieborów
Turek
Arkadia
Jaktorów
Piaseczn
Łęczyca
Żyrardów
Radziejowice
Skierniewice
Gróje
Zgierz
M a z
Rawa Mazowiecka
Łódź
Pabianice
Nowe Miasto n. Pilicą
Sieradz
Zduńska Wola
Tomaszów Mazowiecki

J. ŚNIARDWY

Pisz

Grajewo

Dąbrowa Białostocka

Grodno

Kolno

Sokółka

szyniec

Nowogród
Łomża

Narew

Wołkowysk

Białystok

ęka

n a

Zambrów

Wysokie Mazowieckie

Podlaskie

Różan

Bielsk Podlaski

Hajnówka

Ostrów
Mazowiecka

Brańsk

Puszcza
Biała

Brok

Ciechanowiec

żków

Treblinka

Bug

Łochów

Wysoczyzna

Siemiatycze

Węgrów
Liw

Sokołów Podlaski

Weißrußland

olomin

Siedlecka

Łosice

Kałuszyn

Siedlce

Mińsk Mazowiecki

Biała Podlaska

Brest

ock

cin-Jeziorna

Międzyrzec Podlaski

Kalwaria

Łuków

P o l e s i e

Garwolin

Stoczek Łukowski

Radzyń Podlaski

Wisznice

i   e   c   k   a

L u b e l s k i e

Kock

0   N   50 km

zienice

Dęblin

Lubartów

207

heran. Die Fürsten von Masowien versuchten auch, sie zu unterwerfen und provozierten deshalb Überfälle der Pruzzen. 1226 rief KONRAD MAZOWIECKI (VON MASOWIEN) die Ordensritter aus Ungarn zu Hilfe, denen es zwar gelang, für einige Zeit der Pruzzen Herr zu werden, die aber bald zu einer für Polen und Litauen bedrohlichen Macht heranwuchsen. Im 13. und in der ersten Hälfte des 14. Jh. war Masowien in ständige Kämpfe mit dem Ritterorden und mit Litauen verwickelt. Dabei wurde Masowien so sehr verwüstet, daß es ein Lehensverhältnis mit dem polnischen Staat eingehen mußte.

Die Ende des 14. Jh. entstandene polnisch-litauische Personalunion schuf auch für Masowien günstige Entwicklungsbedingungen. Warszawa erlangte als Handelszentrum Bedeutung, und der neugewonnene Zugang zur Ostsee über die Weichsel (1466) erschloß Absatzmärkte für Agrarprodukte aus Masowien, Litauen und Ruthenien in Toruń/Thorn und Gdańsk/Danzig. Nach dem Aussterben der Fürsten von Masowien erfolgte 1529 die endgültige Vereinigung Mazowszes mit Polen und 1569, durch die Union von Lublin, auch mit Podlasie. 1596 verlegte König ZYGMUNT III. WAZA die Hauptstadt von Kraków/Krakau nach Warszawa.

Im 16. und 17. Jh. war Masowien ein dicht bevölkertes Land, es entstanden charakteristische Siedlungen des Kleinadels *(Szlachta)*, während sich in den weniger besiedelten Regionen östlich von Masowien und Podlasie große Magnatenlatifundien bildeten. Der Kleinadel rekrutierte sich aus dem verarmten, aber zahlenmäßig starken Ritterstand, und seine politische Bedeutung nahm zu, als ihm Stimmrecht bei der Ernennung der Wahlkönige zuerkannt wurde.

Zur Zeit der Aufklärung entfaltete sich die Hauptstadt Warszawa zu einem kulturellen und wirtschaftlichen Zentrum und wurde Ausgangsort des Kampfes um die politische und gesellschaftliche Wiedergeburt Polens. Die wiedergewonnene Souveränität Masowiens fiel jedoch bald wieder den Teilungen zum Opfer. Nach der zweiten Teilung Polens (1793) annektierte Preußen die westliche Landesregion, nach der dritten Teilung (1795) gingen auch die nördlichen Gebiete Masowiens an die Hegemonialmacht verloren; die übrigen Landesteile vereinnahmte Österreich.

In den Jahren 1807–15 gehörte Mazowsze mit Ausnahme des nördlichen, von Rußland annektierten Teils, zu dem von NAPOLEON geschaffenen Warschauer Fürstentum, auf das die nördliche Großmacht nach dem Wiener Kongreß jedoch in seiner Gesamtheit Einfluß nehmen konnte: Der Distrikt Białystok blieb direkt dem Zarenreich angeschlossen, die übrigen Landesgebiete wurden Bestandteil des Königreiches Polen, das durch eine Personalunion mit Rußland verbunden war. Der Novemberaufstand (1830–31) kostete das Königreich Polen erneut seine Souveränität, die auch durch den Januaraufstand (1863–64) in Warszawa und heftige Kämpfe in Masowien und Podlasie nicht zurückzuerlangen war. Im Gegenteil, denn Rußland reagierte mit harten Strafmaßnahmen und unnachgiebiger Russifizierungspolitik.

Von den wirtschaftlichen und gesellschaftlichen Veränderungen der zweiten Hälfte des 19. Jh. profitierten die Städte entlang der Eisenbahnlinie Warschau–Wien. Die wirtschaftliche Entwicklung, die sich nach der Wiedererlangung der polnischen Unabhängigkeit (1918)

Costumes des Paysans Polonais dans les environs de Warsovie

Ländliche Volkstrachten in Masowien, Lithographie aus dem 19. Jh.

fortgesetzt hatte, war mit dem Ausbruch des Zweiten Weltkriegs jäh beendet, denn aufgrund der nahen Grenze zu Ostpreußen wurde Mazowsze schon früh in die Kriegshandlungen verwickelt. Auch in diesem Teil Polens haben die Nazis ihre blutigen Spuren hinterlassen. In den Konzentrationslagern Treblinkas ermordeten sie 800 000 Menschen, hauptsächlich aus ganz Polen deportierte Juden. Heute ist Masowien Warschaus Naherholungsgebiet und ein attraktives Ziel für kurze Ausflüge.

Żelazowa Wola – Brochów – Łowicz – Arkadia – Żyrardów

Bis ins 12. Jh. reicht die Geschichte des Umlandes von Łowicz an der Bzura zurück. 1136 ging die um eine Burg der masowischen Herzöge gewachsene Siedlung in den Besitz der Bischöfe von Gniezno/Gnesen über, die seit dem 15. Jh. zugleich Primasse von Polen waren. Ihrem Ansehen und der verkehrsgünstigen Lage von Łowicz am Schnittpunkt der wichtigen Handelswege zwischen Toruń, Lwów, Poznań und Warszawa verdankte das Gebiet eine lange, stetige Blüte.

Auf dem Weg von Warszawa nach Łowicz erreicht man nach etwa 50 km Fahrtstrecke **Żelazowa Wola,** den Geburtsort FRYDERYK CHOPINS (1810–49). Das Anwesen der Familie SKARBEK, der CHOPINS Vater als Hauslehrer gedient hat, ist nicht mehr erhalten; das Nebengebäude jedoch, das die Familie CHOPIN bewohnte, zieht Musikliebhaber aus aller Welt an. 1931 wurde der bescheidene Bau zu einem Herrenhaus umgestaltet und als CHOPIN-Gedenkstätte gestaltet. Nach dem Zweiten Weltkrieg mußte die zerstörte Sammlung authentischer Erinnerungsstücke durch eine stilgetreue Rekonstruktion ersetzt werden: Für die Einrichtung trug man Möbel aus dem frühen 19. Jh. zusammen und zeigt nunmehr faksimilierte Autographen und Dokumente sowie Kopien von Porträts der Familie. (Von Mai bis Oktober finden sonntags um 11 und 15 Uhr CHOPIN-Konzerte statt.)

Etwa 10 km nördlich von Żelazowa Wola, in dem Dorf **Brochów,** findet man einen charakteristischen Bau der masowischen Renaissance. Die ursprünglich gotische Wehrkirche wurde in den 1550er Jahren von dem aus Venedig zugewanderten Architekten GIOVANNI BATTISTA DA VENEZIA umgebaut, der die strenge Monumentalität der oberitalienischen Hochrenaissance nach Masowien brachte (s. auch Pułtusk, S. 221 und Brok, S. 227). Trotz ihrer Zerstörung im Ersten Weltkrieg und anschließendem Wiederaufbau zeigt die *Kirche* noch immer ihre Eigenart. Der kompakte Backsteinbau mit drei hohen Rundtürmen und umlaufendem Wehrgang birgt im Innern eine lichte, elegante Architektur. Das Mittelschiff, überspannt von einem Tonnengewölbe mit flacher Rippenkassettierung, öffnet sich in schlichtgehaltenen Arkaden zu den Seitenschiffen; eine Blendarkatur auf vorgelegten Pfeilern verleiht den Obergadenwänden kristalline Plastizität. FRYDERYK CHOPIN wurde in dieser Kirche getauft; das Pfarrarchiv besitzt das Stammbuch seiner Familie.

Die Stadt **Łowicz** hat durch den anhaltenden Wohlstand als wichtiger Handelsplatz und Residenzstadt der Primasse von Polen kaum Spuren ihrer mittelalterlichen Architektur bewahrt. Ihr heutiges Erscheinungsbild wurde durch die rege Bautätigkeit zwischen dem 17. und 19. Jh. geprägt, die Burg der masowischen Piasten, das spätere Primas-Schloß, ist verfallen.

Die historischen Bauten gruppieren sich um zwei Marktplätze, den Rynek Kościuszki/ Kościuszko-Platz und den zwei Häuserblocks weiter östlich gelegenen Rynek Kilińskiego/ Kiliński-Platz.

In der Mitte des Kościuszko-Platzes, der das eigentliche Stadtzentrum bildet, erhebt sich die *Kościół Kolegiacki/Stiftskirche.* Ursprünglich eine Holzkonstruktion, wurde sie im 15. Jh. in gotischen Formen neu errichtet und etwa zweihundert Jahre später (1652–68) von den italienischen Architekten TOMMASO und ANDREA PONCINO barock umgebaut. Die Westtürme, zwischen die die Fassade gleichsam eingezwängt ist, stammen aus einem nur wenig früheren Umbau (1624) und wurden deshalb beibehalten.

Die Kirche, Grablege zahlreicher Primasse von Polen und anderer Kirchenfürsten, enthält eine große Zahl wertvoller Kapellenausstattungen, Grabmäler und Altäre. Hervorzuheben ist die Kapelle des Erzbischofs JAKUB UCHAŃSKI mit dessen Grabmal, 1580–83 vom wichtigsten polnischen Bildhauer der späten Renaissance, JAN MICHAŁOWICZ, errichtet und 1782–83 von EPHRAIM SCHROEGER klassizistisch umgestaltet. Der als Schlafender darge-

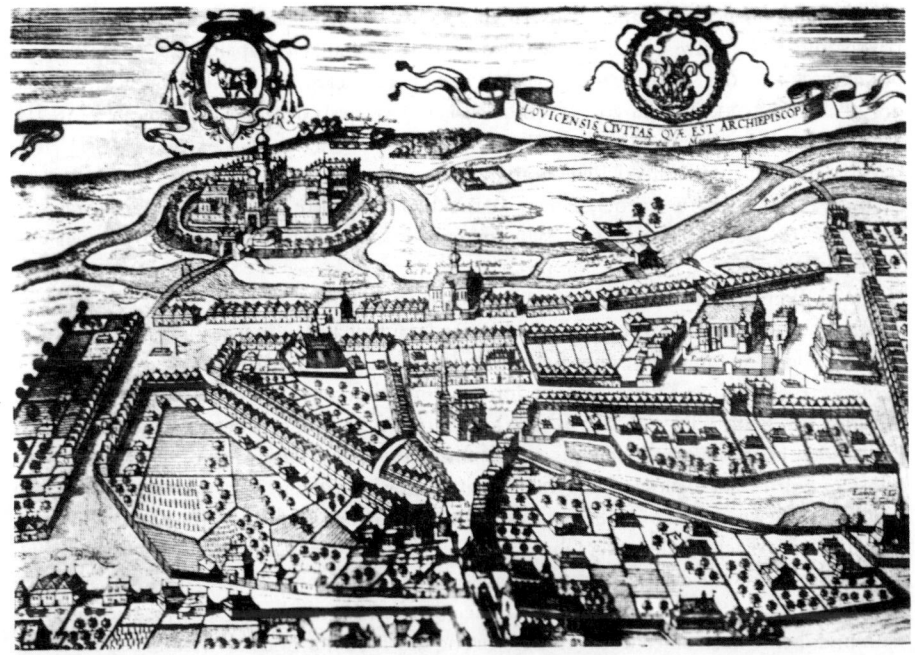

Łowicz, Holzschnitt von G. Braun und F. Hogenberg aus dem 16. Jh.

stellte Tote zeigt mit seinem runzligen Gesicht, den knorrigen Händen und dem weich herabfallenden Gewand jenen eindringlichen Realismus, den ein Jahrhundert zuvor der Nürnberger VEIT STOß in Polen eingeführt hat.

An der nordwestlichen Ecke des Kościuszko-Platzes trifft man zunächst auf das Vikariat und das Kanonikerhaus, Barockbauten aus dem 18. Jh. Das sich östlich anschließende klassizistische *Rathaus*, 1825–28 von BONIFACY WITKOWSKI errichtet, ist ein charakteristisches Beispiel für die etwas trockene Serienarchitektur der Verwaltungsbauten, die in der ersten Hälfte des 19. Jh. nach der Infrastrukturgesetzgebung Kongreßpolens in vielen Städten errichtet wurden (in Łowicz außer dem Rathaus auch das 1829 errichtete und 1950 nach Kriegszerstörungen wiederaufgebaute Gebäude der *Poczta Konna/Pferdepost* an der ul. Świerczewskiego).

Die Ostseite des Kościuszko-Platzes nimmt das ehemalige *Seminarium Misjonarzy/Missionarsseminar* ein, 1689–1701 von TYLMAN VAN GAMEREN erbaut, dem aus Utrecht stammenden Architekten, der zu einem der wichtigsten Vertreter des Barock in Polen wurde. Der nach dem Zweiten Weltkrieg im wesentlichen wiederhergestellte Gebäudekomplex beherbergt heute eine Zweigstelle des Warschauer Nationalmuseums; gezeigt werden Exponate zu Geschichte und Ethnographie des Łowiczer Landes – zum Teil in der angeschlossenen Freilichtanlage mit Bauernhäusern und landwirtschaftlichen Gerätschaften – sowie Barockkunst aus ganz Polen. Diese wird in der ehemaligen Kapelle des Seminars aufbewahrt, einem der Hauptwerke TYLMAN VAN GAMERENS, mit Fresken aus dem Leben des hl. KARL BORROMAEUS von MICHELANGELO PALLONI, dem Hofmaler König JAN III. SOBIESKI.

Auf dem Weg zum Kiliński-Platz kommt man in der ul. Bieruta an der ehemaligen *Kościół Pijarów/Piaristenkirche* vorbei, einem Barockbau der Jahre 1672–80, mit nachträglich, Mitte des 18. Jh., hinzugefügter geschwungener Fassade und schönen, spätbarocken Gewölbemalereien.

Die ul. Bieruta mit ihren vielgestaltigen Bürgerhäusern aus dem 16.–19. Jh. (die Südseite wurde nach Kriegszerstörung vollständig wiederaufgebaut) öffnet sich zum dreieckigen Kiliński-Platz hin mit malerischer Bebauung der Renaissance und des Barock.

Mehrere ehemalige Klosteranlagen lohnen einen kurzen Umweg. Einen Häuserblock nördlich des Platzes liegt an der ul. Podrzeczna das ursprünglich barocke, in der zweiten Hälfte des 17. Jh. entstandene *Klasztor Dominikanów/Dominikanerkloster*. Wie fast alle Klöster, wurde auch dieses im Hinblick auf unterschiedliche Verwendungen mehrfach umgebaut, beispielsweise 1818 zu Kasernen. Heute ist in dem 1948–52 restaurierten Gebäude eine Fachschule untergebracht. Nur wenige Schritte entfernt stehen an der ul. Zamkowa, am Rande des alten Stadtkerns, Reste der ehemaligen *Zamek/Burg* und späteren Bischofsresidenz. Sie wurde im 17. Jh. von den Schweden geschleift, im 18. Jh. wiederaufgebaut und diente nach einer weiteren Zerstörung um 1800 nur noch als Steinbruch für Neubauten in der Stadt.

Südlich des Kiliński-Platzes, an der ul. Stanisławskiego, trifft man zunächst auf die *Kościół św. Ducha/Heilig-Geist-Kirche,* das älteste Gotteshaus der Stadt, das jedoch durch zahlrei-

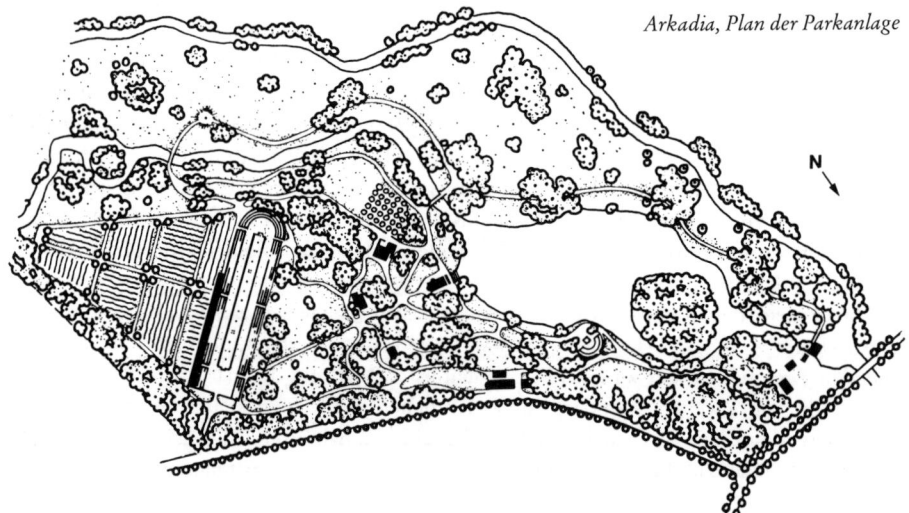

Arkadia, Plan der Parkanlage

che Umbauten seines ursprünglichen Charakters entkleidet wurde (1404 Baubeginn), dann auf das ehemalige *Klasztor Bernardynów/Bernhardinerkloster.* Auch diese Anlage mit ehemals gotischer Kirche (Ende 16. Jh.) und barocken Klostergebäuden (Mitte 18. Jh.) wurde im frühen 19. Jh. in Kasernen verwandelt und später der Schulbehörde zur Verfügung gestellt.

Auf dem Rückweg in Richtung Kościuszko-Platz kommt man in der ul. Sienkiewicza am *Klasztor Bernardynek/Kloster der Bernhardinerinnen* vorbei, einer einheitlichen barocken Anlage, die TOMMASO PONCINO um 1650 errichtet hat. Biegt man am Ende dieser Straße rechts in die ul. 1. Maja ein, erreicht man nach wenigen Minuten die romantische *Villenanlage,* die der Architekt KAROL KRAUZE 1822–24 für STANISŁAW KLICKI, einen General der Kościuszko-Armee, erbaut hat. Die Reste des ehemaligen Landschaftsparks mit ihrem wertvollen Bestand alter Weißpappeln sind als Naturdenkmal geschützt. Die Gebäude – Palais und Bastei – ahmen durch angeböschte Sockel, Wehrtürme und Zinnen mittelalterliche Burgen nach. Als Baumaterial dienten Eisenerz, unverputzter Backstein und Bruchstein aus der Ruine der Bischofsburg.

Auf dem Weg nach Nieborów und Skierniewice, 6 km südöstlich von Łowicz, liegt der Park von **Arkadia,** den die Fürstin HELENA RADZIWIŁŁ in den 1780er Jahren nach der kurz zuvor aus England importierten Mode pittoresker Landschaftsgärten anlegen ließ. Als eines der höchstrangigen und besterhaltenen Beispiele dieses Gartentypus in Polen ist er heute Teil des Warschauer Nationalmuseums. Architekt war SZYMON BOGUMIŁ ZUG, Protagonist des polnischen Klassizismus. In der kunstvoll geplanten Wildnis mit einem See, Bachläufen, Wäldern, Hainen und Wiesen, durchzogen von verschlungenen Wegen, liegen scheinbar verstreut Pavillons, die künstlichen Ruinen eines antikischen Amphitheaters und eines Aquädukts, eine pseudogotische Kapelle und ein Schweizer Chalet. Darüber hinaus wurden auch antike Skulpturen und Fragmente aufgestellt, die die Fürstin auf ausgedehnten Reisen eigens für Arkadia sammelte. Besonders reizvoll ist der kleine klassizistische Diana-Tempel am Seeufer (Abb. 12).

Das *Palais* und der *Park* im 4 km entfernten **Nieborów** sind ebenfalls ein charakteristisches Beispiel für die verfeinerte Adelskultur des 17. und 18. Jh. in Polen. Der Komplex wurde nach dem Zweiten Weltkrieg bis ins Detail der Ausstattung wiederhergestellt und bildet heute, wie Arkadia, eine Zweigstelle des Nationalmuseums in Warszawa. Hervorragend ist die Kunstsammlung, die von den Fürsten RADZIWIŁŁ zusammengetragen wurde. Sie reicht von antiken Skulpturen über Malereien und Kunsthandwerk des Barock und Klassizismus bis zu einer Bibliothek mit wertvollen Wiegendrucken aus allen wichtigen Verlagszentren Europas. Das barocke Palais hat 1690–96 TYLMAN VAN GAMEREN für Kardinal MICHAŁ RADZIEJOWSKI errichtet. Der zweigeschossige Bau mit hohem Mansarddach, übergiebeltem Mittelrisalit und turmartig ausgebildeten Pavillons an den Flanken der Fassade erhebt sich am Ende der langgestreckten Zufahrt. Nach dem Muster französischer Schloßanlagen schließt sich hinter dem Palais ein Parterregarten mit axialer Lindenallee an. In den 1770er Jahren kam das Schloß in den Besitz der Fürsten MICHAŁ HIERONIM RADZIWIŁŁ und der Fürstin HELENA, in deren Auftrag Arkadia entstanden ist. Erst jetzt erreichte Nieborów

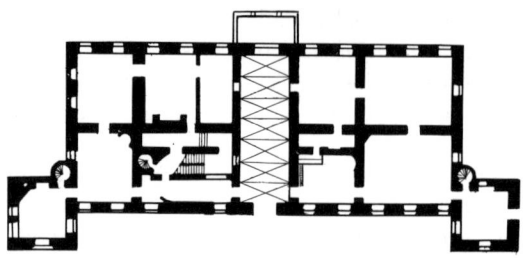

Nieborów, Grundriß des Palais'

die Blüte, für die das Schloß berühmt geworden ist: Szymon Bogumił Zug errichtete mehrere klassizistische Wirtschaftsgebäude, darunter eine Brauerei, einen Stall und eine Wagenremise, ein Gasthaus sowie eine Orangerie, in der noch heute exotische Pflanzen gezogen werden. Im gepflegten Barockgarten stehen zahlreiche Skulpturen und Steinfragmente, darunter auch vier weibliche Figuren (›Steinweiber‹) aus dem 10.–11. Jh., die von der Schwarzmeerküste stammen. Westlich von Schloß und Parterregarten legte Zug, wie schon in Arkadia, einen ausgedehnten englischen Landschaftspark an.

Etwa 17 km südöstlich von Nieborów erreicht man **Skierniewice**, eine mittlere Industriestadt, die wie Łowicz im 17. und 18. Jh. den Bischöfen von Gniezno gehörte. Aus dieser Zeit stammt auch die bischöfliche Residenz, die in den 1760er Jahren von Ephraim Schroeger barock umgestaltet wurde. Am Rande der dazugehörigen Parkanlage steht ein weiteres wichtiges Werk Schroegers, die klassizistische *Kościół Farny/Pfarrkirche* von 1780–81. Ursprünglich als Mausoleum des Stifters, Primas Antoni Ostrowski, geplant, erhebt sie sich über rundem Grundriß mit Portikusfassade. In den langgestreckten Chor sind die Reste eines gotischen Turms eingezogen. Das Innere ist mit seinen Blendarkaden und der flachen, kassettierten Kuppel dem Pantheon in Rom nachempfunden.

Auf dem Weg von Skierniewice in den etwa 30 km entfernten Ort **Radziejowice** durchquert man die Puszcza Jaktorowska, einen wildreichen Urwald, in dem die polnischen Könige gerne Jagden abhielten. Das ehemalige *Palais* der Familie Radziejowski stellt ein charakteristisches Beispiel für die Architektur eines aristokratischen Landsitzes aus der ersten Hälfte des 19. Jh. dar. Der Architekt Jakub Kubicki baute gleichzeitig, entsprechend der romantischen Mode, die verfallene Verteidigungsanlage zu einem neugotischen Schlößchen um und verband es mit dem Palais durch eine Galerie. Zwischen den Gebäuden und einem ebenfalls zum Landsitz gehörenden Teich dehnt sich ein herrlicher Landschaftspark aus, der im Zuge der Umgestaltung 1817 vom Architekten Alexandre d'Alphonse de Saint-Omer angelegt wurde.

Aber nicht nur Herrensitze bestimmen die Landschaft Masowiens. Auf dem Rückweg nach Warszawa, entlang der Straße nach Grodzisk Mazowiecki, folgen wir den Spuren von Henryk Sienkiewicz, der in der zweiten Hälfte des 19. Jh. Reportagen über Masowien schrieb. So schilderte er 1875 in der ›Gazeta Polska‹ unter dem Titel ›Der gegenwärtige Moment‹ die Gründerzeit im Industriestädtchen **Żyrardów** und die Faszination, die von ihm ausging, folgendermaßen: ». . . riesige, schrecklich brüllende Dampfmonster bewegen ihre eisernen Arme...es donnert überall, und in dem Gewitter hört man kein einziges Wort...«. Heute würden wir eher über die Umweltbelastung sprechen. Die Stadt, ein imposanter urbanistisch-architektonischer Komplex, dokumentiert beispielhaft den Frühkapitalismus in Polen. Noch heute existiert die Bausubstanz zu 95%. Man findet hier Häuser für Arbeiter, deren Einfachheit einen starken Gegensatz zu jenen der Meister und den Villen der Beamten bilden. In einem Park befindet sich das Palais der Besitzer von Żyrardów. Wie vor hundert Jahren ragen zwei Türme über die Stadt: der neogotische Kirchturm und der um mehrere Jahrzehnte ältere Turm der Fabrik.

In **Jordanowice**, einem Vorort von **Grodzisk Mazowiecki**, kann man erneut ein typisches Herrenhaus besichtigen (ul. Parkowa 1). Das eingeschossige schlichte *Palais* aus der zweiten Hälfte des 18. Jh., nur durch Eckpilaster und ein übergiebeltes Portal als Adelssitz ausgezeichnet, birgt im Innern schöne und sorgfältig restaurierte frühklassizistische Dekorationsmalereien von Jan Bogumił Plersch, der seine Hauptwerke in königlichen Diensten in Warszawa geschaffen hat.

Jabłonna – Zakroczym – Czerwińsk – Płock – Słubice

Der Weg von der heutigen in die mittelalterliche Hauptstadt von Masowien, von Warszawa nach Płock, säumen viele interessante Orte, geprägt von verschiedenen Epochen.

Etwa 20 km von Warszawa erreicht man in nordwestlicher Richtung das nahe am rechten Weichsel-Ufer gelegene Dorf **Jabłonna**, in dem Fürst Michał Poniatowski im 18. Jh. seine Sommerresidenz anlegen ließ. Zuvor hatten hier die Bischöfe von Płock ihren Sommersitz. Zunächst betraute der Fürst Domenico Merlini mit der Errichtung eines *Palais* (1774–75), dem Szymon Bogumił Zug 1783 Eckpavillons anfügte. Dieser Bau, der heute den Haupt-

Jabłonna, Blick auf das Palais; Zeichnung von F. Szmuglewicz um 1784

215

trakt bildet, ist zentral um einen kreisrunden Saal angelegt, der auch im Außenbau die übrigen Räume überragt. Die Fassade betont ein Türmchen, dessen Helm eine Weltkugel bekrönt. Im Inneren besaß der Palast eine von namhaften Künstlern geschaffene, üppige Dekoration aus Malerei und Stuck.

Nach dem Tod MICHAŁ PONIATOWSKIS im Jahre 1794 erbte das Anwesen sein Neffe Prinz JÓZEF PONIATOWSKI, der es als Zweitresidenz neben dem Pałac Pod Blachą in Warszawa benutzte und hier seine umfangreichen Archivsammlungen zusammentrug (heute in Warszawa, Archiwum Główne Akt Dawnych/Hauptarchiv alter Akten). 1822 ging Jabłonna in den Besitz der Familie POTOCKI über, der es bis zum Ende des Zweiten Weltkriegs gehörte. ANNA POTACKA (die nach ihrer Heirat den Namen Dunin-Wąsowiczowa trug) war damals bekannt als ›Anetka‹ und gehörte zu den intellektuellen, hochkultivierten Damen, die Anfang des 19. Jh. ihr Vermögen und ihren Kunstverstand der Schaffung kostbarer Residenzen auf hohem künstlerischen Niveau widmeten. 1837 beauftragte sie den Hofarchitekten ENRICO MARCONI mit dem Ausbau des Palastes. Das Hauptgebäude wurde um eine Raumflucht vergrößert und die Fassade mit einer eleganten, zierlichen Pilastergliederung neu gestaltet. Im Innern bewahrte nur der runde Hauptsaal DOMENICO MERLINIS barock-klassizistische Ausstattung. Alle übrigen Räume wurden neu geschmückt.

1944 fiel der Palast einem verheerenden Brand zum Opfer; von der Einrichtung konnte nichts gerettet werden. Was man heute sieht, ist das Ergebnis einer sorgsamen Rekonstruktion im Stil der Zeit um 1800. Die Ausstattung ist neu geschaffen und das Mobiliar zum Teil aus anderen Orten zusammengetragen worden. Auch die umfangreiche und hochrangige Kunstsammlung ist nach dem Krieg nicht hierher zurückgekehrt. Die POTOCKIS hatten sie kurz vor der Zerstörung des Palastes nach Warszawa in Sicherheit gebracht; später wurde sie ins Ausland verkauft und zerstreut.

Seit 1953 nutzt den restaurierten, der Öffentlichkeit nicht zugänglichen Palast die Polska Akademia Nauk/Polnische Akademie der Wissenschaften. U. a. finden hier protokollarische Treffen statt.

Der weitläufige, ursprünglich als geometrischer Parterregarten angelegte *Park* gehörte von Anfang an zu der Residenz. 1783 ließ ihn Fürst MICHAŁ PONIATOWSKI durch SZYMON BOGUMIŁ ZUG im gleichen Stil neu gestalten. Während dieser Zeit entstanden auch die romantischen Pavillons und das klassizistische Gasthaus. ANNA POTOCKA vergrößerte das Areal und ließ den Garten in einen englischen Landschaftspark verwandeln. Auf ihre Idee geht auch der Triumphbogen zu Ehren des Fürsten JÓZEF PONIATOWSKI zurück.

Der Weg am Nordufer der Weichsel entlang führt nach 16 km in die Kleinstadt **Nowy Dwór Mazowiecki**. An ihrem westlichen Stadtrand thront auf einer Anhöhe über der Mündung der Narew in die Weichsel die *Twierdza Modlin/Festung Modlin*, eines der bedeutendsten Denkmäler militärischer Festungsarchitektur des 19. Jh. 1806–07 plante sie General FRANÇOIS DE CHASSELOUP-LAUBAT im Auftrag NAPOLEONS. Im Laufe des 19. Jh. wurde sie mehrfach erweitert, mit zusätzlichen Wällen und Bastionen umzogen und weiteren Wohn- und Wirtschaftsgebäuden bestückt. Im Umkreis von mehreren Kilometern errichtete man etwa 20 Forts. Unter den zahlreichen Ingenieuren, Offizieren und Architekten, die hier planend tätig waren, sind wohl die Generäle Iwan Dehn und Eduard von Todtleben sowie der Architekt Jan Jakub Gay die namhaftesten. Die zumeist klassizistischen Gebäude wurden unabhängig von ihrer Zweckbestimmung stets mit hohem Anspruch konzipiert und z. T. – so das Offizierskasino – aufwendig ausgestattet. Während des Zweiten Weltkriegs spielte die Festung eine wichtige strategische Rolle; im September 1939 wurde sie erbittert verteidigt, und ihre Besatzung ergab sich erst nach der Kapitulation Warszawas.

Etwa 7 km weiter liegt auf dem hohen Weichsel-Ufer **Zakroczym.** Das Städtchen ist bereits für das 11. Jh. als Wehrburg belegt; seine größte Bedeutung erreichte es im 15. und 16. Jh., als es Hauptort des ›Ziemia Zakroczymska‹/›Zakroczymer Landes‹ und Tagungsort der Fürsten von Masowien war, die hier über die Gesetzgebung berieten. Im September 1831 griff man diese alte Tradition wieder auf. Zakroczym wurde Sitz der Regierung und des *Sejms* der Aufständischen. Von der alten *Burg* auf dem Góra Zamkowa/Burgberg haben sich nur noch unbedeutende Reste der Fundamente erhalten; von hier aus bietet sich aber ein eindrucksvoller Blick über die Weichsel auf die Puszcza Kampionoska.

Die in einem eigenwilligen Mischstil aus Formen der Spätgotik und der Renaissance errichtete heutige Pfarrkirche *Kościoł Podwyższenia św. Krzyża/Kirche der Erhöhung des hl. Kreuzes* (Abb. 14) entstand in der zweiten Hälfte des 16. Jh. an der Stelle des früheren, 1511 abgebrannten Holzbaus, in dem die Versammlungen der masowischen Fürsten stattfanden. Die runden Fenster der Seitenschiffe entstammen einem Umbau des 17. Jh. Die gedrückten, lagernden Proportionen des Bauwerks kommen im Inneren noch stärker zum Tragen als außen. Nach schweren Beschädigungen 1939 und dem Wiederaufbau wirkt der niedrige Kirchenraum bescheiden und nüchtern; dennoch blieben einige Stücke der alten Ausstattung erhalten: Epitaphien aus dem 16. und 17. Jh. und das Gemälde des Hochaltars, das um 1663 wahrscheinlich der in dieser Zeit als königlicher Hofmaler tätige Jeremiasz Melechowicz malte.

Am nördlichen Stadtrand befindet sich das *Klasztor Kapucynów/Kapuzinerkloster* mit der *Kościół św. Wawrzyńca/Kirche St. Laurentius,* ein anmutiges Ensemble, das nach schweren Kriegsschäden um 1950 und 1980–81 restauriert worden ist. Es stammt aus der Mitte des 18. Jh., gestiftet vom damaligen Bürgermeister Józef Młocki.

Das hoch über der Weichsel gelegene, ehemals mit Stadtrechten ausgestattete Dorf **Czerwińsk** ist aus einer kleinen Ansiedlung hervorgegangen und gehörte Mitte des 11. Jh. dem Benediktinerkloster von Mogilno. Gegen 1100 ging das Dorf in den Besitz der Bischöfe von Płock über, die 1148 Regularkanoniker aus Frankreich hierher beriefen und eine Abtei gründeten. Die zu jener Zeit errichtete *Klasztor/Klosteranlage* (Farbabb. 19) zählt zu den wertvollsten Baudenkmälern von Masowien. Die Kirche, eine romanische dreischiffige Basilika mit Doppelturmfassade im Westen, verdankt trotz zahlreicher baulicher Eingriffe und schwerer Zerstörungen im Zweiten Weltkrieg dem anschließenden Wiederaufbau den Erhalt ihres ursprünglichen Charakters. Besondere Aufmerksamkeit verdient das schöne romanische Portal. 1497 errichtete man vor der Kirche den spätgotischen Glockenturm. Die Säulenarkaden im Innern wurden während des Wiederaufbaus unter einer barocken Ummantelung entdeckt und freigelegt; ebenso drei Fresken im südlichen Teil der Kirche.

Ein etwa 10 m² großes Fragment romanischer Wandmalereien aus dem Anfang des 12. Jh. ist das größte und am besten erhaltene Denkmal der Malerei dieser Epoche in Polen. Der Großteil der Ausstattung stammt aus der Zeit der Renaissance und des Barock. Die südlich an die Kirche anschließenden Klostergebäude wurden im 15. und 16. Jh. in spätgotischem Stil errichtet (nach 1950 wiederaufgebaut). Ein Trakt war von Anfang an als Residenz für durchreisende Fürsten und Könige angelegt worden. In den Räumen haben sich schöne Rippengewölbe erhalten, insbesondere im Refektorium, das heute als Kapelle dient. Vereinzelt konnten hier auch Reste gotischer Wandmalereien freigelegt werden.

Ihre Blütezeit erlebten die Stadt und damit auch das Kloster im 15. und 16. Jh., als sich in ihren Mauern einige wohlhabende Kaufleute niederließen. 1410 überquerte die Armee WŁADYSŁAW JAGIEŁŁOS hier die Weichsel auf dem Feldzug gegen den Deutschen Ritterorden. Aus diesem Anlaß war die erste Ponton-Brücke über den Fluß gebaut worden. Im 15. Jh. diente Czerwińsk den polnischen Landtagen als Sitzungsort; während der schwedischen Kriege im 17. Jh. wurde die Stadt so schwer zerstört, daß sie sich nicht mehr erholen konnte. 1869 verlor sie die Stadtrechte, und heute zählt Czerwińsk kaum 700 Einwohner.

Das ebenfalls auf einem hohen Abhang über der Weichsel gelegene **Płock** existierte als kleine Ansiedlung bereits im 9. Jh., wie kürzlich Ausgrabungen erwiesen haben. Seit dem 10. Jh. bis 1495 residierten hier die Herzöge von Masowien, 1075 wurde Płock zum Bischofssitz erhoben, und 1237 erhielt es als erster Ort in Masowien Stadtrechte. Zu dieser politischen Bedeutung kam seit der Mitte des 14. Jh. auch eine wirtschaftliche hinzu, denn Płock entfaltete sich zu einem der wichtigsten Handelsorte an der Weichsel. Seit dem 17. Jh. ging die Entwicklung der Stadt infolge der schwedischen Kriege und mehrerer Großbrände stetig zurück. Ein neuer wirtschaftlicher und kultureller Aufschwung stellte sich erst im 19. Jh. ein. Płock wurde wieder regionales Verwaltungszentrum; in der zweiten Hälfte des Jahrhunderts begannen sich Industriebetriebe anzusiedeln. Heute ist Płock eine lebendige Industriestadt (vor allem Erdölverarbeitung) mit hochentwickeltem Wissenschafts- und Kulturleben und zugleich ein Ort voller Zeugnisse seiner großen Tradition.

Die Geschichte der Stadt zeigt sich am anschaulichsten auf dem *Wzgórze (Tumskie) Zamkowe/(Dom-) Burghügel,* einer steil zur Weichsel abfallenden Anhöhe, die der Komplex einer Burg, einer Kathedrale und eines ehemaligen Benediktinerklosters krönt. Was man heute sieht, ist Ergebnis zahlreicher Umbauten, Erweiterungs- und Modernisierungsmaßnahmen, die im Laufe der Jahrhunderte immer wieder mit Kriegszerstörungen und Bränden abwechselten. Zuletzt wurde das Ensemble 1965–72 restauriert; im Zuge dieser Arbeiten führte man archäologische und bauhistorische Untersuchungen durch, konnte die komplizierte Geschichte der Anlage jedoch nicht vollständig klären. Die einzelnen Bauwerke wurden jeweils auf der letzten Stufe ihrer Baugeschichte konserviert; außerdem legte man, wo es möglich war, mittelalterliche Mauerreste frei.

Die ältesten Spuren der Burganlage reichen bis ins 10. Jh. zurück, als Herzog BOLESŁAW I. CHROBRY an dieser Stelle ein vorromanisches *Palatium* erbauen ließ. Bald darauf siedelten sich hier Benediktiner an. Bereits in dieser frühen Zeit wurde die Anlage unter jedem nachfolgenden Herzog von neuem verändert und erweitert. In den Jahren 1136–44 entstand

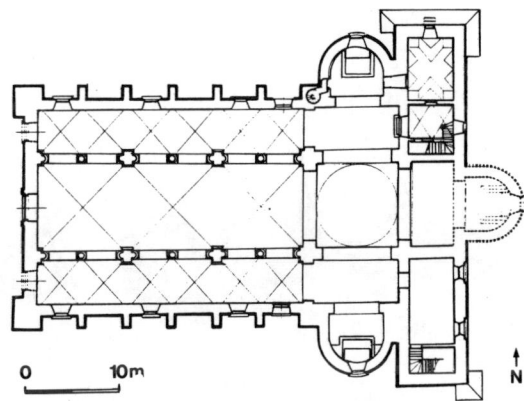

Płock, Grundriß der Kathedrale

0   10m   N

der romanische Bau der *Kathedrale* als großzügige dreischiffige Basilika auf dem Grundriß eines lateinischen Kreuzes. In der ersten Hälfte des 14. Jh. erhielt sie gotische Türme. Unter den zahlreichen Umgestaltungen war die nach einem Brand in den 1530er Jahren vorgenommene eine der erfolgreichsten. Die italienischen Architekten GIOVANNI CINI und BERNARDO ZANOBI DE GIANOTIS und bald nach ihnen GIOVANNI BATTISTA DA VENEZIA verwandelten die Kathedrale in einen Renaissancebau. 1784 entwarf der königliche Hofarchitekt DOMENICO MERLINI eine klassizistische Fassade. 1901–03 führte STEFAN SZYLLER den Umbau durch, bei dem er versuchte, die mittelalterlichen Formen wieder zum Vorschein zu bringen und der bis heute das Erscheinungsbild der Kirche bestimmt. Bei der vollständigen Neugestaltung des Kirchenraums hat besonders die in Jahrhunderten entstandene Innenausstattung Schaden genommen; die Ausmalung stammt von WŁADYSŁAW DRAPIEWSKI. Im linken Turm befindet sich die Kaplica Królewska/Königskapelle, in deren Untergeschoß 1825 die sterblichen Überreste der Herzöge WŁADYSŁAW HERMAN und BOLESŁAW KRZYWOUSTY überführt worden sind. Bestattet wurden sie in einem Sarkophag aus schwarzem Marmor, dessen Deckel den weißen Adler trägt. In den Seitenschiffen sind zahlreiche Grabmäler und Epitaphien der Renaissance und des Barock aufgestellt worden.

Die Reste der *Burg* erhielten erst während der Restaurierung in den 60er Jahren ihre heutige Form einer Vierflügelanlage mit Innenhof. Die mittelalterliche Wehrburg war 1511 einem Brand zum Opfer gefallen. König ZYGMUNT I. STARY ließ sie im Renaissancestil neu errichten, wobei – heute an einzelnen Stellen freigelegte – Mauerzüge des gotischen Vorgängerbaus einbezogen wurden. Im 18. Jh., als Płock unter preußischer Herrschaft stand, wurde die inzwischen baufällige Burg zum Teil abgerissen. Erhalten blieb lediglich der südwestliche Trakt mit den beiden Türmen, die zu den Wahrzeichen der Stadt gehören: der *Wieża Szlachecka/Adelsturm* an der Westseite, der in den 1350er Jahren erbaut worden war und dessen Obergeschosse man 1796 abgetragen hatte, sowie der *Wieża Zegarowa/Uhrturm*. Dieser im Kern spätgotische, um 1492 errichtete Turm wurde später zum Glockenturm der Kathedrale bestimmt und erhielt um 1730 die barocke Haube.

Płock, Ansicht der Burg im
17. Jh.; Zeichnung von A. Boot

Die Burg beherbergt heute das *Muzeum Mazowieckie/Masowische Museum.* Zu sehen sind hier neben einer Dokumentation der Stadtgeschichte reiche Sammlungen von Kunst und Kunstgewerbe, z. T. ausgestellt in stilvoll rekonstruierten Interieurs verschiedener Epochen. Herzstück des Museums ist eine hochrangige Jugendstilsammlung mit Gemälden namhafter Künstler wie JÓZEF MEHOFFER, mit Möbeln, Glas, Keramik- und Metallarbeiten.

Südwestlich des Burgareals sind Reste der ehemals prachtvollen *Opactwo Bernadynow/ Benediktinerabtei* zu sehen; eine Mauer der früheren Kościół św. Wojciecha/Kirche St. Adalbert wurde in den Museumsbau einbezogen. Kirche und Kloster waren mehrfach zerstört und umgebaut worden. Nach der Säkularisierung im 19. Jh. wurden sie nicht wiederhergestellt.

Zum Ensemble von Burg und Kathedrale gehört seit 1903 das *Muzeum Diecezjalne/ Diözesanmuseum* (Ecke ul. Mostowa), das eine sehenswerte Sammlung sakraler Kunst aufbewahrt. Gegenüber (ul. Mostowa 1) hat sich das spätgotische *Dom Pod Trąbami/›Trompeten-Haus‹* erhalten, das nach barocken und klassizistischen Umbauten seine ursprüngliche Gestalt zurückerhalten hat.

Auf dem Weg in den alten Stadtkern von Płock passiert man in der ul. Małachowskiego das ehemalige *Kolegium Pojezuickie/Jesuitenkolleg* mit der *Kościół św. Michała/Kirche St. Michael,* das 1607 gegründet worden war. Seit Ende des 18. Jh. beherbergen die Gebäude eine Schule. Das heutige Erscheinungsbild geht auf einen klassizistischen Umbau zurück, den 1843 ANTONIO CORAZZI durchführte.

Die ul. Małachowskiego mündet auf den Pl. M. Nowotki, den ehemaligen Alten Marktplatz. Hier hat sich – wie auch an anderen Straßenzügen und Plätzen der Altstadt – ein schönes Ensemble barocker und klassizistischer *Bürgerhäuser* aus dem 18. und 19. Jh. erhalten. Die nordwestliche Schmalseite nimmt das elegante klassizistische Gebäude des *Rat-*

hauses ein, das Werk Jakub Kubickis aus den Jahren 1826–27. Es gehört zu den wertvollsten Denkmälern des Klassizismus in Polen.

Links neben dem Rathaus steht an der Ecke des Pl. M. Nowotki die alte *Kościół Farny/ Pfarrkirche.* Das 1356 als gotischer Backsteinbau errichtete Gotteshaus war im 16. Jh. zu einer großen Hallenkirche mit Umgangschor und einem Kapellenkranz ausgebaut worden. Im 18. Jh. wurde es durchgreifend umgestaltet. Dabei verkürzte man den Baukörper und verlegte den Chor auf die Westseite, um die Fassade auf den Alten Marktplatz hin auszurichten. Der frühbarocke Hochaltar, um 1632 von Giovanni Battista Ghisleni geschaffen, stammt aus der Benediktinerabtei.

Auf der Rückfahrt nach Warszawa, über kleine Straßen südlich der Weichsel, lohnt sich ein Halt in dem etwa 28 km von Płock entfernten Dorf **Słubice.** Hier befindet sich in einem ausgedehnten, Anfang des 19. Jh. angelegten romantischen *Park* mit altem Baumbestand ein schönes klassizistisches *Palais,* das ehemals der Familie Potocki gehörte. Es wurde Ende des 18. Jh. von Hilary Szpilowski als eleganter Bau mit Säulenportikus, flankiert von Eckrisaliten, errichtet. Seitlich greifen geschwungene Arkadengalerien aus, die den Hauptbau mit zwei kreuzförmigen Pavillons verbinden. Die ehemals prachtvolle Ausstattung dieses eigenwilligen Palastes, zu der auch eine bedeutende Bibliothek gehörte, brachten die Potockis nach Wilanów (Warszawa, s. S. 173).

Auf einen Entwurf Hilary Szpilowskis geht auch die *Kościół Farny/Pfarrkirche* zurück. Bemerkenswert ist vor allem ihre Fassade, die der Architekt in Form eines antiken Triumphbogens konzipiert hat. Im Innern befindet sich ein Denkmal für den Kanzler Andrzej Młodziejowski, das der königliche Hofbildhauer Giacopo Monaldi geschaffen hat.

Von Słubice erreicht man über die Orte Iłów, Giżyce, Ruszki und Kamion die Straße, die am nördlichen Rand der Puszcza Kampinoska entlang des südlichen Weichsel-Ufers durch malerische Landschaft zurück nach Warszawa führt.

Wenige Kilometer hinter der Ortschaft Czosnów liegt zur Rechten der Verkehrsverbindung, eingebettet in die Wälder der Puszcza Kampinoska, der **Cmentarz Palmiry,** ein Friedhof, auf dem etwa 2500 Opfer des Naziregimes bestattet sind. Zwischen 1939 und 1941 wurden hier Häftlinge aus Gefängnissen in Warszawa ermordet, darunter viele namhafte Politiker, Wissenschaftler, Schriftsteller und Geistliche.

Pułtusk – Ciechanów – Opinogóra – Przasnysz

Am westlichen Rand der Puszcza Biała liegt 60 km nördlich von Warszawa, an der Narew, die alte Stadt **Pułtusk,** die vom 11. Jh. bis 1796 den Bischöfen von Płock gehörte und denen der Ort seit dem 14. Jh. als ständiger Sitz diente; die Stadt entfaltete sich nicht nur zu einem florierenden Handelsplatz, sondern auch zu einem bedeutenden Zentrum humanistischer Kultur. Trotz verheerender Zerstörungen während der Kriege im 17. Jh. und 1944–45 ist die Stadt an ihrem alten Kern bis heute von dieser Zeit der Hochblüte geprägt.

Das Zentrum der mittelalterlichen Stadt, die eine Insel zwischen zwei Armen der Narew einnimmt, ist der ungewöhnlich langgestreckte Marktplatz mit zumeist klassizistischen, Anfang des 19. Jh. erbauten kleinen Wohnhäusern. In der Mitte erhebt sich das barocke *Rathaus* von 1728, überragt vom gotischen Turm des Vorgängerbaus. Der wehrhaft wirkende Turm, im unteren Teil kubisch, im oberen achteckig gestaltet, stammt aus der ersten Hälfte des 16. Jh.; heute ist darin das Muzeum Regionalne/Regionalmuseum untergebracht, das eine Dokumentation der Stadtgeschichte zeigt.

Am südlichen Ende des Marktplatzes liegt in einem Park, der auf dem Areal des ehemaligen Burggrabens entstanden ist, die *Burg*, die als Residenz der Bischöfe von Płock diente. Im 14. Jh. befand sich hier eine aus Holz errichtete Wehranlage. Nach deren Zerstörung wurde auf demselben unregelmäßigen Grundriß die Renaissanceburg erbaut. Die 1522

*Pułtusk, Ansicht der Burg;
Stich von 1657*

begonnenen Arbeiten zogen sich bis ins 17. Jh. hin, da jeder neue Stadtherr Erweiterungen und Veränderungen vornehmen ließ. Seit der Zerstörung durch die Schweden wurde die Anlage mehrfach umgestaltet. Nach dem Zweiten Weltkrieg baute man sie in den klassizistischen Formen wieder auf, die sie Anfang des 19. Jh. erhalten hatte. Auch im Innern haben sich keine Reste früherer Ausstattungen bewahrt. Inzwischen befindet sich in der Burg ein ruhiges und angenehmes Hotel der Gesellschaft der Auslandspolen ›Polonia‹.

Auf dem Rückweg zum Markt passiert man die ehemalige Kaplica Zamkowa/Schloßkapelle und heutige *Kościół św. Marii Magdaleny/Kirche St. Maria Magdalena*, einen Rundbau aus der Renaissance (1538), der seit dem Wiederaufbau als Ausstellungssaal dient.

Das gegenüberliegende Ende des Marktplatzes nimmt die 1560 erbaute Kollegiatskirche, die heutige *Kościół Farny/Pfarrkirche St. Matthäus*, ein (Abb. 13), die zu den wertvollsten Denkmälern der polnischen Renaissance gehört. Der Architekt, Giovanni Battista da Venezia, hat hier aus Elementen der venezianischen Renaissance und der lokalen Spätgotik einen eigentümlichen Kirchentypus geschaffen, den er später in verschiedenen Städten

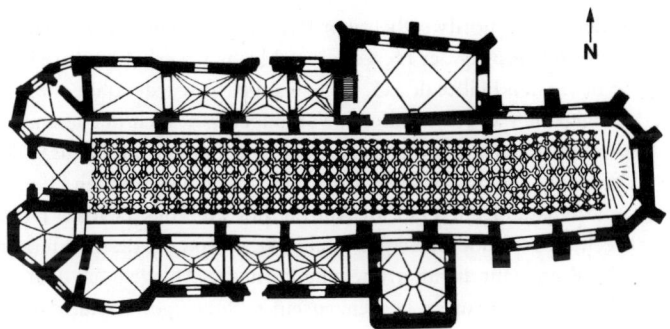

N

*Pułtusk, Grundriß der
Pfarrkirche St. Matthäus*

Masowiens wiederholte und variierte. Hervorgegangen ist dieses Gotteshaus aus einer gotischen Basilika des frühen 15. Jh. GIOVANNI BATTISTA gestaltete hier vor allem das Innere um, während der Baukörper im Äußeren gotisch blieb. Die so entstandene charakteristische Stilmischung behielt er dann auch für Neubauten bei.

Das Mittelschiff zieht sich ohne Unterbrechung bis zum polygonalen Chorschluß hin, so daß der Kirchenraum beinahe tunnelartig wirkt. Die Wände sind mit einer Folge plastischer Pfeilerarkaden verblendet, unter denen sich Durchgänge zu den Seitenschiffen und den Kapellen öffnen. Die Tiefe der Blendarkaden zielt jedoch darauf ab, die gewohnte Raumwirkung einer mehrschiffigen Kirche perspektivisch auszuschalten und das Gebäude als monumentalen Saalbau erscheinen zu lassen. Diese Konzeption unterstützen auch die Tonnenwölbung und die Nischengalerie, die oberhalb des Gesimses zum Gewölbe hin vermittelt. Letzteres zeigt schon die später zu komplizierten Mustern gefügte Kassettierung aus flachen Stuckrippen, die sogenannten Pułtusker Gewölbe. Hier beschränkte sich der Architekt allerdings noch auf ein Netz aus Kreisen, die durch Stege verbunden sind.

Die Ausstattung der Kirche stammt aus dem 17. und 18. Jh., der Zeit des Barock. Die aufwendigen Altäre sind zumeist Stiftungen der Bischöfe. Unter den zahlreichen Epitaphien hat sich an der linken Wand des Chorraums auch eine gotische Grabplatte aus der zweiten Hälfte des 15. Jh. erhalten. Noch vor dem Umbau der Kirche hat dessen Stifter, Bischof ANDRZEJ NOSKOWSKI, von GIOVANNI BATTISTA DA VENEZIA eine Familienkapelle errichten lassen (1554), die mit Fresken ausgemalt ist; im Altar befindet sich ein gotisches Gemälde der Kreuzabnahme aus dem 15. Jh. Das Grabmal des Bischofs zeigt den Verstorbenen im Pontifikalornat.

An der ul. Gomulickiego, die am westlichen Ufer der Insel entlangführt, trifft man auf die *Kościół św. Józefa/Kirche St. Josef,* die in den 1560er Jahren als Klosterkirche der Jesuiten entstanden ist. Nach zahlreichen Zerstörungen und Umbauten wurde sie nach dem Zweiten Weltkrieg in der Gestalt wiedererrichtet, die sie im 18. Jh. besaß.

In der Nachbarschaft, am malerischen Ufer des Narew-Arms, haben Teile der mittelalterlichen Stadtbefestigung von 1508–09 mit einer runden, zinnenbekrönten Backsteinbastion die Zeit überdauert.

In der 40 km nordwestlich von Pułtusk gelegenen Stadt **Ciechanów** hat sich die Ruine einer gotischen *Burg* der Herzöge von Masowien erhalten. Ihre Bedeutung rührt daher, daß sie in der ersten Hälfte des 15. Jh. neu angelegt wurde, ohne – wie sonst zumeist üblich – in Abhängigkeit von einem älteren Vorgängerbau; auch der hochentwickelte Burgenbau des Deutschen Ritterordens hat hier offenbar keinerlei Einfluß ausgeübt.

Die Burg liegt am östlichen Stadtrand, auf dem sumpfigen Ufergelände des Flusses Łydynia und entstand um 1430 im Auftrag des Herzogs Janusz. Dokumente aus der Bauzeit (Abrechnungen) überliefern als Architekten Niklos, dessen Herkunft jedoch nicht bekannt ist. Die Ruine läßt die ursprüngliche Form der Anlage noch deutlich erkennen; die mächtigen Umfassungsmauern begrenzen ein rechteckiges Areal, das an der Südseite mit zwei runden Eckbastionen gesichert ist, zwischen denen sich ehemals das Haupttor befand. Frontal gegenüber, an die nördliche Umfassungsmauern angelehnt, stand ursprünglich das Wohngebäude der Burg. Diese Ausrichtung der Anlage auf eine Längsachse mit kalkulierter Fassadenwirkung verleiht der Burg einen repräsentativen Charakter, wie er dem Burgenbau des Deutschen Ordens fremd ist.

Im 16. Jh. gehörte die Burg Bona Sforza, der Witwe König Zygmunt I. Stary. Sie ließ das Wohngebäude in eine aufwendig ausgestattete Residenz verwandeln (um 1550), die jedoch in einer Beschreibung aus dem Jahre 1580 bereits als verwahrlost geschildert wird. 1657 wurde die Burg von den Schweden zerstört; die Ruine benutzte man gegen Ende des 18. Jh. als Steinbruch für Baumaßnahmen in der Stadt; dabei verschwanden die letzten Spuren des Wohnhauses.

Etwa 8 km nordöstlich von Ciechanów erreicht man das Dorf **Opinogóra,** das heute abseits der Hauptstraßen liegt, im Mittelalter aber eine wichtige Station auf dem Weg von Ciechanów nach Przasnysz war. Im 14. und 15. Jh. kamen die Herzöge von Masowien hierher zur Jagd. Seit dem 18. Jh. gehörte das Dorf der Adelsfamilie Krasiński. Um 1825 ließ Wincenty Krasiński, General der napoleonischen Armee und später Senator und Wojewode des Königreichs Polen, hier ein neogotisches *Schlößchen* (Abb. 17) für seinen

Ciechanów, Ansicht der Burgruine; Lithographie aus dem 19. Jh.

Sohn ZYGMUNT KRASIŃSKI errichten, der zu den bedeutendsten Dichtern der polnischen Romantik zählt (s. S. 91). Das Schlößchen – eines der schönsten Architekturdenkmäler dieser Stilepoche in Polen – ist ein zierlicher, eingeschossiger Bau mit flachem Dach, überragt von einem hohen, polygonalen Turm, der asymmetrisch die Südwestecke betont. Die reiche bauplastische Dekoration an Fenstern und Gesimsfriesen ist weitgehend das Ergebnis einer 1958–61 durchgeführten Restaurierung. Während des Ersten Weltkriegs war der Bau bereits schwer beschädigt worden, aus dem Zweiten Weltkrieg ging er als Ruine hervor. Nach dem Wiederaufbau gestaltete man das Schlößchen als Muzeum Romantyzmu/ Museum der Romantik; die Räume wurden stilgerecht möbliert und mit einer Sammlung wertvoller Kunstwerke ausgestattet, die kontinuierlich vervollständigt wird. Der romantische *Park*, Anfang des 19. Jh. als Landschaftspark englischen Stils angelegt, wird ebenfalls als Teil des Museums gepflegt. 1932 hat hier AMELIA ZAŁUSKA im Andenken an die unglückliche Jugendliebe, die sie mit ZYGMUNT KRASIŃSKI verbunden hatte, eine Steinbank aufstellen lassen, versehen mit der Inschrift »Niech pamięć moja zawsze ci będzie miła« (»Die Erinnerung an mich möge Dir immer lieb sein«).

Die klassizistische *Kościół Farny/Pfarrkirche* im Dorf hat WINCENTY KRASIŃSKI 1825 als Grablege für seine Familie gestiftet. Im Innern befinden sich einige wertvolle Grabmäler und Epitaphien, so das Grabmal MARIA KRASIŃSKAS, der Mutter ZYGMUNT KRASIŃSKIS (1841, L. PAMPALONI), und das seiner Söhne WŁADYSŁAW und ZYGMUNT (1881, J. FRANCESCHI). Der Dichter selbst ist neben anderen Mitgliedern seiner Familie in der Krypta bestattet.

Die Stadt **Przasnysz,** etwa 20 km nordöstlich von Opinogóra am Fluß Węgierka gelegen, war besonders im 16. Jh. ein wichtiges Handels- und Verwaltungszentrum der Region. In dieser kurzen Blütezeit, der schon bald die schwedischen Kriege ein Ende setzten, entfaltete sich in Przasnysz eine rege und ehrgeizige Bautätigkeit. Kriegszerstörungen und mehrere Großbrände haben das Gesicht der Stadt seither stark verändert, ebenso der neue Wohlstand, der sich im fortgeschrittenen 19. Jh. einstellte. Die wenigen erhaltenen Zeugnisse der spätmittelalterlichen Hochblüte verdienen jedoch Interesse, vor allem die *Kościół Pobernardyński/Bernhardinerkirche* mit der ehemaligen Klosteranlage in der ul. Hanki Sawickiej.

1583 hatte PAWEŁ KOSTKA, der Bruder des später heiliggesprochenen STANISŁAW KOSTKA, die Mönche in die Stadt berufen und den Bau des Klosters gestiftet. Die Kirche, ein massiger Backsteinbau mit blendengeschmückten Stufengiebeln, entstand zwischen 1588 und 1595. Den Eindruck nüchterner Strenge verstärkt der untersetzte, mit einem Satteldach gedeckte Glockenturm an der Nordecke. Die ehemals reiche Ausstattung des Innern hat während des Zweiten Weltkriegs schweren Schaden genommen, als die Kirche zu einem Lagerhaus zweckentfremdet worden war. Die alten Glasfenster und die Wandmalereien wurden im Zuge der Restaurierung in den 50er Jahren durch moderne ersetzt; unbeschädigt blieb das schöne Netzgewölbe. In der rechten Seitenkapelle befindet sich, eingesetzt in einen modernen Altar, ein wertvolles spätgotisches Madonnenbild aus der Zeit um 1500. In der Vorhalle hängt ein frühbarockes Kruzifix (um 1630).

Das anschließende dreiflügelige Klostergebäude entstand bald nachdem die Kirche vollendet war, in der ersten Hälfte des 17. Jh. Trotz schwerer Kriegszerstörungen, die nicht vollständig behoben werden konnten, ist noch zu erkennen, wie einschneidend sich der Baustil innerhalb dieser kurzen Frist gewandelt hatte: Die Giebelgliederung zeigt mit den wohlproportionierten Pilastern und profilierten Gesimsen Merkmale des frühen Barock.

Aus dem späten 15. Jh. stammt die *Kościół Farny/Pfarrkirche* in der ul. 22. Lipca, eine gotische, später mehrfach umgestaltete Backsteinkirche, deren Äußeres mit ornamental vermauerten Hartbrandziegeln in verschiedenen Tönungen dekoriert ist. Zur Rechten des Presbyteriums erhebt sich ein runder Treppenturm, der der Kirche eine wehrhafte Wirkung verleiht. Der um 1500 neben der Kirche errichtete Glockenturm ist bis auf das oberste Geschoß seit der Erbauungszeit unverändert geblieben und gehört zu den anschaulichsten Beispielen der masowischen Gotik. Die Innenausstattung stammt aus dem 18. und 19. Jh.; auch das Raumbild wurde verändert.

Der nahegelegene, heute Pl. 1 Maja genannte Marktplatz, erinnert nur noch in seiner Ausdehnung an die mittelalterliche Anlage. Die Bebauung wurde seit dem 19. Jh. nach und nach erneuert; die niedrigen, zierlichen Häuser wahren jedoch den Charakter des alten kleinstädtischen Marktplatzes. Das *Rathaus* erbaute man um 1800 neu in klassizistischem Stil. In der Mitte des *Parks,* der heute den Marktplatz einnimmt, enthüllte man 1962 ein Denkmal, das an die Verleihung der Stadtrechte im Jahre 1427 erinnert. Die Reliefs stellen bedeutende Ereignisse aus der Geschichte der Stadt dar.

Wyszków – Brok – Treblinka – Ostrołęka – Łomża – Nowogród

Eine erste Unterbrechung der Fahrt lohnt die Ortschaft **Wyszków** am Bug, 54 km nordöstlich von Warszawa gelegen. Die Stadt existiert als Handelsort seit dem 12. Jh., Stadtrechte genoß sie seit 1502. Dennoch besaß sie bis zum Ende des 18. Jh. nur eine hölzerne Pfarrkirche, die immer wieder abbrannte und neu errichtet werden mußte. 1793 stiftete der Bischof von Płock, KRZYSZTOF HILARY SZEMBEK, zu dessen Besitz der Ort gehörte, den Bau der heutigen klassizistischen *Kościół Farny/Pfarrkirche.* Verwandt wurde dafür ein wohl älterer Entwurf von SZYMON BOGUMIŁ ZUG. Die Fassade mit ihrer flachen Pilastergliederung, der hohen Nische um das Hauptportal und dem aus dem Giebel aufsteigenden Turm wirkt streng, fast wie gezeichnet. Dahinter verbirgt sich ein ungewöhnlich eleganter Kirchenraum, dessen drei Schiffe von hochgesockelten Säulen geschieden werden, die nicht – wie üblich – Arkaden tragen, sondern ein horizontales Gebälk, über dem Tonnengewölbe aufsteigen. Der Hochaltar ist in Motiven und Proportionen auf die Raumgliederung abgestimmt, so daß sich eine einheitliche Perspektive ergibt.

Im Wyszkówer Stadtteil Rybienko, westlich vom Zentrum am linken Ufer des Bug, steht in einem Park, einem ehemaligen Landschaftspark im englischen Stil, ein klassizistisches *Palais,* das um 1780 SZYMON BOGUMIŁ ZUG oder JOHANN CHRISTIAN KAMSETZER errichtet hat. Heute beherbergt es ein Erziehungsheim. Im 19. Jh., als sich das Anwesen im

Besitz der Familie MORZKOWSKI befand, war es ein bevorzugter Treffpunkt der Warschauer Boheme.

Der langgestreckte Baukörper ist durch zwei seitliche, pilastergegliederte Risalite und einen zentralen Säulenportikus unterteilt. Die rückwärtige Fassade nimmt dieses Schema in schlichterer Form auf. Im Innern haben sich wertvolle, in den 1780er Jahren von JAN BOGUMIŁ PLERSCH ausgeführte antikisierende Raumdekorationen erhalten.

Die 28 km von Wyszków entfernte Kleinstadt **Brok** war im Mittelalter ein wichtiger Handelsort an der Straße entlang des Bug. Seit dem 13. Jh. gehörte sie den Bischöfen von Płock, die hier eine Sommerresidenz unterhielten. Im 17. Jh. neu errichtet, ist der Palast heute eine Ruine.

Mit der *Kościół Farny*/*Pfarrkirche* hat sich hier ein prominentes Denkmal der Renaissancearchitektur erhalten. Die Kirche wurde 1560 von GIOVANNI BATTISTA DA VENEZIA erbaut, jenem italienischen Architekten, der mit seinen Werken in Pułtusk (s. S. 221), Brochów (s. S. 210) und anderen Orten die Renaissance in Masowien entscheidend geprägt hat. Typisch ist die einschiffige Anlage mit langgestrecktem Chor und nach außen verlegten Strebepfeilern, mit der GIOVANNI BATTISTA die gotische Tradition fortführte. Lokalen Vorbildern ist auch die Giebelkonstruktion verpflichtet; die Motivsprache selbst – übereinandergestaffelte Pilasterarkaden – orientiert sich jedoch schon am Formempfinden der Renaissance. Auch im Innern kommen die monumentalen Stilformen der Renaissance zur Wirkung: Schiff und Chorraum sind mit einem Tonnengewölbe gedeckt, das auf plastischen Wandarkaden aufsitzt und mit einer flachen, geometrischen Stuckkassettierung geschmückt ist (nach dem

Treblinka, Mahnmal auf dem Gelände des ehemaligen Massenvernichtungslagers

Prototyp in Pułtusk ›Pułtusker Gewölbe‹ genannt, s. S. 223). Bemerkenswert ist einer der barocken Seitenaltäre mit einer Darstellung der ›Wurzel Jesse‹.

In **Treblinka,** 14 km östlich von Brok, errichteten die Nazis 1941 zunächst das Konzentrationslager Treblinka I, in dem vor allem polnische Gefangene Zwangsarbeit verrichten mußten. Ein Jahr später legten sie das Massenvernichtungslager Treblinka II an, in dem innerhalb kurzer Zeit etwa 800 000 Menschen gefoltert und ermordet wurden, vor allem Juden aus Polen, aber auch aus anderen besetzten Ländern. Im November 1943 lösten die Nazis dieses zweite Lager auf und planierten das Gelände, um alle Spuren zu beseitigen.

1964 gestaltete man das Areal zu einem *Mahnmal* aus tausenden unbehauenen Granitblöcken – symbolischen Grabsteinen. Sandsteinblöcke markieren den Weg zum Gelände des 2 km entfernten Lagers Treblinka I, wo ebenfalls eine Gedenkstätte errichtet wurde.

An einem Kreuzungspunkt der alten Handelswege zu Lande und zu Wasser von Masowien ins Gebiet der Pruzzen und nach Litauen liegt **Ostrołęka,** das sich im Mittelalter zu einer Marktsiedlung rund um eine Burg entwickelt hatte. Im 15. und 16. Jh. galt die Stadt als wichtiges Handwerks- und Handelszentrum; 1831 wurde sie Zeuge des blutigen Kampfes zwischen polnischen Aufständischen und der russischen Armee, der in dem barocken Wehrkloster der Bernhardiner aus dem 17. Jh. stattgefunden hat.

Am Pl. gen. J. Bema, dem ehemaligen Marktplatz, erinnert ein 1973 errichtetes *Denkmal* an die Waffentaten des Generals József Bem und ein *Mausoleum* an die gefallenen Aufständischen.

Das *Klasztor Bernardynów/Bernhardinerkloster* mit der *Kościół św. Antoniego Padewskiego/Kirche St. Antonius von Padua* an der ul. Bogusławskiego entstand in den Jahren 1666–96. Trotz mehrerer Eingriffe seit dem 18. Jh. hat die Anlage ihren ursprünglichen Charakter bewahrt. Vor der Kirche erstreckt sich ein ausgedehnter rechteckiger Hof aus der ersten Hälfte des 18. Jh., umgeben von Arkadengängen mit einem Kreuzweg. Das Gotteshaus ist ein großzügig konzipierter, kreuzförmiger Saalbau mit schöner Barock- und Rokokoausstattung. Die Ausmalung führte 1762–64 Walenty Żebrowski als Stiftung eines Patriziers aus; sie zeigt in zahlreichen Szenen die Vita des hl. Antonius von Padua. Den majestätischen, 1764 von Jan Dubanowski und Mikołaj Tomaszewski erbauten Rokokoaltar begleiten zu seiten des Triumphbogens zwei Nebenaltäre mit bemerkenswerten Figuren heiliggesprochener Bernhardinermönche. Die Kirche bewahrt zahlreiche Werke lokaler Malerei und Skulptur auf, darunter ein spätgotisches Kruzifix vom Anfang des 16. Jh. und eine Figur des auferstandenen Christus aus derselben Zeit.

Der Fluß Narew war einst der einzige Weg, auf dem man durch die undurchdringlichen Urwälder der Podlasie von Masowien aus in das Gebiet der Pruzzen gelangen konnte. Die Stadt **Łomża** entstand um die Jahrhundertwende zu Füßen einer Wehrburg, die eine Furt durch den Narew sicherte, und entwickelte sich im 16. Jh. zu einer der größten Städte in Masowien. In dieser Blütezeit wurde das Wahrzeichen der Stadt, die *Kathedrale,* eine ehemalige Pfarrkirche (ul. 22. Lipca), errichtet.

Während des Zweiten Weltkriegs, als 75 % der Bausubstanz in Łomża zerstört wurden, erlitt auch die Kirche schwere Schäden. Seit dem Wiederaufbau in den Jahren 1953–56 zählt der Sakralbau wieder zu den wichtigsten Baudenkmälern in Masowien. Er ist eine spätgotische Hallenkirche mit hohem Mittelschiff und niedrigeren Seitenschiffen. Die Fassade erhielt nach Beschädigungen 1691–92 von GIUSEPPE SIMONE BELLOTTI einen neuen frühbarocken Giebel. Im Innern zeigt die Kirche bemerkenswerte Stern- und Kristallgewölbe aus der Zeit um 1550. Die Zerstörungen haben eine Reihe wertvoller Grabmäler und Epitaphien unbeschadet überstanden. Beachtung verdient besonders das Doppelgrabmal des Starosten ANDRZEJ DUNIN-MODLISZEWSKI und seiner Frau ELŻBIETA, das gegen Ende des 16. Jh. der italienische Bildhauer SANTI GUCCI geschaffen hat. Es zeigt in zwei Relieffeldern die Liegefiguren des Ehepaares, der Aufbau folgt florentinischen Vorbildern aus der Renaissance.

Die Kathedrale ist durch einen Häuserblock von dem nördlich gelegenen Pl. Żeglickiego, dem ehemaligen Marktplatz, getrennt. Hier bedarf das klassizistische, 1826 erbaute Rathaus dringend einer äußeren Restaurierung. Neben dem Rathaus klafft eine Baulücke, die übrige Bebauung stammt zumeist aus der Nachkriegszeit.

Über den Marktplatz gelangt man zu dem reizvollen Komplex der *Kościół Kapucynów/ Kapuzinerkirche* mit dem Kloster, einer Barockanlage aus dem 18. Jh., die sich mit ihrer Ausstattung ohne einschneidende Veränderungen bis heute erhalten hat.

Nowogród, Blick auf das Gelände des Freilichtmuseums

Im westlichen Teil des alten Stadtkerns, an der Ecke ul. 22. Lipca/ul. H. Sienkiewicza, befindet sich der interessante Bau der *Kościół Wniebowzięcia N. P. Marii/Kirche der Himmelfahrt Mariens,* der 1877 als protestantische Kirche errichtet wurde. Der – unbekannte – Architekt hat hier die Stilsprache byzantinischer Heiligtümer nachempfunden. Das Kircheninnere war bis zum Zweiten Weltkrieg mit Mosaiken und Fresken ausgestattet; erhalten geblieben sind aber nur noch Reste der Glasfenster.

Einen Straßenzug weiter südwestlich, an der ul. Świerczewskiego/Ecke ul. Kopernika, wurde der alte *Cmentarz/Friedhof* der Stadt mit wertvollen klassizistischen Grabmälern und Mausoleen angelegt.

16 km nordwestlich von Łomża liegt in der Puszcza Kurpiowska am linken Narew-Ufer **Nowogród** mit dem interessanten, 1927 von dem Ethnologen ADAM CHĘTNIK angelegten *Skansen/Freilichtmuseum.* Es zeigt Beispiele der regionalen Volkskultur: Bauernhäuser mit vollständiger Einrichtung, Werkstätten mit Gerät und anschaulichen Dokumentationen des Alltagslebens.

Liw – Węgrów – Siedlce – Biała Podlaska – Radzyń Podlaski

Auf dem Weg von Warszawa in das Gebiet von Podlasie gelangt man zunächst über Wesoła und Sulejówek ins östliche Randgebiet des Masowischen Tieflands (der Nizina Mazowicka). Nach etwa 75 km erreicht man den kleinen Ort **Liw,** der im Mittelalter ein bedeutender Handelsplatz und regionales Verwaltungszentrum war und seit 1420 Stadtrechte besaß. Im 14. Jh. hatte man begonnen, an einer Stelle der älteren Wehranlage eine *Burg* zum Schutz des Fährverkehrs über den Fluß Liwiec zu errichten; vollendet wurde sie erst 1429 von dem Baumeister NIKLOS, der in diesen Jahren auch die Burg in Chiechanów baute (s. S. 224). Im 17. Jh., während der ›Schwedischen Sintflut‹, wurde die Burg zerstört: Die Stadt erlitt dabei so schwere Schäden, daß sie sich nicht mehr erholen konnte; dazu trug auch die übermächtige Konkurrenz der Nachbarstadt Węgrów bei. 1869 büßte Liw schließlich die Stadtrechte ein.

Trotz jahrhundertelanger Verwahrlosung haben sich große Teile der Burg erhalten, so daß man ihr ursprüngliches Aussehen leicht nachvollziehen kann. Aus dem rechteckigen Block der mächtigen, geböschten Umfassungsmauern schiebt sich an der nordwestlichen Flanke ein gedrungener polygonaler Turm vor, der als Torbastion den Zugang zu dem Areal sicherte. Im Innern der Anlage war zunächst an der linken Flanke ein dreigeschossiges Wohngebäude errichtet worden, das man ›Dom Duży‹/›Großes Haus‹ nannte. Wenig später entstand gegenüber das ›Dom Mniejszy‹/›Kleinere Haus‹, das man 1792 durch das barocke Amtsgebäude der damaligen Starostei ersetzte. In den Jahren 1956–61 restaurierte man die Burgruine und baute die Starostei wieder auf, die bereits um die Mitte des 19. Jh. zerstört worden war. In ihren Räumen wurde das *Muzeum Zbrojowni na Zamku w Liwie/Rüstkammer-Museum in der Burg zu Liw* eingerichtet mit einer interesssanten Sammlung europäischen und orientalischen Kriegsgeräts, Waffen, Rüstungen sowie Schlachtenmalerei.

Liw, Ansicht der im 17. Jh. zerstörten Burg

Das Städtchen **Węgrów**, 5 km nordöstlich von Liw gelegen, entwickelte sich im Mittelalter als Handelsplatz an einem Kreuzungspunkt wichtiger Verkehrsverbindungen zwischen Warszawa, Litauen und dem Gebiet der Pruzzen. Die Stadtrechte verlieh ihm 1441 Herzog Bolesław IV. Seit dem 16. Jh. gehörte Węgrów zu den Zentren der Reformation in Masowien; die Familie Krasiński, der die Stadt zwischen 1664 und 1762 gehörte, betrieb jedoch mit großem Aufwand eine gegenreformatorische Politik. Diesem Engagement verdankt Węgrów zwei kostbare Denkmäler der Barockarchitektur: die Pfarrkirche und das Franziskanerkloster, beides Werke Tylman van Gamerens.

Die *Kościół Parafialny/Pfarrkirche* nimmt mit ihrer Fassade und der Toranlage die Ostflanke des *Marktplatzes* ein. Ursprünglich stand hier eine im 16. Jh. errichtete spätgotische Hallenkirche. Nach einem Brand 1703 beauftragte der Wojewode von Płock, Jan Dobrogost Krasiński, den Architekten Tylman van Gameren mit einem Umbauprojekt, das in den folgenden Jahren Carlo Ceroni und Johann Reisner ausführten. 1707–08 wurde die Kirche von Michelangelo Palloni ausgemalt.

Von dem gotischen Bau hat Tylman van Gameren die Umfassungsmauern und die beiden Türmchen zu seiten der Fassade beibehalten. Die Kirchenmauern verwandelte er in eine großzügige Basilika: Der Chor ist kaum eingezogen, das Mittelschiff öffnet sich in weiten Arkaden zu den Seitenschiffen. Den ganzen Raum umzieht eine Pilastergliederung, auf deren Gebälk die Gewölbe aufsitzen. An der östlichen Chorwand malte Michelangelo Palloni eine als Ausblick aus einer Loggia konzipierte Szene der Himmelfahrt Mariens. In den Seitenschiffen und in den Chorkapellen befinden sich Altargemälde, die ebenfalls als illusionistische Ausblicke ins Freie aufgefaßt sind. In der Sakristei wird eine bemerkenswerte Galerie barocker Porträts von Kirchenfürsten aufbewahrt.

Die Kirche steht inmitten des Friedhofs, den man zu Beginn des 18. Jh. mit einer Mauer umgeben und zum Marktplatz hin mit einer Toranlage, flankiert von zwei niedrigen Ecktürmen, versehen hat.

Neben der Kirche, am Marktplatz Nr. 26, Ecke ul. Staszica, steht das sogenannte *Dom Gdański/Danziger Haus*, ein ehemaliges Gasthaus aus dem 18. Jh.

Weiter östlich, an der ul. Kościuszki, liegen *Kościół* und *Klasztor poreformacki/Kirche* und *Kloster der reformierten Franziskaner*, eine Gründung JAN KAZIMIERZ KRASIŃSKIS (1668). Die zunächst errichteten provisorischen Holzbauten wurden in den Jahren 1693–1706 durch die heutige Anlage ersetzt. Auch hier war TYLMAN VAN GAMEREN der Architekt; CARLO CERONI und JOHANN REISNER führten den Bau aus. Bis zur Weihe 1711 arbeitete MICHELANGELO PALLONI noch an der Dekoration des Innern. Die Fassade der Kirche mit dem hohen Mitteltrakt und den niedrigen Flanken spiegelt die Anlage des Innenraums. Das kurze Langhaus mit hochgespannten Gewölben begleiten je zwei kleine, überkuppelte Kapellen, untereinander durch schmale Durchgänge verbunden. Über der Vierung wölbt sich eine Kuppel. Auch hier umklammert den gesamten Kirchenraum eine Pilasterordnung mit hohem Gewölbe, dessen Gesims weit vorkragt und damit die einzelnen Raumteile zusammenschließt. PALLONIS Kuppelfresko zeigt die Anbetung der Hl. Dreifaltigkeit, in den Pendentifs darunter sind Szenen aus dem alten Testament dargestellt: die Erschaffung der Welt, die Vertreibung aus dem Paradies, Moses bei der Entgegennahme der Gesetzestafeln und die Taufe Christi im Jordan. Die Kapellen malte PALLONI mit Szenen aus dem Leben verschiedener Heiliger aus. Den monumentalen Hochaltar mit einem Kruzifix über dem Sakramentstabernakel, der trauernden Muttergottes und Johannes dem Evangelisten sowie Gottvater in der Engelsglorie hat ebenfalls TYLMAN VAN GAMEREN entworfen. Über der Tür zur nördlichen Chorkapelle befindet sich das Epitaph JAN DOBROGOST KRASIŃSKIS, der den Bau der Klosteranlage wie auch den der Pfarrkirche gestiftet hatte (1703, ANDREAS MACKENSEN D. J.). Das Epitaph ist als Allegorie des Todes und des Nachruhms konzipiert.

Zur Kirche führt ein Vorhof, in dessen Mauern flache Nischen mit Kreuzwegstationen eingelassen sind.

90 km östlich von Warszawa liegt am Rande des Hochlandes von Siedlce die Wojewodschaftshauptstadt **Siedlce,** eine Barockstadt, die sich im 18. Jh. unter dem Mäzenat der Aristokratenfamilie CZARTORYSKI aus einer bedeutenden Ortschaft entwickelt hat. Da die urbanistische Disposition aus dieser Zeit stammt, fehlt der zentrale Marktplatz, das Merkmal in langer Tradition gewachsener Siedlungen.

Die Blüte der Stadt begann mit der Errichtung des Pałac Czartoryskich/Palais' Czartoryski am Ende der ul. Kościuszki (Anfang des 18. Jh.), das nach dem neuen Besitzer später *Pałac Ogińskich/Palais Ogiński* genannt wurde. Ihre endgültige Gestalt erhielt die Residenz in den Jahren 1776–82, als sie die Fürstin ALEKSANDRA CZARTORYSKA (verh. OGIŃSKA) von STANISŁAW ZAWADZKI ausbauen ließ. Die Fassade des eleganten klassizistischen Palastes auf rechteckigem Grundriß trägt eine schlichte Pilastergliederung; in der Mitte, über dem Eingang, schiebt sich ein übergiebelter Portikus auf schlanken Säulen vor. An den Hauptkörper schließen niedrige Flügelbauten an, in denen die Wirtschaftsräume untergebracht waren.

Der Palast wurde 1950 wiederaufgebaut und dient seither als Sitz der Urząd Miejski/Stadtverwaltung; die einst kostbare Innenausstattung hat sich nicht erhalten.

Der *Park Miejski/Stadtpark,* in den die Residenz eingebettet ist, geht ebenfalls auf eine Idee ALEKSANDRA OGIŃSKAS zurück. 1768, noch vor dem Umbau des Palastes, begann die Fürstin, das Gelände in einen romantischen Landschaftspark nach englischer Mode, kombiniert mit einem italienischen Parterregarten, zu verwandeln. Sie löste damit eine über Jahrzehnte andauernde Konkurrenz unter den polnischen Adelsfamilien um den schönsten und phantasievollsten Garten aus. Als 1783 König STANISŁAW AUGUST PONIATOWSKI der Fürstin einen Besuch abstatten wollte, wurde der Garten noch einmal neu gestaltet: Die bestehenden Gewässer wurden durch zusätzliche Kanäle verbunden, in den Teichen malerische künstliche Inseln aufgeschüttet, verwunschene Grotten gebaut, antikische Tempelchen, Miniaturen orientalischer Heiligtümer und rustikale Bauernhütten in der Landschaft verstreut. Nach dem Tod ALEKSANDRA OGIŃSKAS verfiel der Park allmählich, die Pavillons wurden abgetragen, die Gewässer zugeschüttet und die Führung der Wege verändert.

Durch die ul. Kościuszki, vorbei an ehemaligen Nebengebäuden des Palastes (Gästehaus und Stallungen), gelangt man ins Stadtzentrum. Das klassizistische *Postgebäude* an der Ecke ul. Świerczewskiego hat 1827–28 ANTONIO CORAZZI errichtet.

Die *Kaplica Ogińskich/Ogiński-Kapelle* auf dem Areal des ehemaligen Friedhofs, wenige Schritte weiter östlich an der ul. Michała Roli-Żymierskiego, ist ein reizvoller klassizistischer Kuppelbau mit drei Säulenportiken. Entworfen hat ihn 1791 der Maler ZYGMUNT VOGEL. In der Gruft unter der Kapelle liegt ALEKSANDRA OGIŃSKA bestattet.

An der Ecke der ul. Kościuszki lohnt die *Kościół św. Stanisława/Pfarrkirche St. Stanislaus,* die noch der frühere Stadtherr KAZIMIERZ CZARTORYSKI gestiftet hatte, eine Besichtigung. Der 1740–48 entstandene spätbarocke Bau erhielt auf Betreiben ALEKSANDRA OGIŃSKAS eine klassizistische Fassade (1793, STANISŁAW ZAWADZKI) sowie einen prachtvollen neuen Hochaltar. Das Motiv des Säulenportikus vor dem Eingang ist sicher als Hinweis auf die architektonische Form des Palastes und damit auf die Stifterin zu verstehen. Von der erhaltenen Kirchenausstattung verdienen besonders die großen Gemälde des SZYMON CZECHOWICZ Beachtung, dessen Werke in vielen Kirchen des Podlasie zu finden sind. Der Hochaltar birgt ein Gnadenbild aus dem 17. Jh., das die Madonna mit Kind zeigt, beide tragen applizierte, mit Edelsteinen besetzte Gewänder aus vergoldetem Silber und Kupfer.

Den Mittelpunkt der Stadt markiert das 1766–72 erbaute, repräsentative *Ratusz/Rathaus,* wirkungsvoll plaziert auf dem Areal gegenüber der Kirche, jenseits der ul. Floriańska. Auch dieses Ensemble geht auf die Initiative und eine Stiftung ALEKSANDRA OGIŃSKAS zurück. Architekt war JOHANN SIGISMUND DEIBEL, der zu jener Zeit am königlichen Hof in Warszawa arbeitete. Das Rathaus diente hauptsächlich der Organisation des Handels sowie repräsentativen Funktionen; eine eigenständige Verwaltung gab es nicht, da sich die Stadt in privater Hand befand. Deshalb genügte ein kleiner, eingeschossiger Flügelbau, der allerdings mit dem weit vorspringenden Mittelrisalit, der Pilastergliederung und der Eingangsloggia sowie dem mächtigen, reich dekorierten Turm die Pracht aristokratischer Residenzen entfaltete.

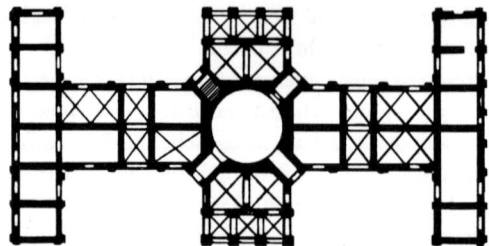

Siedlce, Grundriß des Rathauses

Während des Zweiten Weltkriegs wurde das Rathaus schwer beschädigt; seit dem Wiederaufbau in den Jahren 1945–52 beherbergt es das *Muzeum Okręgowe/Bezirksmuseum* mit einer interessanten Sammlung zu Geschichte und Kultur von Podlasie. Außerdem wird das Werk der zeitgenössischen Siedlcer Malerin MAŁGORZATA ŁADA-MACIĄGOWA gezeigt.

Biała Podlaska, nur 36 km entfernt von der Grenze zu Weißrußland und der Stadt Brest gelegen, ist in seinem alten Kern eine Schöpfung der Magnatenfamilie RADZIWIŁŁ. Die Geschichte des Ortes begann erst im späten 15. Jh., und etwa 150 Jahre später, mit den schwedischen Kriegen, schien sie bereits ein Ende gefunden zu haben. Dank dem Mäzenatentum der RADZIWIŁŁS erholte sich die Stadt im 18. Jh. wieder. Im Zweiten Weltkrieg erfuhr Białas Stadtentwicklung jedoch einen neuerlichen schweren Einbruch; 1940 wurde hier das erste von mehreren großen Konzentrationslagern eingerichtet, das letzte entstand noch im Frühjahr 1944. In den Wäldern um Biała Podlaska wurden unzählige Gefangene erschossen.

Der historische Kern der Stadt beschränkt sich auf wenige Straßenzüge zwischen dem Pl. Wolności und dem Park Radziwiłłowski.

Der *Park* umgibt die Reste der ehemals majestätischen *Residenz* der RADZIWIŁŁS, die seit 1622 in langer Bauzeit nach einem Plan des hauptsächlich in Lublin tätigen italienischen Architekten PAOLO NEGRONI entstanden ist. Die Residenz war ursprünglich eine auf fünfeckigem Grundriß angelegte, mit Bastionen, Wällen und Gräben bewehrte Festung, in deren Hof sich ein prächtiger Palast erhob, begleitet von Wirtschaftsgebäuden und einer Kapelle. Nach Süden hin, zum Ufer des Flusses Krzna, erstreckte sich ein umfriedeter Wildpark, in dem neben Hirschen, Rehen und Wisenten sogar Bären lebten. Noch während der Bauzeit wurde die Residenz von den Schweden zerstört; im Laufe des 18. Jh. folgten weitere Verwüstungen, die auch die ganze Stadt trafen. Die erhaltenen Bauteile der Schloßanlage wurden in den Jahren 1976–78 restauriert und dienen heute als Sitz des Kulturzentrums der Wojewodschaft.

Man betritt das Areal von der ul. F. Dzierżyńskiego, vorbei an der weitgehend erhaltenen, jedoch nur annähernd originalgetreu restaurierten Toranlage. Der die Zufahrt sichernde *Wieża Brama/Torturm* ist ein beliebter Aussichtspunkt, von dem aus man die ganze Stadt überblicken kann. Hinter dem Torturm trifft man auf ehemalige Wirtschaftsgebäude, die Ende des 17. Jh. errichtet und später aufgestockt wurden und den Hof L-förmig umschließen. Zum Teil zeigen sie noch ihre ursprüngliche Fassadengliederung mit einer Pilasterordnung. Frontal gegenüber stand ursprünglich der Palast, von dem nur noch die Fundamente erhalten sind. An der südöstlichen Ecke der damaligen Anlage erhebt sich ein weiterer barocker Turm, der die Palastfassade begrenzt. Die schwarzen Adler in der Sgrafitto-Dekoration stellen Wappentiere der Radziwiłłs dar. Hinter diesem zweiten Turm befindet sich die ehemalige Schloßkapelle aus der zweiten Hälfte des 17. Jh., deren Dekoration im Stil der späten Renaissance vollständig verlorengegangen ist. Zu seiten des Palastkomplexes sind Reste der Befestigung zu sehen, die nur noch einen schwachen Eindruck von der ursprünglichen Wirkung vermitteln können.

Der Weg zum Pl. Wolności führt an der *Kościół Farny św. Anny/Pfarrkirche St. Anna* in der ul. F. Dzierżyńskiego vorbei, die in den Jahren um 1600 an Stelle eines älteren hölzernen Sakralbaus entstand. Das schlichte Gebäude im Renaissancestil birgt im Inneren die reich dekorierte Familienkapelle der Stadtherren. Während der ersten Hälfte des 17. Jh. ließ sie Karol Stanisław Radziwiłł mit Stuckreliefs und Malereien ausschmücken, die denkwürdige Ereignisse aus der Geschichte der Familie darstellen.

Wenige Schritte weiter östlich geht die Straße in den ehemaligen Marktplatz und heutigen Pl. Wolności über. Er ist mit Wohnhäusern aus dem 19. Jh. bebaut, deren Baumaterial zum größten Teil aus den Ruinen des Schlosses stammt. In der Mitte des Platzes standen einstmals hölzerne Ladenbauten; ein Rathaus gab es nicht, da sich die Stadt unter der Herrschaft der Fürsten befand.

Die Gedenkstätte an der nördlichen Häuserfront erinnert an die Opfer von öffentlichen Hinrichtungen, die hier im Herbst 1943 von den Nazis vorgenommen wurden.

An der Ecke zur ul. Świerczewskiego (Eingang ul. Pocztowa 4) befindet sich das *Muzeum Okręgowe/Bezirksmuseum* mit einer Dokumentation der Stadtgeschichte und einer reizvollen Sammlung regionalen Kunsthandwerks.

Durch die ul. Reformacka gelangt man zur *Kościół św. Antoniego* mit dem *Klasztor poreformacki/Kirche St. Antonius* und *Kloster der reformierten Franziskaner*. Der barocke Klosterkomplex, eine Radziwiłł-Stiftung, entstand in den 1670er Jahren. Trotz ihrer wechselvollen Geschichte, in der die Kirche u. a. von 1939–44 den deutschen Streitkräften als Materiallager diente, weist das Gotteshaus keine größeren Beschädigungen auf. Das Deckenfresko zeigt Wappenmotive der Stifterfamilie. In dem Klostergebäude ist heute eine Schule untergebracht.

Für die Ortschaft **Radzyń Podlaski** ist belegt, daß sie sich seit dem 15. Jh. im Besitz verschiedener Adelsfamilien befunden hat. Zu Berühmtheit gelangte Radzyń 1686, als der damalige Eigentümer Stanisław Antoni Szczuka den Architekten Agostino Locci mit dem Umbau eines – nicht näher bekannten – Herrenhauses zu einem Schloß betraute, das wenig später schon die Familie Potocki erbte. Wie auf allen ihren Besitzungen entfalteten die Potockis auch hier eine rege Bautätigkeit und ein Mäzenatentum auf höchstem Niveau. In den Jahren 1750–59 verwandelte Jacopo Fontana, Hofarchitekt in Warszawa, Loccis Barockschlößchen in die großzügige Anlage, wie sie sich heute präsentiert. Das *Schloß* (Abb. 16) wurde schon damals als ›Wersal Podlaski‹/›Podlasisches Versailles‹ gerühmt. Der

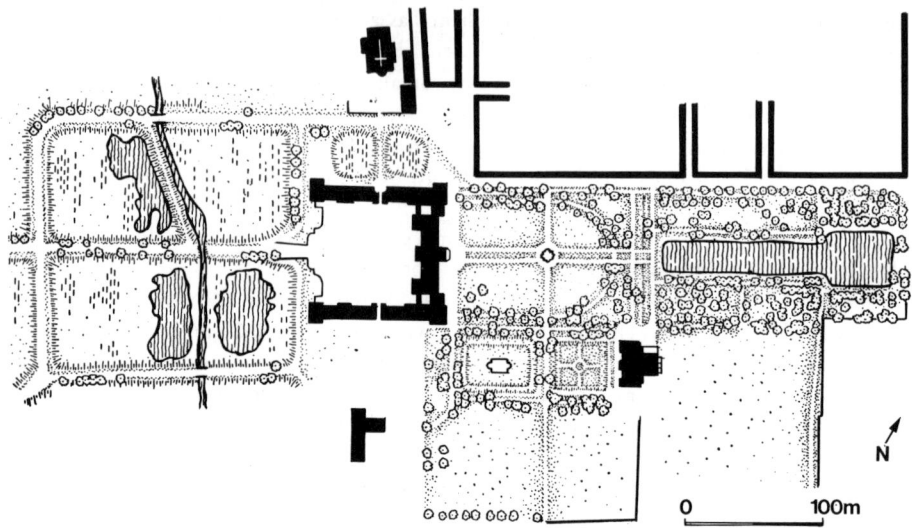

Radzyń Podlaski, Plan der Schloß- und Parkanlage

Hauptbau mit seinen drei zur Mitte hin gesteigerten Risaliten beherrscht den weiten Ehrenhof, seitlich von zwei langgestreckten Flügelbauten umschlossen. Die offene Seite des Hofes begrenzt eine geschwungene Mauer. Die Hauptachse der Anlage – vom Haupttor zur Schloßfassade – kreuzte JACOPO FONTANA mit einer zweiten, quergelegten Achse: Die Seitenflügel sind in der Mitte von turmbekrönten Torbauten unterbrochen, durch die eine Straße quer über den Ehrenhof führt. Diese ungewöhnliche Lösung, mit der zugleich ein neuer Bautypus entstand, fand FONTANA für die Aufgabe, den Herrschaftssitz an die Stadt anzubinden. Anders als üblich öffnet sich die Schloßanlage hier nicht mit der repräsentativen Hauptfassade zur Stadt, sondern kehrt ihr die Seitenfront zu.

Auch für die Dekoration der Innenräume war der bekannte Architekt verantwortlich. Seine Entwürfe ließ der Bauherr EUSTACHY POTOCKI von so prominenten Künstlern wie dem Hofmaler JAN BOGUMIŁ PLERSCH und dem Bildhauer JOHANN REDLER ausführen. Von dem üppigen Rokokoschmuck haben sich jedoch nur noch die Plastiken an den Fassaden erhalten; die gesamte Innenausstattung ist verlorengegangen.

Bereits im 19. Jh. – das Anwesen hatte inzwischen den Besitzer gewechselt – verwahrloste das Schloß zusehends. 1920 wurde es dem Staat übereignet und diente bis 1939 als Verwaltungssitz. 1944 fiel es einem verheerenden Brand zum Opfer. Beim Wiederaufbau, der bis 1973 abgeschlossen war, verzichtete man auf die Rekonstruktion der Ausstattung; auch die Raumeinteilung entspricht nicht mehr der ursprünglichen Konzeption. Wie vor dem Krieg, dient das Schloß auch heute wieder der regionalen Verwaltung als Amtssitz.

Hinter der Schloßanlage erstreckt sich ein *Garten*, den EUSTACHY POTOCKI 1767 von dem Gartenbaumeister KNACKFUSS nach dem Vorbild französischer Barockparks anlegen ließ, mit geometrisch aufgegliederten Parterres, Spalieren, in ornamentalen Linien geführten Hecken, unterbrochen von Kanälen. Die *Orangerie* auf dem Gartenareal, die JACOPO FONTANA zugleich mit dem Schloßumbau errichtet hat, zählt zu den schönsten Beispielen der Rokokoarchitektur in Polen. Nach der Zerstörung 1944 wurde sie noch im selben Jahr als erstes Baudenkmal in ganz Polen wiederhergestellt.

Góra Kalwaria – Czersk – Rezerwat Modrzewina – Mała Wieś

Etwa 34 km südlich von Warszawa erreicht die alte Handelsstraße nach Czersk zunächst die am Weichsel-Ufer gelegene Kleinstadt **Góra Kalwaria/Kalvarienberg**. Die Entwicklung des Dorfes, das bereits seit dem 13. Jh. belegt ist, begann mit dem Jahr 1666, als der Bischof von Poznań, STEFAN WIERZBOWSKI, die Ansiedlung erwarb. Er gründete hier als Wallfahrtsort einen ausgedehnten Kreuzweg nach dem Vorbild des Kalvarienbergs in Jerusalem. Der Stadtgrundriß in Form eines lateinischen Kreuzes, dessen Spitze auf die Mündung des Cedron genannten Baches in die Weichsel zeigt, hat sich bis heute erhalten, seit dem 19. Jh. allerdings umschlossen von der wachsenden Wohnbebauung. Entlang der zwei Hauptachsen der Stadt, ul. Kalwaryjska sowie ul. Dominikánska und ul. Pijarska, ließ der Bischof zahlreiche Kapellen und Andachtstätten errichten, die meisten fielen Zerstörungen im Zweiten Weltkrieg zum Opfer.

Von der ursprünglichen Anlage hat nur noch die Ende des 17. Jh. erbaute barocke *Kaplica Piłata/Pilatuskapelle* in der ul. Dominikańska mit einem Gemäldezyklus der Passion Christi aus der Zeit um 1700 die Zeit überdauert. In der Krypta ist der Bischof WIERZBOWSKI bestattet. Die heutige Pfarrkirche *Kościół Pobernardyński/Bernhardinerkirche* entstand mit der Klosteranlage in der Gründungszeit als provisorischer Holzbau. Die spätbarocke Kirche errichtete JACOPO FONTANA in den 1750er Jahren; die ursprüngliche Ausstattung ist fast vollständig erhalten geblieben. Im ehemaligen Klostergarten, der sich zum Flußufer hin erstreckt, steht noch die kleine *Kaplica św. Antoniego/St.-Antonius-Kapelle*. An die darin aufgestellte Holzfigur des Heiligen knüpfen sich zahlreiche (lokale) Wunderlegenden.

Im 19. Jh., als die Kultstätte zu einer Stadt heranzuwachsen begann, errichtete BONIFACY WITKOWSKI in den Jahren 1829–34 auf dem Marktplatz ein klassizistisches *Rathaus*. Vom selben Architekten stammt auch die Markthalle neben dem Rathaus, die als interessantes Beispiel dieses Bautypus nach dem Krieg rekonstruiert wurde.

Der malerische Ort **Czersk,** zu dem ein reizvoller, 3 km langer Spaziergang entlang der Weichsel-Böschung führt, war im Mittelalter bis zum Aufstieg Warszawas eine der wichtigsten Städte in Masowien.

Archäologische Untersuchungen haben gezeigt, daß die Ansiedlung bereits im 10. oder 11. Jh. auf der höchsten Erhebung der Landschaft bestanden hat. Seit dem 13. Jh. war Czersk Hauptort des gleichnamigen Herzogtums. Erst in der zweiten Hälfte des 14. Jh., als die Siedlung zur Stadt erhoben worden war, begann man mit dem Bau der gemauerten

Burg, deren eindrucksvolle Ruine von der wechselvollen Geschichte Czersks zeugt. Dank der Lage an einem der ältesten und wichtigsten Handelswege erreichte die Stadt bald neben der politischen Bedeutung auch eine wirtschaftliche, und im 16. Jh. wurde sie außerdem berühmt für ihre Tuchherstellung. Schon im folgenden Jahrhundert ging die Epoche des Wohlstands jedoch zu Ende: Die ›Schwedische Sintflut‹ hinterließ auch hier Verheerungen, und die Entwicklung Warszawas verhinderte einen neuen Aufschwung. Im 19. Jh. war aus Czersk ein unbedeutendes Dorf geworden, dem 1869 die Stadtrechte entzogen wurden.

Aufstieg und Verfall des Ortes spiegeln sich in der Geschichte der *Burg.* Ihre Umfassungsmauern, die ein unregelmäßiges Viereck beschreiben, zeigen, daß sie über dem Areal der frühmittelalterlichen Ansiedlung errichtet worden ist. Die drei Bastionen gehören zum ursprünglichen Bestand. Am Mauerwerk der beiden runden Wehrtürme läßt sich ablesen, daß diese Gebäudeteile zunächst nicht über die Mauerkrone hinausragten, denn die Zinnenkränze zeichnen sich noch deutlich ab. Auf ihre jetzige Höhe wurden sie wohl im 16. Jh. aufgestockt, als man auch die nordöstliche Eckbastion zu einem rechteckigen Torturm umbaute. Der südöstliche Turm diente als Kerker; zu dem hochgelegenen Eingang über dem fensterlosen Erdgeschoß führte eine Holztreppe. Im Westturm war vermutlich das Arsenal untergebracht; innerhalb des Mauerrings haben sich Spuren der früheren Bebauung erhalten. Entlang der nördlichen Flanke stand das Wohngebäude, dessen Fundamente zum Teil ausgegraben wurden. Inmitten des Areals erhob sich eine Kapelle, von der nur noch die Fundamentlinien zu sehen sind. Nach Südwesten hin, wo die Umfassungsmauern fehlen, öffnet sich ein weiter Blick über die Równina Warszawska/Warschauer Tiefebene.

Bei Grójec, 28 km südwestlich von Czersk, dehnt sich auf einer Fläche von 41 ha das **Rezerwat Modrzewina** aus, ein unter Naturschutz stehender Lärchenwald, dessen Baumbestand 160 bis 240 Jahre alt ist. Besonders attraktiv ist der Wald im Herbst, wenn sich das Laub verfärbt (ausgeschilderte Spazierwege).

Ganz in der Nähe liegt **Mała Wieś/Kleines Dorf** mit der Residenz der Familie WALICKI. Das klassizistische *Palais,* ein eleganter Bau mit übergiebeltem Säulenportikus vor dem Eingang, hat 1783–86 der bedeutende Architekt HILARY SZPILOWSKI für den Wojewoden BAZYLI WALICKI errichtet. Die strenge Würde der Fassade wird durch die Weite des Vorplatzes unterstrichen, den seitlich angrenzende Wirtschaftsgebäude wie einen Ehrenhof umschließen. Anders als der Großteil vergleichbarer Residenzen hat das Palais Walicki seine kostbare – restaurierte – Innenausstattung bewahrt. Die Stuckdekorationen, Skulpturen und Malereien stammen von FRIEDRICH ALBERT LESSEL und ROBERT STANKIEWICZ. Wie es für das späte 18. Jh. charakteristisch ist, legte man Wert auf stilistische Vielfalt im Schmuck der verschiedenen Räumen. Besonders bemerkenswert ist der Sala Warszawska/Warschauer Saal, an dessen einer Wand man durch eine perspektivisch virtuos gemalte Säulenloggia auf das Panorama der Hauptstadt blickt. (Für die Besichtigung ist die Erlaubnis der Urząd Rady Ministów/Ministerrats erforderlich, dem das Palais als Erholungsheim dient.)

Der französische Parterregarten, der gleichzeitig mit dem Bau des Palais angelegt worden war, hat sich ebenso bis heute erhalten wie der Landschaftspark aus dem Jahr 1825.

Dorota Leszczyńska/Michaela Marek

Wielkopolska/Großpolen

In dem weiträumigen Gebiet zwischen der Grenze zu Deutschland und Polens zweitgrößter Stadt Łódź/Lodsch, in West- und Mittelpolen, findet man zahlreiche Städtenamen mit dem Zusatz Wlkp. Gorzów Wlkp. beispielsweise, das frühere Landsberg an der Warthe, oder etwa Środa Wlkp., südöstlich von Poznań/Posen. Wlkp. steht für ›Wielkopolska/Großpolen‹, eines der historischen Kerngebiete des Polentums, mehr noch, das erste Organisationszentrum des polnischen Staates. Hier liegen auch jene Siedlungen, die in Polen als ›älteste Hauptstädte‹ gelten: Poznań, Gniezno/Gnesen und Kruszwica am Gopło-See.

Heute ist Großpolen nur noch ein historischer Begriff, der auch in geographischen, wirtschaftlichen und kulturellen Zusammenhängen auftaucht; aufgrund der Verwaltungsneugliederung von 1975 sind es insgesamt zehn Wojewodschaften, die – ganz oder teilweise, und sicher auch in dem einen oder anderen Fall historisch umstritten – Großpolen zuzuordnen sind: Gorzów, Zielona Góra, Poznań, Piła, Bydgoszcz, Leszno, Konin, Kalisz und Sieradz.

Politisch wurde die Geschichte Großpolens in guten wie in schlechten Zeiten fast immer bestimmt von der unmittelbaren Nachbarschaft zu Deutschland, die sich seit dem 10. Jh. herausgebildet hatte, als man auf polnischer und deutscher Seite begann, heidnisch-westslawische Stämme zwischen Elbe und unterer Wisła/Weichsel sowie zwischen Saale und Odra/Oder zu unterwerfen und zu missionieren, oft gleichzeitig und auch gemeinsam. Östlich der Odra entstand ein Gebiet, in dem sich deutsche und polnische Einflüsse fortan immer wieder ablösten und überlagerten, von denen später wiederum entweder Deutsche oder Polen ihre ›geschichtlichen Rechte‹ herleiten sollten.

Die hier umschriebene Region, und damit einige der genannten Wojewodschaften, umfaßten auch einen Teil der ehemaligen deutschen Ostgebiete, die in den Grenzen des Deutschen Reiches Schlesien, Brandenburg und Posen-Westpreußen zugeordnet waren. Polen und Deutsche haben hier im Laufe ihrer tausendjährigen Nachbarschaft wirtschaftliche und kulturelle Leistungen erbracht, die Großpolen bis heute prägen.

Im Rahmen der Siedlungsgeschichte gehen Archäologen und Historiker davon aus, daß während der jüngeren Bronzezeit weite Teile des späteren Großpolens, von einem illyri-

Wielkopolska / Großpolen

Chojnice

Tuchola

Sępólno Krajeńskie

Grudziądz

Chełmno

Brodnica

Mława

Nakło n. Notecią

Bydgoszcz

Toruń

Puszcza Bydgoska

Żnin

Sierpc

Ciechanów

rowiec

Inowrocław

Biskupin

Kruszwica

J. WŁOCŁAWSKIE

Płońsk

k o p o l s k i e

Trzemeszno

Strzelno

Włocławek

Nowy Dwór Mazowiecki

Gniezno

Gnieźnieńskie

J. GOPŁO

Płock

Pojezierze

Wrzesina

da elkopolska

Słupca

Konin

Kutno

Sochaczew

Ląd

Koło

Łęczyca

Tum

Łowicz

Skierniewice

Jarocin

Turek

Głowno

Pleszew

Goluchów

Poddębice

Zgierz

Brzeziny

Rawa Mazowiecka

Kalisz

Łódź

Krotoszyn

Błaszki

Sieradz

Pabianice

Łask

Ostrów Wielkopolski

Zduńska Wola

Tomaszów Mazowiecki

J. SULEJOWSKIE

Ostrzeszów

Bełchatów

Piotrków Trybunalski

Oleśnica

Kępno

Wieluń

Radomsko

N

0   50 km

Wisła

schen, dem Lausitzer Kulturkreis angehörenden Volk bewohnt wurden, das später wahrscheinlich durch die Einwanderung nordisch-germanischer Stämme nach Südosten verdrängt oder überlagert wurde. Zu Beginn unserer Zeitrechnung war diese germanische Landnahme abgeschlossen. Ausgelöst durch den Hunnensturm und germanische Wanderungen begannen ab 400 n. Chr. slawische Stämme von Osten her in die zu diesem Zeitpunkt fast menschenleeren Gebiete einzusickern und sie im 7. Jh. bis an die Linie Elbe-Saale zu besiedeln.

Im Stammesgebiet der Polanen (lateinisch *Poloni*, polnisch *Polanie*) an der mittleren Warta/Warthe und der oberen Noteć/Netze lassen sich die ersten Ansätze von Staatsbildung bis ins 9. Jh. zurückverfolgen; Fürst MIESZKO I. (um 960–992) erscheint schließlich als Herrscher eines gefestigten Staatswesens, wie verschiedene Quellen berichten: die Chronik des sächsischen Mönchs WIDUKIND VON CORVEY, der Reisebericht des jüdischen Kaufmanns IBRAHIM IBN JAKUB, zeitgenössische Annalen und schließlich die Chronik des Bischofs THIETMAR VON MERSEBURG. 966 nimmt MIESZKO I. für sich und sein Volk das Christentum nach lateinischem Ritus an, 968 wird in Poznań ein Missionsbistum gegründet. Bei seinem Tod hinterließ der Herrscher ein ausgedehntes Reich, das von der Oder nach Osten bis über die Weichsel und von den Sudeten bis an die Ostsee reichte. Die Schaffung eines polnischen Erzbistums in Gniezno im Jahre 1000 ermöglichte den Aufbau einer eigenen polnischen Kirchenorganisation und betonte vor allem die Selbständigkeit Polens gegenüber dem Deutschen Reich. Gleichzeitig wurde die Missionierung im eigenen Staat durch Vermehrung der Pfarrgemeinden und durch erste Klostergründungen vorangetrieben: Międzyrzecz und Tum pod Łęczycą (beide um 1000), Lubin, Mogilno und Trzemeszno (zweite Hälfte 11. Jh.) im Gebiet Großpolens. Mit Zustimmung des Papstes JOHANNES XIX. wurde BOLESŁAW I. CHROBRY am 25. 12. 1024 zum König von Polen gekrönt.

Unter seiner Herrschaft war die sogenannte Kastellaneiverfassung bereits vollständig ausgebildet; ein ganzes Netz von Burgen überspannte das Land, von denen aus der jeweilige Kastellan seinen administrativen, jurisdiktiven und fiskalischen Aufgaben nachging. In der Nachbarschaft dieser Burgen entwickelten sich Dienstsiedlungen *(Podgrodzie),* von denen aus die Versorgung der Burgen gewährleistet wurde und die nach und nach die Gestalt von Städten annahmen (Gniezno, Poznań, Kruszwica).

Vom Mittelalter bis ins 18. Jh. sollte polnische staatliche Souveränität für Großpolen politisch bestimmend bleiben. Im 11. Jh. drangen polnische Christianisierung und Lehenshoheit kurzfristig bis in die Lausitzer Mark (Bistum Lebus) vor und blieben in Schlesien einige Jahrhunderte lang bestimmend. Bei der Unterwerfung und Christianisierung heidnischer Pommern östlich der Oder-Mündung begannen besonders im 12. Jh. Polen und Deutsche zusammenzuarbeiten. Gleichzeitig galt auch für einige Teile Großpolens, daß hier die deutsche ›Wanderung‹ nach Osten erheblich weiter reichte als der Staatsverband des Deutschen Reiches; wenn aber das mittelalterliche Deutschtum bis in die Neuzeit erhalten blieb, dann vor allem in den städtischen Kommunen.

Nachdem die polnischen Könige im 14. Jh. durch entsprechende Verträge ihre Ansprüche auf Schlesien aufgegeben hatten und das Land schließlich definitiv aus dem Königreich Polen ausschied, blieb die langgestreckte Grenze zwischen Großpolen und Schlesien bis zur zweiten polnischen Teilung (1793) nahezu unverändert. Wechselhaft und strittig dagegen gestaltete sich die Abgrenzung zwischen polnischen und deutschen Hoheitsansprüchen nach Norden hin, also zwischen Oder- und Weichsel-Mündung. Pommern war im 12. Jh. deutsches Lehen geworden; und 200 km östlich der Oder-Mündung, d. h. von Łeba nach Süden, verlief bis ins 19. Jh. die Grenze des Deutschen Reiches. Das östlich davon gelegene Pomerellen mit Gdańsk/Danzig als Mittelpunkt stand bis zum Ende des 13. Jh. politisch vorwiegend unter polnischem und kirchlichem Einfluß; von 1309 bis 1454 übte hier der Deutsche Orden seine Herrschaft aus; und anschließend kam das Gebiet, zusammen mit dem Kulmer Land, dem Bistum Ermland und einem Teil Westpreußens, wieder für 300 Jahre zu Polen.

Als Folge innerer Wirren und der Zersplitterung Polens in einzelne Teilfürstentümer (1138–1320) verlagerte sich das politische Zentrum des Piastenlandes allmählich nach Kleinpolen, und dort nach Kraków/Krakau. Von hier aus wurde zu Beginn des 14. Jh. die Erneuerung des Königreiches betrieben; 1320 war Kraków polnische Krönungsstadt geworden.

Die drei Teilungen Polens am Ende des 18. Jh. veränderten das politische Gesicht Großpolens vollständig. Aufgrund des ersten, am 2. 8. 1772 in Petersburg zwischen Preußen, Rußland und Österreich abgeschlossenen Teilungsvertrages fiel der sogenannte Netze-Distrikt, also der Landstreifen beiderseits der Noteć mit den Städten Bydgoszcz/Bromberg und Inowrocław/Hohensalza, der stets zu Großpolen gehört hatte, an Preußen. Am 23. 1. 1793 wurde der preußisch-russische Teilungsvertrag abgeschlossen, aufgrund dessen Preußen das gesamte Großpolen und einen Teil Masowiens annektierte. Die dritte Teilung, festgelegt durch den Vertrag vom 24. 10. 1795, tilgte den 800jährigen polnischen Staat vollständig von der europäischen Landkarte, Preußen erhielt auch noch Warszawa und Białystok.

Nach dem napoleonischen Zwischenspiel des Herzogtums Warschau unter FRIEDRICH AUGUST VON SACHSEN 1807–15 mußte sich Preußen, später auch das Deutsche Reich, bis zum Ersten Weltkrieg mit dem Posener Gebiet begnügen. Fortan bedeutete preußische Polenpolitik forcierte Germanisierung in Westpreußen, notgedrungene Tolerierung der polnischen Nationalität im sogenannten Großherzogtum Posen. Durch die Revision der preußischen Verfassung 1850 wurde das Großherzogtum offiziell preußische Provinz. In den etwa 40 Jahren zwischen der Reichsgründung und dem Ersten Weltkrieg wurde auch im Gebiet Posens nicht mehr versucht, die staatspolitische und nationale Problematik der polnischen Frage mit Toleranz zu lösen; verstärkte staatliche Eingriffe (Schulaufsichtsgesetz von 1872, Geschäftssprachengesetz von 1877), um die Eigenständigkeit des Polentums deutscher Staatsräson unterzuordnen, dazu beinahe hemmungslos betriebene Germanisierungspolitik führten um die Jahrhundertwende zu einer Art deutschnationaler Kampfpolitik, mit der man dem aktiver werdenden polnischen Nationalbewußtsein Herr zu werden versuchte.

Der Ausgang des Ersten Weltkriegs bedeutete die Wiedererstehung Polens; und durch den Versailler Vertrag vom 28. 6. 1919 erhielt Polen die Provinz Posen und den westpreußischen Weichselkorridor, der dem neuen Staat Zugang zur Ostsee verschaffte. Von den 1,1 Millionen Deutschen, die in diesen Gebieten ansässig gewesen waren, wanderten bis 1921–22 rund zwei Drittel in das Reich ab oder wurden durch wirtschaftlichen bzw. administrativen Druck vertrieben. Insgesamt hatte Polen nach dem Ersten Weltkrieg nirgends die historische Grenze des Jahres 1772 nach Westen überschritten; die später sogenannte Grenzmark Posen-Westpreußen, die vor 1772 zum polnischen Staat gehört hatte, verblieb sogar bei Deutschland.

Der Zweite Weltkrieg und die in seinem Vorfeld zwischen STALIN und HITLER verabredete, im Zusatzprotokoll des deutsch-sowjetischen Nichtangriffspakts schriftlich fixierte (vierte) Teilung Polens hatten auch für Großpolen ein unerträgliches Maß an nationaler Unterdrückung zur Konsequenz. Durch einen Erlaß HITLERS vom 8. 10. 1939 wurden Posen, Westpreußen, Gdańsk und Oberschlesien sowie ein fast ebenso umfangreiches Gebiet, das vor 1914 nicht zu Preußen gehört hatte, dem Reich eingegliedert. Die neue Grenze verband Oberschlesien und Ostpreußen durch eine Linie, die östlich von Kutno und Łódź verlief sowie im Norden dicht an Warszawa heranreichte. Dem Überfall auf das Land folgte der Überfall auf seine Menschen; Entrechtung und Unterdrückung des Polentums wurden institutionalisiert, Verhaftungen und Erschießungen waren an der Tagesordnung.

Das ›Restgebiet‹ Polens erhielt den staats- und völkerrechtlich nicht genau definierten Status eines Reichsnebenlandes unter der Sonderverwaltung des Generalgouverneurs HANS FRANK; eine Art polnische ›Reservation‹, eine Kolonie, aus der es an Arbeitskräften sowie an agrarischer und industrieller Produktion möglichst viel herauszuholen galt. Auf polnischem Staatsgebiet sollte auch die barbarische Vernichtungspolitik der Nationalsozialisten gegenüber den Juden ihre Kulminationspunkte finden.

Die Westverlagerung Polens als Folge der Konferenzen von Teheran, Jalta und Potsdam führte zur Wiedereingliederung Großpolens in seiner Gesamtheit in den polnischen Staat. Millionen Deutsche mußten HITLERS Verbrechen durch Vertreibung aus den Gebieten jenseits von Oder und Netze büßen.

Das 19. Jh., die Epoche nach den drei Teilungen, ist für Polen bedeutsam nicht nur unter dem Aspekt verlorener Souveränität und gleichzeitigen Bemühens um die Bewahrung nationaler Identität, sondern auch unter dem Gesichtspunkt der Formung anthropogeographischer Raumstrukturen, d. h. der Veränderung der ländlichen Sozialverhältnisse, der Industrialisierung und in deren Gefolge der Entstehung neuer Ballungszentren. In diesem Zusammenhang hat jede der drei Teilungsmächte Preußen, Rußland und Österreich unterschiedliche Rahmenbedingungen geschaffen, die die wirtschaftliche, soziale und kulturelle Entwicklung beeinflußten und zu Disparitäten führten, die, obgleich man sie in der Zwischenkriegszeit und nach dem Zweiten Weltkrieg auszuräumen versuchte, noch spürbar sind.

Für Großpolen bedeutete dies, daß sich die relative Nähe zu den deutschen Wirtschaftszentren Berlin und Ruhrgebiet durchaus positiv ausgewirkt hat, wie beispielsweise ein Blick auf Polens Verkehrskarte (Eisenbahnnetz) noch heute beweist. Das durch die preußische Verwaltung gut ausgebildete Grundschulwesen ließ ein ganz erhebliches Bildungsgefälle zu den anderen Teilungsgebieten entstehen, in der Landwirtschaft konnten sich früh unterschiedliche Betriebsgrößen (Gutswirtschaft, Mittel- und Kleinbauern) entwickeln. In Ost- und Südostpolen macht man sich noch heute lustig über die ›preußischen Tugenden‹ – Disziplin und Organisationstalent – der Menschen aus Poznań und dessen Umgebung.

*Biskupin, Rekonstruk-
tion einer Wehrburg
der Lausitzer Kultur*

Nicht zufällig ist der Anteil des vergesellschafteten Sektors der Landwirtschaft im polnischen Westen größer als in den zentralen, östlichen und südöstlichen Wojewodschaften, erreicht Großpolen bei weitem nicht jenen Grad an Zersplitterung der Landwirtschaft wie das fast ausschließlich durch Privateigentum geprägte Kleinpolen (zwischen Kraków und Lublin). Großpolen besitzt drei bedeutsame Industriegebiete: die beiden traditionellen, nach dem Zweiten Weltkrieg noch ausgebauten Standorte Poznań und Łódź, dazu die Region um Konin, die nach 1945 entwickelt wurde. Gerade die Region um Poznań gehört zu jenen Gebieten, in denen sich in erster Linie deutsch-polnische Wirtschaftskontakte entwikkelt haben: Joint-Ventures, polnische Unternehmen als Zulieferer, Niederlassungen deutscher Unternehmen. Andererseits stehen Industriegebiete wie Konin und Łódź an der Schwelle zur ökologischen Katastrophe.

Landschaftlich prägen vier Gebiete die großpolnische Region: die Ziemia Lubuska im Westen, die große Niederung Nizina Wielkopolska sowie die beiden Hochebenen Wyżyna Łódzka im Osten und Wyżyna Wieluńska im Südosten. Zwischen den drei wichtigsten Flüssen Odra, Warta und Noteć erstreckt sich von Zielona Góra im Südwesten bis Inowrocław im Nordosten die Pojezierze Wielkopolskie/Großpolnische Seenplatte nahe der historisch so bedeutenden Stadt Kruszwica. Reizvoll sind besonders die Puszcza Rzepińska und die Puszcza Notecka südlich und östlich von Gorzów Wlkp./Landsberg an der Warthe.

Eine der Wehrburgen aus Holz, welche die Lausitzer Kultur hervorgebracht hat, ist in Biskupin, nördlich von Gniezno, rekonstruiert worden (entstanden wahrscheinlich zwischen 550 und 400 v. Chr.); in Biskupin wurden auch Ton- und Bronzegefäße mit Motiven aus der damaligen Mythologie gefunden.

Großpolen ist vor allem aber – und dies resultiert aus seiner Bedeutung für den frühen polnischen Staat – reich an Zeugnissen romanischen Kunstschaffens: für die Architektur die Stiftskirchen in Kruszwica und Tum pod Łęczycą, die Klosterkirche in Strzelno; für die

Bildhauerei die Türflügel der Kathedrale in Gniezno; für das Kunsthandwerk der Kelch in Trzemeszno.

Die gotische Baukunst manifestierte sich in basilikalen Bauwerken wie den Kathedralen in Gniezno (Umbau nach 1342) und Poznań (ab 1346) sowie in Hallenkirchen wie der Stiftskirche St. Maria in Poznań.

Der Beginn der Renaissance in Polen steht in Zusammenhang mit der Hochblüte der Städte; das gilt in Großpolen in erster Linie für Poznań, wobei allerdings das dortige berühmte Rathaus (um 1550) eher der Spätrenaissance zuzuordnen ist. Auch der Barock ist in Großpolen mit wichtigen architektonischen Zeugnissen vertreten. Herausragend sind die Sakralbauten des italienischen Architekten POMPEO FERRARI (Ląd, Gostyń) sowie die Profanarchitektur, wie sie sich z. B. in den Schlössern von Rydzyna und Ciążeń manifestiert.

Großpolen zählt neben Masowien zu den wichtigsten Zentren der klassizistischen Kunst, was sich zunächst in der Palastarchitektur äußert, wie vor allem die Beispiele Sierniki (nördlich von Poznań) und Lewków (südwestlich von Kalisz) zeigen. Mit dem hölzernen Jagdschloß der Radziwiłł (1822–1824) besitzt Großpolen darüber hinaus eine der eigenwilligsten und interessantesten Schöpfungen K. F. SCHINKELS. Aber die Entwicklung neuer Industriezentren, die zunehmende Bedeutung der Städte und der staatlichen Verwaltungen stellte die Architekten vor zusätzliche neue Aufgaben in bezug auf Industriebebauung, Stadtplanung und Schaffung öffentlicher Bauten. Städte wie Łódź, Kalisz und Poznań machen dies deutlich.

Gorzów Wlkp./Landsberg an der Warthe – Łagów – Zielona Góra/Grünberg – Żagań/Sagan – Żary/Sorau

Dank seiner günstigen Lage an der Warta unweit der Netze-Mündung entwickelte sich **Gorzów Wlkp./Landsberg an der Warthe** schon früh zu einem bedeutenden Handelszentrum. Als Landisberchnova erhielt der ursprünglich als Fischersiedlung angelegte Ort 1257 das Stadtrecht. Erst die Verheerungen des Dreißigjährigen (1618–48) und des Nordischen Krieges (1700–21) unterbrachen die wirtschaftliche Fortentwicklung der Stadt. 1857 erhielt Gorzów Anschluß an das Eisenbahnnetz, bis 1900 wuchs es dann zur größten Stadt der sogenannten Neumark heran. Seit 1975 haben hier die Verwaltungsbehörden der gleichnamigen Wojewodschaft ihren Sitz; Betriebe der Chemie-, Maschinen-, Lebensmittel-, Holz-, Textil- und Papierindustrie bestimmen das wirtschaftliche Leben der Stadt. Fixpunkte im Stadtbild sind die neben den Resten der Stadtmauer weithin sichtbare *Kościół Mariacki/Marienkirche* und die Bögen der *Eisenbahnbrücke*. Die mächtige Kirche, um 1300 begonnen, später zu einer dreischiffigen gotischen Halle ausgebaut, ist das wichtigste Baudenkmal der Stadt; in ihrem Äußeren blieb sie bis heute unverändert.

Auch das im Norden der einstigen Neumark, heute Wojewodschaft Szczecin, gelegene **Chojna/Königsberg** war schon im Mittelalter eine bedeutende Handelsstadt. Von der

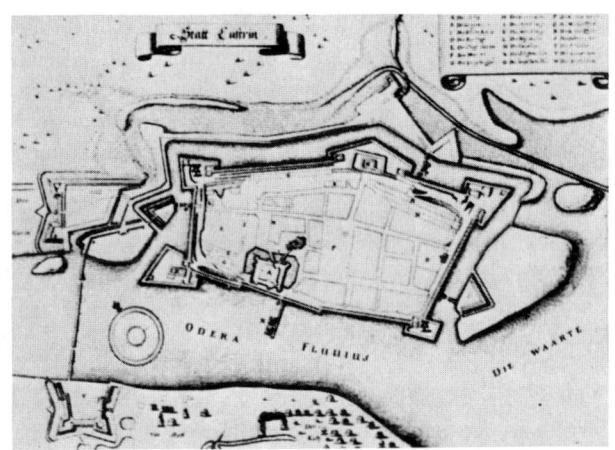

Kostrzyn, Plan der Stadt und der preußischen Burganlage im 17. Jh.; Stich von M. Merian

alten Stadtbefestigung sind das *Świecka/Schwedter Tor* und das *Barnikowska/Bernikower Tor* erhalten geblieben. Erst kürzlich wiederaufgebaut wurde die *Kościół Mariacki/Marienkirche.* Die 1389 begonnene, hochgotische Hallenkirche gilt neben der Stargarder Marienkirche und der Brandenburger Katharinenkirche als das wichtigste Werk des Baumeisters HINRICH BRUNSBERG.

Nur noch einige Außenmauern erinnern an das einstige preußische Schloß in **Kostrzyn/ Küstrin** nahe der deutsch-polnischen Grenze, der Ort war in den Jahren 1536–1815 Hauptstadt der Neumark.

Im Mittelalter nahm **Myślibórz/Soldin** diesen Rang für sich in Anspruch; Sitz des Domprobstes war damals die *Kościół św. Piotra i Pawła/Kirche St. Peter und Paul,* deren wuchtiger Bau (um 1300 zu einer dreischiffigen Hallenkirche ausgebaut) zusammen mit dem quadratischen Westturm bis heute den Marktplatz der Stadt bestimmt. Myślibórz, an dem gleichnamigen *Jezioro Myśliborskie/Soldiner See* gelegen, ist heute vor allem ein Kur- und Erholungsort.

1973 wieder eingeweiht wurde die *Kościół Mariacki/Marienkirche* in **Strzelce Krajeńskie/Friedeberg,** eine dreischiffige Hallenkirche aus dem 15. Jh., Reste der Stadtmauer mit dem Driesener Tor sind zu sehen. Schon 1092 wird **Drezdenko/Driesen** zum ersten Mal erwähnt, damals eine Burg mit Befestigungsanlagen am Ufer der Netze. Einer der charakteristischen, aus roten Ziegeln errichteten wilhelminischen Amtssitze beherrscht bis heute das Stadtbild. Östlich von Gorzów Wlkp., zwischen Warthe im Süden und Netze im Norden, erstreckt sich die *Puszcza Notecka/Netzer Heide,* ein großes, zusammenhängendes Waldgebiet, das von Pferdefreunden gern für den Reitsport genutzt wird; Ausgangspunkt ist dabei in der Regel der Ort **Sieraków,** in dem eine Pferdezucht betrieben wird.

Das *Rathaus* von **Ośno Lubuskie/Drossen,** im 19. Jh. umgebaut, läßt den Einfluß des preußischen Baumeisters KARL FRIEDRICH SCHINKEL erkennen; ihren Aufschwung im vorigen Jahrhundert verdankte die Stadt vor allem einer Braunkohlengrube, die im angrenzenden Forst betrieben wurde. Nahe dem Rathaus steht die 1298 zum ersten Mal geweihte *Kościół św. Jakuba/Kirche St. Jakob*, ein dreischiffiger Backsteinbau, der im 19. Jh. umfassend restauriert worden ist. Auch nach dem Zweiten Weltkrieg mußten verschiedene Schäden beseitigt werden. Wiederhergestellt ist ebenfalls die *Kościół św. Mikołaja/Nikolaikirche* in **Sulęcin/Zielenzig,** die 1945 fast vollständig ausgebrannt war; der einschiffige Ziegelbau auf einem Granitsockel stammt aus dem 14./15. Jh.

An der Landenge zwischen zwei Seen liegt die *Burg* von **Łagów/Lagow,** die, 1258 zum ersten Mal erwähnt, im 14. Jh. vom Johanniterorden erworben und zu einer mächtigen Wehranlage ausgebaut wurde; vom 35 m hohen Bergfried geht der Blick über die Seen und die Buchenwälder der früher Sternberger Schweiz genannten Landschaft. Alljährlich im Juni findet in Łagów eine Filmwoche (Lubuskie Lato Filmowe) statt. Besonders an Wochenenden wird der Ort gern von Erholungssuchenden aufgesucht.

Die frühere *Opactwo Cystersów/Zisterzienserabtei* ›Im Paradies der heiligen Jungfrau Maria und des heiligen Martin‹ in **Gościkowo/Paradies** war eine Stiftung des polnischen Grafen BONISIUS (1234); die ersten hier angesiedelten Mönche kamen aus der Abtei Lehnin. Im Grundriß entspricht die ehemalige Klosterkirche noch dem gebundenen Schema romanischer Stiftskirchen. Das aus Ziegeln errichtete Bauwerk folgt frühgotischen Stilgesetzen, wurde aber im 18. Jh. noch einmal im Barockstil gründlich umgebaut; nach dem Zweiten Weltkrieg waren umfangreiche Restaurierungsarbeiten notwendig. Vor allem der Hochaltar der Klosterkirche sei hier erwähnt; die beiden Bilder des 1740 vollendeten Altars von FELIX ANTON SCHEFFLER zeigen die Aufnahme Mariens in den Himmel sowie den hl. Martin.

Międzyrzecz/Meseritz, der Name bedeutet ›zwischen den Flüssen‹, ist ein Ort ältester kirchlicher Tradition; bereits um 1000 entstand hier ein Kloster der Benediktiner, von dem aber aus späterer Zeit keinerlei Nachrichten überliefert sind. Sehr gut erhalten ist die gotische *Kościół Farny św. Jana Chrzciciela/Johanneskirche*, ein dreischiffiger Backsteinbau mit einem Sterngewölbe. Das Rathaus (1827 nach einem Brand wiederaufgebaut) und die evangelische Kirche (vor 1834), beide am Marktplatz, sind nach klassizistischen Grundsätzen gestaltet. Sorgsam restauriert wurden nach dem Zweiten Weltkrieg die Reste der einstigen Kastellansburg (Fundamente, Umfassungsmauern, ein Tor), die auf die Ursprünge polnischer Staatlichkeit in Großpolen verweist.

Am Kreuzungspunkt zweier Europastraßen liegt **Świebodzin/Schwiebus,** das mit der *Kościół św. Michała/Kirche St. Michael* eines der bedeutendsten sakralen Baudenkmäler auf dem Gebiet der ehemaligen Mark Brandenburg besitzt. Auffallend ist vor allem die Westfassade der Kirche mit den beiden extrem schlanken Türmen, die um 1860 errichtet wurden, nachdem das Gotteshaus seit dem Brand im Jahre 1637 keinen Turm mehr besessen hatte. Die Kirche selbst wurde frühgotisch im 13. Jh. begonnen und 200 Jahre später durch eine Reihe von Kapellen im Süden sowie ein Seitenschiff im Norden erweitert. Das im Renaissancestil errichtete *Rathaus* der 1251 erstmals urkundlich erwähnten Stadt Świebodzin stammt aus der Zeit um 1547, wurde danach aber ebenfalls mehrfach verändert.

Zu den bemerkenswertesten Besonderheiten dieser Region um die Städte Świebodzin und Sulechów/Züllichau gehört eine ganze Anzahl von Holzkirchen, deren schönste, die *Kirche* in **Chlastawa/Klastawe** steht; 1647 von einem Protestanten aus Böhmen errichtet, ist sie ein mit Holz verkleideter Lehmfachwerkbau, dessen Dach mit Holzschindeln gedeckt ist. Eine weitere *Holzkirche* steht in **Kalsk/Kalzig**; sie wurde 1521 auf einem aus Granitquadern bestehenden Unterbau errichtet, der möglicherweise sogar auf die Gründungszeit des Dorfes um das Jahr 1376 zurückgeht.

Wahrzeichen von **Sulechów/Züllichau** sind die *Kościół Farny/Pfarrkirche St. Marien* und das *Rathaus*. Etwas abseits vom Marktplatz, ein wenig zwischen Häusern versteckt, steht die gotische, nach 1557 ausgebaute Marienkirche, ein Backsteinbau mit dreischiffiger Halle und zweitürmig angelegt, wobei nur der Nordturm ausgeführt worden ist. Am Rathaus, das aus dem 19. Jh. stammt, erinnert eine Gedenktafel an den Aufenthalt Fryderyk Chopins in der Stadt. Von der alten Stadtbefestigung ist das *Brama Krośnieńska/Krośnieńska-Tor (1704)* erhalten geblieben.

Die *Kościół Mariacki/Marienkirche* von **Krosno Odrzańskie/Crossen,** an der Oder unweit der Bober-Mündung gelegen, gehört zu den wenigen bedeutenden barocken Sakralbauten auf dem Gebiet der ehemaligen Mark Brandenburg. Das um 1708–29 umgebaute Gotteshaus beeindruckt durch seine Inneneinrichtung, insbesondere die schöne Deckengestaltung. Nach den Zerstörungen im Verlauf des Zweiten Weltkriegs wurde auch das alte Piastenschloß des schlesischen Herzogs Hinrich I. aus dem 13. Jh. wiederaufgebaut. 1233 hat Krosno als Siedlung vor allem von Kaufleuten das Stadtrecht erhalten.

In **Żary/Sorau** erinnern die nach 1960 restaurierten barocken Häuser am Marktplatz an einstigen Wohlstand; Żary war ein Zentrum der Tuchmacherei und später der industriell betriebenen Leinenproduktion. Von der Stadtbefestigung aus dem 14./15. Jh. sind nur drei Mauertürme, die Drei Getreuen, erhalten geblieben. 1974 wurde die *Kościół Farny św. Marii/Pfarrkirche St. Marien* restauriert, eine weiträumige Hallenkirche mit abgetreppter Westfassade, die zu Beginn des 15. Jh. errichtet wurde. Auf einem der drei Schlösser, auf dem heute verfallenen Schloß Promnitz, wirkte G. Ph. Telemann in den Jahren 1704–08 als Kapellmeister.

Das nur wenige Kilometer entfernte **Żagań/Sagan** liegt schon auf dem historischen Gebiet Schlesiens. Ein Stück Baugeschichte der Stadt ist mit dem Namen Wallenstein verbunden, denn im Jahre 1628 erhielt der General von Kaiser Ferdinand II. das Fürstentum Sagan als Lehen, worauf er nach 1631 unter Einbeziehung alter Bauelemente ein neues *Schloß* im verspäteten Renaissancestil erbauen ließ. Vollendet wurde das Bauwerk allerdings erst 1695 im Auftrag des Fürsten Lobkowitz in den barocken Formen. Wich-

Chełm Drezdenecki bei Drezdenko, silberne Toilettengarnitur aus dem 11. Jh.

tige Baudenkmäler der Stadt sind weiterhin die *Kościół Farny Najśw. Marii Panny/Pfarrkirche St. Marien*, die ehemalige Augustinerkirche, eine große Hallenkirche aus dem 14. Jh., sowie die ebenfalls gotische *Kościół św. Piotra i Pawła/Kirche St. Peter und Paul.*

Zielona Góra/Grünberg, der Sitz der Wojewodschaftsbehörden, ist mit seinen 116 000 Einwohnern heute eines der wichtigsten Industriezentren des westlichen Polen. Historisch gesehen wurde die Wirtschaft der Stadt vor allem durch die Tuchmacherei (1438 erste Tuchmacherzunft) und den heute nicht mehr betriebenen Weinbau (nachweisbar seit 1314) geprägt. Den Mittelpunkt der Altstadt von Zielona Góra bildet ein rechteckiger Marktplatz, in dessen Mitte das *Rathaus* steht (heutiges Bauwerk von 1590, Turmneubau erst 1670). Die spätgotische *Kościół Farny św. Jadwigi/St. Hedwigskirche* (1372–94) ist nach mehreren Bränden zuletzt 1679 wiederaufgebaut worden. Die frühere evangelische Kirche ›Zum Garten Christi‹ entstand 1746–47 als Fachwerkbau in Kreuzform mit einer klassizistischen Fassade, der 1821 einen Turm erhielt. Von der Stadtbefestigung aus dem 15. Jh. sind der sogenannte Hungerturm und Teile der Stadtmauer erhalten geblieben.

Poznań/Posen

»Posen, die Hauptstadt des Großherzogtums, hat ein trübsinniges, unerfreuliches Ansehen. Das einzige Anziehende ist, daß sie eine große Menge katholischer Kirchen hat. Aber keine einzige ist schön. Vergebens wallfahrte ich alle Morgen von einer Kirche zur anderen, um schöne alte Bilder aufzusuchen. Die alten Gemälde finde ich hier nicht schön, und die einigermaßen schönen sind nicht alt. Die Polen haben die fatale Gewohnheit, ihre Kirchen zu renovieren.« Immerhin war es kein Geringerer als HEINRICH HEINE, der diese nicht gerade wohlwollende Bewertung Poznańs zu Papier brachte. Sein 1823 zum ersten Mal erschienenes ›Reisebild‹ läßt sich aber auch als Aufforderung begreifen, eine Stadt zu erkunden, die zu den ältesten Polens zählt, und die das politische, wirtschaftliche und kulturelle Zentrum Großpolens ist.

Auch heute wirkt Poznań in erster Linie nüchtern, sachlich, geschäftig, ja sogar hektisch. Der Unterschied zu Kraków etwa oder gar zu Lublin springt sofort ins Auge; die ›preußischen‹ Tugenden der Bewohner Poznańs werden im übrigen Polen schmunzelnd kommentiert. 1925 war die erste Internationale Messe der Stadt, die dann in den 70er Jahren zu einer der größten Industrieausstellungen der Welt und zum wichtigsten Schaufenster der sozialistischen Wirtschaft avancierte. Diese Funktion versucht die Messe nach den politischen Veränderungen in Mittel- und Osteuropa Anfang der 90er Jahre beizubehalten, auch wenn viele deutsche Firmen in Warszawa/Warschau eigene Büros einrichten, die Kontakte das ganze Jahr hindurch erlauben. Poznań, mit 583 000 Einwohnern fünftgrößte Stadt Polens, ist trotzdem weiterhin eine bedeutsame Industrie- und Handelsmetropole. Ebenso werden hier Polens Kultur und Wissenschaft entscheidend mitgestaltet. Eine der renommiertesten und beliebtesten Politikerinnen Posens (weit vor ihren männlichen Kollegen) ist HANNA SUCHOCKA, die von Juli 1992 bis September 1993 Polens Ministerpräsidentin war. Sie ent-

Ansicht von Poznań, Zeichnung von E. Raczyński 1843

stammt einer Apothekerfamilie aus der Kleinstadt Pleszew auf halbem Weg zwischen Poznań und Kalisz.

Die Gründungsgeschichte Poznańs steht in Zusammenhang mit den Anfängen polnischer Staatlichkeit. Im 9. Jh. wurde auf der Ostrów Tumski/Dominsel in der Warthe die erste Burg angelegt. MIESZKO I. wählte 968 den Ort zum ersten polnischen Bischofssitz und als Zentrum des Piastenstaates. Auf der Nachbarinsel Śródka/Schrodka bildete sich wenig später eine Siedlung von Handwerkern und Händlern; die herzogliche Burg wurde zur mächtigsten Wehranlage im Lande ausgebaut.

Im 13. Jh. entstand am linken Warthe-Ufer ein neuer Siedlungskomplex mit der typischen Schachbrettanordnung um einen zentralen Marktplatz. Die Verleihung des Stadtrechts im Jahre 1253 unterstrich die Vorrangstellung Poznańs in Großpolen gegenüber Gniezno; gleichzeitig war Kraków zur Hauptstadt ganz Polens geworden.

Poznań entwickelte sich in der Folgezeit mehr und mehr zu einem bedeutenden mitteleuropäischen Handelszentrum; aus Deutschland, Italien, England und Griechenland kamen Kaufleute, um hier Geschäfte zu machen; und es entstand ein großes Judenviertel. Nach der Gründung der Lubrański-Akademie 1518 galt Poznań schon bald auch als Mittelpunkt von Kultur und Wissenschaft. Buchdruckereien wurden eingerichtet, und das Kunsthandwerk stand in voller Blüte.

Die Schwedenkriege im 17. Jh. sowie die Ressentiments des Großadels gegenüber einer vom Bürgertum gestalteten Metropole führten zu Rückschlägen in der Stadtentwicklung. Auch religiöse Auseinandersetzungen spielten in diesem Zusammenhang eine Rolle. Erst das Zeitalter der polnischen Aufklärung unter Polens letztem König STANISŁAW AUGUST PONIATOWSKI (reg. 1764–95) brachte für Poznań wieder neue Impulse.

251

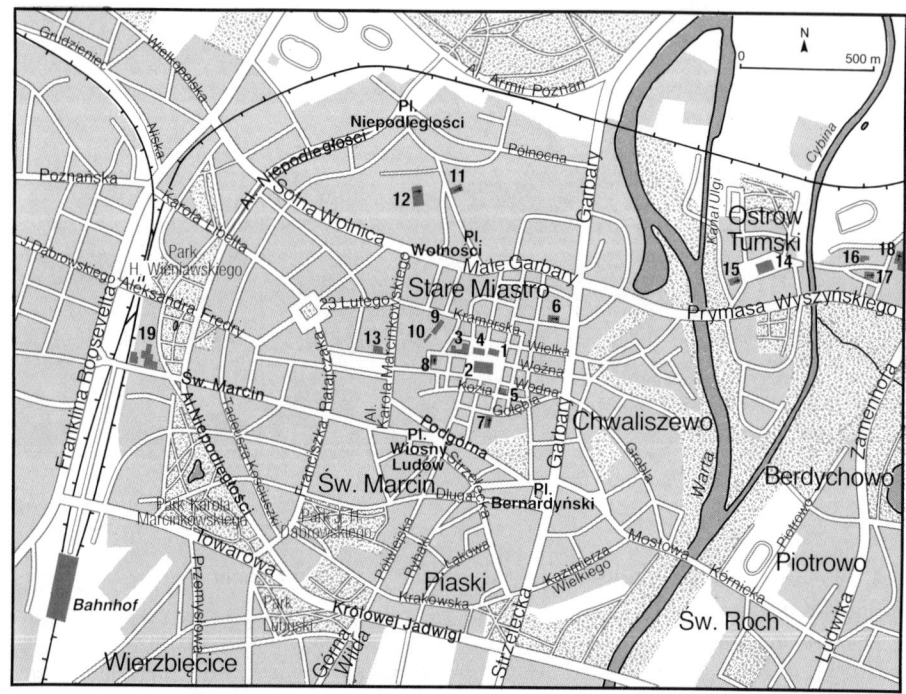

Poznań/Posen 1 Ratusz/Rathaus 2 Odwach/Hauptwache 3 Pałac Działyńskich/Palais Działyński 4 Waga Miejska/Stadtwaage 5 Pałac Górków/Palais Górka 6 Kościół Podominikański/Dominikanerkirche 7 Kościół Farny/Pfarrkirche 8 Kościół Franciskanów/Franziskanerkirche 9 Zamek Przemysława/Przemysław-Burg 10 Mury Mieskie/Mittelalterliche Stadtmauern 11 Kościół św. Wojciecha/Kirche St. Adalbert 12 Kościół Karmelitów Bosych/Kirche der unbeschuhten Karmeliter 13 Biblioteka Raczyńskich/Bibliothek Raczyński 14 Katedra św. Piotra i Pawła/Kathedrale St. Peter und Paul 15 Kościół Mariacki/Marienkirche 16 Dawny Klasztor Filipinów/ehem. Philippiner-Kloster 17 Kościół św. Małgorzaty/Kirche St. Margarethe 18 Zespół Klasztorny Poreformacki/ehem. Reformaten-Kloster 19 Uniwersytet Adama Mickiewicza/Adam-Mickiewicz-Universität

Die zweite Teilung Polens 1793 führte die Stadt unter preußische Herrschaft; zwischen 1807 und 1815 war Poznań Departement des auf Initiative NAPOLEONS entstandenen Herzogtums Warschau, nach dem Wiener Kongreß Hauptstadt des preußisch dominierten Großherzogtums Posen, ab 1830 auch Sitz der aus Berlin entsandten Provinzbeamten.

Mit der mächtigen Zitadelle wurde Poznań zur Festung ausgebaut. Gleichzeitig stieg die Zahl der preußischen Beamten- und Militärs samt ihrer Familien, die sich hier niederließen, stark an; hinzu kamen viele Juden, vor allem aus Berlin, die sich in Poznań ein neues Leben aufbauen wollten.

Mitte des 19. Jh. setzte eine stürmische industrielle Entwicklung ein, an der Polen wie Deutsche gemeinsam Anteil hatten, wenngleich das gesamte Wirtschaftsleben immer stärker unter deutsche Vorherrschaft geriet. Gleichzeitig war die polnische Bevölkerung mehr und mehr einem starken Germanisierungsdruck ausgesetzt, der aber auch heftige und erbittert forcierte Gegenbewegungen hervorrief; polnische Interessenverbände intensivierten ihre Arbeit, ein wirksames Mittel des Widerstandes war z. B. der Boykott aller deutschen Geschäfte.

Mit dem Aufstand von 1918 wurde auch Poznań Teil des neuerstandenen polnischen Staates; 1919 gründete man die Universität. Nun war für die deutsche Bevölkerung die Zeit des Rückzugs gekommen, und schon bald bildete sie nur noch 5 % der Einwohnerschaft Poznańs. Bereits in der Zwischenkriegszeit spielte die Stadt für das westliche Gebiet Polens eine wichtige Rolle als Wirtschafts- und Ausbildungszentrum; die Zahl der Bewohner stieg auf 280000 an, und das Stadtgebiet dehnte sich stark aus. Um so schrecklicher waren die Jahre deutscher Besetzung zwischen 1939 und 1945, als viele Einwohner ausgesiedelt wurden und nationalsozialistischer Terror tagein tagaus erduldet werden mußte. Gewaltsam machte man Poznań zur Hauptstadt des sogenannten Warthegaus.

Schäden an der Bausubstanz brachte allerdings erst die sowjetische Gegenoffensive Anfang 1945, bei der 75 % der Innenstadt zerstört wurden. Wie in anderen, kunsthistorisch bedeutsamen Städten gelang es auch in Poznań, viele Kunstdenkmäler zu rekonstruieren.

Die Altstadt Poznańs, das Zentrum der Innenstadt, hat bis heute ihren mittelalterlichen Grundriß mit dem rechteckigen Straßensystem und dem weitläufigen **Stary Rynek/Alten Markt** bewahrt. Auf diesem Platz waren früher alle Verwaltungs- und Handelseinrichtungen der Stadt konzentriert.

Den Marktplatz bestimmt das **Rathaus** (1), wohl das schönste weltliche Bauwerk der Stadt und nicht zu Unrecht eine ›Perle der polnischen Renaissance‹ genannt (Abb. 20). In seinen Räumen ist heute das *Muzeum Historyczne Miasta Poznaniu/Historische Museum Poznańs* untergebracht. Ursprünglich um 1300 im gotischen Stil entstanden, wurde das Bauwerk in den Jahren 1550–60 durch den Tessiner Architekten GIOVANNI BATTISTA QUADRO zu einem der prächtigsten Renaissancerathäuser nicht nur in Polen, sondern Mitteleuropas umgestaltet.

Nach der teilweisen Zerstörung im Zweiten Weltkrieg war der Wiederaufbau 1954 abgeschlossen. Hauptakzent der äußeren Gestaltung ist die Fassade mit der dreifachen Arkadenreihe und der sie bekrönenden Attika, die sich aus einer hohen, glatten Wand mit den farbigen Porträts polnischer Könige, einem Kamm und drei schmückenden Türmen zusammensetzt. Diese Attika bildet auch die optische Überleitung zum hoch aufragenden Hauptturm, dessen Helm in seiner klassizistischen Form während der Restaurierung des Rathauses 1781–83 entstand.

Der älteste Teil des Rathauses sind die Kellerräume aus dem 13. Jh.; sie bestehen aus vier quadratischen Räumen mit frühgotischen Kreuzrippengewölben. In Saal I ist ein Modell der Stadt mit der ersten Kathedrale aus dem 10. Jh. aufgestellt; in Saal II befinden sich Beispiele romanischer Steinmetzarbeiten; Saal III zeigt einen authentischen Pranger; Saal IV eine Steinskulptur der Fürstin SALOMEA aus dem 13. Jh.

Im Erdgeschoß des Rathauses wird die Renaissancestadt vorgestellt; eine Ausstellung über die damaligen Handwerksinnungen enthält unter anderem Zunftkästen, in denen Dokumente aufbewahrt wurden, sowie kunsthandwerkliche Arbeiten.

Die *Große Diele* (Abb. 18) im ersten Obergeschoß gehört zu den schönsten und bekanntesten Renaissanceinnenräumen; hinter den Loggien erstreckt er sich über die gesamte Breite des Bauwerks. Seine prächtige Ausstattung ist ein deutlicher Hinweis auf Lebensweise, Ehrgeiz und Stolz des damaligen Bürgertums. Der Raum wird von einem Kassettengewölbe überspannt, das sich mit Lünetten auf zwei Pfeiler stützt, wodurch zwei Raumbereiche entstehen. Die Kassetten im ersten enthalten die Wappen Polens, Litauens, der HABSBURGER und der SFORZA sowie symbolische Darstellungen der Tugenden Mut, Tapferkeit und Vaterlandsliebe. Im zweiten Bereich enthalten die Kassetten Personifikationen der Sonne und des Mondes sowie verschiedener Planeten, auch exotische und phantastische Tiergestalten.

Das Tonnengewölbe des *Königssaales,* ebenfalls im ersten Obergeschoß, wurde in den Jahren 1910–13 rekonstruiert. Jeder neu in die Malerinnung aufgenommene Meister war verpflichtet, für die Stadt das Porträt des jeweils herrschenden Königs zu malen. Die Aufnahmezeremonie fand in diesem Saal statt. Gegenwärtig sind die Porträts von ZYGMUNT III. WAZA, WŁADYSŁAW IV. WAZA, JAN II. KAZIMIERZ WAZA, AUGUST II. und STANISŁAW LESZCZYŃSKI ausgestellt.

Der mit einem Spiegelgewölbe ausgestattete *Gerichtssaal* hat ebenfalls die Renaissanceform beibehalten; an den Wänden befinden sich lateinische Inschriften mit Mahnungen für die früher hier tagenden Richter. Die Verzierungen des Gewölbes sind pompejanischen Mustern nachempfunden und wurden von SZYMON BAK Mitte des 19. Jh. gestaltet. Auch die Säle des zweiten Stockwerks sind nach den Zerstörungen von 1945 rekonstruiert worden; die Balken- und Kassettendecken wurden nach Mustern ausgeführt, wie sie in den Häusern am Alten Markt erhalten geblieben sind. Der größte Saal des zweiten Obergeschosses ist für Wechselausstellungen bestimmt.

Direkt vor dem Rathaus steht der Proserpina-Brunnen, ein Rokokokunstwerk aus dem Jahre 1766; seitlich erstrecken sich die Krämerhäuschen, in denen Heringe, Salz, auch Kochgeräte, Kerzen und sonstige Waren angeboten wurden; am Haus Nr. 17 findet man das Innungswappen der Krämer, das u. a. einen Hering zeigt. Zum Alten Markt gehört weiterhin eine ganze Anzahl sehenswerter Baudenkmäler. Das klassizistische Gebäude der **Odwach/Hauptwache** (2) ließ der großpolnische Adlige KAZIMIERZ RACZYŃSKI im Jahre 1787 errichten. Die Hauptwache beherbergt heute einen Ausstellungsraum. Das spätbarocke, 1773–76 entstandene **Pałac Działyńskich/Palais Działyński** (3) ist

Grundriß des Rathauses

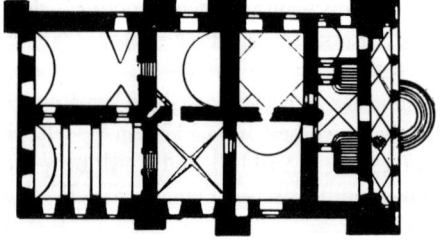

zur Zeit Sitz der Akademie der Wissenschaften und des Polnischen Westinstituts. Bei der **Waga Miejska/Stadtwaage** (4) handelt es sich um eine stilechte Nachbildung des 1890 abgetragenen Renaissancebauwerks von GIOVANNI BATTISTA QUADRO. Erwähnenswert ist auch das **Pałac Górków/Palais Górka** (5) (16. Jh., rekonstruiert), in dem das *Muzeum Archeologiczne/Archäologische Museum* untergebracht ist. Die weiteren, den Alten Markt umschließenden Bürgerhäuser bewahrten durch Restaurierungen ihre ursprünglichen Renaissance-, Barock- und auch klassizistischen Fassaden. Sehenswert sind die Innenräume, wie beispielsweise jene der *Apteka pod Białym Ortem/Apotheke ›Zum Weißen Adler‹* im Haus Nr. 41.

Nördlich des Marktplatzes, an der ul. Dominikańska, steht die **Kościół Podominikański/Dominikanerkirche** (6), die ursprünglich in den Jahren 1244–53 errichtet wurde; aus dieser Zeit ist das frühgotische Westportal erhalten geblieben. Links vom Hauptschiff befindet sich die spätgotische Rosenkranzkapelle (um 1500) mit einem prachtvollen Kreuzgewölbe. Zu Beginn des 18. Jh. wurde die Dominikanerkirche im Barockstil umgebaut. Südlich des Marktplatzes, an der ul. Gołębia, findet man die **Kościół Farny/Pfarrkirche** (7), die zum Gebäudekomplex des ehemaligen Kolegium Pojezuickie/Jesuitenkollegiums gehört; sie wurde nach 1651 unter Leitung der Italiener FERRARI und CATENACCI erbaut. Bemerkenswert ist vor allem die prunkvolle Innenausstattung mit Malereien, Stukkaturen und einem Hochaltar. In den Räumen des Kollegiums, ebenfalls ein Barockbau, tagt heute der Volksrat der Stadt Poznań. Ein weitläu-

Ansicht der Al. Wilhelma, Zeichnung von 1833

figer, um 1900 angelegter und nach FRYDERYK CHOPIN benannter Park schließt sich hinter dem Gebäude an.

Am Fuß einer kleinen Anhöhe, westlich des Alten Marktes, steht die **Kościół Franciszkanów/Franziskanerkirche** (8), ein nach 1728 errichteter dreischiffiger Barockbau, ebenfalls mit einer reichen Innenausstattung, die 1964–65 sorgfältig restauriert worden ist.

Auf der Anhöhe selbst, in einem kunsthistorisch allerdings unbedeutenden Bauwerk, ist das *Kunstgewerbemuseum* von Poznań untergebracht. An dieser Stelle stand einmal die Ende des 13. Jh. errichtete **Zamek Przemysława/Przemysław-Burg** (9) des Piastenherzogs PRZEMYSŁAW I; sie wurde während der Schwedenkriege zerstört, nach 1783 teilweise wiederaufgebaut und schließlich 1795 erneut verwüstet; nur einige Mauerreste sind erhalten geblieben. Nicht weit entfernt finden sich Teile der **Mury Miejskie/mittelalterlichen Stadt-mauer** (10).

Die **Kościół św. Wojciecha/Kirche St. Adalbert** (11), ein kleiner Kirchenbau aus dem 15. Jh., besitzt noch einen hölzernen Glockenturm. Wahrscheinlich haben Schüler von VEIT STOSS das gotische Altartriptychon (1500) geschaffen, auf welchem die Himmelfahrt Mariens zu sehen ist. Im Zuge der Restaurierung Anfang der 50er Jahre erhielt die Kirche moderne Mosaikfenster. PIOTR WYBICKI, der Schöpfer der polnischen Nationalhymne »Jeszcze Polska nie zginęła« (»Noch ist Polen nicht verloren«), ist in der Krypta beigesetzt. Gegenüber steht die **Kościół Karmelitów Bosych/Barfüßerkirche** (12), die italienische Architekten im 17. Jh. für den Orden errichten.

Ist die Altstadt mit dem Markt und dem Rathaus das historische Zentrum Poznańs, so gilt der Pl. Wolności/Freiheitsplatz heute als Mittelpunkt städtischen Lebens. An seiner Nordostecke steht die imposante **Biblioteka Raczyńskich/Raczyński-Bibliothek** (13), ein klassizistisches Bauwerk aus dem Jahre 1829, dessen Vorderfront durch 24 korinthische Säulen strukturiert wird.

Die ul. Wielka führt über die Most Chrobrego (wörtlich übersetzt: Brücke des Tapferen, benannt nach dem König BOLESŁAW CHROBRY) zu Poznańs ältestem Stadtteil: Ostrów Tumski/Dom-Insel, an einer Flußgabelung zwischen Warthe und Cybina gelegen. MIESZKO I. ließ hier nach 968 eine vorromanische Steinbasilika errichten, die aber schon 1038 verwüstet und 1075 neu errichtet wurde. An derselben Stelle entstand im Auftrag des Königs KAZIMIERZ III. WIELKI Mitte des 14. Jh. eine gotische Kathedrale in Form einer dreischiffigen, von einem Kapellenkranz umgebenen Basilika mit Chorumgang, die später barocke und klassizistische Veränderungen erfuhr. Nach den Zerstörungen im Zweiten Weltkrieg wurde der **Katedra św. Piotra i Pawła/Dom St. Peter und Paul** (14) im gotischen Stil, ausgenommen die Barockhelme der beiden Türme und die Kapellen, wiederaufgebaut.

Das unterirdische Gruftgewölbe birgt Relikte des vorromanischen und des romanischen Bauwerks sowie Teile königlicher Grabmäler (vermutlich von MIESZKO I. sowie BOLESŁAW I. CHROBRY) und ein Taufbecken aus dem 10. Jh. Der spätgotische Hochaltar und das Chorgestühl stammen aus dem 16. Jh. Insgesamt elf Kapellen umgeben die Kirchenschiffe;

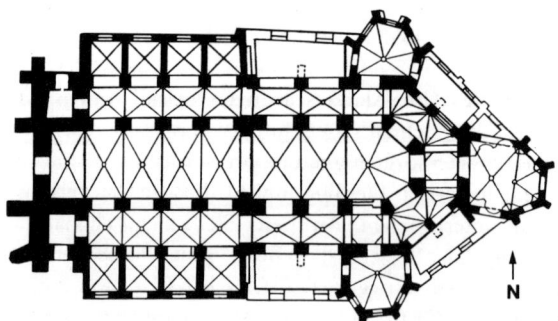

N

Grundriß der Kathedrale St. Peter und Paul

Ansicht der Kathedrale und der Marienkirche (li.), aquarellierte Tuschezeichnung von J. v. Minutoli 1833

besonders eindrucksvoll ist die sogenannte Goldene Kapelle, 1835–41 nach byzantinischen Vorbildern gestaltet. Sie enthält einen symbolischen Sarkophag für MIESZKO I. und BOLESŁAW I. CHROBRY, deren Gebeine an unbekannter Stelle bestattet sind, sowie Bronzestatuen dieser beiden Fürsten von CHR. D. RAUCH. Kunsthistorisch bedeutend sind zwei Renaissancegrabmäler, zum einen das des früheren Bischofs von Poznań, BENEDYKT IDZBIEŃSKI, ein 1502 vollendetes Werk des polnischen Bildhauers JAN MICHAŁOWICZ; zum anderen das von BARBARA und ANDRZEJ GÓRKA, 1574 geschaffen von dem italienischen Künstler GIROLAMO CANAVESI, der in Polen ansässig war und in Kraków eine Werkstatt besaß.

Unweit der Kathedrale steht die kleine, spätgotische **Kościół Mariacki/Marienkirche** (15), die 1431–44 errichtet und in den frühen 50er Jahren mit modernen Glasfenstern und auch Wandmalereien ausgestattet wurde. In der früheren *Lubrański-Akademie,* ein 1518–20 erbautes und später mehrfach umgestaltetes Renaissancegebäude, befinden sich heute Museum und Archiv der Erzdiözese Poznań.

Auch in Śródka, der ältesten, jenseits des Flüßchens Cybina gelegenen Vorstadt Poznańs, läßt sich lebendige Kunstgeschichte studieren. Hier findet man das 1945 im romanischen Stil rekonstruierte **Dawny Klasztor (Kościół) Filipinów/Philippiner-Kloster** (16), die **Kościół św. Małgorzaty/Kirche St. Margaretha** (17) mit romanischen Stilelementen sowie die barocken Gebäude des früheren **Zespól Klasztorny poreformacki/Reformaten-Kloster** (18).

Vom Pl. Wolności im Zentrum gelangt man westwärts auf der ul. 27 Grudnia und der ul. Fredry zur 1910 erbauten **Uniwersytet Adama Mickiewicza/Adam-Mickiewicz-Universität** (19), deren Hauptgebäude im Stil der niederländischen Renaissance gestaltet ist.

Ostrów Lednicki – Gniezno/Gnesen – Biskupin – Trzemeszno – Strzelno – Kruszwica

Nordöstlich von Poznań, auf **Ostrów Lednicki,** der größten Insel des Jezioro Lednica/ Lednica-Sees, befindet sich ein archäologisches *Skansen/Freilichtmuseum* mit den Resten einer ringförmigen Burganlage und den Ruinen einzelner Bauwerke. Vermutlich ist in diesem Gebiet der Keim des Staates der Polanen zu suchen, die im 10. Jh. erfolgreich die Staatsgründung Polens betrieben. Zumindest stand hier eine Burg der Polanenherzöge, die 1038 durch Břetislav von Böhmen zerstört und später nicht wieder aufgebaut wurde; die Burgkapelle diente bis zum 15. Jh. als Pfarrkirche.

Archäologische Forschungen haben ergeben, daß hier schon im 6. Jh. gesiedelt wurde. Die erste, von einem holzverstärkten Erdwall umgebene kleine Burganlage entstand an der Wende vom 9. zum 10. Jh.; daneben errichtete man eine von Handwerkern bewohnte Vorburg. Das auf dem Grundriß eines griechischen Kreuzes erbaute Gotteshaus, dem an der Westseite im 11. Jh. ein Raum aus Granitquadern angefügt wurde, ist wohl auch dem 10. Jh. zuzuschreiben. Quer durch die Insel verlief zu dieser Zeit der Weg von Poznań nach Gniezno; beide Seeufer sollen damals durch eine mehr als 600 m lange Holzbrücke miteinander verbunden gewesen sein. Holzpfosten auf dem Seegrund, die 1959 gefunden wurden, deuten darauf hin.

Die katholische Nation Polen reagierte mit Empörung, als im März 1986 Diebe in den Dom von **Gniezno/Gnesen** eindrangen und die Silberfigur auf dem Sarkophag des hl. Wojciech (Adalbert) raubten. 15 kg wog diese aus 900er Silber gefertigte Arbeit des Danziger Goldschmieds Peter van der Rennen aus dem Jahre 1662. Die eine Hand der Figur stützte sich auf ein Kissen und hielt den Bischofsstab, die andere zeigte dem Betrachter das Evangelium; glücklicherweise ließen die Diebe den Sarg des Heiligen unangetastet, den die UNESCO zu den wertvollsten europäischen Grabgegenständen zählt. Das gesamte Heiligtum war vordem nur einmal im 17. Jh. von den Schweden entwendet worden. Die Täter von 1986 konnten gefaßt werden; allerdings mußte man von der stark beschädigten Silberfigur eine Kopie anfertigen.

Im Jahre 997 war Bischof Wojciech (Adalbert) von Prag, den man aus seinem tschechischen Bistum vertrieben hatte, von Gdańsk aus zur Christianisierung der Pruzzen nach Osten gezogen und wenig später dort erschlagen worden. Bolesław I. Chrobry kaufte den Pruzzen den Leichnam des Märtyrers ab und ließ ihn nach Gniezno bringen, wo sich nach der raschen Kanonisierung bald ein reger Wojciech-Kult zu entfalten begann. Kaiser Otto III., der dem Heiligen zu Lebzeiten freundschaftlich verbunden war, sah sich schließlich im März 1000 zu einer Wallfahrt an dessen Grab veranlaßt.

Otto III. erhob Bolesław I. Chrobry zwar nicht zum König, aber zum ›Bruder und Mitarbeiter am Reich‹. Die gleichzeitig von Papst Silvester II. erwirkte Errichtung des ersten polnischen Erzbistums in Gniezno unter Wojciechs Bruder Radim mit den Bistümern Kraków, Kołobrzeg und Wrocław ermöglichte den Aufbau einer eigenen polnischen

Gniezno, Rekonstruktion der Stadt zu Anfang des 11. Jh.

Kirchenorganisation, was dem Streben BOLESŁAWS nach polnischer Selbständigkeit entgegenkam; mit Zustimmung von Papst JOHANNES XIX. wurde BOLESŁAW 1024 in Gniezno zum König von Polen gekrönt. Dies bedeutete eine Manifestation der polnischen Unabhängigkeit vom Deutschen Reich, einen Ausdruck der inneren Konsolidierung Polens und gleichzeitig die Betonung der kulturellen und kirchlichen Zugehörigkeit zum christlichen Abendland.

Die Geschichte Gnieznos verdeutlicht, warum das Grab des hl. WOJCIECH zum Ursprung und Symbol polnischer Souveränität wurde, denn in dieser Stadt sieht man die Wiege des polnischen Staates. Der Primas von Polen ist aus diesem Grund bis heute immer auch Erzbischof von Gniezno. Die historische Entwicklung Gnieznos läßt sich wegen eines Brandes, der 1819 fast das ganze historische Zentrum zerstörte, gegenwärtig nur noch auf dem Wzgórze Lecha/Lech-Hügel ablesen, wo sich mit dem heutigen Komplex der *Katedra Wniebowzięcia N. P. Marii/Dom der Himmelfahrt Mariens* das geistliche wie geistige Zentrum der Stadt – und zeitweise ganz Polens – befand. An der Stelle einer heidnischen Kultstätte ließ MIESZKO I. 970–977 die erste Kirche errichten. 999, im Jahre seiner Heiligsprechung, wurden die sterblichen Überreste des hl. WOJCIECH hierher überführt.

1342 hatte man JAROSŁAW BOGORIA SKOTNICKI zum Erzbischof berufen, einen Mann von hoher Kultur und außergewöhnlichen staatsmännischen Fähigkeiten. Er war Rektor der Universität von Bologna, Mitbegründer der Jagiellonen-Universität und Initiator des Baus der Wawel-Kathedrale in Kraków. In Gniezno begann er unverzüglich den Neubau der Kathedralkirche, der ihrer Bedeutung gerecht werden sollte. Vorbild waren die gotischen

Kathedralen Frankreichs. JAROSŁAW SKOTNICKI plante eine dreischiffige Anlage mit Umgangschor, umschlossen von einem Kapellenkranz. Bis 1390 war die Chorpartie vollendet; die Arbeiten am Langhaus zogen sich noch weit ins 15. Jh. 1760 brannte die im Innern inzwischen mehrfach umgestaltete Kirche aus. Für den Wideraufbau berief man aus Warszawa den bekannten Architekten EPHRAIM SCHROEGER, der die Kathedrale im Laufe von dreißig Jahren (1761–90) zum Teil in einen klassizistischen Bau verwandelte. Schwere Schäden aus dem Zweiten Weltkrieg machten eine umfassende Restaurierung notwendig (1945–61). Diese Gelegenheit ergriffen die Denkmalpfleger, um die Kirche teilweise in ihren ursprünglichen Zustand zurückzuversetzen. Das Ergebnis stellt sich gleichsam als Rückblick auf die Geschichte der Kathedrale dar: Das steil aufragende Schiff umschließen die verhältnismäßig niedrigen Seitenschiffe mit dem Chorumgang und dem Kapellenkranz, den man in der Gestalt des späten 18. Jh. belassen hat. Die Statuen über den Strebepfeilern, die in Polen verehrte Heilige darstellen, schuf in den Jahren 1932–36 der Bildhauer MARCIN RÓŻEK. Die monumentale doppeltürmige Westfassade dokumentiert zwei verschiedene Stufen der Baugeschichte. Den giebelbekrönten Mitteltrakt in Formen der niederländischen Architektur errichtete in der ersten Hälfte des 17. Jh. ein Architekt aus Gdańsk; die eleganten Türme mit den schlanken Strebepfeilern und den Barockhelmen stammen aus dem Umbau durch EPHRAIM SCHROEGER (1779).

Nach dem Rundgang um die Kirche betritt man das Innere durch das Südportal, wo sich das berühmteste romanische Kunstwerk der Kathedrale – und wohl ganz Polens –, die frühmittelalterliche Bronzetür, befindet.

Das Langhaus findet man in der Form vor, in der es zu Beginn des 15. Jh. errichtet worden war. Das Mittelschiff, vom Chor nur durch den Triumphbogen abgesetzt, ist ein langgestreckter und steiler Raum, dessen Proportionen die hohen, schmalen Spitzbogenarkaden und -fenster zusätzlich unterstreichen. Das nackte, roh und streng wirkende Mauerwerk lockern nur Schmuckleisten in den Archivolten, an den Gewölberippen und am Gesims im Chor auf (rekonstruiert anhand fragmentarischer Befunde). Dieser Eindruck entspricht nicht dem ursprünglichen Erscheinungsbild; man muß sich den Raum ursprünglich reich geschmückt und ausgestattet vorstellen, wohl auch zumindest ornamental ausgemalt, wie einzelne freigelegte Malereien vermuten lassen.

Die heutige Ausstattung des Chors ist karg, jedoch kostbar. Auf der (modernen) Mensa des Hochaltars steht das silberne *Reliquiar* des hl. WOJCIECH, 1662 in Gdańsk von dem Goldschmied PETER VAN DER RENNEN geschaffen. Es hat die Form eines Sarkophags, getragen von sechs Adlern. Auf dem Deckel ruht halb aufgerichtet die Gestalt des Heiligen mit den Bischofsinsignien. Der in frühbarocken Formen üppig geschmückte Körper des Sarkophags zeigt in zehn Schlüsselszenen das Leben des Heiligen.

Das gotische Taufbecken aus Kupferblech mit seinem hohen, spitzen Deckel stammt aus den Jahren nach 1414. Im Triumphbogen steht auf einem Holzbalken heute wieder das gotische Triumphkreuz (um 1430).

Dort, wo sich ursprünglich an der Fassadenseite das Hauptportal öffnete, liegt der in barocken Formen reich ausgestattete und ausgemalte *Stary Kapitularz/Alte Kapitelsaal*. Er dient heute als Ausstellungsraum für einige kostbare gotische Skulpturen, darunter ein geschnitztes Triptychon mit der Marienkrönung und Gestalten weiblicher Heiliger aus der Zeit um 1400, die von verschiedenen Orten hier zusammengetragen worden sind.

An der Stirnwand des Kirchenschiffes, zu seiten des Eingangs in den Kapitelsaal, befinden sich zwei Grabmäler, die zu den kostbarsten Kunstwerken in der Kathedrale zählen. Die linke *Grabplatte* aus rotem Marmor schuf 1495 VEIT STOSS für den Erzbischof ZBIGNIEW OLEŚNICKI. Bemerkenswert ist die realistische Schilderung der Gestalt mit den fleischigen Gesichtszügen und dem scheinbar verrutschten *Pallium*, die in eigenartiger Weise mit der traditionsgebundenen Grundform der Grabplatte kontrastiert. Die *Bronzeplatte* des Erzbischofs JAKUB VON SIENNO (gest. 1480), nur wenig früher in einer flämischen Werkstatt entstanden, wirkt daneben mit der schematisch gezeichneten Gestalt, die im reichen Maßwerk der Kirche beinahe untergeht, archaisch.

Vor den westlichen Jochen der Seitenschiffe öffnen sich Vorhallen, durch die man ins Freie gelangen kann. Die Portale gehören zu den wertvollsten Relikten der ursprünglichen Ausstattung. Im Tympanon des Südportals erscheint Christus als Weltenrichter, begleitet von den Fürbittern Maria und Johannes sowie Engeln, die die Passionswerkzeuge tragen. Das Kunststeinrelief entstand bereits in der zweiten Hälfte des 14. Jh.

Das Portal der nördlichen Vorhalle, ebenfalls mit Kunststeinskulpturen geschmückt und auf die Jahre um 1400 zu datieren, zeigt im Tympanon die Kreuzigung Christi.

Von hier aus öffnet sich seitlich eine Tür in die Kapitelbibliothek, die ursprünglich vom Kircheninnern zu betreten war. Die Bibliothek wurde bereits im 11. Jh. zusammen mit einer dem Domkapitel angeschlossenen Schule gegründet und war Keimzelle der großen Tradition geistlicher und humanistischer Kultur in Gniezno. Zu ihren reichen Beständen gehört eine Reihe kostbarer illuminierter Handschriften aus dem Mittelalter.

Zum nüchternen Erscheinungsbild des gotisch rekonstruierten Baukörpers stehen im nördlichen Seitenschiff die üppigen, barock-klassizistischen Portale der Kapellen mit ihren schmiedeeisernen Gittern in Kontrast. An keiner anderen Stelle der Kathedrale tritt ihre Geschichte eindrucksvoller vor Augen als gerade hier.

Bevor man sich den Kapellen widmet, verdient unter der zweiten Arkade zum Mittelschiff hin die *Grabplatte des hl. Wojciech* Beachtung. Gegen Ende des 15. Jh. von HANS BRANDT aus Gdańsk geschaffen, war sie ursprünglich im Mittelschiff unter einem Baldachin aufgestellt, bis sie im 17. Jh. durch das Silberreliquiar ersetzt wurde. Sie besteht aus rotem Marmor und zeigt die als stehend gedachte Porträtfigur des Heiligen. Den Sandsteinsockel schmücken zwei Reliefszenen aus der Legende sowie die Stiftungsinschrift.

Unter den Kapellen ist die *Kaplica Potockiego/Potocki-Kapelle,* die erste am nördlichen Seitenschiff, die wertvollste. Gestiftet von Erzbischof TEODOR POTOCKI wurde sie 1727–30 von dem italienischen Architekten POMPEO FERRARI errichtet. Bau und Ausstattung folgen einem einheitlichen Entwurf und sind harmonisch aufeinander abgestimmt. Mit seiner annähernd ovalen Kuppel, die über Pilastern und einem vielfältig geschweiften Sprengring aufsteigt, wirkt der Raum wie ein Baldachin. Das Grabmal des TEODOR POTOCKI zeigt den Verstorbenen kniend in ewiger Anbetung des Altars.

Gniezno, Bronzetür
aus dem 11./12. Jh.
im Dom der
Himmelfahrt Mariens:
Die 18 Szenen auf den
beiden Türflügeln
illustrieren das Leben
des Bischofs Wojciech
(Adalbert) von Prag. Die
Darstellung wird eröff-
net durch das untere Feld
des linken Flügels, das
die Geburt des künftigen
Heiligen zeigt. Abschluß
ist das korrespondieren-
de Relief mit der Grab-
legung im Dom zu
Gniezno. Insgesamt
umfaßt der linke Flügel
das Leben des Heiligen
vor der Ankunft in
Polen, der rechte zeigt
Szenen im Zusammen-
hang mit seiner
Missionstätigkeit unter
den Pruzzen und mit der
Verehrung, die dem
Märtyrer später wider-
fuhr.

In der benachbarten Kaplica *Bożego Ciała/Kapelle des hl. Leichnams,* die gegen 1460 errichtet und später mehrfach umgestaltet wurde, befindet sich ein schöner frühklassizistischer Altar von Ephraim Schroeger (um 1783).

An dieser Stelle ist im Seitenschiff das unauffällige Fragment einer romanischen Grabplatte aus der ersten Hälfte des 11. Jh. zu finden, das älteste Schriftzeugnis (an einem Kunstwerk) auf polnischem Gebiet.

Im Chorumgang sind mehrere freigelegte Fragmente der ursprünglichen gotischen Arkaden mit Skulpturenschmuck zu sehen sowie einige wertvolle Grabmäler und Epitaphien aus dem 16. Jh., darunter auch die Grabplatte des berühmten Großkanzlers und Erzbischofs Jan Łaski, die zusammen mit drei weiteren Epitaphien 1516 der Florentiner Bildhauer Giovanni da Firenze (Yan Florentyńczyk) in den eleganten Formen der italienischen Renaissance geschaffen hat.

Die *Kaplica Kołudzkich/Kołudzki-Kapelle* zur Rechten des Chorscheitels beherbergte die einzigartige *Drzwi Gnieźnieńskie/Gnesener Tür,* die sich wieder am Südportal befindet. Sie ist wohl das bedeutendste Denkmal romanischer Plastik in Polen. Ihre Entstehungszeit liegt im 11. oder 12. Jh.; eine Legende besagt, sie sei von Herzog Bolesław Krzywousty gestiftet worden. Die beiden nicht ganz symmetrischen Türflügel wurden vermutlich in einem der Zentren für Bronzeverarbeitung an der Mosel aus massiver Bronze gegossen. Insgesamt 18 rechteckige Relieffelder zeigen Episoden aus dem Leben des hl. Adalbert, abzulesen von links unten nach rechts unten. Die Rahmenleisten tragen phantasievolle Pflanzen- und Tiermotive sowie kleine Szenen aus Landleben, Jagd und diversen Kämpfen. Die Vita des hl. Adalbert ist lebendig erzählt, die Figuren zeigen eine faszinierende Vielfalt an Bewegungsmotiven und Ausdrucksgebärden. Jede Szene vermittelt eine eigene Stimmung, die sich dem Betrachter oft durch die gleichsam erläuternden Reaktionen der Gestalten mitteilt.

Vor der letzten Kapelle am Chorumgang trifft man schließlich auf zwei besonders schöne Renaissancegrabmäler. Das Grabmal des Erzbischofs Andrzej Krzycki (gest. 1537) zeigt die originale Grabplatte aus rotem Marmor, die später in einen klassizistischen Nischenaufbau eingesetzt wurde. Die Liegefigur des Verstorbenen wirkt verwirrend lebensecht: Schräg auf ein Kissen gebettet, scheint der Erzbischof dem Betrachter entgegenzublicken; mit den Händen greift er nach den Säumen seines Ornats. Die Gestalt ist ein Werk des italienischen Architekten und Bildhauers Bartolommeo Berrecci, der aus Ungarn nach Kraków berufen worden war und nach Polen die Formen der Renaissance mitgebracht hatte. Das benachbarte Grabmal des Erzbischofs Mikołaj Dziergowski (gest. 1554) stammt von Girolamo Canavesi, einem ebenfalls in Kraków tätigen italienischen Künstler. Beeindruckend ist hier vor allem der repräsentative architektonische Aufbau des Grabmals. Die Porträtfigur des Verstorbenen begleiten in den seitlichen Nischen als Fürbitter der hl. Mikołaj (Nikolaus), der Namenspatron des Erzbischofs und der hl. Wojciech. Im bekrönenden Aufsatz erscheint in einem von Putten gehaltenen Medaillon die Madonna.

In der *Skarbiec/Schatzkammer* der Kathedrale wird eine Fülle liturgischer Geräte und Votivgaben aufbewahrt, kostbare Goldschmiedearbeiten, die zu den wertvollsten in ganz Polen gehören, darunter romanische, figürlich geschmückte Kelche.

An der nördlichen Flanke der Kathedrale steht die *Kolegiata św. Jerzego/Stiftskirche St. Georg*, die von Anfang an als eine dem Dom angegliederte Pfarrkirche diente. Ursprünglich ein romanischer Saalbau, wurde sie in den folgenden Jahrhunderten mehrfach umgestaltet. 1782 gab ihr der Architekt BERNHARD LANGWEBER aus Poznań jene barocke Gestalt, die sie bis heute bewahrt hat.

Hinter der Stiftskirche erstreckt sich ein eindrucksvolles Ensemble spätbarocker und klassizistischer *Kanonikerhäuser* aus dem 18. und 19. Jh.

Ein modernes Gebäude in der ul. Poznańska, westlich der Kathedrale, beherbergt das *Muzeum Początków Państwa Polskiego/Museum der Entstehung des polnischen Staates* mit einer interessanten Sammlung zur frühen Geschichte des Ziemia Gnieźnieńska/Gnesener Landes. Darüber hinaus sind hier einige Fragmente der Skulpturenausstattung aus dem romanischen Vorgängerbau des Doms zu sehen.

Einen Besuch lohnt schließlich die *Kościół św. Jana Chrzciciela/Kirche des hl. Johannes d. Täufers* am Ende der ul. św. Jana, ehemals Klosterkirche der Chorherren vom hl. Grab. Der einschiffige gotische Bau aus dem 14. Jh. mit niedrigem, abgesetztem Polygonchor und einem massiven quadratischen Turm an der Westfront ist unbeschädigt erhalten geblieben. Die Kreuzrippengewölbe im Innern sind mit einer reichen bauplastischen Dekoration geschmückt, ähnlich der, wie sie auch die Kathedrale in ihrer ursprünglichen Form aufwies: Die Konsolen und Schlußsteine zeigen vielfältige Masken, Tiergestalten und kleine Szenen. Besonders interessant ist die gut erhaltene gotische Ausmalung des Presbyteriums (drittes Viertel des 14. Jh.). In den Gewölbefeldern sieht man 14 Köpfe von Königen und Propheten des alten Testaments, an den Wänden entlang reihen sich in zwei Registern Szenen aus den Viten Christi, Mariens und Johannes' des Täufers sowie Heiligenfiguren.

Etwa 32 km nördlich von Gniezno, inmitten des Ziemia Pałucka/Pałuki-Landes mit seinen zahlreichen Seen, kann man im *Skansen/Freilichtmuseum* von **Biskupin** die frühesten Kulturen auf polnischem Gebiet kennenlernen. 1933 wurden hier mehrere Wehrsiedlungen entdeckt, deren älteste bis in die Steinzeit zurückreichen. Die Siedlung auf der Halbinsel im Jezioro Biskupińskie/Biskupiner See stammt aus der Zeit zwischen 700 und 400 v. Chr., aus der frühen Eisenzeit (Lausitzer Kultur). Sie wurde als einzige gründlich erforscht; aufgrund der Befunde rekonstruierte man 1934 Teile der Anlage und machte sie als archäologischen Park der Öffentlichkeit zugänglich. Der Komplex erstreckt sich in einem Oval auf der ganzen Halbinsel, geschützt durch einen Ring von Wellenbrechern und einen 6 m hohen und 3 m breiten Wehrwall aus Erdreich und Holz. An der südwestlichen Flanke der Anlage befindet sich das rekonstruierte Einfahrtstor. Von hier aus führte einst ein 120 m langer Brückensteg zum Festland. Das ›Verkehrsnetz‹ der Siedlung bestand aus einer Ringstraße entlang des Schutzwalls sowie elf parallel geführten Straßen quer über das Areal. Ungefähr in dessen Mitte war ein freier Platz für Versammlungen ausgespart. Die Bebauung, von der ein rekonstruierter Straßenzug zu besichtigen ist, spiegelt anschaulich die soziale Struktur der Einwohner: Die ursprünglich 106 Häuser waren durchweg gleich groß und hatten die gleiche Innendisposition. In jedem Haus lebte eine 10–12köpfige Familie. Die wiederherge-

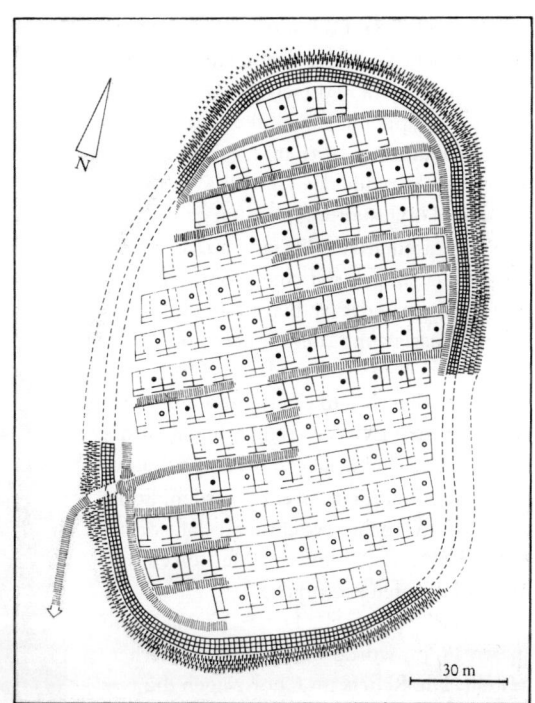

Biskupin, Plan der früheisenzeitlichen Inselsiedlung mit einer schematischen Lage der Häuser und Herdstellen entlang der Bohlenwege

30 m

stellte Ausstattung der Häuser läßt auch die Lebensweise ihrer Bewohner erahnen. Die zahlreichen ausgegrabenen Gebrauchsgegenstände, die im Museum auf dem Gelände ausgestellt sind, dokumentieren, daß die Menschen sowohl Ackerbau als auch Viehzucht und Jagd betrieben. Kultgegenstände weisen auf die rituelle Verehrung von Naturkräften und Ahnen hin. Archäologische Untersuchungen an anderen Orten, so in Gniezno, Poznań oder Wrocław, haben ergeben, daß dieses Grundmuster der Siedlungsanlage wie auch die Bauweise der Häuser und Wälle bis in die Zeit der frühen Piasten hinein tradiert wurde.

Die Stadt **Trzemeszno/Tremessen,** 16 km östlich von Gniezno gelegen, ist eine der ältesten Ansiedlungen Großpolens. Sie wuchs um ein Benediktinerkloster, das der Legende nach der hl. Wojciech gegründet haben soll. Der Leichnam des von den Pruzzen ermordeten Missionsheiligen war zunächst hier bestattet worden, bis man ihn 999, nach der Heiligsprechung, in den Dom von Gniezno überführte.

Die ursprüngliche, bereits im frühen 11. Jh. zerstörte Klosteranlage ist heute nur noch durch Ausgrabungen bekannt. Zu Beginn des 12. Jh. ging das Kloster als Stiftung des Herzogs BOLESŁAW III. KRZYWOUSTY in den Besitz der Augustinerchorherren über, denen es – zusammen mit der ganzen Stadt – bis zur Säkularisierung 1793 gehörte.

1130–46 ließen die Kanoniker im Zuge des Neuaufbaus eine große dreischiffige *Basilika* mit Querschiff und Doppelturmfassade errichten. In der zweiten Hälfte des 18. Jh. mußte diese Anlage dem heutigen monumentalen spätbarocken Neubau weichen. Der achteckige, von einer Kuppel überwölbte Zentralbau setzt sich nach Westen hin durch ein kurzes Schiff mit Seitenkapellen fort; an der doppeltürmigen Fassade sind das große spitzbogige Fenster und in der Vorhalle das Gewölbe als Reste des alten Kirchenbaus aus der Zeit nach dessen gotischer Umgestaltung erhalten geblieben. An der Ostseite schiebt sich die Chorpartie mit einer repräsentativen Fassade aus dem Zentralbau vor. Diese ist ebenfalls doppeltürmig ausgebildet und durch eine große Pilasterordnung gegliedert. Den mittleren Teil, der wie eine Apsis gerundet ist, betont im unteren Geschoß ein reich dekorierter Risalit.

Die Ausstattung des Innern fiel 1945 einem verheerenden Brand zum Opfer und wurde in den Nachkriegsjahren nur zum Teil rekonstruiert. Verlorengegangen ist die *Confessio* des hl. Wojciech im Kuppelraum, wo dessen Reliquien verehrt wurden. So ist heute nicht mehr ersichtlich, daß dieser Bautypus der Tradition von Mausoleen und Memorialbauten entsprach.

Die reiche plastische Dekoration aus dem späten 18. Jh. wurde weitgehend wiederhergestellt. Die Reliefs im Chor zeigen die vier Kirchenväter, in der Vierung erscheinen die vier Evangelisten; über den Arkaden im Schiff ergänzen vier Propheten das Programm. Die Kuppel- und Gewölbemalereien stellen die Heilsgeschichte in einer Reihe exemplarischer Szenen dar. Sie wurden ursprünglich in den 1780er Jahren von FRANCISZEK SZMUGLEWICZ ausgeführt, einem berühmten Maler der Zeit von STANISŁAW AUGUST PONIATOWSKI. Nach der Zerstörung im Jahre 1945 wurden sie bis auf ein erhaltengebliebene Fragment im südlichen

Trzemeszno, Kelch aus dem Kirchenschatz des ehemaligen Klosters

Querarm vollständig rekonstruiert. Die ovalen Medaillons der Kuppel zeigen Opferszenen aus dem Alten und Neuen Testament: die Opferung Isaaks, das Opfer Melchisedeks, die Darbringung Christi im Tempel und die Kreuzigung. In den Trapezfeldern erscheinen Moses am Berg Sinai sowie Salomon, David und Abel, ebenfalls in Opferszenen. Die Malereien im Gewölbe des Schiffs zeigen Episoden aus der Vita des hl. Wojciech.

Der 1959 rekonstruierte Hochaltar weist eine Darstellung der Himmelfahrt Mariens (freie Kopie nach dem ursprünglichen Gemälde von FRANCISZEK SZMUGLEWICZ) auf.

Gegenüber der Kirche steht am Pl. Kosmowskiego das reizvolle spätbarocke Gebäude des *Kolegiums*, ein Gymnasium, das der Abt MICHAŁ KOSMOWSKI 1773 nach dem Vorbild des Collegium Nobilium in Warszawa gegründet hat. Die Anlage erhebt sich über einem hufeisenförmigen Grundriß. Der Haupttrakt beherbergte ursprünglich neben den Schulräumen auch ein Internat und Wohnungen der Professoren; im Erdgeschoß befindet sich eine Kapelle; in den Flügeln waren Wirtschaftsräume untergebracht. Den repräsentativ mit einem Triumphbogenmotiv ausgestatteten Torbogen schmückt ein Porträtmedaillon König STANISŁAW AUGUST PONIATOWSKIS, der damit, so die Inschrift, als Förderer der Wissenschaft geehrt wird.

Strzelno/Strelno, eine kujawische Stadt, 26 km nordöstlich von Trzemeszno, war bis ins 18. Jh. hinein ein malerischer Ort mit mittelalterlicher und barocker Bebauung, den ein Großbrand 1761 fast vollständig zerstörte und dessen wertvolle Baudenkmäler später nicht wiederaufgebaut wurden. Die Stadt war im frühen Mittelalter als Marktsiedlung am Kreuzungspunkt wichtiger Handelsstraßen entstanden, wovon heute nur noch die unregelmäßige, verwinkelte Straßenführung zeugt. Im 12. Jh. befand sich die Siedlung im Besitz der Regularkanoniker von Trzemeszno; vor 1193 wurde sie den Prämonstratenserinnen übergeben, der bis zur Säkularisierung im 18. Jh. das Gesicht der Stadt prägte.

So hat auch die Klosteranlage der Prämonstratenserinnen auf dem *Wzgórze Klasztorne/ Klosterhügel* im Osten der Stadt als einziges historisches Baudenkmal die Zeit überdauert. Bereits im frühen 12. Jh. ist die Existenz des Klosters bezeugt; die Gebäude entstanden nach und nach zwischen 1175 und 1192. Heute zeigt sich die ursprünglich romanische Anlage als Ergebnis mehrerer Umbauten, die im 15., 17. sowie in der ersten Hälfte des 18. Jh. erfolgten.

Die heutige Pfarrkirche *Kościół św. Trójcy/Kirche der hl. Dreifaltigkeit* hat ihre romanische Bausubstanz der Zeit um 1180 bewahrt. Der Sakralbau ist eine dreischiffige Basilika mit weit ausladendem Querschiff; die Doppelturmfassade erhielt 1743 eine spätbarocke Verkleidung: Über einem hohen Sockelgeschoß steigt eine Pilasterordnung auf, abgeschlossen durch ein Gebälk. Erst darüber lösen sich die Türme aus dem Mauerverband und flankieren den geschweiften und reich dekorierten Giebel.

Im Innern spiegelt sich die ganze Geschichte der Kirche. Gegen Ende des 15. Jh. zog man anstelle der ursprünglichen flachen Holzdecken die schönen gotischen Sterngewölbe ein. Mitte des 17. Jh. wurde der Kirchenraum in barockem Stil umgestaltet. Die romanischen Säulen verschwanden unter einer Stuckschicht, die sie in massive Pfeiler verwandelte, die Wandflächen überzog man mit Rokokoornamenten, und auch die Ausstattung wurde erneuert; die gotischen Gewölbe blieben jedoch bestehen.

Während der Restaurierung der Kirche nach dem Zweiten Weltkrieg entdeckte man unter dem barocken Stuck vier romanische Säulen (um 1170), die mit ihrem reichen Reliefschmuck zu den wertvollsten Denkmälern romanischer Skulpturen gehören. Die Schäfte der beiden östlichen Säulen sind mit je drei Registern zierlicher Blendarkaden gegliedert. Die darin enthaltenen weiblichen Gestalten sind Personifikationen von Tugenden und Lastern, die zusammen ein moralisches Lehrprogramm bilden.

Einige weitere Fragmente der romanischen Ausstattung der Kirche haben sich in der *Kaplica św. Barbary/Kapelle der hl. Barbara* erhalten, die nachträglich in die Wände eingemauert wurden, darunter eine bogenförmige Relieftafel mit der Madonna und Propheten in Medaillons – ursprünglich wohl eine Votivgabe – sowie mehrere Bruchstücke mit einzelnen Figuren, die vermutlich von Grabmälern stammen.

Bemerkenswert sind auch die Reliefs über den Seitenportalen der Kirche. Am südlichen Portal, das im 15. Jh. gotisch umgestaltet wurde, hat sich das aus dem frühen 13. Jh. stammende Tympanonrelief erhalten. Es zeigt die hl. Anna, im Arm die kleine Maria. Zu ihrer Rechten kniet der Stifter, PIOTR WSZEBOROWIC, der ihr ein Modell der Kirche darbringt. Ihm gegenüber ist seine Gemahlin ANNA zu sehen. Eine Inschrift entlang der Kante des Reliefs bezeugt die Verehrung des Stifterpaares für die hl. ANNA. Das kleeblattförmige Tympanon des Nordportals (um 1216 oder 1230) zeigt den thronenden Christus in der Mandorla, angebetet von den Aposteln Petrus und Paulus, zwei Engeln und den Evangelistensymbolen.

Ursprünglich muß die Kirche außer der reichen Skulpturenausstattung auch eine wertvolle Ausmalung besessen haben; von dieser haben sich jedoch nur noch geringe Fragmente dekorativer Malereien erhalten. Die Ausstattung, größtenteils aus dem zweiten Viertel des 18. Jh., hat unter einem Restaurierungseingriff des späten 19. Jh. gelitten, zeigt aber in ihrem Gesamtbild noch immer den Charakter spätbarocker Üppigkeit und Schmuckfreude.

Neben der Klosterkirche befindet sich die *Kościół św. Prokopa/Kirche des hl. Prokop,* eine um 1160 aus Haustein errichtete Rotunde. Sie gehört zum weit verbreiteten Typus der Pfalz- und Burgkapellen mit kreisrundem Grundriß und anschließendem Chor sowie einer Empore, die hier im Turm untergebracht ist und sich zum Kirchenraum unter einer Doppelarkade öffnet. Ungewöhnlich sind die beiden kleinen Apsiden an der Nordseite, in denen sich wohl Nebenaltäre befanden.

Der urtümliche Charakter des nackten Hausteinmauerwerks ist Ergebnis einer 1946–52 durchgeführten Rekonstruktion. Die Kirche war im 19. Jh. in ein Lagerhaus verwandelt worden. Zu diesem Zweck hatte man Zwischendecken eingezogen, Fenster- und Türöffnungen eingebrochen und die beiden Apsiden abgerissen. 1945 wurde der Bau und das von 1180 stammende Tympanon durch eine Explosion noch weiter zerstört. Die ursprüngliche Ausstattung konnte später nicht mehr rekonstruiert werden; nur einzelne Bauformen sind stilgerecht wiederhergestellt worden.

Strzelno, Aufriß einer der vier romanischen Säulen in der Kirche der Hl. Dreifaltigkeit

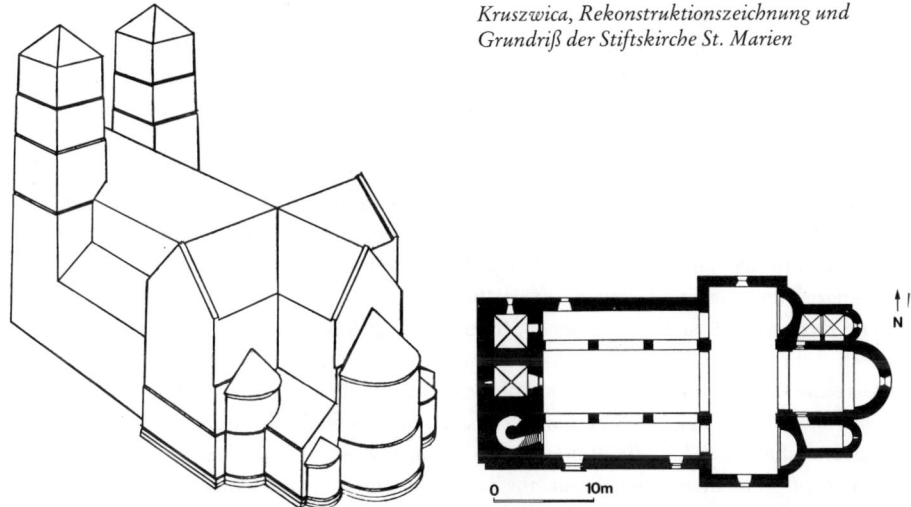

*Kruszwica, Rekonstruktionszeichnung und
Grundriß der Stiftskirche St. Marien*

Über eine Nebenstraße erreicht man nach ca. 17 km das nordöstlich von Strzelno gelegene kujawische **Kruszwica/Kruschwitz**. Die kleine Stadt liegt an der nördlichen Spitze des Jezioro Gopło/Goplo-Sees. Ursprünglich bestand sie aus niedrigen Holz- und Fachwerkhäusern, überragt von der mittelalterlichen Burg und der Stiftskirche. Dieses reizvolle Erscheinungsbild ging wohl schon im 17. Jh. verloren, als die schwedische Armee Burg und Stadt zerstörte. Seit dem späten 19. Jh. ist die alte Bebauung bis auf wenige Reste modernen Neubauten gewichen, wobei auch der überkommene Stadtgrundriß verändert wurde. An die mittelalterliche Stadt erinnern heute nur noch die Stiftskirche sowie die Burgruine.

Die *Kolegiata N. P. Marii/Stiftskirche St. Marien* (ehemals St. Peter und Paul) entstand wohl in den Jahren 1120–40 unter Herzog BOLESŁAW III. KRZYWOUSTY, vermutlich als Bischofssitz von Kujawien, der jedoch bereits 1148 nach Włocławek verlegt wurde (Abb. 22). Malerisch auf einer Anhöhe am Seeufer gelegen, zeigt sich die Kirche heute, nach einer durchgreifenden Restaurierung in den 50er Jahren, wieder in ihrer ursprünglichen Form als dreischiffige romanische Basilika auf dem Grundriß eines lateinischen Kreuzes. Die Chorpartie schließen fünf Apsiden ab. Ursprünglich flankierten die Chorapsis zwei Nebenapsiden am Querschiff; noch während der Bauarbeiten erweiterte man den Chor jedoch um zwei ebenfalls apsidiale Kapellen. Dieser kristalline Komplex ineinander verschachtelter geometrischer Baukörper geht auf die in Cluny begründete Tradition der Benediktinerarchitektur zurück.

Die Westfront der Kirche läßt erkennen, daß ursprünglich eine Doppelturmfassade geplant war, die jedoch nie ausgeführt wurde; erst im 16. Jh., als man einige gotische Umgestaltungen an der Kirche vornahm, errichtete man den massiven Turm, dessen Gliederung in bemerkenswerter Weise die romanischen Formen des bestehenden Baus aufgreift.

Im Laufe der Jahrhunderte war die Kirche mehrfach verändert und neu ausgestattet worden. Mitte des 19. Jh. (1856–59) wurde sie einer puristischen Restaurierung unterzogen, die den Baukörper äußerlich in seine ursprüngliche Form zurückversetzte; die barocke Gestaltung und Ausstattung des Innern aus dem 18. Jh. ließ man jedoch bestehen. Diese wurde erst während des letzten denkmalpflegerischen Eingriffs entfernt. Alle baulichen Veränderungen späterer Zeiten wurden rückgängig gemacht; eine Wiederherstellung der romanischen Ausstattung wurde dabei nicht vorgenommen: Das Mauerwerk war ebenso wie die Balkendecke ursprünglich verputzt, vermutlich auch bemalt. Das heutige Erscheinungsbild mit dem eigenartigen Reiz kahler Strenge verwandelt die Kirche gleichsam in ein exemplarisches Schaustück romanischer Baukunst.

Die *Burg* von Kruszwica war im 14. Jh. unter KAZIMIERZ III. WIELKI an der Stelle einer älteren wehrhaften Ansiedlung errichtet worden. Ursprünglich erstreckte sie sich über ein rechteckiges, durch hohe, zinnenbekrönte Mauern bewehrtes Areal. Die Zerstörung im 17. Jh. überstand nur der achteckige Turm. An seine malerische Ruine knüpfen sich zahlreiche volkstümliche Legenden, die ihm auch den Namen *Mysia Wieża/Mäuseturm* eingebracht haben; 1956 baute man in den Turm eine Treppe ein, um ihn als Aussichtspunkt zu nutzen. Von seiner Spitze aus bietet sich ein eindrucksvoller Blick über Stadt und See.

Kórnik – Rogalin – Środa – Rakoniewice – Szamotuły

Etwa 20 km südöstlich von Poznań, an der Straße nach Jarocin, liegt das neogotische **Pałac Kórnik/Palais Kórnik**, bekannt vor allem durch seine Bibliothek und das Arboretum. Ursprünglich im Auftrag der Familie GÓRKA als Renaissancepalast errichtet, erhielt es sein heutiges Aussehen durch einen Umbau im 19. Jh., den in Anlehnung an einen der Entwürfe KARL FRIEDRICH SCHINKELS der Besitzer TYTUS DZIAŁYŃSKI leitete. Das Schloß ist von einem Wassergraben umgeben und liegt direkt am Kórnik-See, der Schloßpark ist die größte dendrologische Anlage Polens mit einem Bestand von über 10 000 exotischen und einheimischen Sträuchern und Bäumen.

Die reichhaltigen Sammlungen der Bibliothek und des Museums sind Ergebnis der Bemühungen der Familie DZIAŁYŃSKI, später auch der ZAMOYSKIS; 1935 vermachte der letzte Besitzer, WŁADYSŁAW ZAMOYSKI, den gesamten Besitz dem polnischen Staat. Zum Bestand der Bibliothek gehören kostbare Sammlungen alter Bücher aus dem 16. und 17. Jh., Originalhandschriften und Drucke; darunter Manuskripte NAPOLEONS und des polnischen Nationaldichters ADAM MICKIEWICZ; vor allem aber elf Porträts, die STANISŁAW SAMOSTRZELNIK für das Familienalbum der SZYDŁOWIECKIS, ›Liber genoseos illustris familiae Schidloviciae‹, geschaffen hat. Mit der Ausführung dieser Miniaturen erwies SAMOSTRZELNIK seinem Mäzen und Protektor, dem Großkronkanzler KRZYSZTOF SZYDŁOWIECKI, seine Verehrung. Die Miniaturen, erste Beispiele polnischen Schaffens in der bildenden Kunst, entstanden zu Beginn der 30er Jahre des 16. Jh. und wurden in Auftrag gegeben von dem Krakauer Bischof PIOTR TOMICKI, einem großen polnischen Humanisten, der SAMOSTRZEL-

*Palais Kórnik, Mitteltafel
des Triptychons von 1529*

NIK hoch schätzte. Bestandteil der Bibliothek ist außerdem die Mitteltafel des Triptychons (1529) aus der Pfarrkirche in Madre bei Środa, 13 km südlich von Kórnik, auf der zwei Szenen aus dem Marienleben dargestellt sind: vorn die Verkündigung, im Hintergrund die Heimsuchung Mariens. Das Triptychon gehört zu den repräsentativen Werken großpolnischer Maler in der ersten Hälfte des 16. Jh.

Südlich von Poznań, am Rande des Wielkopolski-Nationalparks, findet man das spätbarocke Landschloß **Pałac Rogalin/Palais Rogalin** der Adelsfamilie RACZYŃSKI, um 1780 unter der Leitung von MERLINI, KAMSETZER und GRAFF errichtet. Auch Rogalin besitzt einen wunderbaren Schloßpark mit annähernd 1000, bis zu neun Meter Umfang messenden alten Eichen, einen der größten Eichenbestände Europas. EDWARD RACZYŃSKI, Kunstmäzen und Förderer der Wissenschaften, legte den Grundstein zu einer großartigen Kunstsammlung, die von seinen Nachkommen vervollständigt wurde und eindrucksvolle

271

Bestände enthält: Historienmalerei Jan Matejkos, impressionistische Gemälde aus Frankreich und Deutschland (Lenbach, Böcklin, Delaroche, Monet), dazu flämische Gobelins, europäische Stilmöbel, Stand- und Wanduhren.

Eine wunderbare Stuckdekoration im Kuppelgewölbe besitzt die Dreieinigkeitskapelle der *Kolegiata/Stiftskirche* in **Środa/Schroda,** die in den Jahren 1598–1602 aufgrund einer Stiftung des Posener Wojewoden Hieronim Gostomski entstand. Acht schmale Bänder begrenzen eine gleiche Anzahl von trapezförmigen Feldern, üppige Ornamente (Medaillons, Kartuschen und Girlanden) schmücken Bänder und Felder.

In **Rakoniewice,** an der Wojwodschaftsgrenze, auf halbem Wege zwischen Poznań und Zielona Góra, steht eine schöne, ganz aus Fachwerk gestaltete *Kościół Farny/Pfarrkirche,* wie man sie nur noch selten findet. 1763 errichtet, erhielt sie 1781 einen Turm.

Szamotuły, ein Ort 35 km nordwestlich von Poznań, war die Heimat des Komponisten und Musikers Wacław Szamotulski, der zu den wichtigsten künstlerischen Repräsentanten des ›Goldenen Zeitalters‹ zählte. In der *Kościół Farny/Pfarrkirche* findet man das aus rotem Marmor und aus Sandstein gefertigte *Renaissancegrabmal* (Abb. 24) des königlichen Schatzmeisters Jakub Rokossowski (gest. 1580). Es wird aufgrund seiner Ähnlichkeit mit dem Grabmal der Familie Górka in Poznań dem Bildhauer Canavesi zugeschrieben.

Leszno – Rydzyna – Wschowa – Kościan – Gostyń

Die Geschichte der Stadt **Leszno/Lissa** und der ganzen Region ist über lange Zeit mit dem Wirken der Adelsfamilie Leszczyński verbunden. Mehr als drei Jahrhunderte lang stand Leszno, das 1547 die Stadtrechte erhielt, unter dem Patronat der Leszczyńskis, deren letzter Erbe Stanisław in den Jahren 1704–09 und 1733–36 ziemlich glücklos als polnischer Gegenkönig zu den beiden sächsischen Herrschern August II. und August III. fungierte. Die Leszczyńkis machten Leszno in der Renaissance zu einem geistigen und wirtschaftlichen Mittelpunkt Polens, in dem Angehörige verschiedener Nationen, Polen, Tschechen, Juden und Deutsche friedlich miteinander lebten. Die Tuchmacherei war damals der wichtigste Wirtschaftszweig der Stadt. Vor 1655 wirkte hier der berühmte Pädagoge J. A. Comenius (Komenský), der als Protestant zusammen mit vielen Anhängern aus Böhmen geflohen war. Später verlor die Stadt zunehmend an Bedeutung, war im 19. Jh. aber mehrmals ein Zentrum der polnischen Nationalbewegung, die gegen die preußisch-deutsche Besetzung agierte. Seit 1975 ist Leszno mit seinen 50 000 Einwohnern Verwaltungssitz einer vorwiegend agrarisch geprägten Wojewodschaft; in der Stadt selbst arbeiten vor allem kleinere Betriebe der Lebensmittelindustrie.

Kunsthistorisch von Bedeutung sind vor allem die spätgotische *Kościół św. Jana/Johanneskirche,* die einst den böhmischen Brüdern gehörte, die barocke, früher lutherische *Kościół św. Krzyża/Kreuzkirche* und die ebenfalls barocke *Kościół św. Mikołaja/Nikolauskirche,* in der die Gräber der Leszczyńskis zu finden sind; schließlich das barocke *Ratusz/Rathaus,* ein Werk des Stadtarchitekten Pompeo Ferrari.

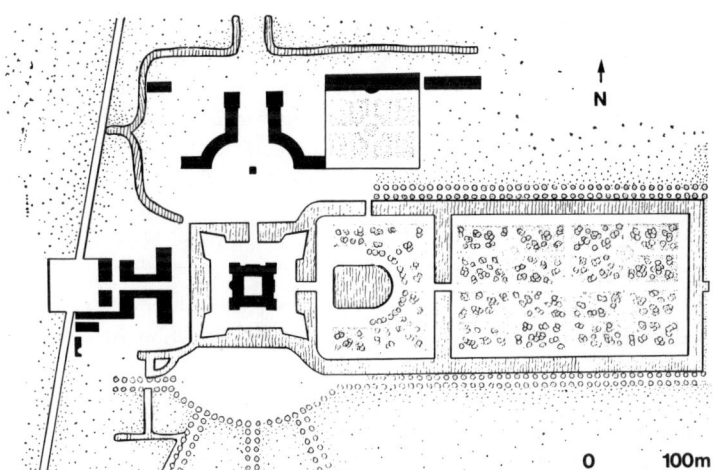

Rydzyna, Plan der Schloß- und Park-anlage

N

0   100m

Rydzyna, ein spätbarockes Städtchen nur wenige Kilometer südöstlich von Leszno, ist sehenswert vor allem wegen des *Palais' der Adelsfamilie Sułkowski,* das von einem schönen Landschaftspark umgeben ist; auch das *Rathaus* und einige *Bürgerhäuser* im Zentrum sind in ihrer barocken Gestalt erhalten geblieben.

Wschowa, im Westen der Wojewodschaft, gilt historisch gesehen als Stadt der Münze. Zu Beginn der Herrschaft von WŁADYSŁAW II. JAGIEŁŁO (reg. 1386–1434) entstand hier (neben der in Kraków) eine neue Kronmünzstätte, in der verschiedene Münzen geprägt und herausgegeben wurden. Die Geschichte des Münzwesens in der jagiellonischen Epoche Polens (1386–1572) verdeutlicht die Veränderungen vom mittelalterlichen Groschensystem, das durch die Silberwährung dominiert wurde, zum neuzeitlichen Goldsystem, das auf einem stabilisierten Wertverhältnis zwischen den beiden Metallen Gold und Silber basierte. Auf den in Wschowa geprägten Denaren stellte man vor allem das Wappen der Jagiellonen dar, d. h. ein Kreuz mit zwei Querbalken. Einige dieser Originalmünzen (aus den Jahren 1404, 1551 und 1562) sind heute Bestandteil der Sammlungen des Nationalmuseums in Kraków.

In der *Kościół Farny/Pfarrkirche* von **Kościan/Kosten,** an der Straße von Leszno nach Poznań gelegen, findet man das *Nagrobek/Grabmal* des MACIEJ (gest. 1541) und der JADWIGA OPALIŃSKI (gest. 1559), das um 1590 im dekorativen Stil des Manierismus errichtet wurde und das aus einer der damaligen Krakauer Werkstätten stammt. Die beiden Darstellungen der Verstorbenen über den Sarkophagen unterscheiden sich in ihrer vollen, plastischen Ausführung von den meisten der damaligen, eher flachgemeißelten Arbeiten aus der Werkstatt des berühmten SANTI GUCCI.

Auf dem sogenannten Heiligen Berg von **Gostyń,** im östlichen Teil der Wojewodschaft, steht das barocke, frühere *Klasztor Filipinów/Philippiner-Kloster,* in dem heute ein Altersheim untergebracht ist; nur noch die Kirche dient religiösen Zwecken. In dem Gotteshaus befindet sich ein 1540 entstandenes Bild der Madonna mit dem Kind, das im Hintergrund auch eine Darstellung der damaligen Stadt enthält, die erste Stadtansicht in der polnischen realistischen Malerei überhaupt, gestaltet in der Tradition der niederländischen Kunst.

Kalisz – Gołuchów – Ląd

Kalisz/Kalisch, heute eine Stadt mit 107 000 Einwohnern, gilt als älteste Ansiedlung Polens, weil schon KLAUDIOS PTOLEMAIOS Mitte des 2. Jh. in seinen Schriften von *Calisia* spricht und damit wohl eine Sarmatensiedlung an dieser Stelle meint. An der Wende vom 9. zum 10. Jh. existierte hier die erste Burganlage mit einigen Wohnstätten. 1253 erhielt Kalisz die Stadtrechte; und schon im 14. Jh. entwickelte sich die Stadt zu einem Zentrum der Tuchweberei, begünstigt durch die Lage am Handelsweg von der Ostsee über Toruń nach Wrocław und weiter nach Süden. Die kriegerischen Auseinandersetzungen des 17. Jh. hinterließen auch in Kalisz tiefe Spuren. Später, nach dem Wiener Kongreß 1815, erlebte die Stadt vor allem durch den Aufbau von Spinnereien erneut einen wirtschaftlichen Aufschwung. Bedeutend mehr architektonische Zeugnisse der Stadtgeschichte wären erhalten geblieben, hätte nicht deutscher Artilleriebeschuß 1914 große Verwüstungen im Stadtzentrum hinterlassen und wäre nicht das jüdische Ghetto von den Nationalsozialisten gesprengt worden. Insgesamt hat Kalisz seinen historischen Grundriß jedoch bewahrt, halbkreisförmig liegt der Stadtkern am Nordufer der Prosna; klassizistischer Baustil dominiert in den Straßen und Gassen rund um den Marktplatz.

In der ul. Grodzka steht die *Kościół św. Mikołaja/Pfarrkirche St. Nikolaus,* 1255 gestiftet, mit einem Presbyterium von 1275. Nach einem Brand 1706 wurde die Kirche in barocken Formen neu ausgestattet; der Hochaltar sowie zahlreiche Skulpturen, Bilder und Epitaphien stammen aus dieser Zeit. Leider vernichtete ein erneuter Brand 1973 ein barockes Altarbild aus der Werkstatt von PETER PAUL RUBENS.

Den Pl. św. Józefa dominiert der Gebäudekomplex des einstigen *Klasztor Jezuitów/ Jesuitenklosters* (1581) mit einer frühbarocken Kirche (1595), in der sich eine spätgotische Grabplatte (1575), ein barocker Hochaltar (Beginn 18. Jh.) sowie einige Epitaphien befinden. Zur Linken der Kirche stehen das ehemalige erzbischöfliche Palais und das einstige Jesuitenkollegium, 1583–84 errichtet und 1824–25 im klassizistischen Stil umgebaut. Den Pl. św. Józefa schmückt außerdem die *Kolegiata/Stiftskirche* mit einem gotischen Presbyterium von 1353; zur Innenausstattung gehört unter anderem ein spätgotisches Polyptychon (um 1500). Hinter der Kirche ist ein Stück mittelalterliche Befestigungsmauer aus der Mitte des 14. Jh. erhalten geblieben.

In der ul. Narutowicza, die parallel zur ul. Prosna verläuft, steht das um die Mitte des 13. Jh. gestiftete *Klasztor Franciszkanów/Franziskanerkloster.* Die ursprünglich frühgoti-

*Gołuchów, Ansicht des Schlos-
ses; Zeichnung von 1893*

sche Kirche wurde um die Mitte des 14. Jh. sowie 1599 und 1632 umgebaut; von diesen Veränderungen stammen das Gewölbe mit einer Spätrenaissancestukkatur sowie der frühbarocke Giebel. Die Innenausstattung folgt Barock- und Rokokoformen.

Der Stadtpark von Kalisz übertrifft an Ausdehnung das gesamte Stadtzentrum, und dort, nahe der ul. Prosna, steht das neoklassizistische Gebäude des *Theaters,* das den Namen von Wojciech Bogusławski trägt, einem Pionier polnischer Bühnenkunst.

Etwa 20 km nordwestlich, Richtung Poznań, inmitten eines schönen Landschaftsparks, steht das *Schloß* von **Gołuchów,** das heute eine Abteilung des Nationalmuseums von Poznań beherbergt, in der Exponate aus aller Herren Länder gezeigt werden: eine griechische Vasensammlung neben Gemälden italienischer, spanischer, portugiesischer und flämischer Meister, auch Kunsthandwerk, Möbel, Teppiche, Waffen, nicht zu vergessen eine Kollektion polnischer Porträts, vor allem aus dem 17. Jh. Das Schloß der Adelsfamilie Leszczyński, um 1560 errichtet, wurde zu Beginn des 17. Jh. zu einer prächtigen Magnatenresidenz ausgebaut; die Initiative dazu ergriff der Wojewode von Kalisz und spätere Großkanzler Wacław. Drei Flügel mit Eckbasteien umschließen einen Innenhof; aus dem 17. Jh. sind die Arkaden im Südflügel des Obergeschosses erhalten geblieben. Alle anderen Gebäudeteile stammen aus den Jahren 1872–85, als die Residenz nach den Ideen von Viollet-le-Duc im Stil der französischen Neorenaissance umgebaut wurde.

Weiter nördlich, am rechten Ufer der Warthe, schon in der Wojewodschaft Konin, liegt der Ort **Ląd.** Bereits im 8. Jh. stand hier eine den Flußüberang sichernde *Zamek/Burg,* die nach einem Brand im 13. Jh. in das Eigentum der Zisterzienser überging und bis 1819 von ihnen bewirtschaftet wurde. Um 1175 errichteten die Zisterzienser eine romanische Abtei. An Stelle der ursprünglichen Kirche entstand ein prunkvolles barockes Gotteshaus: 1651–90 das Presbyterium, 1728–35 das achteckige, kuppelüberspannte Kirchenschiff (Pompeo Fer-

RARI). Das monumentale, spätbarocke Innere besitzt herrliche Stuckdekorationen, Malereien von A. SWACH und G. W. NEUNHERTZ sowie Skulpturen.

Sieradz – Grębień – Łask – Poddębice

Sieradz an der Warthe gehört zu den ältesten Städten in Polen; schon im 6. Jh. soll hier eine Ansiedlung existiert haben. König BOLESŁAW I. CHROBRY ließ um 1025 eine Burg errichten, seit der Mitte des 13. Jh. war Sieradz Hauptort des gleichnamigen Herzogtums; ab 1339 existierte auch eine Wojewodschaft dieses Namens. Schon im 14. Jh. fanden hier Bischofssynoden und Adelsversammlungen statt. Heute ist Sieradz mit seinen 35 000 Einwohnern Zentrum einer eher landwirtschaftlichen, von einzelnen Industrien (Zement, Elektromaschinen) geprägten Wojewodschaft, nicht weit entfernt vom industriellen Ballungszentrum Łódź. Unweit des Marktplatzes von Sieradz steht die gotische *Kościół Farny/Pfarrkirche* aus der zweiten Hälfte des 14. Jh. mit einem spätgotischen Bild der hl. Dreieinigkeit. Die Innenausstattung folgt im wesentlichen barocken Formen. Das Dominikanerkloster und die Burgruine sind ebenfalls sehenswert.

In der *Kościół/Kirche* von **Grębień,** nahe Wieluń im Süden der Wojewodschaft, findet sich eine wertvolle Deckenmalerei aus der Renaissancezeit. Zwischen 1520 und 1530 entstanden, zeigt sie inmitten einer üppigen pflanzlichen Ornamentik zwei Musikanten, die zu Ehren der in der Bildmitte dargestellten Muttergottes und der Apostel sowie einiger Heiliger

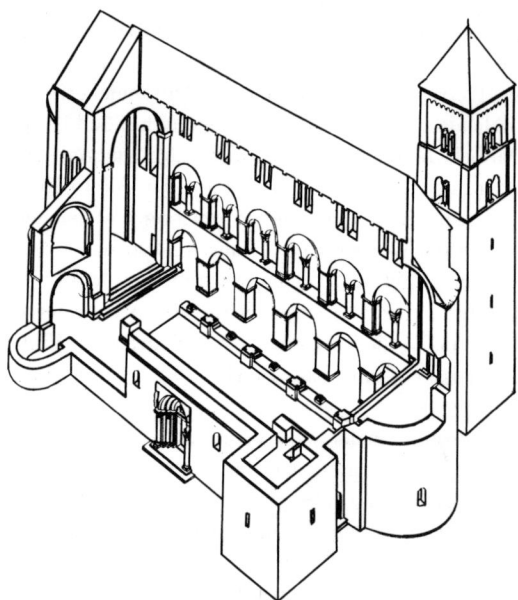

Tum, isometrischer Schnitt der Stiftskirche

aufspielen. Bemerkenswert ist, daß hier menschliche Gestalten eine Rolle übernehmen, die vordem in den religiösen Darstellungen des Mittelalters den Engeln zugedacht waren – ein Zeichen für die damals anbrechenden, weltzugewandten Zeiten. Der Schöpfer des Werks könnte aus dem Kreis der Zunftmaler von Wieluń oder einer anderen nahegelegenen Stadt gekommen sein. Er hat Sinn für Neues bewiesen, denn die Musikanten sind detailgenau porträtiert, und die für jene Zeit typische Kleidung ist beispielhaft getroffen. Die auffallende Lebendigkeit in Haltung und Gestik der Figuren deutet auf die angestrebte Überwindung gotischer Formen.

Die barocke *Kirche* von **Łask,** auf halbem Wege zwischen Sieradz und Łódź zu finden, beherbergt in der Kapelle ein Alabasterflachrelief, das der Werkstatt des italienischen Meisters ANDREA DELLA ROBBIA zugeschrieben wird, ein Geschenk des Papstes CLEMENS XVII.

Das *Pałac Grudzińskich/Palais Grudziński* in **Poddębice,** ganz im Norden der Wojewodschaft gelegen, entstand in den Jahren 1610–17. Nach intensiven Restaurierungen in den frühen 50er Jahren hat es seine Spätrenaissanceform wiedergewonnen; heute ist in dem Gebäude eine Schule untergebracht.

Tum – Pabianice – Łódź/Lodsch

Die 1161 geweihte *Kościół N. P. Marii i św. Aleksego/Stiftskirche der hl. Jungfrau Maria und des hl. Alexius* von **Tum** (Abb. 26), unweit der Stadt Łęczyca gelegen, hat nach teilweiser Zerstörung im Zweiten Weltkrieg später wieder ihre ursprüngliche romanische Gestalt erhalten. Der Grundriß und die Gesamtanlage des Bauwerks leiten sich von älteren heimischen Vorbildern her. Es handelt sich um eine dreischiffige Pfeilerbasilika mit Emporen über den Seitenschiffen, das Hauptschiff mündet in einen rechteckigen Chorraum mit Apsis, die sich wiederum in eine kleine niedrigere Apsis öffnet; die Kirche besitzt außerdem einen Westchor mit Apsis. An dieser Seite befinden sich zwei quadratische, etwas vorkragende Türme. Auch im Norden und Süden stehen zwei kleine Rundtürme an den Seitenschiffen. Die Außenwände des Bauwerks sind mit Ausnahme der oberen Turmpartie glatt und ohne jede Gliederung. Die Kirche hat im Norden ein wertvolles romanisches Portal mit Säulen in den Gewändestufen sowie rundbogigen Archivolten oberhalb eines profilierten Gesimses. Im Tympanon ist die sitzende Madonna mit dem Jesuskind dargestellt; die Engel an ihrer Seite tragen – als Symbole für Anfang und Ende des Weges Christi auf Erden – eine Lilie und ein Kreuz.

Auch **Pabianice,** südwestlich von Łódź, gehört zu den alten Städten Polens. 1297 von König WŁADYSŁAW I. ŁOKIETEK gegründet, entwickelte es sich später zu einem wichtigen Zentrum der Weberei und im 19. Jh. zu einem wichtigen Standort der Textil- und der Papierindustrie. In Pabianice findet man einen bewehrten, mit einer Attika ausgestatteten *Adelshof,* wie er im Polen des 16. Jh. typisch war. 1566–71 unter Leitung des Baumeisters WAWRZYNIEC LOREK errichtet, diente er Personen, die mit der Inspektion von kirchlichen

Gütern zu tun hatten. Das Gebäude hat einen rechteckigen Grundriß mit zwei Türmen und einem Risalit; die Fassaden sind durch hohe Blendarkaden gegliedert, die das Wehrhafte betonen.

1899 erschien STANISŁAW WŁADYSŁAW REYMONTS berühmter Roman ›Ziemia Obiecana‹ (›Das gelobte Land‹), der in **Łódź** entstand und diese Stadt als Musterbeispiel des aufstrebenden Kapitalismus im 19. Jh. beschreibt. Łódź war damals als Stadt schon 476 Jahre alt, denn 1423 hatte König WŁADYSŁAW II. JAGIEŁŁO dem Ort bereits das Stadtrecht verliehen. In die Geschichte eingetreten war er aber erst 79 Jahre zuvor, am 18. 9. 1820, als der Landverweser des Königreichs Polen Łódź mittels einer Sonderverordnung in die Gruppe der Fabrikstädte einreihte.

Liberale Reformer wie STANISŁAW STASZIC hatten die Initiative zur Entwicklung der Textilindustrie in diesem Teil Polens ergriffen, und Łódź sollte dessen Zentrum werden. Ein Strom hochqualifizierter Facharbeiter, zumeist Deutsche und darunter vor allem Weber, zog nach Łódź, dazu viele Hilfsarbeiter, überwiegend aus der polnischen Umgegend. Auch viele Juden aus Galizien, aus Litauen und Weißrußland kamen in die Stadt. In den Jahren 1820–70 stieg deren Bevölkerungszahl um das 44fache. Deutsche Unternehmer, durch weitgehende Zugeständnisse angelockt, übernahmen die führende Rolle bei der industriellen Entwicklung der Stadt. Kleine Manufakturen, Baumwollspinnereien, Färbereien und Weißgerbereien wurden zunächst zum Symbol der neuen industriellen Ära, bald aber kamen riesige Fabriken hinzu, die nach dem jeweils neuesten Stand der Technik arbeiteten. Fabri-

Łódź, Fabrikanlage aus den industriellen Gründerjahren; Lithographie aus dem 19. Jh.

kantenfamilien wie die Poznańskis, Geyers und Scheiblers waren in der Lage, Millionenvermögen anzuhäufen. Diese drei Familien, eine jüdische und zwei deutsche, waren aber auch gleichzeitig diejenigen, die den Aufbau der Stadt entscheidend vorantrieben. So wurde beispielsweise 1897 die erste elektrische Straßenbahn im Kongreßpolen in Betrieb genommen. – Andrzej Wajda, Polens berühmtester zeitgenössischer Regisseur, hat nach Reymonts Roman einen packenden Film gedreht, der den expandierenden Kapitalismus in Łódź beschreibt. Schwierige Arbeits- und Lebensbedingungen der einfachen Leute führten dazu, daß Łódź schon vor 1900 zu einem wichtigen Zentrum der polnischen Arbeiterbewegung wurde. 1892 und 1905 kam es zu Arbeiterrevolten, auch im 1918 wiedererstandenen Polen war Łódź Schauplatz mächtiger Streiks und Demonstrationen.

Während des Zweiten Weltkriegs wurde in dem kurzfristig in ›Litzmannstadt‹ umgetauften Łódź eines der ersten jüdischen Ghettos eingerichtet; gleichzeitig war Łódź eine jener Städte, in denen die polnische Widerstandsbewegung im Untergrund erfolgreich gegen die deutsche Besetzung auftrat.

Auch nach 1945 blieb der Charakter der Stadt als Hauptzentrum der Textilindustrie erhalten, Łódź wurde jedoch darüber hinaus zu einem wichtigen Ort wissenschaftlicher und pädagogischer Arbeit: sieben Hochschulen gibt es hier, darunter auch die bekannte Film-, Theater- und Fernsehhochschule, die so berühmte Regisseure wie Andrzej Wajda, Krzysztof Zanussi und Roman Polański hervorbrachte.

830 000 Menschen leben heute in Łódź; 170 Großbetriebe mit über 200 000 Arbeitern bestimmen das industrielle Leben, mindestens 400 Schornsteine sorgen dafür, daß immer ein graugelber Schleier über der Stadt liegt, der das Ende der oft kilometerlangen, kerzengeraden Straßenzüge dem Auge entrückt.

Kunsthistorisch gesehen ist Łódź ein eigentümliches Kaleidoskop von Klassizismus, Historismus und Jugendstil; vielfach fühlt sich der Betrachter in die Jahre vor 1914 versetzt.

Die Achse der Innenstadt bildet die vom Pl. Wolności zum Pl. Niepodległości führende ul. Piotrkowska. Am runden Plac Wolności erhebt sich das klassizistische *Ratusz/Rathaus* aus dem Jahre 1827, das heute als Wojewodschaftsarchiv dient, sowie das Gebäude des Archäologischen und Ethnographischen Museums. Etwas nördlich davon, an der ul. Ogrodowa, stehen das eindrucksvolle, 1888 erbaute Gebäude des *Muzeum Historii Miasta/ Museums für Stadtgeschichte,* einer der ehemaligen Paläste der Fabrikantenfamilie Poznański, daneben der riesige Backsteinkomplex einer Baumwollspinnerei aus der Gründerzeit der Stadt. Ebenfalls in der ul. Ogrodowa befindet sich das älteste Bauwerk von Łódź, eine kleine, aus Lärchenholz erbaute Kirche von 1768.

Auf der ul. Zgierska gelangt man nach Norden zum Stadtviertel Radogoszcz. An der Ecke der ul. Sowińskiego findet man an der Stelle des früheren Gefängnisses das *Radogoszcz-Mausoleum* zur Erinnerung an die hier Inhaftierten, zumeist polnische Häftlinge, die entweder nach Auschwitz deportiert wurden oder bei Erschießungen in der Umgebung von Łódź ums Leben kamen. Der etwa 100 Jahre alte jüdische Friedhof der Stadt liegt nordöstlich des Stadtzentrums. Über die ul. Bracka wird sein südöstlicher Eingang erreicht. Auf dem riesigen Gelände sollen 200 000 jüdische Bürger der Stadt ruhen, zu sehen sind die

Mausoleen der Familien Silberstein und Poznański. Łódź hatte vor dem Ersten Weltkrieg etwa 300 000 jüdische Gemeindemitglieder, heute sind es noch 200. Die meisten Juden aus Łódź wurden im nahen Vernichtungslager Kulmhof (Chełmno n. Nerem) ermordet, das als ›Experimentierfeld‹ für die effektivsten Tötungsmethoden diente. Viele der rund 360 000 Opfer starben an den Abgasen, die in die Lastwagen geleitet wurden, in denen die Menschen zusammengepfercht worden waren.

In der parallel zur ul. Piotrkowska verlaufenden ul. Gdańska steht ein weiterer Besitz der POZNAŃSKIS, das 1904 als Neorenaissancebauwerk errichtete *Palais,* in dem heute die Staatliche Musikhochschule untergebracht ist. Nicht weit entfernt, an der Ecke zur ul. Więckowskiego, lohnt das *Muzeum Sztuki/Kunstmuseum* einen Besuch. In dem früheren Hauptpalast der POZNAŃSKIS, – einem Bauwerk, das auffallend an venezianische Renaissanceresidenzen erinnert, werden seit 1925 Werke der bekanntesten polnischen Maler des Historismus, der Moderne sowie von ausländischen Expressionisten wie EMIL NOLDE und FERNAND LÉGER ausgestellt.

Folgt man der ul. Piotrkowska nach Süden, fällt der Blick auf weitere Baudenkmäler, die den Geschäfts- und Lebensstil des Lodscher Bürgertums vor und nach 1900 demonstrieren: ein neubarockes Wohnhaus (Haus Nr. 90), das neugotische ehemalige Zinshaus (Haus Nr. 99), das frühere Handelskontor (Haus Nr. 100a), das eklektische Palais der Fabrikantenfamilie HEINZEL (Haus Nr. 104) und die Residenz des Industriellen KINDERMANN im Stil der Neorenaissance von 1910 (Haus Nr. 151).

Am unteren Ende der ul. Piotrkowska, am Pl. Katedralny, steht die *Kathedrale* aus dem 19. Jh., ein neogotisches, aus gelbem Ziegelstein errichtetes Bauwerk. Unweit davon, neben dem Reymont-Park, findet man das eindrucksvolle *Muzeum Włókiennictwa/ Museum für Textilgeschichte,* in dem die Entwicklung der Spinnerei und Weberei am Beispiel von Maschinen, Werkzeugen und Stoffen demonstriert wird. Das Museum ist in den Räumen der sogenannten Weißen Fabrik untergebracht, die in den Jahren 1835–37 für den Industriellen LUDWIK GEYER errichtet wurde.

Östlich der ul. Piotrkowska, in der ul. Jana Kilińskiego und der ul. Targowa, erinnern weitere Fabrikgebäude an das industrielle Łódź des 19. Jh. Etwa zehn Textilbetriebe der Stadt sind für Besichtigungen freigegeben; selbst die ältesten Fabrikgebäude werden noch industriell genutzt (Auskunft erteilt das staatliche Reisebüro Orbis). Am Pl. Zwycięstwa steht die berühmte Film-, Theater- und Fernsehhochschule.

Łódź gehört zu den polnischen Städten, in denen die Widersprüche, die sozialen Probleme entwickelter Industriegesellschaften unmittelbar erfahrbar sind und sich dem interessierten Besucher sofort und eindringlich mitteilen, auch ohne einen Rundgang durch ein Armenviertel wie das am Rynek Bałucki zu machen. Das Arbeiterleben in Łódź ist hart, und mehrmals waren es die Arbeiterfrauen, die – engagierter als ihre Männer – zu Zehntausenden auf die Straßen gingen, um für eine Verbesserung der Lebensbedingungen zu demonstrieren.

Reinhold Vetter

Pomorze Zachodnie/Pommern

Das von der Ostküste her an die Pojezierze Drawskie/Pommersche Seenplatte heranreichende, ehemals preußische Pomorze Zachodnie/Pommern erstreckt sich im Westen vom Delta der Odra/Oder bis zu einer südlich des Łebsko-Sees verlaufenden Linie im Osten. Es umfaßt heute die drei Wojewodschaften Szczecin/Stettin, Koszalin/Köslin und Słupsk/Stolp. Das Oder-Delta mit den Inseln Usedom und Wolin war schon in früher Zeit bedeutender Handelsumschlagplatz und zog auch andere Ostseeanrainer wie etwa Dänen und Schweden an, die eine erhebliche Rolle in der Geschichte dieses Landes spielten.

Die ältesten Menschenspuren stammen aus den Anfängen des Mesolithikums (ab 10 000 v. Chr.). Zu Beginn der Bronzezeit (Ende des dritten Jt. v. Chr.) stand Pomorze (›Land am Meer‹) unter dem Einfluß der Lausitzer Kultur. In der La-Tène-Zeit (500–100 v. Chr.) war Pommern wegen seiner Eisenerzeugnisse berühmt. Eine anhand von Bernsteinfunden rekonstruierte Bernsteinstraße führte in der Bronzezeit von der Zatoka Gdańska/Danziger Bucht bis nach Rom. Seit dem 1. Jh. n. Chr. waren im pommerschen Küstenland die skandinavischen Goten und die Gepiden seßhaft.

Zu Beginn der Völkerwanderung siedelten sich hier zunächst slawische Stämme an, später auch Pomoranen und Kaschuben. Im 9. und 10. Jh. machten Kołobrzeg/Kolberg und die bereits 5000–10 000 Einwohner zählende Insel Wolin als bedeutende Handelszentren den größeren Ostseehäfen Konkurrenz.

Bevor Pommern zu einer Einheit zusammenwuchs, bestand es aus drei getrennten Verwaltungsorganisationen. Rügen und das heutige Vorpommern bildeten ein Herzogtum, ein zweites, der Kern des Landes mit Szczecin als Zentrum, wurde von der Greifendynastie als Herzogtum Slawien beherrscht, und in den östlichen Gebieten, die später Pommerellen hießen, regierten die Samboriden.

Unter der Herrschaft der Greifendynastie gelang die Vereinigung der pommerschen Gebiete, die nach und nach christianisiert wurden. Polen als Vorposten des christlichen Abendlandes versuchte fortan, die dichtbesiedelten Küstenlandschaften für sich zu gewinnen. Der polnische Fürst Mieszko I. setzte 967, ein Jahr nach der Christianisierung Polens, sich selbst als Herzog von Pommern ein. Nach seinem Tode war sein Sohn Bolesław Chrobry Herr von ganz Pommern.

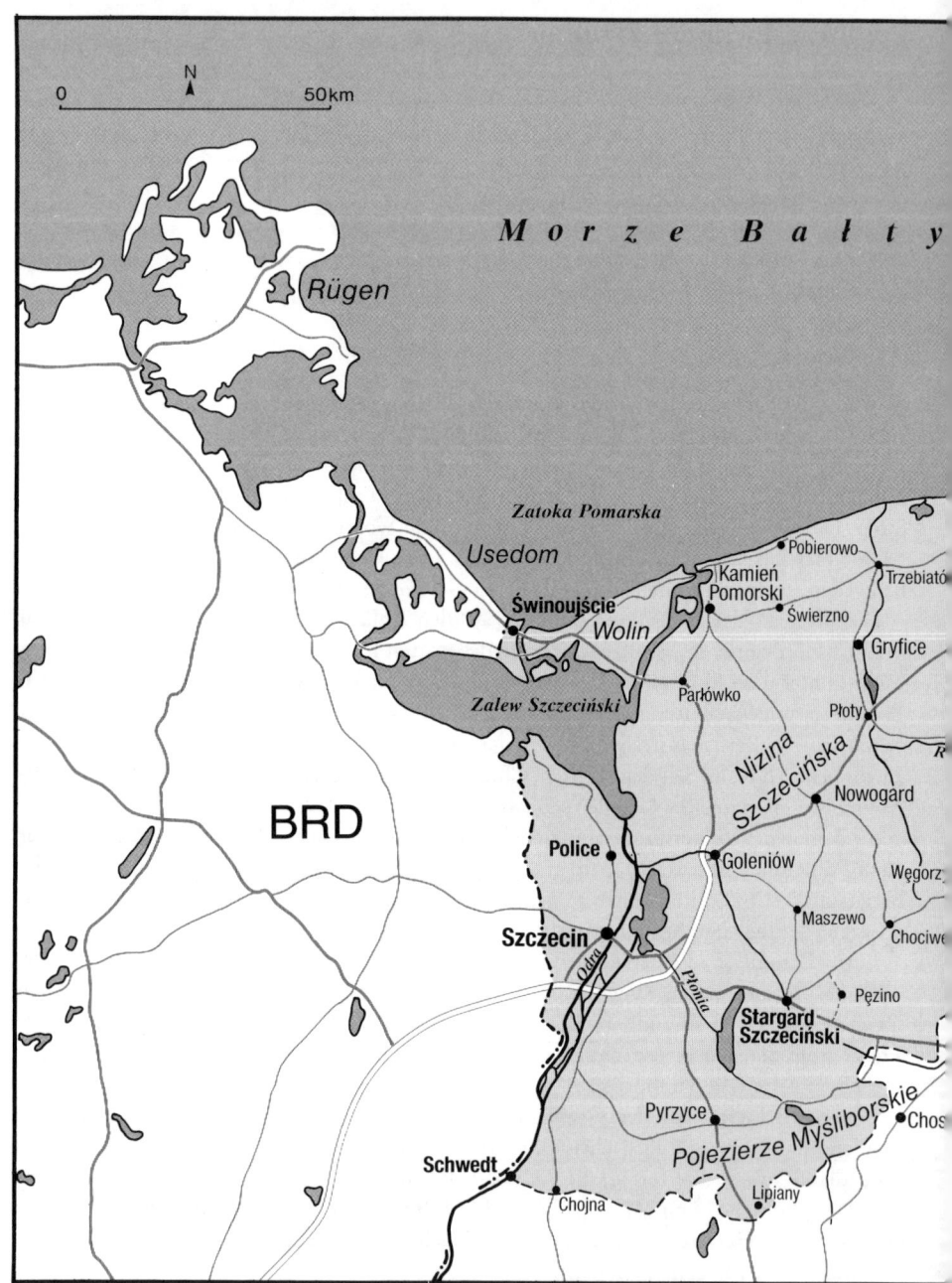

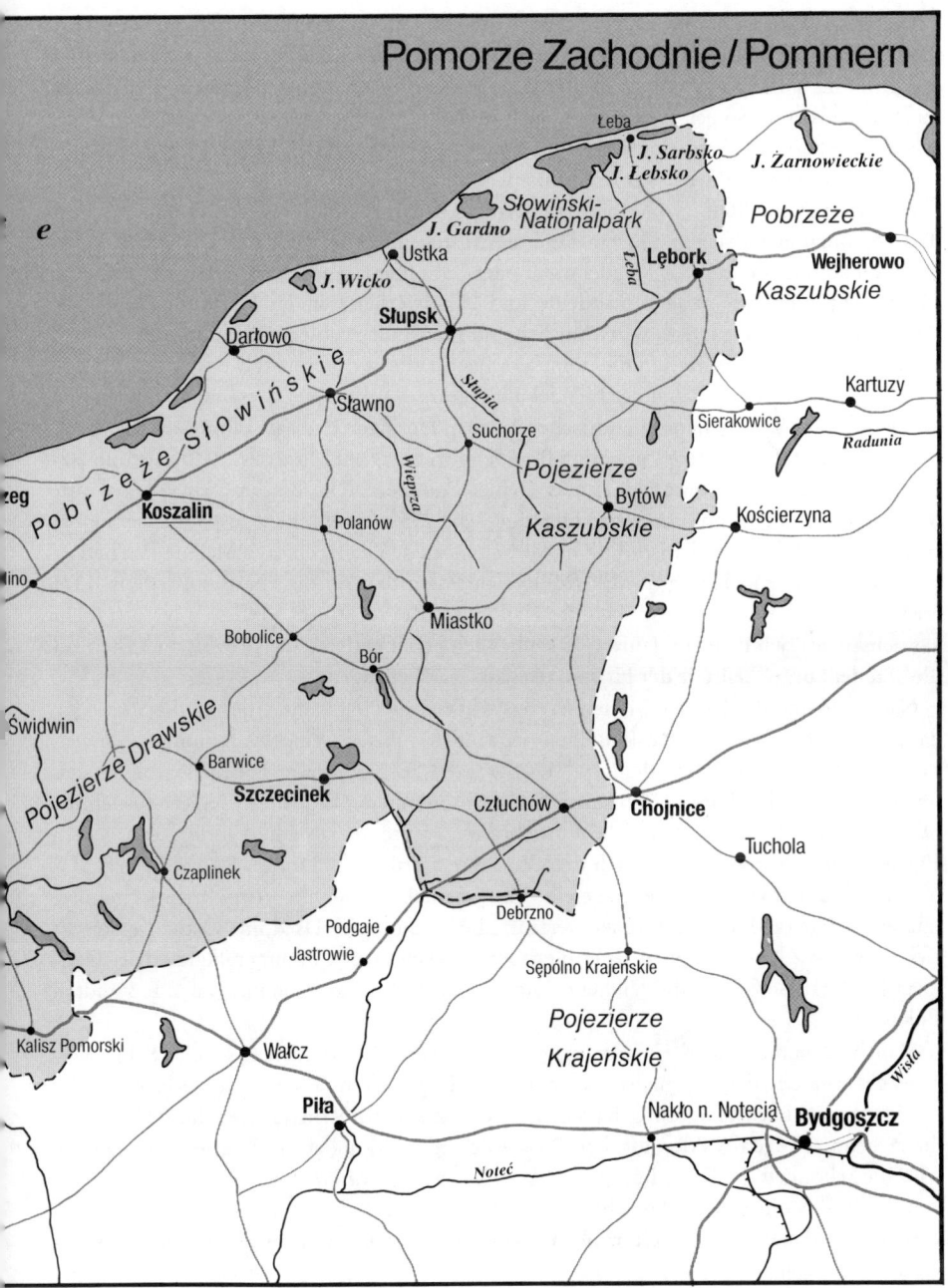

Pomorze Zachodnie / Pommern

Łeba
J. Sarbsko
J. Łebsko
J. Żarnowieckie

Pobrzeże

Słowiński-Nationalpark

J. Gardno

Ustka

Łeba

Lębork

Wejherowo

Kaszubskie

J. Wicko

Słupsk

Darłowo

Kartuzy

Sławno

Słupia

Suchorze

Sierakowice

Radunia

Pobrzeże Słowińskie

Pojezierze

Bytów

Wieprza

Koszalin

Polanów

Kaszubskie

Kościerzyna

ino

Miastko

Bobolice

Bór

Świdwin

Pojezierze Drawskie

Barwice

Szczecinek

Człuchów

Chojnice

Tuchola

Czaplinek

Debrzno

Podgaje

Jastrowie

Sępólno Krajeńskie

Kalisz Pomorski

Pojezierze

Wałcz

Krajeńskie

Wisła

Piła

Nakło n. Notecią

Bydgoszcz

Noteć

283

Der erste König in der Geschichte Polens, BOLESŁAW I. CHROBRY, stiftete im Jahre 1000 das Bistum in Kołobrzeg. Im 12. Jh. unternahm der Bamberger Bischof OTTO auf Betreiben von BOLESŁAW III. KRZYWOUSTY weitere erfolgreiche Versuche, die pommerschen Heiden zu christianisieren. So geriet Pommern auch in den Einflußbereich seines westlichen deutschen Nachbarn. 1140 wurde das Bistum Wolin gegründet, dessen Sitz 1176 nach Kamień Pomorski/Cammin verlegt wurde. Damit war Pommern im kirchlichen Sinne geordnet, blieb jedoch in eine Reihe von Herzogtümern gespalten. Die Herzöge von Pommern gründeten Städte und Klöster und lösten damit eine Einwanderungswelle aus. Die Städte, deren Selbstverwaltung sich auf das Magdeburger oder Lübecker Recht stützte, erlangten schon im 13. Jh. Autonomie. Sie zogen Kaufleute und Handwerker fremder Herkunft an, die die slawische Bevölkerung zuerst wirtschaftlich und später auch zahlenmäßig dominierten.

Ende des 13. Jh. profitierten die pommerschen Städte von der Mitgliedschaft in der von Lübeck geleiteten Hanse, und der Handel mit Agrarprodukten aus Großpolen, Leinen und Wollstoffen aus Schlesien, mit flandrischen Tuchen, Heringen und Salz blühte auf.

Die nach Osten gerichtete Expansion Brandenburgs, das seit Mitte des 13. Jh. das Lubusz-Land beherrschte, bedrohte jedoch das Gebiet Pommern. Die Bindung an Polen wurde immer schwächer, die pommerschen Herzöge, seit 1295 in zwei Linien gespalten, bemühten sich aber, eine Gleichgewichtspolitik im Verhältnis zu den benachbarten Mächten zu betreiben. Die starke Anlehnung an das Königreich Polen dauerte bis zur Reformation. 1521 erkannte Pommern die Lehnshoheit des Kaisers an. Brandenburgs Einfluß war noch mehr gewachsen, als sich Polen im Jahre 1618 schließlich bereit erklärte, das preußische Lehen auf die brandenburgische Linie der HOHENZOLLERN zu übertragen.

Nach dem Tod des letzten Greifenherzogs BOGUSŁAW (1637) annektierten die Schweden das ganze Küstenland. Der Westfälische Friede (1648) führte zu einer Aufteilung Pommerns zwischen Preußen und Brandenburg. 1701 wurde das Königreich Preußen gebildet, das seine Herrschaft im Jahre 1720 bis nach Szczecin und die umliegenden Gebiete ausdehnte. Die preußische Staatsform und die Einrichtung der Provinzialstädte führte zur erneuten Eigenständigkeit Pommerns. Nach dem Zusammenbruch des Dritten Reiches wurde das historische Pommernland wieder geteilt. Der westliche Abschnitt Vorpommerns gehörte zur ehemaligen DDR, die Grenze verläuft durch die Insel Usedom. Östlich erstreckt sich Pomorze Zachodnie (ehemals Hinterpommern) bis zu den Pommerellen und der Danziger Bucht; diese Gebiete bilden heute wie vor den Teilungen einen integralen Bestandteil Polens.

Manche pommersche Kleinstadt mag den Besucher an Mecklenburg oder Schleswig-Holstein erinnern, denn die meisten Kirchen und die größeren Profanbauten sind im Stil der norddeutschen Backsteingotik gehalten. Viele Gestüte bieten Reitsportlern die Möglichkeit, die farbenprächtigen Wälder auf dem Pferderücken zu erkunden. In Naturschutzgebieten wird die Schönheit der Küste bewahrt. Der *Woliński Park Narodowy/Woliner Nationalpark* (auf der Insel Wolin) ist ein Anziehungspunkt für Ornithologen aus der ganzen Welt. Doch auch hier wird man mit Umweltproblemen konfrontiert: Die Verschmutzung der Binnengewässer ist erheblich.

Szczecin/Stettin

Etwa 65 km von der Ostsee entfernt (Farbabb. 17), am hochgelegenen westlichen Ufer des Zalew Szczeciński/Stettiner Haffs, liegt in günstiger Lage an der Oder-Mündung die Hafenstadt Szczecin. Ihre Geschichte, die bis ins 8. Jh. zurückreicht, ist eng mit der wesentlichen historischen Entwicklung Pommerns verbunden.

Im 12. Jh. eroberte der polnische König BOLESŁAW III. KRZYWOUSTY den lebhaften Handelsplatz und ließ dessen Bewohner durch den Bamberger Bischof OTTO christianisieren. In den Jahren 1237–43 wurde Szczecin durch Herzog BARNIM I. nach Magdeburger Recht die Möglichkeit der Selbstverwaltung zuerkannt. Seit 1275 Mitglied der Hanse, führte man in der hinterpommerschen Metropole, die bis 1630 Hauptstadt der Greifenherzöge blieb, im Jahre 1535 die Reformation ein. Von 1720–1945 preußisch und seit 1945 wieder polnisch, ist Szczecin heute die siebtgrößte Stadt Polens und wissenschaftliches, kulturelles, vor allem aber wirtschaftliches Zentrum der Region. Aus Stettin stammen eine Reihe großer Persönlichkeiten, darunter die spätere Zarin KATHARINA II. von Rußland, der Schriftsteller ALFRED DÖBLIN und der Schauspieler HEINRICH GEORGE.

Der Rundgang durch die historischen Stadtviertel (Lageplan S. 286) beginnt am Pl. Zwycięstwa, den an seinem östlichen Ende das ehemalige Berliner Tor, das heutige **Brama Portowa/Hafentor** (1), abschließt. Im Mittelalter bildete es den Zugang zur Stadt von Westen her, der Bereich jenseits der alten Stadtgrenze wurde erst vor wenig mehr als einem Jahrhundert erschlossen. Den barocken Torbau errichtete 1725 der aus Westfalen stammende Architekt GERHARD CORNELIUS VON WALLRAWE; die reiche Reliefdekoration mit heraldischen Motiven hat der Berliner Hofbildhauer BARTHOLOMÉ DAMAST im Jahre 1740 ausgeführt. Von hier weiter nach Osten trifft man auf den **Katedra św. Jakuba/Dom St.**

Szczecin Ende des 19. Jh., Stich von H. Scherrenberg

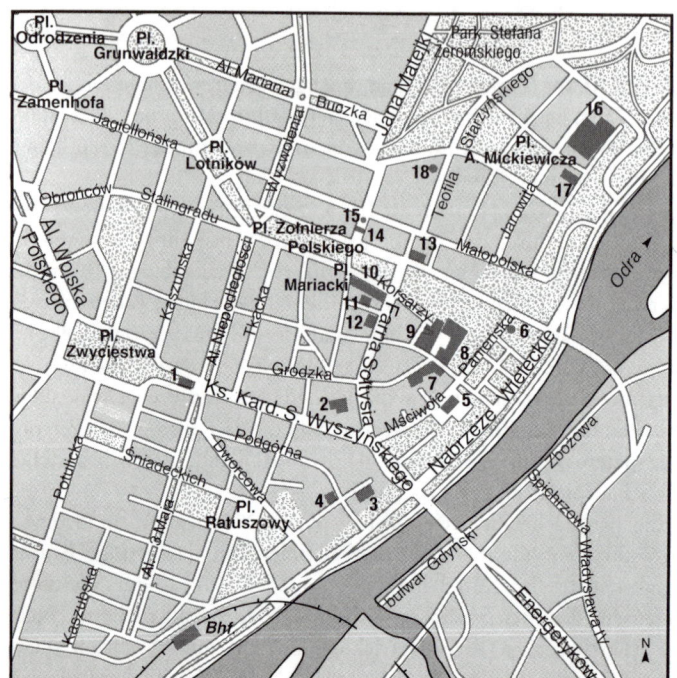

Szczecin/Stettin
1 Brama Portowa/
   Hafentor
2 Katedra św.
   Jakuba/Dom St.
   Jakob
3 Kościoł św. Jana/
   Kirche St. Johan-
   nes
4 Teil der mittel-
   alterlichen Stadt-
   befestigung
5 Ratusz/Rathaus
6 Baszta Siedmiu
   Płaszczy/Turm der
   sieben Mäntel
7 Kamienica Loitza/
   Loitzenhof
8 Zamek Książat
   Pomorskich/Schloß
   der Herzöge von
   Pommern
9 Pomnik Bogu-
   sława X./Denkmal
   für Herzog Bogu-
   sław X. und Anna
   Jagiellonka

10 Kamienice Profesorskie/Professorenhäuser   11 Schule   12 Ehem. Pałac/Palais   13 Kościoł św. Piotra i Pawła/Kirche St. Peter und Paul   14 Brama Hołdu Pruskiego/Tor der Preußischen Huldigung   15 Statue der Flora   16 Prezydium Rady Wojewódzkiej/Präsidium des Wojewodschaftsrates
17 Muzeum Narodowe/Nationalmuseum   18 Pomnik Adama Mickiewicza/Adam-Mickiewicz-Denk-
mal

Jakob (2), die größte Kirche Szczecins. Gestiftet wurde sie um 1180, zur Zeit Herzog
BOGUSŁAW I.; vom Gründungsbau hat sich jedoch keine Spur erhalten. Die heutige gotische
Hallenkirche entstand seit dem 14. Jh. Der Chor mit Umgang und Kapellenkranz
wurde 1375–87 errichtet, um 1400 folgte das Langhaus; der Turm, der vor dem Zweiten
Weltkrieg 119 m hoch war, wurde 1504 vollendet. Die schweren Kriegsbeschädigungen
behob man in den 70er Jahren. Das Gotteshaus ist ein Werk von Baumeistern aus dem
Umkreis HINRICH BRUNSBERGS, Schöpfer des sogenannten malerischen oder schönen Stils
der Architektur Pommerns und Brandenburgs.

Im Innern verdient die Kapelle der Muttergottes von Częstochowa/Tschenstochau (Farbabb. Umschlaginnenklappe) einen näheren Blick: Sie hat ein schönes Kreuzgewölbe, das auf
zwei Säulen ruht. Von der alten Ausstattung der Kirche haben sich nur wenige Reste erhalten. In den Hochaltar ist ein Triptychon aus dem 15. Jh. integriert; in der Sakramentskapelle
befindet sich noch ein Flügelaltar aus dem Jahr 1370. Die Glasfenster wurden in modernen
Formen erneuert, ebenso die Orgel (1981). Hier hat von 1820–66 der Organist und Kompo-

nist CARL LÖWE gewirkt, der Schöpfer der romantischen Ballade. Nach seinem Tod mauerte man sein Herz in einen Pfeiler neben der Orgel ein.

Neben der Kirche hat man in einem provisorischen Glockenturm die riesige ›Jakobus-Glocke‹ aufgehängt, die 1681 der Szczeciner Glockengießer WAWRZYNIEC KOKERITZ gegossen hat. Sie wiegt 5,7 Tonnen.

Durch die ul. Rybacka gelangt man in den südlichen Teil der Altstadt. Am östlichen Ende der ul. Podgórna erhebt sich die **Kościół św. Jana/Kirche St. Johannes** (3), die bis 1856 dem Franziskanerorden gehörte. Die Mönche, die 1240 nach Szczecin gekommen waren, errichteten sie im Laufe des 14. Jh.; der Chor stammt wohl noch aus dem 13. Jh. Es ist eine dreischiffige Halle mit fialenbekrönter Giebelfassade, deren Inneres in den Nachkriegsjahren durchgreifend restauriert und in modernem Stil ausgestattet wurde.

Vor der Kirche befand sich einst das Brama św. Ducha/Heilig-Geist-Tor, das den Zugang zur Stadt von Süden her bildete. Nach ihm ist die Straße ul. Pod Bramą/Am Tor benannt. Ein Teil der **mittelalterlichen Stadtbefestigung** (4) aus dem 13./14. Jh. hat sich an der Ecke dieser Straße zur ul. Podgórna erhalten. 1957 brachte man eine Gedenktafel für den Hetmann STEFAN CZARNIECKI an, der hier 300 Jahre zuvor die schwedische Armee besiegt hatte.

Man überquert nun die ul. Kardynała św. Wyszyńskiego und folgt der ul. Mściwoja zum Stary Rynek/Altstädter Markt mit dem **Ratusz/Rathaus** (5). Vom ursprünglichen Bau aus dem 14. Jh. haben sich Stücke der Kellergewölbe erhalten, die heute den eleganten Weinkeller ›U Wyszaka‹ beherbergen (WYSZAK war ein Kaufmann und Pirat, der im 12. Jh. in Szczecin gelebt haben soll). In der ersten Hälfte des 15. Jh. hat HINRICH BRUNSBERG einen gotischen Neubau errichtet, der 1677, unter schwedischer Herrschaft, einer barocken Umgestaltung zum Opfer fiel. Nach dem Zweiten Weltkrieg, in dem das Gebäude weitgehend zerstört worden war, entschloß man sich, es in den Formen des 15. Jh. zu rekonstruieren. Seit 1975 ist in dem Bau das *Muzeum Szczecińskie/Stettiner Museum* untergebracht.

Weiter nördlich, an der ul. Panieńska, liegt der **Baszta Siedmiu Płaszczy/Turm der Sieben Mäntel** (6), ein Abschnitt der gotischen Stadtbefestigung. Er diente der Verteidigung des nördlichen Stadttores, das ehemals in unmittelbarer Nachbarschaft stand. Der Name entstammt der Legende über den Betrug eines Schneiders aus Liebe zu seiner Tochter.

An der Ecke zur ul. Kuśnierska stößt man auf den **Kamienica Loitza/Loitzenhof** (7), das prominenteste Beispiel Stettiner Bürgerhausarchitektur. Das 1547, in der Übergangsphase von Spätgotik zu Frührenaissance errichtete Wohngebäude wurde nach dem Krieg wiederhergestellt und für die staatliche Kunstschule umgebaut. Ursprünglich war es Sitz der wichtigsten Bank der Stadt. Die LOITZ, reiche Kaufleute und Eigner einer großen Handelsflotte, waren die Hausbankiers der Jagiellonen. Als der letzte König dieser Dynastie, ZYGMUNT II. AUGUST, 1572 starb, verursachten seine enormen Schulden den Zusammenbruch der LOITZ-Bank. In unmittelbarer Nachbarschaft des Kamienica Loitza haben sich noch das alte städtische Waagehaus (Ecke ul. Kuśnierska/ul. Grodzka) und mehrere Speicher aus dem 15. Jh. erhalten.

Gegenüber dehnte sich der Komplex des **Zamek Książąt Pomorskich/Schlosses der Herzöge von Pommern** (8) aus. An seinem Standort lag die Keimzelle der Stadt Szczecin.

Bereits im 10. Jh. gab es hier eine Wehranlage zum Schutz des Hafens und der dazugehörigen Siedlung, die sich bis zum Oder-Ufer erstreckte. Im frühen 12. Jh. entstand hier auf Betreiben des Herzogs BOLESŁAW KRZYWOUSTY und des Bischofs OTTO VON BAMBERG die erste christliche Kirche; sie ersetzte ein bis dahin verehrtes heidnisches Heiligtum.

Die heutige Anlage ist seit Mitte des 14. Jh. über mehrere Jahrhunderte hinweg kontinuierlich gewachsen, immer wieder erweitert, beschädigt und wiederhergestellt worden. Ihr weitgehend einheitliches Erscheinungsbild (Abb. 28) bekam die Burg – nunmehr ein Schloß – in den 1570er Jahren, als Herzog JAN FRYDERYK die gesamte Anlage durch den italienischen Architekten GUGLIELMO DI ZACCARIA im Renaissancestil ›modernisieren‹ ließ. 1616–19 wurde der fünfte Flügel, der Museumsflügel (Philippsbau) entlang der ul. Rycerska, angefügt. Im Laufe der folgenden Jahrhunderte, unter schwedischer und dann preußischer Herrschaft, hat das Schloß durch zahlreiche Zerstörungen und Umbauten schweren Schaden genommen; Kriegsschäden kamen noch hinzu. Nach dem Wiederaufbau, der erst kürzlich vollendet wurde, dient der Komplex als Kulturzentrum der Wojewodschaft, mit Ausstellungssälen, Ateliers, einem stilvollen Café und Weinkeller.

Der Zugang zum Schloßareal befindet sich an der nordwestlichen Ecke (ul. Korsarzy/ul. Rycerska). Hier erhebt sich der Glockenturm, von dessen Aussichtsplattform aus man einen Rundblick auf Stadt und Hafen genießen kann. An seiner Südseite befindet sich die Kopie einer gotischen Statue des hl. OTTO, der Pomorze missioniert hat; das Original, eines der ältesten Beispiele pommerscher Skulptur, wird im Museum verwahrt. Dieses befindet sich im Westflügel des Schlosses, der von den Herzögen FILIP I. und FRANCISZEK I. schon zu einem ähnlichen Zweck errichtet worden war. Ein Durchgang im mittleren Flügel führt in den zentralen Hof, den auf zwei Seiten Loggien umschließen. Im Untergeschoß des Ostflügels hat sich eine Gruft erhalten (späte Renaissance, 17. Jh.), in die die in der Krypta unter der Burgkapelle entdeckten Sarkophage der Herzöge überführt worden sind. Der nördliche Flügel, Mitte des 14. Jh. errichtet, ist der älteste Teil der Anlage. Hier befindet sich der Bogusław-Saal (benannt nach einem der Herzöge), die ehemalige Schloßkirche. Sie wurde zu einem Konzertsaal umgebaut, in dem Orgelkonzerte stattfinden; in der Krypta darunter wurde ein Theater eingerichtet. Beachtenswert ist die restaurierte Schloßuhr.

Beim Verlassen des Schloßareals trifft der Blick auf das gegenüber dem Glockenturm erbaute **Pomnik Bogusława X./Denkmal für Herzog Bogusław X. und seine Gemahlin Anna Jagiellonka** (9), 1974 von LEONIA CHMIELNIK und ANNA PASZKIEWICZ geschaffen.

Nun begibt man sich durch die ul. Korsarzy zum Pl. Żołnierza Polskiego, an dessen östlicher Flanke (Haus Nr. 6–11) die **Kamienice Profesorskie/Professorenhäuser** (10) stehen, eine Reihe einstöckiger Wohngebäude mit hohen Dächern und Mansarden. Ihre Vorgängerbauten gehörten bereits im 14. Jh. als Wohnhäuser der Lehrer zur ersten Schule in Szczecin, die ihrerseits der – nicht mehr existierenden – Pfarrkirche St. Marien angegliedert war. Der Komplex gruppierte sich um den ganzen Block, südlich begrenzt vom Pl. Mariacki. Die Professorenhäuser richteten ihre Fassaden ins Innere der Anlage, bis sie um 1740 im Zuge eines Umbaus ›nach außen gedreht‹ wurden. 1831–34 gestaltete man sie noch einmal in klassizistischem Stil um.

Die **Schule** (11), 1263 von Herzog BARNIM I. gegründet, stand an der südlichen Seite des Blocks, am Pl. Mariacki. Die Kirche in der Mitte, 1789 abgebrannt und 1832 in klassizistischem Stil neu errichtet, ist säkularisiert und bildet heute einen Teil des Schulgebäudes. Während der Restaurierungsarbeiten in den 60er Jahren kamen auf dem Areal viele vereinzelte Reste der ursprünglichen gotischen Bebauung zum Vorschein.

An der Ecke zur ul. Farna stand früher ein **Palais** (12), in dem 1729 Prinzessin SOPHIE FRIEDERIKE AUGUSTE VON ANHALT-ZERBST, die spätere Zarin KATHARINA DIE GROSSE, geboren wurde.

Durch die ul. Farna kehrt man zurück zum Pl. Żołnierza Polskiego, an dessen gegenüberliegender Seite sich die **Kościół św. Piotra i Pawła/Kirche St. Peter und Paul** (13) erhebt. Ihr erster Vorgängerbau wurde bereits 1124, im Jahr der Christianisierung Szczecins, errichtet. Der einschiffige Backsteinbau aus dem späten 14. Jh. erlebte in der Folgezeit (besonders im 17. Jh.) mehrmalige Vergrößerungen und Umgestaltungen, hat sein gotisches Erscheinungsbild jedoch immer bewahrt. Die Fassade erhielt 1901–02 ihre gotischen Formen zurück mit einem reich gegliederten Stufengiebel und einem schönen Doppelportal, bekrönt von einer Fensterrose. Der Außenbau zeigt Dekorationen aus glasierten Ziegeln, wie sie für die Backsteingotik dieses Gebiets charakteristisch sind. An der Nordflanke verfügt die Kirche über eine 1694 angebaute Vorhalle, für die romanische Pfeiler aus dem Karthäuserkloster in Grabów verwendet worden sind. Im Innern der Kirche hat sich eine schöne Holzdecke aus dem 17. Jh. erhalten. Einige schlanke, achteckige Kalksteinpfeiler weisen darauf hin, daß der Raum ursprünglich möglicherweise dreischiffig angelegt war.

Wenige Schritte weiter westlich, am Pl. Hołdu Pruskiego, steht das barocke **Brama Hołdu Pruskiego/Tor der Preußischen Huldigung**, auch Anklamer oder Königstor (14), ebenso wie das Hafentor 1725–28 von GERHARD CORNELIUS VON WALLRAWE errichtet. Die reiche plastische Dekoration führte auch hier BARTHOLOMÉ DAMAST aus, die schmiedeeisernen Gitter stammen aus dem späten 19. Jh. Hinter dem Tor steht die barocke **Statue der Flora** (15), der römischen Göttin der Blumen und der Fruchtbarkeit.

Den typischsten und schönsten Teil Szczecins stellen die **Wały Chrobrego** mit der umliegenden Bebauung dar (Befestigungen, benannt nach BOLESŁAW CHROBRY), die man über die ul. Małopolska und die ul. Jarowita erreicht. Im 18. Jh. stand hier eine Festung, die Ende des 19. Jh. geschleift wurde. Bald darauf begann man mit der urbanistischen Gestaltung des Areals und dem Bau von Repräsentationsgebäuden. So steht hier heute das 1906–12 in imposantem Neorenaissancestil errichtete **Prezydium Rady Wojewódzkiej/Präsidium des Wojewodschaftsrates** (16). Den zentralen Block des Boulevards nimmt das **Muzeum Narodowe/Nationalmuseum** (17) ein, 1908–13 gebaut als Stiftung der Stettiner Kaufleute. Die Fassade schmücken Medaillons mit Darstellungen typischer Denkmäler aller Epochen, so ägyptische Pyramiden, eine gotische Kathedrale und den Petersdom. Die Sammlung umfaßt u. a. archäologische Funde aus Pommern, Ausstellungsstücke zur Fischereigeschichte und Volkskultur sowie Militaria.

Vor dem Museum weitet sich der Boulevard zu einem hoch über das Oder-Ufer hinaufragenden Plateau, eingerahmt von Pavillons und abgesetzt durch eine Treppe. In der Mitte

Szczecin, Burg der Herzöge von Pommern; Stich von M. Merian 17. Jh.

steht eine Statue des Herkules im Kampf mit dem Kentauren. Die Stirnmauer des Plateaus, in die ein großer Brunnen eingelassen ist, schmücken Wappenschilde der Küstenstädte.

Auf der Rückseite des Museums liegt der Pl. Adama Mieckiewicza, ein malerischer Park. 1960 wurde hier das **Pomnik Adama Mickiewicza/Adam-Mickiewicz-Denkmal** (18), der der bedeutendste polnische Dichter der Romantik war, aufgestellt (Sławomir Lewiński). Weiter westlich dehnt sich ein großer *Park* namens *Stefan Żeromski* aus, ein ehemaliger Friedhof mit einem wunderbaren Bestand jahrhundertealter einheimischer und exotischer Baumarten.

Kołbacz/Kolbatz – Pyrzyce/Pyritz – Stargard Szczeciński/Stargard

Der Abstecher führt in den südöstlichen Teil der Nizina Szczecińska/Stettiner Tiefebene.

Etwa 11 km südlich von Szczecin erreicht man zunächst das Dorf **Kołbacz/Kolbatz** am Ufer der Płonia. Dort hat sich einer der wichtigsten Sakralbauten dieser Region erhalten, die *Kościół/Kirche* des 1173 von Herzog Warcisław II. gegründeten Zisterzienserklosters. Mönche aus Dänemark begannen um 1210 mit der Errichtung der Klosteranlage; die spätro-

Stargard Szczeciński, Pfarrkirche St. Marien;
historische Postkarte

manische Basilika war um 1230 vollendet. Das Kloster erwirtschaftete mit seiner hochent-
wickelten Landwirtschaft sehr viel Geld, so daß die Kirche bereits ein Jahrhundert später
›modernisiert‹ werden konnte: Das Langhaus gestaltete man im gotischen Stil um, und der
Chor wurde in der ersten Hälfte des 14. Jh. neugebaut. Die Westfassade zeigt Schmuckelemente beider Stilepochen, einen Rundbogenfries aus Formziegeln und im Giebel eine Maß-
werkrosette.

Die Klostergebäude, im 16. Jh. nach der Aufhebung des Klosters in eine herzogliche
Residenz verwandelt, haben sich nicht erhalten. Lediglich das Dom Opacki/Abtshaus aus
dem 13. Jh. mit einem späteren Fachwerkaufsatz, das Dom Konwersów/Konversenhaus der
Laienbrüder und eine Scheune sind noch in der Nachbarschaft der Kirche zu sehen.

In Kołbacz befindet man sich am nördlichen Rand der Ziemia Pyrzycka, eines fast waldlo-
sen Landstrichs, dessen Fruchtbarkeit schon die Zisterzienser im frühen Mittelalter erfolgreich für ihre Agrarwirtschaft zu nutzen verstanden. Der Hauptort **Pyrzyce/Pyritz** liegt
etwa 25 km weiter südlich. Die Stadt, deren Existenz schon im 9. Jh. urkundlich belegt ist,
besaß bis zum Zweiten Weltkrieg einen reichen Bestand historischer Denkmäler. Im
Februar 1945 wurden 80 % der Bausubstanz zerstört. Aus dem Mittelalter haben sich jedoch

große Teile der Stadtbefestigung erhalten mit zwei Stadttoren, das *Brama Szczecińska/ Stettiner Tor* im Norden und das *Brama Bańska/Bahner Tor* (Abb. 29) im Süden, sowie mehreren Türmen. Die Mauern waren zuerst im 14. Jh. errichtet worden; im 16. Jh. mußten sie verstärkt werden, um die ständige Bedrohung aus dem benachbarten Brandenburg abzuwehren. Die *Kościół Farny/Pfarrkirche* in der Innenstadt, eine gotische Backsteinbasilika mit Chorumgang (14./15. Jh.), wurde um 1969 wiederaufgebaut.

Östlich der Stadt liegt auf einer Anhöhe die Ruine einer *Burg* aus dem 10.–13. Jh.

Auch die 30 km nordöstlich von hier gelegene Stadt **Stargard Szczeciński/Stargard** wurde im Zweiten Weltkrieg fast vollständig vernichtet; allerdings blieben hier wertvolle Baudenkmäler vor der Zerstörung bewahrt und wurden seither sorgfältig restauriert. Seit ihrer Gründung, spätestens aber der Verleihung von Stadtrechten im Jahre 1253, war der Ort dank seiner Vorrangstellung im Handel mit Getreide aus der Ziemia Pyrzycka eine der reichsten Städte in Pommern und zeitweise auch ernsthafte Konkurrentin Szczecins.

Am Marktplatz erhebt sich die *Kościół N. P. Marii/Pfarrkirche St. Marien,* eine der kostbarsten gotischen Kirchen dieser Region. Im späten 13. Jh. als Backsteinhalle begonnen, wurde sie um 1400 von dem Architekten HINRICH BRUNSBERG zu einer großen Basilika mit Umgangschor und Kapellenkranz ausgebaut. Sie gehört heute zu den wertvollsten mittelalterlichen Kirchen Polens. Der Umbau begann mit der imposanten doppeltürmigen Fassade. Die massigen Türme, von denen der südliche unvollendet blieb und die bis auf ein schmales Intervall die ganze Fassadenbreite einnehmen, tragen eine zierliche Blendengliederung. Im Innern zeigt die Kirche den klassischen Aufbau gotischer Basiliken mit steilem, in Arkaden-, Triforium- und Fensterzone gegliedertem Mittelschiff; die Sterngewölbe wurden im 17. Jh. eingezogen. Einen näheren Blick verdienen die zahlreichen, in verschiedenen Epochen kostbar ausgestatteten Familienkapellen, die die Kirche von allen Seiten umschließen. Zu ihnen gehört auch die um 1400 an der Nordflanke des Chors angesetzte achteckige Kaplica N. P. Marii/Marienkapelle, die am Außenbau schöne Schmuckmotive aus glasierten Ziegeln trägt.

Neben der Kirche wurde das im Krieg fast vollständig zerstörte *Ratusz/Rathaus* wiederaufgebaut (Abb. 31). Der ursprünglich gotische Bau zeigt heute jene Spätrenaissanceformen, die er im Zuge eines tiefgreifenden Umbaus 1638 erhalten hatte; der aufwendige Maßwerkschmuck am Stufengiebel der Eingangsfassade stammt aus einer Regotisierung in den Jahren 1868–76.

Neben dem Rathaus steht die 1720 errichtete *Odwach/Wache,* die in den 60er Jahren als Sitz des *Muzeum Regionalne/Regionalmuseums* mit veränderter Innendisposition wiederaufgebaut wurde.

Hinter dem Chor der Pfarrkirche St. Marien, an der ul. Kazimierza Wielkiego Nr. 13, hat sich ein gotisches Bürgerhaus (15. Jh.; Mitte 17. Jh. umgebaut) mit schöner, reich gegliederter Backsteinfassade erhalten, dessen Inneres verändert wurde und heute Sitz einer Musikschule ist.

Am Ende dieser Straße, dicht am Ufer des Flusses Ina, steht das ursprünglich gotische, später mehrfach umgestaltete *Arsenał/Zeughaus.* 1974–77 wurde der im Krieg bis auf die

Umfassungsmauern zerstörte Bau in den Formen des Mittelalters als Sitz des Archiwum Miejskie/Stadtarchivs wiederaufgebaut.

Von hier aus kann man in südwestlicher Richtung einen Rundgang entlang der fast vollständig erhaltenen Stadtbefestigung aus dem späten 15. Jh. unternehmen. An der südwestlichen Ecke des Mauerrings, Ecke ul. Bolesława Krzywoustego, befindet sich der *Baszta Lodowa/Eis-Turm* aus der Mitte des 15. Jh., in dessen Untergeschoß im 18. Jh. Eis gelagert wurde. Er zeigt die hier übliche Form mit rechteckigem Sockelgeschoß und zylindrischem Überbau. Neben dem Eis-Turm findet man das älteste der erhaltenen Stadttore, das Ende des 13. Jh. errichtete und 1439 umgebaute *Brama Pyrzycka/Pyritzer Tor*, einen mächtigen Backsteinbau mit spitzbogiger Durchfahrt und einem überdachten Wehrgang. Das Dach bekrönen blendengegliederte Giebel.

In der Nachbarschaft (ul. Mieszka I. Nr. 43) befindet sich eines der wenigen nicht völlig zerstörten *Bürgerhäuser* aus dem 16. Jh., dessen zu 80% rekonstruierte Mauern heute die öffentliche Bibliothek beherbergen. Einziger Schmuck der Fassade ist der geschoßweise abgetreppte Giebel mit schlichten, flachen Spitzbogenblenden. Der *Baszta Czerwone Morze/Turm Rotes Meer*, dessen Name von den blutigen Kämpfen im Dreißigjährigen Krieg herrührt, vertritt den gleichen Typus wie der Eis-Turm und trägt schöne Dekorationen aus glasierten, in Rhomben angeordneten Ziegeln. Die *Kościół św. Jana/Kirche St. Johannes* am Pl. Wolności, Ecke ul. Chrobrego, ist eine spätgotische Hallenkirche mit Umgangschor und Kapellenkranz, entstanden durch Ausbau einer älteren (13. Jh.) Kapelle des Johanniterordens (1408–64). Die Gestaltung der Chorpartie orientiert sich am Vorbild der Pfarrkirche St. Marien. Im 19. Jh., während der Besetzung Stargards durch die napoleonische Armee, diente das Gotteshaus als Lazarett, später als Lagerraum. Gegen Ende des Jahrhunderts wurde eine durchgreifende Restaurierung vorgenommen, der die im Zweiten Weltkrieg unbeschädigt gebliebene Kiche im wesentlichen ihr heutiges Aussehen verdankt. Dabei wurde auch der Turm, der die Westfassade überragt, auf seine Höhe von 99 m aufgestockt. Die Wandmalereien im Innern sowie die Verglasung der Fenster stammen aus den 50er und 60er Jahren.

Entlang der Stadtmauern (ul. Wały Chrobrego) gelangt man zu zwei weiteren eindrucksvollen Stadttoren im nordöstlichen Bereich des Mauerrings. Zunächst stößt man auf das *Brama Młyńska/Mühlentor* aus dem frühen 15. Jh., das einen Nebenarm der Ina überspannt. Da der Fluß als Wasserweg genutzt wurde, diente das Tor nicht nur der Verteidigung, sondern zugleich als Zollstation. An der Ostflanke des Stadtkerns erreicht man schließlich das um 1430 erbaute *Brama Wałowa/Walltor*, welches ursprünglich durch eine vor die Mauerflucht hinausgeschobene Rundbastion gesichert war. Der Blendenschmuck der Giebel stammt aus einem Umbau des 16. Jh.

Etwas 14 km östlich von Stargard Szczeciński, auf der Ebene südöstlich des Dorfes **Pęzino/Pansin,** steht eine *Burg,* die im 13. und 14. Jh. als wehrhaftes Kloster der Templer erbaut wurde. Seit 1482 befand sie sich im Besitz des Johanniterordens und diente 1483–93 als Sitz der Komturei. Die Burg hatte man aus Backstein errichtet und in Form eines unregelmäßigen Rechtecks mit einem quadratischen Eckturm im Südwesten angelegt, der

Międzyzdroje, Photo von 1930

1674 zerstört wurde und sich bis heute als malerische Ruine erhalten hat. An der Südseite befindet sich ein Tor, in dem noch Überreste der Vorrichtungen zur Betätigung der Zugbrücke vorhanden sind. In der ersten Hälfte des 14. Jh. erfolgte ein Umbau des Schlosses, bei dem man neben dem Turm, entlang der westlichen Mauer, ein neues Wohnhaus errichtete, das mit drei Stockwerken und Spätrenaissancegiebeln sowie einem Erker ausgestattet wurde. Die Dachkonstruktion blieb bis heute erhalten. Das alte Wohnhaus baute man im 16. Jh. um, der neogotische Anbau stammt aus dem 19. Jh. Nach dem Brand von 1935 erhielten beide Gebäude ein gemeinsames Dach. Die ganze Anlage ist von einem schönen, im 19. Jh. angelegten Park umgeben.

Kamień Pomorski/Cammin – Kołobrzeg/Kolberg – Koszalin/Köslin – Słupsk/Stolp

Kamień Pomorski/Cammin, eine kleine Stadt an der Mündung der Dziwna/Nemitz in die Zalew Kamieński/Camminer Bucht, war im frühen Mittelalter ein wichtiges politisches Zentrum. Im 11. und 12. Jh. residierten hier die Herzöge von Pommern. 1175 wurde die Stadt anstelle von Wolin zum Bischofssitz erhoben. Dank ihrer Lage an einem für den Handel wichtigen Wasserweg gelangte die Stadt bald zu Wohlstand; bis zum 16. Jh. entstand eine Reihe bedeutender Bauwerke, die sich trotz schlimmer Zerstörungen im Zweiten Weltkrieg größtenteils bis heute erhalten haben. Seit dem 17. Jh. brachten Belagerungen durch die schwedische (1630) und die preußische Armee (1679) sowie die Versandung der Flußmündung das wirtschaftliche Leben allmählich zum Erliegen. In Cammin wurde der Schriftsteller UWE JOHNSON (1934–84) geboren.

Auf einer Anhöhe im nordöstlichen Teil der Stadt liegt der *Katedra św. Jana/Dom St. Johannes* (Abb. 30), eines der wertvollsten Architekturdenkmäler Polens. 1175 begann man mit dem Bau einer romanischen Basilika auf dem Grundriß eines lateinischen Kreuzes und wechselte im Verlauf der Arbeiten im Sinne der allgemeinen Entwicklung vom romanischen zum frühgotischen Stil. Im 15. Jh. folgte ein spätgotischer Umbau. In ihrer heutigen, in den 60er Jahren restaurierten Form zeigt die Kirche Elemente aus allen ihren Bauphasen. Besonders schön ist die schmuckreiche Bekrönung des südlichen Seitenschiffes mit den durchbrochenen, maßwerkgefüllten Wimpergen zwischen Fialen. 1544 ging die Kirche in den Besitz der protestantischen Gemeinde über; dabei entfernte man die gesamte alte Ausstattung, bis auf den spätgotischen Hochaltar (um 1500) und das Taufbecken. Im Laufe des 17. Jh. wurde die Kirche neu ausgestattet; berühmt ist die 1669 von Herzog ERNST BOGISŁAW VON CROY gestiftete Orgel. Der Domschatz, zu dem der berühmte Gordulaschrein und eine tausend Jahre alte Wikingerarbeit aus Elchschaufelplatten gehörten, ging 1945 im Panzergefecht verloren.

An die Nordflanke der Kathedrale schließen die Kapitelgebäude an; der gotische Kreuzgang (14./15. Jh.) ist der einzige, der sich in Pommern erhalten hat. Die ehemalige Schatzkammer im Obergeschoß des Ostflügels ist als Museum zugänglich.

In der Nachbarschaft der Kathedrale steht das Mitte des 16. Jh. aus einem Umbau zweier gotischer Häuser hervorgegangene *Pałac Biskupi/Bischöfliche Palais*. Das Gebäude, in dem heute eine Bibliothek eingerichtet ist, verfügt an den Schmalseiten über elegant gegliederte Giebel; im Innern hat sich eine geschnitzte, mit behelmten Soldatenköpfen verzierte Treppe erhalten.

Auf dem Marktplatz erhebt sich das 1972 wiederaufgebaute *Rathaus*, das in zwei am Außenbau leicht erkennbaren Phasen im 15. und 16. Jh. entstanden ist. Die Ostfassade mit der offenen Vorhalle, die öffentlichen Gerichtsverhandlungen diente, bekrönt ein gotischer Stufengiebel mit schlanken Spitzbogenblenden. Die Giebel der westlichen Schmalseite wurde Ende des 17. Jh. mit zierlichen, maßwerkähnlichen Ornamenten neu geschmückt. An der nördlichen Ecke des Marktplatzes steht noch ein Fachwerkhaus aus dem 18. Jh.

Am westlichen Rand des alten Stadtkerns sind entlang der ul. Kościelna Fragmente der Stadtmauern aus dem 13. und 14. Jh. zu sehen. Hier steht auch eines der ursprünglich drei Stadttore, das 1308 errichtete und Ende des 14. Jh. umgebaute *Brama Wolińska/Woliner Tor* mit einem massigen Turm, von dessen Spitze man die Stadt überblicken kann.

13 km östlich von Kamień Pomorski, in **Świerzno/Schwirsen**, befindet sich in einem ursprünglich nach französischem Vorbild angelegten alten Park der *Gutshof* der Familie FLEMMING. Der 1718 begonnene Bau war 1730 vollendet und wurde im 19. Jh. um zwei Risalite erweitert. Bei ihm handelt es sich um eine dreiflügelige, symmetrische Anlage aus Eichenfachwerk auf Bruchsteinfundamenten. Die Dächer sind mit einer Biberschwanzdoppeldeckung versehen. Die sehenswerte *Fachwerkkirche* im Ort wurde 1681 von dem Baumeister CHRISTIAN KRONE errichtet.

Das an einer bewaldeten Steilküste oberhalb eines breiten Strandes gelegene **Pobierowo/Poberow** ist einer der schönsten Badeorte an der Ostsee. Es wurde erst 1906 gegründet und besitzt im alten Ortskern eine charmante, kleinteilige Bebauung.

Einige Kilometer hinter der Küste, am Ufer der Rega, findet man die alte Stadt **Trzebiatów/Treptow**. Sie existierte als kleine Ansiedlung bereits im 9. Jh. und entwickelte sich nach der Verleihung des Stadtrechts im Jahre 1277 bald zu einem blühenden Handelszentrum. Als Mitglied der Hanse besaß die Ortschaft einen eigenen Hafen an der Mündung der Rega in die Ostsee (Regoujście). Im 15. Jh. eskalierte die Konkurrenz zu dem benachbarten Kołobrzeg/Kolberg und endete mit der Zerstörung des Hafens, was die Entfaltung der Stadt jedoch nicht aufhalten konnte. Den Zweiten Weltkrieg hat Trzebiatów nicht unbeschadet überstanden, dennoch konnte es sein historisches Erscheinungsbild weitgehend bewahren.

Am Marktplatz stehen noch gotische und barock umgestaltete Häuser, von denen das *Eckhaus* zur ul. Zajazdowa die Darstellung eines Elefanten zeigt, der auf seinem Rüssel einen Ball balanciert. Dieses Sgraffito ist vermutlich um 1639 entstanden, als in Pommern zum ersten Mal ein Elefant – »dieses außergewöhnliche Getier« – zu bestaunen war. Das 1701 barock ausgebaute *Rathaus* in der Mitte des Marktplatzes zeigt an der Westseite noch Reste des gotischen Vorgängerbaus.

Die *Kościół N. P. Marii/Kirche St. Marien,* eine im 14. Jh. erbaute Hallenkirche mit Umgangschor, schönen Sterngewölben (15. Jh.) und gotischen Wandmalereien am Triumphbogen besitzt zwei besondere Glocken: ›Gabriel‹, eine der ältesten Glocken Polens aus dem 14. Jh., sowie ›Maria‹, 1515 gegossen und mit ihren 7,2 t Gewicht die drittgrößte Glocke Polens. St. Marien sowie die Kirchen in benachbarten Orten an der Küste dienten LYONEL FEININGER häufig als Motiv für seine Bilder.

An der nordöstlichen Ecke des alten Stadtkerns, am Pl. Zjednoczenia, in einer Biegung des Flusses, steht das *Schloß*, dessen heutiges, in den letzten Jahren restauriertes, barockes Erscheinungsbild (17. und 18. Jh.) nichts mehr von seiner Geschichte verrät, die bis zu einem slawischen *castrum* des frühen Mittelalters zurückreicht.

In südlicher Richtung am Flußufer entlang haben sich mit dem *Baszta Kaszana/Grützturm*, einem schlanken, runden Wachturm,-große Teile der Stadtbefestigung aus dem 13. und 14. Jh. erhalten. Der Name rührt von einer Legende her: Einem Wachsoldaten soll eines Nachts ein Teller mit heißer Grütze heruntergefallen sein, als eine Gruppe aus dem mit Trzebiatów in Streit liegenden Gryfice/Greifenberg die Stadt überfallen wollte. Das Poltern des Tellers alarmierte die Stadtbewohner, die Angreifer konnten vertrieben werden.

Die größte Stadt an der Küste Pommerns ist das etwa 30 km nordöstlich von Trzebiatów gelegene **Kołobrzeg/Kolberg,** das nicht nur den Ruf eines angesehenen Badeortes genießt, sondern auch für seine traditionsreiche Festungsarchitektur berühmt ist. 1945 wurde die Stadt zu 90 % zerstört; die wichtigsten Baudenkmäler wurden wieder aufgebaut.

Die Stadt existierte bereits im 10. Jh. als kleine Handelssiedlung 3 km weiter südlich. An ihrem jetzigen Standort wurde sie neu angelegt, als sie 1255 Stadtrechte erhielt. Durch Salzgewinnung und Heringsfang reich geworden, trat die Ortschaft Anfang des 14. Jh. der

46 KRAKÓW/KRAKAU Wawel, Königsschloß
◁ 45 KRAKÓW/KRAKAU Floriansstraße und -tor   48 KRAKÓW/KRAKAU Wawel, Kathedrale ▷
47 KRAKÓW/KRAKAU Wawel, Arkadenhof des Königsschlosses

50 PIENINY-GEBIRGE Pieniński-Nationalpark
◁ 49 KRAKÓW/KRAKAU Marktplatz mit Marienkirche, Adam-Mickiewicz-Denkmal und Tuchhallen
51 ZAKOPANE Blick auf die Stadt

52 ZAKOPANE Villa ›Zu den Tannen‹

53 DĘBNO PODHALAŃSKIE Erzengel Michael-Kirche

54 Wiślica
Stiftskirche

55 Dębno ▷
Debiński-
Schloß

56 KIELCE Palais der Krakauer Bischöfe

57 WĄCHOCK Zisterzienserabtei

58   SULEJÓW-PODKLASZTORZE   Hauptportal der Zisterzienserabtei

Hanse bei. Seit dem Dreißigjährigen Krieg war Kołobrzeg wiederholt Angriffen ausgesetzt, wurde von den Schweden verwüstet, später von Brandenburg eingenommen und während der Napoleonischen Kriege belagert. Um die Mitte des 19. Jh. begann man, den Hafen auszubauen und Kureinrichtungen zu schaffen.

Das *Rathaus* auf dem Marktplatz, ein neogotischer Dreiflügelbau mit zinnenbekrönten Türmen, wurde 1829–32 anstelle des während der Napoleonischen Kriege zerstörten spätgotischen Baus errichtet. Der Entwurf stammt von KARL FRIEDRICH SCHINKEL, die Ausführung oblag dem Kölner Dombaumeister ERNST FRIEDRICH ZWIRNER. An der nordöstlichen Flanke ist eine Granitsäule aufgestellt, die als Pranger diente und deren Kapitell als Maske ausgebildet ist; letztere soll ein Porträt des Patriziers JAKOB ADEBAR darstellen, der 1526 einen Aufstand der Zünfte anführte und dafür enthauptet wurde. Neben dem Rathaus hat sich ein Speicher aus dem 17. Jh. erhalten.

Südwestlich von hier, in der ul. Katedralna, erhebt sich seit einigen Jahren wieder die *Kolegiata N. P. Marii/Kollegiatskirche St. Marien,* ein interessanter gotischer Sakralbau. An den schon im 13. Jh. eingerichteten Chor schloß sich ursprünglich ein dreischiffiges Hallenlanghaus an, das in der zweiten Hälfte des 14. Jh. auf fünf Schiffe verbreitert wurde. Es ist als Stufenhalle konzipiert, so daß alle fünf Schiffe mit einem gemeinsamen, weit ausladenden Dach gedeckt sind. Die Westfassade (15. Jh.) bildet einen massiven Querriegel, dessen Turmbekrönung nie vollendet wurde. Im Innern haben die verheerenden Kriegszerstörungen wertvolle Schätze der mittelalterlichen Ausstattung überdauert, neben Fragmenten gotischer Wandmalereien und einigen spätgotischen Altären vor allem das bronzene Taufbekken, das 1355 datiert und vom Künstler JOHANN ALART signiert ist. Es ruht auf vier Figuren liegender Löwen. Seine Außenwand ist geschmückt mit vergoldeten, in zwei Registern angeordneten Reliefs, die Szenen aus der Vita Christi darstellen.

Einen Häuserblock östlich der Kollegiatskirche, in der ul. E. Gierczak Nr. 15, befindet sich das *Dom Schlieffenów/Schlieffen-Haus,* ein gotisches Patrizierhaus aus dem 15. Jh., das um 1540 umgestaltet und nach dem Zweiten Weltkrieg zu einem Museum für Stadtgeschichte umgebaut wurde. Auf dem Weg zur Kurpromenade lohnt sich ein Abstecher in das *Złota Uliczka/Goldene Gäßchen,* eigentlich ul. Duboisa genannt, ein wiederhergestelltes malerisches Ensemble mittelalterlicher Handwerkerhäuser. Hier steht als einziger Rest der ehemals so berühmten Stadtbefestigung der *Baszta Prochowa/Pulver-Turm* aus dem 15. Jh., ein blendengegliederter Backsteinbau mit Satteldach und zwei reich geschmückten Giebeln.

Am Meeresufer entlang in westlicher Richtung erreicht man den Kurpark, in dem sich auf dem Areal der ehemaligen Festung (›Fort Münde‹, 1770–74) noch der *Leuchtturm* befindet. Am Strand wurde das *Denkmal der Vermählung Polens mit dem Meer* aufgestellt.

Auf dem Weg nach Koszalin lohnt sich ein Besuch in **Świdwin/Schivelbein.** In diesem Ort mit einer *Ordensburg* von 1400 wurde RUDOLF VIRCHOW (1821–1902) geboren, der hier und auch in Köslin zur Schule ging. Der als Pathologe und Anthropologe bekannt gewordene Virchow schrieb über das Kloster des Ortes eine Abhandlung.

◁ 62 KRASICZYN Renaissanceschloß

Koszalin, Photo von 1929

Kulturelles und wirtschaftliches Zentrum der mittleren Ostseeküste ist die Wojewod-schaftshauptstadt **Koszalin/Köslin,** 44 km östlich von Kołobrzeg. Sie existierte schon in der ersten Hälfte des 12. Jh. als Dorf mit dem Namen Cossalitz, später Cossalin. 1266 verlieh ihr der Bischof von Kamién, zu dessen Herrschaftsgebiet sie gehörte, das Lübische Stadtrecht. Seither entwickelte sich Koszalin zu einer blühenden Handelsstadt. Schon im 14. Jh. besaß die Ortschaft am küstennahen Jezioro Jamno/Jamunder See einen eigenen Hafen. Zwischen 1574 und 1622 war Koszalin fürstbischöflicher Sitz; seit 1648 stand es unter brandenburgi-scher Herrschaft. Im Jahre 1718 wurde die Stadt Opfer einer Brandkatastrophe. König FRIEDRICH WILHELM I. ließ den Ort jedoch als preußische Beamtenstadt wiederaufbauen. Heute, nachdem auch die Folgen des Zweiten Weltkriegs behoben sind, zeigt die Stadt Spuren aller Epochen ihrer Geschichte.

Auf dem ehemaligen Marktplatz steht ein nach dem Krieg erbautes *Rathaus,* dessen Turm, ganz in mittelalterlicher Tradition, ein Glockenspiel enthält.

An der südwestlichen Ecke des Platzes erhebt sich die gotische *Kościół N. P. Marii/Kirche St. Marien,* die seit 1972 als Kathedrale des neu eingerichteten Bistums Kołobrzeg fungiert. Das Gotteshaus wurde Anfang des 14. Jh. als dreischiffige Basilika mit massigem quadrati-schem Westturm gebaut; die Seitenschiffe sind mit Reihen steiler, quergestellter Satteldächer gedeckt. Im 19. Jh. wurde die Kirche durchgreifend restauriert. Dabei befreite man sie von allen späteren Anbauten, entfernte aber auch die gesamte bis dahin zusammengetragene

314

Ausstattung. Übrig blieben nur das gotische Taufbecken sowie einige lebensgroße Heiligen-figuren vom ehemaligen Hochaltar (1512).

Am nordwestlichen Rand des alten Stadtkerns, an der ul. Kazimierza Wielkiego, stößt man auf einen Mauerzug der aus Stein und Ziegeln erbauten Stadtbefestigung des 14. Jh. Folgt man diesem in nordöstlicher Richtung, so gelangt man bald zur ul. Grodzka, der Stelle, wo im 16. Jh. am Ufer des Flüßchens Dzierzęcinka das fürstbischöfliche Schloß stand. Hier befindet sich auch die ehemalige *Kaplica Zamkowa/Schloßkapelle*, heute eine orthodoxe Kirche, ein Barockbau des 17. Jh., an dessen Ostflanke überdies frühgotische Mauerreste aus dem 13. Jh. zu erkennen sind.

Wenige Schritte weiter an der ul. Grodzka steht das *Domek kata/Henkerhaus*, ein goti-sches, im 16. Jh. umgestaltetes Haus, das der Überlieferung nach der städtische Scharfrichter bewohnte. Nach der Restaurierung wurde dort ein Theater eröffnet.

Südlich des Stadtzentrums, am Pl. Gwiaździsty, findet sich auf dem Areal des ehema-ligen Friedhofs außerhalb der Stadtmauern die *Kaplica św. Gertrudy/Kapelle St. Gertrud,* ein kleiner achteckiger Zentralbau von 1383 mit einem Zeltdach und schönem Stern-gewölbe.

Die Stadt **Darłowo/Rügenwalde** (an der Wieprza/Wipper), die sich mit ihrem modernen Badevorort *Darłowko/Rügenwaldermünde* bis an die Küste ausdehnt, ist von den Zerstö-rungen des Zweiten Weltkriegs verschont geblieben und zeigt sich auch heute noch in ihrer historischen Gestalt.

Seit 1270 besaß der seit dem frühen Mittelalter bestehende Ort Stadtrechte und entwik-kelte sich vor allem dank reger Handelsbeziehungen mit Skandinavien schnell zu einer wohlhabenden Handelsstadt; seit 1412 gehörte Darłowo der Hanse an. Im 17. Jh. bewirkte der Dreißigjährige Krieg einen wirtschaftlichen Niedergang, den etliche Großbrände und Epidemien noch zusätzlich beschleunigten. Erst im 18. Jh. erholte sich die Stadt wieder, und diese neue Blütezeit bestimmt heute zusammen mit dem Mittelalter ihr architektonisches Erscheinungsbild.

Der Marktplatz, heute Pl. Tadeusza Kościuszki genannt, hat noch immer die Bebauung mit barocken *Laubenhäusern* aus dem 18. Jh., ebenso die heutige ul. Powstańców Warszaw-skich, seit jeher die vornehmste Wohnstraße der Patrizier. Auch das *Rathaus* am Markt-platz, 1725 errichtet, stammt aus der späten Neuaufbauphase der Stadt. Der *Fontanna Rybaka/Fischer-Brunnen* wurde 1919 aufgestellt. Dem Rathaus gegenüber erhebt sich die *Kościół Farny N. P. Marii/Pfarrkirche St. Marien,* eine dreischiffige Basilika aus der zweiten Hälfte des 14. Jh., um 1500 umgebaut, mit einem mächtigen, 60 m hohen Turm, der zugleich die Westfassade bildet. Die Kirche ist in früheren Jahrhunderten dreimal (1589, 1624, 1722) abgebrannt und wurde Ende des 19. Jh. restauriert. Im Innern zeigt das Gotteshaus schöne Sterngewölbe; besondere Beachtung verdient das Fächergewölbe in der Sakristei. In einem Sarkophag von 1882 wurde der berühmte pommersche Herzog ERYK (ERICH VON POM-MERN) bestattet, der bis zu seiner Absetzung 1439 König von Dänemark, Schweden und Norwegen war. Zehn Jahre lang lebte er danach als Korsar auf der Insel Gotland, bis er sich nach Darłowo zurückzog, wo er 1459 verstarb. In zwei barocken Sarkophagen sind die Herzoginnen ELŻBIETA, Gemahlin des letzten Herzogs von Pommern, BOGUSŁAW XIV., sowie JADWIGA, Gemahlin von dessen Bruder ULRYK, bestattet.

Nördlich, vom Marktplatz aus sichtbar, hat sich als einziger Überrest der Stadtbefestigung das imposante, im 14. Jh. und 1737 umgestaltete, *Brama Kamienna/Steintor* erhalten. Es vertritt einen in dieser Landschaft weit verbreiteten Typus des gotischen Stadttors: kubisch in der Form, hochaufragend, mit schlicht eingeschnittener spitzbogiger Durchfahrt im Sockelgeschoß und die Mauermasse im oberen Bereich durch schlanke, zierliche Blenden gegliedert.

Der Friedhof jenseits der Stadtmauern, hinter dem Steintor, existierte hier schon im Mittelalter. Die spätgotische *Kaplica św. Gertrudy/Kapelle St. Gertrud* soll von Herzog ERYK gestiftet worden sein. Der Zentralbau steht auf polygonalem Grundriß, und der sechseckige Umgang im Innern ist zur Umfassungsmauer hin ins Zwölfeck übergeführt; dem Sterngewölbe im Innern antwortet außen ein steiles zwölfeckiges Pyramidendach.

Am südlichen Stadtrand, umschlossen von zwei Armen der Wieprza, erhebt sich das *Schloß*, die ehemalige Residenz der Herzöge von Pommern und zwischenzeitlich Alterssitz König ERICHS (1449–59). Errichtet in der zweiten Hälfte des 14. Jh., wurde die Anlage schon von König ERICH zum ersten Mal umgestaltet. Sie war ursprünglich ein vierflügeliger Bau mit Innenhof und mächtigen Befestigungen. Der Ostflügel beherbergte die Repräsentationsräume, in seinem Erdgeschoß befand sich die Schloßkapelle. Nach einer Plünderung 1629 veranlaßte die letzte herzogliche Bewohnerin des Schlosses, ELŻBIETA, den Ausbau der Gebetsstätte. 1639 wurde die nunmehr frühbarocke Kapelle neu geweiht; ihr kostbarstes Ausstattungsstück war ein Silberaltar, von dem sich einzelne Fragmente im Muzeum Pomorza Środkowego in Słupsk/Stolp erhalten haben.

Im 19. Jh. wurde das Schloß teilweise abgebrochen, und in den übriggebliebenen Bauteilen richtete man Lagerräume sowie ein Gefängnis ein. Heute befindet sich darin das *Muzeum Regionalne/Regionalmuseum* mit geologisch-naturgeschichtlichen, archäologischen, ethnographischen und historischen Sammlungen sowie Kunstwerken aus Darłowo und seiner nächsten Umgebung.

Das erst 1975 zur Wojewodschaftshauptstadt erhobene **Słupsk/Stolp,** etwa 60 km östlich von Darłowo im Landesinnern an den Ufern der Słupia/Stolpe gelegen, blickt auf eine bewegte und abwechslungsreiche Geschichte zurück. Die schon seit dem 9. Jh. bezeugte Ansiedlung und wichtige Station auf der Verkehrsverbindung über Land zwischen Gdańsk und Szczecin genoß seit 1310 Stadtrechte. Das ganze 14. Jh. hindurch wechselte die Herrschaft über die Stadt in rascher Folge. Im 15. Jh. wurde Słupsk schließlich Teil des Herzogtums von Hinter- bzw. Westpommern. Inzwischen Mitglied der Hanse, gelangte die Stadt dank hochentwickeltem Handwerk, insbesondere der Bernsteinverarbeitung, zu beachtlichem Wohlstand. Ein verheerender Brand 1476, der große Teile der Stadt in Schutt und Asche legte, bedeutete einen empfindlichen Rückschlag, von dem sich die Stadt jedoch kontinuierlich erholte; seit 1653 stand Słupsk unter preußischer Herrschaft.

*Słupsk, Mühlentor; Photo der Jahr-
hundertwende*

Mittelpunkt der Stare Miasto/Altstadt ist heute der 1886 im Rahmen großangelegter urbanistischer Maßnahmen geschaffene Pl. Zwycięstwa. 1901 wurde dort das *Rathaus* im romantisch-neogotischen Stil erbaut. Der Platz erstreckt sich außerhalb des ursprünglichen Areals der Altstadt. Ihm gegenüber sieht man das *Nowa Brama/Neue Tor,* durch das man im Mittelalter von der ul. Koszalinska her die Stadt betrat. Es ist ein gedrungener spätgotischer, um 1500 errichteter Backsteinbau mit zierlicher Blendengliederung oberhalb des schmucklosen Sockelgeschosses. Dem Pyramidendach wurde um 1650 ein barocker Helm aufgesetzt.

Entlang der ul. Łukaszewicza erreicht man die *Kościół N.P. Marii/Kirche St. Marien,* die Pfarrkirche der Altstadt. Das Gotteshaus wurde in der zweiten Hälfte des 14. Jh. errichtet und mußte nach der Brandkatastrophe 1476 umgestaltet werden. Es ist eine dreischiffige Basilika, deren Äußeres Schmuckgiebel über den Seitenschiffen und Zierfriese mit Maßwerkmotiven beleben. Der mächtige Turm an der Westfront trug bis 1945 eine hohe barocke Bekrönung. Im Inneren haben sich neben zahlreichen Epitaphien eine spätgotische Kreuzigungsgruppe und eine schöne barocke Kanzel erhalten.

Nördlich der Kirche liegt der ehemalige Marktplatz mit einigen barocken und klassizistischen *Bürgerhäusern* aus dem 18. und 19. Jh. Die ul. Grodzka führt von hier zum Ufer der

Słupia, an der noch Reste der mittelalterlichen Stadtmauern (Anfang 15. Jh.) zu sehen sind. An den Mauerzügen entlang in südöstlicher Richtung stößt man auf den einzigen erhaltenen Wehrturm, den *Baszta Czarownic/Hexenturm*. Im 17. Jh. war hier ein Gefängnis für der Hexerei verdächtige Frauen eingerichtet worden, in den Jahren 1600–50 wurden hier 18 Todesurteile vollstreckt.

Am Ende der Befestigungsmauern liegt im südöstlichen Winkel der Altstadt das malerische *Zamek Książęcy/Herzogschloß* mit der *Kościół św. Jacka/Kirche St. Hyazinth,* ehemals Dominikanerklosterkirche, mit der *Młyn Zamkowy/Schloßmühle,* die früher eine der wichtigsten Einnahmequellen der Herzöge war, an der Rückseite der Anlage das gotische *Brama Młyńska/Mühlentor.*

Das Schloß entstand in sehr langer Bauzeit seit dem Jahr 1507. Mit seinen außerordentlich dicken und außen von Wassergräben geschützten Mauern sollte es zugleich als eine Art Festung im Rahmen der Stadtbefestigung dienen. In den 1580er Jahren, als der Bau noch nicht vollendet war, berief Herzog JAN FRYDERYK den Architekten WILHELM ZACHARIAS und ließ das Schloß im Renaissancestil umgestalten. In dieser Form bestand das Schloß bis ins 18. Jh. hinein, als es zuerst in eine Kaserne und dann in ein Lagergebäude umgewandelt wurde. Bereits 1731 hatte König FRIEDRICH WILHELM I. die gesamte Ausstattung nach Berlin bringen lassen. In den Jahren 1959–65 rekonstruierte man das Schloß in seinen strengen, eleganten Renaissanceformen und richtete hier das *Muzeum Pomorza Środkowego/ Museum Mittelpommerns* ein. Die vielfältigen Sammlungen umfassen verschiedene kostbare Kunstwerke aus der Region, darunter Teile des Silberaltars aus Darłowo, Bildteppiche der Renaissance und des Barock, Ikonen, Münzen, Waffen und Fragmente des Triumphwagens König JAN III. SOBIESKI aus der Schlacht gegen die Türken vor Wien.

Die ethnographische Sammlung des Museums ist in der Schloßmühle ausgestellt, die zugleich als Speicher konstruiert worden war und wahrscheinlich älter als das Schloß ist. Als dieses 1580–87 umgestaltet wurde, modernisierte man wohl auch die Mühle. Sie war bis ins 20. Jh. hinein in Betrieb; 1925 ersetzte man das Mühlrad durch eine Turbine, seit 1968 ist sie Teil des Museums.

Die gotische *Kirche St. Hyazinth* gehörte bis zur Reformation dem Dominikanerorden, den bereits 1278 Herzog MŚCIWÓJ II. hierher berufen hatte. Der heutige langgestreckte, schmale und schlichte Bau mit reich gegliedertem Giebel über der Chorfassade und hohem Turm vor der Westfront entstand im 15. Jh. anstelle einer älteren Klosterkirche. 1524 wurde im Zuge der Reformation die Ausstattung entfernt; auch der Bau selbst erlitt Schäden. Erst Anfang des 17. Jh. ließ ihn die Herzogin ERDMUND, Witwe JAN FRYDERYKS, als Schloßkirche wiederherstellen; aus dieser Zeit stammen der Hochaltar im Stil der späten Renaissance und die Kanzel, die wertvollsten Teile seiner heutigen Ausstattung. Später kam eine schöne Barockorgel hinzu und zwei prächtige Grabmäler: das reich skulpierte Epitaph der Herzogin ANNA sowie das Grabmal für Herzog ERNST BOGISŁAW VON CROY aus weißem und schwarzem Marmor, das möglicherweise ANDREAS SCHLÜTER geschaffen hat. Im 18. Jh. erlitten Kirche und Schloß schwere Schäden, beispielsweise durch die Nutzung des Langhauses als Brauerei. Um 1900 stellte man aber den ehemaligen Zustand wieder her.

Bytów, Stadtsiegel; vermutlich aus dem 14. Jh.

Von Słupsk aus lohnt sich ein Abstecher nach Süden, ins Herz der Pojezierze Kaszubskie/ Kaschubischen Seenplatte zu der Stadt **Bytów/Bütow,** die bereits zu den Pommerellen gehört. Deren imponsantes *Ordensschloß* (Abb. 27), eine ausgedehnte, rechteckige Anlage mit mächtigen Backsteinmauern und vier Ecktürmen, wurde um 1400 errichtet, als sich die Stadt im Besitz des Deutschen Ordens befand. Das Bauwerk war als eine Wehranlage konzipiert, deren mächtige Mauern mit umlaufenden Wehrgängen einen Hof umschließen und an deren nordöstliche Mauer sich innen ein dreigeschossiges Wohngebäude anlehnt. Ursprünglich war das Areal von außen zusätzlich durch hoch aufgeschüttete Wälle gesichert. Eine Besonderheit im Burgenbau des Deutschen Ordens stellen die runden Ecktürme dar. Sie gehören zu den frühesten, die auf den Einsatz von Feuerwaffen ausgelegt sind.

Nordöstlich von Słupsk liegt an der Mündung der Łeba/Leba zwischen dem Łebsko- und Sarbsko-See der kleine Küstenort **Łeba/Leba,** ein malerischer Fischereihafen und im Sommer ein lebhaftes Seebad. Westlich von hier dehnt sich bis zum Gardno-See die zum Teil bewaldete Dünenlandschaft des *Słowiński-Nationalparks* aus. Die sandigen Landstriche mit ihren mächtigen Wanderdünen werden treffend Polska Sahara (Polnische Sahara) genannt. Den Sandstürmen und -verwehungen ist im 16. Jh. die ursprüngliche Stadt Łeba zum Opfer gefallen, ein alter kaschubischer Fischerort, der bereits im 13. Jh. am westlichen Ufer des Flusses bestand und 1357, unter der Oberhoheit des Deutschen Ordens, Stadtrechte erhielt. Die Dünen setzten dem Dorf so sehr zu, daß die Bewohner in den 1560er Jahren auf das rechte, geschütztere Flußufer übersiedelten. An das frühere Dorf erinnert noch ein Mauerrest der alten Pfarrkirche inmitten des Waldes. Das heutige Städtchen mit seiner schlichten Barockkirche (1683), deren Turm im folgenden Jahrhundert nach einem Brand durch einen Fachwerkaufbau ersetzt wurde, und den romantisch anmutenden Fischerhäusern aus dem 19. Jh. ist erst seit 1899 als Ferienort in Mode gekommen, nachdem es an das Eisenbahnnetz angebunden worden war. Bis heute hat es seinen ursprünglichen, inzwischen auch sorgsam gepflegten Charakter bewahren können.

Lębork/Lauenburg – Wejherowo/Weihersfrei – Kartuzy/Karthaus

Von der Küste aus führt der Weg zunächst ins Landesinnere über **Lębork/Lauenburg,** 30 km südlich von Łeba, eine alte Stadt, die im 14. Jh., als sie zum Herrschaftsgebiet des Deutschen Ordens gehörte, eine mächtige Burg und einen Mauerring mit 33 Bastionen erhielt. Während der Schwedischen Kriege im 17. Jh. und noch einmal 1945 wurde die Stadt weitgehend zerstört. Erhalten haben sich aber umfangreiche Fragmente der Stadtmauern mit dem *Baszta Bluszczowa/Efeuturm,* ein *Gebäudekomplex* aus dem 14. Jh. mit umgebauter *Burg,* Wassermühle und Speicher; die gotische *Kościoł Farny/Pfarrkirche* stammt aus dem 15. Jh. In Lębork befindet man sich inmitten des noch heute von Kaschuben bewohnten Gebietes, und vielerorts sind hier Relikte der traditionsreichen kaschubischen Folklore zu sehen, zumal sich dieser Landstrich zu einem beliebten Ferien- und Erholungsgebiet entwickelt hat.

Die meisten Städte in dieser Region, die zu den Pommerellen gehört, sind mittelalterlichen Ursprungs, Gründungen des 14. Jh., gewachsen aus älteren slawischen Ansiedlungen. Eine Ausnahme ist **Wejherowo/Weihersfrei,** früher auch Nowe Miasto/Neustadt genannt, und etwa 37 km östlich von Lębork gelegen. Der Name rührt von JACOB WEIHER her, einem Magnaten aus alter, ursprünglich fränkischer Familie, der die Stadt 1643 in der Absicht angelegt hat, einen Ort zu schaffen, an dem jedermann seine Religion frei ausüben kann; schon bald wurde die Stadt jedoch zu einer Insel des nachtridentinischen Katholizismus (theologiegeschichtliche Zeit zwischen dem Konzil von Trient [1545–63] und dem Zweiten Vatikanischen Konzil [1962–65]). Bereits 1657 verwehrte man den Protestanten das Recht, hier eine eigene Kirche zu bauen. Zugleich ist Wejherowo auch ein Ort hochbarocker Architektur, wie sie nur unter aristokratischem Mäzenatentum gedieh: JACOB WEIHER stiftete ein Kloster für reformierte Franziskaner und ließ südlich der Stadt, vor der Kulisse des Waldes, einen aus 26 verschieden gestalteten Kapellen bestehenden Kreuzweg *(Kalwaria Wejherowska)* anlegen. Vorbild – auch für die Formen einiger der Kapellen – war wohl die *Kalwaria Zebrzydowska* bei Kraków (s. S. 469). Der Architekt dieses malerischen und interessanten Ensembles ist nicht bekannt.

Einige der Kapellen sind in ihrer ursprünglichen Form belassen worden (restauriert) und kontrastieren in ihrem vornehmen barocken Schmuckreichtum reizvoll mit der urwüchsigen Umgebung. Andere wurden im 19. Jh. mit ›Fachwerkschalen‹ umbaut, so daß man in diesen bescheidenen Hütten scheinbar überraschend elegante Tempelchen und Baldachine entdeckt. Wieder andere ersetzte man, ebenfalls im 19. Jh., durch romantische, neoromanische oder gotisierende Bauten. Dies beeinträchtigt zwar die historische Einheitlichkeit der Anlage, trägt aber zum Reiz eines Spaziergangs entlang der Stationen bei.

Von Wejherowo aus gelangt man über Gdynia und Sopot schnell nach Gdańsk. Es lohnt sich jedoch, einen Umweg durch die faszinierende Landschaft des Pobrzeże Kaszubskie/ Kaschubischen Küstenlandes zu machen.

Vor den Toren von Gdańsk, im Tal des Radunia/Radaune, liegt **Żukowo/Zuckau.** Die ehemalige Prämonstratenserinnen-Klosterkirche, seit 1834 *Kościoł Farny/Pfarrkirche,*

Lębork, Ansicht des im Zweiten Weltkrieg zerstörten Stockturms; historische Postkarte

besitzt eine außergewöhnlich wertvolle Ausstattung aus gotischer Zeit. Die Abtei war 1209 gegründet worden, Kirche und Klostergebäude errichtete man im Laufe des 14. Jh. Im 17. Jh. wurden, besonders im Innern, Umbaumaßnahmen vorgenommen, bei denen der Chor umgestaltet und ein neues Gewölbe eingezogen wurde, darüber hinaus erhielt der Turm einen barocken Helm und das steile Dach einen Dachreiter. Auch der Großteil der Ausstattung stammt aus dieser Zeit. Die Altargemälde, Skulpturen und bestickten Paramenten aus dem 15. und 16. Jh. blieben jedoch weiterhin der kostbarste Schmuck der Kirche. Bedeutendstes Stück ist das sogenannte Antwerpener Triptychon, Anfang des 16. Jh. aus Flandern importiert. Die beinahe vollplastisch geschnitzten Szenen am Altarschrein und die dramatisch-eindringlich formulierten Malereien der Flügel zeigen Leben und Passion Christi im Rahmen eines lehrhaften heilsgeschichtlichen Gesamtprogramms.

12 km von Żukowo entfernt liegt am Klasztorne-See, im Herzen der Kaschubischen Schweiz, **Kartuzy/Karthaus**, eine Stadt, die erst seit dem 19. Jh. um ein Karthäuserkloster, *Marien-Paradies* genannt, gewachsen ist. Die Mönche waren in den 1380er Jahren aus Prag berufen worden, und jahrhundertelang stand das Kloster allein in der Landschaft. Erst nach der Auflassung des Klosters 1826 begann sich die Ansiedlung zu entwickeln, die 1920 zur Stadt erhoben wurde und heute ein wirtschaftlicher und vor allem kultureller Mittelpunkt der kaschubischen Region ist. Im *Muzeum Etnograficzne/Ethnographischen Museum* in der ul. Kościerska 1 ist eine anschauliche Dokumentation kaschubischen Brauchtums zu sehen; sie reicht von historischen landwirtschaftlichen Geräten über Erzeugnisse des Handwerks und Kunstgewerbes bis zu volkstümlichen Musikinstrumenten.

Hauptanziehungspunkt ist aber die schöne gotische *Kościół Klasztorny/Klosterkirche* mit ihrem originellen barocken Walmdach (1731–33), das einem monumentalen Sargdeckel ähnelt. Die Kirche wurde Ende des 14. Jh. errichtet, im 16. Jh. zog man ein Sterngewölbe ein. Ihre reiche, gut erhaltene und sorgsam restaurierte Ausstattung stammt größtenteils aus dem 17. Jh., so der Hochaltar und einige der Nebenaltäre, das Gestühl und etliche barocke Epitaphien. Wertvollste Stücke sind ein geschnitzter und vergoldeter Schreinaltar aus dem Jahr 1444 sowie flämische Ledertapeten von 1685. Eine wahre Rarität stellt das erhalten gebliebene *Mönchshaus/Dom Mnichów* dar. Es wurde etwa um 1400 errichtet und hat ein Gewölbe aus dem 15. Jh. Das ehemalige Refektorium neben der Kirche stammt ebenfalls aus dem 15. Jh.

Die *Droga Kaszubska/Kaschubische Straße* verläuft zwischen Seen und Hügelketten und durchquert malerische Landschaften. Vor dem Dorf **Brodnica Górna/Ober-Brodnitz** wurde der *Aussichtspunkt ›Złota Góra‹/Goldberg* errichtet, von welchem man ein herrliches Panorama genießen kann: Im Vordergrund liegt der *Jezioro Brodnickie/Große Brodno-See,* dahinter der *Jezioro Ostryckie/Ostritz-See,* abschließend die reizvolle Anhöhe Wzgórza Szczymbarskie mit dem Wieżyca/Turmberg.

Gleich danach endet die Kaschubische Straße. In der Ortschaft **Kościerzyna/Berent** kreuzen sich die Hauptstraßen und die Eisenbahnlinien Gdynia–Bydgoszcz. Die Deutschen Ritter erwarben zu Beginn des 14. Jh. diesen Landstrich und verliehen dem Ort die Stadtrechte, die 1526 von König ZYGMUNT I. bestätigt wurden. Am ehemaligen Ring steht das 1843 erbaute *Rathaus.* Unweit des Rings entdeckt man die *Kościół Farny/Pfarrkirche* aus dem Jahre 1917. Das Innere des Gotteshauses ist mit verschiedenen Kunstwerken, überwiegend aus dem 18. Jh., ausgestattet. In der auf der gegenüberliegenden Straßenseite errichteten neuromanischen *Kapelle* von 1871 befindet sich eine sehenswerte spätgotische Pietà aus dem 15. Jh.

Das kleine Dorf **Wdzydze Kiszewskie/Sanddorf**, am größten See der Kaschubischen Seenplatte gelegen, entwickelte sich im Laufe der Zeit zum wichtigsten Zentrum der Volkskunst. Hier wurde in einer Hütte aus dem 18. Jh. ein *Museum Etnograficzne/Ethnographisches Museum* eingerichtet. Die Gründer, das Ehepaar GUŁGOWSKI, setzten den Schwerpunkt ihres Museums auf die Bewahrung und Anwendung der Volkskunststickerei und Wurzelflechterei. Im Jahre 1970 kam ein *Kaszubski Park Etnograficzny/Kaschubischer Ethnographischer Park* hinzu, der an etwa 20 Beispielen die volkstümliche Baukunst Polens vorstellt.

Auf dem Rückweg durch Kościerzyna nach Gdańsk gelangt man nach ca. 9 km in das Dorf **Bendomin/Groß-Bendomin.** Dieser Ort wurde 1284 als Eigentum der pommerschen Herzogin GERTRUDA, der Tochter SAMBORS II., erwähnt. Später fiel er an den Deutschen Ritterorden, und anschließend gelangte er in den Besitz der Familie WYBICKI. In Bendomin wurde der berühmte Diplomat, Politiker und Literat JÓZEF WYBICKI (1747–1822) geboren. 1797 schrieb er nach der Melodie einer alten Volksmazurka die Worte zum ›Lied der polnischen Legionen in Italien‹. In die Geschichte ging es als ›Mazurek Dabrowskiego‹ ein, nach dem Namen des Anführers der Legionen. 1926 avancierte dieses Lied zur Nationalhymne, die mit den Worten beginnt: ›Jeszcze Polska nie zginęła, kiedy my żyjemy...‹ – ›Noch ist Polen nicht verloren, solange wir leben...‹. Das ehemalige Gutshaus der Familie WYBICKI beherbergt seit 1970 ein *Museum der Nationalhymne.* Hier läßt sich an etwa 60 Versionen des Liedes die Veränderung der polnischen Sprache seit Entstehung der ›Mazurek Dabrowskiego‹ nachvollziehen.

Dorota Leszczyńska/Michaela Marek

Pomorze Wschodnie/Pommerellen – Kujawy/Kujawien

Im Westen wird die Zatoka Gdańska/Danziger Bucht vom Pobrzeże Kaszubskie/Kaschubi-schen Küstenland begrenzt, einer weitläufigen seen- und waldreichen Moränenlandschaft mit hohen, steilen Anhöhen, die durch Urstromtäler voneinander geschieden sind.

Bereits im 9. Jh. war die Stadtburg Truso bekannt, zu jener Zeit an einer weit ins Landes-innere reichenden Bucht gelegen, in einem Landstrich, der von den restlichen polnischen Gebieten durch tiefe Wildnis abgeschnitten war. Von Kujawy/Kujawien her breitete sich das Siedlungswesen aus und beherrschte die Seenplatten von Golub Dobrzyń/Gollub und Chełmno/Kulm. Die von Großpolen betriebene Kolonisation schob sich entlang des Weich-sel-Unterlaufes voran, begegnete dort aber der von Norden fortschreitenden Kolonisation der Pomoranen, mit deren Vorposten Gniew/Mewe und Tczew/Dirschau sowie der von Osten vordringenden Kolonisation der Pruzzen. Pruzzische Stämme bewohnten die östlich der Wisła/Weichsel gelegenen Gebiete. Bolesław I. Chrobry veranlaßte im Jahre 997 die Mission des Bischofs Wojciech (Adalbert), um diese Gebiete zu christianisieren und den polnischen Einfluß auszuweiten. Dem Unternehmen war jedoch kein Erfolg beschieden, zudem ermordeten die Pruzzen den Bischof.

Konrad Mazowiecki (von Masowien) berief 1226 den Ritterorden ›Der Allerheiligsten Jungfrau Maria des Deutschen Hauses in Jerusalem‹ zur Verteidigung des an das Gebiet der Pruzzen grenzenden Territoriums. Im Gegenzug erhielten die Ordensritter das Kulmer Land als Lehen. Die Missionierung der Pruzzen begann von neuem, endete nach einem halben Jahrhundert aber mit deren Ausrottung und der Germanisierung dieser Gebiete.

1308 konnte der Ritterorden die Stadt Gdańsk/Danzig, 1309 das umliegende Land Pom-merellen und 1332 Kujawien besetzen. Der Drang des Deutschen Ritterordens nach Osten bedeutete eine große Bedrohung für Litauen. Diese wurde jedoch durch den polnisch-litauischen Sieg in der Schlacht bei Grunwald/Tannenberg 1410 abgewehrt.

Der Friede von Toruń/Thorn beendete 1466 den Dreizehnjährigen Krieg und sprach Polen Pomorze Gdańskie, das Kulmer Land und einen Teil der pruzzischen Gebiete mit Malbork/Marienburg und Warmia/Emsland (seit jener Zeit Prusy Królewskie/Königlich- oder Polnisch-Preußen genannt) zu. Der verbliebene Teil des Ordensstaates wurde pol-nischer Lehnsherrschaft unterworfen und schließlich 1525 in das weltliche Herzogtum

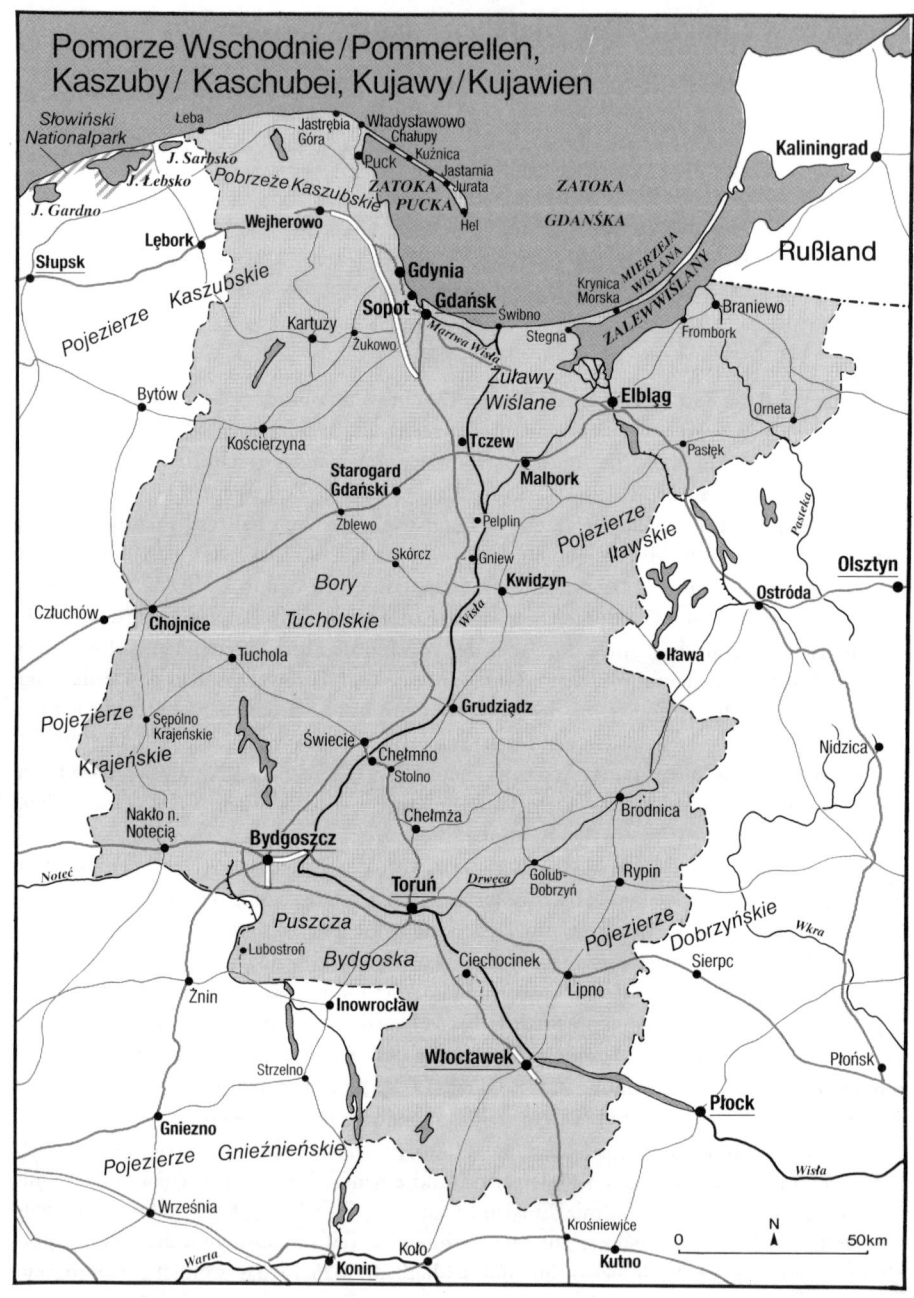

Pomorze Wschodnie / Pommerellen, Kaszuby / Kaschubei, Kujawy / Kujawien

Słowiński Nationalpark
Łeba
Jastrębia Góra
Władysławowo
Chałupy
Kuźnica
Kaliningrad

J. Sarbsko
J. Łebsko
Pobrzeże Kaszubskie
Puck
ZATOKA PUCKA
Jastarnia
Jurata
ZATOKA GDAŃSKA

J. Gardno
Lębork
Wejherowo
Hel

Słupsk
Pojezierze Kaszubskie
Gdynia
Sopot
Gdańsk
Świbno
Krynica Morska
MIERZEJA WIŚLANA
Rußland

Kartuzy
Żukowo
Martwa Wisła
Stegna
ZALEW WIŚLANY
Braniewo
Frombork

Bytów
Żuławy Wiślane
Elbląg
Orneta

Kościerzyna
Tczew
Pasłęk

Starogard Gdański
Malbork
Pasłęka

Zblewo
Pelplin
Pojezierze Iławskie
Olsztyn

Skórcz
Gniew
Kwidzyn
Ostróda

Człuchów
Bory Tucholskie
Chojnice
Wisła
Iława

Tuchola

Pojezierze Krajeńskie
Sępólno Krajeńskie
Świecie
Chełmno
Stolno
Grudziądz
Nidzica

Nakło n. Notecią
Chełmża
Brodnica

Noteć
Bydgoszcz
Toruń
Drwęca
Golub-Dobrzyń
Rypin

Puszcza Bydgoska
Lubostroń
Ciechocinek
Pojezierze Dobrzyńskie
Wkra
Sierpc

Żnin
Inowrocław
Lipno

Strzelno
Włocławek
Płońsk

Gniezno
Pojezierze Gnieźnieńskie
Płock

Września
Wisła

Warta
Koło
Krośniewice
N
0   50km
Konin
Kutno

Preußen umgewandelt, mit dem letzten Ordensmeister ALBRECHT VON HOHENZOLLERN-ANSBACH als erbrechtlichem Herrscher. Im Jahre 1657 löste sich das Herzogtum Preußen von der polnischen Lehnsherrschaft, und 1701 wurde aus Brandenburg und Preußen das Königreich Preußen gebildet, dem durch die späteren Teilungen Polens auch Königlich-Preußen zufiel. Zwischen Włocławek und Toruń trennten nach 1815 bis 1914 Zollschranken den russischen und preußischen Herrschaftsbereich.

Das frühere Königlich-Preußen (später Westpreußen genannt) gelangte ohne Elbląg/Elbing und Gdańsk/Danzig an Polen. So entstand ein Korridor, der Ostpreußen nunmehr vom Reich trennte, ein Faktum, das zu starken deutsch-polnischen Spannungen führte. Für Polen bildete dieser schmale Landstrich fortan die Grundlage der Entwicklung seines Seehandels. Nach dem Zweiten Weltkrieg wurde dieses Gebiet, das über Jahrhunderte von polnischer, deutscher und kaschubischer Sprache und Kultur geprägt wurde und sowohl Zeuge vieler kriegerischer Auseinandersetzungen als auch friedlichen Zusammenlebens war, in das Staatsgebiet der Republik Polen integriert.

Heute gliedern sich Pommerellen und Kujawien in die Wojewodschaften Gdańsk, Bydgoszcz, Toruń und Włocławek. Das wichtigste Ballungszentrum mit administrativen, kulturellen und wissenschaftlichen Aufgaben bildet die Dreistadt Gdańsk. Kleinere, jedoch wichtige Zentren, unter denen die Universitäts- und Industriestadt Toruń einen vorderen Platz einnimmt, liegen im Gebiet des Weichsel-Landes.

Gdańsk/Danzig

Der Komplex der ›Dreistadt‹, bestehend aus Gdańsk, der Hafenstadt Gdynia/Gdingen und dem Kurort Sopot/Zoppot, wird von etwa 700000 Menschen bewohnt und zieht sich längs der Zatoka Gdańska/Danziger Bucht hin, die im Westen von reich bewaldeten Höhen umgrenzt ist. Das Gebiet um die ›Dreistadt‹ bildet mit der Kaschubischen Höhe, die auch ›Kaschubische Schweiz‹ genannt wird, dem Danziger Werder und der Nehrung an der Küste eine der bedeutendsten Urlaubs- und Erholungsregionen in Polen. Die etwa 200 m hohen Moränenhügel und die von ausgedehnten Wäldern umgebenen größeren und kleineren Seen regen tatsächlich zum Vergleich mit der Heimat Wilhelm Tells an.

Der Volksstamm der Kaschuben, nach dem die Region benannt ist, zählt etwa 200000 Angehörige; sie leben heute nur noch in einigen Ortschaften in der Nähe von Gdańsk und Słupsk/Stolp sowie in einigen kleinen Enklaven zwischen dem Łebsko- und Gardno-See. Als Nachkommen der Pomoranen stellen die Danziger Kaschuben eine autochthone Bevölkerungsgruppe Pommerellens dar, die sich den eigentümlichen slawischen Dialekt und Reste ihrer faszinierenden Folklore bewahrt hat.

Die erste urkundliche Erwähnung von ›urbs Gyddanzc‹ ist in der Lebensgeschichte des hl. WOJCIECH (ADALBERT, ›Vita Sancti Adalberti‹, um 999) enthalten. Der böhmische Missionsbischof (Schüler der Domschule zu Magdeburg und Vertrauter des deutschen Kaisers OTTO III.), hielt sich in Begleitung von zwei Mönchen und Soldaten des BOLESŁAW I.

Die Altstadt von Danzig, Stich von R. J. Helmer 1700

CHROBRY während einer Missionsreise zu den heidnischen Pruzzen im Jahre 997 mehrere Tage in Gdańsk auf, wo er der Überlieferung zufolge eine Anzahl von Heiden taufte. Der Bischof und Märtyrer wird deshalb als Nationalheiliger verehrt; seine Gebeine sind im Dom von Gniezno/Gnesen bestattet.

An der Mündung der Weichsel fand man schon in der Jungsteinzeit Bernstein, der auf dem Tauschwege in bearbeiteter Form als Schmuck oder Gebrauchsgegenstand nach Ost-, Mittel- und Südeuropa gelangte. Dank der günstigen Lage an der alten Bernsteinstraße entwickelte sich Gdańsk schon um 1000 zu einer befestigten Handels- und Fischersiedlung. In den ersten Jahren des 11. Jh. zählte die Siedlung etwa 2000 Menschen. Man nimmt an, daß die Entstehung der Burg auf den ersten polnischen Herrscher, MIESZKO I. (reg. 960–992), in Pomorze Zachodnie/Pommern und an der Weichsel-Mündung zurückgeht.

Im 12. Jh. wird Gdańsk von einer eigenständigen herzoglichen Dynastie regiert, unter der sich Stadt und Hafen schnell entwickeln. Der älteste bekannte Vertreter der Danziger Dynastie, Herzog SUBISŁAW (Ende des 12. Jh.), gründete wahrscheinlich das Kloster in Oliwa; sein Sohn SAMBOR nahm später den Titel *Princeps Pomoranorum* an. Zu dieser Zeit entstand um einen Marktplatz (heute Pl. Dominikański) eine Kaufmannssiedlung, der Herzog SAMBOR im Jahre 1190 wahrscheinlich die Nikolauskirche stiftete.

In den Jahren 1220–66 saß auf dem Danziger Thron ŚWIĘTOPEŁK (SWANTOPOLK VON POMMERELLEN), der um 1260 die Stadtgründung nach Deutschem Recht vollzog, ein Dominikanerkloster gründete und deutsche Kaufleute herbeirief, um den Seehandel zu fördern.

Der Sohn ŚWIĘTKOPEŁKS, MŚCIWÓJ II., übertrug Gdańsk und das gesamte Herzogtum dem Herzog von Großpolen, PRZEMYSŁAW II., der 1296 zum König von Polen gekrönt wurde. Im Jahre 1308 brachte der Deutsche Orden Gdańsk in seinen Besitz. Nach der Einnahme der Stadt bauten die Ordensritter die Burg der Herzöge von Pommerellen in eine Residenz des

Komturs um und begannen die Stadt zu erweitern. Schon 1312 gaben sie der Siedlung Osiek/ Hakelwerk, in der die aus der späteren Altstadt geflüchteten Fischer und Handwerker wohnten, gesonderte Rechte. 1343 erhielt die im mittleren Teil des historischen Kerns von Gdańsk gelegene spätere Prawe (heute Główne) Miasto/Rechtstadt das Stadtrecht. Dies führte zu einem raschen Aufschwung des Stadtteils; man bildete einen Stadtrat und umsäumte den Stadtteil mit einer Mauer. Um die Expansion der Rechtstadt zu verhindern, gründeten die Ordensritter nach dem Kulmer Recht nördlich der Altstadt die sogenannte Jungstadt, die aber keine große Rolle spielte und 1454 durch die Bürger der Rechtstadt zerstört wurde. Im Süden entstand die (Stare) Przedmieście/(Alte) Vorstadt. 1440 wurde Gdańsk Mitglied des Preußischen Bundes; 1454 verweigerten die Bürger von Gdańsk den Deutschen Orden den Gehorsam und schlossen einen Bund, der die Rückkehr des Gebietes zu Polen anstrebte. Kraft eines Sonderprivilegs des Königs KAZIMIERZ IV. JAGIELLOŃCZYK wurde die Stadt mit ganz Westpreußen Polen angegliedert. Im Laufe der Jahrhunderte entwickelte sie sich zu einer der größten Hafenstädte Europas, erhielt Privilegien und Schenkungen und wuchs zu einem großen selbständigen Wirtschafts- und Kulturzentrum heran. Im 17. Jh. wurde Gdańsk um den Stadtteil Dolne Miasto/Niederstadt erweitert.

Gdańsk wurde damals wegen seiner Goldschmiedekunst sowie Möbel- und Uhrenfertigung weithin bekannt und entwickelte ein reges wissenschaftliches Leben: Berühmt wurden das Gymnasium Academicum und das Collegium Medicum aus dem Jahre 1558. Die Patrizier sammelten Kunstwerke und legten Bibliotheken an. Es entstanden zahlreiche Druckereien und Verlage. Viele Gelehrte des 16. Jh. wie JOHANNES HEVELIUS und Dichter wie MARTIN OPITZ oder JAN DANTYSZEK (JOHANNES DANTISCUS), wirkten zu dieser Zeit in Gdańsk. Dichter verfaßten hier ihre Werke in lateinischer, deutscher und polnischer Sprache. Einer der größten europäischen Philosophen, ARTHUR SCHOPENHAUER (1788–1860), wurde in dieser Stadt geboren.

Während der Schwedenkriege hielt Gdańsk trotz seines protestantischen Glaubens zu Polen. 1734 gewährte es dem polnischen Wahlkönig STANISŁAW LESZCZYŃSKI Schutz und mußte dafür mit einer langen Belagerung durch russische und sächsische Heere büßen. Nach der zweiten Teilung Polens (1793) gelangte Gdańsk nicht ohne Widerstand der Bevölkerung unter die Herrschaft Preußens.

In der Ära NAPOLEON (1793) erhielt Gdańsk den Status einer Freien Stadt und Republik, den es im Anschluß an NAPOLEONS Niederlage wieder verlor. Bis zum Ende des Ersten Weltkriegs erlebte die Hafenstadt unter preußischer Herrschaft, ab 1871 unter der des Deutschen Reiches, eine beachtliche wirtschaftliche Entwicklung. Aus Mangel an geeigneten Seezugängen hatte schon in den 1920er Jahren für Polen die Notwendigkeit bestanden, einen eigenen Hafen bei Gdańsk zu schaffen. Im Jahre 1924 begann man mit dessen Bau in der 20 km nördlich gelegenen Ortschaft Gdynia. Die Arbeiten schritten rasch voran; man hoffte, schon 1930 einen Güterumschlag von 2,5 Mio t zu erreichen. Ein großes Verdienst bei der erfolgreichen Verwirklichung des Vorhabens fällt den beiden Zwischenkriegsministern WŁADYSŁAW GRABSKI und EUGENIUSZ KWIATKOWSKI sowie dem Planungschef TADEUSZ WENDA zu.

Der Versailler Vertrag bestimmte Gdańsk am 28. 7. 1919 zu einer Freistadt (das Stadtgebiet umfaßte auch den berühmten Badeort Sopot/Zoppot) unter der Kontrolle des Völkerbundes. Die Rechte Polens vertrat der Generalkommissar der Republik Polen in Gdańsk. Die Macht in der Stadt übte ein Senat aus, als Vertretung der Bevölkerung fungierte der Volksrat, und im Rat der Häfen und Wasserwege saßen ein Danziger und ein polnischer Vertreter. Die Rechte waren klar formuliert: (u. a.) gemeinsamer Zollbereich, eigenständige Vertretung Danziger Anliegen im Ausland, polnische Militärkompanie mit 182 Mann im Hafenbereich (Munitionslager auf der Westerplatte – der Name wurde beibehalten, als die Polen den nordwestlichen Landstrich zur ewigen Pacht erhielten). Dennoch gab es Schwierigkeiten bei der Wahrnehmung dieser Rechte, denn das Deutsche Reich und deutschnationale Kreise in Gdańsk stellten die polnischen Rechte beständig in Frage. 1930 kam der Bevollmächtigte HITLERS, ALBERT FORSTER, nach Gdańsk, um der NSDAP den Weg zu ebnen. Parolen wie ›Zurück ins Reich‹ verbreitete die deutsche Zeitschrift ›Danziger Vorposten‹. Nach Hitlers Machtergreifung 1933 übergab der Danziger Senat, der nun mehrzahlig aus Mitgliedern der NSDAP bestand, die Aufsicht über den Danziger Hafen der unter deutscher Verwaltung stehenden Polizei. Dies wurde später auf Intervention des Völkerbundes rückgängig gemacht. Aufgrund von Plänen deutscher Überfälle auf die Westerplatte erfolgte wiederum eine Intervention des Völkerbundes; die polnische Garnison auf der Westerplatte wurde auf 210 Mann verstärkt. Die Forderung HITLERS nach Eingliederung Danzigs ins Deutsche Reich führte am 28. April 1939 zum Bruch der seit dem Nichtangriffspakt von 1934 bestehenden polnisch-deutschen Beziehungen. Um 4.45 Uhr am Morgen des 1. September 1939 begann mit den Schüssen, die vom Schlachtkreuzer ›Schleswig-Holstein‹

Gdańsk/Danzig 1 Brama Wyżynna/Hohes Tor 2 Przedbramie/Vortor 3 Złota Brama/Goldenes ▷
Tor 4 Dwór Bractwa św. Jerzego/Georgshalle 5 Kamienica Uphagena/Uphagen-Haus 6 Dom Ferberów/Ferberhaus 7 Lwi Zamek/Löwenburg 8 Ratusz Głównego Miasta/Rechtstädtisches Rathaus 9 Fontanna Neptuna/Neptunbrunnen 10 Złota Kamienica/Goldenes Haus 11 Dwór Artusa/Artushof 12 Zielona Brama/Grünes Tor 13 Brama Chlebnicka/Brotbänketor 14 Dom Angielski/Englisches Haus 15 Kościół Mariacki/Marienkirche 16 Kaplica Królewska/Königliche Kapelle 17 Brama Mariacka/Frauentor 18 Dom Przyrodników/Haus der Naturforschenden Gesellschaft 19 Brama św. Ducha/Heilig-Geist-Tor 20 Żuraw/Krantor 21 Brama Świętojańska/Johannes-Tor 22 Kościół św. Jana/Kirche S. Johannes 23 Kościół św. Mikołaja/Kirche St. Nikolai 24 Baszta Jacek/Turm des hl. Hyazinth, früher Kiek in de Köken genannt 25 Baszta Nad Podmurzu/Turm An der Mauer 26 Baszta Bramy Szerokiej/Turm des Breiten Tors 27 Baszta Latarniana/Laternenturm 28 Wielka Zbrojownia/Großes Zeughaus 29 Pomnik Jana III. Sobieskiego/Denkmal Jan III. Sobieski 30 Dom Opatów Pelplińskich/Haus der Pelpliner Äbte 31 Szpital und Kościół św. Elżbiety/Hospital und Kirche St. Elisabeth 32 Kościół św. Józefa/Kirche St. Josef 33 Ratusz Staromiejski/Altstädtisches Rathaus 34 Wielki Młyn/Große Mühle 35 Kościół św. Katarzyny/Kirche St. Katharina 36 Kościół św. Brygidy/Kirche St. Brigitten 37 Poczta Polska/Polnische Post 38 Dwór Miejski/Stadthof 39 Baszta Narożna/Eckturm 40 Baszta Schultza/Schultz-Turm 41 Baszta Browarna/Brauereiturm 42 Kościół św. Trójcy/Trinitatiskirche 43 Klasztor Franciskanów (Muzeum Narodowe)/ehemaliges Franziskanerkloster (Nationalmuseum) 44 Baszta Biała/Weißer Turm 45 Mała Zbrojownia/Kleines Zeughaus 46 Brama Nizinna/Lege-Tor 47 Baszta Pod Zrębem/Trumpfturm 48 Kościół ś.ś. Piotra i Pawła/Kirche St. Peter und Paul 49 Dawne Gimnazjum/Ehemaliges Städtisches Gymnasium

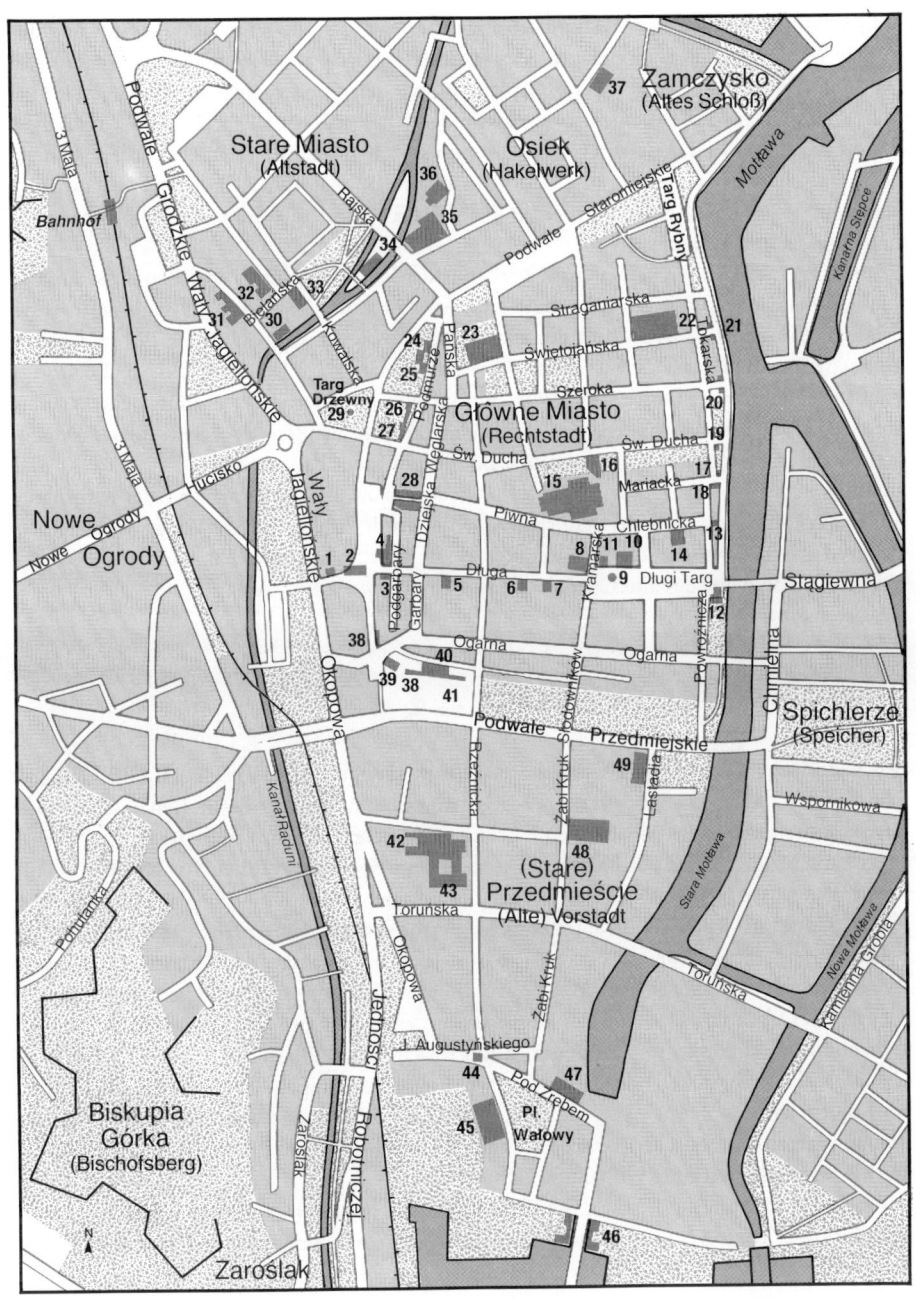

Zamczysko
(Altes Schloß)

37

Stare Miasto
(Altstadt)

Osiek
(Hakelwerk)

Motława

Bahnhof

36

35

34

32

33

31

30

24

23

22

21

25

Straganiarska

Świętojańska

Targ
Drzewny

26

29

27

Szeroka

20

Główne Miasto
(Rechtstadt)

Św. Ducha

19

28

15

16

17

18

Piwna

Mariacka

Chlebnicka

1

4

8

11

10

13

2

3

5

6

7

14

Długa

9   Długi Targ

Stągiewna

Nowe
Ogrody

Nowe   Ogrody

Hucisko

Ogarna

12

38

Ogarna

39   38

40

41

Podwale

Spichlerze
(Speicher)

Podwale
Przedmiejskie

49

Wspornikowa

42

48

43

(Stare)
Przedmieście
(Alte) Vorstadt

Toruńska

Toruńska

Biskupia
Górka
(Bischofsberg)

J. Augustyńskiego

44

47

Pl.
Wałowy

45

N

46

Zaroślak

auf das Munitionslager der Westerplatte abgefeuert wurden, der Angriff auf Polen und der Zweite Weltkrieg. Einem ungleichen Kampf ausgesetzt, kapitulierte die polnische Garnison am 7. September. Der Name der Westerplatte prägte sich wie der von Samossiera, Racławice und Grunwald tief ins Geschichtsbewußtsein der Polen ein, vor allem, da einige Verteidiger der Westerplatte nach dem Krieg vom kommunistischen Regime verfolgt wurden, weil sie der polnischen Exilregierung in London nahestanden. Zahlreiche Polen kamen in jenen Septembertagen ums Leben, wurden in der Viktoria-Schule gefoltert oder ins Konzentrationslager Stutthof deportiert.

Im März 1945 rückten gemeinsame Verbände der Roten und der polnischen Armee in die von den Deutschen erbittert verteidigte Stadt ein. 90 % der historischen Innenstadt wurde zerstört. Ein eindringliches Bild der Hafenstadt aus jener Zeit zeichnete der in Gdańsk geborene Schriftsteller GÜNTER GRASS in seinem Roman ›Die Blechtrommel‹. 1992 wurde er zum Ehrendoktor der Universität, 1993 zum Ehrenbürger der Stadt ernannt. Beim Wiederaufbau gab es Hilfeleistungen, die in den letzten Jahrzehnten aus Deutschland kamen. Neben vielen Privatleuten gehörten auch Bundespräsident RICHARD VON WEIZSÄCKER und Bundeskanzler HELMUT KOHL zu den Förderern. 650 Objekte wurden wieder aufgebaut; unter den Häuserfassaden aus dem späten 19. Jh. entdeckte man ältere Vorlagen. Dank der Arbeit der Restauratoren, die hier, ähnlich wie in Warszawa, ein wahres Wunder vollbrachten, erlebt man heute das alte Gdańsk wie zu Zeiten SCHOPENHAUERS.

Główne Miasto/Rechtstadt

Das historische Zentrum von Gdańsk ist aus mehreren, im Mittelalter noch selbständigen Städten entstanden. Die Rechtstadt, 1343 gegründet, umfaßt historische Renaissance- und Barockbauten, die die wohlhabenden Patrizier errichteten. Sie säumen in der Mehrzahl den sogenannten Königsweg, der im Westen vom **Brama Wyżynna/Hohen Tor** (1) über die ul. Długa/Langgasse zum Rathaus der Rechtstadt am Anfang des Długi Targ/Langen Marktes bis zur Motława/Mottlau und weiter zum Werdertor verläuft. (Lageplan S. 329)

Das massige Hohe Tor wurde 1574–76 von JOHANN KRAMER und WILHELM VAN DEN BLOCKE nach oberitalienischem Muster errichtet, in den Jahren 1586–88 verziert (1878–79 verändert). Das untere Geschoß des Bauwerks mit einer großen Öffnung für den Wagenverkehr und zwei kleineren für Passanten ist mit toskanischen Pilastern gegliedert. Über dem Gebälk verläuft ein hoher Fries, auf dem zwei Engel das Wappen der polnischen Republik, ein Löwenpaar das Wappen von Gdańsk, und die Einhörner das Wappen des Königlichen Preußen tragen. Lateinische Inschriften rühmen Gerechtigkeit, Frieden, Freiheit und Einigkeit als Eigenschaften eines blühenden Gemeinwesens.

Ein Relikt der alten gotischen Stadtbefestigung stellt die benachbarte bauliche Anlage **Przedbramie/Vortor** (2) dar, die aus der Katownia/Peinkammer und dem mit ihr verbundenen Wieża Więzienna/Stockturm (Gefängnis) besteht. Der Stockturm war um 1410 als zusätzlicher Schutz für das Brama Długouliczna/Langgasser Tor errichtet worden, an dessen Stelle sich heute das Goldene Tor erhebt. Anfang des 16. Jh. wurde der Turm um vier Geschosse aufgestockt, die man in den 1580er Jahren zum städtischen Gefängnis ausbaute. Anfang des 17. Jh., als die wehrhafte Stadtbefestigung aus dem Mittelalter veraltet erschien, wurde das Langgasser Tor durch einen Neubau ersetzt, als Eröffnung des Königsweges entlang der ul. Długa/Langgasse und des Długi Targ/Langen Marktes (Abb. 33).

Diesen Neubau, das **Złota Brama/Goldene Tor** (3) – so benannt nach der ehemals reich vergoldeten plastischen Dekoration –, errichtete 1612–14 ABRAHAM VAN DEN BLOCKE im Stil des Manierismus. Der doppelgeschossige mit Säulen gegliederte Bau spielt in der Struktur auf römische Triumphbögen an. Die Inschriften in den Friesen des Untergeschosses beschwören die Prosperität des Gemeinwesens und die Eintracht als deren Grundlage. 1647–48 bekrönte man das Tor mit allegorischen Figuren, die die Botschaft der Inschriften ergänzen: Frieden, Freiheit, Reichtum, Ruhm, Weisheit, Frömmigkeit, Gerechtigkeit, Eintracht (JEREMIAS FALCK, PETER RINGERING). Nach schweren Kriegszerstörungen stellte man den Bau mit seiner Dekoration bis 1967 wieder her; seit den 70er Jahren versucht man hier wie an allen Baudenkmälern in Gdańsk neue Zerstörungen infolge der Luftverschmutzung durch die Industrie zu beheben.

Neben dem Goldenen Tor liegt die spätgotische **Dwór Bractwa św. Jerzego/Georgshalle** (4) von 1487/94 (HANS GLOTAU), der Sitz der Georgsbruderschaft, eines Schützenvereins des vornehmen Patriziats. Es ist ein zweistöckiger Backsteinbau auf rechteckigem Grundriß. In der Erdgeschoßhalle bewahrte man Schützenausrüstung und Munition auf, der Saal im Obergeschoß war Schauplatz gesellschaftlicher Ereignisse. Heute dient der Hof als Galerie der Vereinigung polnischer Architekten. Von hier aus beschreitet man den Droga Królewska/Königsweg.

In der ul. Długa finden sich mehrere beachtenswerte Patrizierhäuser mit Fassaden aus der Zeit des Manierismus und des Barock. Zu den schönsten gehört das **Kamienica Uphagena/ Uphagen-Haus,** Haus Nr. 12 (5). Das Wohngebäude, dessen Ursprung in das 14. Jh. zurückreicht, wurde 1775–76 von JOHANN BENJAMIN DREYER in seine spätbarocke Form überführt. Die Innendisposition ist typisch für die Danziger Bürgerhäuser dieser Zeit, in denen man im Erdgeschoß Kontore unterbrachte. Die großzügige Diele hat ein ›hängendes Zimmer‹, ein galerieartig ausgebildetes Zwischengeschoß, in dem Geschäftsbesucher empfangen wurden. 1909 übergaben die Nachkommen des Bauherrn JOHANN UPHAGEN das Haus der Stadt, die darin das Museum einrichtete. 1945 wurde das Gebäude vollständig zerstört; die bewegliche Einrichtung hatte man jedoch rechtzeitig in Sicherheit gebracht, so daß das Museum nach dem Wiederaufbau (und verschiedenen anderen Nutzungen) des Hauses neu eingerichtet wurde.

Wenige Schritte weiter steht das **Dom Ferberów/Ferberhaus,** Haus Nr. 28 (6), das 1560 im Geschmack des Manierismus umgebaut und mit einer reichen Fassadendekoration versehen wurde. Die Attika trägt die Wappen Polens, Polnisch-Preußens und Gdańsk.

Das Haus Nr. 35, das **Lwi Zamek/Löwenschloß** (7), stellt ein hervorragendes Beispiel der manieristischen Architektur dar. Erbaut im Jahre 1569, wahrscheinlich nach einem Entwurf von JOHANN KRAMER aus Dresden, zeichnet es sich durch edle, regelmäßige Proportionen und einen schlichten Rhythmus der Pilaster aus, die mit jedem Geschoß zierlicher werden. Als Werk des FRIDERIK VROOM aus Haarlem gelten der reiche Friesschmuck in niederländischem Manierismus und der Giebel mit einer Statue der Fortuna, der bereits auf den Klassizismus hinweist. Die Raumeinteilung des Hauses ist erhalten geblieben; die Diele ist mit einer getäfelten Decke ausgestattet, vier Reliefs symbolisierten Grammatik, Arithmetik, Rhetorik und Geometrie.

An der Mündung der ul. Długa zum Długi Targ erhebt sich das **Ratusz Głównego Miasta/Rechtstädtische Rathaus** (8). Der imposante gotische Backsteinbau (Farbabb. 24) entstand im Laufe von mehr als 100 Jahren, zwischen 1379 und 1492, anstelle eines kleinen Fachwerkbaus aus der Mitte des 13. Jh. Seine Baumeister sind namentlich bekannt: im 14. Jh. HEINRICH UNGERADIN, im 15. Jh. werden JOHANN KRETSCHMER und HEINRICH HETZEL vermutet. Dieses Gebäude hatte ursprünglich zwei Geschosse; der Eingang an der ul. Długa war bereits durch einen Turm ausgezeichnet, die Ostfassade zur ul. Kramarska schmückte ein Prunkgiebel. Im Kellergeschoß befand sich das Gefängnis, im Erdgeschoß die städtische Waage und die Kasse, im Obergeschoß Rats- und Gerichtssaal. Der Turm beherbergte die Ratskapelle und das Stadtarchiv.

1539–61 mußte nach einem Brand ein Umbau vorgenommen werden. Man ergriff die Gelegenheit, das Rathaus in einen anspruchsvollen Repräsentationsbau in niederländischem Stil zu verwandeln. Der Baukörper wurde um ein Geschoß aufgestockt; die Ostfassade, mit hohen spitzbogigen

Aufriß der Löwenburg

Blenden versehen, erhielt eine Attika, die die Wappen Polens, Preußens und Gdańsks trägt. An der Südostecke brachte ANTON GLASER 1588–89 eine Sonnenuhr an, die dort noch heute zu sehen ist. Auch der Turm wurde verändert; auf seine Spitze setzte man eine vergoldete Statue König ZYGMUNT II. AUGUST.

Schon in den Jahren um 1600 folgten neue Eingriffe. Damals gab man den Innenräumen die prunkvolle Ausstattung, die sich bis zum Zweiten Weltkrieg erhalten hat und die danach zum Teil rekonstruiert wurde. Die zweiläufige Freitreppe vor dem Eingang und das von zwei steinernen Löwen mit Stadtwappen bewachte Barockportal fügte 1766–68 der Bildhauer DANIEL EGGERT an.

Im Zweiten Weltkrieg erlitt das Rathaus schwere Schäden, die Restaurierung begann zwar bereits 1946, die Arbeiten im Innern zogen sich aber bis 1970 hin. Heute ist das Rathaus Sitz des *Muzeum Historii Miasta Gdańska/Historischen Museums der Stadt Gdańsk*. Es umfaßt wiederhergestellte Interieurs des Rathauses aus dem Umbau um 1600 sowie eine Sammlung Danziger Kunst.

Über die repräsentative Eingangstreppe, vorbei an gotischen Wandmalereien der einstigen Kaplica ›Mały Krzysztof‹/Kapelle ›Kleiner Christopherus‹ – ›Großer Christopherus‹ nannte man den Raum des Archivs – betritt man zunächst eine große Diele im ersten Obergeschoß, die mit Delfter Kacheln und üppigem Schnitzwerk an den Türrahmen und an der Wendeltreppe zum zweiten Obergeschoß geschmückt ist. Die Decke trug ein allegorisches Gemälde: die Gestalt der Eintracht, umringt von Wappen der vornehmsten Patrizierfamilien (heute mit dem Einzug des Polenkönigs).

Prunkvollster Raum ist der *Sala Czerwona/Rote Saal* (Großer Ratssaal). Oberhalb der Bänke für die Ratsherren sind die Wände mit rotem Damast bespannt (nach dem der Saal benannt wurde). Die Decke ist in einem komplizierten Muster in verschieden große Bildfelder mit aufwendig geschnitzten und vergoldeten Rahmen eingeteilt. Die darin eingelassenen Gemälde zeigen Episoden aus biblischer und antiker Geschichte, die gleichnishaft private und staatsmännische Tugenden darstellen, ergänzt durch hieroglyphisch verschlüsselte Motive. Fortgeführt wird das Programm im Fries, der sich unterhalb der Decke entlangzieht. Auch hier stellen große Historiengemälde Tugenden dar, erläutert durch lateinische Inschriften; dazwischen erscheinen Tugendpersonifikationen.

Dieses komplizierte staatstheoretische Programm, dessen Aussage im einzelnen gut geklärt ist, muß von einem hochgelehrten Humanisten stammen. Für die Ausführung bestellte man jedenfalls die bedeutendsten Künstler, die zu jener Zeit in Gdańsk tätig waren: Der Gesamtentwurf der Dekoration sowie die Schnitzereien der Decke stammen von dem Niederländer ANTHONY VAN OBBERGEN. Die Gemälde schufen HANS VREDEMAN DE VRIES und ISAAC VAN DEN BLOCKE, die farbigen Intarsien im Fries SIMON HOERLE, den monumentalen Ofen, den ein Stadtwappen schmückt, der Bildhauer WILLEM VAN DER MEER. Das eindrucksvolle Ensemble ist wohl das prominenteste Beispiel des von niederländischen Künstlern geprägten Danziger Manierismus.

Beachtung verdienen neben dem Roten Saal auch die Mała Sala Rady/Kleine Ratsstube sowie das Ratsarchiv, beides Räumlichkeiten, die zumindest Teile ihrer alten Ausstattung bewahrt haben, ergänzt durch Werke moderner Künstler (JÓZEFA WNUKOWA, HANNA und JACEK ŻUŁAWSKI). Sehr interessant ist auch die wiederhergestellte, mit vielen authentischen Kunstwerken ausgestattete *Kamlaria/Kämmerei.*

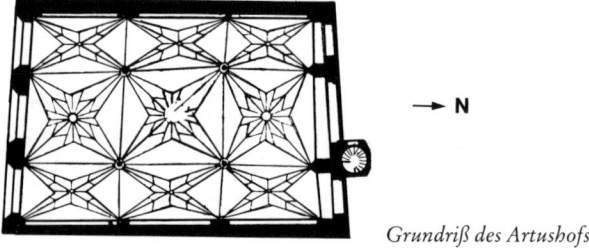

Grundriß des Artushofs

Der benachbarte spätgotische **Dwór Artusa/Artushof** (11), bereits am Długi Targ gelegen, wurde nach dem Brand des ersten Hofs um 1350 in den Jahren 1476–81 von der Stadtgemeinde erbaut. Die Fassade ließ man 1616–17 durch ABRAHAM VAN DEN BLOCKE in manieristischem Stil ›modernisieren‹, und auch sie wurde mit einem politisch-allegorischen Programm versehen: zwei Medaillons zu seiten des Portals und Büsten der Könige ZYGMUNT III. WAZA und seines Sohns WŁADYSŁAW IV. Die vier Statuen auf Konsolen im oberen Teil der Fassade zeigen Scipio Africanus, Themistokles, Camillus und Judas Makkabäus als Verkörperungen von Tugenden, die zum Wohle des Gemeinwesens beitragen. In den Nischen der Attika und auf dem Dachfirst schließlich stehen Tugendallegorien. Der Artushof war ursprünglich Ort von Versammlungen und geschäftlichen Verhandlungen des Patriziats, er diente auch gesellschaftlichen Ereignissen. Deshalb besteht das Innere aus einem einzelnen Saal, der nach und nach – insbesondere zwischen 1531 und 1626 – von den hochrangigen Künstlern ANTON MOELLER, HANS VREDEMANN DE VRIES, MARTIN SCHONINCK und GEORG STELZENER ausgeschmückt wurde. Heute ist der Artushof als Baudenkmal Zweigstelle des Historischen Museums der Stadt Gdańsk. Mehr als 70 % der wertvollen Innenausstattung wurden gerettet. Im Rahmen eines Treffens mit LECH WAŁĘSA erhielten im Artushof der französische und deutsche Staatspräsident, FRANÇOIS MITTERAND und RICHARD VON WEIZSÄCKER, die Ehrendoktorwürde der Universität von Gdańsk.

Der um 1633 vor der Fassade aufgestellte **Fontanna Neptuna/Neptunbrunnen** (9) feiert die Größe von Gdańsk als Seehandelsmacht (Abb. 34). Den Entwurf lieferte ABRAHAM VAN DEN BLOCKE, die Bronzestatue des Meeresgottes, von PETER HUSEN modelliert, wurde in Danzig von GERT BONNING gegossen.

Der **Długi Targ/Lange Markt,** der sich hier öffnet, war nicht nur Marktplatz, sondern auch Schauplatz von Festlichkeiten aller Art. Unter seinen von Renaissance und Barock geprägten Bürgerhäusern fällt besonders das **Złota Kamienica/Goldene Haus,** Haus Nr. 41 (10), auf. Es wurde 1609–18 durch ABRAHAM VAN DEN BLOCKE und JOHANN VOIGT im Auftrag des Bürgermeisters JOHANN SPEIMANN erbaut; unter preußischer Herrschaft wohnte darin die Patrizierfamilie STEFFENS, nach der das Haus auch genannt wird. Złota

Kamienica heißt es dank der Vergoldungen, die die Fassade überziehen; Gliederung und Schmuck sind vom niederländischen Manierismus geprägt. Zeitgenössische Häuser in Antwerpen stehen dieser Komposition sehr nahe. Die Mauerfläche ist in allen vier Geschossen in ein Gerüst aus Säulenordnungen und Fensteröffnungen aufgelöst. Der überschäumende plastische Schmuck, der alle Architekturglieder überzieht, ist dekorativen allegorischen Charakters. Über dem Portal steht die Figur der Caritas (Liebe und Fürsorge), begleitet von Spes (Hoffnung) und Fides (Glaube) in den Bogenzwickeln. Die Attika krönen Gestalten der vier Kardinaltugenden. In den Friesen sind durch Inschriften erläuterte Szenen aus der Geschichte dargestellt.

Insgesamt bieten die Giebelhäuser des Długi Targ eine sehr schöne, architektonisch harmonische Einheit; der Wiederaufbau dieses städtebaulichen Ensembles stellt auch eine Meisterleistung der polnischen Denkmalpflege nach dem Krieg dar.

An der Ostseite schließt den Langen Markt das ZIELONA BRAMA/GRÜNE TOR (12) ab, durch das man direkt an das Ufer der Mottlau gelangt. Der Bau, zwischen Bürgerhäuser gespannt, wurde 1564–68 von dem Architekten JOHANN KRAMER errichtet. Der große Saal im Obergeschoß war ursprünglich als Quartier für die Könige gedacht, die Gdańsk besuchten. Statt dessen diente er dann aber zeitweise als Waffendepot, aber auch als Ort öffentlicher Feierlichkeiten und Theateraufführungen. Im Zweiten Weltkrieg wurde das Grüne Tor völlig zerstört; seit dem Wiederaufbau 1949–51 ist es Sitz des Danziger Amtes für Denkmalpflege.

Der Neptunbrunnen, Strichzeichnung von I. Bentchev 1987

Am Ufer der Mottlau entlang, in nördlicher Richtung, erreicht man das spätgotische **Brama Chlebnicka/Brotbänketor** (13), das älteste Wassertor von Gdańsk (1454). In der ul. Chlebnicka lohnt ein Blick auf das **Dom Angielski/Englische Haus**, Haus Nr. 16 (14). Das Gebäude entstand um 1570 im Auftrag des erst kurz zuvor zugewanderten westfälischen Kaufmanns DIRCK LYLGE, Architekt war JOHANN KRAMER. Die mit strengen Säulenordnungen gegliederte und von reichem Reliefschmuck übersponnene Fassade ist ein charakteristisches Beispiel für die repräsentative Bürgerhausarchitektur des nordischen Manierismus.

Wenige Schritte weiter erhebt sich die majestätische **Kościół Mariacki/Marienkirche** (15), mit 105 m Länge drittgrößtes Gotteshaus der Welt (Abb. 36). 1343–1502 in Etappen als Hallenkirche mit Kapellen zwischen den nach innen gezogenen Strebepfeilern, dreischiffigem Chor und monumentalem Westturm erbaut, beherrscht der gotische Bau die gesamte Rechtstadt. Er bietet 25 000 Menschen Platz. Im Krieg stark zerstört, wurde die Kirche 1947–55 wiederaufgebaut.

So streng und nüchtern, beinahe festungsartig der Bau von außen wirkt, so licht und großzügig zeigt sich das Innere mit seinen schönen Sterngewölben. Die Kirche war ehemals berühmt für ihre reiche Ausstattung; im Zweiten Weltkrieg wurde jedoch ein großer Teil davon zerstört, eine Reihe wertvoller Werke verbrachte man ins Nationalmuseum von Warschau (s. S. 344). Glücklicherweise sind in der Kirche einige der wichtigsten Ausstattungsstücke erhalten geblieben, so zahlreiche Epitaphien, besonders aus dem 16. und 17. Jh. In der St. Reinholdskapelle neben der Vorhalle, im Erdgeschoß des Turms, wurde eine Kopie von HANS MEMLINGS Altarbild des Jüngsten Gerichts aufgestellt (das Original befindet sich im Nationalmuseum). In der dritten Kapelle, St. Annen, am nördlichen Seitenschiff steht das wohl berühmteste Werk der gotischen Skulptur in Gdańsk, die um 1410 entstandene ›Schöne Madonna‹. Das monumentale Epitaph des Ehepaares SIMON und JUDITH BAHR an der Stirnwand des nördlichen Querschiffs hat 1620 ABRAHAM VAN DEN BLOCKE geschaffen. Der spätgotische Flügelaltar in der Hl. Kreuzkapelle rechts daneben, der Adriansaltar, wurde um 1510 aus Antwerpen importiert. In der Kirche finden sich wertvolle Ausstattungsstücke, die astronomische Uhr von 1470, die Orgel von 1629 und die Bronzetaufe im westlichen Mittelschiff.

Die Ausstattung des Chorbereichs vermittelt wohl noch den anschaulichsten Eindruck vom ursprünglichen Erscheinungsbild des Kircheninneren: Hoch im Triumphbogen steht auf einem Querbalken die Triumphkreuzgruppe von MEISTER PAUL, die hier 1517 aufge-

Grundriß der Marienkirche

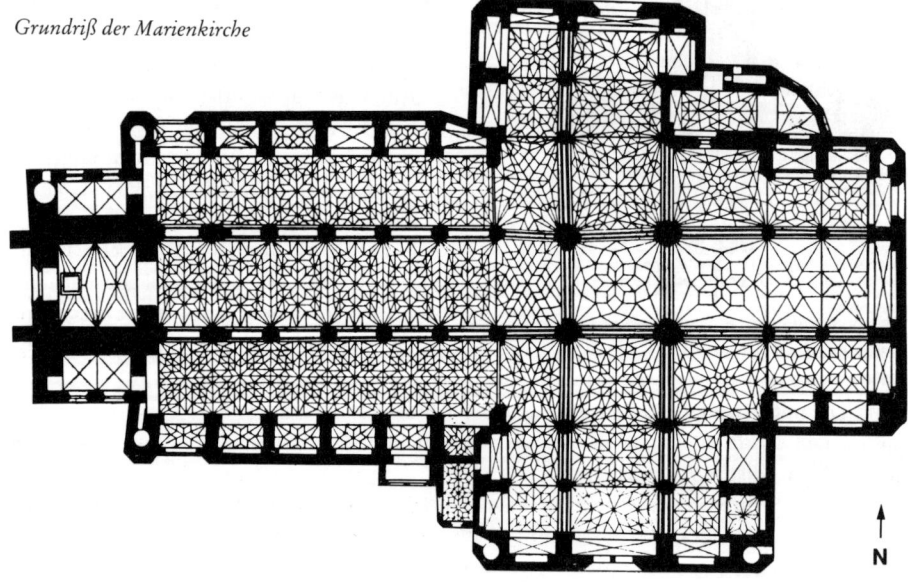

N

Das Krantor, eines der Wahrzeichen von Gdańsk; Kupferstich 1735

stellt wurde. Aus derselben Zeit (1511–17) stammt der Hochaltar mit einer Reliefdarstellung der Marienkrönung im Schrein und bemalten Außenflügeln, ein Werk von Meister MICHAEL (vermutlich aus Augsburg). In der Kapelle der ›Elftausend Jungfrauen‹ an der rechten Chorflanke befindet sich eine um 1430 in Gdańsk entstandene Kreuzigungsgruppe, die zu den außergewöhnlichsten Bildwerken dieser Zeit gehört. Mit ihrem eindringlichen Realismus sprengt sie den Rahmen des idealisierenden ›Schönen Stils‹. Die erste Kapelle am südlichen Seitenschiff (vom Querschiff) wurde zur Erinnerungsstätte an die 2779 polnischen Geistlichen bestimmt, die während des Zweiten Weltkriegs ermordet wurden. Eine Gedenktafel und eine moderne Skulptur des Schmerzensmannes erinnern an die Opfer und fordern zum Gebet auf.

An der nordöstlichen Ecke schließt an die Kościół N. P. Marii die **Kaplica Królewska/ Königliche Kapelle** (16) an, ein vereinzeltes Denkmal des Hochbarock in Gdańsk. Der überkuppelte Zentralbau mit vorgeblendeter flacher Fassade entstand 1678–81 als Stiftung König JAN III. SOBIESKI zur Förderung der freien Religionsausübung der Katholiken. Architekt war TYLMAN VAN GAMEREN, Baumeister BARTHOLOMÄUS RANISCH. Die plastische Dekoration führte ANDREAS SCHLÜTER aus.

Die ul. Mariacka/Frauengasse, die von hier aus wieder zur Mottlau führt, zeigt noch das charakteristische Straßenbild des alten Gdańsk mit den sogenannten Beischlägen, den Treppenaufgängen vor den Haustüren. Am östlichen Ende der ul. Mariacka sieht man das spätgotische **Bramas Mariacka/Frauentor** (17) aus der zweiten Hälfte des 15. Jh., an dem ein schönes Stadtwappen aus der Bauzeit erhalten geblieben ist (an der Außenseite die Wappen Polens, Polnisch-Preußens und Danzigs.

Rechts daneben steht das ehemalige **Dom Przyrodników/Haus der Naturforschenden Gesellschaft,** Haus Nr. 26 (18), in dem sich heute das Muzeum Archeologiczne/Archäologisches Museum befindet. Es ist eines der höchsten Renaissancehäuser der Stadt, gebaut um 1598 möglicherweise von ANTHONIS VAN OPBERGEN, dem damaligen Stadtbaumeister. Das Museum ist ein Zentrum der Forschung über frühe Kulturen auf dem Gebiet von Pomorze Wschodnie/Pommerellen.

Weiter nördlich passiert man zunächst die Ruine des **Brama św. Ducha/Heilig-Geist-Tors** (19) aus der zweiten Hälfte des 15. Jh. und erreicht dann das **Żuraw/Krantor** (20), ein Wahrzeichen der Stadt (Abb. 35). Der schmucklose Torbau, an beiden Schmalseiten von massigen halbrunden Türmen eingefaßt, entstand zu Beginn der 1440er Jahre. Bald darauf errichtete man den neuen hölzernen Kranaufbau, einen der größten Lastenaufzüge des 15. Jh. 1945 brannte das Krantor vollständig aus; nach der Rekonstruktion (1959–62) wurde darin das Centralne Muzeum Morskie/Zentrale Schiffahrtsmuseum untergebracht.

Längs der Uferstraße Długie Pobrzeże erstreckt sich der für die Passagierschiffahrt genutzte alte Hafen von Gdańsk (Abb. 22, 23).

Von hier aus wendet man sich wieder dem Stadtzentrum zu; an der Ruine des **Brama Świętojańska/St.-Johannes-Tors** (21) vorbei erreicht man die **Kościół św. Jana/Kirche St. Johannes** (22). Die gotische Backsteinhalle (um 1371–1415) wurde Mitte des 15. Jh. erweitert, mit einem Turm versehen und eingewölbt. Sie beherbergt heute als Lapidarium gerettete Skulpturen des alten Gdańsk. Der Wiederaufbau dauert an.

Weiter westlich, an der ul. Świętojańska, nahe der alten Stadtgrenze der Rechtstadt, liegt die **Kościół św. Mikołaja/Kirche St. Nikolai** (23). Sie ist die einzige Kirche der Innenstadt, die den Zweiten Weltkrieg ohne nennenswerte Schäden überstanden hat.

Ihre Geschichte reicht bis ins 12. Jh. zurück; die kleine Holzkirche, die damals hier stand, schenkte Herzog ŚWIĘTOPEŁK 1227 den aus Kraków berufenen Dominikanern. Diese begannen in der 2. Hälfte des 14. Jh. mit dem Bau der heutigen Kirche, der sich bis zum Ende des 15. Jh. hinzog. Im Laufe des 14. und 15. Jh. wurde auf dem Areal des heutigen Pl. Dominikański auch die ausgedehnte Klosteranlage errichtet. Sie fiel 1813, während der Napoléonischen Kriege, einem Brand zum Opfer; ihre Ruinen wurden 1839–40 abgetragen. Nach einer etwa hundertjährigen Pause, während die St. Nikolai Pfarrkirche war, gehört sie seit der Nachkriegszeit wieder dem Dominikanerorden; als Klostergebäude nutzen die Mönche das im 19. Jh. vor der Westfassade errichtete Pfarrhaus.

Die dreischiffige Hallenkirche mit langgestrecktem Chor ist ein weitgehend schmuckloser Backsteinbau. Die südöstliche Partie, auf die man durch die ul. Świętojańska zugeht, ist am reichsten gegliedert. Hier gruppieren sich der Chor mit seinem steilen, blendenverzierten

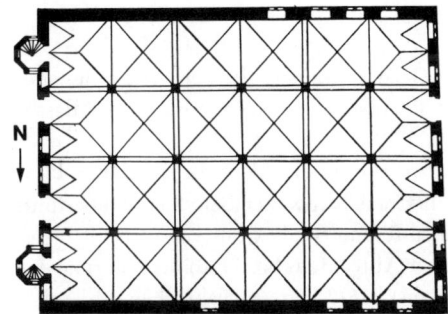

Grundriß des Großen Zeughauses

Giebel und dem großen Spitzbogenfenster, der massige, unten quadratische und oben ins Achteck übergeführte Turm an der Südflanke sowie der niedrige, zinnenbekrönte Anbau der Sakristei. Die Westfassade, die nur durch Strebepfeiler gegliedert ist, schmücken drei gestufte Blendgiebel vor den Dächern der einzelnen Schiffe.

Das Innere, architektonisch nur durch Sterngewölbe auf achteckigen Pfeilern ausgezeichnet, birgt eine reiche Ausstattung aus dem 15.–18. Jh. Besonders beachtenswert sind im Chor das monumentale Retabel des Hochaltars (1647) und das Chorgestühl aus der Mitte des 16. Jh., dessen Barocktäfelung einen Reliefzyklus mit Szenen aus dem Neuen Testament trägt. Das überlebensgroße Triumphkruzifix entstand um 1520/25 in der Werkstatt des MEISTER PAUL, der etwas früher auch die Triumphkreuzgruppe für die Marienkirche geschaffen hat. Im ersten Langhausjoch zur Linken ist eine gotische Pietà-Gruppe aufgestellt (um 1430), ein charakteristisches Beispiel für die Danziger Nachfolge des sogenannten ›Schönen Stils‹. Es ist nicht möglich, auf alle wertvollen Altarbilder, Skulpturen und Epitaphien hinzuweisen; es lohnt sich ein Rundgang durch die Kirche, deren Ausstattung ein historisches Panorama der Kunst in Gdańsk darstellt.

Von der alten Stadtbefestigung aus dem 14. Jh., an die sich das Dominikanerkloster anlehnte, haben sich an der westlichen Flanke noch Reste erhalten, so der 36 m hohe polygonale **Baszta Jacek/Turm des hl. Hyazinth,** früher Kiek in de Köken genannt (24), zu dem man durch die ul. Pańska gelangt. Er wurde gegen Ende des 14. Jh. zugleich als Wehr- und als Beobachtungsturm errichtet. Zu seinen Füßen spielte sich der berühmte Jahrmarkt ›Dominik‹ ab, so benannt nach dem nahegelegenen Dominikanerkloster.

Weiter in südlicher Richtung passiert man Fragmente der Stadtmauer, die die ul. Podmurze und die ul. Latarniana säumen, mit drei weiteren gotischen Türmen: **Baszta Na Podmurzu/Turm An der Mauer** (25), **Baszta Bramy Szerokiej/Turm des Breiten Tors** (nicht erhalten) (26) und **Baszta Latarniana/Laternenturm** (27).

An der nächsten Ecke (ul. Teatralna/Targ Węglowy) stößt man auf das **Wielka Zbrojownia/Große Zeughaus** (28), einen langgestreckten Barocksteinbau, den 1602–09 ANTHONY VAN OBBERGEN in manieristischem Stil erbaut hat (Abb. 37). Die Fassade schmücken reich mit Beschlagwerk ornamentierte Stufengiebel; Soldatenstatuen und Trophäen weisen auf die Bestimmung des Bauwerks hin. Heute beherbergt das Obergeschoß die Hochschule für darstellende Kunst, im Erdgeschoß befindet sich eine Ladenpassage.

Stare Miasto/Altstadt

Jenseits des Mauergürtels und eines unbebauten Geländestreifens, der den Verlauf des ehemaligen Grabens markiert, schließt sich an die Rechtstadt im Norden die Stare Miasto/Altstadt an. Sie erhielt um 1375 Stadtrecht.

Der Rundgang beginnt am Targ Drzewny/Holzmarkt mit dem **Pomnik Jana III. Sobieskiego/Denkmal Jan III. Sobieski** (29), das nach 1945 aus Lwów/Lemberg hierher überführt wurde. In der ul. Elzbietańska, am Ufer des Kanał Raduni/Radaune-Kanals, trifft man auf das **Dom Opatów Pelplińskich/Haus der Pelpliner Äbte,** Haus Nr. 3 (30). Es gehört zu den schönsten manieristischen Bürgerhäusern in Gdańsk. 1612 hatte es wahrscheinlich Abraham van den Blocke in privatem Auftrag gebaut. 1648 kaufte es der Wojewode Władysław Łoś und schenkte es den Zisterziensern von Pelplin.

Wenige Schritte weiter stehen **Szpital** und **Kościoł św. Elżbiety/Hospital** und **Kirche St. Elisabeth** (31), die wohl auf eine private Stiftung der zweiten Hälfte des 14. Jh. zurückgehen. Die kleine, einschiffige Kirche war um das Jahr 1400 errichtet worden. Das heutige Aussehen des Hospitalgebäudes geht auf einen Neubau in den Jahren 1752–53 nach der völligen Zerstörung durch einen Brand zurück. Sein Portal schuf Krzysztof Strietzki.

Die benachbarte **Kościół św. Józefa/Kirche St. Josef** (32) wurde 1467 als Klosterkirche der Karmeliter begonnen; gleichzeitig war die Klosteranlage im Bau. Aus Geldmangel und infolge der religiösen Unruhen im 16. Jh. blieben Kirche und Kloster jedoch unvollendet. Die fragmentarische Kirche macht gerade deshalb die Baugewohnheiten des Mittelalters anschaulich. Bis zur Einstellung der Arbeiten hatte man den Chor errichtet und das Langhaus in den Fundamenten angelegt. Ende des 16. Jh., als die Mönche endgültig die Hoffnung aufgegeben hatten, den Kirchenbau zu Ende zu führen, wurde der Chor auf der Westseite mit einem Giebel verschlossen und um 1620 ein niedriger, behelfsmäßiger Kirchenraum auf mit einem Giebel verschlossen, und so stand der Chorraum für den Gottesdienst schon vor der Instandsetzung von 1623 zur Verfügung. Die Klostergebäude baute man nach Unruhen

Altstadtpanorama von Gdańsk, Stich von 1573

im Laufe des 17. und 18. Jh. wieder auf. Im Zweiten Weltkrieg wurde der Komplex bis auf die Umfassungsmauern vollständig zerstört; der Wiederaufbau dauerte von 1947 bis in die 70er Jahre; die Innenausstattung ist modern.

Schräg gegenüber der Josefskirche, an der Ecke der ul. Bielańska zur ul. Korzenna, steht das **Ratusz Staromiejski/Altstädtische Rathaus** (33). Der elegante kubische Bau wurde 1587–95 von dem flämischen Architekten ANTHONY VAN OBBERGEN errichtet. Das Äußere ist nur durch die großen Fenster und ein Geschoßgesims gegliedert; die Mauerflächen waren ursprünglich dunkelrot verputzt. Über der Attika mit Reihen von Blendnischen und vier schlanken Ecktürmchen erheben sich zwei parallel geführte Walmdächer. Aufwendiger gestaltet ist nur die Hauptfassade an der ul. Korzenna. Portal und Gesims tragen plastischen Schmuck; ein Dacherker mit drei allegorischen Statuen betont die Mittelachse (Skulpturen vermutlich von WILLEM VAN DER MEER), über dem Dachfirst ragt ein Glockenturm auf.

Das Innere wurde nach der Auflösung des Altstädtischen Rates (1793, anläßlich der zweiten Teilung Polens) mehrfach für verschiedene Verwendungszwecke adaptiert. 1914 brachte man dort Teile von Einrichtungen aus mehreren Danziger Bürgerhäusern unter, die bis heute eine Art Museum des bürgerlichen Interieurs bilden, im Rahmen des Wojewódzki Ośrodek Kultury/Wojewodschaftskulturzentrums.

Die ul. Korzenna stößt an ihrem südlichen Ende auf den Kanał Raduni/Radaune-Kanal, der im zweiten Viertel des 14. Jh. auf Betreiben des Deutschen Ordens gebaut wurde. Er diente als Energiequelle für zahlreiche Werkstätten, die sich an seinen Ufern ansiedelten. Von diesem ›Industrieviertel‹ des mittelalterlichen Gdańsk hat sich als vereinzeltes Relikt nur die **Wielki Młyn/Große Mühle** (34) aus der Mitte des 14. Jh. erhalten, die größte Anlage ihrer Art in Europa. Sie steht auf einer Insel zwischen zwei Armen des Kanals; das Wasser trieb 18 riesige Mühlräder von je 6 m Durchmesser an. Bald darauf richtete man in der Mühle auch eine Backstube ein; zu ihr gehört der Kamin an der östlichen Giebelfront. Bis zur Zerstörung 1945 war die Mühle ununterbrochen in Betrieb. Seit dem Wiederaufbau 1962–67 erfuhr sie verschiedene Nutzungen.

In nächster Nachbarschaft der Großen Mühle erhebt sich die **Kościół św. Katarzyny/ Kirche St. Katharina** (35), die älteste Pfarrkirche der Stadt. Bereits in der Mitte des 13. Jh. bestand ein Vorgängerbau; eine Urkunde überliefert, daß hier der 1266 verstorbene Herzog ŚWIĘTOPEŁK aufgebahrt war. In der 2. Hälfte des 14. Jh. veranlaßten die Bürger der kurz zuvor gegründeten Stadtgemeinde einen Neubau, die heutige dreischiffige Hallenkirche. Ein Jahrhundert später errichtete man den Glockenturm, der 1634 einen barocken Helm erhielt. Der Turm erlangte Berühmtheit durch eine Uhr und ein Glockenspiel aus dem Jahre 1738. In dem ungewöhnlich niedrigen Innenraum, der um 1500 Netzgewölbe erhalten hat, sind Fragmente der ursprünglichen Ausmalung aus dem 15. Jh. zu sehen (in den östlichen Partien der Seitenschiffe). Im Laufe der Jahrhunderte hatte sich eine reiche Ausstattung angesammelt, von der nur geringe Teile die verheerende Kriegszerstörung überstanden. Bemerkenswert ist der im Mittelschiff aufgestellte Schnitzaltar (Flügelaltar) mit der Darstellung der Marienkrönung aus dem 16. Jh. sowie der zum Teil wiederhergestellte Hauptaltar mit einem Gemälde von ANTON MOELLER aus dem 17. Jh., das die Kreuzigung Christi vor dem Panorama der Stadt Gdańsk zeigt. Im Chor befindet sich ein Epitaph des JOHANNES HEVELIUS, jenes berühmten Astronomen des 17. Jh., den auch König JAN III. SOBIESKI mit einem Relilef an der Gartenfassade seines Schlosses in Wilanów ehren ließ. In der Katharinenkirche sind mehrere Mitglieder der Familie HOEWELKE (latinisiert: HEVELIUS) bestattet; das Epitaph stiftete im 18. Jh. ein Nachfahre des Astronomen.

Der Wiederaufbau dieser ehrwürdigen Kirche wurde 1953 begonnen und ist heute abgeschlossen. Im Zweiten Weltkrieg wurden die 37 Glocken zu Rüstungszwecken demontiert. Ein ehemaliger Danziger Bürger gründete einen Verein, der u. a. von bundesdeutschen Politikern Spenden für den Guß der 37 neuen Glocken erbat. Das restaurierte Glockenspiel konnte so wieder auf dem Turm installiert werden.

Gleich hinter der Katharinenkirche liegt die ebenfalls gotische **Kościół św. Brygidy/** ehemalige **Klosterkirche St. Brigitten** (36). Die zu Beginn des 14. Jh. begonnenen Bauarbeiten wurden wegen zahlreicher Brände erst im 17. Jh. beendet. In den 1970er/80er Jahren wurde das Gotteshaus religiöses Zentrum, u. a. der Gewerkschaftsbewegung Solidarność. Innerhalb der zeitgenössischen Ausstattung fallen Statuen von Papst JOHANNES PAUL II. (am Eingang), des ermordeten Priesters JERZY POPIEŁUSZKO und von Marschall JÓZEF PIŁSUDSKI auf. Eine Gedenktafel erinnert an die *Orlęta Lwowskie/Lemberger Adelsküken*. Diese Schüler wollten 1918, als noch Unklarheit darüber bestand, welcher Staat sich Lwów einverleiben würde, mit einem Aufstand die Zugehörigkeit ihrer Stadt zu Polen erreichen. Eine zweite Tafel würdigt die von den Sowjets 1941 in Katyń ermordeten Offiziere.

Von hier aus führt der Weg – durch ul. Brygidki, Mniszki, Refektarska, Browarna, Osiek und Sieroca – zu einem Denkmal der tragischen neueren Geschichte Gdańsks, zur **Poczta Polska/Polnischen Post** (37), bei der am 1. 9. 1939 einer der ersten Kämpfe des Zweiten Weltkriegs ausbrach. Während das Schlachtschiff ›Schleswig-Holstein‹ die Westerplatte unter Beschuß nahm, griffen SS-Mannschaften das Postgebäude an. Fast die Hälfte der fünfzig Angestellten, die es verteidigten, kam dabei um. Diesem von GÜNTER GRASS in seiner ›Blechtrommel‹ so eindrücklich geschildertem Geschehen sind Gedenktafeln in Form von Epitaphien (1957, von MARIA und ZYGFRYD KORPLALSKI), ein Denkmal von WINCENTY KUĆMA und KRYSTYNA HEJDE-KUĆMA und eine Erinnerungsstätte gewidmet.

(Stare) Przedmieście/(Alte) Vorstadt

Die (Stare) Przedmieście/(Alte) Vorstadt südlich der Rechtstadt ist seit der zweiten Hälfte des 14. Jh. zu einem eigenständigen städtischen Organismus angewachsen. Von Anfang an waren hier, an der heutigen ul. Lastadia, deren Mauer so alt ist wie der Stadtteil selbst, zahlreiche Handwerksbetriebe angesiedelt, vor allem Werften. In der zweiten Hälfte des 15. Jh. erhielt die Alte Vorstadt einen eigenen Mauerring, von dem nur noch geringe Fragmente zu sehen sind.

Ausgangspunkt des Rundganges ist die südöstliche Ecke der Rechtstadt, an der sich weitere Reste ihrer Befestigung, sowie – an der Ecke zwischen ul. Wojciecha Bogusław-

Der Holzmarkt Ende des 19. Jh., historische Postkarte

skiego und ul. Ogarna – der **Dwór Miejski/Stadthof** (38) erhalten haben. Der Komplex besteht aus zwei langgestreckten Gebäuden, die 1616–19 der Stadtbaumeister JAN STRA-KOWSKI entlang der Stadtmauer aus dem 14. Jh. errichtet hat. In das südliche Gebäude wurden drei Wehrtürme inkorpiert: der **Baszta Narożna/Eckturm** (39), der **Baszta Schultza/Schultz-Turm** (40), benannt nach JOHANN KARL SCHULTZ, einem Kupferstecher und Liebhaber Danziger Kunstdenkmäler, und der **Baszta Browarna/Brauereiturm** (41). Ursprünglich beherbergte der Stadthof Wirtschaftseinrichtungen, außerdem war die städtische Münze untergebracht, daneben stand im Laufe des 17. Jh. auch ein in Holzbauweise errichtetes Theater. 1885–87 entstand hier eine Synagoge, die 1939 zerstört wurde. Heute dient der vielfach umgebaute südliche Flügel als Sitz der Danziger Pfadfindervereinigung.

Zwei Straßenzüge weiter südlich liegt die **Kościół św. Trójcy/St. Trinitatiskirche** (42) mit dem ehemaligen **Klasztor Franciszkanów/Franziskanerkloster** (43). 1422 begannen die Mönche mit dem Bau einer bescheidenen, einschiffigen Kirche. Ende des 15. Jh. wurden die Arbeiten nach längerer Unterbrechung wieder aufgenommen; zu dieser Zeit setzte man auch den Bau des Klosters fort. Die Kirche, die sich inzwischen als zu klein erwiesen hatte, erweiterte man zu einer dreischiffigen Halle mit wunderschönen Netzgewölben. Schon 1555 mußte das Kloster jedoch infolge der Reformation aufgelöst werden; die Gebäude gingen in städtischen Besitz über und wurden zum Sitz des Gymnasium Academicum/Gimnazjum Akademiczne/Akademischen Gymasiums bestimmt. Anfang des 19. Jh., während der

Napoleonischen Kriege, diente der Klosterkomplex als Militärlazarett und Materiallager. Erst 1821 wurde die Kirche wieder in Dienst genommen.

1872 richtete man in der Klosteranlage das *Muzeum Narodowe/Städtische Nationalmuseum* ein, das sich dort bis heute befindet.

Das Äußere der Kirche ist für die lokale Tradition der Backsteingotik typisch: schmucklos und von großen Spitzbogenfenstern durchbrochen; die Giebel an Chor- und Eingangsfassade sind ein Meisterwerk der Backsteinarchitektur. Die Innenausstattung der Kirche wurde infolge des Zweiten Weltkrieges zu 80 Prozent zerstört. Das Presbyterium wurde nach dem Krieg vom übrigen Kirchenraum völlig abgetrennt. Heute wird es von der deutsch-polnischen Initiative für Zusammenarbeit, dem Maximilian-Kolbe-Haus, als Konzert- und Ausstellungsraum genutzt. Teile des schönen spätgotischen Chorgestühls (1507–11), das sich ursprünglich im Presbyterium befunden hatte, sind heute in der Kirche untergebracht. Aus dem 16. Jh. stammen auch die einzige gotische Kanzel Danzigs und die Taufe.

Es ist nicht möglich, auf alle wertvollen Altäre und Epitaphien der Kirche hinzuweisen. Hervorgehoben sei der sogenannte Kollektenaltar, ein spätgotischer Flügelaltar (1515) aus einer Augsburger Werkstatt mit Heiligenfiguren unter ornamentalen Arkaden; außerdem der 1515 datierte Franziskusaltar aus derselben Werkstatt, dieser besteht aus einem geschnitzten Schrein mit bemalten Flügeln. In reicherer Formensprache wiederholen sich hier die Motive vom Kollektenaltar. Von dem schmuckreichen Hochaltar aus dem Jahre 1632 sind nur einige Teile erhalten. Sie werden in den Magazinen des Nationalmuseums und im Speicher des jetzigen Franziskanerklosters verwahrt.

Das *Nationalmuseum* besitzt u. a. reiche Sammlungen gotischer Malerei und Plastik, einen Teil der hervorragenden Sammlung europäischer und orientalischer Textilien von St. Marien, außerdem eine Galerie polnischer und französischer Malerei und Graphik; prominentestes Exponat der hochrangigen Sammlung flämischer Malerei ist HANS MEMLINGS ›Jüngstes Gericht‹.

Südlich von hier, am Ende der ul. Rzeźnicka, trifft man auf den **Baszta Biała/Weißen Turm** (44), einen der wenigen erhaltenen Türme der mittelalterlichen Befestigung, die schon im 16. und 17. Jh. zerstört wurde, als man einen neuen, weiteren Befestigungsring errichtete. Der Weiße Turm wurde 1460–61 zur Verteidigung eines damals hier gelegenen Stadttores errichtet. Im 17. Jh. adaptierte man den Turm zum Pulverturm; gleichzeitig wurde der Pl. Wałowy/Wallplatz als Exerzierplatz angelegt und an seiner westlichen Flanke das **Mała Zbrojownia/Kleine Zeughaus** (45) (1643–45, JAN STRAKOWSKI) errichtet. Den Turm restaurierte man 1983–84, als er zum Sitz des Bergsteigerclubs bestimmt wurde. Das Kleine Zeughaus beherbergt heute, nach Umbauten im 19. Jh. und Wiederaufbau 1957–60, die Taxizentrale von Gdańsk.

Nach Süden hin schließt das Areal der neue Befestigungsring ab, umspült von einem eigens angelegen Nebenarm der Mottlau (Dopływ Motławy). Der Architekt CORNELIS VAN DER BOSCH orientierte sich am Vorbild der italienischen Festungsbaukunst der Renaissance, die sich um diese Zeit überall in Europa durchgesetzt hatte. Hier hat sich auch eines der

Stadttore erhalten, das **Brama Nizinna/Lege-Tor** (46). Das von Jan Strakowski 1626 gebaute Tor zeigte eine eigentümliche Anlage: Der Baukörper ist seitlich von hohen Böschungen eingefaßt, so daß die Durchgänge wie Tunnel erscheinen. Die Außenfront ist in Anspielung auf die Triumphbogenarchitektur von Pilastern gegliedert. Obenauf sitzt ein Wachhäuschen.

Auf dem Rückweg ins Zentrum der (Alten) Vorstadt passiert man – an der Ecke ul. Pod Zrębem/ul. Żabi Kruk – die Stelle, an der bis vor kurzem ein weiterer Rest der mittelalterlichen Stadtbefestigung zu sehen war: Der **Baszta Pod Zrębem/Trumpfturm** (47), der 1982 einstürzte.

Weiter nördlich erhebt sich die **Kościół ś. ś. Piotra i Pawła/Pfarrkirche St. Peter und Paul** (48). Bereits um 1400 stand hier ein Gotteshaus, das 1424 einem Brand zum Opfer fiel, und in dessen Nachfolge zwischen 1425 und 1514 die heutige dreischiffige Hallenkirche mit massigem Westturm errichtet wurde. Der Außenbau hat blendengegliederte Giebel, nach außen gezogene Strebepfeiler und profilierte Fensterlaibungen. Das Innere hat im Laufe der Geschichte zahlreiche schwere Beschädigungen erlitten. In der zweiten Hälfte des 16. Jh., als die Kirche der calvinistischen Gemeinde gehörte, entfernte man die gesamte Ausstattung. Während der Kriege zwischen 1734 und 1807 wurde die Kirche zweimal beschädigt, ein drittes Mal im Zweiten Weltkrieg. Erst 1975 begann man mit dem Wiederaufbau, der bis heute andauert; nur das Südschiff wird als provisorische Pfarrkirche benutzt.

Durch die ul. Lastadia erreicht man von hier aus den Targ Maślany/Buttermarkt, dessen Westflanke der massive, strenge Backsteinbau des **Dawne Gimnazjum/Ehemaligen Städtischen Gymnasiums** (49) einnimmt, den 1834–37 Karl Friedrich Schinkel errichtete.

Entlang der ul. Kotwiczników und der ul. Powroźnicza kann man zum Długi Targ gelangen. Dabei passiert man den *Baszta Kitwiczników/Turm der Ankerschmiede* aus der zweiten Hälfte des 14. Jh., der im 16. Jh. zum Gefängnis umgebaut wurde. Seit dem Wiederaufbau (1968–69) beherbergt der Turm Büros des Amtes für Denkmalpflege.

Der Hafen

Seit dem 19. Jh. nimmt der Hafen von Gdańsk das Gelände an der Martwa Wisła/Toten Weichsel ein. Die Route der regelmäßig verkehrenden Ausflugsschiffe (Abfahrt am Brama Zielona/Grünen Tor) führt auch in die Nähe der weltberühmten **Danziger Werft**. Im Dezember 1970 waren hier, wie auch in Szczecin und Gdynia, Unruhen wegen Preiserhöhungen ausgebrochen, gefolgt von Milizeinsätzen gegen demonstrierende Arbeiter. Zum Gedenken an die Toten wurde auf Initiative der Gewerkschaft Solidarność am Tor der Danziger Werft nach dem Danziger Abkommen von 1980 ein Denkmal errichtet, zu dessen Bau man Stahlplatten aus der Werft verwendete; sie bilden drei riesige, mit Ankern versehene Kreuze.

Im August 1980 kam es auf dem Werksgelände erneut zu Streiks um die Zulassung der unabhängigen Gewerkschaft ›Solidarność‹, angeführt von Lech Wałęsa, dem Friedensno-

Denkmal an der Leninwerft für die Opfer des Aufstandes der Werftarbeiter 1970

belpreisträger von 1983. Nach zweiwöchiger Besetzung der Werft, der Gründung eines überbetrieblichen Streikkomitees und schließlich einer lähmenden Streikwelle im ganzen Land, wurde hier am 31. 8. 1980 das Danziger Abkommen zwischen der Solidarność und der polnischen Regierung abgeschlossen, das den meisten Forderungen der Streikenden, insbesondere nach Legalisierung der Gewerkschaft, entgegenkam. Die im Dezember 1981 suspendierte und später wieder verbotene Gewerkschaft Solidarność und vor allem ihr Vorsitzender LECH WAŁĘSA, der bis zum 1. 5. 1989 als Elektromonteur auf der Werft arbeitete, sind mit der Stadt Gdańsk eng verbunden.

In den ersten Maitagen 1988 rückte die wegen angeblicher Unrentabilität von Schließung bedrohte Danziger Werft erneut ins Licht der Weltöffentlichkeit: Mehrere tausend Arbeiter, in ihrer Mitte LECH WAŁĘSA, streikten eine Woche lang für die Wiederzulassung der Gewerkschaft Solidarność, Forderungen, die auch im August 1988 aus Anlaß des achtjährigen Bestehens der Solidarność und der sehr komplizierten wirtschaftlichen Lage wiederum erhoben wurden.

Wisłoujście – Westerplatte – Oliwa

Wenige hundert Meter von der Mündung der Toten Weichsel in die Danziger Bucht liegt **Wisłoujście/Weichselmünde,** eine Festung, die schon im 14. Jh. zum Schutz der Stadt vor Angriffen von der See her angelegt worden war. 1482 errichtete man einen Wehr- und Wachturm, der zugleich als Leuchtturm diente. Um 1600 baute ANTHONY VAN OBBERGEN die Festung im Innern so aus, wie sie sich bis heute erhalten hat. Die aus fünf holländischen Bastionen zusammengesetzte Ostschanze entstand 1624–26 unter PETER JANSSEN DE WEERT und wurde später ausgebaut.

Die **Westerplatte,** eine Halbinsel an der Mündung der Toten Weichsel in die Bucht, wurde am 1. 9. 1939 um 4.45 Uhr der Schauplatz des Kriegsausbruchs, als der Panzerkreuzer ›Schleswig-Holstein‹ das Feuer auf die 210 Mann zählende Garnison eröffnete. Die sterblichen Überreste des damaligen Kommandanten HENRYK SUCHARSKI wurden 1971 aus Italien hierher überführt und auf dem Kampfplatz beigesetzt. Das *Denkmal der Helden der Wester-*

Oliwa, Westfassade der Kathedrale; Photo von 1920

platte, von Franciszek Duszeńko geschaffen, erinnert an das Geschehen, ebenso das erhalten gebliebene Wachhaus Nr. 1 (s. a. S. 328).

Auf dem Weg von Gdańsk nach Oliwa und nach Sopot und Gdynia, die Schwesterstädte Gdańsks, passiert man zunächst **Wrzeszcz/Langfuhr,** den größten Teil der ›Dreistadt‹ in dem sich heute das Wirtschafts- und Kulturleben konzentriert. Hier befinden sich neben der Universität von Gdańsk, der medizinischen Hochschule und dem Polytechnikum auch die Oper und die Philharmonie.

Nach Nordwesten hin, die Al. Grunwaldzka entlang, gelangt man von Wrzeszcz in den Stadtteil **Oliwa/Oliva,** dessen Geschichte bis in das Jahr 1186 zurückreicht, als Herzog Sambor hier Zisterzienser ansiedelte. Inmitten der modernen Bebauung haben sich einige malerische ›Inseln‹ des alten Oliwa erhalten. Berühmt ist die romantische, im Park Oliwski/ Park von Oliwa gelegene Abtei. Bereits um 1200 hatten die Mönche ein kleines Oratorium errichtet, an das im Laufe des 13. Jh. Querschiff und Langhaus angebaut wurden; die Kirche ist seit 1925 *Kathedrale.* Nach einem Brand 1350 wurde die Kirche vergrößert, gleichzeitig erbaute man die ausgedehnte Klosteranlage. In den folgenden Jahrhunderten bewahrte das Gotteshaus sein Erscheinungsbild eines monumentalen romanisch-gotischen Domes; nur die doppeltürmige Westfassade wurde 1688 barock umgestaltet.

Das Innere – mit asymmetrischem Langhaus, da an der Südflanke der Kreuzgang in den Kirchengrundriß einschneidet, sowie Querhaus und Umgangschor – beherrschen die prächtigen spätgotischen Sterngewölbe, die Ende des 16. Jh. nach einem Brand eingezogen wurden. Dem Brand von 1577 fiel auch die gesamte mittelalterliche Ausstattung zum Opfer; die heutige Ausstattung aus dem 17. und 18. Jh. zeigt alle Entwicklungsstufen des Barock, vom ausklingenden Manierismus bis zum Rokoko. Über der Vorhalle wurde die in den Jahren 1763–88 unter Mitwirkung von zwei Olivaer Mönchen gebaute berühmte Orgel installiert (während der Sommermonate auch für Konzerte genutzt). Der 1688 errichtete Hochaltar im Chorhaupt entfaltet von hier aus am schönsten seine illusionistische Wirkung: Aus der Säulenstellung, die die ganze Apsisrundung auskleidet, bricht ein Wolkenwirbel hervor, in dem Engel das Lob Mariens singen. Die Seitenwände des Chors wurden gegen Ende des 16. Jh. mit einer Galerie der Herzöge von Pommerellen und der polnischen Könige versehen, die das Kloster mit Stiftungen oder Privilegien gefördert haben.

Die gotischen Klostergebäude kann man auf Wunsch besichtigen (Anmeldung in der Sakristei oder beim Aufsichtspersonal in der Kirche).

Im südlichen Flügel des ehemaligen *Pałac Opacki/Abtspalastes,* 1754–56 im Rokokostil erbaut, befindet sich die ethnographische Sammlung des Danziger Nationalmuseums mit kaschubischer Volkskunst sowie eine Galerie moderner Plastik. 1660 wurde im Kloster der Friede von Oliwa geschlossen, der die Schwedenkriege beendete. Hinter der Klosteranlage erstreckt sich der von jeher zum Kloster gehörende Abtei- oder Schloßgarten mit einem reichen Baumbestand. Im Park steht ein Denkmal für Adam Mickiewicz. Im 18. Jh. wurde er in seiner bis heute erhaltenen Form gestaltet und stellt mit Palmenhaus, Alpinium und Botanischem Garten ein interessantes Beispiel für das naturkundliche Interesse jener Epoche dar.

Von hier aus lohnt ein Spaziergang entlang der ul. Polanki, die von schönen Landhäusern und Villen aus dem 17. und 18. Jh. gesäumt ist. Interessant ist auch der Zoo von Oliwa, den man von der Kathedrale aus in westlicher Richtung über die ul. Spacerowa und ul. Karwieńska erreicht. Er wurde 1954 auf Initiative der Bevölkerung im Dolina Lesnego Mlyna/Strauchmühlental, inmitten des Las Oliwski/Waldes von Oliva, angelegt.

Sopot/Zoppot – Gdynia/Gdingen

Nördlich von Gdańsk, 10 km von der Innenstadt entfernt, liegt an der Meeresküste **Sopot/Zoppot**, seit der Mitte des 16. Jh. einer der beliebtesten Ferienorte der Region.

Die erste urkundliche Erwähnung von Sopot geht auf das Jahr 1283 zurück, als Herzog MŚCIWÓJ II. den Zisterziensern von Oliwa einige Dörfer schenkte, unter denen sich auch Sopot befand. Durch den Ort verlief damals die *via regia* genannte Handelsstraße nach Gdynia und Puck. Die malerische Lage von Sopot veranlaßte schon im 16. Jh. Danziger Patrizier, hier ihre Sommer- und Landhäuser zu errichten. Einen Aufschwung nahm der Ort aber erst im Jahre 1823, als der ehemalige Militärarzt in der Armee NAPOLEONS, JOHANN GEORG HAFFNER, eine Badeanstalt erbaute und das damals erst 23 Häuser zählende Dorf in

Sopot, Photo von 1895

einen Badeort verwandelte, der noch heute zu den mondänsten Seebädern Polens gehört. Der 516 m lange, weit ins Meer hinausragende Mole ist nach wie vor ein beliebter Korso.

An der Strandpromenade reihen sich das stattliche Gebäude des Grand-Hotels, Cafés, ein Pavillon für Kunstausstellungen und eine Balneologische Anstalt. Nach Norden hin bestimmen neue Badeanstalten, das sogenannte *Łazienki Północne/Nordbad* und ein herrlicher Küstenpark mit Tennisplätzen das Bild des Seebades. Inmitten der bewaldeten Höhen liegt die *Opera Leśna/Waldoper*, ein 1909 erbautes, 1960–61 modernisiertes und mit einem Faltdach versehenes Freilichttheater mit 5000 Sitzplätzen. Hier findet das Liederfestival von Sopot statt.

Nur wenige Kilometer weiter nördlich an der Küste erreicht man **Gdynia**. Ein Tal, durch das der Chyloński-Bach verlief, bot hier einst günstige Voraussetzungen für die Anlage einer Siedlung. Die ersten zivilisatorischen Spuren in Oksywie, dem nördlichen Teil Gdynias, gehen auf die Jungsteinzeit zurück. Im frühen Mittelalter bauten die Slawen die Siedlung zu einem Hafen aus. Urkundlich wurde Oksywie erstmals im Jahre 1209 erwähnt, wie aus einer Schenkungsurkunde Mściwój I. an das Norbertinerinnenkloster hervorgeht. Seit 1316 gehörte die Siedlung den Zisterziensern von Oliwa, 1362 erhielt Gdynia nach dem Kulmer Recht das ›Lokationsprivileg‹ zur Gründung eines Dorfes. Mitte des 17. Jh. erbaute man hier eine große Ziegelei, 1683 entstand ein Gasthaus für Reisende. Gegen Ende des 18. Jh. hatte man durch Gdynia eine Poststraße gelegt und Anfang des 19. Jh. legte man eine befestigte Straße, später auch eine Eisenbahnlinie nach Gdańsk an. Als Polen im Versailler Vertrag ein Zugang zum Meer zugestanden wurde, ergaben sich neue Entwicklungschancen für die Ortschaft. 1922 wurde der Bau des Hafens beschlossen, zwei Jahre später nahm man die Arbeiten auf. Der Ort, 1875 noch ein Dorf mit 1170 Einwohnern, entwickelte sich nun in atemberaubendem Tempo zu einem Industriezentrum; 1931 lebten hier bereits 38 600 Menschen, bis 1938 verdreifachte sich die Bevölkerungszahl auf 120 000. Im Zweiten Weltkrieg wurde der Hafen fast vollständig zerstört; der Wiederaufbau und die Errichtung großer Werften dauerten bis in die 60er Jahre an. Heute zählt Gdynia zu den bedeutendsten Hafen- und Industriestädten Polens.

Die Innenstadt von Gdynia steht heute ganz im Zeichen der Seefahrt und ihrer Geschichte. Ihr Mittelpunkt ist der Skwer Kościuszki/Kósciuszko-Platz. Vor dem nördlich angrenzenden Nabrzeże Prezydenta/Präsidentenkai ankert in der Sommersaison (Mai–September) das *Museumsschiff Burza*, ein 1932 in Frankreich gebauter Zerstörer. In seiner Nachbarschaft liegt das Segelschulschiff *Dar Pomorza* (Geschenk Pommerellens) vor Anker. Am Präsidentenkai, entlang der Mole, befinden sich zwischen Gebäuden der staatlichen Marineakademie ein *Aquarium* und das *Marinemuseum*. Wenige Schritte weiter südlich, am Bulwar Szwedzki, erreicht man das *Muzeum Marynarki Wojennej/Museum der Kriegsmarine*, in dem die Geschichte der Schiffahrt dieser Region seit dem frühen Mittelalter bis zum Zweiten Weltkrieg dokumentiert ist. Westlich von hier erhebt sich der *Kamienna Góra/Steinberg*, der einen schönen Ausblick auf die ganze Stadt und den Hafen bietet.

Bernsteintaucher vor der Ausfahrt, Stich der Jahrhundertwende

Puck/Putzig – Władysławowo – Chałupy – Jurata – Hel

Von Gdynia aus bietet sich ein Abstecher nach Norden zur Mierzeja Helska/Halbinsel (Nehrung) Hela an.

Die alte Handelssiedlung **Puck/Putzig** besaß bereits Mitte des 14. Jh. Stadtrechte und wurde im 16. Jh. zum Kriegshafen ZYGMUNT II. AUGUST ausgebaut. Nach langer Zeit des Niedergangs blühte Puck Ende des 19. Jh. wieder auf. 1920 wurde hier der erste polnische Kriegshafen gegründet, bis – kurz darauf – Gdynia diese Funktion übernahm. Seit dem Zweiten Weltkrieg lebt Puck hauptsächlich von seinem Fischereihafen.

Die gotische *Pfarrkirche* aus dem 13. und 14. Jh. lohnt einen Besuch. Sie besitzt einige schöne frühbarocke Altarbilder aus der ersten Hälfte des 17. Jh. Am Marktplatz haben sich etliche malerische *Wohnhäuser* aus der Zeit um 1800 erhalten.

11 km weiter nördlich, am Übergang der Halbinsel Hela zum Festland, liegt der Badeort und Fischereihafen **Władysławowo**, dessen Strände sich sowohl zur Zatoka Pucka/Putziger Bucht als auch zum offenen Meer hin erstrecken. Ausgrabungen haben hier Spuren einer Ansiedlung aus der Zeit von 650–400 v. Chr. zutage gefördert. Etwa 10 km von Władysławowo entfernt erreicht man den nördlichsten Punkt Polens, *Rozewie/Rixhöft*. Hier stand bereits im 15. Jh. ein Leuchtturm, der bis zum Bau des heutigen *Leuchtturms* im Jahre 1771

einer der ältesten an der Ostseeküste war. Er trägt den Namen des Schriftstellers STEFAN ŻEROMSKI, der sich gern hierher zum Arbeiten zurückzog. Gegenwärtig beherbergt der Leuchtturm das Muzeum Latarnictwa/Historische Leuchtturm-Museum.

Nahe am Kap findet man **Jastrzębia Góra/Habichtsberg,** eines der schönsten Seebäder in Polen. Der Ort liegt auf dem 33 m hoch aufragenden Küstenfelsen, an dessen Fuß sich ein wunderschöner Strand entlangzieht.

Die Halbinsel Hela, die mit ihrem 34 km Länge und zumeist 200–500 m Breite die Putziger Bucht abschließt, war bereits um die Zeitenwende bewohnt. Entlang der Straße reihen sich mehrere kleine Ortschaften, die zum Teil als Fischerdörfer schon seit dem Mittelalter bestehen. In **Chałupy** hatte König WŁADYSŁAW IV. WAZA um 1635 eine Festung zum Schutz des Hafens von Puck errichten lassen; beim Fischerdorf **Kuźnica/Kußfeld** ist die Nehrung mit kaum 200 m Breite am schmalsten.

Das Städtchen **Jastarnia/Heistornest** ist der Ort, in dem die ältesten Siedlungsspuren entdeckt wurden. Der Fischereihafen, von der kaschubischen Bevölkerung angelegt, ist seit dem 14. Jh. urkundlich bezeugt. Heute ist Jastarnia auch ein beliebtes Zentrum des Segelsports und ein Badeort ebenso wie der Nachbarort **Jurata** mit seinem schönen, von Wald umschlossenen Strand. Zur Spitze hin verbreitert sich die Halbinsel bis auf etwa 3 km. An ihrem südlichsten Zipfel liegt die kleine Stadt **Hela** – auch sie ist eine 600 Jahre alte Fischereisiedlung. Im 14. Jh. war der Ort ein blühendes Städtchen. Seit dem 15. Jh., unter der Oberhoheit von Gdańsk, und nach 1773 unter preußischer Herrschaft, verkümmerte Hel; erst im 20. Jh. entwickelte es sich wieder zu einem geschäftigen Fischereihafen und einem beliebten Ferienort. Im Oktober 1939 fiel Hel als letzter Stützpunkt der polnischen Küstenverteidigung; seit 1979 erinnert daran das *Pomnik Obrońców Helu/Denkmal der Verteidiger Helas.* Die gotische *Kirche* aus dem 15. Jh. beherbergt heute ein Fischereimuseum. Die Hauptstraße, ul. Świerczewskiego, hat noch einige malerische giebelständige Fachwerkhäuser bewahren können.

Sobieszewo/Bohnsack – Frombork/Frauenburg – Elbląg/Elbing

Bursztynowe Wybrzeże/Bernsteinküste nennt man schon seit alters den schmalen Küstenstreifen, der von Gdańsk nach Osten bis zur Mierzeja Wiślana/Weichsel-Nehrung verläuft. Die Ostsee spült hier große Mengen Bernstein an den Strand, und bei Flut setzen sich manchmal große Brocken im Sand ab, die mit Hilfe spezieller Pumpen hervorgeholt werden können. Der ganze meernahe Landstrich bietet mit den hohen, von Kiefernwäldern bedeckten Dünenwällen einen malerischen Anblick.

Von Gdańsk aus gelangt man durch die Żuławy Wiślane/Weichsel-Marschen auf die Küstenstraße und erreicht nach 12 km Fahrt in östlicher Richtung zunächst den kleinen Badeort **Sobieszewo,** bei dem die Bernsteinküste beginnt. **Świbno/Schievenhorst** liegt am Ufer der Weichsel, die es mit der Fähre zu überqueren gilt, um nach **Stegna/Steegen** mit seiner hübschen kleinen *Fachwerkkirche* aus dem 17. Jh. zu gelangen.

Das Dorf **Sztutowo,** eine alte slawische Ansiedlung, hat traurige Berühmtheit erlangt, denn hier wurde schon im September 1939 das *Konzentrationslager Stutthof* angelegt, in dem 70000 Inhaftierte grausam zu Tode gefoltert wurden. 15000–20000 Menschen starben 1945 bei der Evakuierung während des Todesmarsches. Das Gelände ist als Museum zugänglich; wesentliche Teile der Gebäude, so die Kommandantur, die Gaskammern und einige Baracken sind erhalten geblieben; ein Denkmal erinnert an die Opfer.

Kurz hinter Sztutowo, beim Dorf **Kąty Rybackie/Bodenwinkel,** geht die Bernsteinküste schon in die Weichsel-Nehrung über, und etwa 15 km weiter erreicht man den beliebten Ferien- und Badeort **Krynica Morska** mit einem schönen, breiten Strand und einem Leuchtturm, umschlossen von bewaldeten Dünenhügeln. Schon im frühen Mittelalter hatte hier, an der alten Bernsteinstraße (s. S. 281), eine befestigte Siedlung existiert.

Vom Fischerei- und Fährhafen aus kann man nach **Frombork/Frauenburg** übersetzen, das zu Ermland gehört und leicht östlich versetzt am Zalew Wiślany/Weichsel-Haff (Frisches Haff) liegt. Berühmt wurde die kleine Stadt durch Mikołaj Kopernik (Nikolaus Kopernikus), der hier als Domherr den größten Teil seines Lebens verbrachte, sein Hauptwerk ›De revolutionibus orbium coelestium libri VI‹ schrieb und 1543 im Dom bestattet wurde.

Die Stadt, deren Geschichte sich bis ins frühe Mittelalter zurückverfolgen läßt, wird bis heute von dem festungsartig bewehrten *Dom* beherrscht (Abb. 38). Seit den 1220er Jahren unterwarf der Deutsche Ritterorden die hier siedelnden Pruzzen. Die Anhöhe, auf der

Frombork, Wohnhaus von Nikolaus Kopernikus; Stich aus dem 19. Jh.

Frombork liegt, wurde 1274 zum Sitz der bereits 1236 eingerichteten Diözese bestimmt. Mit dem Bau des Doms, einem imposanten Backsteinhallenbau, begann man 1329 vom Chor her; die reich mit Blendarkaden geschmückte Westfassade war 1388 vollendet. Seit dem Ende des 14. Jh. zog man um die Kirche einen mit mehreren Türmen bewehrten, im 16. Jh. modernisierten Mauerring. Zu Füßen der Festung bildete sich eine Fischersiedlung, die später zur Stadt heranwuchs. Innerhalb der Befestigung entstanden nach und nach Wohnhäuser der Domherren sowie das *Pałac Biskupów Warmińskich/Alte Palais der Bischöfe von Ermland* (um 1530; 1727 umgebaut; nach Zerstörung 1945 wiederaufgebaut), das heute das *Muzeum Mikołaja Kopernika/Nikolaus-Kopernikus-Museum* beherbergt.

Das Gotteshaus besitzt eine reiche Ausstattung von der Gotik bis zum späten Barock, insbesondere zahlreiche bemerkenswerte Grabplatten und Epitaphien, u. a. für Nikolaus Kopernikus, dessen Grab bis heute nicht gefunden wurde. Besonders wertvoll ist der spätgotische Flügelaltar (1504) im nördlichen Seitenschiff mit seinen expressiven Darstellungen der Passion Christi und der Holzplastik der ›Madonna auf der Mondsichel‹. Hauptaltar und Chorgestühl im Presbyterium stammen aus der ersten Hälfte des 18. Jh., wie die üppig dekorierte *Kaplica Stanisława Szembeka/Szembeks-Kapelle* mit Malereien von Mathias Meyer und einer sehr schönen schmiedeeisernen Gittertür.

Die Befestigungsanlagen haben sich gut erhalten, so in der nordwestlichen Ecke der Wieża Kopernika/Kopernikus-Turm, in dem der Astronom sein Observatorium eingerichtet hatte (der Raum mit rekonstruierter Ausstattung ist zugänglich). Vom achteckigen Wieża Radziejowskiego/Radzejowski-Turm, 1685 im Auftrag des Bischofs aufgestockt, bietet sich ein eindrucksvoller Rundblick über die Stadt. Das Haupttor an der südlichen Längsseite mit den zwei halbrund vorgeschobenen Bastionen stammt aus der Zeit um 1530.

Die Stadt selbst wurde 1945 beinahe völlig zerstört und 1967–73 im wesentlichen modern wiederaufgebaut.

Ein ähnlich tragisches Schicksal erlitt auch die Stadt **Elbląg/Elbing,** etwa 30 km südwestlich von hier am südlichen Zipfel der Weichsel-Nehrung gelegen. Die natürlichen Wasserstraßen, die sich hier treffen, bescherten der schon im 9. Jh. nachweisbaren Handelssiedlung eine frühe Blüte. 1246 erhielt die Ortschaft – unter der Oberhoheit des Deutschen Ritterordens – Stadtrechte und wurde befestigt. Bald darauf entstand ein Hafen, und noch im 13. Jh. wurde Elbląg Mitglied der Hanse. Der wirtschaftliche Erfolg förderte auf bemerkenswerte Weise die kulturelle Entwicklung: Im 16. Jh. war die Stadt ein Zentrum humanistischer Studien, und am 1535 gegründeten Gymnasium lehrte der bedeutende Humanist und Pädagoge Jan Amos Comenius. Die Rivalität mit der Handelsmacht Gdańsk spornte Elblągs Architekten und Künstler zu Höchstleistungen an. Bis zu den verheerenden Zerstörungen 1945, bei denen 90 % der Bausubstanz verlorengingen, war die Stadt ein kunstgeschichtliches Schmuckstück. Die wiederaufgebauten wichtigsten Denkmäler inmitten des modernen Industriezentrums zeigen nur noch einen Abglanz der früheren Schönheit.

Einen Besuch lohnt die *Kościół N. P. Marii/Marienkirche* des Dominikanerordens, eine im 13. und 14. Jh. errichtete Hallenkirche, in der nach dem Krieg eine Galerie moderner

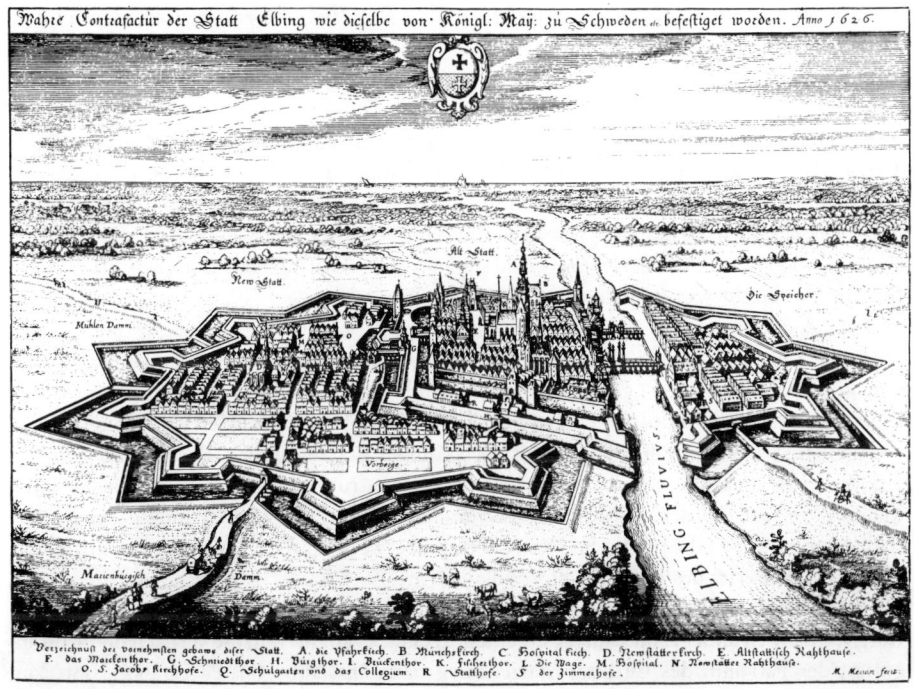

Elbląg, Stich von M. Merian 1626

Kunst (Galeria El) eingerichtet wurde. Die *Kościół św. Mikołaja/Pfarrkirche St. Nikolai* an der ul. Rybacka stammt ebenfalls aus dem 13. und 14. Jh. Ihr spätgotischer Altar sowie das bronzene, 1278 von Meister BERNHAUSER signierte Taufbecken sind erhalten geblieben. Die zahlreichen wertvollen Bürgerhäuser aus allen Epochen von der Spätgotik bis zum Klassizismus sind durchweg den Kriegszerstörungen zum Opfer gefallen. Nur die Bebauung des Marktplatzes hat man in vereinfachter Form wiederhergestellt. Auch von der alten Stadtbefestigung haben sich nur wenige Fragmente erhalten. Das *Brama Targowa/Markt-Tor* am Ufer des Flusses Elbląg, aus dem 14./15. Jh., hat als einziges Stadttor das Bombardement überdauert. Das Gebäude des ehemaligen Gymnasiums (ul. Wigilijna 12) beherbergt heute das *Muzeum Elblaąskie/Elbinger Museum*.

Tczew/Dirschau – Malbork/Marienburg – Pelplin – Grudziądz/Graudenz – Chełmno/Kulm

Am Unterlauf der Weichsel, etwa 35 km südlich von Gdańsk, stößt man auf die Stadt **Tczew/Dirschau,** ehemals einer der zahlreichen Stützpunkte des Deutschen Ordens in diesem fruchtbaren Land um Weichsel und Nogat. Aus ihrer alten Geschichte hat die Stadt nur zwei wichtige Denkmäler bewahrt, die *Kościół Farny/Pfarrkirche* und die *Klasztor Dominikanów/Dominikanerkirche,* beide sind gotische Backsteinhallenkirchen aus dem 14. Jh., die Pfarrkirche wurde später stark verändert.

Über die 890 m lange, die Weichsel-Ufer verbindende Brücke – 1857 als damals längste Brücke Europas eröffnet – gelangt man nach **Malbork/Marienburg.** Die heute fast 40 000 Einwohner zählende Industriestadt ist im 13. Jh. als Burg des Deutschen Ordens gegründet worden; 1276 wurde die Burg zur Stadt nach Kulmer Recht erhoben. Bereits 1309 war der Sitz des Hochmeisters und damit das Verwaltungszentrum des Ordens von Venedig nach Malbork verlegt worden. Eineinhalb Jahrhunderte später (1457/1466) mußte der Orden seine Stammburg an die polnische Krone abtreten, 1772 ging sie als Folge der ersten Teilung Polens in den Besitz des Königreichs Preußen über.

Um 1274 hatten die Ordensritter begonnen, dicht am Ufer der Nogat eine stark bewehrte Burg auf dem Grundriß eines langgestreckten Rechtecks anzulegen, die sie nach der Muttergottes, der Patronin des Ordens, **Marienburg** nannten (Abb. 41). Es ist die größte aus Backstein errichtete Wehranlage des Mittelalters in Europa und einer der wichtigsten gotischen Profanbauten. Die Disposition war schon in der ursprünglichen Planungsphase festgelegt; der Bau schritt bis zur Abtretung der Burg in Etappen voran: in der Mitte das quadratische Zamek Wysoki/Hochschloß mit anschließender Przedzamcze/Vorburg, auf der anderen Seite des Hochschlosses die Wohnsiedlung, symmetrisch gruppiert um eine breite Hauptstraße, die zugleich als Marktplatz diente. Der ganze Komplex wurde mit einem äußerst komplizierten System von Wehrmauern und Türmen gesichert. Am anschaulichsten erschließt sich die immense Ausdehnung der Anlage vom gegenüberliegenden Flußufer aus.

Seit den schwedischen Kriegen im 17. Jh. erlitt die Burg immer wieder schwere Schäden und wurde besonders im Laufe des 19. Jh., im Zuge der allgemeinen Begeisterung für die Pflege gotischer Baudenkmäler, immer neuen Umbauten und Restaurierungen unterzogen. Nach dem Zweiten Weltkrieg war die Stadt vollständig, die Burg weitgehend zerstört; 1961–78 rekonstruierte man die Burggebäude und die Befestigungsanlagen, die Wohnsiedlung wurde modern, jedoch auf dem vorgegebenen Grundriß, wiederaufgebaut, so daß man das ursprüngliche Erscheinungsbild leicht nachvollziehen kann. Heute befindet sich in der Burg das *Muzeum Zamkowe/Schloßmuseum* mit reichen Sammlungen mittelalterlicher Skulpturen, Waffen, wertvoller Bernsteinobjekte, alter Münzen und Medaillen sowie einer Dokumentation zur Geschichte der Burg.

Malbork. Der Hochmeisterpalast der Marienburg, Zeichnung von D. Quaglio 1834

Das *Zamek Wysoki/Hochschloß* (1) ist der älteste Teil des Komplexes; um 1274 begann man mit dem Bau des Nordflügels, in dem zunächst die wichtigsten Räume untergebracht wurden: Kapelle, Dormitorium, Kapitelsaal, Gefängnis und Archiv. Bis etwa 1300 war das Hochschloß bereits zur geschlossenen Vierflügelanlage gediehen. Während des 14. Jh. zeigte sich das ganze Areal als gigantische Baustelle. Von 1310 bis etwa 1330 dauerte die Errichtung des *Zamek Średni/Mittelschlosses* (2) mit dem Wielki Refektarz/Großen *Remter* (Rittersaal), der Wohnung des Großkomturs, Gästeappartements, einem Hospital und einer Reihe von Wirtschaftsräumen; das Dachgeschoß diente als Arsenal. Nun konnten im Hochschloß mittlerweile notwendig gewordene Umbaumaßnahmen vorgenommen werden. Der Hof wurde mit Loggien umzogen, vor allem aber baute man die Schloßkapelle 1331–44 in der Südostecke zu der *Kościół Zamkowy N. P. Marii/Schloßkirche St. Marien* (3) mit der darunter liegenden *Kaplica św. Anny/Gruftkapelle St. Annen* aus. Beide Sakralbauten versah man mit einer reichen skulpturalen Ausstattung, von der jedoch nur der Portalschmuck mit Darstellungen aus dem Neuen Testament sowie der Legende der Kreuzauffindung erhalten ist. Die Kirche schiebt ihren Chor weit aus der Flucht des Baukörpers vor; in der mittleren Nische der Außengliederung befand sich eine 8 m hohe, weithin sichtbare Figur der Madonna, ausgeführt in flachem Relief und Mosaik, die im Krieg restlos zerstört wurde, und deren Wiederherstellung anhand alter Farbaufnahmen bevorsteht. Parallel zu diesen Arbeiten wurden die Befestigung des Komplexes ausgeführt und die ausgedehnten Wirtschaftsgebäude der Vorburg errichtet, Arbeiten, die sich bis weit ins 15. Jh. hineinzogen.

In den 80er und 90er Jahren des 14. Jh. entstand das wertvollste Bauwerk des Burgareals, der *Pałac Wielkich Mistrzów/Hochmeisterpalast* (4), der seine repräsentative Fassade aus der Flucht des Mittelschlosses zum Nogat-Ufer hin vorschiebt. Sein Architekt hieß wahrscheinlich NIKOLAUS FELLENSTEIN. Dieser prachtvolle Bau ist ebenso rätselhaft wie berühmt. Auf den ersten Blick wirkt er mit seinen dicken Mauern, den Wachtürmchen an den Ecken und dem Zinnenkranz wehrhaft. Bei näherem Hinsehen erweisen sich diese Merkmale der Burg-architektur jedoch als Attribute herrschaftlicher Repräsentation: Die Mauern sind plastisch durchgegliedert, mit großen, ursprünglich bunt verglasten Fensteröffnungen versehen und sogar in zierliche Säulenstellungen aufgelöst, der Zinnenkranz zeigt feinen Reliefschmuck. Ebenso kostbar sind die Innenräume gestaltet, insbesondere die Refektorien (Speisesäle), der sogenannte *Refektarz Zimowy/Winterremter* und der *Refektarz Letni/Sommerremter*. In den Sterngewölben auf jeweils einer Granitsäule hat die in allen wichtigen Räumen der Burg entfaltete Kunst des Gewölbebaus ihren Höhepunkt erreicht.

Auf dem Areal der Siedlung sind zwischen den modernen Wohnhäusern, abgesehen von Fragmenten der Befestigung, noch das spätgotische, 1365–80 errichtete und 1457–60 umge-staltete *Ratusz/Rathaus* (5) erhalten geblieben sowie die *Kościół św. Jana/Pfarrkirche St. Johannes* (6), die 1468–1523 als spätgotische Hallenkirche neu gebaut wurde.

Malbork, Plan der Marienburg 1 Zamek Wysoki/Hochschloß 2 Zamek Średni/Mittelschloß 3 Ko-ściół Zamkowy N. P. Marii i Kaplica św. Anny/Schloßkirche St. Marien und St. Anna-Kapelle 4 Pałac Wielkich Mistrzów/Hochmeisterpalast 5 Ratusz/Rathaus 6 Kościół św. Jana/Pfarrkirche St. Johannes

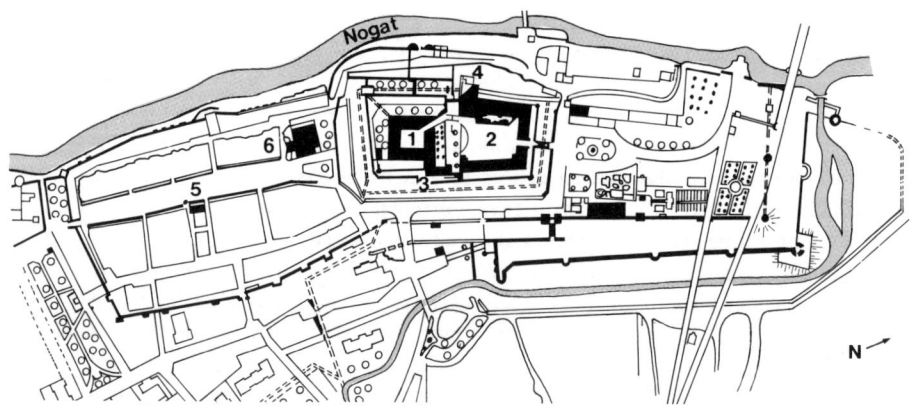

Malbork. Der Sommerremter der Marienburg, Aquatinta von F. Frick 1799

Das wichtigste Denkmal von **Pelplin**, die 1274 gegründete *Zisterzienserabtei* mit ihrer herrlichen gotischen *Kirche*, hat den Zweiten Weltkrieg weitgehend unbeschadet überdauert (Farbabb. 20). Sie ist seit 1824 Bischofssitz, der aus Chełmno/Kulm hierher verlegt wurde. Die Kirche, die zu den bedeutendsten Bauten der Backsteingotik im ehemaligen Ordensland gehört, entstand im wesentlichen zwischen 1280 und 1320. Sie erhebt sich als Basilika über einem rechteckigen Grundriß, der auf halber Länge durch ein Querhaus zweigeteilt ist. Den Außenbau rhythmisieren Strebepfeiler und schlicht eingeschnittene, große Fensteröffnungen; einziger Schmuck sind filigran gegliederte Blendgiebel über den Schmalseiten. Nur das Portal im nördlichen Querarm, tief gestuft und vielfältig profiliert, zeigt figürlichen Schmuck, in der Kämpferzone Halbfiguren von Aposteln und Heiligen, in den Archivolten Engel. Der strenge, den Prinzipien des Ordens entsprechende Stil setzt sich auch im Innern fort. Zwei Reihen schmuckloser Achteckpfeiler ziehen sich durch die ganze Kirche. Das Querhaus wird im Raumeindruck nicht wirksam; bestimmend ist allein das lange, steil aufragende Mittelschiff, das sich scheinbar übergangslos in den Chor fortsetzt. Den einzigen Akzent setzt der frühbarocke, 1623–25 erbaute Hochaltar, der mit seiner Höhe von 26 m der größte in Polen ist. Das Altargemälde schuf HERMANN HAHN.

Die Differenzierung der einzelnen Raumteile offenbart sich erst beim Rundgang durch die Kirche. Die ersten vier Mittelschiffsjoche tragen aufwendige Sterngewölbe aus dem 15. Jh., die nach Osten hin einfacher gestaltet sind. In den Querhausarmen fügte 1557 ANTON SCHULTES die prächtigen Netzgewölbe ein.

Pelplin, Kreuzgang im Nordflügel des Zisterzienserklosters; Photo von 1950

Im Mönchschor und im nördlichen Querarm haben sich geschnitzte gotische Gestühle aus der Mitte des 15. Jh. erhalten. Die Altargemälde stammen von hochrangigen Barockmalern des 17. Jh.: außer HERMANN HAHN von BARTHOLOMÄUS STROBEL D. J. und ANDREAS STECH; in dieser Zeit wurden auch die Kanzel und die Orgel geschaffen. Der Bau der Klosteranlage war bereits 1274 mit dem Ostflügel begonnen worden; der Kreuzgang und die übrigen Flügel entstanden in der ersten Hälfte des 14. Jh. und wurden 1859–68 aufgestockt. Im Kreuzgang haben sich gotische Wandmalereien erhalten. Die Klosterbibliothek (heute Bibliothek des Priesterseminars) besitzt eine reiche Sammlung mittelalterlicher Handschriften und Inkunabeln, darunter eine Gutenberg-Bibel. Im *Park,* der den Denkmalkomplex umgibt, steht das klassizistische Bischofspalais von 1837.

Etwa 12 km südlich von Pelplin liegt auf einer Erhebung am Weichsel-Ufer das Städtchen **Gniew/Mewe,** das bereits im 11. Jh. als kleine Siedlung an der Handelsstraße entlang des Flusses existierte. Seine Blütezeit erlebte der Ort in der Zeit nach der Gründung der Deutschordensburg 1283, aus der sich das bauliche Erscheinungsbild der Ortschaft erhalten hat. Das *Schloß* wurde als quadratisches Kastell mit Ecktürmen bis zum Ende des 14. Jh. errichtet. 1922 fiel es einem verheerenden Brand zum Opfer; in den Jahren um 1970 sicherte man das nackte Mauerwerk und errichtete neue Dächer; auf eine Rekonstruktion des Innern wurde verzichtet.

Ebenfalls im Laufe des 14. Jh. wurde die Stadt selbst als schachbrettartige Anlage mit quadratischem Marktplatz in der Mitte erbaut. Den Platz umschlossen ursprünglich niedrige gotische Bürgerhäuser, die an zwei Seiten als Laubenhäuser ausgebildet waren, die aber alle seit dem 17. Jh. barock und klassizistisch umgestaltet wurden. In der Mitte des Marktplatzes stand ursprünglich ein gotisches Rathaus; es wurde im 19. Jh. durch einen Neubau ersetzt. Bei Restaurierungsarbeiten legte man Reste des gotischen Mauerwerks frei.

Die *Kościół św. Mikołaja/Pfarrkirche St. Nikolaus* erhebt sich inmitten eines eigenen, südwestlich an den Marktplatz angrenzenden Platzes. Sie wurde in der zweiten Hälfte des 14. Jh. an der Stelle einer älteren hölzernen Kirche als Backsteinhalle errichtet und im Laufe ihrer Geschichte mehrfach beschädigt und verändert; im 19. Jh. erfuhr das Gebäude eine durchgreifende Restaurierung. Auf diese Maßnahme gehen die Gewölbe sowie, bis auf zwei aus der Barockzeit erhaltene Altäre, die gesamte Ausstattung zurück.

An der Nordwest- und der Südwestecke des alten Stadtkerns sind noch Fragmente der Befestigungsmauern aus dem 14. Jh. zu sehen.

Etwa 27 Kilometer weiter südlich, jenseits der Wisła, liegt **Kwidzyn/Marienwerder,** ebenfalls eine Gründung des Deutschen Ritterordens (1233). Den alten, 1945 bis auf wenige Reste zerstörten Stadtkern, baute man in den 60er Jahren modern wieder auf. Überdauert hat den Krieg aber das imposante *Kapitelschloß* mit der ehemaligen Kathedrale und heutigen *Kościół Farny N. P. Marii/Pfarrkirche St. Marien.* Bereits ein Jahr nach ihrer Gründung wurde die Stadt zum Sitz des Bischofs von Pomesanien erhoben, der zugleich als Landesfürst regierte. In den 1330er Jahren begann mit dem Chor der Kathedrale der Bau des Burgkomplexes, der eines der hervorragenden Beispiele gotischer Festungsarchitektur darstellt. Die Kirche ist eine Pseudobasilika mit zweischiffiger Krypta unter dem polygonal geschlossenen Chor und einem hoch aufragenden, massigen Glockenturm. Das Innere wurde nach mehrfachen Veränderungen, überwiegend im 16. und 18. Jh., im 19. Jh. regotisiert, wobei man auch große Teile der Ausstattung, wie etwa den Hochaltar, erneuerte. Dennoch haben sich kostbare Reste der mittelalterlichen Ausstattung erhalten. In den Seitenschiffen befinden sich die bekanntesten: Wandmalereien und Mosaiken aus dem späten 14. Jh. mit Darstellungen aus dem Leben Christi und Mariens sowie Heiligenlegenden, die im Zuge der Restaurierung im 19. Jh. freigelegt und z. T. übermalt wurden. An den Wänden brachte man zahlreiche Grabplatten an, die sich bis zum 19. Jh. in der Kapelle befunden hatten.

An das nördliche Seitenschiff wurde 1705 die Grabkapelle für den Starost von Kwidzyn, FRIEDRICH VON DER GROEBEN, mit einem aufwendigen Grabmal angebaut; die Porträtfiguren des Starosten und seiner drei Ehefrauen an der Außenmauer der Kapelle haben zur Entstehung vieler phantasievoller Legenden geführt.

Im Chor befinden sich unterhalb der Fenster weitere Wandmalereien, die um 1510 ausgeführt wurden. Sie zeigen die Madonna und Johannes den Evangelisten, drei Hochmeister des Ritterordens sowie siebzehn Bischöfe.

Die Burg, in ungewöhnlich kurzer Bauzeit zwischen den 20er und 40er Jahren des 13. Jh. errichtet, wurde seit dem 16. Jh., als das Bistum Pomesanien zum protestantischen Glauben übertrat, zu den verschiedensten Zwecken genutzt und diesen auch baulich angepaßt; Teile der ursprünglich vierflügeligen Anlage wurden abgerissen, so im Jahre 1798 der Süd- und der Ostflügel. In der zweiten Hälfte des 19. Jh. nahm man eine Restaurierung vor, deren Ergebnis bis heute das Erscheinungsbild der Burg bestimmt. Nach 1945 richtete man in ihrem Gemäuer ein Museum ein, das Kunstwerke aus der Region sowie archäologische und ethnographische Sammlungen aufbewahrt.

Von der ursprünglichen Bausubstanz hat sich wenig Anschauliches erhalten, bis auf die Gliederung der Außenmauern mit hohen, spitzbogigen Blendnischen sowie einige Gewölbe im Untergeschoß. Bemerkenswert ist auch der weit hinausgeschobene Dansker.

Grudziądz, Burgansicht;
Aquarell von A. Boot 17. Jh.

Grudziądz/Graudenz ist eine der ältesten Städte im Ziemia Chełmińska/Kulmer Land, an der alten Bernsteinstraße entlang der Weichsel gelegen. Um 1218 wurde die Siedlung der Missionsdiözese übergeben, die zur Christianisierung der Pruzzen eingerichtet worden war. 1228 ging sie in den Besitz des Deutschen Ordens über. Im 15. Jh. rebellierten die Bürger, die 1440 dem Preußischen Bund beigetreten waren, gegen den Orden. Nach erbitterten Auseinandersetzungen kam Grudziądz 1466 als Folge des Zweiten Thorner Friedens an die polnische Krone. Seit 1772 gehörte die Stadt zum preußischen Staat.

Die Altstadt am Ufer der Weichsel zeigt trotz schwerer Kriegszerstörungen noch weitgehend das mittelalterliche Erscheinungsbild. Ihr Mittelpunkt ist der große, rechteckige Marktplatz, in dessen Mitte bis zum 19. Jh. das Rathaus stand. Die *Wohnhäuser* wurden nach dem Krieg in historisierendem Stil wiederaufgebaut. An der Nordseite (Haus Nr. 20) befindet sich das älteste erhaltene Haus, die *Apteka pod Łabędziem/Schwanenapotheke* aus dem 16. Jh. An der nordöstlichen Ecke des Marktplatzes biegt man in die ul. Kościelna ein, in der sich die *Kościół św. Mikołaja/Pfarrkirche St. Nikolaus* befindet, die in der zweiten Hälfte des 14. Jh. als Pseudobasilika errichtet worden war. Die Spuren mehrerer

Umgestaltungen – insbesondere einer barocken Neuausstattung im 18. Jh. – wurden im Zuge einer Restaurierung 1896 beseitigt, und ein Brand fügte 1945 dem Bau weitere Schäden zu. Dennoch sind im Innern an den Pfeilern Reste gotischer Wandmalereien zu finden; in der Sakristei beeindruckt das spätromanische Taufbecken aus dem zweiten Viertel des 13. Jh. mit Darstellungen von Drachen zwischen pflanzlichen Ornamenten.

In der Nachbarschaft, an der ul. Ratuszowa, liegt das 1622 gegründete ehemalige *Klasztor Jezuitów/Jesuitenkloster* mit der *Kościół św. Franciszka Ksawerego/Seminar-Kirche St. Franz Xaver* und dem *Collegium*. Die einschiffige Barockkirche mit der steilen, von Pilastern und Nischen mit Heiligenfiguren gegliederten Fassade entstand zwischen 1648 und 1715. Der üppige Schmuck des Innern hat sich vollständig erhalten. Das Kollegiumsgebäude, 1945–47 nach schweren Schäden restauriert, schließt sich nach Westen hin an. Den mittleren seiner Flügel überragt als Betonung des Portals ein hoher Turm, dem eine zweiläufige Treppe vorgelegt ist.

Auf dem *Góra Zamkowa/Schloßberg* am nordwestlichen Zipfel der Altstadt erhob sich ehemals die im 14. Jh. errichtete Burg des Deutschen Ordens. Während der Kriege im 18. Jh. war sie weitgehend zerstört worden; die Ruine ließ FRIEDRICH WILHELM III. 1801 abtragen. Seither ist der Hügel ein Ziel für Sonntagsspaziergänge, denn er bietet einen schönen Ausblick. 1965 stellte man dort als Denkmal einen Obelisken auf.

Die rechte Seite der ul. Spichrzowa säumt eine Reihe malerischer, im 16. Jh. errichteter Speicher, die zumeist im 18. Jh. umgebaut und nach den Kriegszerstörungen 1949–54 wiederaufgebaut wurden. Sie dienten zugleich als Befestigungswall zum steil abfallenden Weichsel-Ufer hin (guter Ausblick von der Uferseite, ul. Królowej Jadwigi). Am Ende der ul. Spichrzowa erreicht man das *Brama Wodna/Wassertor,* das einzige erhaltene Tor der Stadtbefestigung aus dem 14. Jh.; im 18. Jh. wurde es zu einem Wohnhaus umgestaltet und beherbergt seit dem Wiederaufbau in den Jahren 1955–57 einen Anglerverein.

Nach Osten hin schließt an das Wassertor der Komplex des ehemaligen *Benediktinerinnenklosters* an. Entlang der ul. Wodna führt der Weg am Klostergebäude, in dem heute das Muzeum Państwowe/Staatliche Museum untergebracht ist, vorbei zur *Kościół św. Ducha/ Heilig-Geist-Kirche* sowie zum *Pałac Opatek/Palast der Äbtissinnen,* der die städtische Musikhochschule beherbergt. Die Anlage geht auf eine mittelalterliche Hospitalgründung zurück. Zwischenzeitlich im Besitz der protestantischen Gemeinde, wurde das Kloster 1624 den Benediktinerinnen übergeben. Die von ihnen veranlaßten Umbauten wurden schon in den Schwedenkriegen wieder zerstört. Das heutige barocke Klostergebäude entstand in den Jahren 1728–31; nach etlichen weiteren Umgestaltungen wurde es 1945 von neuem zerstört und 1949–56, nunmehr als Sitz des Museums, wiederaufgebaut. Das von der Towarzystwo Miłośników Starożytności/Gesellschaft der Freunde der Altertümer gegründete *Museum* steht mit seinen vielfältigen Sammlungen ganz in der Tradition des 19. Jh.: archäologische Funde aus der Region, Dokumentationen zur politischen und wirtschaftlichen Geschichte des Kulmer Landes, ethnographische und naturgeschichtliche Abteilungen, Sammlungen historischer Waffen und chinesischen wie japanischen Porzellans aus dem 17.–19. Jh.; 1961 wurde zusätzlich eine Galerie zeitgenössischer Malerei eröffnet.

Die kleine, einschiffige *Heilig-Geist-Kirche* war ursprünglich eine Hospitalkapelle aus dem 14. Jh., und sie hat die zahlreichen Zerstörungen und Umbauten im Laufe ihrer Geschichte nicht unbeschadet überstanden. Nach dem Zweiten Weltkrieg wurde das Gotteshaus in barocken Formen wiederaufgebaut; in der Fassade haben sich Reste gotischen Mauerwerks erhalten; die Ausstattung ist modern.

Auch der *Palast der Äbtissinnen,* wahrscheinlich erst 1750–52 gebaut, hat nur wenige Züge seines alten Erscheinungsbildes bewahrt. Originalgetreu hat man 1949–50 aber die schöne Fassade mit der Pilastergliederung und den Holzstatuen in den Nischen wiederhergestellt.

Im weiteren Verlauf der ul. Szkolna sieht man noch Abschnitte der mittelalterlichen Stadtbefestigung wie den doppelten Mauerzug mit dem Graben (Kanał Trynki), der 1552 zugleich als Verbindung zwischen der Weichsel und dem Fluß Osa diente, der im Nordosten die Stadt passiert.

Eine der am besten erhaltenen mittelalterlichen Städte an der Bernsteinstraße ist **Chełmno/ Kulm.** Seit 1226 im Besitz des Deutschen Ordens, wurde die Stadt bereits im Laufe des 13. Jh. planmäßig ausgebaut. Ihre Hochblüte erlebte sie im 14. Jh. als reiche Handelsstadt und Mitglied der Hanse. Mitte des 15. Jh. leiteten die Auseinandersetzungen zwischen dem Preußischen Bund und dem Orden ihren wirtschaftlichen Niedergang ein, von dem sie sich bis auf kurze Atempausen nie mehr ganz erholte. Diesem Umstand sowie der Tatsache, daß der Zweite Weltkrieg Chełmno verschont hat, verdankt man eine Stadt, die ihren mittelalterlichen Charakter bewahrt hat.

Den schachbrettförmig angelegten Stadtkern umschließen noch heute die Wehrmauern aus dem 14. und 15. Jh. mit ihren insgesamt 17 Türmen. Von den ursprünglich sieben Stadttoren hat sich nur eines unverändert erhalten, das *Brama Grudziądzka/Graudenzer Tor* an der Ostflanke der Stadt; die übrigen Tore wurden 1609 umgestaltet. An seine Außenfront baute man eine Kapelle an und stellte in der Ädikula über der Tordurchfahrt die Pietà-Gruppe auf, die sich dort noch heute befindet.

Durch die ul. Grudziądzka erreicht man den großen quadratischen Marktplatz. Seine gotische Bebauung wurde im Laufe des 19. und 20. Jh. umgestaltet. Die Häuser, deren Grundformen sich aber erhalten haben, zeigen heute klassizistische und moderne Fassaden.

Ein architektonisches Kleinod ist das *Rathaus* in der Mitte des Platzes. Entstanden in den Jahren 1567–72 durch Umbau des gotischen Vorgängerbaus, stellt es ein seltenes Beispiel manieristischer Architektur in dieser Region dar, vergleichbar allenfalls mit dem Rathaus in Poznań (s. S. 253). Bis heute ist das Gebäude Sitz der Stadtverwaltung. Die Fassaden des kubischen Baukörpers mit ihren unregelmäßig verteilten Portalen und Fensteröffnungen, Relikte des Vorgängerbaus, bekrönt eine hohe, üppig gegliederte Attikazone, die, abgeschlossen durch einen Kranz kleiner Ziergiebel, eine Anspielung auf im Mittelalter übliche Zinnen ist. Der hohe, den Bau überragende Turm wurde 1589–95 ausgeführt.

An der südlichen Ecke des Marktplatzes, zwischen ul. Toruńska und ul. Szkolna, erhebt sich die monumentale *Kościół N. P. Marii/Pfarrkirche St. Marien,* die diagonal auf das Grundstück gesetzt wurde, damit der Chor genau gen Osten ausgerichtet werden konnte.

Culm /
Eine alte Stadt / an der Pohlnischen Gräntze / dem
Könige gehörig.

Chełmno, Stadtansicht;
Kupferstich von
J. J. Vogel 1684

Die frühgotische dreischiffige Hallenkirche zeichnet sich durch eine in dieser Region ungewohnte Disposition des Außenbaus aus: Mittelschiff und Chor sind mit einem durchgehen-
den Satteldach gedeckt, während die Seitenschiffe je fünf quergestellte Satteldächer mit
blendengegliederten Giebeln tragen. Zwischen die einzelnen Joche sind weit ausgreifende,
von Fialen bekrönte Strebepfeiler gesetzt, welche die Seitenfronten zusätzlich plastisch
gliedern. Die Fassade ist doppeltürmig angelegt; der südliche Turm wurde nie vollendet,
Attika und Helm des Nordturms entstammen dem 19. Jh. Das Innere – mit seinen Kreuzrippengewölben auf achteckigen Pfeilern architektonisch eher nüchtern gestaltet – besitzt eine
reiche, in verschiedenen Epochen immer wieder ergänzte Ausstattung. Besondere Beachtung verdienen die spätgotischen, um 1400 entstandenen Wandmalereien, die 1925 unter
einer Putzschicht wiederentdeckt worden sind; im nördlichen Seitenschiff befindet sich eine
Darstellung des hl. Christopherus, an der Nordwand des Chors eine Kreuzigung, ein thro-
nender Christus sowie das Martyrium der hl. Apollonia; gegenüber befinden sich Fragmente
von Szenen aus der Vita des Propheten Daniel. Ebenfalls aus gotischer Zeit, der ersten Hälfte
des 14. Jh., haben sich sieben von ursprünglich zwölf aus Kunststein gefertigte Apostelfiguren erhalten. In der südlichen Vorhalle ist ein romanisches, Mitte des 13. Jh. entstandenes
und vermutlich aus Gotland importiertes achteckiges Weihwasserbecken aufgestellt.

Im westlichen Teil des alten Stadtkerns stehen nahe beieinander zwei gotische Klosterkirchen. An der ul. Franciszkańska befindet sich die *Kościół św. Jakuba/Kirche des St. Jakobus*, die ab etwa 1290 für den dreißig Jahre zuvor hier angesiedelten Franziskanerkonvent errichtet wurde. Den strengen dreischiffigen Hallenbau hat man seit seiner Vollendung Mitte des 15. Jh. nicht mehr verändert. Sein einziger Schmuck sind – wie bei Bettelordenkirchen üblich – die reich gegliederten Giebel an West- und Ostfassade sowie das im 15. Jh. eingezogene Sterngewölbe. Im 19. Jh. wurde das Kloster aufgehoben; dabei entfernte man aus der Kirche die gesamte alte Ausstattung.

Wenige Schritte weiter nordwestlich, an der ul. Dominikańska, dicht am Mauerring, liegt der Komplex des ehemaligen Zisterzienser- und späteren Benediktinerinnenklosters, das hier 1261 gegründet wurde. Die *Kościół św. Jana Chrzciciela i Jana Ewangelisty/Kirche St. Johannes' des Täufers und Johannes' des Evangelisten*, deren Grundsteinlegung für das Jahr 1266 überliefert ist, wurde in der ersten Hälfte des 14. Jh. gebaut und in den folgenden Jahrhunderten mehrfach erweitert und umgestaltet. Ihre ursprüngliche Anlage als einschiffiger Raum mit dreiseitig geschlossenem Chor und Empore fällt aus dem Rahmen der in dieser Region üblichen Kirchenarchitektur. Die Ausstattung stammt aus dem 16. und 17. Jh., wie etwa das aufwendig intarsierte Gestühl und die Kanzel (1597), der Orgelprospekt im Chor (1619) und die Altäre. Im Aufgang zur Empore, an der Nordflanke des Chors, befindet sich die 1275 geschaffene frühgotische Grabplatte des Bürgers ARNOLD LIESHORN, das älteste erhaltene Kunstwerk dieser Art im Kulmer Land. Die Ritzzeichnung zeigt ein Porträt des Verstorbenen sowie als Fürbitterin eine hl. Äbtissin.

Auf halbem Weg von Chełmno nach Toruń liegt am Jezioro Chełmżyńskie/Kulmsee eine weitere, ehemals bedeutende Stadt dieses Landstrichs, **Chełmża/Kulmsee.** 1251 wurde der erst acht Jahre zuvor eingerichtete Bischofssitz von Chełmno hierher verlegt; aus diesem Anlaß erhielt das damals Łoza genannte Dorf Stadtrechte sowie seinen neuen Namen. Im selben Jahr begann man mit dem Bau der ehemaligen Domkirche, die sich als einziges wichtiges Bauwerk des Mittelalters in Chełmża erhalten hat. Der ursprünglich in der Tradition romanischer Dome als dreischiffige Basilika mit vier Türmen angelegte Sakralbau wurde bis zum Jahre 1359 als gotischer Hallenbau ausgeführt; nur Chor und Querhaus sind im Kern romanisch. Von den vier Türmen erreicht allein der nordwestliche, 1692 mit einer geschweiften Barockhaube versehene Turm die volle Höhe. Ein reich geschmückter spätgotischer Stufengiebel zeichnet die Chorfassade aus.

Die Ausstattung stammt im wesentlichen aus dem 16. und 17. Jh.; nur in den Gewölben der Seitenschiffe sind noch Fragmente gotischer Malereien vom Ende des 14. Jh. zu sehen. Bemerkenswert ist der barocke geschnitzte Triumphbogen, in den man um 1500 eine spätgotische Kreuzigungsgruppe integriert hat.

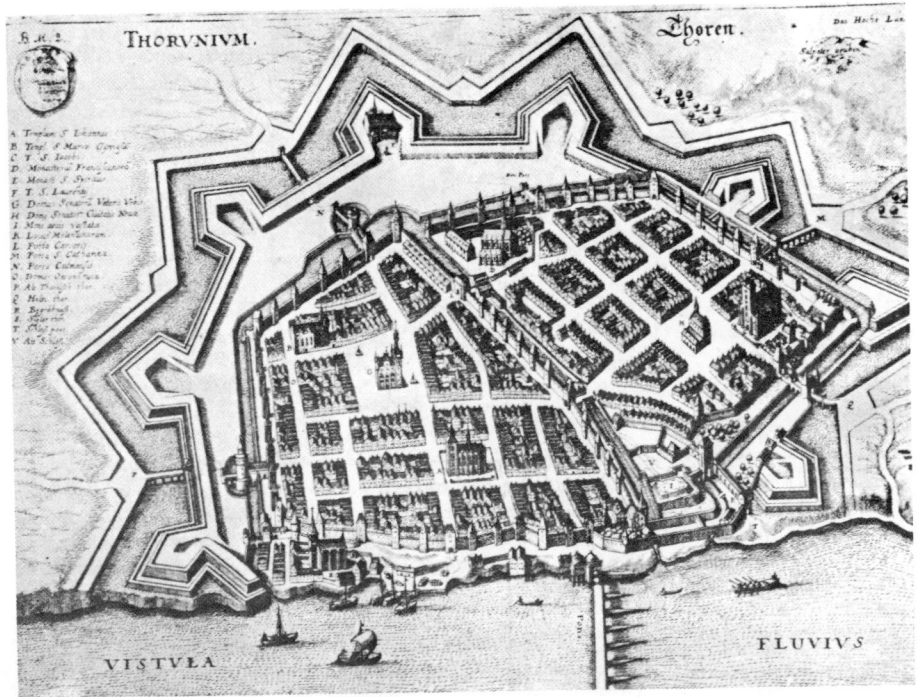

Toruń, Stadtansicht; Stich von M. Merian 1652

Toruń/Thorn

Die Geschichte der reizvoll in der herben Landschaft des Weichsel-Tales gelegenen Stadt beginnt 1233, als die frühmittelalterliche Ansiedlung – zwei Jahre nachdem sie mit dem Ziemia Chełmińska/Kulmer Land in den Besitz des Deutschen Ordens übergegangen war – Stadtrechte erhielt. Dank ihrer Lage am Knotenpunkt wichtiger Straßen und ihrer Mitgliedschaft in der Hanse (um 1280) entwickelte sie sich bald zu einer florierenden Handels- und Hafenstadt, wie die rege öffentliche, kirchliche und private Bautätigkeit des 14. und 15. Jh. bezeugt. Mit wachsendem Wohlstand suchten die Bürger Toruńs immer nachdrücklicher, die Herrschaft des Deutschen Ordens abzuschütteln. 1454 spielte Toruń die Schlüsselrolle im Aufstand des Preußischen Bundes gegen den Orden. Nach 1466, als der Ordensstaat Westpreußen an die polnische Krone abgetreten hatte, erhielt die Stadt zusätzliche Privilegien – u. a. eigenes Münzrecht –, die zur weiteren wirtschaftlichen und damit auch kulturellen Blüte beitrugen.

Am 19. 2. 1473 wurde in Toruń der große Astronom und Entdecker des heliozentrischen Weltsystems MIKOŁAJ KOPERNIK (NIKOLAUS KOPERNIKUS) geboren; er lebte hier, bis er 1491 in Kraków seine Studien aufnahm.

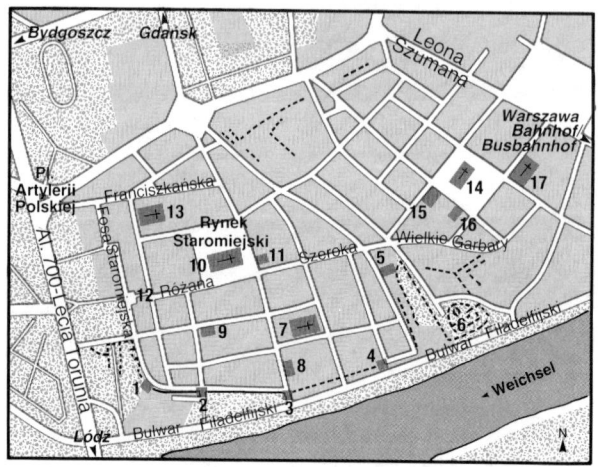

Toruń/Thorn
1 Krzywa Wieża/Schiefer Turm
2 Brama Klasztorna/ Nonnentor
3 Brama Żeglarska/Seglertor
4 Brama Mostowa/Brückentor
5 Wieża Monstrancji/ Monstranzturm
6 Zamek Krzyżacki/Ehemalige Burg des Deutschen Ordens
7 Kościół św. Jana/Pfarrkirche St. Johannes
8 Pałac Biskupów Kujawskich/Bischofshaus
9 Dom Kopernika/Kopernikus-Haus 10 Ratusz/Rathaus 11 Dom pod Gwiazdą/Haus zum Stern (Haus Nr. 35) 12 Kościół św. Ducha/Heilig-Geist-Kirche 13 Kościół Najświętszej Panny Marii/ Kirche der hl. Jungfrau Maria 14 Ratusz Nowomiejski/Neustädtisches Rathaus 15 Apteka pod Lwem/Löwen-Apotheke 16 Gospoda pod Modrym Fartuchem/Wirtshaus zur Blauen Schürze 17 Kościół św. Jakuba/Pfarrkirche St. Jakob

Erst im 17. Jh. leitete die schwedische Besetzung (1655–58) den Niedergang Toruńs ein, von dem sich die Stadt zwischen den dicht aufeinanderfolgenden Kriegen kaum erholen konnte. 1793, im Zuge der zweiten Teilung Polens, fiel die Stadt an das Königreich Preußen und wurde in eine Grenzfestung und Garnison verwandelt. Mit Ausnahme der Jahre 1807–15, als Toruń dem von NAPOLEON gebildeten kurzlebigen Herzogtum Warschau angehörte, blieb es bis 1920 Teil des preußischen Territoriums.

Die Wojewodschaftshauptstadt vermittelt noch heute vieles von der Atmosphäre, die sie zu KOPERNIKUS Zeit gehabt haben muß. In den Kriegen seit dem 17. Jh. hat sie kaum Schäden an ihrer Substanz erlitten, und die wirtschaftliche Stagnation verhinderte größere bauliche Eingriffe. So konnte der mittelalterliche Baubestand auch in seinem organischen Zusammenhang weitgehend erhalten bleiben.

Das historische Zentrum von Toruń besteht aus drei ursprünglich selbständigen, später miteinander verwachsenen Teilen: der Stare Miasto/Altstadt, der Nowe Miasto/Neustadt und der Ruine der Zamek Krzyżacki/Burg des Deutschen Ordens. Die urbanistische Anlage ist seit dem Mittelalter fast unverändert geblieben. Teile der Stadtmauer sind noch zu sehen, darüber hinaus viele Bürgerhäuser und Speicher aus Mittelalter und Neuzeit.

Die Altstadt erstreckt sich entlang der Weichsel. Am Ufer, in der ul. Bankowa, hat sich der südliche Trakt der Befestigung mit vier Stadttoren erhalten. Angelegt im 13.–14. Jh., wurde die Stadtmauer 1420–49 nochmals verstärkt und mit zusätzlichen Türmen bewehrt. Aus dem ursprünglichen Bestand stammt noch der **Krzywa Wieża/Schiefe Turm** (1) an der südöstlichen Ecke der Altstadt (im 19. Jh. zum Wohnhaus ausgebaut, heute Sitz der Heimat-pflegevereinigung ›Towarzystwo Miłośników Torunia‹), ebenso die nächsten beiden Tore, das **Brama Klasztorna/Nonnentor** (2) an der Mündung der ul. św. Ducha und das **Brama Żeglarska/Seglertor** (3), das sich zur ul. Żeglarska öffnet. Das **Brama Mostowa/Brücken-tor** (4) wurde 1432 im Rahmen der Erweiterung von MEISTER HANS GOTLAND hinzugefügt, im 19. Jh. allerdings verändert. Aus dem 15. Jh. stammt auch der achteckige **Wieża Mon-strancji/Monstranzturm** (5) an der östlichen Flanke der Altstadt in der ul. Podmurna. Die Neustadt hatte eine eigene Befestigung, von der jedoch keine Reste erhalten sind.

Wie die gesamte mittelalterliche Bausubstanz, bestehen auch die Verteidigungsanlagen aus Backstein, dem für diese an Naturstein arme Landschaft charakteristischen Baumaterial.

Am Ende der ul. Przedzamcze (Vorburg) stößt man auf die ehemalige **Zamek Krzyżacki/ Burg des Deutschen Ordens** (6). Angelegt wurde sie vor der Mitte des 13. Jh. – zunächst in Holzbauweise – auf dem Areal einer frühmittelalterlichen Ansiedlung (10.–12. Jh.), die ihrerseits Reste einer Siedlung aus der Bronzezeit überlagert (›Lausitzer Kultur‹, 10.–4. Jh. v. Chr.; die Grabung ist in rekonstruierten Kellergewölben für Besichtigungen eingerich-tet). Schon in den 1260er Jahren begann man mit dem Neubau in Backstein, eine der ersten gemauerten Wehranlagen des Deutschen Ordens. Kaum vollendet (Ende 14. Jh.), erlag die Festung dem Aufstand von 1454. Die Burg wurde nicht wiederaufgebaut; erst im 19. Jh. restaurierte man sie im Zuge der allgemeinen romantischen Neigung für das Mittelalter. Heute liegen die Ruinen malerisch in einen Park eingebettet: der Dansker aus dem 13. Jh., Reste des achteckigen Bergfrieds und die Erdgeschoßmauern der Konventsgebäude mit dem Kreuzgang.

Zugleich mit der Burg entstanden auch mehrere große Kirchenbauten; die Pfarrkirche St. Johannes, die Marienkirche des Franziskanerordens in der Altstadt und in der Neustadt die Pfarrkirche St. Jakob sowie das Dominikanerkloster.

Auf dem Weg von der Burg zur Pfarrkirche St. Johannes kommt man durch die ul. Ciasna, eine der charakteristischen Gassen, in denen sich der Handel konzentrierte. Hier zeugen davon mehrere erhaltene Speicher, darunter ein gotischer (Haus Nr. 7, 14. Jh.), andere aus dem 17. und 18. Jh. In den Häusern Nr. 4–8 ist eine Zweigstelle des *Archeologiczne Muzeum Okręgowe/Archäologischen Bezirksmuseums* untergebracht. Gezeigt werden Zeugnisse der Ur- und Frühgeschichte aus der Ziemia Chełmińska, die seit dem 19. Jh. durch Grabungen systematisch erforscht wird.

Der monumentale Baukörper der **Kościół św. Jana/Pfarrkirche St. Johannes** (7) zeigt sich heute noch so, wie er im Laufe seiner langen Baugeschichte gewachsen ist; unter späteren Eingriffen hat die Kirche ebensowenig gelitten wie die anderen Kirchen in Toruń. Ältester Teil, aus der zweiten Hälfte des 13. Jh., ist der Chor mit einem der frühesten bekannten Sterngewölbe. Das Hallenlanghaus, ebenfalls bereits im ersten Bauabschnitt angelegt, wurde in einem zweiten Schritt in der zweiten Hälfte des 15. Jh. erhöht und erhielt schöne Sterngewölbe sowie die gleich hohen Satteldächer über den drei Schiffen. Der mas-sige Turm, der das Gotteshaus im Westen abschließt, wäre mit seiner ursprünglich geplanten Höhe von 65 m Wahrzeichen der Stadt geworden. Man berief zu seinem Bau den Architekten des Brückentors, HANS GOTLAND, der den Turm jedoch selbst in 26jähriger Arbeit (1407–33) nicht fertigstellen konnte.

Auch die Ausstattung der Kirche ist mit ihren zahlreichen Bildwerken noch weitgehend intakt geblieben; die wertvollsten Altargemälde wurden allerdings ins Nationalmuseum von Warszawa verbracht. Im Chor befinden sich frühgotische Wandmalereien aus den 1330er Jahren, unter anderem Figuren Johannes' des Täufers und Johannes' des Evangelisten, der Patrone der Kirche. Die Madonnenskulptur an der Nordwand, eine Kopie des im Zweiten Weltkrieg verschollenen Originals, erinnert an eines der Hauptwerke des ›Schönen Stils‹ um 1400. Ihre Konsole, als ›Moses im brennenden Dornbusch‹ ausgebildet, ist erhalten geblieben. Auch der spätgotische Schreinaltar des hl. Wolfgang (1506) und das über ihm angebrachte, in der zweiten Hälfte des 14. Jh. entstandene Kruzifix wurden bereits für diese Kirche geschaffen.

In der ersten südwestlichen Kapelle wurde NIKOLAUS KOPERNIKUS getauft: über dem gotischen Bronzetaufbecken, das dort noch heute steht. 1589 stiftete man eine Gedenktafel für den Astronomen, 1766 die spätbarocke Porträtbüste.

Gleich neben der Westfront der Kirche, in der ul. Żeglarska, Haus Nr. 8, lohnt die Fassade des **Pałac Biskupów Kujawskich/Palais der Bischöfe von Kujawien** (8) einen kurzen Abstecher. Das Palais, 1693 im Auftrag des Bischofs STANISŁAW DĄBSKI errichtet, zeigt eine typische, üppig ornamentierte Barockfassade mit Bossenquaderung im Erdgeschoß und Stuckfestons. Das reich geschmückter Portal und der Giebel fielen einem Umbau des 19. Jh. zum Opfer.

In der ul. Kopernika wurde KOPERNIKUS geboren. Das Geburtshaus selbst steht nicht mehr; an seiner Stelle errichtete man bereits in den 1480er Jahren einen Neubau (Haus Nr. 17). Nach mehreren entstellenden Umbauten wurde dieser – zusammen mit dem Nachbarhaus (Haus Nr. 15) aus dem 14. Jh. – erst vor wenigen Jahren rekonstruiert. Das heutige **Dom Kopernika/Kopernikus-Haus** (9) dient als *Museum*. Zu den wertvollsten der etwa 2000 Exponate gehören eine Sammlung alter Editionen seiner Schriften, darunter das Hauptwerk ›De revolutionibus orbium coelestium libri VI‹ (1543), Kopien astronomischer Instrumente, Bildnisse, aber auch Darstellungen, die seine weniger bekannten Verdienste – als Humanist, Mediziner, Politiker in kirchlichen Diensten – illustrieren. Im Haus Nr. 15 wird das Interieur eines mittelalterlichen Patrizierhauses mit Möbeln und Gebrauchsgegenständen des Alltagslebens gezeigt.

Den *Rynek Staromiejski/Altstädter Markt* beherrscht das **Rathaus** (10), ein Wahrzeichen bürgerlichen Selbstbewußtseins, das – anders als die Kirchen – immer wieder erweitert, umgebaut und dem aktuellen Geschmack angepaßt wurde (Abb. 40). Es ist das größte und imposanteste unter den mittelalterlichen Rathäusern Polens. Von Anfang an war es zugleich Zentrum der Gemeindeverwaltung und der städtischen Wirtschaft. Seine Geschichte begann um 1250 mit der Errichtung des Turms sowie in nächster Nachbarschaft der Markt- und Tuchhallen, in deren Obergeschoß Verwaltung und Gerichtsbarkeit ihren Sitz hatten. 1385 wurde der Turm aufgestockt und mit schlanken Blendbögen, vorkragenden Ecktürmchen und einem hohen, spitzen Helm versehen – Zeichen des wachsenden

*Nikolaus Kopernikus (1474–1543),
Detail einer Gedenktafel in der
Pfarrkirche St. Johannes*

Selbstbehauptungswillens der Bürgerschaft gegenüber dem Deutschen Orden. Schon wenige Jahre später, 1393, entstand die Vierflügelanlage mit geräumigem Innenhof, die die Vorgängerbauten zu einem einheitlichen Komplex mit der umlaufenden Blendnischengliederung und dem nunmehr über einer Ecke aufragenden Turm zusammenfaßte. Zu Beginn des 17. Jh. betraute man ANTHONY VAN OBBERGEN, einen Flamen, der in Pommern als Vertreter der ›modernen‹ bürgerlichen Architektur hohes Ansehen genoß, mit einem Umbau. Dieser erhöhte das Gebäude um ein Geschoß, bekrönte die vier Fronten mit Giebeln und die Ecken mit Rundtürmchen und gab der Hauptfassade ein repräsentatives Portal (im 19. Jh. regotisiert). 1703 brannte das Rathaus aus; auf die anschließende Wiederherstellung geht die barocke Innenausstattung zurück. Bemerkenswert sind vor allem die reichen Portale und ihre intarsierten Türblätter sowie die bemalten Holzdecken.

Heute beherbergt der Bau das *Muzeum Okręgowe/Bezirksmuseum.* Ausgestellt sind mittelalterliche Kunstwerke aus Toruń, Kunsthandwerk (Goldschmiedekunst, Münzen), eine Porträtgalerie wichtiger Thorner Persönlichkeiten (darunter ein authentisches KOPERNI-

KUS-Porträt, 16. Jh.) sowie polnische Malerei vom 18. Jh. bis zur Gegenwart. Im Erdgeschoß wurde außerdem die frühere Ausstattung der Gerichtsstube rekonstruiert mitsamt dem gotischen Kruzifix und den Gemälden, die zu Gerechtigkeit mahnten.

Das *Kopernikus-Denkmal* vor der Südostecke des Rathauses entstand 1853 nach einem Entwurf des Berliner Bildhauers CHRISTIAN FRIEDRICH TIECK. Der Dargestellte, in der Gewandung eines Gelehrten, die Rechte im Redegestus erhoben, hält in der Linken ein Modell des heliozentrischen Kosmos. Die lateinische Inschrift am Sockel rühmt ihn als den »Thorner Nikolaus Kopernikus, der die Erde in Bewegung und die Sonne zum Stillstand brachte«.

Die Bebauung rund um den Altstädter Markt zeigt ein breites historisches Spektrum der Bürgerhausarchitektur. Im Kern durchweg gotisch, wurden viele Häuser – zumal an diesem repräsentativen Standort – in verschiedenen Epochen neu gestaltet. Das **Dom pod Gwiazdą/ Haus zum Stern**, Haus Nr. 35 (11), heute *Zweigstelle des Museum Okręgowe* mit einer Sammlung ostasiatischer Kunst, erhielt 1697 eine reiche Fassadendekoration, typisch für den Thorner Barock, mit plastischen Stuckkartuschen, Frucht- und Blumengehängen.

Südlich, dem Rathaus gegenüber gelegen, stand bis 1802 der Dwór Artusa/Artushof (14. Jh.), eines der aufwendigsten Gebäude der Stadt, dessen Fassade seit dem frühen 17. Jh. ein politisches Bildprogramm aus Porträts polnischer Könige, Wappen, Tugendpersonifikationen und vorbildhaften Gestalten des Altertums trug. Der Neorenaissancebau, der um 1890 an seiner Stelle entstand, beherbergt heute das Kollegium Maximum der Uniwersytet im. Mikołaja Kopernika (Hauptsitz der Nikolaus-Kopernikus-Universität).

An der Ecke zur ul. Różana erhebt sich die protestantische **Kościół św. Ducha/Heilig- Geist-Kirche** (12), seit 1945 im Besitz der Jesuiten (1753–56, entstellender Fassadenturm 1897–99 hinzugefügt) und einziges Werk des in Toruń geborenen Barockarchitekten EPHRAIM SCHROEGER in seiner Vaterstadt.

Auf dem Weg vom Altstädter Markt zur Kirche der hl. Jungfrau Maria durch die ul. Panny Marii lohnt sich ein Abstecher in die nächste Querstraße, die ul. Piekary. Wie in der ul. Ciasna, haben sich auch hier mehrere gotische und barocke Speicherhäuser erhalten, die als besonders hochrangige Beispiele des Bautyps in ihrer ursprünglichen Form restauriert worden sind. Außerdem ist dort (Haus Nr. 37) eine schöne Barockfassade mit Stuckdekoration zu sehen, ähnlich der des ›Dom pod Gwiazdą‹ am Altstädter Markt (Erdgeschoß erst während des Ersten Weltkriegs durchbrochen).

Die **Kościół Najświętszej Panny Marii/Kirche der hl. Jungfrau Maria** (Marienkirche), (13) schiebt ihren Chorbereich bis an die Nordostecke des Altstädter Marktes vor – ungewöhnlich für eine Franziskanerkirche, da sich Bettelorden stets am Stadtrand ansiedelten. Die Abweichung mag sich daraus erklären, daß die Niederlassung des Ordens kaum jünger ist als die Keimzelle der Stadt selbst.

Bereits um 1250 besaßen die Mönche in Toruń eine kleine, provisorische Holzkirche, seit der zweiten Hälfte des 13. Jh. eine zweischiffige gemauerte. Die heutige großzügige Hallenkirche mit langgestrecktem Rechteckchor wurde zwischen 1343 und 1400 ausgeführt. Anders als üblich, begann man den Umbau mit dem Langhaus, da der Predigerorden vor allem Raum für die Gemeinde benötigte. Vorbild war die soeben vollendete St.-Johannes-Kirche: auch hier hatten die drei Schiffe ursprünglich eigene Dächer; erst um 1800 ersetzte man sie aus technischen Gründen durch das übergreifende Satteldach, das den Charakter des Baukörpers verfälscht. Gemäß den Regeln ihres Ordens verzichteten die Franziskaner auf einen Turm (Symbol der Macht) und beschränkten Schmuckelemente auf ein Minimum: Nur ein aus drei blendengegliederten Glockentürmchen gebildeter Scheingiebel zeichnet den Chor aus.

Im ursprünglich ebenso nüchternen Innern sammelte sich im Laufe der Jahrhunderte eine reiche Ausstattung an. Das wertvollste Stück, ein gotisches Polypthychon mit Szenen aus dem Leben Christi (1380/90), wird seit dem Zweiten Weltkrieg im Nationalmuseum in Warszawa aufbewahrt. Seinen Platz nimmt ein barocker Baldachinaltar (1731) ein; ebenfalls 1731 wurde der mit einer Kreuzigungsgruppe bekrönte Triumphbogen errichtet. Das gotische Chorgestühl (erste Hälfte des 15. Jh.) gehört dank seiner Maßwerkschnitzereien zu den berühmtesten in Polen. Unter den Grabmälern im Chor ist das Mausoleum der ANNA WAZA bemerkenswert, der Schwester König ZYGMUNT III. WAZA, 1636 als kleine Kapelle an die Nordwand des Presbyteriums angebaut. Sein Barockportal schmücken allegorische Figuren sowie Wappen der WAZA, Schwedens und Gotlands.

Neben dem Eingang zur Sakristei befindet sich das ursprüngliche Triumphkruzifix (erste Hälfte des 15. Jh.), das eindrucksvoll die Anmut des ›Schönen Stils‹ mit dem Realismus in der Anatomie verbindet.

Auf der Empore über dem nördlichen Seitenschiff – entstanden durch Einbeziehung eines Kreuzgangflügels in den Kirchengrundriß – sieht man einen reich geschnitzten manieristischen Orgelprospekt (1609; die Orgel selbst ist neueren Datums). Im südlichen Seitenschiff haben sich an den nach innen gezogenen Strebepfeilern gotische Wandmalereien erhalten (1370er Jahre): Szenen aus dem Neuen Testament und Heiligenfiguren in Tabernakeln, ausgeführt von einer aus Böhmen zugewanderten Künstlerwerkstatt, die insbesondere mit der tiefenräumlichen Architekturdarstellung neue Errungenschaften der italienischen Malerei in diese Region vermittelte. Zwei Epitaphien in den beiden östlichen Jochen des Südschiffs (STROBAND und MOCHINGER, beide Ende des 16. Jh.) dokumentieren anschaulich Kunstgeschmack und Repräsentationsanspruch wohlhabender Thorner Patrizierfamilien. Das STROBAND-Epitaph stammt möglicherweise von dem in Gdańsk tätigen niederländischen Architekten und Bildhauer WILLEM VAN DEN BLOCKE.

Auf dem Weg zum Rynek Nowomiejski kann man in der ul. Łazienna das Renaissanceportal des Dom Eskenów/Esken-Hauses (Haus Nr. 16) ansehen. Es entstand um 1590 im Zuge eines Umbaus des ursprünglich spätgotischen Bürgerhauses, das um 1800 in einen klassizistischen Speicher verwandelt wurde. Das geschnitzte Türblatt des Portals mit einer Darstellung des Verlorenen Sohnes befindet sich im Muzeum Okręgowe.

Durch die ul. Szeroka und die ul. Królowej Jadwigi erreicht man den *Rynek Nowomiejski/Neustädter Markt,* das Zentrum der bis 1454 selbständigen Neustadt. Anders als die Altstadt, die hauptsächlich von Kaufleuten bewohnt war, lebten hier vornehmlich Handwerker; deshalb wirkt das Erscheinungsbild insgesamt bescheidener als das der Nachbargemeinde. Die Bebauung hat zudem mehr durch Brände, Zerstörungen in Kriegen und tiefgreifende Umbaumaßnahmen im 19. und 20. Jh. gelitten.

Das **Ratusz Nowomiejski/Neustädtische Rathaus** (14), ursprünglich in der Mitte des Marktplatzes erbaut, wurde 1818 abgerissen; bald darauf entstand – unter Beteiligung KARL FRIEDRICH SCHINKELS – der neoromanische Bau der russisch-orthodoxen Zbór św. Trójcy/ Kirche der hl. Dreifaltigkeit (heute Lagerhaus), so daß der Charakter des städtebaulichen Ensembles bewahrt blieb.

Unter den Wohnhäusern am Marktplatz verdient das Eckhaus zur ul. Królowej Jadwigi, die **Apteka pod Lwem/Löwen-Apotheke,** Haus Nr. 13 (15), Beachtung, ein gotisches Gebäude, das zu Beginn des 19. Jh. in klassizistischem Stil umgestaltet wurde. An der nächsten Ecke, zur ul. Ślusarska (Haus Nr. 8), soll schon 1489 ein Gasthaus gestanden haben. Das heutige **Gospoda pod Modrym Fartuchem/Wirtshaus zur Blauen Schürze** (16) aus dem 18. Jh. wurde in den 50er Jahren restauriert; im Innern richtete man ein Café ein, dessen Interieur an die legendäre Tradition des Lokals erinnert.

Die **Kościół św. Jakuba/Pfarrkirche St. Jakob** (17), zwischenzeitlich eine Nonnenklosterkirche verschiedener Orden, beherrscht mit ihrer machtvollen Fassade den Neustädter Markt an dessen südöstlicher Ecke. Errichtet zwischen 1309 und etwa 1340, erhielt das Kirchengebäude im Laufe des nachfolgenden Jahrhunderts den Westturm und – als einzige nachträgliche Veränderung – zwei Reihen Kapellen entlang der Seitenschiffe. So läßt der Bau heute noch erkennen, wie fremdartig er zur Zeit seiner Entstehung gewirkt haben muß. Der basilikale Typus mit außen angebrachtem Strebewerk (durch den späteren Anbau der Kapellen zum Teil verunklärt) und die Schmuckfreude (Friese und Blenden aus farbig glasierten Ziegeln) sind in dieser Region nur vereinzelt anzutreffen und wurden aus Westeuropa importiert. Das Sterngewölbe im Innern schloß der Baumeister im rechteckigen Chorhaupt fächerförmig ab, um den Anschein einer ebenfalls ungewöhnlichen polygonalen Apsis zu erwecken.

Von der ursprünglichen Ausstattung haben sich zahlreiche gotische Wand- und Gewölbemalereien (Szenen aus Heiligenviten, Ornamente; im 19. Jh. restauriert) sowie Bildwerke erhalten. Eine Madonna (Ende 14. Jh.) steht vor dem südöstlichen Mittelschiffspfeiler, eine weitere (Ende 15. Jh.) in der ersten Kapelle am südlichen Seitenschiff. Ebenfalls im südlichen Seitenschiff werden zwei gotische Kruzifixe aus dem ehemaligen Klasztor Dominikanów/ Dominikanerkloster aufbewahrt, ein mystisches Kreuz, umgeben von Propheten mit Spruchbändern (Ende 14. Jh., in einen Barockaltar eingefügt), und ›Czarny Krucyfiks‹ (›Schwarze Kruzifixus‹, Mitte 15. Jh.). – Das Klasztor Dominikanów/Dominikanerkloster, eine Parallelgründung zur Niederlassung der Franziskaner in der Altstadt, stand am nordwestlichen Rand der Neustadt, zwischen ul. Dominikańska und ul. Most Pauliński. Nach Zerstörungen in den Napoleonischen Kriegen wurden die Ruinen abgetragen. – Besondere Beachtung verdient schließlich das Tafelbild aus dem späten 15. Jh. im Chor: Nach dem Vorbild niederländischer Malerei zeigt es in vielen, miteinander verzahnten Szenen die Passion Christi, eingebettet in zeitgenössisches Ambiente und ›gespielt‹ von Figuren in moderner Gewandung.

Ansichten von Bydgoszcz, kolorierter Holzstich 1888

Bydgoszcz/Bromberg – Lubostroń

Westlich von Toruń liegt bereits in Kujawien die Wojewodschaftshauptstadt **Bydgoszcz/Bromberg,** die seit ihrer Gründung im 13. Jh. unter ihrer Lage im Grenzbereich zwischen verschiedenen Herrschaftsgebieten zu leiden hatte. Im 14. Jh. vom Deutschen Orden und dem Königreich Polen umkämpft, erlebte sie in den folgenden zwei Jahrhunderten unter der polnischen Krone ihre längste Blüteperiode als geschäftige Handelsstadt. Aus den Schwedenkriegen im 17. Jh. ging die Stadt schwer verwüstet hervor, weitere Zerstörungen hinterließen die russischen, preußischen und französischen Armeen im 18. und frühen 19. Jh. Während des 19. Jh., als Bydgoszcz preußisch (seit 1772), und später, 1814–1919, Hauptstadt der Provinz Posen war, wuchsen die Spannungen zwischen der polnischen und deutschen Bevölkerung. Die Stadt profitierte jedoch durchaus von dem nationalen Wettstreit vielfältiger kultureller Zirkel und Vereinigungen, die u. a. den Bau von Schulen förderten. In dieser Zeit stellte sich auch ein neuerlicher wirtschaftlicher Aufschwung ein, der das Gesicht der Stadt entscheidend prägte. Den Zweiten Weltkrieg erlebte die Stadt als Schauplatz blutiger Kämpfe, bei denen sie bis 1945 mehr als ein Viertel ihrer Bevölkerung verlor.

Die Stare Miasto/Altstadt, an einer Biegung des Flusses Brda/Brahe gelegen, hat wenigstens in groben Zügen noch ihr historisches Erscheinungsbild bewahrt. 1349, als die Siedlung unter König KAZIMIERZ III. WIELKI Stadtrechte erhielt, wurde sie planmäßig auf schachbrettförmigem Grundriß mit einem rechteckigen Marktplatz in der Mitte angelegt. Die wichtigsten Baudenkmäler – das Rathaus, fünf Kirchen, die Ruine der Burg sowie die mittelalterliche Stadtbefestigung – wurden jedoch im Laufe des 19. Jh. abgerissen.

Der Marktplatz, in dessen Mitte bis 1834 das Rathaus stand, und der bis in das 19. Jh. hinein belebtes Handels- und Verwaltungszentrum der Stadt war, verdankt sein heutiges Aussehen im wesentlichen unserem Jahrhundert. Die Bebauung wurde bis auf wenige, aus dem 18. Jh. erhaltene Gebäude um 1900 erneuert und 1973–75 restauriert. An der südöstlichen Ecke des Marktplatzes steht mit Haus Nr. 24 das spätbarocke, 1774–78 errichtete Gebäude der *Wojewódzkiej Biblioteki Publicznej/Wojewodschaftsbibliothek.* Schräg gegenüber, an der Ecke ul. T. Magdzińskiego, hat sich ein gotisches, nach 1775 klassizistisch umgebautes Wohnhaus (Haus Nr. 27) erhalten. An der Westseite des Platzes stand die barocke, 1940 zusammen mit der ganzen Häuserzeile abgerissene Jesuitenkirche. In Erinnerung an die öffentlichen Hinrichtungen, die hier 1939 stattgefunden haben, errichtete man 1969 das bronzene *Pomnik Walki i Męczeństwa Ziemi Bydgoskiej/Denkmal des Krieges und des Martyriums des Bromberger Landes.*

Auf der Rückseite des Häuserblocks befindet sich das Barockgebäude des *Kolegium Jezuickie/Jesuiten-Kollegiums,* das seit 1879 als Sitz der Stadtverwaltung dient.

Die benachbarte *Kościół św. Marcina i św. Mikołaja/Pfarrkirche St. Martin und St. Nikolaus* an der ul. Farna ist die älteste in Bydgoszcz erhalten gebliebene Kirche. Ursprünglich um 1400 errichtet, wurde sie bereits 1409, während der Kämpfe mit dem Deutschen Orden, wieder zerstört. Der Neubau, der bis heute überdauert hat, entstand zwischen 1460 und 1502 als fast quadratische Hallenkirche mit langgestrecktem, dreiseitig geschlossenem Chor. Die Westfassade schmückt ein spätgotischer Stufengiebel; die Vorhalle wurde um 1600 angebaut. Das Innere zeigt schöne, um 1500 entstandene Sterngewölbe. Die Ausstattung stammt größtenteils aus der Barockzeit. 1952–54 erneuerte man die Verglasung der Chorfenster nach dem Vorbild der Sainte Chapelle in Paris.

Der Weg durch die ul. Przyrzece zum Wełniany Rynek/Wollmarkt führt entlang des Nebenarms der Brda, der die Wyspa Młyńska/Mühleninsel umspült. An diesem malerischen Winkel der Altstadt, den man *Wenecja Bydgoska* (Bromberger Venedig) nennt, finden sich einige leider sehr verfallene Häuser aus dem frühen 19. Jh.

Entlang der ul. Wierzbickiego erreicht man über den 1835 angelegten Nowy Rynek/ Neuen Marktplatz die Wały Jagiellonskie/Jagiellonen-Wälle, die ehemalige Stadtbefestigung. Am Neuen Marktplatz hat sich im Hof des Hauses Nr. 3 ein *Turm* von 1484 erhalten. Die Wehranlagen fielen bereits den Schwedenkriegen zum Opfer; später wurden ihre Ruinen in die neu entstehenden Wohnhäuser einbezogen. An den Jagiellonen-Wällen stehen noch Reste der Stadtmauer.

Der Straßenzug mündet am Ende in den Zbożowy Rynek/Kornmarkt. Ursprünglich lag dieser Marktplatz der alten Przedmieście Toruńskie/Thorner Vorstadt außerhalb des Mauerrings. An seiner nordöstlichen Ecke steht die *Kościół Pobernardyński N. P. Marii/Bernhardinerkirche St. Marien,* die heutige Garnisonkirche. 1480 wurden die Bernhardiner nach Bydgoszcz berufen und errichteten hier zunächst eine Holzkirche, die 1545–57 durch die spätgotische Saalkirche mit langgezogenem Chor ersetzt wurde. Das heutige Aussehen verdankt die Kirche einer 1864–66 durchgeführten puristischen Restaurierung, während der u. a. die Fassade neu gestaltet worden ist. Das Gelände östlich der Kirche nahmen seit dem 17. Jh. ausgedehnte Klostergärten ein; ein Teil des alten Baumbestandes ist erhalten.

Nach wenigen Schritten entlang der ul. Bernardyńska erreicht man den Pl. Kościeleckich mit der 1900–03 gebauten neogotischen *Kościół Poewangelicki/ehemaligen evangelischen Kirche.*

Durch die ul. Przy Zamczysku und die ul. Grodzka führt der Weg zum Rybi Rynek/ Fischmarkt, der seit dem Mittelalter bis zum Jahre 1952 als Handelsplatz für Fisch diente. An seiner Westflanke (ul. Grodzka, Haus Nr. 7, 11, 15) haben sich in Fachwerk errichtete *Speicher* aus dem 18. und 19. Jh. erhalten. Sie beherbergen heute eine Zweigstelle des *Muzeum Okręgowe/Bezirksmuseums* mit historischen, archäologischen und numismatischen Sammlungen.

Jenseits des Flusses erstreckte sich im Mittelalter die Przedmieście Gdański/Danziger Vorstadt, das heutige Śródmieście/Stadtzentrum, das sich bis zur zunehmenden Industrialisierung Mitte des 19. Jh. auf die unmittelbare Umgebung der Most Staromiejski/Altstädtischen Brücke beschränkte.

Am Pl. Zjednoczenia, Ecke ul. Jagiellońska, erhebt sich die *Kościół Wniebowzięcia N.P. Marii/Kirche der Himmelfahrt Mariens,* die um 1600 an der Stelle einer älteren, 1448 gegründeten Hospitalkirche entstanden ist. 1615 zogen hier Klarissen ein, die das Langhaus umbauen ließen.

1835 wurde die Kirche säkularisiert und diente bis 1920 als Lagerraum; während dieser Zeit wurden das Gotteshaus und die schöne Ausstattung schwer beschädigt. Das heutige Erscheinungsbild der Kirche ist Ergebnis zweier in den 20er und 50er Jahren durchgeführter Restaurierungen. Einen Blick verdienen im Innern die Deckenmalereien und der Hochaltar aus dem 17. Jh.

Im benachbarten, 1615–18 errichteten und seither mehrfach umgebauten ehemaligen Klostergebäude befindet sich heute das *Muzeum Okręgowe/Bezirksmuseum* mit einer umfangreichen Sammlung des Bromberger Malers LEON WYCZÓŁKOWSKI.

An der Al. 1. Maja Nr. 14 steht der bemerkenswerte, 1896 erbaute Jugendstilbau des Orbis-Hotels ›Pod Orłem‹/›Zum Adler‹. Das gegenüberliegende, in Eisenbetonkonstruktion errichtete Warenhaus ›Jedynak‹ stammt aus dem Jahr 1911.

Drei Straßenzüge weiter nördlich, am Park im. Kochanowskiego, befindet sich das kulturelle Zentrum der Stadt. An der Südflanke der ul. Słowackiego steht das imposante neobarocke Gebäude der *Wyższa Szkoła Muzyczna/Musikhochschule* von 1905/06. Auf dem Platz wurde 1954–58 die *Filharmonia Pomorska im. Ignacego Paderewskiego/Pommerellische Ignacy Paderewski-Philharmonie* errichtet. Hier finden regelmäßig Musikfestivals statt, so die alljährliche Veranstaltung ›Musica Antiqua Europae Orientalis‹.

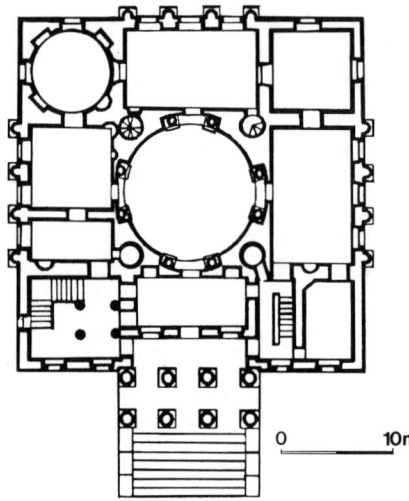

Lubostroń, Grundriß des Palais'

Im Park wurde 1968 das *Pomnik Henry-ka Sienkiewicza/Henryk-Sienkiewicz-Denkmal* von STANISŁAW HORNO-POPŁAWSKI aufgestellt. An der nordwestlichen Ecke des Platzes, Ekke Al. Adama Mickiewicza/ul. 24. Stycznia 1945, befindet sich das 1947–49 erbaute *Teatr Polski/Polnische Theater,* das erst 1945 ins Leben gerufen worden war.

Im etwa 30 km südlich von Bydgoszcz gelegenen **Lubostroń** hat die Familie SKÓRZEWSKI, der das Gebiet von 1764–1939 gehörte, in den Jahren 1795–1800 ein schönes klassizistisches *Palais* errichten lassen; der 28 ha große englische Landschaftspark wurde zu Beginn des 19. Jh. angelegt.

Der Palast, ein Werk des wichtigen polnischen Architekten des Klassizismus STANISŁAW ZAWADZKI, steht in der Tradition der palladianischen Villenarchitektur, die im Laufe des 18. Jh. vor allem in England, aber auch in anderen Ländern wiederbelebt wurde. Er erhebt sich über quadratischem Grundriß, überragt von einer Kuppel, die ihrerseits von einer Statue des Atlas bekrönt ist. Die strenge Symmetrie in der Gliederung der Fassaden mit flachen, übergiebelten Risaliten ist nur an der Eingangsseite durchbrochen: Hier springt ein Säulenportikus vor, zu dem eine breite Freitreppe hinaufführt. Auch die Innenräume sind symmetrisch disponiert. Sie gruppieren sich um die zentrale Rotunde, welche die gesamte Höhe des Baus einnimmt. Die Dekoration orientiert sich an antiken Vorbildern: Unter dem Kuppelring zieht sich ein Fries mit der Darstellung einer antiken Opferprozession entlang. Darunter befinden sich Flachreliefs mit Szenen aus der mittelalterlichen Geschichte Polens.

Erhalten hat sich hier auch der reich mit Eichen-, Buchen- und Rosenholz intarsierte Parkettboden; das Muster verwendet Wappenmotive Polens und Litauens. Die Nebenräume wurden von ANTONI und FRANCISZEK SZMUGLEWICZ dekorativ ausgemalt.

Golub Dobrzyń/Gollub

Die kleine, malerisch auf einer Anhöhe über dem Fluß Drwęca/Drewenz gelegene Stadt Golub Dobrzyń/Gollub, ca. 40 km östlich von Toruń, lohnt einen Tagesausflug dank ihrer imposanten und gut erhaltenen Burg (Abb. 15).

1239 eroberte der Deutsche Orden die den Herzögen von Masowien gehörende Ansiedlung, verlieh ihr Stadtrechte und erbaute die Burg sowie die Stadtmauern. 1454 trat Golub Dobrzyń – inzwischen eine lebendige Handelsstadt – dem Preußischen Bund bei und wurde im Zweiten Thorner Frieden (1466) mit dem gesamten Ermland der polnischen Krone zugesprochen. Eine zweite Hochblüte erlebte die Stadt nach 1611, als sie ANNA WAZA, der Schwester König ZYGMUNT III. WAZA, übereignet wurde. Die Fürstin regte u. a. den Anbau von Wein und Tabak an, der der Stadt beachtliche Gewinne einbringen sollte. In dieser Zeit war Golub als Handelszentrum ein ernsthafter Konkurrent Toruńs. Noch im 17. Jh. setzten jedoch die Schwedenkriege, in deren Verlauf auch die Burg zerstört wurde, der Stadtentwicklung ein Ende.

Der Stadtteil Dobrzyń auf dem gegenüberliegenden Flußufer war zunächst als Vorstadt Golubs entstanden. In preußischer Zeit (seit 1772) wurde er zu einer eigenständigen Stadt erhoben; nach dem Zweiten Weltkrieg vereinigte man beide Städte zu einer Verwaltungseinheit.

Das *Ordensschloß* von Golub errichteten die Ordensritter 1302–06 als fast quadratische Vierflügelanlage mit Innenhof. Anfang des 15. Jh. erhielt die Westfront zwei runde Ecktürme, von denen sich einer erhalten hat. Das Innere war über einen doppelgeschossigen Kreuzgang im Hof erschlossen.

Zu Beginn des 17. Jh. ließ ANNA WAZA die Burg zu einer stolzen Residenz im Stil der späten Renaissance umbauen. Auf diesen Eingriff gehen die elegant gegliederte, den Bau bekrönende Attika sowie die vier zierlichen Ecktürmchen zurück. Im Obergeschoß des Südflügels hat sich die gotische *Kaplica św. Krzyża/Heilig-Kreuz-Kapelle* erhalten, die ein schönes, rekonstruiertes Sterngewölbe schmückt; auch das Maßwerk und die gemalte Rahmung der Fenster (14. Jh.) wurden ergänzt. Die wiederhergestellten Räume dienen heute als Sitz des *Muzeum Okręgowe/Bezirksmuseums*.

Die Stadt, unterhalb der Burg in einer Biegung des Flusses angelegt, hat vor allem während der zweijährigen Besetzung durch die Schweden und erneut durch einen Brand 1893 schwere Schäden erlitten. Überdauert hat außer Teilen der Stadtbefestigung entlang des Flußufers die an den ul. Janka Krasickiego gelegene *Kościół św. Katarzyny/Pfarrkirche St. Katharina*. Die in der ersten Hälfte des 14. Jh. errichtete Kirche wurde in den folgenden Jahrhunderten mehrfach zerstört und wiederaufgebaut. Im Innern haben sich dennoch wichtige Teile der alten Ausstattung erhalten, so die um 1400 entstandene gotische eisenbeschlagene Tür im Portal zur Sakristei und die spätgotischen Wandmalereien an der Südwand vom Ende des 15. Jh. mit Szenen aus der Passion Christi. Im manieristischen, um 1640 erbauten Hochaltar befindet sich eine gotische Pietà-Gruppe. Die Kanzel und die Triumphkreuzgruppe mit den vier Evangelisten stammen aus der Zeit um 1730.

Einen Rundgang lohnt in Golub auch der Marktplatz, dessen Bebauung im 19. Jh. in klassizistischem Stil erneuert worden ist.

Ciechocinek – Włocławek/Leslau

Durch die Ebene von Kujawy gelangt man in den etwa 25 km südöstlich von Toruń gelegenen Kurort **Ciechocinek,** auf dessen heutigem Stadtgebiet man wohl schon im 12. Jh.

Solequellen entdeckt hatte. Die Stadt entwickelte sich allmählich seit dem 17. Jh.; die bis heute gültige Bedeutung erhielt sie jedoch erst zu Beginn des 19. Jh., als ihr Mäzen STANIS-ŁAW STASZIC sie zum Kurort ausbaute und – seit 1823 – die erste Salzsiederei einrichtete.

Aus dieser Gründungsperiode haben sich sogenannte *Gradierwerke* erhalten (1827/28), die zu den berühmtesten Industriedenkmälern Polens gehören. Es sind langgestreckte Holz-konstruktionen aus Eichenstämmen, ausgefüllt mit Reisig, über das die Sole rieselte und verdunstete. Zwischen den drei Gradierwerken steht der 1836 ebenfalls aus Holz errichtete klassizistische *Pavillon* über der Quelle. Hier legte man 1908 den *Park Tężniowy/Park der Gradierwerke* mit wertvollem, exotischem Baumbestand an; 1961 wurde das *Denkmal* für STANISŁAW STASZIC aufgestellt.

Dem hohen Salzgehalt im Boden verdankt das Umland von Ciechocinek eine eigentümli-che Flora: Viele salzliebende, äußerst seltene Pflanzen finden hier die notwendigen Lebens-bedingungen, die man in diversen Naturparks zu erhalten versucht.

Entlang der Weichsel gelangt man nach **Włocławek/Leslau,** eine der ältesten Städte Polens. Bereits gegen Ende des 12. Jh. ist die Ortschaft als Bischofssitz des Bistums Kujawy bezeugt; Stadtrechte erhielt sie erst 1256. Die Diözese reichte bis an die Ostsee. Das heutige Erscheinungsbild Włocławeks zeugt von seiner wechselvollen Geschichte.

Im Mittelalter hatte die Stadt häufig unter ihrer Lage an der umkämpften Grenze zum Ordensstaat zu leiden. Nach dem Frieden von Thorn 1466 ergab sich jedoch über die Weichsel ein blühender Handel mit den nördlichen Gebieten Polens, insbesondere mit Gdańsk. Haupteinnahmequelle waren landwirtschaftliche Erzeugnisse aus der fruchtbaren Tiefebene von Kujawien. Dem wirtschaftlichen Aufschwung folgte ein kultureller, und bald schon entwickelte sich die Stadt zu einem wichtigen Zentrum des Humanismus. Hier wirk-ten der gelehrte Bischof und Humanist PIOTR Z BNINA (PETER VON BNIN) und der Astronom und Astrologe MIKOŁAJ WODKA. Diese Periode des Wohlstands dauerte ungefähr einein-halb Jahrhunderte: 1620 wurde die Stadt von einer Brandkatastrophe verwüstet, drei Jahre später folgte eine Choleraepidemie, in den 1650er Jahren die schwedische Invasion. Erst im 19. Jh. stellte sich ein neuer Aufschwung ein, denn Włocławek entfaltete sich im Zuge der Industrialisierung zu einem Schwerpunkt der Zelluloseverarbeitung und Papierherstellung in Polen: Industriezweige, die auch heute noch die wirtschaftliche Grundlage der Stadt bedeuten.

Das Stadtbild hat nur wenige Reminiszenzen seiner mittelalterlichen Geschichte bewahrt. Włocławek ist heute ein Ort des 19. Jh. Der Grundriß wurde neu ausgelegt, und die Bebau-ung ist zum überwiegenden Teil klassizistisch. Nur am Stary Rynek/Alten Marktplatz und in den umliegenden Straßen nahe dem Weichsel-Ufer haben sich vereinzelt ältere Bürger-häuser und Speicher erhalten. Die Häuserzeile an der Ostflanke des Marktes, ursprünglich gotisch und im 18. Jh. barock umgestaltet, wurde in den Jahren 1968–69 als Ensemble zum Sitz des *Muzeum Historii Miasta/Museums für Stadtgeschichte* umgebaut. Am Marktplatz steht auch eine der alten Kirchen Włocławeks, die *Kościół św. Jana/Pfarrkirche St. Johannes* aus den 1530er Jahren. Von seiner ursprünglichen Gestalt zeigt der spätgotische einschiffige Bau nur noch wenig. Der Turm wurde 1580 im Stil der Renaissance errichtet und später mit einem barocken Helm bekrönt. Die halbrunde Apsis erbaute man 1622 anstelle des früheren Chores. Auch die zwei angesetzten Kapellen sind nachträgliche Zutaten, Familienstiftungen aus dem 17. bzw. 18. Jh. Die Ausstattung der Kirche wurde im 18. Jh. im Stil des späten Barock erneuert.

An der südlichen Schmalseite des Marktplatzes, nach wenigen Schritten durch die ul. Tumska, erreicht man den Pl. Mikołaja Kopernika mit der *Katedra/Kathedrale* von Włocławek (Abb. 39). 1340–65 als Nachfolgebau eines romanischen Doms errichtet, wurde sie im Laufe ihrer Geschichte häufig umgestaltet und dem jeweiligen Zeitgeschmack angepaßt. Ende des 19. Jh. folgte ein letzter Umbau in neogotischen Formen; bereits Mitte des 19. Jh. sind die Glockentürme errichtet worden. Im Innern ist die vielfältige, reiche Ausstattung aus verschiedenen Epochen jedoch weitgehend erhalten geblieben. Entsprechend ihrer Bedeutung besitzt die Kathedrale besonders kostbare Kapellenausstattungen, Altäre und insbesondere Grabmäler und Epitaphien der Bischöfe aus dem 15.–19. Jh. Von den Chorfenstern stammen einige noch aus der Bauzeit um 1360, die übrigen wurden von dem bedeutendsten Sezessionsmaler Polens, Józef MEHOFFER aus Kraków, geschaffen. Zu den kostbarsten Stücken gehören das vergoldete Domkreuz aus der späten Renaissance (1610–15) sowie der spätbarocke Silberaltar (1744), der aus dem Kloster in Łódź hierhergebracht wurde. In der Kaplica św. Marcina/Martinskapelle sind romanische Skulpturen aus dem 13. Jh. aufgestellt, Überreste der Ausstattung des ursprünglichen Kathedralbaus. In der Kaplica św. Józefa/Josefskapelle ist Bischof PIOTR Z BNINA bestattet. Die Grabplatte, ein Flachrelief mit dem ganzfigurigen Porträt des Verstorbenen aus dem Jahre 1493, ist ein Werk von VEIT STOSS, der von Nürnberg nach Kraków übergesiedelt war und dort seine wichtigsten Werke schuf.

In der Nachbarschaft der Kathedrale steht die kleine gotische *Kościół św. Witalisa/Kirche St. Vitalis* aus der Zeit um 1330, die im 16. Jh. ein schönes Sterngewölbe erhalten hat. Seit dem 19. Jh. gehört sie zum Priesterseminar, das in dem benachbarten neogotischen Gebäude von 1843 seinen Sitz hat.

Dorota Leszczyńska/Michaela Marek

Warmia/Ermland, Mazury/Masuren, Suwałki, Białystok

Seit dem Zweiten Weltkrieg begrenzen Polen im Nordosten die drei Wojewodschaften Olsztyn/Allenstein, Suwałki und Białystok, Verwaltungsbezirke, hinter denen sich das ehemalige Ostpreußen, Ermland und Masuren verbergen.

Die nördliche Grenze der beiden Wojewodschaften Olsztyn und Suwałki bildet die im Potsdamer Abkommen von 1945 festgelegte Linie, mit der die frühere deutsche Provinz Ostpreußen in einen sowjetischen (der nördliche) und einen polnischen Abschnitt aufgeteilt wurde; Königsberg, die ehemalige Hauptstadt Ostpreußens und Heimatstadt IMMANUEL KANTS, heißt heute Kaliningrad und liegt in der Russischen Föderation. Die südlichen Wojewodschaftsgrenzen folgen nur teilweise der alten Grenzlinie Ostpreußens zum Zwischenkriegspolen. Die Ostgrenze der Wojewodschaften Suwałki und Białystok, Staatsgrenze zu Litauen und Weißrußland, entspricht im wesentlichen der sogenannten Curzon-Linie, die nach dem Ersten Weltkrieg bereits vom Obersten Rat der Alliierten als Grenzverlauf vorgeschlagen und im polnisch-sowjetischen Grenzvertrag 1945 als endgültige Staatsgrenze definiert wurde.

Schwierigkeiten bereitet es jedoch, Ermland und Masuren, das heutige Warmia und Mazury, politisch eindeutig zu fassen, weil es eine historische Region Masuren nie gegeben hat, kein Land, kein Fürsten- oder Herzogtum, auch keinen Landkreis oder sonstigen Verwaltungsbezirk dieses Namens. Mazury ist auch heute kein politischer Begriff, allenfalls eine Landschaftsbezeichnung, die das Gebiet zwischen Gołdap im Norden und Nidzica im Süden umschreibt und somit Teil der beiden Wojewodschaften Olsztyn und Suwałki ist.

Umstritten ist auch die Charakterisierung Olsztyns; von den Polen heute als masurische Hauptstadt bezeichnet, gehörte es einst zum katholischen Ermland, das wie ein Keil in das protestantische Masuren hineinragte. Das Ermland – ein Teil der Wojewodschaft Olsztyn–, dessen Name von der pruzzischen Landschaft ›Warmien‹ abgeleitet ist, ging in der Spätphase des Deutschordenslandes historisch eigene Wege; im Verlauf des Dreizehnjährigen Krieges zwischen den aufsässigen Städten (mit Gdańsk/Danzig an der Spitze) und dem Deutschen Orden unterstellte sich das Ermland nach 1466 der Schutzherrschaft des polnischen Königs und kam erst 1772 wieder zu Preußen; das historische Gebiet des Ermlandes umfaßte etwa das Dreieck zwischen den Städten Frombork/Frauenburg, Olsztyn/Allenstein und Reszel/Rößel.

Es gibt kaum einen Landstrich in Europa, der den Menschen im Laufe der Jahrhunderte mehr Leiden abverlangte als das bis 1945 unter dem Namen Ostpreußen zusammengefaßte Gebiet; Zerstörung und Wiederaufbau, Flucht, Vertreibung und Neuansiedlung prägten bis nach dem Zweiten Weltkrieg immer wieder dessen Geschichte. Doch das hatte keineswegs etwas mit dem vielfach vermuteten historischen Antagonismus von Deutschen und Polen zu tun, eher damit, daß Ostpreußen als Drehscheibe zwischen West und Ost fungierte: Die Ordensritter suchten sich hier den Weg ins Baltikum, die Polen den Zugang zur Ostsee, die Schweden die Marschroute nach Polen; HITLERS Eroberungsheer zog durch Ostpreußen nach Rußland, die Rote Armee im Gegenzug nach Deutschland.

Als die Ritter mit dem schwarzen Kreuz in ihrem Wappen im Jahre 1226 auf Bitten des polnischen Herzogs KONRAD MAZOWIECKI in dieses Land eindrangen, siedelten hier die heidnischen Pruzzen, aus deren Namen sich später die Bezeichnung Preußen ableiten sollte; ihr Gebiet reichte im Westen bis an die untere Wisła/Weichsel, nach Norden hin bis ins Memelland, nach Osten bis etwa Grodno und nach Süden bis Pułtusk und Białystok. Von der Jungsteinzeit bis zum Mittelalter hatte hier die Besiedlung ohne jede Unterbrechung angedauert; vorgeschichtliche Denkmäler sind dabei vor allem aus der Bronzezeit und der frühen Eisenzeit erhalten geblieben: die nach Hunderten zählenden Hügelgräber.

Der Deutsche Ritterorden pazifizierte: Ein Teil der Pruzzen wurde ausgerottet, ein anderer vertrieben, der Rest der Urbevölkerung mußte den katholischen Glauben annehmen. Gleichzeitig errichtete der Orden Klöster und Kirchen, Burgen und Siedlungen. Nach und nach holte man polnische Siedler ins Land, vor allem Bauern aus der Provinz Masowien, die mit deutschen Siedlern und den verbliebenen Pruzzen die Urbevölkerung der Masuren bilden sollten.

Den Niedergang des Deutschen Ordens verursachten vor allem zwei Faktoren: einerseits die ständigen Auseinandersetzungen mit den Polen – in der Schlacht bei Grunwald/Tannenberg erlitt 1410 das Ordensheer unter der Führung des Hochmeisters ULRICH VON JUNGINGEN eine vernichtende Niederlage gegen die polnisch-litauischen und die mit ihnen verbündeten masowischen Truppen; andererseits der intensiver werdende Widerstand der eigenen Untertanen gegen die Machtpolitik des Ordens – im Bündnis mit Polen rebellierte der preußische Städtebund 1454 gegen die Ordensherrschaft. Der polnische König ZYGMUNT I. STARY stimmte schließlich 1525 zu, den Ordensstaat zu säkularisieren und in das weltliche, polnischer Lehnshoheit unterstellte Herzogtum Preußen umzuwandeln. Bald darauf wurde auch hier die Reformation eingeführt. 1618, im Anfangsjahr des Dreißigjährigen Krieges, kam das Herzogtum zu Brandenburg, der Kurfürst wurde zudem preußischer Herzog. Nach den Wirren der Schwedenkriege brachte der Friede zu Oliva am 3. 5. 1660 die völkerrechtliche Anerkennung preußischer Souveränität.

Auch nach dem Dreißigjährigen Krieg hemmten kriegerische Auseinandersetzungen die wirtschaftliche Entwicklung Ostpreußens. 1656–57 fielen die Tataren ins Land ein, 1806 zog NAPOLEONS Interventionsarmee gen Rußland, 1914 verwüsteten russische Truppen weite Teile der Masuren. Doch damit nicht genug, in den Jahren 1709–12 kamen fast 250000 Menschen (ein Drittel der Bevölkerung Ostpreußens) durch die Pest ums Leben.

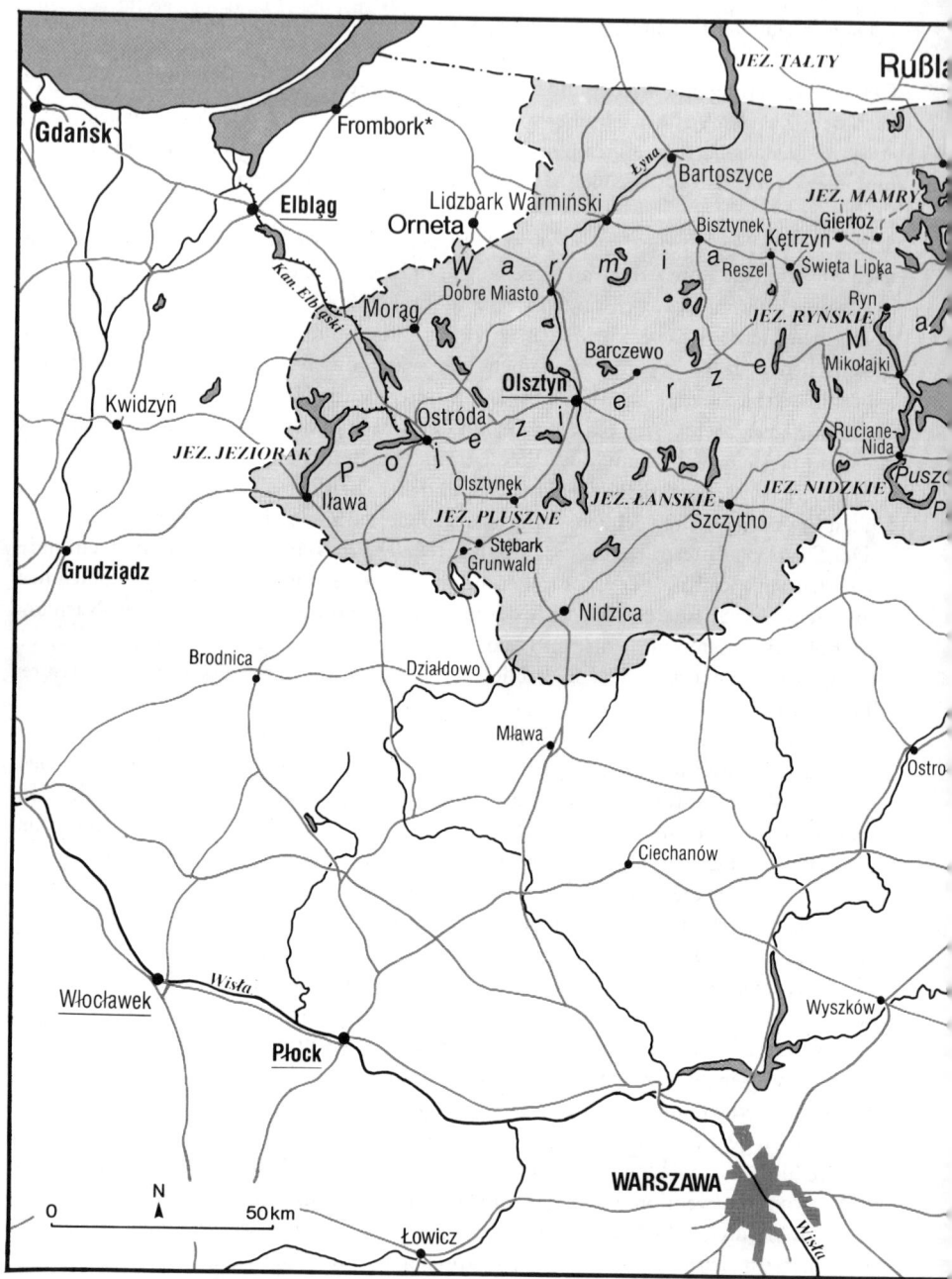

Gdańsk

Frombork*

Elbląg

Lidzbark Warmiński

Orneta

JEZ. TALTY

Rußła

Bartoszyce

Bisztynek   Gierłoż
            Kętrzyn
JEZ. MAMRY

W   a   r   m   i   a   Reszel   Święta Lipka

Kan. Elbląski

Morąg

Dobre Miasto

Barczewo

Olsztyn

JEZ. RYNSKIE

Ryn
Mikołajki

M

Kwidzyń

Ostróda

P   o   j   e   z   i   e   r   z   e

Ruciane-
Nida

a

JEZ. JEZIORAK

Iława

Olsztynek

JEZ. ŁANSKIE

JEZ. NIDZKIE

Puszc

JEZ. PLUSZNE

Szczytno

P

Grudziądz

Stębark
Grunwald

Nidzica

Brodnica

Działdowo

Mława

Ostro

Ciechanów

Włocławek

Wisła

Wyszków

Płock

WARSZAWA

Wisła

N

0   50 km

Łowicz

384

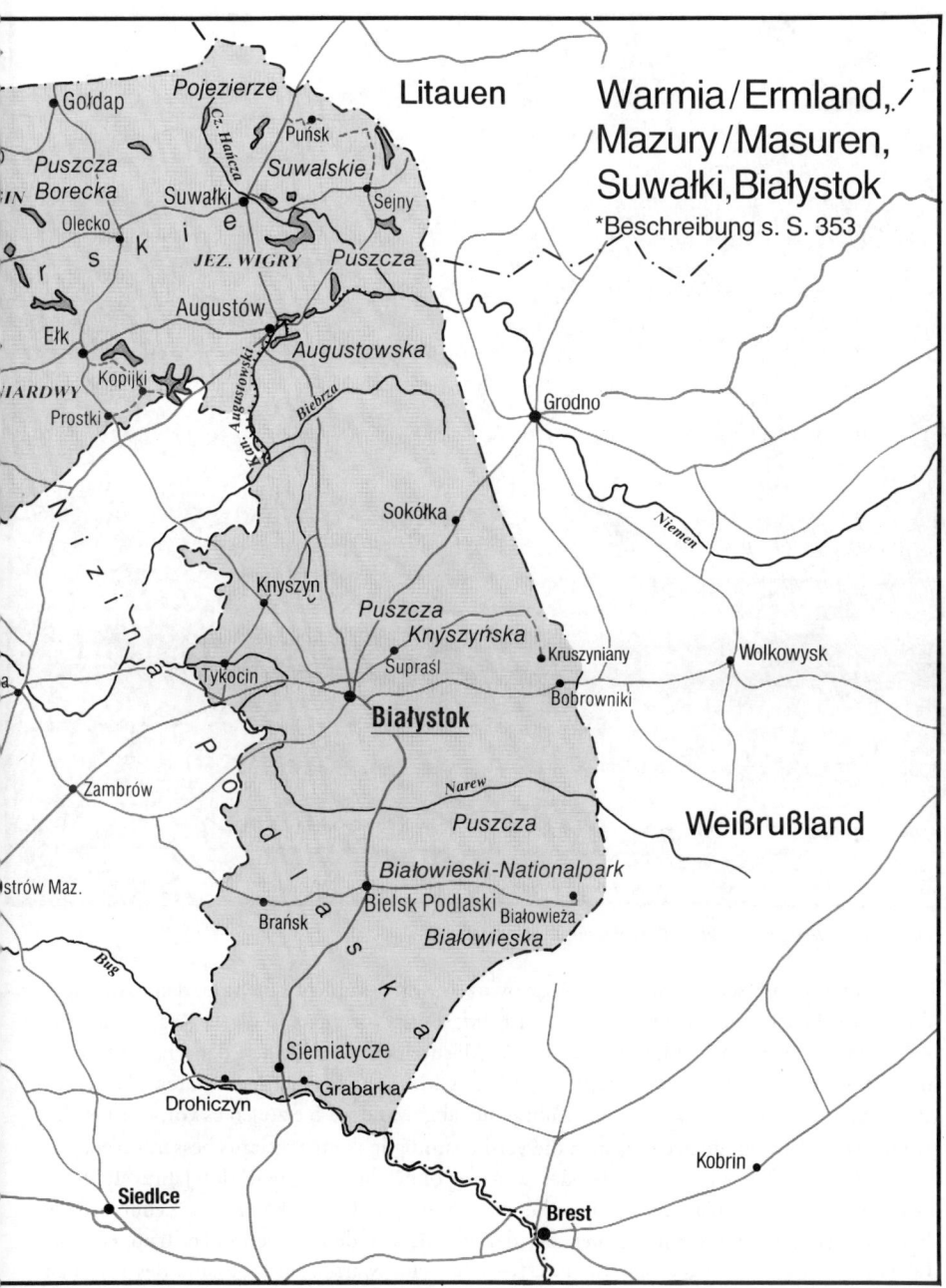

Litauen

Warmia / Ermland,
Mazury / Masuren,
Suwałki, Białystok
*Beschreibung s. S. 353

Gołdap
Pojezierze
Puńsk
Puszcza
Borecka
Suwałki
Suwalskie
Olecko
Sejny
JEZ. WIGRY
Puszcza
Ełk
Augustów
Kopijki
Augustowska
NIARDWY
Prostki
Grodno
Niemen
Sokółka
Knyszyn
Puszcza
Knyszyńska
Supraśl
Kruszyniany
Wołkowysk
Tykocin
Bobrowniki
Białystok
Zambrów
Narew
Puszcza
Weißrußland
strów Maz.
Białowieski-Nationalpark
Brańsk
Bielsk Podlaski
Białowieża
Białowieska
Siemiatycze
Grabarka
Drohiczyn
Kobrin
Siedlce
Brest

Die Schlacht bei Grunwald 1410, Holzschnitt von 1597

Wenn der preußische Staat seiner Ostprovinz Aufmerksamkeit schenkte, dann vor allem den nördlichen Teilen, besonders der Stadt Königsberg. Vorrangig in dieser Region entwikkelten sich die großen Landgüter, während in Masuren eher die kleinen Bauern, die Fischer und Forstleute das Bild bestimmten. Gerade aus Masuren sind in der zweiten Hälfte des 19. Jh. viele Menschen besonders ins Ruhrgebiet abgewandert. Sie zogen es vor, in eines der Kohlebergwerke einzufahren, da dort die Verdienstmöglichkeiten weitaus besser waren.

Von Ostpreußen kann nicht geredet werden, ohne die Ereignisse des Jahres 1945 zu erwähnen. Viel zu spät veranlaßten die NS-Behörden die Evakuierung. Zehntausende Frauen, Männer und Kinder kamen bei der Flucht vor den sowjetischen Truppen ums Leben, starben an Hunger und Kälte, ertranken beim Marsch über das Eis des Frischen

Haffs, fielen Tieffliegerangriffen oder Ausschreitungen sowjetischer Soldaten zum Opfer. Von den 2,6 Millionen Ostpreußen sind annähernd 500000 als nicht mehr lebend ermittelt worden, davon wohl 200000 Wehrmachtsangehörige. Die deutsche Provinz Ostpreußen gehörte von jetzt der Geschichte an. Auf etwa 500000 wird die Zahl der Deutschen geschätzt, die 1945 im Gebiet des ehemaligen Ostpreußen bleiben wollten; doch gestützt auf Vereinbarungen der Alliierten begannen die polnischen kommunistischen Behörden schon bald nach Kriegsende mit der Aussiedlung. Der Verbleib wurde nur jenen gestattet, die von den polnischen Behörden als ›Autochthone‹ angesehen wurden, als ›alteingesessene‹ Masuren, die über Jahrhunderte hinweg ›germanisiert‹ worden waren und nun wieder ›polonisiert‹ werden sollten; ein Prozeß, der oft mit Pressionen vorangetrieben wurde und immer wieder Aussiedlungswillige hervorbrachte. Heute ist Masuren unzweifelhaft ein Stück Polen, und zwischen Ostróda im Südwesten und Gołdap im Nordosten wächst bereits die dritte Generation der neuen Bewohner heran. Ihre Großväter waren aus allen Regionen Vorkriegspolens hierher verpflanzt worden, bereits die Väter fühlten sich als Einheimische, und für die Söhne besteht gar kein Zweifel, daß sie ›Masuren‹ sind. Somit ist es auch müßig, nach einem historischen Recht des heutigen polnischen Staates an Masuren zu fragen; immer hatte sich in diesem Grenzgebiet beider Völker Polnisches mit Deutschem vermischt.

Das Landschaftsbild Masurens hat sich gegenüber der Vorkriegszeit wenig geändert (Abb. 43); noch immer stimmt die Zeile des berühmten ›Ostpreußenliedes‹, in der vom »Land der dunklen Wälder und kristallnen Seen« die Rede ist. Masuren ist bis heute eine ländliche Region mit wenig Industrie, zugleich das beliebteste Urlaubsziel der Polen und vielbesuchtes Ferienziel Erholungssuchender aus Deutschland.

Weniger eindeutig läßt sich sagen, ob Masuren eigentlich eine Seenplatte inmitten von Wäldern oder gar ein ausgedehntes Waldgebiet inmitten von Seen ist. Jedenfalls bietet die Region eine Fülle von Seen, die teilweise durch Flüsse und Kanäle verbunden sind sowie eine Anzahl großer zusammenhängender Waldgebiete, die ihren urwüchsigen Zustand erhalten haben, so daß den Liebhabern von Flora und Fauna, den Wanderern, Wassersportlern und Anglern alle erdenklichen Freizeitmöglichkeiten geboten werden. Man schuf eine beachtliche Anzahl von Pflanzen- und Tierreservaten mit einer Gesamtfläche von 13 000 ha, in denen seltene Tierarten wie Biber, Luchse, Wölfe, Sumpfschildkröten und Elche noch in natürlicher Umgebung angetroffen werden können. Die Pojezierze Mazurskie/Masurische Seenplatte gliedert sich in vier Seengebiete: die Großmasurischen Seen mit dem Śniardwy-See (114 km^2) bei Mikołajki und dem Mamry-See (105 km^2) in der Nähe von Giżycko, Masurische Meere genannt und zugleich die größten Seen Polens; die Suwałki-Seen mit dem 108 m tiefen Hańcza-See (der tiefste See Polens) nördlich und östlich der Stadt Suwałki, schließlich in die Seen in der Umgebung von Olsztyn sowie die Oberländische Seenplatte bzw. die Iława-Seen bei der gleichnamigen Stadt. Aber auch die Masurische Seenplatte ist inzwischen, zum Teil jedenfalls, von Umweltverschmutzung bedroht. Besonders die Abwasserverschmutzung wird zur Gefahr für fast 3000 Seen sowie Sumpflandschaften und Wälder. Betroffen ist vor allem der Seenzug südlich der Wasserscheide des Lötzener Kanals.

Die Schönheiten dieser Landschaft hat MARION GRÄFIN DÖNHOFF in ihrem bekannt gewordenen Buch ›Namen, die keiner mehr nennt‹ beschrieben; Familien wie die DÖNHOFFS hatten als Großgrundbesitzer gewichtigen Einfluß auf die politische, wirtschaftliche und kulturelle Entwicklung Ostpreußens; und so ist auch sehr aufschlußreich, wie die Autorin, in einem weiteren Abschnitt ihres Buches die Genesis ihres eigenen Standes analysiert. Vor allem aber schildert sie mit eindringlichen Worten die schrecklichen Ereignisse des Jahres 1945, die für viele Menschen Flucht, Vertreibung und damit Verlust der Heimat bedeuteten. Nicht anders SIEGFRIED LENZ, der in einigen seiner Werke, besonders im Roman ›Heimatmuseum‹, diesen Verlust literarisch zu bewältigen versucht, indem er das ganze kulturgeschichtliche Panorama der Region entwirft, gleichzeitig jedoch auch bemüht ist, Lehren für Gegenwart und Zukunft zu ziehen, um mit den nach dem Zweiten Weltkrieg dort heimisch gewordenen Menschen Wege eines vernünftigen Nebeneinanders und Miteinanders zu finden.

AGNES MIEGEL, ERNST WIECHERT und FRITZ SKOWRONNEK ebenso wie KÄTHE KOLLWITZ und LOVIS CORINTH, sie alle schöpften Kraft für ihre dichterische und darstellende Kunst aus den Eigenheiten der ostpreußischen Landschaft und der Menschen, die hier verwurzelt waren.

Drei geniale Denker haben im ostpreußischen Königsberg des 18. Jh. gewirkt: IMMANUEL KANT (1724–1804), den viele für den größten deutschen, gar für den größten abendländischen Philosophen halten; JOHANN GOTTFRIED HERDER (1744–1803), dessen Nachwirkung in der Literatur, Philosophie und Geschichtsschreibung des 19. und 20. Jh. allenthalben spürbar ist; und schließlich JOHANN GEORG HAMANN (1730–88), der die religiöse Seite der Philosophie betonte und der den Begriff des ›praktischen Christentums‹ geprägt hat.

Führender Repräsentant der Aufklärung in der polnischen Literaturgeschichte war IGNACY KRASICKI (1735–1801), Fürstbischof von Ermland, der sich in seiner Philosophie auf ERASMUS VON ROTTERDAM berief und in seiner Dichtkunst unter dem Einfluß des ›Goldenen Zeitalters‹ der polnischen Literatur stand, vor allem repräsentiert durch JAN KOCHANOWSKI.

Olsztyn/Allenstein – Grunwald/Tannenberg – Morąg/Mohrungen – Lidzbark Warmiński/Heilsberg – Święta Lipka/Heiligelinde – Kętrzyn/Rastenburg

Mit 145 000 Einwohnern, fast das Dreifache gegenüber 1945, ist **Olsztyn/Allenstein** nicht nur die zweitgrößte Stadt in der äußersten nordöstlichen Region Polens nach Białystok, sondern auch eines deren wirtschaftlichen, kulturellen und touristischen Zentren. Hier haben die Behörden der gleichnamigen Wojewodschaft ihren Sitz, hier arbeiten – ansonsten eine Seltenheit in diesem Gebiet – mehrere Industriebetriebe, vor allem die größte polnische Reifenfabrik, und hier wurden nach dem Zweiten Weltkrieg auch mehrere Hochschulen, darunter zwei landwirtschaftliche und eine pädagogische, eingerichtet. Das Pantomimentheater der Stadt genießt in ganz Polen einen guten Ruf. Olsztyn liegt inmitten einer reizvollen Hügellandschaft; für Wanderer und Naturliebhaber bieten sich viele Ausflugsmöglichkeiten in die nähere Umgebung, wie etwa in das ausgedehnte Waldgebiet südlich der Stadt zwischen Jez. Plusznie, Jez. Łańskie und Jez. Kośno und ebenso in die gesamte Region der Pojezierze Mazurskie/Masurischen Seenplatte.

Die Gründung Olsztyns geht zurück auf das 14. Jh., als dem ermländischen Domkapitel im Jahre 1346 das Gebiet der pruzzischen Gaue Bertingen und Gudikus zugesprochen worden war und die Domherren auf einer der Halbinseln zwischen den Windungen der Łyna/Alle eine Burg als Mittelpunkt für die spätere Besiedlung errichten ließen. 1348 wird die ›neue Stadt‹ zum ersten Mal erwähnt. Nach dem Frieden von Thorn 1466 kam die Stadt mit dem gesamten Ermland zur polnischen Krone, bei der ersten Teilung Polens dann zu Preußen, 1807 war sie vorübergehend von französischen, 1914 von russischen Truppen besetzt. In den Jahren 1516–19 und 1520–21 wirkte hier NIKOLAUS KOPERNIKUS als Administrator des Domkapitels; in dieser Zeit fallen die ersten Arbeiten an seinem Hauptwerk ›De revolutionibus orbium coelestium libri VI‹ (›Über die Kreisbewegungen der Himmelskörper‹). Seit 1945 ist Olsztyn Bestandteil des polnischen Staatsgebietes.

Die im Zweiten Weltkrieg zu fast 50 % zerstörte Stadt ist in annähernd gleicher Gestalt wiederaufgebaut worden, die Bürgerhäuser und auch das alte Rathaus am Markt bieten weitgehend ihr ursprüngliches Bild; unweit des Marktplatzes stehen die unversehrt gebliebene evangelische Pfarrkirche, die auch heute noch von der klein gewordenen evangelischen Gemeinde als Gotteshaus benutzt wird, die katholische Pfarrkirche St. Jakob, heute Kathedrale des Bistums Ermland, und das Hohe Tor als einziger erhaltener Bestandteil der alten Stadtmauer aus dem 14. Jh.

Das *Brama Wysoka/Hohe Tor,* in den Jahren 1858–98 als Gefängnis zweckentfremdet, ist ein gotischer Backsteinbau auf fast quadratischem Grundriß, dessen Stadtseite mit einem schönen Rautenmuster aus gesinterten Bindern verziert ist; Spitz- und Stichbogenblenden gliedern die stadtabgewandte Seite, Giebel und seitlicher Treppenturm stammen aus dem Jahr 1858.

Von den *Giebellaubenhäusern* am Markt sind vor allem die beiden miteinander in Verbindung stehenden gotischen Häuser Nr. 10 und 11 zu erwähnen, die um 1380 entstanden sind und 1936 nach einem Brand freigelegt wurden; Haus Nr. 11 ist wohl das älteste Laubenhaus

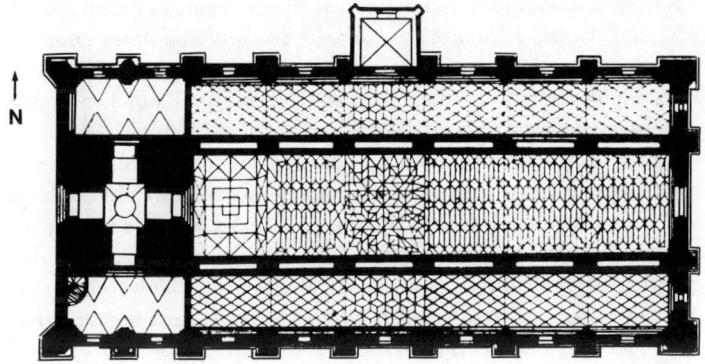

Olsztyn, Grundriß der Pfarrkirche St. Jakob

auf dem Gebiet der früheren Provinz Ostpreußen. Nur die Umfassungsmauern sind vom ursprünglichen Bauwerk des *Stary Ratusz/Alten Rathauses* (1623–24) erhalten geblieben, das 1766 einer gründlichen Restaurierung unterzogen wurde; Dachreiter (1852) und Giebel (1881) kamen später hinzu.

Die *Kościół Farny św. Jakuba/Pfarrkirche St. Jakob,* wahrscheinlich in den Jahren 1370–80 im Anschluß an den Bau der Ordensburg begonnen und 1445 zum ersten Mal urkundlich erwähnt, zählt zu den bedeutendsten Leistungen des Backsteinbaus im östlichen Teil des ehemaligen Deutschordenslandes; der Baumeister folgte dem Typus der dreischiffigen, chorlosen Hallenkirche mit einem mächtigen Turm, der in den rechteckigen Grundriß miteinbezogen wurde. Größere Restaurierungen erfolgten in den Jahren 1715–21, 1819–20 und 1859, vor allem aber 1866–68, als das Bauwerk im neogotischen Stil erneuert wurde; die Ausmalung stammt aus dem Jahre 1925. Am Turm läßt sich deutlich die Unterbrechung über dem dritten Geschoß erkennen; im Erdgeschoß findet sich das reich gegliederte Spitzbogenportal, darüber eine Kreisblende, in den unteren horizontalen Putzfriesen und den Spitzbogen der Blenden Zierstücke aus Glasursteinen. Die barocke Ausstattung wurde 1866–71 mit wenigen Ausnahmen durch neogotische ersetzt.

Olszytyn, Burgansicht; Zeichnung von F. v. Quast 1852

Johann Gottfried Herder ▷
(1744–1803)

Die ehemalige *Burg* des Ermländischen Domkapitels hat den Zweiten Weltkrieg fast unversehrt überstanden und präsentiert sich bis heute in gutem Zustand; sie beherbergt das *Muzeum Warmii i Mazur/Museum von Ermland und Masuren* mit archäologischen, ethnologischen und naturwissenschaftlichen Sammlungen sowie einer historiographischen Darstellung der nationalen polnischen Bewegung im Raum Ermland/Masuren. Der Baubeginn ist auf das Jahr 1348 zu datieren, erfolgte also etwa gleichzeitig mit den Burgen in Reszel und Lidzbark Warmiński. Von der ursprünglichen Anlage ist vor allem das Hauptgebäude des Nordostflügels erhalten mit der ehemaligen Dienstwohnung des Landprobstes und einem Remter sowie der St. Annen-Kapelle; an der Hofseite dieses Flügels liegt ein zweigeschossiger Laubengang mit einem waagrechten Putzband als Zierde und Spitzbogenarkaden im Hauptgeschoß. An der Westecke des Bauwerks ragt der Hauptturm empor, dessen unterer, quadratischer Teil durch Rautenmuster aus gesinterten Bindern verziert ist. Beim Südwestflügel der Burg weisen noch der Mauerabsatz in halber Höhe und die ehemaligen Wehrluken auf den ursprünglichen Zustand dieses Bauwerkteils hin. Eine Sonnenuhr im Laubengang und verschiedene Exponate in den Museumsräumen, darunter ein Arbeitstisch, erinnern daran, daß der berühmte NIKOLAUS KOPERNIKUS im 16. Jh. hier auf der Burg lebte und arbeitete. Im Innenhof stehen drei pruzzische Granitskulpturen.

Die *Ordensburg* in **Ostróda/Osterode,** etwa 40 km von Olsztyn, brannte 1945 aus. Ihr Wiederaufbau geht nur langsam voran; bislang ist allein der Südflügel fertiggestellt und wird für Ausstellungen genutzt. Von der alten Bausubstanz der 1349–70 errichteten Burg sind nur die Keller, die Außenmauern bis zur halben Hauptgeschoßhöhe, Teile der Erdgeschoßräume und des Hauptportals sowie der Tür- und Fensterfassungen erhalten geblieben. Ostróda ist heute vor allem ein Ausflugszentrum; die Stadt liegt am Ostufer des Jezioro Drwęckie/Drewenz-Sees, der durch eine Reihe von Flüssen und Kanälen mit den benachbarten Seen verbunden ist, so daß sich reizvolle Wasserwanderwege ergeben. In den Sommermonaten verkehren täglich Schiffe auf dem Kanał Ostródzko-Elbląski/Oberländer Kanal mit seinen interessanten Schiffshebewerken bis nach Elbląg/Elbing und Iława/Deutsch-Eylau.

Morąg/Mohrungen, weiter nördlich von Ostróda gelegen, ist die Geburtsstadt des großen Humanisten und Dichters JOHANN GOTTFRIED HERDER, der hier am 25. 8. 1744 das Licht der Welt erblickte. Sein Geburtshaus allerdings hat die Wirren des Zweiten Weltkriegs nicht überstanden, nur noch eine Gedenktafel erinnert heute an dessen Standort; die dortige, nach dem Krieg zunächst ul. Kościelna genannte Straße erhielt inzwischen den Namen Herders: ul. Herdera. Wichtige Exponate, darunter die Werke Herders in der Wiener Ausgabe von 1801, befinden sich in einem Museum in dem wiederaufgebauten *Barockpalais* der Familie Dohna. Das Palais war 1945 zerstört worden. Das schöne gotische *Rathaus* (1360–80) erfreut durch seine reich profilierten Portale an den Giebelfronten. Die *Kościoł Farny/Pfarrkirche,* deren älteste Bauteile aus dem ersten Viertel des 14. Jh. stammen, und ein sehr stark verbauter Flügel der ehemaligen *Burg* des Deutschen Ordens sind die wenigen erwähnenswerten Baudenkmäler, die vom alten Morąg erhalten geblieben sind.

Auch in dem südlich von Olsztyn gelegenen **Olsztynek/Hohenstein** haben nur wenige Baureste der früheren *Ordensburg* (1351 erstmals urkundlich erwähnt) die Jahrhunderte überstanden; Fundamente, Außenwände und zwei Granitkonsolen am Westgiebel sind Bestandteil eines Gebäudes aus dem 19. Jh., in dem heute ein Gymnasium untergebracht ist. Sehenswert ist das *Muzeum Budownictwa Ludowego/Museum für Volksarchitektur* am Rande der Stadt (an der Straße nach Olsztyn) mit Originalen und Rekonstruktionen bäuerlicher Holzhäuser, Windmühlen und einer Kopie der Holzkirche von Rychnowo, die zusammen einen guten Eindruck früherer Bauweisen vermitteln.

Knapp 20 km südwestlich von Olsztynek, zwischen den Dörfern Grunwald/Grünfelde, Stębark/Tannenberg und Łodwigowo/Ludwigsdorf fand am 15.7. 1410 eine der größten Schlachten des Mittelalters statt, als das Heer des Deutschen Ritterordens mit dem Hochmeister ULRICH VON JUNGINGEN an der Spitze, von den vereinigten polnisch-litauischen Truppen vernichtend geschlagen wurde. Ein 1960 errichtetes *Denkmal* erinnert an diese Schlacht. Polens erster bedeutender Geschichtsschreiber, JAN DŁUGOSZ, berichtet, damals hätten die polnisch-litauischen Kämpfer jenes ›Muttergottes-Lied‹ (›Bogurodzica‹) gesungen, das zu den ersten polnischsprachigen Schriftdokumenten zählt und schon im 15. Jh. als eine Art Nationalhymne galt.

Die damalige Schlacht steht auch im Mittelpunkt des Romans ›Die Kreuzritter‹ (›Krzyżacy‹, 1900) von HENRYK SIENKIEWICZ (s. S. 93). Sein Buch war die Vorlage für den von ALEKSANDER FORD gedrehten Film ›Die Kreuzritter‹ im Jahre 1960.

Ein halbes Jahrtausend später, im August 1914, schlug die achte deutsche Armee unter HINDENBURG die russische Narew-Armee ebenfalls in diesem Gebiet. Das Schlachtfeld von 1914 liegt neueren Forschungen zufolge zwischen Stębark und Nidzica. Am 26. August 1914 begann die Schlacht bei Tannenberg und entschied sich am 31. August etwa 20 km östlich, vom mittelalterlichen Schlachtfeld 30 km entfernt. Zumindest schreibt LUDENDORFF in seinen ›Kriegserinnerungen‹: »Die Schlacht wurde auf meinen Vorschlag die Schlacht von Tannenberg genannt, als Erinnerung an jenen Kampf, in dem der Deutsche Ritterorden den vereinigten litauischen und polnischen Armeen unterlag.« Einige Mauerreste auf einem unscheinbaren Hügel südwestlich von Olsztynek erinnern an jenes gewaltige ›Reichsehrenmal Tannenberg‹, das 1927 errichtet und 1945 von zurückweichenden deutschen Truppen gesprengt wurde; das Gemetzel im August 1914 gilt als eine der größten Einkreisungs- und Vernichtungsschlachten des Ersten Weltkriegs.

Nidzica, Stadtansicht 1684 von Hartknoch

Ganz im Süden der Wojewodschaft Olsztyn liegt **Nidzica/Neidenburg,** dessen ehemalige *Zamek/Ordensburg,* die mit ihrer Wuchtigkeit, aber auch ihrer architektonischen Klarheit das Stadtbild beherrscht; das in gutem Zustand befindliche Gebäude wird heute als Museum, Bibliothek und auch als Gaststätte genutzt. Um 1370 begonnen und bei der Stadtgründung 1381 im wesentlichen vollendet, war die Burg noch ganz eindeutig als Wehrbau im alten Sinne mit hohen Mauern, Türmen und Häusern konzipiert, denn sie diente als Grenzburg gegen Polen. In der Burgkapelle ist eine wertvolle Wandmalerei aus der Zeit um 1400 erhalten geblieben: eine Anbetungsszene mit Figuren der vier Evangelisten sowie ornamentalem Rankenwerk. Aus Nidzica stammte der Historiker FERDINAND GREGOROVIUS (1821 geboren), der später eine achtbändige ›Geschichte Roms im Mittelalter‹ vorlegte.

Seit 1980 bemühen sich Denkmalpfleger um die Restaurierung der *Zamek/Ordensburg* in **Działdowo/Soldau,** etwa 25 km südwestlich von Nidzica, bereits in der Wojewodschaft Ciechanów gelegen, die als Grenzburg gedient hat und wohl 1340–50 entstanden ist.

Im ehemaligen *Klasztor Franciszkanów/Franziskanerkloster* von **Barczewo/Wartenburg,** nordöstlich von Olsztyn, befindet sich ein schönes Grabmal der polnischen Spätrenaissance. Sein Schöpfer war der Niederländer WILLEM VAN DEN BLOCKE; das Grabmal wurde 1598 für den Kardinal ANDRZEJ BATORY und dessen Neffen BALTAZAR errichtet.

Die katholische *Kościół Farny/Pfarrkirche* von **Dobre Miasto/Guttstadt** (Farbabb. 26), an der alten Straße nach Kaliningrad/Königsberg gelegen, übertrifft an Größe alle anderen Pfarrkirchen des früheren Ermlandes. Die im dritten Viertel des 14. Jh. in Backstein errichtete dreischiffige, chorlose Hallenkirche bewahrt noch Teile der mittelalterlichen Ausstattung. Sehenswert ist auch das sich der Kirche anschließende Stiftsgebäude, heute ein Priesterseminar, mit seinem Kreuzgang im ersten Stock und restaurierten Freskomalereien.

Bemerkenswert in **Orneta/Wormditt** ist das 1373 im gotischen Backsteinbau errichtete Rathaus mit dem staffelförmigen Westgiebel. Interessant ist auch die 1379 vollendete *sw. Jana/Pfarrkirche St. Johannes.* Am Markt sind einige der alten Bürgerhäuser erhalten.

Wie das gesamte Ermland unterstand **Lidzbark Warmiński/Heilsberg,** in den Jahren 1466–1772 polnischer Lehnshoheit; 1315–21, 1350–1795 und zeitweise auch noch bis 1836 residierten hier die ermländischen Bischöfe. Vor allem in der Renaissancezeit entwickelte sich Lidzbark zu einem wichtigen intellektuellen und künstlerischen Zentrum. Hier betrieb NIKOLAUS KOPERNIKUS nach 1506 seine astronomischen Beobachtungen, und hier entstand wohl auch die erste Niederschrift seiner Auffassungen vom heliozentrischen Weltsystem, der ›Commentariolus‹; IGNACY KRASICKI, der 1765 zum Fürstbischof von Ermland berufen wurde, verfaßte in Lidzbark sein kritisch-komisches Epos ›Monachomachia czyli wojna mnichów‹ (›Der Mönchskrieg‹), in dem er die Trunksucht und die Dummheit der Mönche, überhaupt den Müßiggang des Klosterlebens zur Zielscheibe seines Spottes macht.

Die in einer Biegung der Łyna gelegene Stadt, ab 1308 im Besitz des Kulmischen Stadtrechtes, hat ihren mittelalterlichen Grundriß mit dem rechteckigen Marktplatz bewahrt; am Markt *(Haus Nr. 15* und *Haus Nr. 18)* sowie in der ul. Długa/Langgasse *(Haus Nr. 29)* sind einige der schönen Giebelbauten aus dem 18. Jh. erhalten geblieben. Teil der alten, 1357

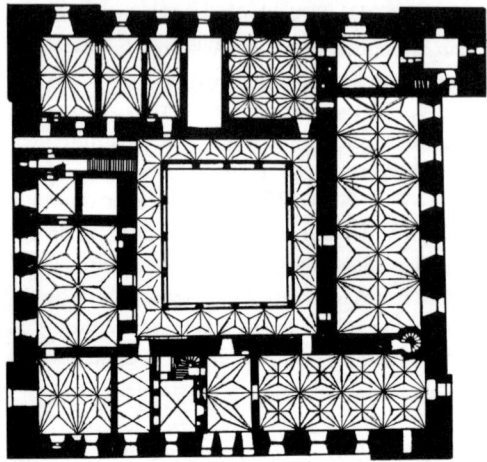

Lidzbark Warmiński, Grundriß der Bischofsburg

vollendeten Stadtbefestigung ist das *Wysoka Brama/Hohe Tor* mit seinen beiden Rundtürmen, neben dem Krantor in Gdańsk (s. S. 338) eines der ganz wenigen Beispiele eines niederländischen Tortypus im ehemaligen Ostpreußen.

Vom Marktplatz sind es nur ein paar Schritte bis zum Ufer der Łyna, und von dort geht der Blick auf das gewaltige Bauwerk des früheren *Zamek Biskupów/Bischofsschlosses,* ein quadratisches Kastell mit großflächigen Außenwänden, Wehrluken unter der Traufe und steilen Dächern, mit drei Ecktürmen und einem mächtigen Bergfried –, eine fürstliche Residenz und schwere Feste in einem; neben der Marienburg (s. S. 356) – und auch von deren Anlage und Ausgestaltung entscheidend beeinflußt – wohl der bedeutendste und besterhaltene Profanbau der Architektur des Deutschen Ordens. Die 1350–1400 errichtete Burg ist nach 1927 vorbildlich restauriert worden. Von der einst großartigen Ausmalung konnten wertvolle Bestandteile freigelegt werden: im Sommerremter (erstes Jahrzehnt des 14. Jh.), in der Kapelle, im Großen Remter (1370–80) und im Turm an der Nordostecke (um 1500). Ein schöner, zweigeschossiger Laubengang umgibt den Innenhof. Die katholische *Kościół Farny św. Piotra i Pawła/Pfarrkirche St. Peter und Paul,* um 1350 in Zusammenhang mit der Bischofsburg und der Stadtbefestigung als zunächst turmlose Basilika errichtet, wurde nach einem Brand 1497 in Form einer Halle erneuert und mit einem zwölfteiligen Sterngewölbe auf schmalen Konsolen und Arkadenbögen auf achteckigen Pfeilern versehen. Zur Innenausstattung gehören die wertvolle Skulpturengruppe Christus am Ölberg (um 1420), ein Taufbecken aus Granit (14. Jh.) und eine kupfervergoldete Büste der hl. Ida (um 1420).

Der gewaltige Granitblock ›Kamień wielki‹ (›Großer Stein‹), den man noch heute besichtigen kann, und die Erinnerung an den Stadtgründer, Bischof HEINRICH III. SORBOM, gaben dem Ort **Bisztynek/Bischofstein** seinen Namen, der auch im alten Stadtwappen bildlich dargestellt ist: ein aufrecht stehender Hirtenstab auf einem Felsen.

Reszel/Rößel galt im ausgehenden Mittelalter als strategisch wichtiger Platz an der alten Handelsstraße vom Frischen Haff nach Masowien; der Name geht zurück auf die einige Kilometer weiter nördlich gelegene Pruzzensiedlung Resel. Das dortige, 1371 vollendete *bischöfliche Schloß* mit dem gewaltigen Bergfried blieb in seiner Bausubstanz im wesentlichen erhalten. Seit der Restaurierung beherbergt es eine Galerie für zeitgenössische Kunst und bietet Arbeitsräume für Künstler.

Unweit von Reszel, etwa 70 km nordöstlich von Olsztyn, in einem Tal an der Straße nach Kętrzyn/Rastenburg, wird man überrascht und fasziniert sein von einem Sakralbau, der auf den ersten Blick fremd erscheint, weil er mit seiner prächtigen Architektur weder ins gewohnte Landschaftsbild paßt noch in bezug zu den Menschen und der Geschichte zu stehen scheint. Statt schlichter Backsteingotik findet man üppigsten Barock: die **Wallfahrtskirche Święta Lipka/Heiligelinde** (Abb. 44) und das sich anschließende Klasztor Jezuitów/ Jesuitenkloster.

1482 wird zum ersten Mal eine Wallfahrtskapelle Heiligelinde *(capella in linda)* erwähnt; 1617 erwirbt Stefan Sadorski, der Sekretär des polnischen Königs Zygmunt III. Waza, das Gut Linde und läßt auf den alten Fundamenten eine neue Kapelle errichten, später

Święta Lipka, Darstellung der ›Heiligen Linde‹; Holzstich aus dem 15. Jh.

Bunker der ehemaligen ›Wolfsschanze‹

überträgt er das Eigentumsrecht an Land und Gebäuden dem ermländischen Domkapitel. 1687 wird der Grundstein zur heutigen Anlage gelegt, die – unter Leitung des in Wilna tätigen Baumeisters GEORG ERTLY aus Südtirol – 1730 im wesentlichen vollendet ist. 1636 waren die Jesuiten mit der Seelsorge beauftragt worden, die später, 1722, zur Ausgestaltung der Gottesdienste und Wallfahrten eine Musikschule und ein Freilichttheater gründeten. Święta Lipka ist wohl die schönste und wertvollste Wallfahrtskirche, die im ehemaligen Ermland in den Formen des italisierenden Barock errichtet worden ist. Die basilikale Anlage mit überhöhtem Mittelschiff und schmalerem Chor beeindruckt in erster Linie durch ihre belebte Fassade mit den beiden Türmen und dem Freigeschoß. Vor den Eingängen finden sich große Freitreppen. Das Mittelportal liegt in einer tiefen Nische; zwischen zwei Fenstern ist die Nachbildung der hl. Linde mit der Muttergottes (MATTHIAS POERTZEL, 1730) zu sehen. Zu der reichen, nahezu unverändert erhaltenen Ausstattung zählt die Wandmalerei mit einem vielfältigen Programm: so im Gewölbe des Mittelschiffs (1723 begonnen) die Verherrlichung Mariens, an den Seitenwänden die Leidensgeschichte Jesu. Der große, bis an die Decke reichende Hochaltar (1712–14) entspricht der strengen Säulenarchitektur des römischen Barock im 17. Jh., die schöne Orgel paßt sich mit ihren drei Türmen sehr gut in die architektonische Gestaltung ein. Zum reichen Kirchenschatz gehören mehrere Kelche (1644, 1695), Meßgewänder aus dem 18. Jh. sowie ein Predigtbuch (1476), eine Bibel (1482) und ein Atlas (1591). Eine prachtvolle Monstranz von 1720 wurde 1980 gestohlen. Die Kirche umschließt ein Hallenumgang mit kapellenartigen, kuppelgewölbten Eckbauten.

Inmitten einer reizvollen Landschaft gelegen, ist **Kętrzyn/Rastenburg** heute ein Verkehrsknotenpunkt und Standort kleinerer Industriebetriebe, vor allem auch ein Marktplatz für die Bauern der umliegenden Region. Hier deutet nichts darauf hin, daß nur wenige Kilometer weiter östlich, etwas abseits der Straße nach Giżycko/Lötzen, bei dem Dorf **Gierłoż Görlitz,** eines der Befehlszentren HITLERS im Zweiten Weltkrieg lag: die ›*Wolfsschanze*‹ – Symbol nationalsozialistischer Vernichtungsstrategie und Symbol heldenhaften Widerstandes gegen die Verbrechen des HITLER-Regimes.

Die ›Wolfsschanze‹ ist heute ein Trümmerhaufen, eine zerklüftete Gebirgslandschaft aus Betonplatten und Ziegelsteinschutt, umgeben von Wäldern, Seen und Sümpfen. Der

Minengürtel, der damals HITLERS Schlupfloch sicherte, war bis zu 180 m breit und 10 km lang; 10 m dick war die Betondecke über dem Führerbunker. In der geheimen Stadt gab es insgesamt 80 Bauten, darunter Luftschutzbunker, Büros, Hotels, Offizierskasinos und Baracken. HITLER verließ die ›Wolfsschanze‹ erst, als er unmittelbar von der Roten Armee bedroht wurde, am 20. 11. 1944, vier Monate nach dem mißglückten Anschlag des Oberst VON STAUFFENBERG. Am 24. 1. 1945 sprengten deutsche Pioniere die ›Wolfsschanze‹ in die Luft. Etwa 250 000 Besucher kommen jährlich nach Gierłoż. Ein kleines, 1992 enthülltes Denkmal erinnert an all diejenigen, die sich gegen das nationalsozialistische Regime gewandt haben.

Puszcza Piska/Johannisburger Heide – Mikołajki/Nikolaiken – Ryn/Rhein – Giżycko/Lötzen – Węgorzewo/Angerburg – Suwałki – Sejny

Zu den schönsten Landschaften in Masuren zählt die Puszcza Piska/Johannisburger Heide im Süden der beiden Wojewodschaften Olsztyn und Suwałki, ein durch Seen unterbrochenes Waldgebiet von fast 1000 km², das bis heute in seiner Urwüchsigkeit erhalten geblieben ist. In einem großen Bogen teilt die Jezioro Nidzkie/Niedersee die Johannisburger Heide; die vielfältige Vogelwelt dieses, aber auch des Jezioro Bełdany/Beldahn- und des Jezioro Mokre/Muckersees, mit Schwänen, Tauchern, Fischreihern und sogar Adlern, die abwechslungsreichen Laubwälder und die schier endlosen Kiefernwälder mit zahllosen Pilzen, Heidel- und Preiselbeersträuchern machen das Gebiet zu einem Paradies für Wanderer und Wassersportler.

Inmitten dieser reizvollen Landschaft liegt der Ort **Ruciane-Nida/Rudschanny,** der sich zu einem beliebten Fremdenverkehrszentrum entwickelt hat; mehrere Schiffahrtslinien, auch Paddel- und Segelboottouren sowie vor allem Wanderwege haben hier ihren Ausgangspunkt.

Auch **Pisz/Johannisburg,** am Ostrand der Johannisburger Heide gelegen, ist ein Dorado vor allem für Wassersportler; nach Norden gelangt man durch den Jezioro Roś/Roschsee und den Jegliński-Kanal in den Jezioro Seksty/Sextersee und den großen Jezioro Śniardwy/ Spirdingsee, und wer genügend Mut und Ausdauer besitzt, kann gen Süden über die Flüsse Pisa/Galinde und Narew bis nach Warszawa paddeln. Pisz ist mit seinen 15 000 Einwohnern heute vor allem ein Zentrum der Holzindustrie. Seinen Namen erhielt es im 14. Jh. nach Johannes dem Täufer: das ›feste Haus Johanspurgk‹; die vom Deutschen Ritterorden 1345–70 errichtete Burg ist Mitte des 18. Jh. verfallen und wurde nach und nach abgetragen. Trotz der Zerstörungen im Zweiten Weltkrieg sind das alte *Rathaus* und einige *Bürgerhäuser* am Marktplatz erhalten geblieben.

1600 Seen gibt es in Masuren, die jeweils eine Fläche von mehr als 1 ha bedecken, dazu mindestens 3000 kleinere Seen, Äuglein genannt. Endlos ziehen sich die schmalen ›Rinnenseen‹ hin, oft durch kleine Flüsse, Bäche und Kanäle zu Ketten verbunden; sie füllen die tiefen Furchen, welche die Schmelzwasser der Gletscher bei der jüngsten Eiszeit zogen.

Ihnen verdanken auch die beiden größten Seen ihre Entstehung: der Jezioro Śniardwy/ Spirdingsee und der Jezioro Mamry/Mauersee, Binnengewässer vom Ausmaß des Chiem- und des Vierwaldstätter Sees, ›masurische Meere‹ genannt; der Spirdingsee hat eine Ausdeh- nung von 110 km². Die Uferbewohner kennen diese ›Meere‹ einerseits als regungslos dalie- gende, wie große Spiegel wirkende bleierne Flächen, wissen aber auch um die Stürme, die diese Gewässer zum Toben bringen können und Boote kentern lassen. Im Südzipfel des Spirdingsees liegt die Insel **Czarny Ostrów**, früher Teufelsinsel genannt; dort sollen Perku- nos, Potrimpos und Pikullos, das göttliche Dreigestirn der Pruzzen, ihren Wohnsitz gehabt haben; hier, unter der hl. Linde von Romowe, huldigte man den Göttern durch Menschen- opfer.

Auch das 250 Jahre alte **Mikołajki/Nikolaiken** hat den eigentümlichen Reiz eines Masu- renstädtchens bewahrt; etwas übertrieben spricht man vom ›Mazurska Wenecja‹ (›Venedig Masurens‹). In Mikołajki legen die Passagierschiffe für Ausflugsfahrten über die großen Seen ab. Noch immer schwimmt unter der Stadtbrücke über den Jezioro Mikołajskie/Nikolaiker See der legendäre ›Stinthengst‹, ein Riesenfisch mit einer Krone auf dem bemoosten Haupt. Er soll, folgt man der Legende, der ärgste Feind der Fischer von Mikołajki gewesen sein, indem er Netze zerriß, gefangene Barsche und Felchen befreite, ja sogar Boote versenkte und die Fischer ertrinken ließ. Als man ihn schließlich fing, wurde er – auf Beschluß aller Fischer – nicht getötet, sondern als schwimmendes Mahnmal an einen Brückenpfeiler gefes- selt. Mikołajki erlangte Bedeutung, als man 1764–66 den Kanal zwischen Spirding- und Mauersee fertiggestellt hatte, der dazu diente, den Holzreichtum der Johannisburger Heide für holzärmere Gegenden nutzbar zu machen. Ganz anders als Pisz oder Mikołajki ist das weiter nördlich gelegene **Ryn/Rhein** ein stiller Ort geblieben, abseits der lebhaften Urlaubs- region und kaum verbunden mit den Verkehrsadern dieser Region. Immerhin findet sich in der Ortsmitte die ehemalige, 1377–80 erbaute *Burg* des Deutschen Ordens, errichtet an der als strategisch wichtig erkannten Landenge zwischen zwei Seen. Vom ursprünglichen Bau- werk blieb allerdings nur der dreigeschossige Hauptflügel an der Südostecke ziemlich unverändert erhalten, an dessen Backsteinmauern durch das Abfallen einer später ange- brachten Putzschicht Teile des Rautenmusters aus Sintern wieder sichtbar werden. In Keller und Erdgeschoß existieren noch je ein langer Saal mit gratigen Gewölben und Mittelpfeilern.

Auf der Landenge zwischen Jezioro Mamry und Jezioro Niegocin/Löwentinsee liegt **Giżycko/Lötzen**, wohl das bedeutendste Urlaubszentrum des gesamten Masurischen Seengebietes. Von hier ist es nicht weit zu der Erhebung *Piękna Góra*, von der aus man eine wunderbare Aussicht auf die umliegenden Seen genießen kann, zur Wysoki Ostrów/ Hohen Insel mit einem Schutzgebiet für Kormorane, zur Heidelandschaft Puszcza Bo- recka/Rothebucher Forst, in der Wisente gezüchtet werden. Das Feste Haus ›*Leczenburg*‹ des Deutschen Ordens, 1337 zum ersten Mal erwähnt, lag an der schmalsten Stelle der Landenge, etwa 3 km westlich von Giżycko; 1390 wurde es an die heutige Stelle verlegt und als Steinbau errichtet. Das Bauwerk befindet sich nicht im besten Zustand, allenfalls die Renaissancegiebel an den Schmalseiten, ein Werk von Christoph Römer (1560), lassen die alte Schönheit erahnen. Sehenswert ist auch die frühere evangelische *Kościół Farny/Pfarr-*

kirche, 1827 nach einem Entwurf aus der SCHINKEL-Schule erbaut, mit toskanischen Säulen im Innern.

Zu den Sehenswürdigkeiten von **Węgorzewo/Angerburg** gehört die vor einigen Jahren aus den Ruinen wiederentstandene *Zamek/Deutschordensburg* sowie die ehemalige evangelische Pfarrkirche. Die Burg war damals der nordöstlichste Punkt jener Kette von Befestigungsanlagen, die das Seengebiet zwischen Węgorzewo im Norden und Pisz im Süden sichern sollten, 1335 zum ersten Mal errichtet, nach der Zerstörung durch den Litauerfürsten 1398 wiederhergestellt. Die *Kościół Farny/Pfarrkirche*, ein spätgotischer Backsteinbau, wurde in den Jahren 1598–1613 erbaut und ist eine der letzten Kirchen im ehemaligen Ostpreußen mit massivem Rippengewölbe.

Węgorzewo ist heute ein Zentrum der Fischerei und der Fischverarbeitung; der Reiz des Städtchens besteht in seiner Lage am Oberlauf der Węgorapa, nicht weit vom Nordufer des Mauersees. Von hier sind es nur noch etwa 20 km bis zur russischen Grenze.

Heute inmitten der Wojewodschaft Suwałki gelegen, war **Ełk/Lyck** bis zum Zweiten Weltkrieg fast so etwas wie eine Grenzstadt im südöstlichen Zipfel des ehemaligen Ostpreußens. Ungefähr 15 km südlich der Stadt verlief die alte, Jahrhunderte existierende deutschpolnische Grenze; nahe den Ortschaften Prostki und Kopijki steht noch ein altes Grenzmal,

Die Seenplatte der Wojewodschaft Suwałki

das 1545 hier errichtet worden war. Ełk ist der Geburtsort von SIEGFRIED LENZ, der in seinen schriftstellerischen Arbeiten dem alten Masuren, den Menschen und ihren Traditionen, der Geschichte und der Landschaft ein literarisches Denkmal gesetzt hat. Außerhalb der Stadt, auf einer Insel im Jezioro Ełckie sind noch Mauerreste der zwischen 1398 und 1408 errichteten Deutschordensburg erhalten geblieben. Schon im 16. Jh. war Ełk ein geistiger Mittelpunkt des Landes; die dortige Provinzialschule hatte die Aufgabe, Schüler für das Studium an der 1544 in Königsberg gegründeten Universität vorzubereiten.

Der östliche Teil der Wojewodschaft Suwałki, etwa jenseits der Linie Gołdap im Norden und Ełk im Süden, gehörte schon vor 1945 zu Polen als Teil der einstigen Wojewodschaft Białystok, deren heutige Gestalt durch die Verwaltungsneugliederung im Juni 1975 noch einmal andere Formen bekommen hat. Schon die Trennungslinie zwischen den beiden Teilen des Jagiellonenreiches, Polen und Litauen, verlief quer durch diese historische Region, die im Norden durch Namen wie Augustów, Suwałki und Sejny, im Süden wie Białystok, Tykocin und Supraśl charakterisiert wird. In den Jahren 1795 bis 1807 gehörte sie zum Teil zu Preußen, danach war sie Bestandteil des Herzogtums Warschau. 1815, nach dem Wiener Kongreß, verblieben Suwałki und Augustów beim Königreich Polen, während Białystok Rußland angeschlossen wurde. 1918 kam das ganze Gebiet zur neuen polnischen Republik, im Juli 1920 entstand in Białystok nach der Besetzung der Stadt durch die Rote Armee kurzzeitig eine Sowjetrepublik; JULIAN MARCHLEWSKI und FELIKS DZIERŻYŃSKI initiierten ein ›Vorläufiges Revolutionskommitee‹ als Machtorgan. Im September 1939 wurden Suwałki von deutschen, Białystok von sowjetischen Truppen besetzt, beide Städte gliederte man aber 1941 dem Generalgouvernement an. Die Grenzziehung am Ende des Zweiten Weltkriegs führte die beiden Städte wieder Polen zu, das einstige Hinterland samt Grodno kam jedoch zur Sowjetunion (heute Weißrußland).

Die ethnische Zusammensetzung der Bevölkerung im Ostteil der Wojewodschaft Suwałki und in der Wojewodschaft Białystok erinnert noch ein wenig an dieses historische Auf und Ab. So wohnen im Gebiet um Puńsk und Sejny noch Litauer; weiter südlich, entlang der Grenze und auch in Białystok sind es Weißrussen, die ihre eigene Sprache haben. Polonisierte Tataren moslemischen Glaubens findet man in zwei Dörfern östlich von Białystok, nahe der weißrussischen Grenze, wo ihre Vorfahren damals von König JAN III. SOBIESKI Land erhielten als Dank für treue Heeresdienste; in einigen Ortschaften rund um Suwałki und Augustów schließlich leben Altgläubige großrussischer Herkunft, die ab 1654 aus ihrer Heimat geflüchtet waren.

Die 1561 von König ZYGMUNT II. AUGUST gegründete, heute etwa 25 000 Einwohner zählende Stadt **Augustów** verdankt ihre Entwicklung in erster Linie dem Augustowski-Kanal, der in den Jahren 1824–39 gebaut wurde und die Flüsse Biebrza (und damit auch die Narew und die Weichsel), Czarna Hańcza und Niemen miteinander verbindet. Heute ist Augustów vor allem Ausgangspunkt für Unternehmungen in das angrenzende Seengebiet und besonders in die Puszcza Augustowska, mit einer Fläche von über 1000 km² Polens größtes zusammenhängendes Waldgebiet. Polnische Aufständische hatten während der

Kämpfe 1831–63 in der Puszcza Augustowska ihren Unterschlupf, im Zweiten Weltkrieg bekämpften Partisanengruppen von hier aus die deutschen Besatzungstruppen. Die landschaftliche Schönheit dieses Gebiets ist beeindruckend: dichte, teilweise schwer zugängliche Nadelwälder, urwüchsige Heideflächen, Sümpfe und malerisch gelegene Seen, die durch kleine Flüsse und Kanäle verbunden sind. Gerade wegen des lebhaften Ausflugsverkehrs in der Puszcza Augustowska sind die regionalen Behörden darauf bedacht, die artenreiche Flora und Fauna dieses Gebiets zu schützen.

Spätklassizistische Bauwerke prägen das historische Stadtzentrum von **Suwałki:** die katholische *Kościół Farny/Pfarrkirche* (1820–45, AIGNER/MARCONI), das *Rathaus* (erste Hälfte 19. Jh.), das *Gymnasium* (1833, CORAZZI) und eine Reihe von *Bürgerhäusern.* In der ul. Kościuszki Nr. 31 findet man ein altes, polnisches *Landhaus,* das Geburtshaus der Dichterin MARIA KONOPNICKA (1842–1910). Sehenswert ist auch das *Muzeum Etnograficzne/Ethnographische Museum* in der ul. Kościuszki 81.

Ganz im Osten der Wojewodschaft, nur etwa 10 km von der litauischen Grenze entfernt, liegt der traditionsreiche Wallfahrtsort **Sejny.** Die Kirche des dortigen ehemaligen Klasztor Dominikanów/Dominikanerklosters wurde 1610–19 im Stil der Spätrenaissance errichtet und um 1760 zur spätbarocken Hallenkirche mit Doppelturmfassade umgebaut; die Innenausstattung folgt Rokokomerkmalen. Die seit Jahrhunderten in Sejny abgehaltenen großen Jahrmärkte sind weit über die Stadt hinaus bekannt geblieben.

Białystok – Tykocin – Supraśl – Kruszyniany

Eine leicht hügelige Wald- und Ackerlandschaft, kleine Seen und Moore, eine schwache Besiedelung, kaum Industrie – das charakterisiert die Wojewodschaft an der Grenze zu Weißrußland. Lediglich die Wojewodschaftshauptstadt **Białystok,** mit 278 000 Einwohnern die größte Stadt der Nordostregion Polens, weist bemerkenswerte industrielle Bemühungen auf; so vor allem auf dem Gebiet der Textil-, Metall-, Holz- und Lebensmittelindustrie.

1824 wurde hier die erste Textilfabrik in Betrieb genommen, 1879 waren es bereits 47 Betriebe – die Stadt begann mit der Textilmetropole Łódź zu konkurrieren; die großen Streiks der Jahre 1905/06 wurden vor allem von den Textilarbeitern getragen. Auch Białystok war einmal eine Heimstatt des Ostjudentums; 1906 entfachten russische Rechtsextremisten mit wohlwollender Duldung der zaristischen Behörden ein furchtbares Pogrom gegen die jüdischen Bewohner der Stadt. 35 Jahre später errichteten die Nationalsozialisten hier eines der berüchtigten Ghettos, in dem die Juden unter unmenschlichen Lebensbedingungen zusammengepfercht wurden. Wie MORDECHAJ GEBIRTIG in Kraków und HIRSZ GLIK in Wilna hat PEJSACH KAPŁAN in Liedern und Gedichten die Leiden der Juden von Białystok beschrieben. Der nationalsozialistischen Vernichtungspolitik fielen nicht nur Tausende unschuldiger Menschen zum Opfer, sondern auch unersetzliche Kulturgüter, vor allem die für Ostpolen so typischen hölzernen Synagogen und Wohnhäuser. Der Aufstand

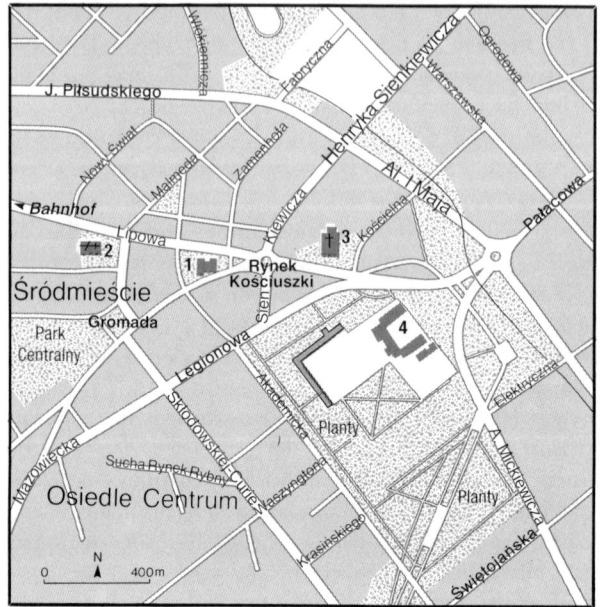

Białystok
1 Ratusz/Rathaus
2 Cerkiew św. Mikołaja/
Orthodoxe Nikolauskirche
3 Kościół Wniebowzięcia
NMP/Kirche der Himmel-
fahrt der Allerheiligsten
Jungfrau Maria
4 Pałac Branickich/Palais
Branicki

im Warschauer Ghetto veranlaßte auch die Juden in Białystok, sich gegen ihre Peiniger – wenngleich ohne jede Siegesgewißheit – zur Wehr zu setzen.

Das historische Stadtzentrum bildet der im 18. Jh. abgesteckte, dreieckige Rynek Kościuszki/Kościuszko-Marktplatz mit dem alten, 1745–61 erbauten spätbarocken *Rathaus* (1), in dem heute das *Muzeum Regionalne/Regionalmuseum* untergebracht ist; archäologische und ethnologische Exponate sowie eine kleine Sammlung polnischer Malerei können hier besichtigt werden. In der ul. Lipowa steht die mächtige orthodoxe *Cerkiew św. Mikołaja/Nikolaus-Kirche* (2), ein klassizistisches Bauwerk aus dem Jahre 1846; die reiche Polychromie im Innern (1910) ist eine Nachahmung der Fresken in der orthodoxen Kathedrale in Kiew. Östlich des Marktplatzes ist 1617–21 die *Kościół Wniebowzięcia NMP/Kirche der Himmelfahrt der Allerheiligsten Jungfrau Maria* (3) erbaut worden, in der sich das Grabmal des Hetmans JAN KLEMENS BRANICKI befindet. Eine Gedenktafel am Haus Nr. 26 der ul. Zamenhofa erinnert an LUDWIG ZAMENHOF, der die Kunstsprache *Esperanto* entwickelt hat.

Wichtigstes Baudenkmal in Białystok ist das barocke *Pałac Branickich/Palais Branicki* (4), wegen seiner Stattlichkeit und seiner großen Gartenanlage in Polen das ›Podlachische Versailles‹ genannt (Abb. 42). Auf dem Gelände zwischen den heutigen Straßen ul. Legionowa, ul. Akademicka, ul. Świętojańska und ul. Mickiewicza entstand Ende des 15. oder Anfang des 16. Jh. anstelle einer mittelalterlichen Burg ein kleines gotisches Schlößchen mit zwei runden Türmen an den Schmalseiten. Dieses Bauwerk wurde in der zweiten Hälfte des 17. Jh. umgestaltet, indem man vier eingeschossige Eckbauten ansetzte. Gegen Ende des Jahrhunderts erfolgte ein weiterer tiefgreifender Umbau durch TYLMAN VAN GAMEREN, der die Achse des Bauwerks um 180 Grad drehte, die Eckbauten an der Hof- und an der Gartenseite erhöhte sowie eine eingeschossige Arkadenhalle zwischen die Eckbauten einfügte. In der dritten Umbauphase, von 1728–58 unter der Leitung von JOHANN SIGMUND DEIBEL, wurde der gesamte Baukörper des *Corps de Logis* auf drei Stockwerke erhöht, die Eingangsseite erhielt eine gleichmäßige Fluchtlinie und neben den beiden Seitenfronten entstanden schmale Höfe mit einstöckiger Umbauung.

Das Bauwerk beherbergt heute eine medizinische Akademie, ein Teil der Parkanlagen dient dem Institut für Versuchsbiologie zu botanischen Untersuchungen.

Etwa 30 km westlich von Białystok, etwas abseits der Hauptstrecke nach Warszawa, liegt **Tykocin,** ein Ort mit langer historischer Tradition. Nach 1548 erwarb König ZYGMUNT II. AUGUST das 1425 mit dem Kulmer Recht ausgestattete Tykocin und ließ dort eine große Wehrburg samt Arsenal, Schatzkammer und Bibliothek errichten; bald spielte der Ort auch eine wichtige Rolle als Handelsplatz zwischen Ost und West. Während der Schwedenkriege war Tykocin Schauplatz scharfer Auseinandersetzungen, wobei Brände und Belagerungen viel Unheil anrichteten; von der einst so stolzen *Burg* existieren heute nur noch die Grundmauern. Erhalten geblieben sind aber später errichtete Bauwerke; so die frühbarocke *Synagoga/Synagoge* (1642), die *Kościół Farny Trójcy Świętej/Pfarrkirche zur Heiligen Dreifaltigkeit* (1742–49) und das 200 Jahre alte Standbild des Heerführers STEFAN CZARNIECKI.

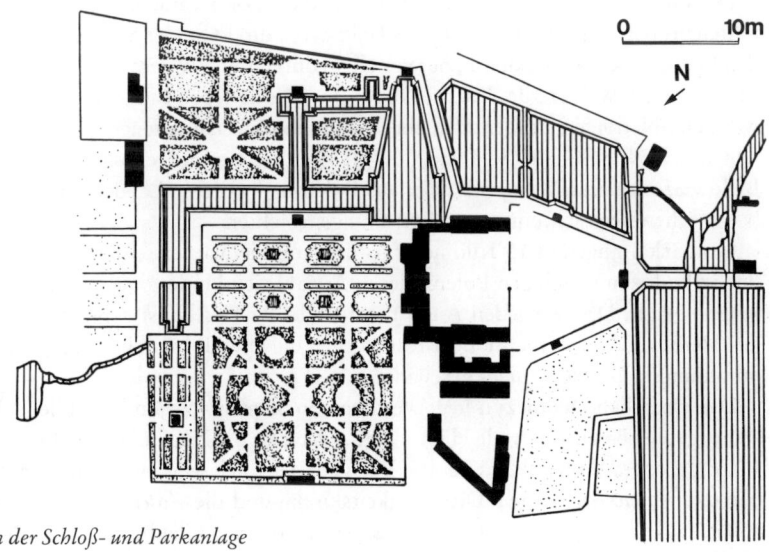

Białystok, Plan der Schloß- und Parkanlage

Nicht wenige der einstöckigen Häuser in den Seitenstraßen um den Marktplatz sind noch aus Holz gebaut.

Das nordöstlich von Białystock gelegene **Supraśl** war einmal ein Zentrum der Tuchherstellung; Fabrikanten aus Łódź und hauptsächlich deutsche Arbeiter ließen sich nach 1830 hier nieder. Die orthodoxe Wehrkirche des früheren *Klasztor Bazylianów/Basilianerklosters* im Renaissancestil wurde von der Wehrmacht gesprengt. Man bemüht sich seit einiger Zeit, die Anlage zu rekonstruieren. Die berühmten Fresken, die aus den Trümmern gerettet werden konnten, sind im Klostergebäude zu besichtigen. In der Klosterbibliothek hatten die Basilianer, bevor sie 1824 von den russischen Behörden enteignet wurden, einen altslawischen Kodex aus dem 11. Jh. aufbewahrt.

Gut 50 km sind es noch von Supraśl bis zur weißrussischen Grenze und damit zu den beiden Dörfern **Kruszyniany** und **Bohoniki,** jenen Tatarensiedlungen, denen gemeinhin der Stempel ›Polnischer Orient‹ aufgedrückt wird. Das malerische Kruszyniany, eine geschlossene Siedlung von etwa fünfzig vorwiegend aus Holz gebauten Häusern, ist stolz auf seine gut erhaltene, 200 Jahre alte *Meczet/Moschee,* ebenfalls ein Holzbauwerk mit zwei Türmen und einem unscheinbaren Minarett. Regelmäßig kommen hier die Gläubigen zusammen, hin und wieder ist auch der Imam aus Warszawa anwesend. Etwas entfernt ist auf einem Hügel der islamische Friedhof angelegt; vor allem das Grab des letzten Imams von Kruszyniany überragt das hoch wuchernde Gras. Leider wird es Kruszyniany als Siedlungsgemeinschaft tatarischer Polen nicht mehr geben, denn nur noch die Alten wohnen hier, zunehmend aufgestöbert von kundigen Urlaubern oder lärmenden Schulklassen; die jüngeren Bewohner haben es bereits vorgezogen, nach Białystok oder gleich nach Warszawa zu ziehen: Fließendes Wasser ist ihnen lieber als der Ziehbrunnen vor dem Haus.

Die **Puszcza Białowieska** südöstlich von Białystok ist mit knapp 1300 km^2 das größte mitteleuropäische Urwaldgebiet. Ein Teil davon, direkt an der Staatsgrenze gelegen, bildet den Białowieski-Nationalpark, der vor allem durch seine Wisent-Zucht berühmt geworden ist; aber auch Wildpferde, Luchse, Biber und Wölfe leben hier, dazu Rot- und Schwarzwild. Der Nationalpark, der auch über ein großes Arsenal seltener Pflanzen verfügt, wurde von der UNESCO in die Liste des Weltkulturerbes aufgenommen. In der Ortschaft Białowieża arbeiten Wissenschaftler aus Polen und anderen Ländern an zoologischen und botanischen Beobachtungs- und Forschungsprojekten.

Grabarka, ungefähr 15 Kilometer östlich von Siemiatycze, ist der zentrale heilige Ort der orthodoxen Gläubigen Polens, deren Anzahl sich immerhin auf mehrere Hunderttausende beläuft. Das hier jeden August stattfindende Treffen ist geprägt von der Offenheit der Menschen. Selbst die Brandstiftung gegen die alte Holzkirche 1991 hat der friedlichen Stimmung in Grabarka nicht geschadet.

Das Städtchen **Drohiczyn** liegt westlich von Siemiatycze am Bug. Hier scheint die Zeit stehengeblieben zu sein, viele Häuser sind aus Holz, die Fähre über den Fluß wird noch per Hand gezogen. Vom hohen Ufer des Bug geht der Blick weit ins Land. Sehenswert sind die barocke *Kościół sw. Trójcy*/Dreifaltigkeitskirche und die *Kościół sw. Marii*/Marienkirche sowie das ebenfalls barocke Gotteshaus der orthodoxen Gläubigen. *Reinhold Vetter*

Małopolska/Kleinpolen

Neben Wielkopolska/Großpolen, der Wiege des polnischen Staates, war Małopolska/ Kleinpolen dessen zweiter, früher Mittelpunkt. Ursprünglich ein Siedlungsgebiet der Wislanen, die dem wichtigsten Fluß Polens ihren Namen gegeben haben (Wisła/Weichsel), ist Kleinpolen eine der beiden historischen Schlüssellandschaften, die sich – mit dem Zentrum Kraków/Krakau – auch kunsthistorisch relativ einheitlich darstellt. Geographisch umfaßt das historische Kleinpolen die gesamte Region zwischen der innerhalb der Karpaten verlaufenden Landesgrenze im Süden, den Flüssen Soła, Przemsza und Pilica im Westen bzw. Nordwesten, der Weichsel und dem Wieprz im Norden sowie der den Fluß Bug entlanglaufenden Landesgrenze im Osten. Ein Teil Kleinpolens mit dem ehemaligen Zentrum von Ostgalizien, Lwów/Lemberg, östlich des Bug, gehört heute zur Ukraine. Innerhalb des gesamten Gebietes gibt es drei geographische Hauptlandschaften: die Karpaten und das Karpatenvorland; das Becken von Sandomierz, die durch die Weichsel getrennte kleinpolnische Hochfläche mit den Heilig-Kreuz-Bergen, und schließlich die Lubliner Hochfläche.

Kraków/Krakau

Die alte Hauptstadt Kraków (lateinisch *Cracovia*) blickt auf eine großartige Geschichte zurück. Eine Reise nach Kraków ist daher immer auch eine Reise in die polnische Vergangenheit. In dieser Stadt wurden die polnischen Könige gekrönt und zu Grabe getragen; und wenn diese auch ihre Residenz Ende des 16. Jh. nach Warszawa verlegten, so blieb Kraków weiterhin die alte, ehrwürdige Metropole mit den meisten Königswahlen und Reichstagen: ›Cracovia nobilissima et celeberrima Sarmatiae urbs‹ – ›Kraków, die edelste und berühmteste Stadt Sarmatiens‹. Auch heute noch stellt Kraków das umfangreichste Gesamtmonument nationalen Kulturschaffens in Polen dar; gleichzeitig belegen künstlerische Zeugnisse allerorts im Stadtbild (angefangen von den Werken VEIT STOSS bis zu den Arbeiten THORVALDSENS oder des Wiener Architekten PETER VON NOBILE) die traditionellen wirtschaftlichen und kulturellen Verbindungen, die mit anderen europäischen Kulturzentren zu allen Zeiten bestanden haben.

Schon für das späte Paläolithikum (2–3 Mill.–10000 v. Chr.) lassen sich Spuren menschlicher Ansiedlungen in der Stadtumgebung feststellen. Der Wawel, ein Tafelberg an der

Weichsel, weist beträchtliche Funde aus dem Neolithikum (ab 10000 v. Chr.), der Lausitzer Kultur (um 1200–um 800 v. Chr.) und der Eisenzeit (ab etwa 1000 v. Chr.) auf. Aus frühgeschichtlicher Zeit stammen zwei große, künstlich aufgeschüttete Hügel *(Kurgane):* der *Krakus*-Hügel im Süden und der *Wanda*-Hügel bei Mogiła im Osten. Nach ihrem Vorbild wurden westlich der Stadt im 19. Jh. der KOŚCIUSZKO- und im 20. Jh. der PIŁSUDSKI-Hügel errichtet, im Andenken an die beiden herausragenden Persönlichkeiten der neueren polnischen Geschichte.

Der Legende nach soll es der Heerführer und König Krak gewesen sein, der auf dem Wawel-Hügel eine Burg errichtete. Seine Grabstätte vermutet man im *Krakus*-Hügel auf der rechten Weichsel-Seite. Im 8. und 9. Jh. siedelte hier der slawische Stamm der Wislanen (›an der Weichsel Wohnende‹), der eine Zeitlang unabhängig war, bald jedoch unter die Herrschaft der tschechischen Przemysliden (Großmähren) geriet. Die erste schriftliche Erwähnung der Stadt findet sich in den Aufzeichnungen des Kaufmanns IBRAHIM IBN JAKUB aus Cordoba von 965. Unter MIESZKO I. (reg. um 960–992), dem Polanen-Herzog, wurde Kraków Teil des Piastenstaates.

An fünf wichtigen Handelsstraßen gelegen, war Kraków schon damals ein wirtschaftlich bedeutender Umschlagplatz, aufgesucht von Kaufleuten, die auf der sogenannten Bernsteinstraße von der Ostsee nach Südeuropa und vom Westen nach Ruthenien und Byzanz zogen. 963 hatte man auf dem Wawel zunächst eine Holzburg mit einer massiven Palastkapelle errichtet, die unter den großpolnischen Piasten 1018 durch die erste Kathedrale ersetzt wurde.

1038 machte KAZIMIERZ I. ODNOWICIEL Kraków zur Hauptstadt des Landes, und BOLESŁAW III. KRZYWOUSTY bestätigte im Jahre 1138 die Stadt endgültig in dieser Funktion: Am linken Ufer der Weichsel, der ›Königin der polnischen Flüsse‹, stand zu jener Zeit schon eine befestigte, bedeutende Stadt. Politischer Mittelpunkt und Sitz der fürstlichen Oberherrschaft blieb Kraków auch während der Zersplitterung des Landes in Teilfürstentümer (1138–1306); 1257 erhielt die Stadt das Magdeburger Stadtrecht durch den Fürsten von Sandomierz und Kraków BOLESŁAW V. WSTYDLIWY, 1259 wurden die ersten steinernen Mauern und Türme errichtet.

Die Jahre der Tatareneinfälle (1241–42, 1259, zuletzt 1287) waren für die Stadt verhängnisvoll; nach 1291 gehörte Kraków für kurze Zeit zu Böhmen.

Mit der Krönung von WŁADYSŁAW I. ŁOKIETEK 1320 zum polnischen König in der inzwischen umgebauten Kathedrale auf dem Wawel, wurde diese Kirche zur Krönungsstätte der polnischen Könige (bis 1764). Hauptstadt und königliche Residenz blieb Kraków bis 1596. Die wichtigsten Zeugnisse bürgerlicher Bautätigkeit im Mittelalter sind die Marienkirche (seit 1222 Pfarrkirche) und die Tuchhallen, die Ende des 14. Jh. aus einer Basarstraße auf dem Marktplatz entstanden.

König KAZIMIERZ III. WIELKI (reg. 1333–70) machte Kraków zur glänzenden Metropole: 1364 gründete er die Universität, die erste auf polnischem Boden; sein Vizekanzler JANKO aus CZARNKÓW war der fleißige Chronist der Zeit von 1370 bis 1384, die das ›Goldene Zeitalter‹ Polens unter den Jagiellonen (1386–1572), die wichtigste Epoche in der Stadtgeschichte, einleitete. Die von WŁADISŁAW II. JAGIEŁŁO 1400 erneuerte und von seiner Gemahlin JADWIGA materiell unterstützte Universität zog allein im 15. Jh. 8000–10 000 ausländische Studenten an. 1405 stiftete der Krakauer Bürger STOBNER einen Lehrstuhl für Mathematik und Astronomie, den einzigen im Europa jener Zeit. An der Universität wirkte unter vielen bedeutenden Theologen MATEUSZ aus KRAKÓW (1345–1410), der spätere Rektor der Heidelberger Universität; Mitte des 15. Jh. verfaßte hier JAN DŁUGOSZ (1415–80) die erste Geschichte Polens; NIKOLAUS KOPERNIKUS studierte an der Universität in den Jahren 1491–94. Zu den großen Humanisten Europas gehörte der Italiener FILIPPO BUONACCORSI (in Polen KALLIMACH genannt, 1437–96), ein Vertrauer des Erzbischofs von Lwów, und GRZEGORZ AUS SANOK (1406–77), um den sich Künstler und Gelehrte scharten. Hier erschien 1474 der erste polnische Druck, und bereits Mitte des 16. Jhs. waren in den großen Buchdruckereien von Kraków 1668 Bücher erschienen – 70 % der gesamten Bücher Polens. 1493 schrieb der deutsche Geograph HARTMANN SCHEDEL in seiner Weltchronik: »In Krakau gibt es eine berühmte Universität, die an vielen hervorragenden und sehr gelehrten Männern reich ist, wo zahlreiche freie Künste gelehrt werden […]. Hier lebt man mit größerem Aufwand als im übrigen Polen. Du findest hier alles, was die menschliche Natur begehrt.«

Das zu Selbstbewußtsein und Geld gekommene Bürgertum war neben dem Königshof der zweite große Förderer der kulturellen Entwicklung, die sich noch heute im Stadtbild widerspiegelt. Bereits 1430 war Kraków Hansestadt geworden und zählte zu seinen Einwohnern viele deutsche Kaufleute und Handwerker, aber auch Ukrainer, Tschechen, Rumänen, Italiener und Juden. Angehörige all dieser Nationalitäten waren auf dem Kunstsektor tätig. Besonders rege gestalteten sich die Kontakte zur künstlerischen Elite Deutschlands und Böhmens; herausragendes Beispiel dafür ist der aus Nürnberg stammende und 19 Jahre lang in Kraków lebende Veit Stoss, der zwischen 1477 und 1489 im Auftrag der Krakauer Bürger den größten spätmittelalterlichen Altar Europas schnitzte (Farbabb. 7). Von den intensiven Beziehungen zwischen Nürnberg (heute Patenstadt, wie Frankfurt a. M.) und Krakau, besonders in der 1. H. des 16. Jhs., zeugen Namen und bedeutende Werke von Handwerkern und Künstlern wie PETER VISCHER d.Ä. (Grabplatte für Kardinal Fryderyk Jagiełłonczyk in der Wawel-Kathedrale, 1510), Hans Beham (Zygmunt-Glocke in der Wawel-Kathedrale, 1520), Hans Dürer (Wandmalereien im Wawel-Schloß, 1529–34) und Hans Vischer (Grabplatte für Severin Boner in der Marienkirche, 1538). (Im Juli 1996 wurde übrigens in einem Haus aus dem 14. Jh. auf dem Pl. Wolnica das *Dom Norymbergski/Nürnberger Haus* eröffnet, eine kulturelle Begegnungsstätte wie das *Krakauer Haus* in Nürnberg.) 1473 besaß Kraków 17 Türme und Tore, 1575 bereits 33 und im 17. Jh. 47, deren Verteidigung den Handwerkerzünften oblag.

Ihre großartigste Ära erlebte die Stadt im sogenannten ›Goldenen Zeitalter‹ (1506–72) während der Regierungszeit der Jagiellonenkönige ZYGMUNT I. STARY und ZYGMUNT II. AUGUST. Italienische Architekten und Künstler bauten nicht nur die Königliche Residenz auf dem Wawel im Renaissancestil um, sondern hinterließen architektonische Spuren an fast allen Stadtbauten. Die Renaissance florentinischer Prägung bestimmte als einheitlicher, konsequent eingehaltener Stil bis ins nächste Jahrhundert die Bauweise. Als erster Italiener wirkte seit 1501/02 FRANCESCO FIORENTINO (FRANCISZEK FLORENTCZYK) in Kraków, dem die Grabnische für König JAN I. OLBRACHT in der Wawel-Kathedrale und die erste Umbauphase des Königlichen Schlosses zu verdanken ist. Nach FIORENTINOS Tod 1516 trat dessen Nachfolge BARTOLOMMEO BERRECCI an, ebenfalls ein Florentiner und späterer Schöpfer der Sigismundkapelle. Von dem Glanz des königlichen Hofes zeugen heute immer noch 136 von einst 356 kostbaren, z. T. mit Goldfäden gearbeitete Tapisserien aus Brüssel, die die Säle des Wawel-Schlosses und die Kathedrale schmückten.

Eng mit dem Hof verbunden waren im 16. Jh. berühmte Humanisten, wie die Bischöfe von Kraków PIOTR TOMICKI, SAMUEL MACIEJOWSKI und FILIP PADNIEWSKI.

Eine bedeutende Malerschule schuf der Venezianer TOMMASO DOLABELLA, der sich in Kraków von 1598 bis zu seinem Tod 1650 aufhielt. Die wichtigsten Architekten der ersten Hälfte des 17. Jh. waren GIOVANNI TREVANO aus Lugano (St. Peter und Paul-Kirche), ANDREA SPEZZA sowie ANDREA und ANTONIO CASTELLI; die bedeutendsten Bildhauer GIOVANNI BATTISTA FALCONI, GIOVANNI FRANCESCO ROSSI und der hervorragende BALDASSARE FONTANA (St. Annen-Kirche).

Ein plastisches Bild des freien Bürgerlebens vermitteln noch heute die zahlreich erhaltenen Kunst- und Bauwerke aus dem Zeitalter der Renaissance und des Manierismus (16.–17. Jh.).

Nachdem Warszawa Hauptstadt geworden war, weil König ZYGMUNT III. WAZA die königliche Residenz zwischen 1596 und 1611 dorthin verlegt hatte, büßte Kraków seine Bedeutung ein. Während der Besetzung durch die Schweden 1655–57 (STEFAN CZARNIECKI hatte sich 1655 bei der Verteidigung seiner Stadt besonders verdient gemacht) und nochmals 1702 mußte Kraków schwere Verwüstungen und Plünderungen der Schweden überstehen. Das 18. Jh. brachte eine tiefe politische und wirtschaftliche Krise: Zur Zeit der Teilungen Polens (1772–95) sank die Einwohnerzahl von 40 000 (Anfang 17. Jh.) auf 9000. 150 Klöster in Kraków und in der näheren Umgebung wurden geschlossen. 1794 war die Stadt Ausgangspunkt des Kościuszko-Aufstandes.

Durch die dritte Teilung Polens (1795) fiel Kraków an Österreich und gehörte nun offiziell dem österreichischen Königreich Galizien und Lodomerien an. Am 15. 7. 1809 wurde die Stadt durch die Teilungsmächte dem Großherzogtum Warschau zugesprochen, und erst nach dem Wiener Kongreß 1815 konnte sie sich einer dreißigjährigen Unabhängigkeit als Freistaat unter Aufsicht der drei Teilungsmächte (Krakauer Republik) erfreuen. In Kraków wuchs dennoch der Widerstand gegen die Fremdherrschaft, und so wurde die Stadt ein Zentrum der Konspiration, die schließlich zur Revolution von 1846 und nach deren Niederwerfung zu erneuter Annexion durch Österreich führte.

1850 erlitt die Stadt unwiederbringbare Verluste: Ein großer Brand vernichtete einen Teil des Rynek Główny/Marktplatzes, der ul. Grodzka und der Kirchen, wie beispielsweise die Kościół św. Franciszka/Franziskanerkirche.

Im letzten Drittel des 19. Jh., während der toleranten Regierungszeit Kaiser FRANZ JOSEPHS I., für den und dessen Österreich Krakauer bis heute Sympathien hegen, entwik-kelte sich die Stadt zum Zentrum des geistlichen und kulturellen Lebens in Polen und damit zum Ausgangspunkt für das Wiedererstehen der nationalen Kultur. 1866 erhielten die Bürger des Kronlandes Galizien weitgehende Freiheiten, die zum Aufblühen der Wissenschaften und Künste führten. Kraków erhielt die Selbstverwaltung zurück. An der Jagiellonen-Universität wurde fortan in polnischer Sprache gelehrt, am Nationaltheater arbeiteten polnische Dramaturgen und traten berühmte polnische Schauspieler und Schauspielerinnen wie etwa die unvergessene HELENA MODRZEJEWSKA auf; die 1873 gegründete Kunstakademie genoß Ansehen in ganz Mitteleuropa.

Der bedeutendste Historienmaler Polens, JAN MATEJKO (1838–93), verbrachte sein ganzes Leben in Kraków. Er hinterließ Werke, die bis heute jedem Polen so geläufig sind wie die Romane SIENKIEWICZS. MATEJKOS beste Schüler, JÓZEF MEHOFFER (1869–1946) und STANISŁAW WYSPIAŃSKI (1869–1907), Mitglieder der Wiener Sezession, machten Kraków zum unbestrittenen Zentrum der bildenden Künste Polens.

Die Investitionsprogramme der Monarchie bis zum Ersten Weltkrieg bewirkten einen Bevölkerungsanstieg von 50 000 (1870) auf 180 000 Einwohner (1915) und machten Kraków hinsichtlich der Einwohnerzahl zur viertgrößten Stadt der Monarchie, nach Wien, Budapest und Lwów/Lemberg. Die daraus resultierende Bautätigkeit – hinzu kamen zahlreiche Klöster- und Kirchenneubauten, teilweise besiedelt durch die im russisch besetzten Polen verfolgten Orden – ähnelte der stürmischen Entwicklung der Wiener Gründerzeit. 1883–87 wurde die Universität ausgebaut, und es entstanden das Collegium Novum und die Akademie der Bildenden Künste. Darüber hinaus errichtete man Museen und Kunstgalerien sowie 1891–93 das neue Stadttheater. Die Restaurierung der Wawel-Kathedrale, der Tuchhallen, der Franziskanerkirche und anderer Denkmäler begründete in jener Zeit die heute weltweit anerkannte polnische Denkmalpflege und förderte die durchaus von Wien gewünschte nationale Identifikation.

Im Kriegsjahr 1914 zog JÓZEF PIŁSUDSKI mit seinen Soldaten von Kraków aus in den von Österreich unterstützten Kampf gegen die Russen.

Mit der Wiedererlangung der staatlichen Unabhängigkeit 1918 entstanden in angemessenem Abstand zur Altstadt mehrere monumentale Bauten. So die Bergbauakademie (1922–39) und der Neubau der Jagiellonen-Bibliothek (1931–39). Besonders rege waren die kulturellen und wissenschaftlichen Beziehungen zum nicht weit entfernten Lwów mit seinen bedeutenden wissenschaftlichen Einrichtungen und einer aktiven Kunstszene.

Den kurzen Aufstieg nach 1918 beendete der Zweite Weltkrieg, der mit dem Einmarsch deutscher Truppen in Polen am 1. 9. 1939 begann. Im restaurierten Wawel-Schloß errichtete Generalgouverneur HANS FRANK sein Hauptquartier; gleich zu Beginn seiner Besatzungszeit wurden in einer sogenannten ›Sonderaktion Krakau‹ im November 1939 184 Professoren und Mitarbeiter der Jagiellonen Universität verhaftet; die Gestapo richtete in der ul. Montelupich ein Gefängnis ein, in dem annähernd 15 000 Gefangene gefoltert und anschließend erschossen oder in eines der Konzentrationslager verschleppt wurden. Berüchtigt waren die Arbeitslager in Luboń und Płaszów. Im Stadtteil Kazimierz, der im 14. Jh. auf Initiative KAZIMIERZ' III. WIELKI als selbständige Stadt angelegt und nach und nach auch

Wohnsitz der Krakauer Juden wurde, errichteten die Nazis eines der größten Ghettos in Polen, in dem nur wenige Menschen überleben konnten; hier entstand das berühmte Lied des Schreiners MORDECHAJ GEBIRTIG »Ss brennt Brider, ss brennt«, das später auch in anderen Ghettos gesungen wurde. Glücklicherweise hat das bereits zur Sprengung freigegebene Kraków die Einnahme durch die Truppen des sowjetischen Marschalls KONIEW am 18. 1. 1945 ohne nennenswerte Zerstörungen überstanden.

Beim Wiederentstehen des kulturellen Lebens in Polen spielte die Stadt von nun an eine große Rolle. Viele Wissenschaftler und Künstler, hauptsächlich aus Lwów, kamen, um hier zu arbeiten und zu leben. Die von den Nationalsozialisten abtransportierten Kunstschätze, darunter der Marienaltar von VEIT STOSS und die Gemäldesammlung des Museums Czartoryski kamen zurück; auch die 1940 nach Kanada ausgelagerten weltberühmten Tapisserien des Wawel-Schlosses. 1947–54 entstanden das metallurgische Kombinat und die riesige Wohnsiedlung in Nowa Huta am Rande Kraków s.

Die wachsende Zahl von Studenten und die Ansiedlung neuer Arbeitskräfte, vor allem aus ländlichen Gebieten Polens, ließen die Bevölkerung bis 1985 auf 745 000 Einwohner ansteigen und Kraków zur drittgrößten Stadt Polens werden.

Die Krakauer sind heute stolz, daß hier über zehn Jahre lang Kardinal KAROL WOJTYŁA als Metropolit von Kraków residierte und Hausherr der Wawel-Kathedrale war, bevor er im Oktober 1978 zum Papst gewählt wurde und den Namen JOHANNES PAUL II. annahm.

Kraków/Krakau   1 Brama Floriańska/Florianstor   2 Arsenał Miejski/Städtisches Arsenal   3 Sukie- ▷
nice/Tuchhallen   4 Wieża Ratuszowa/Rathausturm   5 Kościół św. Wojciecha/Kirche St. Adalbert
6 Kościół Mariacki/Pfarrkirche Mariae Himmelfahrt   7 Kościół św. Barbary/Kirche St. Barbara
8 Kamienica Szara/Graues Haus   9 Kamienica Montelupich/Montelupi-Haus   10 Kamienica ›Pod
Jaszczurami‹/Haus ›Zu den Eidechsen‹   11 Kamienica Hetmańska/Hetmanshaus   12 Pałac Potok-
kich/Palais Potocki/Goethe-Institut   13 Pałac ›Pod Baranami‹/Palais ›Zu den Widdern‹   14 Pałac
Pod Krzysztofory/Palais Zum Christopher   15 Kamienica ›Pod Murzynami‹/Haus ›Zu den Mohren‹
16 Kamienica ›Pod Matką Boską‹/Haus ›Zur Muttergottes‹   17 Dom Jana Matejki/Haus Jan Matejko
18 Kamienica ›Pod Jelonikiem‹/Haus ›Zum Hirschkalb‹ (Café ›Jama-Michalik‹)   19 Barbakan/Bar-
bakane   20 Pomnik Grunwaldzki/Denkmal der Schlacht bei Grunwald   21 Kościół św. Krzyża/Hei-
lig-Kreuz-Kirche   22 Teatr im. J. Słowackiego/Julius Słowacki-Theater   23 Dom ›Pod Krzyżem‹/
Haus ›Zum Kreuz‹   24 Pałac Czartoryskich/Palais Czartoryski   25 Kościół Pijarów Przemienienia
Pańskiego/Piaristen-Klosterkirche der Verklärung Christi   26 Pałac Lubomirskich/Palais Lubor-
mirski   27 Pałac Wodzickich/Palais Wodzicki   28 Pałac Popiela/Palais Popiel   29 Muzeum Histo-
ryczne/Historisches Museum   30 Collegium Maius   31 Collegium Physicum/Kołłątaj-Kollegium
32 Collegium Nowodworskie   33 Kościół św. Anny/Stiftskirche St. Anna   34 Collegium Novum
35 Teatr Stary/Altes Theater   36 Pałac Sztuki/Palast der Kunst   37 Muzeum Szołajskich/Szołaski-
Museum   38 Kamienica Morsztyna ›Pod Gruszką‹/Haus ›Morsztyn‹   39 Kościół św. Marka/Kirche
St. Markus   40 Pałac Wielopolskich/Palais der Wielopolskis   41 Kościół św. Franciszka/Franziskaner-
kirche   42 Więzienie św. Michała/ehem. Michaelsgefängnis   43 Kościół św. Trójcy/Dreifaltigkeitskir-
che   44 Collegium Juridicum   45 Kościół ś.ś. Piotra i Pawła/Kirche St. Peter und Paul   46 Kościół św.
Andrzeja/Kirche St. Andreas   47 Kościół św. Idziego/Kirche St. Ägidius   48 Wawel   49 Smocza
Jama/Drachenhöhle   50 Klasztor Bernardynów/Kloster der Bernardiner   51 Kościół Misjonarzy/
Missionarskirche

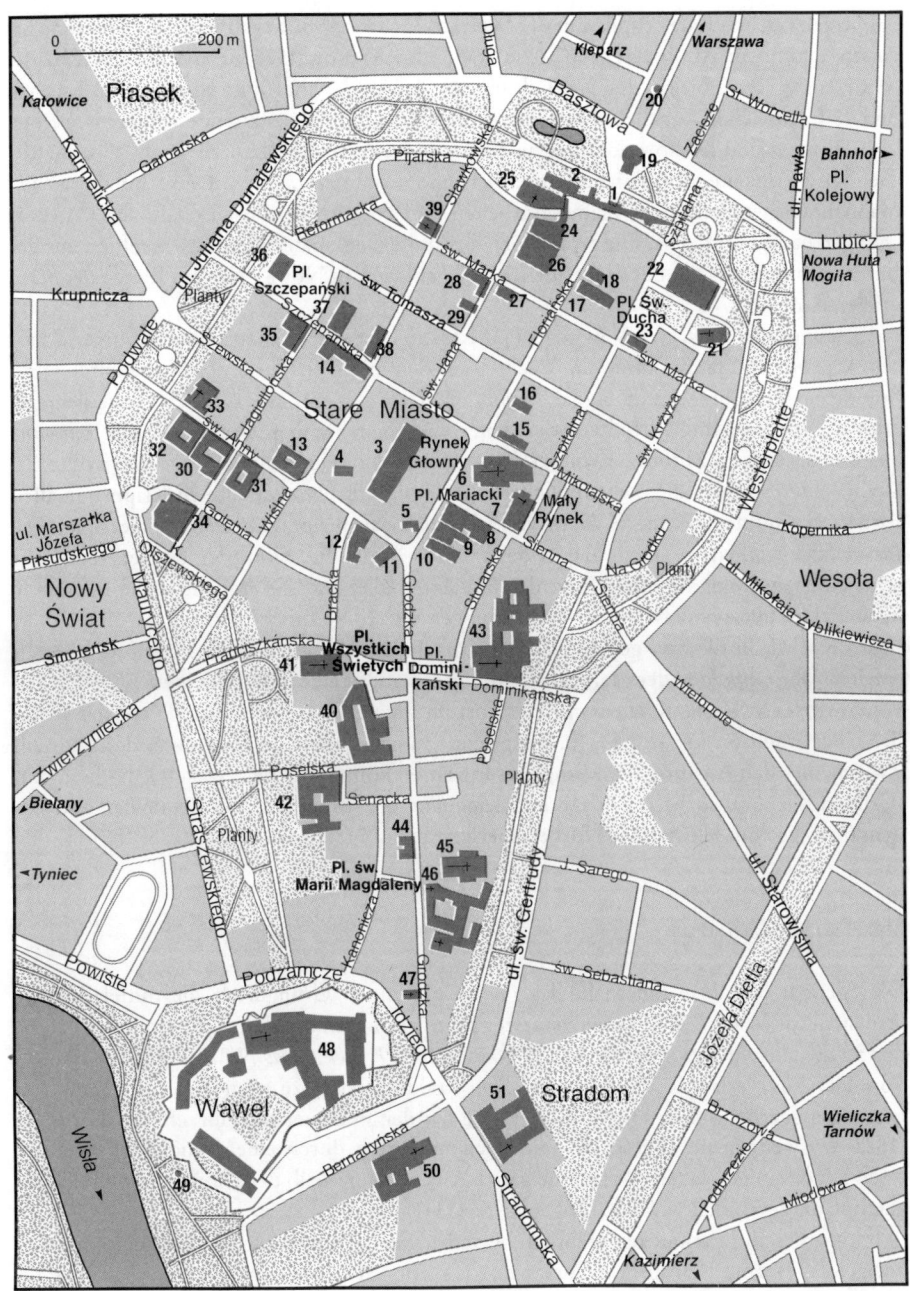

0   200 m

Katowice   Piasek

Kleparz   Warszawa

Baszowa

Dtuga

St. Worcetta

20

19

Bahnhof
Pl.
Kolejowy

Pijarska

Karmelicka

Garbarska

ul. Juliana Dunajewskiego

Slawkowska

Reformacka

25

2   1

Zacisze

St. Pawla

Lubicz
Nowa Huta
Mogiła

39

24

Krupnicza

Planty

36   Pl.
Szczepański

sw. Marka

sw. Tomasza

28

26

18

22

Westerplatte

Szewska

37

27

17

23

Pl. Św.
Ducha

21

35

Szczepańska

29

sw. Jana

Florianska

Szpitalna

sw. Marka

Krzyza

Podwale

14

38

Stare Miasto

16

15

33

sw. Anny

Jagiellonska

3

Rynek
Głowny

Mikolajska

Kopernika

32

13

4

6

Pl. Mariacki

Mały
Rynek

Wesoła

30

31

5

7

8

Sienna

Na Gródku

Planty

34

Golebia

Wislna

12

9

Sidlarska

Sienna

ul. Mikolaja Zyblikiewicza

ul. Marszałka
Józefa
Piłsudskiego

11   10

Bracka

Grodzka

Wielopole

Nowy
Świat

Franciszkanska

Pl.
Wszystkich
Świętych

Pl.
Domini-
kański

Dominikanska

Maurycego

Smoleńsk

41

43

Poselska

Planty

Zwierzynieckiego

40

ul. Starowislna

Bielany

Straszewskiego

Poselska

42

Senacka

Planty

Józefa Dietla

Tyniec

Planty

44

Pl. św.
Marii Magdaleny

45

46

J. Sarego

Kanonicza

Powiśle

Podzamcze

47

ul. sw. Gertrudy

sw. Sebastiana

Brzozowa

Wieliczka
Tarnów

Grodzka

Idziego

Poselska

48

Wisla

Wawel

Stradomska

51

Stradom

Miodowa

Podbrzeze

Bernadynska

50

49

Kazimierz

411

Die zahlreichen Katastrophen in der Stadtgeschichte haben Kraków, so scheint es, nichts anhaben können. Als erste europäische Stadt kam Kraków 1978 auf die UNESCO-Liste schützenswerter Objekte des Weltkulturerbes: Fast 1000 alte Bürgerhäuser, 100 Kirchen und 48 freistehende Kapellen, Dutzende von Palästen, Hunderttausende von Kunstwerken in 26 Museen sind Kraków Bestand an Bau- und Kulturdenkmälern, die trotz wirtschaftlicher Schwierigkeiten fortlaufend konserviert und restauriert werden. Diese umfangreichen Maßnahmen werden durch Planungsarbeiten und begleitende wissenschaftliche Untersuchungen häufig verzögert. Die größte Gefahr für die Denkmäler allerdings resultiert aus der Luftverschmutzung, an der nicht zuletzt das Stahlwerk in Nowa Huta am Rande der Stadt großen Anteil hat.

Vieles von der bewegten Vergangenheit Krakaus hat sich in Bräuchen der Bürger erhalten: Wie vor 700 Jahren bläst ein Wächter auf dem höheren Turm der Marienkirche jede Stunde ein jäh abbrechendes Signal, *Hejnał Mariacki* genannt, das an jenen Mongolenpfeil erinnert, von dem im Mittelalter einer seiner Vorgänger auf dem Wachturm getroffen worden war, als er seine Mitbürger vor der drohenden Gefahr eines Überfalls warnen wollte. Zu Weihnachten strahlen die volkstümlichen, auf dem Marktplatz errichteten Krippen in allen Farben, ein mit der Tiermaske *Turoń* verkleideter Schauspieler treibt sein lustiges Spiel. Die *Juvenalia* beginnen an einem Tag in der zweiten Junihälfte, wenn der Universitätsrektor seine Amtsausübung für einige Tage den Studenten überläßt; die Studenten ziehen dann in historischen und phantasievollen Verkleidungen durch die Innenstadt. Ungewöhnlich farbenfroh wird die *Wianki* genannte Johannisnacht an der Weichsel zu Füßen des Wawels gefeiert. Der *Lajkonik*, ›der Mann auf dem Pferdchen‹, ist eine bunt gekleidete Figur, die das von Stanisław Wyspiański entworfene Kostüm trägt und dessen Auftreten wie das Turmlied einer Tradition aus dem 13. Jh. entspricht. Damals hatten die Einwohner des Stadtteils Zwierzyniec den Ansturm der Mongolen abwehren können: So bewegt sich jedes Jahr zum ›Grünen Karneval‹, acht Tage nach Fronleichnam, der lustige Zug mit dem *Khan* und seinem Gefolge vom Kloster der Norbertanerinnen zum Hauptmarktplatz (s. S. 459).

Stare Miasto/Altstadt

Die Altstadt bewahrte innerhalb des *Planty* genannten Grüngürtels die mittelalterliche Stadtstruktur (nach 1257) in unveränderter Form: Inmitten der sich rechtwinklig kreuzenden Straßen liegt der große, etwa 40 000 m² messende *Rynek Główny/Marktplatz* (Abb. 49). Von hier aus verlaufen die Hauptstraßen strahlenförmig zu dem einstigen Ring von Festungsmauern aus dem 13.–15. Jh. Letztere wurden in den ersten Jahrzehnten des 19. Jh. (1822–47) weitgehend abgetragen und nach und nach durch einen schönen Parkgürtel ersetzt. Vor einigen Jahren ist fast die ganze Altstadt innerhalb der *Planty* in eine Fußgängerzone umgewandelt worden. (Lageplan S. 411)

Im Norden des Parkgürtels steht ein beeindruckendes Ensemble der Stadtbefestigungsanlage: das **Brama Floriańska/Florianstor** (1), vor 1317 aus Stein errichtet, Ende des 17.

Jh. mit Backsteinen erhöht, durch einen barocken Helm von 1657 bekrönt und mit einem schönen Steinrelief des hl. Florian zur gleichnamigen Straße hin versehen (Abb. 45). Das Tor war ursprünglich durch eine Brücke über den Graben mit der berühmten **Barbakane,** einem zylindrischen Ziegelsteinbau mit Innenhof, verbunden. Dieses sogenannte Rondell wurde 1489–99 als prächtigster Bau dieser Art in Zentraleuropa errichtet. Die Mauern am Florianstor gehen auf das 13.–14. Jh. zurück und wurden nach 1900 sowie vor 1950 zusammen mit dem Wehrgang aus Holz rekonstruiert. An der Ostseite steht der schöne Turm der Posamentierer vom Ende des 15. Jh., westlich vom Florianstor der ebenfalls halbrunde Tischlerturm, daneben der Zimmermannsturm in Form eines Oktogons, zu Anfang des 14. Jh. entstanden. Zwischen diesen beiden Basteien errichtete man 1565 das im 19. Jh. umgebaute **Arsenał Miejski/das Städtische Arsenal** (2). Im Obergeschoß befindet sich seit 1991 die antike Abteilung des Czartoryski-Museums *Wystawa sztuki starożytnej,* im Untergeschoß werden Wechselausstellungen gezeigt. Ein über die ul. Pijarska führender überdachter Gang verbindet das Gebäude mit dem Palais Czartoryski (s. S. 420).

Wer die Atmosphäre der Jahrhundertwende nachempfinden will, muß in der ul. Floriańska, der beliebtesten unter den Einkaufsstraßen der Altstadt, das berühmte Künstler- und Kabarett-Café *Jama Michalika* besuchen. Es besitzt noch die komplette Jugendstileinrichtung und viele Kleinkunstwerke.

Im Zentrum der Altstadt befindet sich der Hauptmarktplatz, einer der schönsten und wohl auch einer der größten Europas, der nach dem 1257 von dem Fürsten BOLESŁAW V. WSTYDLIWY erlassenen Bürgerprivileg angelegt wurde. In seiner Mitte steht das ursprünglich gotische (etwa 1344–92) Gebäude der **Sukiennice/Tuchhallen** (3), 1556–60 im Renaissancestil umgebaut und mit einer Attika aus Maskarons auf hohen Postamenten, wahrscheinlich nach dem Entwurf SANTI GUCCIS, geschmückt. Dies ist das früheste Beispiel der später weit verbreiteten ›polnischen Attika‹ oder Brüstung polnischen Typus'. Die Halle erhielt zu

Rekonstruktionszeichnung der Barbakane und des Florianstors, nach Essenwein

413

dieser Zeit ein Tonnengewölbe. Ihre heutige Gestalt (Farbabb. 6) nahmen die Tuchhallen während der Rekonstruktion 1875–79 an, bei der auch JAN MATEJKO mitwirkte: An den Längsseiten entstanden die charakteristischen neogotischen Arkadengänge und Erker sowie die beiden Attikarisalite der Querachsen. Im weitgehend gotisierten Erdgeschoß befinden sich immer noch kleine Geschäfte mit kunsthandwerklichen Erzeugnissen und Krakauer Spezialitäten sowie zwei Cafés. Die 1879 gegründete *Gemäldegalerie* im Obergeschoß enthält bedeutende Werke polnischer Malerei aus dem 19. und 20. Jh.: MATEJKO, MICHAŁOWSKI, GIERYMSKI, CHEŁMOŃSKI, PODKOWIŃSKI, SIEMIRADZKI, KOSSAK u. a. Im östlichen Abschnitt des Marktplatzes, zwischen der Marienkirche und den Tuchhallen, erhebt sich das berühmte *Denkmal* für ADAM MICKIEWICZ (1798–1855), den größten Dichter der polnischen Romantik. Es ist ein Werk von TEODOR RYGIER aus dem Jahre 1898, das von den Nationalsozialisten 1940 demontiert und erst 1956 wieder aufgestellt wurde.

Südwestlich der Tuchhallen gelangt man zum **Wieża Ratuszowa/Rathausturm** (4), dem Überbleibsel des 1820 abgetragenen Rathauses. Der Bau stammt aus dem 14. Jh. (um 1383), wurde im 16. und 18. Jh. erhöht und im 17. Jh. mit einem barocken Helm versehen. Die letzte Restaurierung erfolgte nach 1965. Im Turmkeller mit seinen mächtigen mittelalterlichen Gewölben befindet sich heute ein Café. Vor dem Rathausturm zeigt eine eingemauerte Platte im Boden die Stelle an, an der KOŚCIUSZKO am 24. 3. 1794 geschworen hatte, Polen von der Fremdherrschaft zu befreien (»Proklamation des Aufstandes der Bürger, Einwohner der Wojewodschaft Kraków«). An der Südostseite des Platzes steht die kleine **Kościół św. Wojciecha/Kirche St. Adalbert** (5), die auf das 11.–12. Jh. zurückgeht. Der romanische Bau wurde im 18. Jh. umgebaut und mit einer Barockkuppel und Laterne versehen. In den Kellergewölben zeigt das *Archäologische Museum* die ständige Ausstellung ›Die Geschichte des Krakauer Marktes‹.

An der Nordostecke des Marktplatzes erhebt sich der gotische Bau der **Kościół Mariacki/ Pfarrkirche Mariae Himmelfahrt (Marienkirche)** (6), die auf eine Stiftung des Krakauer Bischofs IWO ODROWĄŻ von 1222 zurückgeht. Das ursprüngliche Gebäude wurde 1241 bei einem Tatareneinfall fast vollständig zerstört. Der basilikale Bau entstand in den Jahren 1355–1408, die Seitenkapellen in der zweiten Hälfte des 15. Jh. und zu Anfang des 16. Jh.

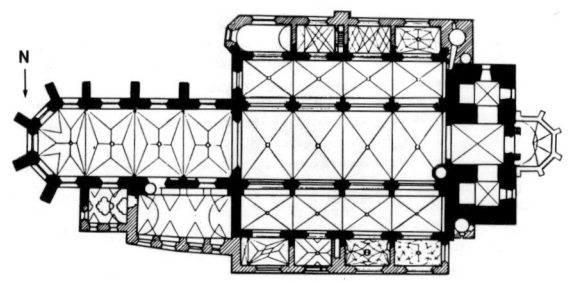

N
↓

Grundriß der Pfarrkirche Mariae Himmelfahrt (Marienkirche)

Zwei imposante Türme bilden die Westfassade der dreischiffigen Basilika. Den höheren Turm (81 m), errichtet Ende des 14. Jh., schmückt ein vergoldeter Helm mit einem Kranz von acht Türmchen (1478) und eine Spitze mit vergoldeter Krone (1666). Von diesem Turm ertönt das um die Mittagsstunde vom Regionalsender übertragene Turmlied der *Hejnał Mariacki*. Über den Aufgang an der Westecke gelangt man auf den Turm, der einen herrlichen Rundblick auf die Stadt bietet. Das Langhaus, typisch für die großen Krakauer Basiliken, entstand 1392–97 unter der Leitung von NIKLAS WERNHER VON PRAG und hat die gleiche Breite und Höhe wie der 1355–65 errichtete Chor. Die Gewölbe des Hauptschiffes (28 m hoch) schmücken Deckenmalereien, entworfen von JAN MATEJKO, dem bedeutendsten Maler des Historismus in Polen. Sie wurden in den Jahren 1889–92 unter anderem von STANISŁAW WYSPIAŃSKI und JÓZEF MEHOFFER ausgeführt. Drei Glasfenster der Chorapsis stammen aus dem Mittelalter (um 1370): Auf 120 Feldern wird die Geschichte der Menschheit nach dem Alten- und Neuen Testament erzählt. Das Sterngewölbe entstand 1442.

Das wohl bekannteste Kunstwerk Kraków beherrscht den langgestreckten Chorraum; der Marienaltar von VEIT STOSS mit etwa 200 aus Lindenholz geschnitzten, bemalten und vergoldeten Figuren, an denen der Meister aus Nürnberg von 1477–89 gearbeitet hatte. Das Polyptychon mit einer Fläche von 11 × 13 m ist der größte gotische Altar Europas und zugleich der bedeutendste der Spätgotik (Farbabb. 7). Die eindrücklichste Wirkung erzielt die Mittelszene mit überlebensgroßen Figuren, die lyrisch-expressiv den Tod Mariens darstellt. Darüber befindet sich die Szene der Himmelfahrt Mariens, in der Predella die Wurzel Jesse, im Altaraufsatz die Marienkrönung. In den 18 Feldern der Altarflügel schildern Reliefs das Leben Christi und der Gottesmutter. Die Farbfassung und die reiche Vergoldung wurden nach dem Krieg freigelegt, nachdem der Marienaltar aus Nürnberg, wohin ihn die Nationalsozialisten verschleppt hatten, 1946 nach Kraków zurückgebracht worden war. Im barocken Altar des südlichen Seitenschiffes hängt ein 1491 von VEIT STOSS aus Stein geschaffenes Kruzifix, gestiftet von HEINRICH SLACKER. Dem Künstler wird auch das riesige Kruzifix (1490) im Triumphbogen zugeschrieben. Die drei seitlichen Kapellen sind Patrizierstiftungen aus den Jahren 1423–46. Die Kaplica Kaufmannów/Kaufmanns-Kapelle im Obergeschoß des Südturms besitzt schöne Balustraden, 1520 von der Werkstatt BARTOLOMMEO BERRECCIS ausgeführt; die Kaplica św. Łazarza/Kapelle des hl. Lazarus zeigt eine Maßwerkbalustrade von 1510–20. Die barocken Kapellenportale bestehen aus intarsiertem Marmor. Die westliche Vorhalle entwarf FRANCESCO PLACIDI 1750–53.

Auch die übrige Ausstattung macht die Marienkirche zur großen Sehenswürdigkeit: Die meisten Altäre stammen aus der Barockzeit, darunter 26 aus schwarzem Marmor (18. Jh.), einige mit Gemälden von GIOVANNI BATTISTA PITTONI. GIAN MARIA PADOVANO hat den Marmortabernakel (ca. 1533–36) mit figürlichen Reliefs am Triumphbogen und ein Alabasterziborium im Mittelschiff (1551–52) geschaffen. Das St. Stanislaus-Triptychon in der Kapelle über der südlichen Vorhalle (um 1504) wird STANISLAUS STOSS, dem Bruder von VEIT STOSS, zugeschrieben. Das Chorgestühl geht in seinem unteren Teil auf das Jahr 1586 zurück, die Reliefs an den Lehnen sind ein Werk FABIAN MÖLLERS (1635). Zu dem wertvollen

Gestühl zählt das der Ratsmitglieder von 1516–21, die Syndikusbänke am Südpfeiler (1602–09), die Fogelwederbänke am Nordpfeiler mit ihren Spätrenaissanceintarsien und die Schöffenbänke von 1634 im nördlichen Seitenschiff.

Unter den zahlreichen Grabmälern sind einige besonders prächtig gestaltet: das manieristische MONTELUPI-Grabmal (Anfang 17. Jh.), das CELLARI-Grabmal (vor 1616), ebenso aus Sandstein, Marmor und Alabaster mit vielen ausdrucksvollen Büsten in einem mehrgeschossigen Aufbau und mit reicher Dekoration in der Art der Werkstätte von Pińczów (im Chorraum) und schließlich das Grabmal des Kastellans MARCIN LEŚNIOWSKI in der Kaplica św. Walentego/Valentinskapelle mit der liegenden Figur des Verstorbenen auf dem Sarkophag (Sandstein und Marmor, Ende 16. Jh.). Hunderte von Grabplatten und Epitaphien befinden sich an den Innen- und besonders zahlreich an den Außenwänden der Marienkirche. Einige zeigen stehende Gestalten im Relief, etwa die Mitglieder der Familie SALOMON vom Anfang des 16. Jh. aus der Werkstatt PETER VISCHERS D. Ä. in Nürnberg (so auch die Grabplatte PETER SALOMONS, gest. 1516, die sich im Chor befindet). In der Kaplica św. Jana Chrzciciela/Kapelle des hl. Johannes d. Täufers ist die Grabplatte SEWERYN BONERS und seiner Frau ZOFIA zu sehen, die wahrscheinlich 1532–38 in der Werkstatt von HANS VISCHER aus Nürnberg entstanden ist. In der um 1600 geschaffenen Schatzkammer, ein Spätrenaissanceanbau hinter der Sakristei (Nordseite des Chors), findet man eine reiche Sammlung von liturgischen Geräten und Gewändern.

Südlich der Marienkirche ist die 1394–1402 erbaute zweischiffige **Kościół św. Barbary/Kirche St. Barbara** (7) gelegen, die früher als Friedhofskapelle diente. Sie wurde 1583 dem Jesuitenorden übergeben und in den folgenden Jahren zu einer barocken Saalkirche umgebaut. Sie beherbergte zeitweilig ein berühmtes Jesuiten-Kollegium. Die Gewölbemalereien der Kirche schuf PETER FRANZ MOLITOR 1765, die steinerne Figur Christi am Ölberg in der kleinen Kapelle am Kircheneingang ist eine Kopie nach dem Original von VEIT STOSS.

Die meisten Bürgerhäuser und Palais', die den Marktplatz säumen, wurden mehrmals umgebaut und zeigen interessante Fassaden mit Attiken sowie reizvolle Innenhöfe, die zuweilen die Straßen verbinden. Man zählt in Krakau 10 Stadtpalais und nicht weniger als 20 sehenswürdige Arkadenhöfe, wobei viele der stattlichen Bürgerhäuser, polnisch *Kamienica* genannt, prächtiger gebaut sind als manches Palais. Am Marktplatz und in der Altstadt findet man sowohl gemütliche Cafés und Restaurants als auch Boutiquen und verschiedene Geschäfte, die nach der Wende sehr individuell, stilvoll und oft luxuriös ausgestattet worden sind. Im Sommer werden die breiten Bürgersteige vor den Häusern, besonders an der Nord- und Westseite des Marktplatzes, von den vielen Cafés und Restaurants in Beschlag genommen. Bis spät in die Nacht bleibt dadurch der Platz ein beliebter, lebendiger Begegnungsort. Wir beginnen unseren Rundgang von der Marienkirche aus und folgen den Hausnummern in nördlicher Richtung: Das **Kamienica Szara/Graue Haus**, Haus Nr. 6 (8), ist das älteste Bürgerhaus der Stadt und wurde im 13. und 14. Jh. erbaut. Im Innern sind gotische Gewölbe und Renaissancedecken erhalten geblieben. Die Westfassade zum Platz hin wurde im 17. Jh. weitgehend umgestaltet. Aus dieser Zeit stammt auch das wuchtige Barockportal, das die Bildhauer der Familie CASTELLI geschaffen haben.

Das Haus gehörte den Adelsfamilien ZOBROWSKI und ZEBRZYDOWSKI. Der erste polnische Wahlkönig HENRYK WALEZY (HENRI DE VALOIS) – der spätere König von Frankreich, HEINRICH III. – wurde hier 1574 fürstlich empfangen. 1794 diente das Haus als Standquartier von TADEUSZ KOŚCIUSZKO und Sitz der Provisorischen Regierung während des Krakauer Aufstandes 1846.

Das gotische **Kamienica Montelupich/Montelupi-Haus**, Haus Nr. 7 (9), wurde 1556 im Renaissancestil umgebaut und gehörte der gleichnamigen Familie. Eine Gedenktafel erinnert daran, daß die Familie Montelupich zusammen mit Prospero Provano 1558 die erste Post Polens gründeten.

Das **Kamienica ›Pod Jaszczurami‹/Haus ›Zu den Eidechsen‹**, Haus Nr. 8 (10), ist nach dem Wappen, das zwei verschlungene Eidechsen zeigt, benannt. Das Original des gotischen Reliefs befindet sich im Nationalmuseum. Im 15. Jh. erbaut, beherbergte das Gebäude bis 1995 einen der bekanntesten Studentenclubs Kraków s.

Im gotischen **Kamienica Bonerów/Boner-Haus**, Haus Nr. 9, auch Kamienica Firlejów/Firlej-Haus genannt, das im 16. Jh. umgebaut und mit einer Renaissanceattika bekrönt wurde, fand 1605 die Hochzeit des russischen Usurpators DMITRIJ mit der Tochter des Wojewoden von Sandomierz, MARYNA MNISZEK, statt. Von hier führt eine Passage (Pasaż Bielaka) zur ul. Stolarska.

Nach Haus Nr. 10, **Dom Pod Złotym karpiem/Haus ›Zum Goldenen Karpfen‹**, das in der Renaissance Sitz der Bruderschaft der Italiener war, und dem Kamienica Pod Złotą Głową (Nr. 13) folgt an der Nordseite des Marktplatzes das **Kamienica Hetmańska/Hetmanshaus**, die ›Alte Münze‹, Haus Nr. 17 (11), stammt aus dem 14. Jh. und besitzt im Erdgeschoß großzügige Räumlichkeiten mit gotischem Rippengewölbe. Dessen Schlußsteine zeigen eingemeißelte Wappen der Provinzen des Königreichs Polen und zwei Köpfe, die als jene von Königin JADWIGA, oder ELŻBIETA, Tochter von WŁADYSŁAW II. JAGIEŁŁO, und von KAZIMIERZ III. WIELKI gedeutet werden. Die Fassade des **Kamienica Pod Obrazem/Bild-Haus** (Nr. 19) ziert ein Wandgemälde von 1718, das eine Madonna mit Kind darstellt.

An der Ecke zur ul. Bracka steht das **Pałac Potockich/Palais Potocki**, Haus Nr. 20 (12), auch nach den früheren Besitzern WODZICKI-, ZBARASKI-, oder JABŁONOWSKI-Palais genannt. Das Gebäude aus dem 16. Jh, heute wieder im Besitz der Familie Potocki und seit 1996, nach einer umfangreichen Restaurierung, Sitz des deutschen Goethe-Instituts, zeigt eine schöne klassizistische Fassade von 1777/83 mit allegorischen Figuren. Der Arkadenhof aus dem 17. Jh. scheint den des Wawel-Schlosses zu kopieren. Wechselausstellungen deutscher und polnischer Künstler in den großartigen Kellerräumen (Eintritt frei).

Das **Pałac ›Pod Baranami‹/Palais ›Zu den Widdern‹**, Haus Nr. 27 (13), entstand um 1600 aus umgebauten gotischen Bürgerhäusern und gehörte im Laufe der Zeit den Magnatenfamilien OSTROGSKI, RADZIWIŁŁ, WIELOPOLSKI, WODZICKI und POTOCKI. Fürst Józef Poniatowski (1787) und König Friedrich August von Sachsen haben hier gewohnt. Sein klassizistisches Aussehen erhielt das Palais im Jahre 1860. Im Innenhof finden sich Reste von Arkadengängen, und im Erdgeschoß sowie im Keller sind gotische Kreuzgewölbe erhalten geblieben; das Palais beherbergt heute Geschäfte, Restaurants, kulturelle Institutionen und im Keller Polens berühmtestes Kabarett: ›Keller zu den Widdern‹ (›Piwnica pod Baranami‹). Eine klassizistische Ausstattung weisen die oberen Stockwerke auf, die an die Rolle des Bauwerks als gesellschaftliches Zentrum um die Jahrhundertwende erinnern. An der Ecke zur beliebten Einkaufsstraße Szewska steht das wuchtige **Pałac Małachowskich/ Palais Małachowski** (Haus Nr. 30), 1766 für den letzten Krakauer Bürgermeister Piotr Małachowski erbaut.

Das **Pałac Spiski/Palais Spiski**, Haus Nr. 34, ist durch Umbauten eines gotischen Hauses im 18. und 19. Jh. entstanden und beherbergt seit über 100 Jahren das traditionsreiche Restaurant *Hawełka* (Wandmalereien von Włodzimierz Tetmajer in einem Saal). Umbauten des 18./19. Jh. verdankt sein gegenwärtiges Erscheinungsbild auch das **Pałac Pod Krzysztofory/Palais Zum Christophorus**, Haus Nr. 35, Eingang ul. Szczepańska (14), im 17. Jh. Residenz des Kronmarschalls ADAM KAZANOWSKI. Die späteren Hauseigentümer aus dem Geschlecht WODZICKI erbauten im Innenhof einen schönen Barockbrunnen neben der Säulenloggia. Das Palais gilt nach der Residenz auf dem Wawel als prächtigster Magnatensitz Kraków. Der zweite barocke Umbau erfolgte 1682–84 durch JAKOB SOLARI, von dem auch das Hauptportal stammt. Die Stukkaturen im ersten Obergeschoß wurden um 1700 von BALDASSARE FONTANA mit antikisierenden Szenen und reichen Girlanden ausgeführt. Wiederholt, zuletzt 1916, umgebaut, beherbergt das Gebäude, das 1848 Sitz der Revolutionären Regierung war, heute eine Galerie des ›Künstlervereins Krakauer Gruppe‹ für Gegenwartskunst und das Avantgardetheater ›Cricot 2‹, bis zu seinem Tod 1990 geleitet von TADEUSZ KANTOR. Im ersten Stock befindet sich eine ständige Ausstellung des Historischen Museums der Stadt.

Im *Haus Nr. 36* (Kamienica Ludwikowska; 15. Jh.), an der Nordseite des Marktplatzes, wohnte 1790 für kurze Zeit JOHANN WOLFGANG VON GOETHE; eine Gedenktafel links vom Eingang erinnert daran. In Nr. 38 (**Kamienica Kencowska**) befindet sich eines der ältesten und bekanntesten Cafés der Stadt, ›*Karwiarnia Antyczna*‹, von Lorenzo Paganino 1823 eröffnet. Bis zur Ecke ul. Floriańska, wo wir diesen Rundgang beenden, folgen 9 weitere interessante Bürgerhäuser. Auf derselben Straßenseite, zwei Häuserblocks weiter und links von der Marienkirche (am Platz Mariacki, Haus Nr. 3), ist das **Kamienica Hipolita/Hipolit-Haus** gelegen. Den Innenhof schmückt eine Holzgalerie aus dem 17. Jh. und im ersten Stock befindet sich ein Saal mit Stukkaturen von BALDASSARE FONTANA. Das Nachbargebäude, Haus Nr. 4, mit einer barocken Rustikafassade und einer Attika (17. Jh.) von JAN ZATORCZYK ist Sitz des Erzpriesters der Marienkirche und wird Prałatówka/Prälatenhaus genannt. Sein barockes Portal führt direkt in die mit Stukkaturen aus dem 17. Jh. verzierte Eingangshalle. Hier hängen Gemälde von HANS SÜSS aus Kulmbach, die der Patrizier JAN BONER der Kirche gestiftet hat.

Die Marienkirche und das Florianstor verbindet die vom Marktplatz ausgehende ul. Floriańska (Abb. 45), die beliebteste Flanier- und Einkaufsstraße, die auf das 13. Jh. zurückgeht. Man scherzt in Krakau: »Wo man auch auf dem Bürgersteig der Floriańska Straße stehen mag, den direkten Zugang zu drei Innenhöfen, zwei Cafés und sieben Geschäften hat man immer.« An der Ostseite befinden sich vier kunsthistorisch interessante Bauten: das

Kamienica ›Pod Murzynem‹/Haus ›Zu den Mohren‹, Haus Nr. 1 (15), mit farbigen Stuckreliefs an der Fassade; das Kamienica ›Pod Matką Boską‹/Haus ›Zur Muttergottes‹, Haus Nr. 7 (16), aus dem 15. Jh. mit einer Nische, in der die steinerne Skulptur der Madonna mit dem Kind steht; das Dom Jana Matejki/Jan-Matejko-Haus (17) aus dem 16. Jh., Haus Nr. 41, in dem der berühmte Maler wohnte. Sieben Jahre nach seinem Tod (1893) wurde hier ein *Museum* eingerichtet. Die barockisierende Fassade haben TOMASZ PRYLIŃSKI und MATEJKO selbst entworfen. Das Haus Nr. 45 schließlich gehörte zuerst der Familie BELZA, dann dem Orden des Heiligen Geistes. Im 18. Jh. war es unter dem Namen Kamienica ›Pod Jelonkiem‹/Haus ›Zum Hirschkalb‹ (18) bekannt. Berühmt wurde es, nachdem der Konditor JAN MICHALIK hier 1895 seine Konditorei und das Café ›Lwowska‹ eröffnete. Die Krakauer Boheme, die sich hier mit Vorliebe traf, eröffnete 1905 das literarische Kabarett ›Grüner Luftballon‹ (›Zielony Balonik‹). Die Wände schmücken Wandmalereien und Zeichnungen der Künstler der Jahrhundertwende. Die Einrichtung im Jugendstil schufen KAROL FRYCZ und FRANCISZEK MĄCZYŃSKI. Heute befindet sich hier das museale Café ›Jama Michalikowa‹, ein beliebter Touristentreff und ein Kabarett, das die Tradition des Lokals fortführt. Auf der anderen Straßenseite beherbergte einst das Hotel ›Zur Rose‹ (Pod Różą) berühmte Gäste wie FAUSTO SOZZINI, ZAR ALEXANDER I. und FRANZ LISZT. Der weitverbreiteten Legende zum Trotz ist BALZAC hier nie abgestiegen. Er wählte für seinen Aufenthalt in Kraków das Hotel ›Zur weißen Rose‹ in der ul. Stradom, das nicht mehr existiert.

Wenn man das Florianstor (s. S. 412f.) passiert hat, steht man gleich vor der Barbakan/Barbakane (19). Zur Linken befindet sich das Denkmal für die gefallenen sowjetischen Soldaten. Gegenüber der Barbakane, auf der anderen Straßenseite auf dem Pl. Jana Matejki, erhebt sich das imposante Pomnik Grunwaldzki/Denkmal der Schlacht bei Grunwald (20), eine Schenkung des Komponisten PADEREWSKI, das im Zweiten Weltkrieg von den Nationalsozialisten abgetragen und zerstört, 1976 aber wiederaufgebaut wurde. Die bildhauerischen Arbeiten führte MARIAN KONIECZNY aus, der auch das *Denkmal* für STANISŁAW WYSPIAŃSKI (vor dem Museum für moderne Kunst, gegenüber dem Hotel ›Cracovia‹) und das *Lenin-Denkmal* in Nowa-Huta geschaffen hat. Das Gebäude zur Linken ist die Kunstakademie, erbaut 1880.

An der Südostecke der *Planty*, auf dem Pl. św. Ducha, befinden sich einige interessante Baudenkmäler. Zunächst führt der Weg zur Kościół św, Krzyża/Heilig-Kreuz-Kirche (21), im 14. (Chor) und 15. Jh. erbaut. Das spätgotische Gewölbe wird hier durch einen einzigen Rundpfeiler, der einer Palme ähnelt (Pilzgewölbe), getragen. Unter der vorwiegend barocken Ausstattung findet man spätgotische Skulpturen und Gemälde, Wandmalereien vom Anfang des 15. Jh. sowie ein schönes, bronzenes Taufbecken mit figürlichem Schmuck von 1423.

Das große Gebäude am Platz knüpft in seiner Architektur an die Formensprache der Pariser Oper an. Es ist das Teatr im. Juliusza Słowackiego/Juliusz-Słowacki-Theater (22), 1891–93 nach dem Entwurf von JAN ZAWIEJSKI errichtet, der bei FERSTEL an der Technischen Hochschule in Wien studiert und dort 1880–82 unter anderem am Bau der Wiener Universität mitgewirkt hat. Als Stadtarchitekt von Kraków in den Jahren 1900–22 hat er das

Erscheinungsbild der Stadtbauten dieser Zeit entscheidend mitgeprägt: Bis in die 80er Jahre des 19. Jh. war die italienische Renaissance vorherrschende Stilrichtung in der Architektur, in den 90er Jahren die deutsche Neorenaissance. Erst um die Jahrhundertwende kamen Pariser Einflüsse des Späthistorismus auf, und es wurden vereinzelte ›moderne‹ Gebäude in floralem Jugendstil oder im Stil der Wiener Sezession gebaut: 1901 der Palast der Kunst, 1906 das Haus der Krakauer Technischen Gesellschaft von SŁAWOMIR OBRZYWOLSKI und 1912 das Wohnhaus Fedorowicz von THEODOR HOFFMANN.

Vor dem Słowacki-Theater befindet sich ein *Denkmal* für ALEKSANDER FREDRO mit einer Büste des Dramatikers von CYPRIAN GODEBSKI; in der Eingangshalle des Theaters hängen Porträts berühmter Theaterkünstler; die Malerei auf dem Bühnenvorhang stammt von HENRYK SIEMIRADZKI.

Im **Dom ›Pod Krzyżem‹/Haus ›Zum Kreuz‹,** Pl. św. Ducha 5 (23), einem um 1470 als Hospital für arme Scholastiker errichteten Bau und im Nachbarhaus befinden sich die Räume der Galerie der Geschichte des Krakauer Theaters. Nahe dem Ausgangspunkt des Stadtrundgangs, an der Südseite der ul. Pijarska, liegt das **Pałac Czartoryskich/Palais Czartoryski** (24), – entstanden aus drei umgebauten Bürgerhäusern – das ein hoch über die Straße führender Übergang mit dem Alten Zeughaus und dem Piaristenkloster verbindet.

Das neogotische Ensemble ließen die CZARTORYSKIS 1879–84 nach dem Entwurf von MAURICE OURADON unter Verwendung der alten Gebäude errichten. Die Fürstin IZABELLA FLEMING, geb. CZARTORYSKA, gründete das *Czartoryski-Museum*, das die bedeutendste polnische Familiensammlung bis heute beherbergt (Eingang ul. Pijarska 15): Neben Erinnerungsstücken an polnische Nationalhelden und Skurrilitäten (unverändert ein typisches Museum des 19. Jhs.) befindet sich hier die wohl interessanteste Gemäldegalerie europäischer Malerei in Polen. Die herausragendsten Gemälde sind LEONARDO DA VINCIS ›Die Dame mit dem Wiesel‹ und eine der seltenen Landschaften REMBRANDTS ›Gewitterlandschaft mit dem barmherzigen Samariter‹. Das Klostergebäude der Piaristen gehört zum Museum, daneben, mit Blick in die ul. św. Jana, steht die **Kościół Pijarów Przemienienia Pańskiego/Piaristen-Klosterkirche der Verklärung Christi** (25), entstanden 1718–59, wahrscheinlich nach Plänen von KASPAR BAŻANKA. Die Fassade gestaltete FRANCESCO PLACIDI 1759–61. Die Balustrade der doppelten Eingangstreppe über der geräumigen Krypta an der Hauptfassade zur ul. św. Jana entstand erst 1893 nach dem Entwurf von TADEUSZ BŁOTNICKI. Sämtliche Gewölbe im Innern tragen Malereien von FRANZ ECKSTEIN aus Brünn; die Skulpturen schuf CHRISTIAN BOLA zwischen 1718 und 1733. Die Altargemälde entstanden noch im 17. Jh. (SZYMON CZECHOWICZ und ANDRZEJ RADWAŃSKI).

Folgt man der ul. św. Jana in südlicher Richtung, gelangt man zum **Pałac Lubomirskich/ Palais Lubomirski** (26). Seine klassizistische Fassade von 1873–74 verdeckt drei Bürgerhäuser älteren Datums; Stukkaturen aus der ersten Hälfte des 17. Jh. schmücken die schöne Eingangshalle. An der nächsten Straßenecke befindet sich das **Pałac Wodzickich/Palais Wodzicki,** Haus Nr. 11 (27), gekrönt von einer Balustradenattika und Skulpturen. 1848 wohnte hier der österreichische Hofkommissar Graf DEYM, den Fürst ADAM POTOCKI und eine Abordnung der Krakauer Bürger zwangen, die politischen Gefangenen, freiheitlich-demokratisch gesinnte Polen, freizulassen. Das gegenüberliegende Haus Nr. 20 wird **Pałac Popiela/Palais Popiel** (28), auch Kołłątaj-Palast genannt. Es vereinigt seit 1774 zwei Bürgerhäuser unter einem Dach. 1812 gehörte das Wohngebäude dem Freund KOŚCIUSZKOS, KONSTANTY POPIEL, und später seinem Sohn PAWEŁ, Teilnehmer am Novemberaufstand von 1830. Das Palais war damals Zentrum des gesellschaftlichen Lebens von Kraków. Die Umgestaltung der Fassade im Stil des Spätbarocks geht wahrscheinlich auf FRANCESCO PLACIDI zurück. Das Portal zeigt den Typus Prager und schlesischer Portale, flankiert von Atlantenfiguren.

Das **Muzeum Historyczne/Historische Museum der Stadt** (29) befindet sich im ›Krauze-Haus‹ (Haus Nr. 12), ursprünglich ein gotischer Bau, von GIOVANNI BATTISTA PETRINI und GIOVANNI BATTISTA TREVANO 1611 umgebaut. KLEMENS BĄKOWSKI stiftete ihn 1913 der ›Gesellschaft der Freunde der Geschichte und der Denkmäler Krakaus‹.

Südwestlich vom Marktplatz, zwischen der Esplanade und der ul. św. Anny sowie der ul. Jagiellońska (Zugang vom Platz durch die ul. św. Anny), erstreckt sich der Gebäudekomplex der **Jagiellonen-Universität**. 1364 von König KAZIMIERZ III. WIELKI gegründet. Das Eckhaus ist das älteste Universitätsgebäude. Es gehörte im 14. Jh. der Familie PĘCHERZ und wurde 1400 vom König WŁADYSŁAW II. JAGIEŁŁO erworben und der Universität gestiftet. Als Teil des **Collegium Maius** (30), entstanden 1492–97 (MEISTER JOHANN), ist es das berühmteste Beispiel profaner gotischer Architektur Kleinpolens und eines der drei gut erhaltenen mittelalterlichen Universitätsgebäude Europas. Ein Kreuzgang und die Arkadengänge mit Sterngewölben bestimmen den schönen Innenhof, in dessen Mitte ein Barockbrunnen steht, versehen mit den Wappen Polens, der Stadt Kraków, Königin JADWIGAS und König JAGIEŁŁOS. Im ersten Stock befinden sich Repräsentationssäle. Die Aula wurde Anfang des 16. Jh. vollendet; sie ist reich ausgestattet, ein Portal sowie eine Tür stammen vom Alten Rathaus und werden auf die Zeit um 1600 datiert. In der sogenannten *Stuba Communis* mit dem dreiseitigen Erker zur Straße hin und einem schönen Sterngewölbe findet sich auch eine ›Danziger Treppe‹ (um 1700) aus einem Bürgerhaus in der Danziger Heiliggeistgasse. Der Bau verdankt sein heutiges Aussehen der gelungenen Restaurierung KAROL ESTREICHER D. J. zwischen 1949 und 1964, zum 600. Jubiläum der *Alma Mater*. Die im 19. Jh. umgebauten Gebäude (und von ESTREICHER später dieser neogotischen Umbauten entkleideten Räume) beherbergten früher die Jagiellonen-Bibliothek. Nachdem die Buchbestände in das neue Gebäude in der Al. Mieckiewicza überführt worden waren, richtete man hier ein *Museum* der Universitätsgeschichte ein (Eingang im Innenhof; sonntags geschlossen). Gezeigt werden u. a. vier Rektorenzepter aus dem 15.–16. Jh., Siegel, alte Globen – der Jagiellonen-Globus, nach 1510, mit der ersten Darstellung Amerikas –, Graphiken, Möbel und Gemälde (u. a. Porträts polnischer Könige und Professoren).

Gegenüber dem Collegium Maius befindet sich das große, klassizistische Gebäude des **Collegium Physicum/Kołłątaj-Kollegiums** (31), 1790 von FELIKS RADWAŃSKI entworfen. An der Fassade ist eine Gedenktafel für KAROL OLSZEWSKI und WALERY WRÓBLEWSKI angebracht, zwei Wissenschaftler, denen es 1883 gelang, zum ersten Mal in der Geschichte der Naturwissenschaften Sauerstoff, Wasserstoff und Stickstoff zu verflüssigen.

Das **Collegium Nowodworskie** (32) in der ul. św. Anny Nr. 12 wurde 1639–43 von JAN LEITNER als Schule errichtet. Aus dieser Zeit sind ein schöner Arkadenhof und das Treppenhaus erhalten geblieben. Zu den Zöglingen des berühmten Lyzeums gehörten JAN SOBIESKI, JÓZEF BEM, JAN MATEJKO und STANISŁAW WYSPIAŃSKI. Heute ist in dem Gebäude die Verwaltung der Medizinischen Akademie untergebracht.

Auf der anderen Straßenseite beeindruckt mit ihrer großzügigen, reich gegliederten Fassade die **Kościół św. Anny/Stiftskirche St. Anna** (33), eine der schönsten barocken Kirchen Polens, 1689–1703 errichtet als Universitätskirche nach dem Entwurf des königlichen Baumeisters TYLMAN VAN GAMEREN, dem die römische Kirche S. Andrea della Valle als Vorbild diente: ein vierjochiges Langhaus mit Kapellen, über der Vierung des Querschiffs eine Kuppel, dann ein dreijochiger Chor. Die figürliche Stuckdekoration und die Altäre (1695–1704) sind das bedeutendste Werk von BALDASSARE FONTANA, die illusionistischen Fresken und Gemälde schufen CARLO und INOCENZO MONTI sowie KARL DANKWART.

Man folgt der Esplanade *(Planty)* in südlicher Richtung und gelangt zum *Denkmal* für NIKOLAUS KOPERNIKUS vor dem Ziegelsteinbau des **Collegium Novum** (37), errichtet in neogotischem Stil 1883–87 (Architekt: FELIKS KSIĘŻARSKI) anstelle alter Universitätsbauten. In der großen Aula hängen Gemälde, die die Geschichte der Universität illustrieren, sowie Porträts von Professoren. Eine Gedenktafel erinnert an die hier 1939 verhafteten Professoren, von denen viele in Konzentrationslagern ums Leben gekommen sind.

Das Haus an der nächsten Straßenecke in östlicher Richtung (ul. Gołębia 11) ist das *Collegium Minus,* das im 15. Jh. die Fakultät der Freien Künste beherbergte und im 17. und 18. Jh. umgebaut wurde. Im 19. Jh. befand sich hier die Fakultät der Schönen Künste; JAN MATEJKO studierte an diesem Ort Malerei bei KORNEL STATTLER.

Am nördlichen Ende der ul. Jagiellońska steht das **Teatr Stary/Alte Theater** (35). Der ursprüngliche Bau von 1843 wurde 1904–06 durch Umbauten (T. STRYJEŃSKI und F. MĄCZYŃSKI) zum repräsentativsten Beispiel des Jugendstils in Kleinpolen. Bestandteil der eindrucksvollen Fassadendekoration von JÓZEF GARDECKI ist ein Flachrelieffries im oberen Bereich.

Auf dem sich anschließenden Pl. Szczepański steht der sogenannte **Pałac Sztuki/Palast der Kunst** (36), 1901 nach dem Entwurf von FRANCISZEK MĄCZYŃSKI errichtet; ein Fries, dem Zeichnungen von JACEK MALCZEWSKI als Vorbild dienten, läuft um das Gebäude; in den Mauernischen finden sich Büsten bedeutender Krakauer Künstler: MATEJKO, WYSPIAŃSKI, KOSSAK, KSIĘŻARSKI, SZUJSKI. Die 1854 gegründete ›Gesellschaft der Freunde der Schönen Künste‹ hat in dem Gebäude ihren Sitz, das auch heute noch wechselnden Kunstausstellungen dient. Rechts der Esplanade befindet sich ein modernistischer Betonbau, *Pavillon* genannt, in dem große Kunstausstellungen und die berühmte Graphik-Triennale stattfinden.

Das **Muzeum Szołajskich/Museum Szołajski,** Haus Nr. 8 (37), auf der Ostseite des Pl. Szczepański beherbergt die bedeutendste Sammlung gotischer Kunst Kleinpolens. Ihr Glanzstück ist die ›Schöne Madonna‹ aus Krużlowa (um 1410).

Das **Kamienica Morsztyna ›Pod Gruszką‹/Morsztyn-Haus** (38), auch Zur Birne genannt (ul. Szczepańska 1, Ecke Marktplatz), stammt ursprünglich aus dem 14. Jh., wurde aber später mehrmals umgestaltet. Im ersten Obergeschoß befindet sich ein Saal mit spätgotischem Gewölbe, das um 1700 BALDASSARE FONTANA mit reichen Stukkaturen verzierte, die u. a. Allegorien der Künste darstellen. Den unteren Teil der Wände schmücken holländische Kacheln aus der zweiten Hälfte des 17. Jh. Zwei Häuserblocks weiter nördlich, an der Ecke ul. Sławkowska und ul. św. Marka, erhebt sich der gotische Backsteinbau der **Kościół św. Marka/Kirche St. Markus** (39), eine Stiftung BOLESŁAW V. WSTYDLIWY. Schiff und Turm stammen aus dem 15. Jh. Eine monumentale Kreuzigungsgruppe aus Holz (um 1500) hängt an der Außenwand des Chors (ul Sławkowska). Der zur reichen Innenausstattung gehörende Hochaltar ist auf 1618 datiert und kommt aus der Werkstatt des BALTAZAR KUNCZ. Die nachträglich eingefügte Kreuzigung ist spätgotisch.

An der gegenüberliegenden Straßenecke (ul. Sławskowska Nr. 13) steht das im 17. Jh. durch den Umbau von zwei Bürgerhäusern entstandene Pałac Tarnowskich/Palais Tarnowski. (Die ausgehöhlten Steine zu beiden Seiten des Hauptportals dienten früher zum Löschen von Fackeln.) Im Innern beeindruckt die geräumige Eingangshalle mit barocken Portalen. Das Kamienica Gotycka/Gotische Haus (Nr. 4) stammt aus dem 15. Jh. und wurde im 17. Jh. im Barockstil umgestaltet.

Nicht weit von hier (ul. Krupnicza Nr. 26) befindet sich das im Geburtshaus von Stanisław Wyspiański eröffnete **Dom Józefa Mehoffera/ Haus von Józef Mehoffer** für den großen Krakauer Maler der Jahrhundertwende JÓZEF MEHOFFER. Das reizvolle Ambiente und die erstklassigen Jugendstil-Gemälde können zu einem der schönsten Erlebnisse in Krakau verhelfen.

Von der südlichen Marktplatzecke führt die älteste Straße Kraków, die ul. Grodzka, zum Wawel, der jedoch auch durch die Esplanade *(Planty)* erreicht werden kann. Am Beginn der ul. Grodzka befindet sich rechts das älteste Restaurant der Stadt, nach einem früheren Besitzer Wierzynek genannt. Bei gutem Essen können u. a. schöne bemalte Renaissancedekken betrachtet werden. In südlicher Richtung folgt der Pl. Wiosny Ludów. Rechts gegenüber steht das **Pałac Wielopolskich/Palais Wielopolski** (40) aus dem 17. Jh., heute ein Gebäude der Stadtverwaltung. Das *Standbild* auf dem Platz ist ein Werk von XAWERY DUNIKOWSKI von 1937–39 und stellt den Stadtpräsidenten JÓZEF DIETL dar, der sich 1866–74 unter anderem um den Ausbau der Esplanade verdient gemacht hat. Im Eckhaus, Nr. 6, dem sogenannten Larisch-Palais, hatte 1854 die ›Gesellschaft der Freunde der Schönen Künste‹ ihren Sitz.

Rechts vom Palais Wielopolski steht die **Kościół św. Franciszka/Franziskanerkirche** (41) samt Kloster (13.–15. Jh.), eine Stiftung des Wojewoden TEODOR, die im Jahre 1269 fertiggestellt wurde. 1386 ist in dieser Kirche König WŁADYSŁAW II. JAGIEŁŁO getauft worden. Beigesetzt sind hier u. a. Fürst BOLESŁAW V. WSTYDLIWY und seine Schwester, die selige SALOMEA, sowie PIOTR KOCHANOWSKI, der Übersetzer von LODOVICO ARIOSTO und TORQUATO TASSO ins Polnische. Die berühmten Glasmalereien von lodernden kräftigen Farben sowie die Wandmalereien im Chor und im Querschiff der Kirche (andere Fresken Mitte 15. Jh.) sind Arbeiten von STANISŁAW WYSPIAŃSKI (1897–1902). In der Nordkapelle findet man die Kreuzwegstationen des anderen berühmten polnischen Jugendstilmalers JÓZEF MEHOF-

FER. Auf der gegenüberliegenden Straßenseite (ul. Franciszkańska, Ecke ul. Bracka) befindet sich der Gebäudekomplex der Kurie mit dem Sitz des Krakauer Kardinals. Einmal residierte hier KAROL WOJTYŁA, heute Papst JOHANNES PAUL II. Entlang der Esplanade in südlicher Richtung zum Wawel hin, vorbei an den Gebäuden des Franziskaner-Klosters, erreicht man zur Linken als nächste Querstraße die ul. Poselska. Der Gebäudekomplex, der sich von hier bis zur Esplanade erstreckt, ist das ehemalige **Więzienie św. Michała/ Michaelsgefängnis** (42); nach dem Krieg wurde hier das *Archäologische Museum* der Stadt Kraków untergebracht. Bis zum 17. Jh. Sitz der Familie TĘCZYŃSKI und Hof der Äbte von Tyniec, wurde das Gebäude später durch den Karmeliterorden in ein Kloster umgewandelt und dem hl. Michael geweiht. Die Österreicher vertrieben im 19. Jh. die Mönche und funktionierten das Bauwerk in ein Gefängnis und ein Gericht um. Unweit, in der ul. Poselska Nr. 7, steht das Jan-Hebda-Haus vom Anfang des 14. Jh., so genannt nach dem ersten Besitzer, einem Erzdiakon von Gniezno und Krakauer Kanoniker. Später gehörte es den Benediktinern von Tyniec und wurde nach 1612 Residenz ihrer Äbte.

An der östlichen Seite des Pl. Wiosny Ludów schließt sich der Pl. Dominikański mit der **Kościół Dominikanów św. Trójcy/Dreifaltigkeitskirche** (43) und **Kloster der Dominikaner** an. Diesen Orden ließ 1222 der Krakauer Bischof IWO ODROWĄŻ dort ansiedeln. Die dreischiffige Backsteinbasilika entstand im 13. Jh., wurde aber später umgebaut. Den imposanten Staffelgiebel der Ostfassade setzte man nach 1462 auf; den Chor erhöhte man in der zweiten Hälfte des 14. Jh. Das Netzgewölbe wird vor 1438 datiert. Die Seitenkapellen kamen im 15. Jh. zu dem fünfjochigen Mittelschiff, erbaut in der zweiten Hälfte des 14. Jh. (von gleicher Höhe wie der Chor). Die ursprüngliche Ausstattung wurde weitgehend nach dem Brand von 1850, der das Gewölbe zum Einsturz brachte, zerstört. Zu besichtigen ist eine von VEIT STOSS entworfene Grabplatte des FILIPPO BUONACCORSI (italienischer Humanist, in Polen KALLIMACH genannt), die von PETER VISCHER D. Ä. um 1496–1500 in Nürnberg gegossen wurde. Das große steinerne Portal ist harmonisch in den Backsteinbau eingefügt. Die Kaplica Myszkowskich/Myszkowski-Kapelle (1603–14) und Kaplica Zbaraskich/ Zbaraski-Kapelle (1630) verfügen über eine sehr reiche Ausstattung. Die Kirche selbst besitzt einen Gemäldezyklus von TOMMASO DOLABELLA (1619–38) und eine der reichsten Schatzkammern in Kraków, u. a. mit prächtigen liturgischen Gewändern.

Unter den alten Häusern an der ul. Grodzka, von denen die meisten mit Wappen über den Portalen (das älteste aus dem 14. Jh.) verziert sind, ist das **Collegium Juridicum**, Haus Nr. 53 (44), mit seinem schönen Renaissancearkadenhof hervorzuheben.

Weiter südlich auf der ul. Grodzka findet man die älteste barocke Kirche Kraków, die **Kościół ś. ś. Piotra i Pawła/Kirche St. Peter und Paul** (45), entstanden anstelle eines gotischen Bauwerks. 1596 begann J. BRITIUS mit dem Bau – einer Nachahmung der Jesuitenkirche Il Gesù in Rom –, bestimmt für den gerade nach Polen gerufenen Jesuitenorden. Vollendet wurde das prächtige Kirchengebäude 1605–19 durch GIOVANNI BATTISTA TRE-

63 HREBENNE Holzkirche St. Nikolaus ▷

65 UCHANIE Pfarrkirche,
Paweł und Anna Uchański-Grabmal

66 LEŻAJSK Kirche Mariae Verkündigung,
Barockorgel

◁ 64 BARANÓW SANDOMIERSKI Magnatenresidenz der Leszczyńskis

68 ZAMOŚĆ Großer Markt, Gewölbestuckdekoration eines Patrizierhauses ▷

67 OPATÓW ›Wehklage von Opatów‹ (Ausschnitt)

71 Wrocław/Breslau
Kathedrale, Sakristei-
portal

72 Wrocław/Breslau ▷
Kirche der hl. Maria
Magdalena, romani-
sches Portal

73, 74, 75   Trzebnica/Trebnitz   Tympanonreliefs am Westportal

76   Lubiąż/Leubus   Zisterzienserkloster, Deckengemälde des ehemaligen Abteiflügels D

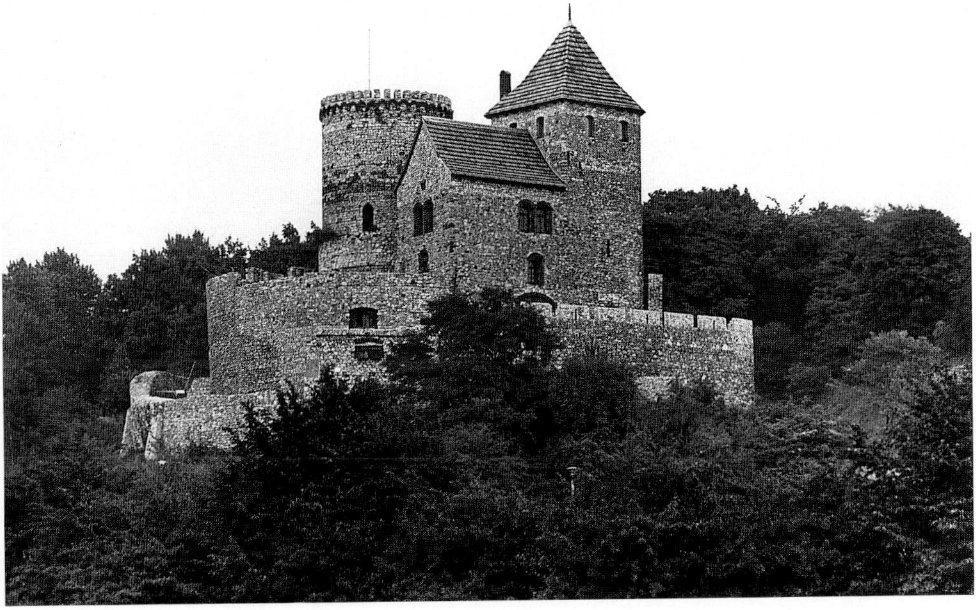

78 Będzin Piastenschloß
77 Opole/Oppeln Häuserzeile am Markt der Altstadt
79 Henryków/Heinrichau Zisterzienserkloster

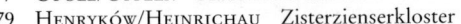

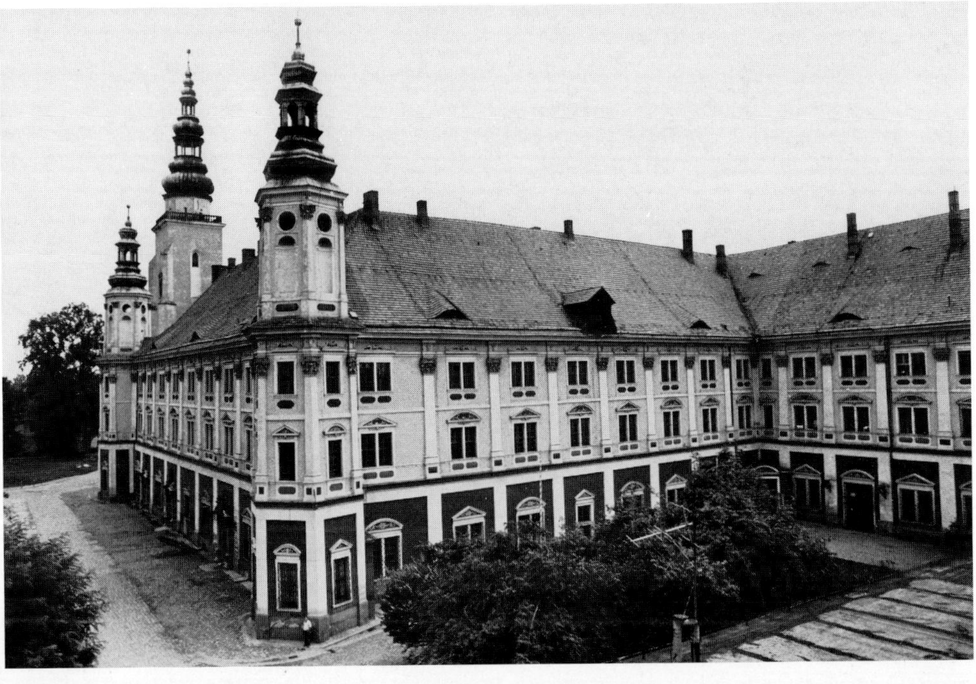

81 GÓRA ŚWIĘTEJ ANNY/ST. ANNABERG Denkmal für den dritten polnischen Aufstand in Oberschlesien 1921

80 PACZKÓW/PATSCHKAU Kirche St. Mariae   83 PŁAKOWICE/PLAGWITZ Renaissance-Palais ▷

82 KATOWICE/KATTOWITZ Mehrzweckhalle im Stadtzentrum

vano aus der Lombardei, Hofbaumeister von Zygmunt III. Waza. Im Innern findet man barocke Stuckdekorationen von Falconi aus den Jahren 1619–33. Vor der Kirche stehen mehrere, vor einigen Jahren wiederaufgestellte Kopien von Apostelfiguren aus der Barockzeit (David Heel). Nebenan erhebt sich kontrastreich die romanische **Kościół św. Andrzeja/Kirche St. Andreas** (46), ca. 1079–98 errichtet und um 1100 umgebaut. Die Westfassade aus weißem Kalkstein dominieren die beiden romanischen Türme mit später aufgesetzten Barockhelmen. Den strengen Aufbau lockert ein Triforium an der zwischen den Türmen angebrachten Empore auf. Die Ausstattung im Innern ist barock, u. a. mit Stukkaturen von Baldassare Fontana und ein Ambo. In der reichen Schatzkammer befinden sich einige der ältesten Krippenfiguren Europas (14. Jh.) und eine Mosaikikone der Gottesmutter Hagisoritissa aus Konstantinopel (erste Hälfte 13. Jh.).

Jenseits des kleinen Pl. św. Marii Magdaleny (Maria-Magdalena-Platz), vorbei an der Südfassade des Collegium Iuridicum, stößt man auf die wohl malerischste Straße Kraków, die **ul. Kanonicza**, mit gut erhaltenen Häuserzeilen aus dem 15. und 16. Jh. Fast alle Bauwerke hier verfügen über schöne Portale mit Wappen, die früher die Hausnummern ersetzten. Die Fassaden sind liebevoll restauriert worden, und es lohnt ein kurzer Blick in die interessanten Innenhöfe. Besonders hervorzuheben sind: Haus Nr. 5 (Ośrodek Teatru Crocot 2) mit einer Galerie und einem Dokumentationszentrum zu Tadeusz Kantor, Haus Nr. 9 mit dem Museum Stanisław Wyspiański, Haus Nr. 15 (Ukrainische Stiftung Hl. Vladimir) mit Wechselausstellungen, einer Galerie ukrainischer Kunst (Ikonen 17.-19. Jh.) und der orthodoxen Kapelle der Hll. Boris und Gleb (entworfen von Jerzy Nowósielski), Haus Nr. 19 mit dem Museum Archidiecjezalne/Erzdiözesanmuseum. Sehenswert sind weiterhin das sogenannte Dom Dziekański/Dekanhaus, Haus Nr. 21, ein Renaissancepalais aus dem 16. Jh. mit Sgraffitodekor an der Fassade und einem schönen Renaissance-Portal (von Santi Gucci entworfen) und das Dom Długosza/Długosz-Haus, Haus Nr. 25, im 15. Jh. königliches Bade- und Wohnhaus, später Wohnhaus des großen polnischen Historikers Jan Długosz, der auch Erzieher der Söhne von Kazimierz IV. Jagiellończyk war. Eine bronzene Tafel erinnert daran, daß hier auch der Vater von Stanisław Wyspiański, Franciszek, seine Bildhauerwerkstatt gehabt hat.

Am Ende der ul. Grodzka, am Fuß des Wawels, steht die **Kościół św. Idziego/Kirche St. Ägidius** (47), vom Hofarchitekten Zygmunt III. Waza, Giovanni Battista Trevano, im 17. Jh. erbaut und seit 1816 ein evangelisches Gotteshaus. Den Hauptaltar schmückt das Gemälde ›Christus besänftigt das Meer‹ von Henryk Siemiradzki.

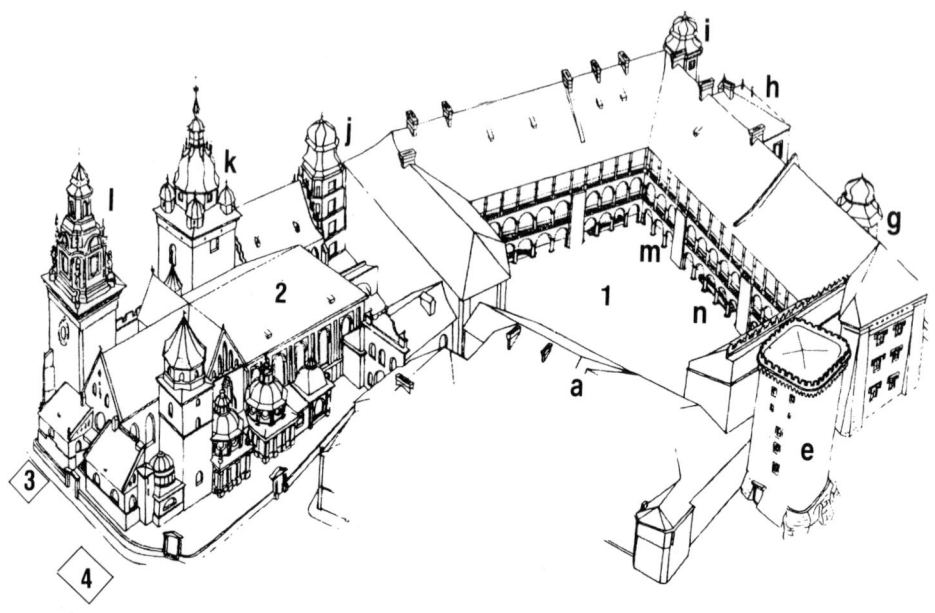

Das Wawel-Ensemble 1 Schloß 2 Kathedrale 3 Kathedralmuseum 4 Brama Wazów/Waza-Tor; zu a, e, g, h, i, j, k, l, m, n siehe Legende S. 443

Wawel-Hügel mit Schloß und Kathedrale

Der **Wawel** (48) ist die prächtigste und bedeutendste unter den polnischen Schloßanlagen. Umgeben von wehrhaften Mauern erheben sich die gotische *Kathedrale* (2) (Abb. 48) und die königliche Residenz (1) (Abb. 46), Burg und Schloß zugleich, auf dem Hügel, 25 m über der Weichsel. Der Wawel ist zugleich das beliebteste und am meisten besuchte Museum in Polen (2 Millionen Touristen jährlich), obwohl die Polen selbst ihn nicht als solches empfinden, sondern als *die* polnische nationale Reliquie. Das »Gehen auf den Wawel« bedeutet für die Polen eine Pilgerfahrt. Tatsächlich findet man hier die bedeutendsten Denkmäler und Kunstschätze Polens an einem Platz versammelt. Man bräuchte freilich zwei oder drei ganze Tage, um alle Räume und Ausstellungen zu besichtigen. Den Eintrittskarten nach unterscheidet man 9 Ausstellungen (die meisten sind Mo geschlossen): *Königliche Gemächer* (Schloßparterre, 1. u. 2. Geschoß) (n), *Kunst des Orients* (1. u. 2. Geschoß, Westseite des Schlosses), *Kronschatz- und Rüstkammer* (neun Räume in der Schloßparterre) (m), ›*Verlorener Wawel*‹ in der *Kaplica Mariacka* (a), *Kathedrale* (2) (Eintritt frei), *Königsgräber in der Krypta der Kathedrale*, *Sigismundglocke* (2), *Kathedralmuseum* (3) und *Drachenhöhle* (Eingang neben dem Turm der Diebe, Weichselseite). Der beliebtere alte, früher ein-

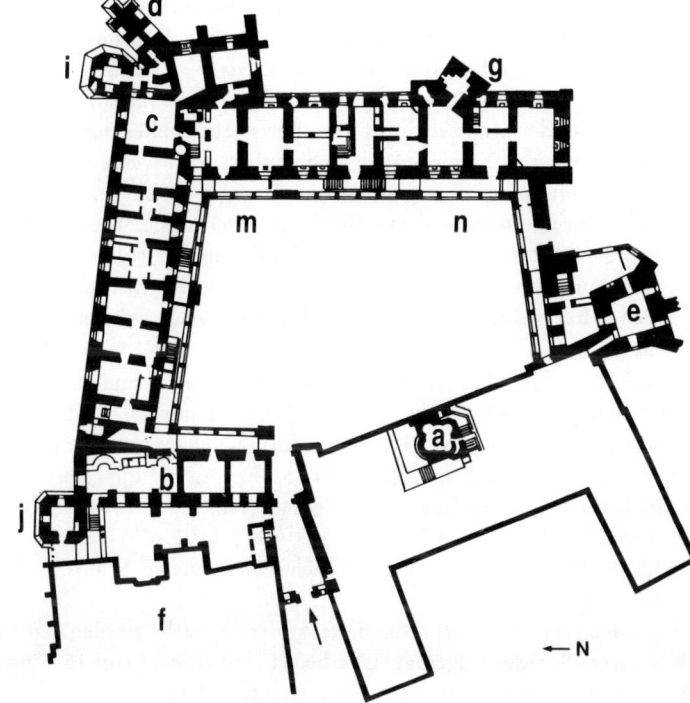

zige, Eingang zum Wawel, das *Brama Wazów/Waza-Tor* (4) von 1595, steht zwischen der Kathedrale und dem Kathedralmuseum und ist über ul. Kanonicza und das vorgelagerte *Brama Herbowa/Wappentor* zu erreichen. Links aufgestellt ist das monumentale Bronzedenkmal für Tadeusz Kościuszko, ein Werk von LEONARD MARCONI von 1900, das die Nationalsozialisten 1940 zerstörten. Es wurde als Geschenk der Stadt Dresden 1960 wiederaufgebaut. Der zweite Zugang in den Wawel fängt bei der *Kościół św. Idziego/Ägidius-Kirche* an, auf der anderen Seite der ganzen Anlage (s. weiter oben). Informationstafeln (auch in Deutsch) mit dem aktuellen Stand der nicht einheitlichen Öffnungszeiten sowie Angaben, was und wo etwas am betreffenden Tag besichtigt werden kann, findet man an verschiedenen Stellen auf dem Wawel-Plateau.

Schon Ende des 9. Jh. war der Wawel Sitz eines heidnischen Wislanenfürsten, der im 10. Jh. zerstört wurde. Archäologische Grabungen haben die Reste von mindestens acht Bauten der Zeit vor 1000 und den gotischen Burg-Ringmauern aus dem 13./14. Jh. zutage gebracht. Neuerdings wird die *Kaplica Mariacka/Marienkapelle*, später *Kaplica śś. Felksa i Adaukta/Felix und Adauctus-Rotunde* (a) genannt, spätestens 960 oder um 1000 datiert. Die vor dem Krieg erforschten *Pozostałości Katedry/Reste (b) der Gereonkirche* (eine Basilika mit Krypta von 1020–40) bzw. die Reste der sogenannten ›Ersten‹ und ›Zweiten‹ *Kathedrale* finden wahrscheinlich ihre Fortsetzung unter dem Chor der heutigen Kathedrale. Sie können z. Z. wieder einmal nicht besichtigt werden. Hindus und Esoteriker aus aller Welt halten einen ›Energiestein‹ hier für einen der sieben ›Tschakrams‹ der Welt, belagern den Ort und werden daher nicht gern gesehen. Die heutige, der Abfolge nach dritte Kathedrale von 1364 sowie das Königsschloß stammen in ihrem Grundbestand aus dem 14. Jh. und wurden unter der Herrschaft KAZIMIERZ' III. WIELKI errichtet. Beide Bauwerke wurden später mehrmals umgebaut und entscheidend verändert.

Aus der Zeit KAZIMIERZ' erhalten geblieben sind in der **Wawel-Burg** der *Sala Kazimierzowska/Kazimierz-Saal* (c) im Łokietek-Turm und der Ende des 14. Jh. errichtete Wohnpavillon, *Kurza Stopka/Hahnenfüßchen* (d), genannt nach seinen charakteristischen hohen Stützpfeilern (d) (Abb. 46). Die bedeutendste Umgestaltung der Burg geht auf König Zygmunt I. Stary zurück. Seit Anfang des 15. Jh. entstand die großzügige Anlage mit einem herrlichen Innenhof toskanischer Prägung (Abb. 47), entworfen von FRANCESCO FIORENTINO (1507–36), BENEDYKT VON SANDOMIERZ (1524–29) und BARTOLOMMEO BERRECCI (1530–36). Der Innenhof ist die eigentliche Schauseite des Schlosses, das man durch das Tor mit der lateinischen Inschrift betritt: *Si Deus nobiscum quis contra nos/Wenn Gott mit uns ist, wer soll gegen uns sein.* Trotz dieses stolzen Spruchs wurden dem Schloß im 18. und 19. Jh. schwere Schäden zugefügt. Überliefert sind Brände von 1536 und 1595, als kostbare Ausstattungen zerstört wurden. Letzterer Brand verwüstete den Nordflügel, der dann 1596–1620 eine Umgestaltung durch GIOVANNI TREVANO im Geiste des Barocks erfahren hat. 1655 und erneut 1702 brandschatzten die Schweden das Schloß mit verheerenden Folgen für seinen Bestand. Fast alle Räume im westlichen und östlichen Flügel brannten 1702 vollständig aus. Einige Säle wurden anläßlich des Besuches (im Jahre 1787) von STANISŁAW AUGUST PONIATOWSKI renoviert, aber bald darauf (1794–1795) raubten die preußischen Besatzer den Kronschatz und die verbliebene Einrichtung, die Russen die wertvolle Tapisserie-Sammlung, die sie nach St. Petersburg brachten. Im Januar 1796 wurde Wawel von der österreichischen Armee besetzt. Die Jahre 1803–09 und vor allem 1854–56, als das Schloß zur österreichischen Kaserne umgebaut wurde, brachten weitere Schäden und Veränderungen im architektonischen Erscheinungsbild mit sich. (Das damals gebaute Krankenhaus steht heute noch zwischen dem *Turm der Diebe* und dem *Sandomierz-Turm* an der Seite zur Weichsel hin.) Kaiser FRANZ JOSEPH bewilligte schließlich 1880 die Räumung des Schlosses, unter der Bedingung des Rückkaufs aus dem Besitz des Heeres, und gegen 1908 begann die Wiederherstellung (ZYGMUNT HENDL, ADOLF SZYSZKO-BOHUSZ) unter der Aufsicht des Bezirksverwalters GRAF BADENI. Nachdem Polen seine Unabhängigkeit wiedererlangt hatte (1918/19), veranlaßte der Staat eine gründliche Restaurierung, zu der die Bevölkerung durch umfangreiche Spenden beitrug, was die unzähligen Gedenktafeln mit den Namen der Spender an den Schloßmauern zeigen. Rußland gab nach dem Vertrag von

Riga (1918) die Tapisseriensammlung und andere Kostbarkeiten, wie das Krönungsschwert *Szczerbiec* (s. weiter unten) zurück. Diese wurden wiederum nach Ausbruch des Zweiten Weltkrieges in einer dramatischen Rettungsaktion über Rumänien, Frankreich und England nach Kanada ausgelagert. Nach dem Einmarsch der Wehrmacht in Krakau wurde Wawel Hauptquartier des Generalgouverneurs Hans Frank. Der vorgelagerte Bau mit verglastem Rundbogen-Eingang an der Ostseite (heute Ausstellung ›*Verlorener Wawel*‹ (a) stammt aus jener Zeit der Okkupation und wurde anstelle der ehemaligen königlichen Küche errichtet. Nach 1945 wurden erneute Anstrengungen unternommen, den einstigen Glanz des Schlosses durch die Rückführung geraubter und ausgelagerter Sammlungen im Ausland (1959/1961), Restaurierungen, archäologische Grabungen und Neuankäufe wiederherzustellen. In den letzten Jahren nach der Wende hat sich auch auf dem Wawel-Schloß vieles positiv geändert: das neue Ausstellungskonzept verzichtet auf Überladenes und nimmt mehr Rücksicht auf die Erhaltung der musealen Objekte. Die empfindlichsten Kunstwerke, wie etwa zwei Drittel der Tapisserien, müssen lichtgeschützt im Depot aufbewahrt werden. Wer Wawel von früheren Jahren kennt, wird so vielleicht einiges vermissen, aber bei jedem Besuch immer wieder auch Neues entdecken.

Im Schloß sind drei Ausstellungen zu besichtigen: 1. *Kronschatz und Rüstkammer* (m) 2. *Königliche Gemächer* (Erdgeschoß, 1. u. 2. Geschoß) (n) 3. *Kunst des Orients* (1. u. 2. Geschoß im Westflügel/Eingang: Diele vor dem *Senatorensaal*). Allgemein galt zur Zeit der polnischen Könige folgende Ordnung im Schloß: Erdgeschoß – Wirtschafts- und Lagerräume; 1. Geschoß – Königliche Wohnräume; 2. Geschoß – Repräsentationsräume. Diese ehemalige Nutzung ist durch den nachträglich entstandenen musealen Charakter und die Überfülle an Exponaten nicht gleich ersichtlich.

Der *Skarbiec Koronny/Kronschatz*, der wie ursprünglich im nordwestlichen Teil des Erdgeschosses (m) untergebracht ist, enthält in vier Räumen Königsinsignien und Objekte von nationaler Bedeutung, die man nach den Wirren der neueren polnischen Geschichte zusammengetragen hat, darunter das sogenannte *Szczerbiec*, ein Schwert der Zeit um 1280, das Symbol der Gerichtsbarkeit der Herzöge und seit mindestens 1320 Krönungsschwert der polnischen Könige. Wie die wertvollsten Objekte war es im zweiten Weltkrieg nach Kanada ausgelagert. Gezeigt werden u. a. ein in Tyniec gefundener Silberkelch mit Patene aus dem 11. Jh., Schmuckwaffen und Miniaturen.

Nebenan im Erdgeschoß zählt die *Zbrojownia/Rüstkammer* in fünf Sälen etwa 1000 wertvolle Objekte und ist damit die größte Sammlung dieser Art in Polen. Aufbewahrt werden hier polnische und westeuropäische Waffen und Militaria (16.–17. Jh.). Von den mächtigen Gewölben hängen die Fahnen der Deutschordensritter von der Schlacht bei Grunwald/Tannenberg im Jahre 1410 herab (s. S. 21). Es handelt sich hierbei um ältere (um 1900) und neuere Rekonstruktionen, angefertigt nach der gesicherten historischen Überlieferung.

Die ›*Komnaty/Königliche Gemächer*‹ ist die wichtigste ständige Ausstellung im Schloß (Erd-, 1. und 2. Geschoß). Die Führung geht durch drei Säle im Erdgeschoß über die barocke *Sień Poselska/Senatoren-Vorhalle* von Trevano ins 1. und dann ins 2. Geschoß, wo sich die repräsentativen Prunkräume befinden. Der *Turniersaal* und vier weitere Prunkräume, *Zur Heerschau, Gesandtensaal, Zum Tierkreis, Zu den Planeten* und *Zur Schlacht bei Orsza*, alle im 2. Stockwerk des Ostflügels, sind nach den entsprechenden Wandmalerei-Friesen unter den reich verzierten Kassettendecken genannt. Da es sich um die einzigen Reste der ursprünglichen Innenausstattung handelt, haben Decken und Friese einen besonderen kunsthistorischen Wert. Nach 1990 wurden sie erneut restauriert. Dargestellt sind verschiedene vielfigürige Szenen nach literarischen und graphischen Vorlagen, die dekorativen und allegorischen Charakter haben. Dem neuesten Stand der Forschung nach waren ihre Schöpfer der Tischler SEBASTIAN TAUERBACH aus Breslau, der im Schloß 25 Jahre lang gearbeitet hat, ein gewisser Holzschnitzer HANS und der Maler HANS DÜRER (geb. 1490 in Nürnberg). Die Arbeit des letzteren wurde nach seinem Tode von ANTON AUS BRESLAU (1532–35) vollendet. HANS DÜRER, der Bruder ALBRECHT DÜRERS, kam 1527 von Nürnberg nach Krakau und war seinerzeit der bestbezahlte Hofmaler am Hofe ZYGMUNT I. Er erkrankte und starb 1534 in Krakau, verschuldet und in Armut. Zwei Jahre später hat ANDREAS DÜRER, sein zweiter Bruder, der Goldschmied war, seine Angelegenheiten mit den Gläubigern erledigt. Heute schreibt man HANS DÜRER die Ausmalung der Ostwand im *Turniersaal* zu. Offensichtlich hat der Maler einen Stich von LUKAS CRANACH D. Ä. von 1509 als Vorlage benutzt. Andere Werke in Krakau von DÜRER sind nur schriftlich überliefert.

Besonders hervorzuheben ist der *Sala Poselska/Gesandtensaal*, auch *Sala Tronowa-›pod Głowami‹/Thronsaal ›Unter den Köpfen‹* genannt. Auf dem Podest steht heute kein originaler Thron, sondern ein Sessel aus dem 16. Jh. Leider ist der Wandmalereifries, der das Schicksal des Menschen, nach einem Werk des griechischen Stoikers Simonidas, zum Thema hat, zuletzt mit sehr mäßigem Erfolg restauriert worden. Der Saal ist aber berühmt durch die einmalige Kassettendecke mit 30 (von ursprünglich 194) Typen- und Bildnisköpfen, den sogenannten ›Wawel-Köpfen‹ von 1531–35. Eine hübsche Legende überliefert für die Hofdame, dargestellt durch den Kopf mit Mullbinde, die frechen Worte, die sie an Zygmunt August gerichtet haben soll: *Rex Auguste, iudica iuste/Richte gerecht, König August!* Vor der prächtigen barocken *Senatorentreppe* von TREVANO befindet sich der größte Raum im Schloß, der *Sala Senatorska/Senatorensaal*. Er wurde für Sitzungen des Senats, Theatervorstellungen und Bälle (Orchesterempore erhalten) genutzt. Die großen Brüsseler Gobelins (Arrazzi) an den Wänden (die Geschichte des Noah) und die kleineren dazwischen, mit reizvollen Tierdarstellungen, gehören zu den schönsten flämischen Tapisserien, die ZYGMUNT STARY in Antwerpen und später ZYGMUNT II. AUGUST 1553-71 in den besten Brüsseler Weberwerkstätten angekauft haben. Vor seinem Tod hat sie ZYGMUNT II. AUGUST dem Staat vermacht. Zusammen mit den anderen Gobelins im Schloß und in der Kathedrale (heute 142 von ehemals 360 Stück) bilden sie heute die bedeutendste Sammlung dieser Art in der Welt, bestehend aus drei Serien biblischer Szenen (Geschichte der Ureltern, Noah, Turmbau zu Babel) nach Kartons von MICHIEL VAN COXCIE, einer Serie mit Landschafts- und Tierdarstellungen sowie einer Serie von Grotesken, Landschaften und Wappen. Bis vor wenigen Jahren hingen fast alle bedeutenden Tapisserien in den Prunkräumen. Heute wird aus konservatorischen Gründen – das empfindliche Wollgewebe enthält noch Seide-, Silber- und Goldfäden – nur etwa ein Drittel der Gobelins im Wechsel gezeigt.

Dem Stil des Schlosses entsprechend gehören zur noblen Ausstattung Gemälde und ausgesuchte Möbel aus dem 16.–17. Jh. Die polnische (u. a. Marcin Kober, Tomasso Dolabella, Daniel Schultz) und westeuropäische Malerei (u. a. Palma Vecchio, Vasari, Pieter Coecke van Aelst, Rubens) sind mit besten Werken vertreten. Vor allem frühe polnische Truhen und Danziger Möbel (18. Jh.) runden die Ausstattung ab.

Eine eigenständige Ausstellung ist die *Wschód w zbiorach wawelskich/Kunst des Orients in den Wawel-Sammlungen* (1. u. 2. Geschoß, Westseite des Schlosses, Eingang bei der Senatorenvorhalle). Die einmalige Sammlung osmanischer Kunst enthält türkische und persische Zelte des 17.–18. Jh. sowie Waffen (Säbel des türkischen Großwesirs Kara Mustafa), Rüstungen, Teppiche (ältestes: Paradies-Tabriz, Persien 16. Jh.) u. a. Die meisten Objekte hat König Jan III. Sobieski 1683 vor Wien erobert. Die Fotodokumentation erlaubt einen Einblick in die Restaurierung der Zelte. Teile dieser Sammlung wurden für die Ausstellung ›Licht des Orients‹ in der Bonner Kunsthalle 1996 ausgeliehen.

Die ständige, sehr gut gelungene *Ekspozycja archeologiczna* ›*Wawel zaginiony*‹/*Archäologische Ausstellung* ›*Verlorener Wawel*‹ (a) besteht seit 1975. Im vorgelagerten »deutschen« Bau aus der Kriegszeit befindet sich die teilweise rekonstruierte, zu den frühesten christlichen Bauten Polens zählende *Kaplica Mariacka/Marienkapelle*, die um 1000 als Palastkapelle (Rotunde auf dem Grundriß eines Vierpasses mit rundem Anbau) errichtet und im 14. Jh. zur sogenannten *Kaplica śś. Felksa i Adaukta/Felix und Adauctus-Kapelle* umgebaut wurde. Neben sehr interessanten archäologischen Fundstücken sind hier Modelle der Vorgängerbauten der heutigen Kathedrale – der Gereonkirche (1020–40) und ihrer beiden Nachfolger – zu sehen.

Die *Kościół Katedralny śś. Wacława i Stanisława Biskupa/Kathedrale des hl. Wenzel und des hl. Stanislaus* (2/f) auf dem Wawel wurde anstelle der romanischen Kirchen St. Gereon (1018 bis nach 1038) und der Kirche König Władisławs I. Herman (1075–1142) erbaut. Die Krönungskirche Polens ist eine dreischiffige Basilika mit Transept, Umgang und einem Kranz von 18 gotischen und barocken Kapellen. Der Chor geht auf die Zeit von 1320–46 zurück, die Seitenschiffe entstanden Mitte des 14. Jh. An der Nordseite erhebt sich der *Wieża Zygmuntowska/Sigismundturm* (14. Jh.) mit der größten Glocke Polens, genannt Zygmunt, von 1520. Vom Fenster aus bietet sich ein schöner Rundblick auf die Stadt und die Weichsel. Südlich des Sigismundturmes steht der *Turm der Silbernen Glocken,* dessen älteste Glocke aus dem 13. Jh. stammt. Die Restaurierung der Kathedrale erfolgte 1895–1910 unter der Leitung von Sławomir Odrzywolski und Zygmunt Hendel. Im Innenraum befinden sich zahlreiche Kunstschätze von großem künstlerischen und historischen Wert. Man betritt die am häufigsten besichtigte Kirche Polens durch die berühmte Tür (drittes Viertel 14. Jh.), deren Eisenbeschläge das Monogramm des Königs Kazimierz III. Wielki, den Buchstaben ›K‹ zeigen.

In der Vierung steht das barocke *Mausoleum des hl. Bischofs Stanisław (II)* von 1628–30, nach dem Entwurf Giovanni Battista Trevanos aus schwarzem Marmor und vergoldeter Bronze; die quadratische Form mit offenen Arkaden, bekrönt von einer Kuppel mit Kalotte, schmücken Heiligenfiguren. Auf dem Altar befindet sich der silberne Sarkophag des Bischofs, eine hervorragende Arbeit des Danziger Silberschmieds PETER VAN DER RENNEN (1669–71); die vier knienden Engel, die den Sarkophag tragen, sowie die Reliefs mit Szenen aus dem Leben des Bischofs wurden in Augsburg aus Silber angefertigt. Der barocke Hochaltar entstand Mitte des 17. Jh. nach einem Entwurf von GIOVANNI BATTISTA GHISLENI. Sehr bedeutende Werke sind die Grabmäler der Könige im Chorumgang: das Tumbengrab von WŁADYSŁAW I. ŁOKIETEK, um 1345 aus Sandstein geschaffen (Baldachin von 1900–39), und das an Parlerische Tumben erinnernde Grabmal für KAZIMIERZ III. WIELKI (gest. 1370), in gotischem Stil aus Sandstein und rotem Marmor zwischen 1370–82 gestaltet. Einmalig und von hohem künstlerischen Wert ist die Tumba für WŁADYSŁAW II. JAGIEŁŁO aus der ersten Hälfte des 15. Jh., deren Baldachin erst 1525 von GIOVANNI CINI aus Siena gestaltet wurde (Entwurf von BERRECCI). ANTONI MADEYSKI schuf die Grabmäler für WŁADYSŁAW III. WARNEŃCZYK im Jahre 1906 und die Königin JADWIGA im Jahre 1902. Hervorzuheben sind ferner die Grabtumba des Kardinals FRYDERYK JAGIELLOŃCZYK im Podest vor dem Hochaltar, 1510 in Nürnberg von PETER VISCHER D. Ä. in Bronze gegossen, ferner die Grabplatten für PIOTR KMITA D. Ä. (nach 1505), PAWEŁ SZYDŁOWIECKI (nach 1506) und STANISŁAW BOREK (1558, Nürnberg oder Kraków). Unter den mehr als zehn Wandgrabmälern sind die liegende Gestalt des Kastellans PIOTR BORATYŃSKI hervorzuheben, außerdem die vier Bischofsgrabmäler an den Vierungspfeilern in der Formensprache des Mausoleums: Werke von GHISLENI, ROSSI, TREVANO und GEMBICKI.

Die Besichtigung der insgesamt 18 *Kapellen* (zwei davon in den Untergeschossen der Türme) beginnt rechts vom Eingang mit der *Kaplica Świętokrzyska/Heilig-Kreuz-Kapelle* (1), deren Wände und dreijochiges Sterngewölbe geschmückt sind mit Malereien in russisch-byzantinischem Stil, 1470 ausgeführt durch Maler aus Pskov (eine der vier in Polen erhaltenen Ausmalungen dieser Art). Ikonographisch sehr interessant sind die Engelschöre und die Szene der Beweinung Christi. Die *Heilig-Kreuz-Kapelle* ist gleichzeitig Grabkapelle KAZIMIERZ' IV. JAGIELLOŃCZYK und seiner Gemahlin, der Habsburger Prinzessin ELISABETH. Das Grabmal des Königs aus geflecktem rotem Marmor von 1492 stellt ein hervorragendes Werk von VEIT STOSS (unter der Mitarbeit des Passauer Bildhauers JÖRG HUBER) dar. Das klassizistische, monumentale Grabmal für Bischof KAJETAN SOŁTYK an der Südwand wurde um 1789 nach einem Entwurf von CHRYSTIAN PIOTR AIGNER geschaffen. Die angrenzende *Kaplica Potockich/Potocki-Kapelle* (2) baute JAN MICHAŁOWICZ 1572–75 um, von dem auch das Alabastergrabmal des Bischofs FILIP PADNIEWSKI (1572) stammt. Hier, am Grabmal von ARTUR POTOCKI (gest. 1844), ist die monumentale Christusfigur aus Marmor von BERTEL THORVALDSEN herausragend. Die zwei Büsten der POTOCKIS sind Werke von MONTI nach Modellen von BERTEL THORVALDSEN, geschaffen 1833–34, zu einer Zeit, als die Kapelle nach dem Entwurf des Wiener Architekten PETER VON NOBILE für die POTOCKIS in klassizistischem Stil umgebaut wurde. Es folgt zunächst die weitgehend um 1900 umgestaltete kleine *Kaplica Szafrańców* (3) mit Wandmalereien und Glasfenstern von JÓZEF MEHOFFER (1908), dann die *Kaplica Wazów/Waza-Kapelle* (4), von GIOVANNI BATTISTA GHISLENI in barockem Stil, geschmückt mit Stukkaturen und Wandmalereien. Beachtenswert ist die Bronzetür, ein Werk MICHAEL WEINHOLDS (1673, Gdańsk).

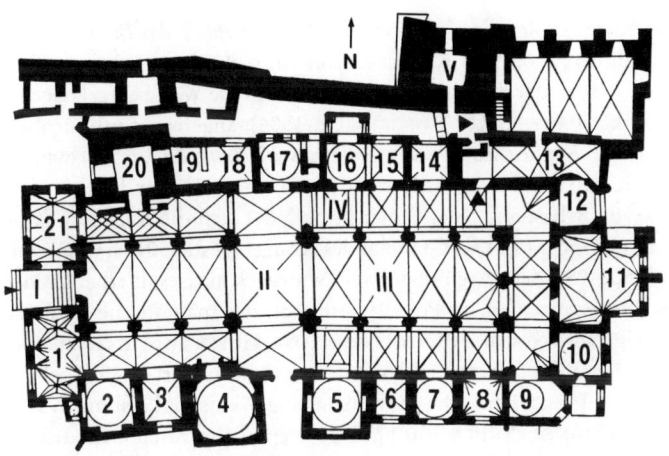

Grundriß der Wawel-Kathedrale   I Eingang   II Mausoleum des hl. Stanisław   III Chor   IV Krypta mit den Gräbern von Mickiewicz und Słowacki   V Sigismund-Turm mit der Sigismund-Glocke
1 Kaplica Świętokrzyska/Heilig-Kreuz-Kapelle   2 Kaplica Potockich/Potocki-Kapelle   3 Kaplica Szafrańców/Szafraniec-Kapelle   4 Kaplica Wazów/Waza-Kapelle   5 Kaplica Zygmuntowska/Sigismundkapelle   6 Kaplica Konarskiego/Kapelle des Bischofs Konarski   7 Kaplica Zadzika/Kapelle des Bischofs Zadzik   8 Kaplica Olbrachta/Kapelle des Königs Jan Olbracht   9 Kaplica Załuskiego/Kapelle des Bischofs Załuski   10 Kaplica Tomickiego/Kapelle des Bischofs Tomicki   11 Kaplica Mariacka/Marienkapelle   12 Kaplica Gamrata/Kapelle des Bischofs Gamrat   13 Sakristei   14 Kaplica Zebrzydowskiego/Kapelle des Bischofs Zebrzydowski   15 Kaplica Skotnickich/Kapelle des Erzbischofs Skotnicki   16 Kaplica Lipskich/Lipski-Kapelle   17 Kaplica Maciejowskiego/Kapelle des Bischofs Maciejowski   18 Kaplica św. Mikołaja/Nikolaus-Kapelle   19 Kaplica śś. Młodzianków/Kapelle der hl. Kinder   20 Kaplica Czartoryskich/Czartoryski-Kapelle   21 Kaplica Królowej Zofii/Kapelle der Königin Sophia

Die *Kaplica Zygmuntowska/Sigismundkapelle* (5), die schönste und berühmteste von allen Kapellen, die ›Perle der Renaissance‹, ist von außen an der vergoldeten Kuppel zu erkennen (s. Rückumschlag). Sie wurde auf Initiative des Königs ZYGMUNT I. STARY 1517–33 von BARTOLOMMEO BERRECCI auf quadratischem Grundriß unter Mitwirkung einer Gruppe toskanischer Steinmetze errichtet. In der Laterne der Kuppel ist die Inschrift ›BARTHOLO FLORENTINO OPIFICE‹ zu lesen. Der Bau gilt als schönstes Beispiel toskanischer Renaissance nördlich der Alpen. Der Innenraum aus Sandstein mit reich gegliederter Kassettenkuppel steht in reizvollem Kontrast zu den in rotem Marmor ausgeführten Plastiken BERRECCIS und seiner Schüler: Schutzheilige, Evangelisten und herrliche Grabskulpturen des Königs ZYGMUNT I. STARY (gest. 1548), geschaffen von BERRECCI, und ebenso die liegende Figur ZYGMUNT II. AUGUST. Das Doppelgrab wurde von SANTI GUCCI 1574–75 gestaltet, unter Verwendung der älteren Skulptur ZYGMUNTS; die Grabplatte der Königin ANNA JAGIELLONKA gegenüber dem Eingang ist ebenfalls zu dieser Zeit von GUCCI geschaffen. Der Altar, ein Pentaptychon von 1531–38, wurde teilweise von Nürnberger Meistern in getriebenem Silber gearbeitet.

Als sechste Kapelle folgt die *Kaplica Konarskiego/Kapelle des Bischofs Konarski* (6) mit dem Grabmal des Bischofs JAN KONARSKI von 1521, das BARTOLOMMEO BERRECCI zugeschrieben wird. Neben der Kapelle befindet sich die in die Wand eingelassene Bronzeplatte für den Kanoniker PAWEŁ SZYDŁOWIECKI (gest. 1506), angefertigt in Nürnberg von PETER VISCHER D. Ä. Die *Kaplica Zadzika/Kapelle des Bischofs Zadzik* (7) wurde 1645–50 in barockem Stil umgebaut. Die Bronzebüste des 1642 verstorbenen Bischofs ist wahrscheinlich ein Werk von Sebastiano Sala. Daneben befindet sich die *Kaplica Olbrachta/Kapelle des Königs Jan Olbracht* (8). Das Grabmal des Königs (gest. 1501) stammt von FRANCESCO FIORENTINO (1502–05), dem Architekten des Wawel-Schlosses; hierbei handelt es sich um das früheste Renaissancewerk in Polen überhaupt; die spätgotische Grabplatte mit dem Relief des Königs wird STANISLAUS STOSS oder JÖRG HUBER aus Passau zugeschrieben. Die *Kaplica Załuskiego/Kapelle des Bischofs Załuski* (9) dominiert das barocke Grabmal des Bischofs JAN GROT (gest. 1346). Die gedrungene Figur entstand erst um 1753. Den Umbau im Rokoko-Stil (FRANCESCO PLACIDI, 1758–66) veranlaßte Bischof ZAŁUSKI, dessen Figur PLACIDI über dem mächtigen Portal plazierte. Die von BARTOLOMMEO BERRECCI 1530–35 an der Ostseite der Kirche errichtete *Kaplica Tomickiego/Kapelle des Bischofs Tomicki* (10) beherbergt das Grabmal des Bischofs (gest. 1535), das wohl von PADOVANO als Sarkophag mit Marmorfigur gestaltet wurde. Es schließt sich die geräumige *Kaplica Mariacka/Marien- oder Stefan Batory-* genannte *Achskapelle* im Osten an (11), ursprünglich, wie fast alle übrigen Kapellen, ein gotischer Bau von 1380–92 mit dem einzigartigen Dreistrahlgewölbe, 1594–95 von GUCCI im Auftrag von ANNA JAGIELLONKA zur Grabeskapelle für ihren Gatten, den König STEFAN BATORY (gest. 1586), umgestaltet; das prächtige Grabmal BATORYS mit liegender Figur nimmt eine ganze Wandfläche zwischen zwei Konsolen ein; die Gewölbe schmücken Wandmalereien von 1594. Die gegenüberliegende Westwand trägt die spätbarocken Denkmäler (MROWINSKI 1760, nach PLACIDIS Entwurf) der Könige MICHAŁ KORYBUT WYŚNIOWECKI (gest. 1673) und JAN III. SOBIESKI (gest. 1696) und ihrer Gattinnen. Die nächste Kapelle ist die *Kaplica Gamrata/Kapelle des Bischofs Gamrat* (12), von G. M. PADOVANO (1545–47) zur Grabeskapelle des Bischofs GAMRAT (gest. 1545) umgestaltet. Vorbei an dem Kruzifix der Königin JADWIGA (Ende 14. Jh.), eingerahmt von dem Hochaltar aus schwarzem Marmor (PLACIDI, 1743–45), und dem gotischen Tumbengrab für den 1333 verstorbenen ŁOKIETEK, den ersten hier begrabenen polnischen König, tritt man durch das barocke Portal von PLACIDI (1767) in die *Sakristei* (13) ein. Früher wurde der 1322 errichtete Bau als Kapelle genutzt (gotische Schlußsteine mit figürlichen Darstellungen, 1. H. 14. Jh.). Von der Sakristei aus kommt man in die *Schatzkammer,* einen Bau von 1481–1500, 1901 von JÓZEF MEHOFFER ausgemalt. Hier und im Kapitelarchiv (Eingang in der *Nikolaus-Kapelle,* s. weiter unten) zu besichtigen sind (Sondererlaubnis des Metropolitankapitels von Wawel erforderlich) wertvolle Reliquien, liturgische Geräte, Handschriften vom 8. bis zum 17. Jh.

An der Nordostecke der Kathedrale birgt die *Schatzkammer* bedeutende Reliquiare, liturgische Geräte, Königsinsignien und Handschriften vom 8. bis zum 17. Jh. Zu den hervorragendsten Stücken gehören u. a.: das sogenannte Kreuz KAZIMIERZ IV. JAGIELLOŃCZYK, aus zwei Kronen des 13. Jh. angefertigt; die Büstenreliquiare des hl. FLORIAN und des hl. STANISŁAW (Kraków, 1504); das Reliquiar des hl. SIGISMUND (Nürnberg, 1533); das sogenannte Glas der hl. JADWIGA (11.–12. und 15. Jh.). Die reiche Sammlung der Kapitelbibliothek besitzt illuminierte Handschriften, u. a. *Praedicationes* (Norditalien, um 800), das *Emmeram-Evangeliar* (Regensburg, um 1100), das sogenannte *Olbracht-Graduale* (Kraków, Anfang 16. Jh.).

Durch die *Sakristei* gelangt man auch zum *Wieża Zygmuntowska/Sigismundturm* (V), der aus der 2. H. des 14. Jh. stammt. Im ersten Stock hängen zwei Glokken von 1463, im zweiten weitere zwei (Mitte 15. Jh.) und erst im dritten Stock – das Ziel und der Stolz aller Polen – die größte Glocke des Landes, nach ihrem Stifter, dem König ZYGMUNT I. STARY, *Zygmunt* genannt, ein großartiges Werk des Nürnbergers HANS BEHAM von 1520. Die Glocke, die nur zu sehr großen Kirchenfesten und Nationalfeiertagen geläutet wird, wiegt 11 t und mißt im Durchmesser 2,6 m.

Wir kehren zurück zu den übrigen Kapellen an der Nordseite der Kathedrale: Die *Kaplica Zebrzydowskiego/Kapelle des Bischofs Zebrzydowski* (14), gebaut 1335, wurde mit Mitteln aus dem Nachlaß des 1560 verstorbenen Bischofs ANDRZEJ ZEBRZYDOWSKI von JAN MICHAŁOWICZ Z URZĘDOWA 1560–63 umgebaut. MICHAŁOWICZ schuf auch das beeindruckende Grabmal des Bischofs. Die ovale Platte unter dem Fenster ist ein Epitaph von 1675 für

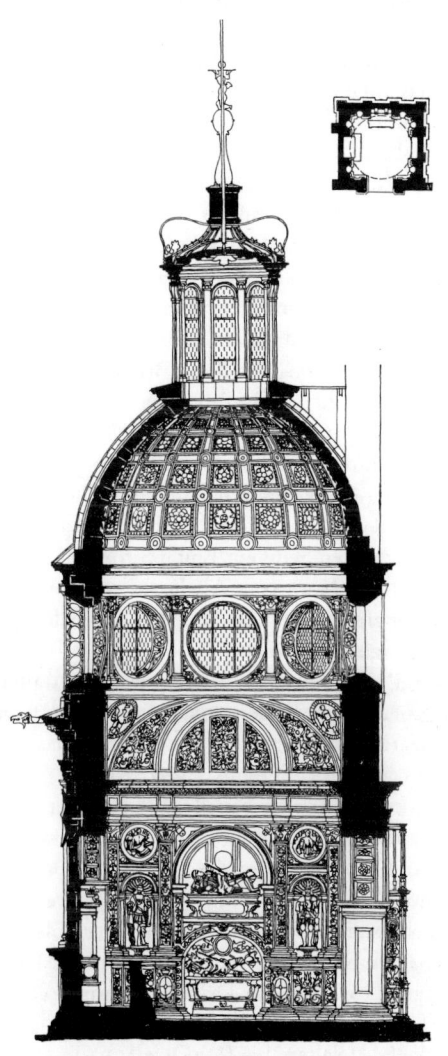

Querschnitt der Sigismundkapelle (5) mit der Darstellung des Doppelgrabes von Zygmunt I. Stary und Zygmunt II. August

den Krakauer Wojewoden MIKOŁAJ ZEBRZYDOWSKI (gest. 1620), dem Stifter der *Kalwaria Zebrzydowska* (s. S. 473). Die *Kaplica Skotnickich/Skotnicki-Kapelle* (15) ist nach ihrem Erbauer, dem Krakauer Kanoniker und späteren Erzbischof von Gniezno J. B. SKOTNICKI (gest. 1339) benannt. STEFANO RICCI schuf das stilvolle klassizistische Denkmal für den Maler MICHAŁ SKOTNICKI (gest. 1808). Die nächste Kapelle ist die ursprünglich gotische

Kaplica Lipskich/Lipski-Kapelle (16), die nach dem Tod des Bischofs ANDRZEJ LIPSKI (1631; das linke Grabmal) einer Barockisierung unterzogen wurde. PLACIDI gab ihr schließlich das heutige Aussehen im Auftrag des Kardinals LIPSKI (gest. 1746; das Grabmal rechts). Das Rokoko-Gitter mit dem Wappen der Lipski gehört zu den schönsten Werken dieser Art in der Kathedrale. In die *Krypta Wieszczów/Krypta der Dichter* (IV) – der Eingang befindet sich vor dieser Kapelle – wurden 1890 die sterblichen Überreste von ADAM MICZKIEWICZ (gest. 1855) und 1927 von JULIUSZ SŁOWACKI (gest. 1849) überführt und in würdigen Sarkophagen beigesetzt. Nach der Besichtigung der Krypta fällt der Blick auf das Silberrelief von 1888, das SOBIESKI bei Wien darstellt (JÓZEF HACZKOWSKI, nach einem Gemälde von JAN MATEJKO). In der *Kaplica Maciejowskiego/Kapelle des Bischofs Maciejowski* (17) stehen das Renaissance-Grabmal des Bischofs (gest. 1550) und der Barockaltar von PLACIDI mit dem Gnadenbild der Gottesmutter ›vom Schnee‹/Salus Populi Romani (1. H. 17. Jh.). Durch die *Kaplica św. Mikołaja/Nikolaus-Kapelle* (18) aus dem 18. Jh. (hier Zugang zu Kapitelbibliothek und -archiv) und die 1459–65 gebaute kleine *Kaplica śś. Młodzianków/Kapelle der hl. Kinder* (19) gelangt man in die Kaplica *Czartoryskich/Czartoryski-Kapelle* (20), ins Erdgeschoß des Uhrenturms, früher Metropolitankapitel, seit der 2. H. des 19. Jh. Kapelle; auf der rechten Seite ein Epitaph für den Fürsten WŁADYSŁAW CZARTORYSKI (gest. 1894) von ANTONY MADEYSKI. Als letzte der Kapellen folgt die *Kaplica Królowej Zofii/Kapelle der Königin Sophia* (21), die 1431–32 gebaut wurde. Benannt ist sie nach der 1461 verstorbenen Königin (Grabplatte in der Südwand). Die Wandmalereien von WŁODZIMIERZ TETMAJER von 1902 stellen die berühmtesten Gestalten der polnischen Geschichte dar, u. a. JADWIGA, KOPERNIKUS, KOŚCIUSZKO, MICKIEWICZ. Rechts vom Eingang befindet sich ein bedeutendes Werk von BERTEL THORVALDSEN – das klassizistische Grabmal aus Carraramarmor für WŁODZIMIERZ POTOCKI (gest. 1812).

In der Nikolauskapelle (18), befindet sich der Eingang zu den Königsgräbern in der weitverzweigten Krypta unter der Kathedrale. Die älteste Krypta ist die Krypta św. Leonarda/St. Leonhard-Krypta von 1090–1118. Sie gehört zum sogenannten ›Zweiten‹/›Hermanowska‹-Kathedralbau und ist mit ihren 8 Säulen, die Kreuzgratgewölbe tragen, eines der schönsten romanischen Denkmäler Polens. Sie und die weiteren, seit Mitte 17. Jh. dazugebauten Krypten bergen die Sarkophage fast aller polnischer Könige, von ZYGMUNT I. STARY (gest. 1548) bis zur Dritten Teilung Polens 1795, sowie (seit 1817) berühmter Polen, u. a. TADEUŚŻ KOŚCIUSKO, JÓZEF PONIATOWSKI und JÓZEF PIŁSUDSKI. (Die polnischen Herrscher des Mittelalters bis JAN OLBRACHT (gest. 1501) wurden in der Kathedrale begraben). Die Sarkophage aus Stein und Zinn sind reich, z. T. mit figürlichen Reliefs verziert. Die schönsten wurden in Gdańsk angefertigt, die von ZYGMUNT II. AUGUST (1572), STEFAN BATORY (1587), ANNA JAGIELLONKA (Ende 16. Jh.) und ZYGMUNT III. WAZA. CHRISTIAN BIERPFAFF schuf in Toruń die Särge für WŁADYSŁAW IV. WAZA und CÄCILIA RENATA (um 1644–47).

Wir verlassen die Kathedrale. Gegenüber befindet sich das 1978 eröffnete **Muzeum Katedralne/Kathedralmuseum** (3), in dem wichtige Teile der Schatzkammer dem Wawel-Besucher zugänglich gemacht werden. Herausragende Objekte sind: der sogenannte ›Speer des Hl. Mauritius‹ (ein Geschenk des Kaisers Otto III., das er in Gniezno Bolesław Chrobry im Jahre 1000 vermachte); romanische Spolien; Grabkronen und -insignien polnischer Könige (14.–17. Jh.); mittelalterliche Elfenbeine, Schnitzereien, Plastik; liturgisches Silber; Gemälde; kostbare Paramente (u. a. die älteste polnische Mitra von 1253, herrlich bestickte Kasel); die Krönungsmäntel von MICHAŁ KORYBUT WYŚNIOWECKI (1669) und STANISŁAW AUGUST PONIATOWSKI (1764); Geschenke und Erinnerungsstücke von JOHANNES PAUL II. aus der Zeit als Krakauer Kardinal und andere, die er der Kathedrale während der vier Papstbesuche vermacht hat.

Nach der Besichtigung des Wawel-Schlosses und der Kathedrale empfiehlt sich der Weg zum Weichsel-Ufer; an der **Smocza Jama/Drachenhöhle** (49) vorbei, einer Karstgrotte, vor der seit 1963 die von BRONISŁAW CHROMY geschaffene Skulptur eines Ungeheuers steht, jenes Wawel-Drachens, den der Legende nach König Krak erschlagen hat.

Stadtviertel Stradom und Kazimierz

Von der Altstadt nach Süden führen die ul. Stradomska (Verlängerung der ul. Grodzka) und weiter die ul. Krakowska in das Stadtviertel Kazimierz. Zunächst aber passiert man das Stadtviertel *Stradom*. Am Pl. Bernardyński, zu Füßen des Wawels, liegt das **Klasztor Bernardynów/Kloster der Bernardiner** (50), errichtet anstelle einer gotischen Kirche, die 1655 schwedische Truppen zerstört hatten. Die barocke Basilika wurde nach dem Entwurf KRZYSZTOF MIEROSZEWSKIS 1670–80 als provinzielle Variante der römischen Kirche Il Gesù ausgeführt. Qualitätvoller ist die Innenausstattung, zu der mehrere Altäre (Ende 17. und 18. Jh.) gehören. Die Gemälde in den Altären schuf der Maler FRANCISZEK LEKSZYCKI nach Stichen von RUBENS und VAN DYCK. Aus der Werkstatt von VEIT STOSS stammt die Anna-Selbdritt-Plastik in der Kapelle der hl. Anna. Im Seitenschiff hängt das Gemälde ›Der Totentanz‹ (17. Jh.), berühmtes Beispiel dieses für die Barockzeit typisch polnischen Themas.

An der ul. Stradomska erhebt sich die **Kościół Misjonarzy/Missionarenkirche** (51), eines der wertvollsten Beispiele spätbarocker Architektur in Kraków, 1719–28 nach den Plänen von KASPAR BAŻANKA errichtet. Die Fassade ist der Kirche BERNINIS, S. Andrea al Quirinale in Rom, nachempfunden. Das monumentale Gemälde im Hauptaltar schuf TADEUSZ KUNTZ (18. Jh.), der wie BAŻANKA dem römischen Barock nahe stand. Weitere bedeutende Gemälde befinden sich im Klostergebäude, u. a. das Porträt STEFAN BATORYS von MARCIN KOBER.

Die breit angelegte ul. Dietla zeichnet den früheren Verlauf eines Weichselarmes nach (vgl. Holzschnitt unten) und trennt Stradom vom Stadtviertel *Kazimierz*, das auf Initiative KAZIMIERZ III. WIELKI im 14. Jh. (seit 1335) als selbständige Stadt angelegt wurde.

Im Zentrum von Kazimierz, auf dem Pl. Wolnica, etwa 1,5 km vom Krakauer Hauptmarkt entfernt, steht das *Rathaus,* erbaut im 14., umgestaltet im 16. Jh. und seit seiner Gründung 1905 eines der reichsten ethnologischen Museen Polens. Nördlich vom Pl. Wolnica ragt die gotische *Kościół Bożego Ciała/Fronleichnamskirche* hervor, die zu den größten

Krakauer Basiliken zählt. KAZIMIERZ III. WIELKI stiftete sie 1340 als Pfarrkirche. Der lange Chor wurde 1369–87 erbaut, das Langhaus war 1405 fertiggestellt worden; im selben Jahr wurde die Kirche den aus der Stadt Kłodzko herbeigerufenen Augustiner-Chorherren überlassen. Der Fassadengiebel entstand Ende des 15. Jh., der Turm 1566–82 (Turmhelm aus dem 17. Jh.). Die Kirche umgibt ein Friedhof, an den die Klostergebäude (schöner Kreuzgang mit Säulenarkaden) grenzen. Der Hochaltar von 1634–37 und das etwas früher entstandene, reich geschnitzte Chorgestühl (1624–32, Werkstatt BALTAZAR KUNCZ) sowie zahlreiche als auch wertvolle Gemälde, das Chorglasfenster vom Anfang des 15. Jh. und eine effektvolle Figur der hl. Barbara (Anfang 16. Jh.) gehören zur schönen Innenausstattung, deren Höhepunkt die Kanzel in Form eines von Sirenen getragenen Bootes (Mitte 18. Jh.) darstellt.

Die *Kościół św. Katarzyny/St. Katharinenkirche* (14.–15. Jh.) war bis 1950 Augustinerkirche und geht ebenso auf eine Stiftung König KAZIMIERZ zurück. Die flachen Hausteinwände (um 1400) sind das wohl schönste Beispiel gotischer Steinmetzarbeit in Kleinpolen. Der barocke Altar stammt von 1634.

Erwähnenswert ist auch die *Kościół Michała Archanioła i św. Stanisława Biskupa ›Na Skałce‹/Kirche des Erzengels Michael und St. Stanislaus* aus dem 18. Jh. mit ihren schönen Altären und der berühmten Krypta, die 1880 als Mausoleum für verdiente polnische Bürger eingerichtet wurde. Hier befinden sich auch die Gräber des Historikers JAN DŁUGOSZ (gest. 1480) und des Komponisten KAROL SZYMANOWSKI (gest. 1937), ferner der Maler HENRYK SIEMIRADZKI, STANISŁAW WYSPIAŃSKI und JACEK MALCZEWSKI.

Ab 1495 wurde in Kazimierz das vom großen Marktplatz nordöstlich gelegene, autonome Viertel *Oppidum Judaeorum* den seit dem 13. Jh. hier lebenden Juden zugeteilt. 1533

Ansicht von Kraków mit dem Stadtviertel Kazimierz (links), Holzschnitt von 1493

verlieh der Stadtrat den Juden das Recht einer eigenen ›Stadt‹ innerhalb eigener Mauern mit drei Wehrtürmen. Rasch entwickelte sich das Ghetto von Kazimierz zu einem der bedeutendsten kulturellen und religiösen Zentren des osteuropäischen Judentums, das Flüchtlinge auch aus Böhmen, Mähren, Deutschland und Spanien aufnahm. Erst mit der Verfassung von 1867 erlangten die Krakauer Juden die volle Gleichheit; die meisten aber blieben in Kazimierz. Um 1900 war jeder dritte Einwohner von Krakau jüdischer Herkunft. Die Quellen aus dem 19. Jahrhundert beschreiben Kazimierz als überbelegt und von bescheidenem Lebensstandard. Die Nazis errichteten bereits im Dezember 1939 ein Ghetto für 70 000 jüdische Einwohner, davon 40 000 aus Kazimierz. Ab 1941 gingen die Transporte in die Vernichtungslager. Die einst so lebendige jüdische Tradition und Kultur wurde ausgelöscht. Nach dem Krieg (heute zählt die Gemeinde ganze 200 Mitglieder), wurden die Häuser von Polen übernommen. Die beiden Friedhöfe wurden restauriert, die meisten Bethäuser und Synagogen notdürftig konserviert. Erst seit der Wende können Juden aus dem Ausland einige Häuser und Objekte pflegen.

Das jüdische Kazimierz ist zu einer touristischen Sehenswürdigkeit geworden. Mittelpunkt dieser Stadt in der Stadt ist die *ul. Szeroka/Breite Straße*, die heute eher einem Platz gleicht, denn die Marktstände der vielen Händler, die vor dem Krieg den Platz füllten, sind längst verschwunden. Diesen historischen Platz, der seine Gestalt im 16. Jh. erhalten hat, säumen Wohnhäuser, alte und neue, restaurierte und zerfallene. Aneinandergereiht sind Synagogen, ein Friedhof, jüdische Restaurants, Cafés, ein Reisebüro (Führungen) und Galerien. Die bedeutendste unter den sieben erhaltenen Synagogen in Kasimierz ist die *Alte Synagoge* (ul. Szeroka Nr. 24), errichtet im 15./16. Jh. und 1557–70 von MATTEO GUCCI im Renaissancestil (Attika aus dieser Zeit) umgebaut.

Die ehrwürdige Synagoge erlitt schwere Verwüstungen durch die Nazis und wurde ihrer reichen Ausstattung beraubt. Nach dem Krieg haben die Polen das Sakralgebäude restauriert und hier das **Jüdische Museum,** eine Filiale des Historischen Museums, untergebracht (Sakrales, Kunst und Fotodokumentationen, Mi–So).

An der Ostseite des Platzes, neben dem modernen jüdischen Restaurant, steht die einzige Synagoge, die noch in liturgischem Gebrauch ist, die **R'emuh-Synagoge,** errichtet 1557 (ul. Szeroka Nr. 40). Man kann sie besichtigen (Mo–Fr, kleine Spende erwünscht). Von der alten Ausstattung sind allerdings nur wenige Reste erhalten geblieben. Rechts nebenan befindet sich der **Friedhof R'emuh,** einer der beiden einzigen in Europa erhaltenen Renaissance-Friedhöfe jüdischer Bürger mit ca. 450 Grabmälern, zwischen 1551 und 1800 in Stein gehauen und verziert. Er ist benannt nach dem berühmten Rabbiner und Talmudisten MOSE ISSERLU R'EMUH. Sein Grabmal besuchen Juden aus aller Welt, die hier beten und ihre aufgeschriebenen Wünsche ins Grab einstecken. Nebenan, unter dem ältesten Stein begraben, ist die Frau des Rabbiners R'emuh, Golda Auerbach. Renaissance-Grabsteine der bekannten Familie Auerbach sind unter dem großen Baum hinter der Synagoge zu besichtigen. Man fragt sich, wie der Friedhof der Vernichtung während der Nazi-Okkupation entgehen konnte. Um 1800 war er aufgegeben worden, und erst in den 50er Jahren wurden die historisch und künstlerisch wertvollen Grabsteine ausgegraben und wieder aufgerichtet. In die Friedhofsmauern sind Spolien eingelassen, die nicht lokalisiert werden konnten. (Die Reliefs auf den Steinen zeigen traditionelle jüdische Symbole: z. B. den David-Stern für das Geschlecht David, segnende Hände – für männliche Nachfahren der Rabbiner, Krone für einen Frommen usw.). Viel größer und schattiger, besitzt der **Neue jüdische Friedhof** (Zugang ul. Miodowa Nr. 55) eine eigene Atmosphäre. Er ist seit 1801 bis heute im Gebrauch und wurde erst in den 60er Jahren durch die jüdische Organisation *Joint* restauriert (zu erreichen in wenigen Minuten zu Fuß in Richtung Osten, über ul. Starowiślna und weiter hinter der Unterführung; sowohl in der Synagoge als auch auf den Friedhöfen ist für Männer Kopfbedeckung erforderlich.) Das **Pałac Jordanów/Palais Jordanów** (ul. Miodowa Nr. 41), im Norden durch die ul. Szeroka begrenzt, hat SPYTKO JORDAN von Melsztyn im 16. Jh. gebaut. Hier sollte wohl die von Kazimierz Wielki geplante Universität ihren Sitz finden. Der große König konnte diesen Plan nicht mehr verwirklichen. Heute sind hier eine Galerie und Restaurierungswerkstätten untergebracht. Die **Synagoga Postępowa Tempel/Fortschrittliche Synagoge Tempel** (Ecke ul. Miodowa und Podbrzezie, wird z. Z. restauriert) ist die jüngste, erbaut 1862 (eklektizistisch: mauretanisch/Renaissance) durch die Zionisten unter den Krakauer Juden, die ihre Gebete in Deutsch und Polnisch sprachen. Die barocke **Synagoga Izaaka/Isaak Synagoge** (ul. Kupa 16) wurde 1638–44 wohl nach Plänen von JAN LAITNER (Stiftung des Kaufmannes Isaak Jakubowicz) erbaut. Der beeindruckende Bau, Sitz des *Jüdischen Bildungszentrums,* ist nach dem Krieg restauriert worden. Das Bethaus **Boźnica Kupa** (ul. Jonatana Warszawera Nr. 8) geht auch auf das 17. Jh. zurück, ist aber stark durch neuere Renovierungen verändert worden. Gleich in der Nähe befindet sich der **Plac Nowy/Neue Platz,** vor dem Krieg ein sehr belebter Marktplatz mit einem charakteristischen Mittelbau. An einer Ecke steht das **Café Singer** mit seiner nostalgischen Ausstattung. Die **Emailfabrik von Oskar Schindler,** heute auch eine Fabrik (ul. Lipowa/Bahnhaltestelle Kraków-Zabłocie; man achte aufs Hochhaus ›Telpod‹) kann gegen eine kleine Spende besichtigt werden. Dem Martyrium der Krakauer Juden und ihrem ›Vater Courage‹ Oskar Schindler hat STEVEN SPIELBERG in seinem Film ›Schindlers Liste‹ ein bewegendes Denkmal gesetzt. In der Fabrik können die Halle und das Büro besichtigt werden. Hier beschäftigte SCHINDLER Juden aus Kazimierz, die inzwischen im Ghetto im Stadtteil Podgórze festgehalten wurden. Die meisten, die auf seine ›Liste‹ kamen, wurden gerettet. Im März 1943, nach zweijährigem Bestehen, wurde das Ghetto in Podgórze aufgelöst, die Mauern geschleift und die Überlebenden in die KZs, die meisten nach Płaszów gebracht (s. S. 409 f.).

Im südlichen Teil von Kazimierz (ul. Krakowska 48) steht die spätbarocke *Kościół św. Trójcy (potrynitarski/Bonifratów)/Dreifaltigkeitskirche,* zwischen 1741 und 1758 nach dem Entwurf von FRANCESCO PLACIDI errichtet. Etwa 100 m weiter erreicht man die Brücke über die Weichsel, die die Stadtviertel Kazimierz und Podgórze verbindet.

Stadtviertel Podgórze, Płaszów, Wesoła und Nowa Huta

Podgórze, am rechten Weichsel-Ufer gelegen, begann seine urbane Entwicklung erst 1784, als die Österreicher dem damals unbedeutenden Ort den Status einer Freistadt, genannt Josephstadt, verliehen. Der Legende nach soll der kegelförmige, 16 m hohe ›*Kopiec Kraka‹/›Kurgan des Krak‹* die im 7.–8. Jh. aufgeschüttete Grabstätte des Gründers von Kraków sein. Archäologische Grabungen brachten bisher nur Holzpfeilerstützen zutage. Podgórze, was so viel heißt wie ›vor den Bergen‹ ist heute ein ausgedehntes Stadgebiet im Süden von Krakau, das von Kazimierz aus über ul. Krakowska oder Starowiślna zu erreichen ist. Es wurde der Stadt erst 1915 zugesprochen. Bis heute hat auch sein bescheidenes Zentrum den Charakter einer polnischen Provinzstadt beibehalten. Die Nazis haben 1943 alle Mauern und Spuren des jüdischen Ghettos (heute **Plac Bohaterów Getta/Platz der Ghettohelden**), in dem zwischen 1941 und 1943 15 000 bis 17 000 Juden festgehalten wurden, entfernt.

Östlich des Stadtviertels Podgórze, in *Płaszów,* errichteten die Nazis 1942 ein Arbeitslager. Ein Denkmal erinnert heute daran, daß hier 80 000 Menschen den Tod fanden.

An die Ostseite der Altstadt von Kraków grenzt das Stadtviertel *Wesoła.* In der ul. Kopernika 44 erhebt sich die spätbarocke *Kościół św. Teresy (Karmelitanek)/St. Theresa (Karmeliterinnen-)Kirche,* vermutlich nach einem Entwurf von Kaspar Bażanka 1719–33 erbaut. Mittelpunkt der spätbarocken Innenausstattung ist der marmorne Hauptaltar (1725) mit der sehenswerten gotischen Madonna mit dem Kind (um 1380). Das Kloster besitzt u. a. eine reiche Sammlung von Wachsfiguren des 18. Jh.

Durch das Stadtviertel Wesoła verläuft nach Osten in Richtung Mogiła die ul. Kopernika, eine der schönsten Straßen Krakóws. Sie wird geprägt von den monumentalen Bauten der Universitätskliniken (zweite Hälfte 19. Jh.) und mehreren Kirchen (17.–18. Jh.), unter denen die 1909–21 nach dem Entwurf von Franciszek Mączyński erbaute *Kościół Jezuitów na Wesołej/Jesuitenkirche in Wesoła* als bestes Beispiel neuerer Sakralkunst gilt (monumentale) Bauplastik von Xawery Dunikowski, Altäre von Karol Hukan, Wandmalereien von Jan Bukowski). Am Ende der ul. Kopernika befindet sich in einem schönen Park das Obserwatorium Astronomiczne/Astronomische Observatorium und eine Orangerie mit Beispielen fast aller Pflanzenarten Polens.

Die ul. Lubicz führt in das 10 km vom Stadtzentrum Krakóws entfernt liegende Stadtviertel *Nowa Huta.* Mit dem Bau der Stahlhütte begann man im ehemaligen Dorf Mogiła im Jahre 1949. Kraków galt den damaligen Machthabern als zu bürgerlich und konservativ, so daß es eine politische Entscheidung war, in Stadtnähe eine große Arbeiterschaft anzusiedeln. Heute zählt Nowa Huta 220 000 Einwohner. Die Luftverschmutzung ist inzwischen sowohl für die Krakauer als auch für die Denkmäler der Stadt bedrohlich geworden.

An den modernen Gebäuden ist die Stilentwicklung der weitaus weniger schnell als in Westeuropa verlaufenden Nachkriegsarchitektur Polens abzulesen, angefangen mit dem Eklektizismus sowjetischer Prägung aus den 50er Jahren.

Inmitten der sehr monoton gestalteten Wohnsiedlung von Bieczyce wirkt die *Kościół Matki Boskiej Królowej Polski/Kirche der Muttergottes, Königin Polens* erstaunlich kühn:

der modernistische Bau, in abstrakten Formen konstruiert, symbolisiert ein Boot. Er entstand 1967–77 nach dem Entwurf von WOJCIECH PIETRZYK; das 8 m hohe Kruzifix im Innern ist ein Werk des Künstlers BRONISŁAW CHROMY.

Stadtviertel Mogiła, Kleparz und Zwierzyniec

Nach *Mogiła*, heute bereits in der östlichen Stadtgrenze von Kraków gelegen, brachte der Krakauer Bischof IWO ODROWĄŻ im Jahre 1222 Zisterziensermönche. Bereits vor 1266 stiftete er die *Kościół Najświętszej Panny i św. Wacława/Marienkirche* und die *Opactwo Cystersów/Zisterzienserabtei*, die zu den wichtigsten frühgotischen Bauten Kleinpolens zählen. Die dreischiffige Pfeilerbasilika mit den für diesen Orden typischen Doppelkapellen im Chor wurde im 18. Jh. (Langhaus und Gewölbe des Mittelschiffs) umgebaut. Die spätbarocke Westfassade (1779–80) gestaltete FRANZ MOSER. Im Innern sind bereits die Renaissancewandmalereien des berühmten STANISŁAW SAMOSTRZELNIK erwähnenswert, der selbst als Zisterziensermönch in der Abtei lebte. Sie entstanden zusammen mit der monumentalen Darstellung der Kreuzigung im Kreuzgang (1537–38). Das Kloster besitzt eine reiche Gemälde- und Büchersammlung.

Gegenüber der Kirche steht die *Kościół św. Bartłomieja/Pfarrkirche St. Bartholomäus*, eine der ältesten Holzkirchen Polens. Das reich geschnitzte Portal (MACIEJ MĄCZKA) trägt das Datum ›1466‹.

Zentrum des Stadtviertels *Kleparz*, nördlich der Barbakane gelegen, ist der Pl. Matejki mit dem *Pomnik Grunwaldzki/Grunwald-Denkmal* (1910, Rekonstruktion 1976). Der Platz, von dem sich ein Blick auf das Barbakane-Ensemble und die Türme der Marienkirche bietet, wird an seiner nordöstlichen Seite durch die *Kościół Kolegiacki św. Floriana/Stiftskirche St. Florian* abgeschlossen. Die Geschichte des Bauwerks, das von den barocken Umbauten der Zeit nach den Schwedenkriegen geprägt wird, reicht auf das Jahr 1185 zurück, als man die Reliquien des hl. Florian in die Kirche überführte. Seit jener Zeit zählt der Heilige zu den Stadtpatronen Kraków. Die reiche Innenausstattung stammt aus dem 17.–18. Jh. Wichtigste Gemälde sind ›Der hl. Florian‹ von JAN TRICIUS und Teile eines Triptychons von HANS SÜSS VON KULMBACH. Vor der Kirche führen in nördlicher Richtung die ul. Warszawaska und die ul. 29 Listopada zum großen *Cmentarz Rakowicki/Rakowicki-Friedhof*, der 1803 angelegt wurde. Auch hier brennen wie auf allen Friedhöfen in Polen zu Allerheiligen alljährlich Dutzende von Kerzen auf den Gräbern. Viele der Grabdenkmäler sind von hohem künstlerischem Niveau (u. a. die für MATEJKO und SZYMANOWSKI).

Im Westen des großen Stadtviertels *Zwierzyniec*, westlich der Altstadt gelegen (Zufahrt über die ul. Zwierzyniecka oder die ul. Marszałka Józefa Piłsudskiego), befindet sich der 1820–23 zu Ehren des großen polnischen Nationalhelden aufgeschüttete *Kopiec Kościuszki/Kościuszko-Hügel*, von dem aus man das Stadtpanorama genießen kann. Der wichtigste Bau in Zwierzyniec ist das große, 1162 gestiftete *Klasztor Norbertanek/Norbertanerinnen-Kloster* mit der *Kościół św. Augustyna/St. Augustinus-Kirche*. Ihr heutiges

Aussehen verdankt die Klosterkirche aus dem 13. Jh. (spätromanisches Portal an der Südseite) dem Umbau von 1596–1626. Den Innenraum gestaltete man 1777 in klassizistischem Stil neu. Die *Kościół Salwatora/Salwator-Kirche* am Bronisław-Hügel gehört zu den ältesten Bauten Krakaus. Drei frühromanische Vorgängerbauten (frühester Bau um 1000) wurden durch archäologische Grabungen festgestellt. Im 17. Jh. hatte man die Kirche wiederholt umgebaut. Vor einiger Zeit wurde der Chor in seinen ursprünglichen Zustand zurückversetzt und die archäologischen Funde ausgestellt.

Mit Zwierzyniec verbindet man viele lokale Traditionen. Vor der Norbertanerinnen-Kirche formiert sich alljährlich acht Tage nach dem Fronleichnamstag der Zug der *Lajkoniks* (s. S. 412), der sich durch die Straßen Krakaus zum Hauptmarktplatz bewegt, und am Ostermontag findet hier eine ›Emaus‹ genannte Kirmes statt. Die *Szopki Krakowskie,* d. h. das Anfertigen von bunten, phantasievollen ›Bauten‹, inspiriert von der alten Architektur Krakaus, wurde von Maurern aus Zwierzyniec ins Leben gerufen. Längst ist die alljährliche Ausstellung der *Szopki* um Weihnachten vor den Tuchhallen auf dem Marktplatz zu einem Volksfest für alle Krakauer geworden.

Ivan Bentchev

Ziemia Krakowska/Krakauer Land

Die Grenzen der direkten kulturhistorischen Ausstrahlung eines so bedeutenden Zentrums wie Kraków lassen sich nur bedingt auf den südwestlichen Teil Kleinpolens festlegen. Im Westen verläuft die historische Grenze zwischen Kleinpolen und Schlesien, im Süden bilden die Westkarpaten und die Hochgebirgszüge der Hohen Tatra die natürliche Grenze des polnischen Staates. Das Land um Kraków entspricht etwa den heutigen Territorien der Wojewodschaften Kraków, Tarnów (mit einem kleinen Teil der Wojewodschaft Krosno), Nowy Sącz, des östlichen Teils von Bielsko-Biała und Katowice/Kattowitz sowie des südlichen Teils von Kielce. Die reizvolle, hügelige Landschaft rund um Kraków ist reich an künstlerischen Kostbarkeiten.

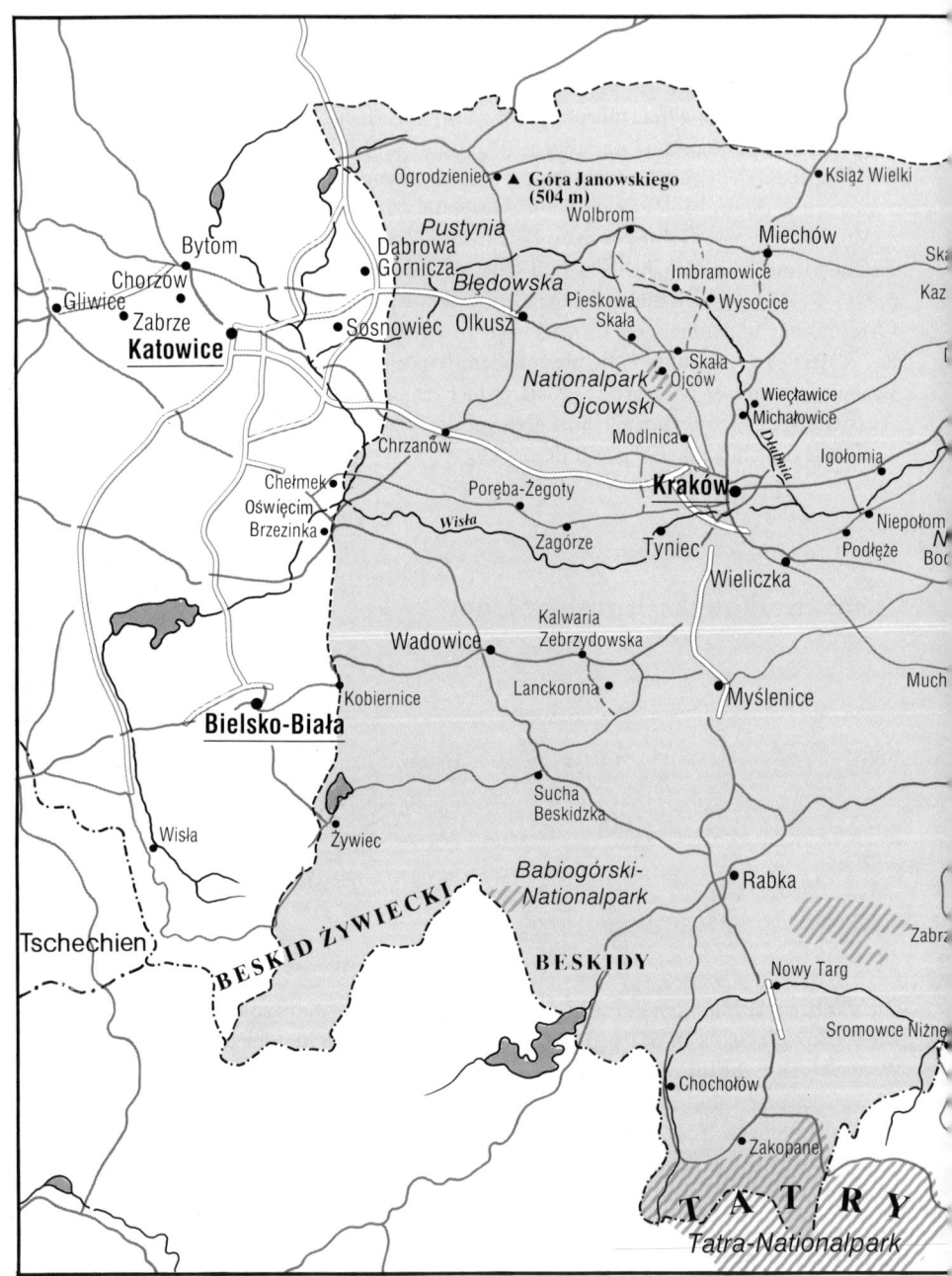

Ogrodzieniec ● ▲ **Góra Janowskiego**
(504 m)

● Ksiąz Wielki

Pustynia Wolbrom ●

Bytom ● **Miechów**

Dąbrowa
Górnicza ● Imbramowice ● Ska

Chorzów ● *Błedowska* Kaz

Gliwice ● Pieskowa ● Wysocice

Zabrze ● Skała

Katowice Sosnowiec ● Olkusz Skała ●

Nationalpark Ojców ● Wiecławice ●
Ojcowski Michałowice ●

Modlnica ● Igołomia ●

Chrzanów ● **Kraków** Niepołom

Chełmek ● Poręba-Żegoty ● N
Oświęcim ● *Wisła* Podłęże Boc
Brzezinka ● Zagórze Tyniec ●
Wieliczka ●

Kalwaria
Zebrzydowska ● Much
Wadowice ●

Lanckorona ● Myślenice ●
Kobiernice ●

Bielsko-Biała

Sucha
Beskidzka ●

Wisła ● *Babiogórski-* ● Rabka
Żywiec ● *Nationalpark* Zabr

Tschechien *BESKID ŻYWIECKI* **BESKIDY** Nowy Targ ●

Sromowce Niżn

Chochołów ●

Zakopane ●

T A T R Y
Tatra-Nationalpark

Ziemia Krakowska / Krakauer Land

- Stopnica
- Wiślica
- Bejsce
- Mielec
Wisła
Dunajec
- Dębica
- Rzeszów
- Tarnów
- Dębno
ka
- ca
  wana
- Rożnów
ZIORO
SKIE
owa
- Przydonica
- Zagórzany
- Biecz
- Jasło
- Libusza
- Gorlice
- Szymbark
- Sanok
wy Sącz
- Sękowa
- Ropa
- Stary Sącz
KID SĄDECKI
enko
- Powroźnik
park

SLOWENIEN

N

0   50 km

Bielany – Tyniec – Rudno – Oświęcim-Brzezinka/Auschwitz-Birkenau

Wenige Kilometer westlich vom Krakauer Stadtzentrum (über die ul. Tadeusza Kościuszki und ul. Księcia Józefa zu erreichen) beginnt bereits der große Waldpark *Las Wolski*. Im südlichen Teil des Parks, auf dem Srebrna Góra/Silbernen Berg, hoch über der Weichsel, erhebt sich die monumentale Fassade der Kamuldulenser-Kirche von **Bielany**. Die *Kościół Wniebowzięcia Najświętszej Marii Penny/Kirche Mariae Himmelfahrt* sowie die *Einsiedelei der Kamaldulenser* wurde als Stiftung des Hofmarschalls Mɪᴋᴏ́ᴧᴀᴊ Wᴏʟsᴋɪ in den Jahren 1605–42 errichtet. Der weitgereiste Diplomat und Kunstsammler trat am Königshof als einflußreicher Verfechter der gegenreformatorischen Kunstströmungen auf. Er ließ den großzügigen Baukomplex auf dem Silbernen Berg für Mönche von Monte Corona bei Perugia nach römischen Originalbauplänen errichten. Als erstes entstanden 1605–09 die Mönchsklausen; der Kirchenbau war 1617 weitgehend abgeschlossen, als die Hauptfassade zusammenbrach und erst um 1630 nach einem Entwurf von Aɴᴅʀᴇᴀ Sᴘᴇᴢᴢᴀ vollendet werden konnte. Der von Sᴘᴇᴢᴢᴀ vorgeschlagene Fassadentypus fand auf diese Weise Eingang in die polnische Architekturgeschichte: Der massive, von einem Giebel akzentuierte Mittelteil wurde durch quadratische Ecktürme eingerahmt. Das Kircheninnere präsentiert sich als ein großzügiger einschiffiger Raum mit je drei Seitenkapellen im Süden und Norden. Sie sind wegen ihrer reichen frühbarocken Ausstattung besonders sehenswert. Wandmalereien, Stukkaturen und Schnitzereien sowie Dekorationsdetails aus schwarzem Marmor wurden hier zu einem einmaligen Ensemble zusammengefügt. Die *Kaplica św. Benedykta/ Kapelle St. Benedikt,* 1632–36 errichtet, sowie die gegenüberliegende *Kaplica św. Romualda/ Kapelle St. Romuald* zeichnen sich durch eine sehr aufwendige Ausstattung und die bemerkenswerten Gemäldezyklen (1633–43) von Tᴏᴍᴍᴀsᴏ Dᴏʟᴀʙᴇʟʟᴀ aus.

Die besondere Bedeutung des Kamaldulenser-Komplexes auf dem Silbernen Berg liegt vor allem in seiner präzisen Gesamtkonzeption, deren Ausgangspunkt die monumentale Hauptfassade der Kirche bildet. Die für das Raumverständnis des Barock so entscheidende Idee der Axialität findet hier beispielhaft Anwendung.

Von Bielany gelangt man über Liszki und Piekary nach **Tyniec,** südwestlich des Silbernen Berges. Die auf einem Kalksteinfelsen über der Weichsel gelegene *Opactwo Benedyktynów/Benediktinerabtei* ist auch mit einem Boot (Anlegestelle am Wawel) zu erreichen. Die Abtei mit der *Kościół ś.ś. Piotra i Pawła/Kirche St. Petrus und St. Paulus* wurde vom König Bᴏʟᴇsᴧᴀᴡ II. Śᴍɪᴀᴧʏ 1076–79 gegründet und entwickelte sich zur prunkvollsten benediktinischen Niederlassung im Polen des 11. Jh. Der Gebäudekomplex in Tyniec erfuhr während seiner Geschichte weitgehende Veränderungen. Archäologische Untersuchungen ergaben, daß der ursprüngliche Bau eine romanische dreischiffige Pfeilerbasilika mit drei Apsiden im Osten gewesen ist. An der Südseite des Kirchengebäudes entstand ein Kreuzgang mit offenen Arkadengängen, den reicher bauplastischer Schmuck zierte. Nach den Zerstörungen durch Tataren im 13. Jh. wurde das Gotteshaus im 15.–17. Jh. umgebaut. Die reiche Ausstattung im Innern entwarf Mitte des 18. Jh. vermutlich Fʀᴀɴᴄᴇsᴄᴏ Pʟᴀᴄɪᴅɪ. Besonders beeindruckend ist die Kanzel in Form eines Bootes sowie der aus schwarzem

Marmor gearbeitete Hochaltar. Das an der Nordseite der Anlage gelegene *Kloster* mit seiner bis in die Romanik zurückreichenden Geschichte weist einige erhaltene Beispiele mittelalterlicher Bauplastik auf, so die Zwillingskapitelle (um 1100), die im Lapidarium ausgestellt sind. Der Brunnen auf dem Klostervorplatz hat eine Tiefe, die bis an den Wasserspiegel der Weichsel herunterreicht. Ausgrabungen in der Nachkriegszeit förderten neben Resten der romanischen Basilika auch Gräber mit kostbaren Beigaben zutage. Die gefundenen Objekte werden auf dem Wawel in Kraków aufbewahrt.

Vom Stadtzentrum, über ul. Karmelicka und den westlichen Stadtteil Bronowice gelangt man auf die Autobahn (A4, Richtung Katowice/Kattowitz) in die 64 km entfernte Stadt **Chrzanów** (Landesmuseum; Synagoge von 1786). Zwei Nebenstraßen, die von Krakau aus in dieselbe Richtung, nördlich über Krzeszowice und Trzebinia und südlich über Babice, wo die Ruinen der *Burg Lipowiec* und ein *Freilichtmuseum* zu besichtigen sind, durchqueren eine landschaftlich schöne Gegend, die von Krakauern und Schlesiern als Erholungsgebiet gern besucht wird. Interessante Burgen sind hier *Tenczyn* und *Lipowiec*. **Krzeszowice** hat ca. 9000 Einwohner. Sehenswert sind die neogotische Kirche, der Marktplatz und der umliegende Park von 1849. 4 km weiter liegt **Czerna** mit dem frühbarocken Kloster der Karmeliter (1631–60) auf einem Hügel, das eine reiche Ausstattung besitzt. In Richtung *Poręba-Żegoty/Alwernia* (12 km; *Bernhardinerkloster*, 17. Jh.) erreicht man die Ortschaft **Rudno**. Auf einem bewaldeten Hügel erhebt sich die eindrucksvolle Ruine der *Zamek Tenczynek/Burg Tenczyn*, die bis 1638 im Besitz der mächtigen Familie der Tęczyńskis war. Die Überreste einer alten gotischen Burg aus dem 14. Jh. dienten als Fundament für die 1579 errichtete großartige Magnatenresidenz im Stil der Spätrenaissance. Nach einem verheerenden Brand 1656 wiederaufgebaut, wurde die Burg Mitte des 18. Jh. von ihren Bewohnern verlassen. Die Wehr- und Befestigungsmauern tragen z. T. noch spätgotische Züge des 15. Jh., so die runde Bastei im Südosten der Anlage. Ende der 40er Jahre wurde die Ruine konserviert und kann nunmehr besichtigt werden.

Etwa 8 km südlich von Chełmek, schon in der Wojewodschaft Bielsko-Biała, liegt die Stadt **Oświęcim**. Während des Mittelalters, in den Jahren 1317–1564, war sie Regierungssitz eines selbständigen Herzogtums. Von der reichen Vergangenheit zeugen die *Ruinen* des gotischen Schlosses, mit einem Turm auf einer Anhöhe hinter der Stadt. Aber die Stadt hat noch ein anderes Antlitz. Etwa 60 km westlich von Kraków findet man jene Mauern, Wachtürme und Stacheldrahtzäune, Verladerampen, Hinrichtungsmauern und Krematorien, die an den von Nationalsozialisten begangenen Völkermord erinnern. Über 4 Millionen Menschen aus 28 Nationen (allein 2,5 Millionen jüdischer Herkunft) wurden in *Oświęcim-Brzezinka/Auschwitz-Birkenau*, dem wohl schrecklichsten aller Konzentrationslager, Opfer einer ausgeklügelten Todesmaschinerie. Im Mai 1940 entstand das Stammlager Auschwitz I, das aus Umbauten ehemaliger polnischer Kasernen errichtet wurde und als Musterlager zur Vorführung beim Besuch ausländischer Delegationen diente. »Arbeit macht frei«, lautete die Aufschrift am Rundbogen des Haupteingangs. Seit 1942 führte eine Bahnlinie zum Vernichtungslager Birkenau (Auschwitz II); im Außenlagerkommando Manowitz (Auschwitz III) und in 39 Nebenlagern der Umgebung ver-

Die Bahneinfahrt zum ehemaligen Konzentrationslager Auschwitz-Birkenau

richteten die Häftlinge Sklavenarbeit, u. a. für die IG-Farben und die deutsche Rüstungsindustrie. Bevor die sowjetische Armee Auschwitz einnehmen konnte, vernichteten die Nazis vor ihrem Rückzug im Januar 1945 die Krematorien und Gaskammern, um die Spuren ihrer Verbrechen zu verwischen.

Auf dem Gelände des Stammlagers und in Birkenau sind nach dem Krieg Museen und Gedenkstätten eingerichtet worden; in Birkenau erhebt sich seit 1967 das monumentale *Denkmal für die Auschwitz-Opfer,* das nach einem Entwurf polnischer und italienischer Bildhauer aus dem Fonds des Internationalen Auschwitzkomitees errichtet wurde. Bei seinem zweiten Besuch in der Bundesrepublik Deutschland im Mai 1987 sprach Papst JOHANNES PAUL II. die jüdische Karmeliternonne EDITH STEIN, die im Lager den Tod gefunden hatte, selig. In Auschwitz verlor auch Pater MAKSYMILIAN KOLBE sein Leben, der gebeten hatte, anstelle eines zum Tode verurteilten Familienvaters sterben zu dürfen.

Modlnica–Ojców – Pieskowa Skała

Nordwestlich von Kraków beginnt die Wyżyna Krakowsko-Częstochowska, auch Jura Krakowska/Krakauer Jura genannt. Das 300–400 m hohe Plateau, in dem unterirdische Wasseradern nahezu 500 Höhlen gebildet haben, zeichnet sich durch ein besonders abwechslungsreiches und sich fortwährend veränderndes Landschaftsbild aus.

Im Dorf **Modlnica** ist ein schönes Beispiel eines einfachen *Landsitzes* von 1783–87 erhalten geblieben. Sehenswert ist auch die kleine spätgotische *Holzkirche* von 1553.

Etwa 22 km nordwestlich von Kraków liegt der Ort **Ojców,** dem der *Ojcowski-Nationalpark* seinen Namen verdankt. Er umfaßt das malerische Tal Dolina Prądnika/Prądnik-Tal, das sich ca. 200 m tief in den Jurakalkfelsen eingeschnitten hat. Nach Ojców führt ein gut ausgebauter Wanderweg durch Höhen und Schluchten mit bizarren Felsformationen. Der Ort war Ausgangspunkt der ›Szlak Orlich Gniazd‹ (›Route der Adlerhorste‹), einem wichtigen Handelsweg, der im 11. und 12. Jh. Kraków mit Großpolen verband und zu dessen Schutz zahlreiche Burgen und Wachtürme entstanden. Die *Zamek Kazimierzowski/Königsburg* auf dem Felsen von Ojców ließ KAZIMIERZ III. WIELKI errichten, um hier eine starke Wachmannschaft zu stationieren. Als das Schloß in den Besitz des Starost MIKOŁAJ KORYCIŃSKI überging, führte dieser in den Jahren 1620–30 einen großangelegten Umbau durch, der die Burg zu einer prächtigen Residenz werden ließ. Nach den polnischen Teilungen verfiel das Schloß zusehends und wurde 1829 fast vollständig abgetragen. Übriggeblieben sind zwei Türme und Mauerreste der ehemaligen Schloßkapelle. Von hier hat man einen herrlichen Blick über das Prądnik-Tal.

Von Grodzisko nach **Pieskowa Skała** führt ein schöner Wanderweg: 1 km nördlich von Grodzisko tauchen auf der rechten Seite im Nordwesten die Skały Wdowie/Witwenfelsen auf, hinter denen sich das lange Tal Dolina Kamieniec öffnet. Nach etwa 7 km erblickt man auf einer Anhöhe das Schloß Pieskowa Skała, vor dem der einsame Felsen Maczuga Herkulesa (die Herkules-Keule) steht. Pieskowa Skała ist von Grodzisko aus auch über die Landstraße erreichbar. Man fährt in östlicher Richtung nach Skała und biegt etwa 2 km vor dem Ort links ab, um nach nur 2 km weiter nach Nordwesten zu fahren.

Das *Zamek Pieskowa Skała* konnte dem traurigen Schicksal der meisten Adlerhorste entgehen und ist weitgehend im Originalzustand erhalten geblieben. Die mittelalterliche Ritterburg aus dem Besitz der Krone erhielt 1377 PIOTR SZAFRANIEC als Erbpacht – 1422 ging das spätgotische Schloß in den Besitz der Familie SZAFRANIEC über. Im 16. Jh. fanden hier umfangreiche Umbauarbeiten in mehreren Etappen statt, die das Anwesen in eine mächtige Magnatenresidenz verwandelten. Die zusammenhangslos gruppierten Bauten der mittelalterlichen Anlage verband man zu einem geschlossenen Komplex mit zweigeschossigen offenen Arkadengängen um den so entstandenen Innenhof. Die Innenräume des Schlosses wurden nach dem Vorbild des Wawel-Schlosses ausgestattet. Die Familie WIELOPOLSKI, die späteren Eigentümer von Pieskowa Skała, führte kleinere Ausbauten durch, bis das Schloß 1718 einem Brand zum Opfer fiel. JAN HIERONIM WIELOPOLSKI restaurierte das Anwesen um 1760, wobei aber der Renaissancecharakter der Gebäude weitgehend verloren ging. Nach einer wechsel- und leidvollen Geschichte war das Objekt um die Jahrhundertwende so heruntergekommen und der Eigentümer derart verschuldet, daß es öffentlich versteigert werden mußte. Dank der Initiative des Schriftstellers ADOLF DYGASIŃSKI konnte das Schloß 1903 gerettet und zum Erholungsheim umgebaut werden. Während der langjährigen Restaurierungsarbeiten 1948–70 wurde dem Schloß sein Renaissancegesicht wiedergegeben: man legte nicht nur die herrlichen Arkadengänge um den Innenhof frei, sondern auch Wandmalereien an Außen- und Innenwänden sowie die berühmte offene Loggia mit Ausblick auf das Prądnik-Tal.

Über eine Hängebrücke gelangt man in den Arkadenhof, um das alte Schloß aus dem 16. Jh. besichtigen zu können. Die beiden ehemaligen Wohngeschosse gliedert eine lange

Saalflucht mit Teilen der Originalausstattung wie Renaissancekamine und -portale. In der nordwestlichen Ecke des Arkadenhofes befindet sich die barocke Schloßkapelle mit schöner Stuckdekoration. Über die Krypta im ersten Geschoß, in der vier Sarkophage der Schloß-herren erhalten geblieben sind, erreicht man den ältesten Teil der Schloßanlage, in dem bis zu den 70er Jahren des 19. Jh. der sogenannte Dorotka-Turm stand. Einer Legende nach ver-brachte in den Kellergewölben dieses Turms die Ehefrau eines der SZAFRANIEC' viele Lebensjahre als Strafe für die gebrochene Ehetreue. Das Schloß dient heute als Außenabtei-lung der Staatlichen Kunstsammlungen des Wawels in Kraków mit zwei Schwerpunkten: ›Die Stilentwicklungen in der europäischen Kunst vom Mittelalter bis zum 19. Jh.‹ und ›Die Geschichte des Schlosses Pieskowa Skała‹.

Olkusz – Sławków – Ogrodzieniec

Die drei Ortschaften liegen bereits in der heutigen Wojewodschaft Katowice. **Olkusz** ist eine der ältesten polnischen Bergbaustädte, in der schon seit dem 13. Jh. Blei- und Silbererze gefördert werden. Die Ortschaft genoß nicht nur hohes Ansehen, sondern wurde seitens der polnischen Könige auch mit Privilegien ausgestattet. Auf eine Stiftung des Königs KAZI-MIERZ III. WIELKI geht die Gründung der Pfarrkirche, *Kościół św. Andrzeja/Kirche St. Andreas,* zurück. Wahrscheinlich um die Mitte des 14. Jh. errichtet, verlor der Backsteinbau nach zahlreichen Bränden und den darauffolgenden Restaurierungen nach und nach seinen gotischen Charakter. In der dreischiffigen Hallenkirche mit einem länglichen Chor ent-deckte man während ausgedehnter Restaurierungsarbeiten 1960–68 mehrere Schichten von Wandmalereien aus dem 14., 15. und 16. Jh. Das hervorragendste Kunstwerk der Kirche ist das Polyptichon von Olkusz im Hauptaltar, die vier Flügel eines 1485 von JAN WIELKI und STANISŁAW STARY gemalten Altars. Dieses bedeutende Werk der Krakauer Schule zeigt in 16 Feldern Szenen aus der Marienlegende und der Passion Christi. Den Mittelschrein nimmt die thronende Muttergottes mit Christuskind aus dem 15. Jh. ein. Unter der barocken Ausstattung der Kirche sind die Orgel, um 1612 vom Nürnberger JOHANN HUMMEL geschaffen, und die reichverzierte Kanzel von 1639 besonders hervorzuheben. Beachtens-wert ist auch das 1,5 m hohe und 7 kg schwere Silberkreuz, eine Stiftung der Bergleute von Olkusz im 17. Jh.

12 km westlich von Olkusz, in **Sławków,** findet man »das schönste Beispiel einer jener nur noch wenigen erhaltenen kleinstädtischen polnischen Schänken« (J. Z. ŁOZIŃSKI), 1771 aus Holz erbaut.

Von Dąbrowa Górnicza aus folgt man der Straße in nordöstlicher Richtung und erblickt nach etwa 26 km die höchste Erhebung des Krakauer Jura, den 504 m hohen Góra Janow-skiego/Janowski-Berg, mit bizarren Felsformationen, die an Menschen- und Tiergestalten erinnern.

Es gibt in Polen nur wenige Burgen, die eine so geheimnisvoll anmutende Umgebung haben wie das leider nur noch als Ruine erhaltene **Zamek Ogrodzieniec/Schloß Ogrodzie-**

niec. Der Burggraf und Krakauer Bankier JAN BONER übernahm die Burg 1523 und vererbte sie seinem Neffen SEWERYN. Dieser errichtete auf den Grundmauern einer mittelalterlichen Wehranlage in den Jahren 1530–45 ein mächtiges Schloß, das mit dem Wawel-Schloß in Kraków konkurrieren sollte. Nach der Zerstörung durch die Schweden 1655–57 wurde das Schloß teilweise wiederaufgebaut, erlangte aber nie mehr seine ursprüngliche Pracht. Bis 1810 war der Mittelteil des Palastes noch bewohnt, doch auch dieser drohte einzustürzen und bot sich bestenfalls als Steinbruch an. Die Burgruine wurde nach dem Kriegsende konserviert und Besuchern zugänglich gemacht.

Bevor man auf direktem Wege wieder Olkusz erreicht, durchquerte man bis vor etwa 1980 eine für Europa gänzlich ungewohnte Landschaft, die Wüste *Pustynia Błędowska*. Auf einem Gebiet von 32 km² vermittelten Sandbänke und bis zu 10 m hohe Dünen den Eindruck einer Saharalandschaft. Der deutsche Generalfeldmarschall ROMMEL ließ hier während der Besetzung sein ›Afrika-Korps‹ schulen. An Hochsommertagen konnte man in dieser ›Miniaturwüste‹ eine Fata Morgana zu sehen bekommen. Das ganze Gebiet wird heute geprägt von mühsam gewonnenem, fruchtbarem Land, durchmischt mit Weiden und Föhrenwäldern. Eine einmalige Naturlandschaft ist wohl für immer verschwunden.

Wieliczka – Staniątki – Niepołomice – Igołomia

15 km südöstlich von Kraków liegt **Wieliczka,** die historische Stadt des Salzes. Wenige Schritte vom Marktplatz entfernt, steht man vor dem Eingang des ältesten *Kopalnia Soli/ Salzbergwerks* Europas. Dem ›weißen Gold‹ von Wieliczka und Bochnia verdankten die polnischen Könige etwa ein Drittel ihres Reichtums. Seit 1044 wirtschaftlich genutzt und 1119 als *Magnum Sal* schriftlich erwähnt, wurde Wieliczka von der UNESCO auf die Liste der wertvollsten Natur- und Kulturdenkmäler der Welt gesetzt. Der zweistündige Rundgang führt in eine Tiefe von 135 m und verläuft etwa 3 km weit durch jenen historischen Bereich von Stollen und Gängen, die vom 17. bis zum 19. Jh. der Salzförderung dienten. Von den acht existierenden Abbauniveaus sind drei zur Besichtigung freigegeben. Die unterirdischen Räumlichkeiten wurden in ein *Museum* umgewandelt, in dem Grubenfunde (Versteinerungen von Fauna und Flora), alte bergbautechnische Einrichtungen und Geräte gezeigt werden. In einer Tiefe von 101 m liegt die herrliche *Kaplica. błg. Kingi/Kapelle der seligen Kinga* aus dem 13. Jh., geschmückt mit Altären und Skulpturen, die die Bergleute während der vergangenen Jahrhunderte in Salz gemeißelt haben. Zwei weitere Kapellen, die *Kaplica św. Antoniego/Kapelle St. Antonius* und die *Kaplica św. Krzyża/Heilig-Kreuz-Kapelle* sind noch zu besichtigen, bevor die unterirdischen Seen erreicht werden. Aufgrund des gesundheitsfördernden Mikroklimas, das innerhalb des Bergwerkes herrscht, wurde hier 1964 die therapeutische Abteilung eines Asthma-Sanatoriums eingerichtet. Sehenswert ist auch die 1860 entdeckte Kristallgrotte, die unter strengem Naturschutz steht. GOETHE und BALZAC zählen zu den berühmten Besuchern von Wieliczka.

Salzabbau im Salzbergwerk Wieliczka, Stich (Ausschnitt) von J. Nilson 1719

Auf dem Weg von Wieliczka nach Niepołomice (8 km) biegt man in Podłęże rechts ab, um in **Staniątki** das *Klasztor Benedyktynek/Benediktinerinnen-Kloster* zu besichtigen. Das Kloster wurde 1228 gestiftet, die *Kościół Najświętszej Marii Panny i św. Wojciecha/Kirche der hl. Jungfrau Maria und St. Adalbert* entstand in der zweiten Hälfte des 13. Jh. Die dreischiffige Hallenkirche gehört zu den ältesten noch erhaltenen Bauten dieses Typs in Polen. Nach Zerstörungen und Bränden wurde die Kirche im 17. und 18. Jh. grundlegend erneuert. Der Innenraum erhielt 1760 seine Rokokoausmalung durch ANDRZEJ RADWAŃSKI. Sehenswert sind auch einige gotische und spätgotische Skulpturen, allen voran die um 1510 geschaffene hölzerne Figur des rastenden Christus.

Der Ort **Niepołomice** liegt im äußersten Westen des Waldkomplexes Puszcza Niepołomicka, der noch heute einen Eindruck von den einstigen Urwäldern Kleinpolens vermittelt. Jahrhundertelang war dieses Terrain als königliches Jagdgebiet genutzt worden, und in den Jahren 1550–71 wurde hier für den letzten Jagiellonen-König ZYGMUNT II. AUGUST ein im Renaissancestil gehaltenes Jagdschloß mit einem weitläufigen Arkadenhof errichtet. Die *Kościół Najświętszej Marii Panny i 1000 Męczenników/Kirche der hl. Jungfrau Maria und der 1000 Märtyrer*, 1350–58 von König KAZIMIERZ III. WIELKI gestiftet, gehört zur Gruppe der sogenannten zweischiffigen Kasimir-Kirchen, die der König zum Zeichen der ihm vom

Papst 1350 auferlegten Buße errichten ließ. Das hitzige Temperament des letzten Piasten und sein stürmisches Privatleben gaben dem Klerus ständig Anlaß zum Tadel der königlichen Moral, was den Herrscher mehr als verärgerte. Die größte Empörung provozierte KAZIMIERZ aber, als er nach einer wortgewaltigen Auseinandersetzung den Priester MARCIN BARYCZKA ertränken ließ. Papst CLEMENS VI. belegte den König daraufhin mit dem Kirchenbann.

Neben der Kirche in Niepołomice gehören zu dieser Gruppe der ›Bußkirchen‹ die Gotteshäuser von Wiślica (s. S. 475) und Stopnica (s. S. 476). Das Charakteristikum dieser Kirchen liegt in ihrer großzügigen Raumkonzeption, die die Gewölbe der beiden Schiffe von zwei bzw. drei in der Mittelachse aufgestellten Stützen auffangen läßt. Die klassische Gliederung des Kircheninnern durch deutlich voneinander getrennte Schiffe wurde auf diese Weise praktisch aufgehoben. Leider erfuhr die Raumwirkung in Niepołomice durch spätere Umbauten eine weitgehende Beeinträchtigung. Eine Besonderheit der Kirche bilden die zwei Seitenkapellen: zum einen die manieristische *Kaplica Branickich/Branicki-Kapelle* mit dem reich verzierten Grabmal von KATARZYNA und GRZEGORZ BRANICKI, 1595–99 in der Werkstatt von SANTI GUCCI gefertigt, zum anderen die *Kaplica św. Karola Boromeusza/Kapelle des hl. Karl Borromäus,* 1640 von den LUBOMIRSKIS gestiftet und in frühbarocker Ausstattung ausgeführt. Die Stukkaturen und die illusionistischen Malereien in der Kuppel stammen von GIOVANNI BATTISTA FALCONI.

Nördlich von Niepołomice, in **Igołomia,** steht inmitten eines ausgedehnten Landschaftsparks das Anfang des 19. Jh. errichtete *Pałac Wodzickich/Palais Wodzicki,* eines der schönsten Beispiele klassizistischer Palastresidenzen in Polen. Die qualitätvollen Stukkaturen in dem über beide Geschosse reichenden runden Salon werden FRIEDRICH BAUMANN zugeschrieben.

Die Pfarrkirche von **Kościelec,** *Kościół św. Wojciecha/Kirche St. Adalbert,* ist eine Stiftung des Krakauer Bischofs WIESŁAW von 1230–40. Nach der Verwüstung durch die Arianer um die Mitte des 15. Jh. blieb die Kirche für lange Zeit verlassen und wurde erst 1624–28 wieder aufgebaut. Aus der romanischen Zeit stammen die Triforien mit Säulenpaaren und Pflanzenkapitellen sowie ein Gewändeportal an der Frontseite, dessen schmale Kolonetten mit Weinrankenmotiven verziert sind.

Bochnia – Lipnica Murowana – Wiśnicz Nowy – Dębno – Tarnów

Mit dem Aufschwung der Salzförderung gelangte das auf halbem Wege zwischen Kraków und Tarnów gelegene **Bochnia** bereits 1253 in den Genuß der Stadtrechte. Eine schöne Legende erzählt die wunderbare Entdeckung der Salzvorkommen zuerst in Bochnia (seit 1251) und dann Wieliczka: Als der Krakauer Fürst BOLESŁAW V. um die Hand der ungarischen Prinzessin KINGA (KUNIGUNDE) angehalten hatte, bat sie ihren Vater, den König BEŁA IV., ihr als Mitgift etwas zu geben, was allen Untertanen ihres zukünftigen Reiches gleichermaßen dienlich sein könnte. Der König führte sie in ein Salzbergwerk und empfahl ihr, Salz nach Polen zu bringen, denn es sei ein Schatz, der für alle nützlich sei. Die Prinzessin warf ihren goldenen Ring in den tiefen Schacht und dachte: Möge doch dieses Salz mit mir nach Polen wandern ... Kurz nach ihrer Vermählung bereiste die Fürstin ihre neuen Besitztümer und machte in Bochnia Rast. Da erinnerte sie sich an ihren Ring und befahl, an einer bestimmten Stelle zu graben. Bald schon fand man einen großen Salzkristall und als man ihn zerschlug, entdeckte die Herzogin ihren goldenen Ring, den sie in Ungarn dem Salz anvertraut hatte. Zu den Sehenswürdigkeiten dieser kleinen reizvollen Stadt zählen die spätgotische *Kościół Farny/Pfarrkirche* mit barocker Innenausstattung und einem Glockenturm (1609) aus Lärchenholz, vor allem aber das im ehemaligen Dominikanerkloster am Marktplatz untergebrachte *Muzeum im. Stanisława Fischera/Stanisław Fischer*-Museum. Das von S. Fischer 1959 gegründete Museum zeigt neben der bedeutenden Volkskunst-Sammlung des Stifters erlesene Gemälde polnischer Künstler der Jahrhundertwende (Di–So).

41 km entfernt von Wieliczka liegt **Lipnica Murowana.** In der schon in der Wojewodschaft Tarnów gelegenen Ortschaft ist noch deutlich der urbane Plan des Mittelalters mit dem quadratischen Marktplatz zu erkennen. Der Grundriß der alten Holzkirche, der *Kościół św. Leonarda/Kirche St. Leonhard* (Ende 15. Jh.) entspricht dem der Kirche in Haczów (s. S. 527) mit dem Unterschied, daß hier nur der Chor auf drei Seiten von offenen, überdachten Gängen umgeben ist. Die Außenwände sind größtenteils mit Holzschindeln bedeckt, ähnlich wie die Dächer der meisten polnischen Holzkirchen heute; traditionell zählt allerdings auch Stroh zu den Materialien der Dachbedeckung. Schablonenmalerei, die aus der Zeit um 1500 stammt und später (1600, 1711) durch pflanzliche Motive vervollständigt wurde, verziert die Decke. Die Wände sind mit barocker, figürlicher Malerei geschmückt.

Wiśnicz Nowy, Ansicht von Schloß und Kloster; Gemälde von J. Łosika 1905

Auf einer Anhöhe im Osten der Stadt steht das imposante *Schloß* von **Wiśnicz Nowy.** Die ursprüngliche Burg aus Haustein entstand gegen Ende des 15. Jh. In den Jahren 1615–30 wurde sie zu einer repräsentativen frühbarocken Residenz für die Magnatenfamilie der LUBOMIRSKIS, wahrscheinlich unter Leitung des Baumeisters MACIEJ TRAPOLA umgebaut, und mit einer fünfeckigen Festung samt Bastionen umgeben; aus der Zeit stammt auch das prächtige Einfahrtstor an der Ostseite. In dem Gewölbe der zweigeschossigen Galerie und im Turmraum des dritten Geschosses sind Reste einer Stuckdekoration von GIOVANNI BATTISTA FALCONI, in der Kapelle einzelne Elemente einer illusionistischen Malerei erhalten geblieben, desgleichen zahlreiche frühbarocke Portale im gesamten Schloß.

Das *Schloß* von **Dębno** ist das beste Beispiel einer regelmäßig angelegten spätgotischen Residenz in Kleinpolen (Abb. 55). Ursprünglich um 1470 für den Großkanzler JAKUB DĘBIŃSKI wahrscheinlich durch die Werkstatt des Krakauer Baumeisters MARCIN PROSZKO errichtet, wurde das Schloß 1596 und im 17. sowie 18. Jh. mehrmals umgestaltet. Beachtenswert sind vor allem die phantasievollen Erker, das Hauptportal und die Sgraffitoverzierung rund um die Fenster.

Tarnów, das Verwaltungszentrum der gleichnamigen Wojewodschaft, gehört zu den wenigen polnischen Städten, die wegen ihrer erhaltenen mittelalterlichen Stadtanlage und zahlreicher Architekturdenkmäler als Gesamtmonument unter Denkmalschutz stehen. Urkundlich 1105 erstmals erwähnt, wurde die Stadt 1330 gegründet. Ihre damalige rasche Entwicklung verdankte sie vor allem ihrer günstigen Lage am Handelsweg nach Ungarn. Im 16. Jh. gehörten die Mitglieder der Magnatenfamilie TARNOWSKI zu den großen Mäzenen der Stadt; Tarnów wurde mehr und mehr auch zum kulturellen Mittelpunkt mit bedeutenden Bauwerken der Renaissance und mit einer eigenen Abteilung der Krakauer Universität. Im Ersten Weltkrieg waren Tarnów und die Umgebung der Stadt Schausplatz erbitterter Kämpfe zwischen russischen und österreichischen Truppen, von denen noch Soldatenfriedhöfe zeugen.

Um den rechteckigen Marktplatz der Stadt gruppieren sich einige *Bürgerhäuser* (Häuser Nr. 19–21) aus dem 16. Jh. mit schönen Portalen, Arkadengängen und interessanten Fassaden, teilweise ist auch die Ausmalung der Innenräume erhalten geblieben.

Ebenso wie diese Bürgerhäuser fungiert auch das *Rathaus* heute als Museum, dessen Sammlung ausgezeichnete Gemälde und Zeichnungen, kunsthandwerkliche Gegenstände und auch ethnologische Objekte umfaßt. Das Rathaus, ein spätgotischer Backsteinbau aus dem 15. Jh., erhielt seine gegenwärtige Renaissancegestalt durch einen Ausbau im späten 16. Jh. Ein breiter Fries mit Arkadennischen sowie ein Kamm mit großen Maskarons lassen den Stil der Krakauer Tuchhallen erkennen (s. S. 413).

Die *Kościół Narodzenia Najświętszej Marii Panny/Kirche Mariae Geburt,* seit 1785 Kathedrale, war ursprünglich eine Stiftskirche aus der Zeit um 1400, die im 19. Jh. mehrmals umgebaut wurde. Schönstes Relikt des spätgotischen Schmucks ist ein Portal von 1505, dessen Entwurf an einem im gleichen Jahr gefertigten Holzschnitt DÜRERS orientiert ist. Auch zwei Gruppen des ursprünglichen Chorherrengestühls sind erhalten geblieben. Die beeindruckende Gruppe von Renaissancegrabmälern ist das auffälligste und wichtigste Ele-

Tarnów, Ansicht der mittelalterlichen Stadtanlage; Stich von Z. Vogel 1800

ment der kirchlichen Innenausstattung. Zu den schönsten Darstellungen einer weiblichen Gestalt in der europäischen Renaissancegrabplastik zählt die Figur der BARBARA TARNOWSKA, geschaffen von BARTOLOMMEO BERRECCI in den Jahren 1527–30. Die spätere Umrahmung gestaltete GIOVANNI MARIA PADOVANO, der auch das große Grabmal des Hetmans JAN TARNOWSKI 1561–70 erbaut hat. Bemerkenswert erscheint auch das Grabmal der OSTROGSKIS, wahrscheinlich von WILLEM VAN DEN BLOCKE und JOHANN PFISTER in den Jahren 1612–20 ausgeführt. In der Schatzkammer ist neben anderen Exponaten eine exzellente Sammlung spätgotischer Goldschmiedekunstwerke zu besichtigen, die aus der Benediktinerabtei in Tyniec stammen, darunter zwei prächtige Kelche und ein reich dekoriertes Kreuzreliquiar.

Vom 72 m hohen Turm der Kirche bietet sich ein schöner Rundblick über die ganze Stadt Tarnów.

Lanckorona – Kalwaria Zebrzydowska

Südwestlich von Kraków präsentiert sich das Städtchen **Lanckorona,** malerisch auf dem Südhang des Góra Lanckorońska/Lanckorońska-Bergs gelegen, als ein einheitliches städtebauliches Ensemble mit zwei Angelpunkten: dem spitzen Kirchenturm und der Burgruine am Waldrand. Die besondere Bedeutung Lanckoronas innerhalb der kleinstädtischen polnischen Architektur liegt in der Erhaltung seiner ursprünglichen Raumplanung samt der meist hölzernen Bebauung aus dem 19. Jh.

Wenige Kilometer weiter, schon in der Wojewodschaft Bielsko-Biała, liegt **Kalwaria Zebrzydowska**. Dieser berühmte Wallfahrtsort bildete den Ausgangspunkt für die Entstehung weiterer Anlagen dieses Typs in Polen. Unter den Erscheinungsbildern der gegenreformatorischen Sakralarchitektur, die sich auch mit Problemen der städtebaulichen Raumplanung auseinandersetzte, nehmen die Kalvarienbergensembles einen wichtigen Platz ein. Die Anlagen – den wichtigsten Stationen der Passion Christi nachempfunden – bestanden aus einer aufgelockerten, in die Landschaft eingebundenen Gruppierung von Kapellen und Ablaßhöfen in Anlehnung an die Topographie des alten Jerusalem. Der architektonische Komplex von Kalwaria Zebrzydowska umfaßt die Marienkirche, das Bernhardinerkloster und den eigentlichen Kalvarienberg mit 42 auf den umliegenden Hügeln verstreuten Kapellen. Großzügige Stiftungen des Krakauer Wojewoden Mikołaj Zebrzydowski (1600–20) und später des Jan Zebrzydowski (1620–41) ermöglichten die Entstehung dieses Ensembles. Die ursprüngliche *Kościół Matki Boskiej Anielskiej/Kirche der Muttergottes der Engel* (Marienkirche), die im späteren Kirchenbau als Chor integriert wurde, und der älteste Teil des Klosters entstanden in den Jahren 1603–09 unter der Leitung des Jesuitenbaumeisters Gian Maria Bernardoni und des Flamen Paulus Baudarth. Bis 1702 wurde an der Ostseite ein vierjochiges Schiff mit zwei die Fassade flankierenden Türmen hinzugebaut. Das Kloster erfuhr im 17. und 19. Jh. zahlreiche Veränderungen und Erweiterungsmaßnahmen. Im Innern der Marienkirche verdienen das manieristische Chorgestühl mit 26 Szenen der Marienlegende, die reich geschnitzte Kanzel (Mitte des 17. Jh.) sowie der durchbrochene Hochaltar im Stil des Barocks Aufmerksamkeit. Seine Berühmtheit jedoch verdankt das Kloster den *Kreuzwegstationen des Kalvarienberges*.

Durch die Jerusalem-Beschreibungen des Christian Adrian Cruys (1584) angeregt, entstand 1604 ein Passionsweg, der 1632 durch die Marienstationen eine eindrucksvolle

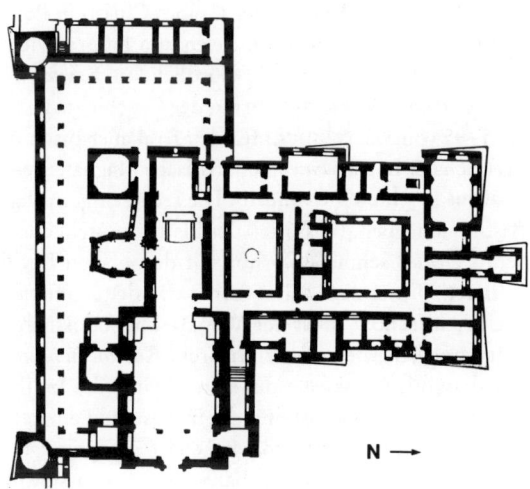

Kalwaria Zebrzydowska, Grundriß der Kirche der Muttergottes der Engel (Marienkirche) und des Bernhardinerklosters

N →

473

Ergänzung fand. Bauwerke wie das ›Haus der Maria‹ (1612–14), das ›Haus des Kaiphas‹ (1609), der ›Palast des Herodes‹ (1609) sowie die anderen Kapellen und Ablaßhöfe zeichnen sich durch phantasievolle Grundrisse (elliptisch, sechseckig mit halbrunden Apsiden) und Ausstattungen aus. In der *Kościół Grobu Matki Boskiej/Kirche des Mariengrabes*, in den Jahren 1611–30 auf rechteckigem Grundriß errichtet, findet man das von PAULUS BAUDARTH ausgeführte Grab (1611–15) in Form eines monumentalen gewölbten Sarkophags. Das älteste Gebäude der Anlage, die *Kościół Ukrzyżowania/Kreuzigungs-Kirche* von 1600–01, birgt vier Gemälde von FRANCISZEK LEKSZYCKI mit Szenen der Passion Christi.

Miechów – Wiślica – Bejsce – Książnice Wielkie

Kulturhistorisch gesehen läßt sich auch der südliche Teil der heutigen Wojewodschaft Kielce zum Krakauer Land zählen.

Von Kraków in Richtung Norden, vorbei an den Orten Więcławice und Niedźwiedź, gelangt man in die etwa 39 km entfernte Stadt **Miechów.** Mit der *Kościół św. Grobu i św. Jakuba Młodszego/Kirche des hl. Grabes und des hl. Jakobus Minor* sowie dem ehemaligen *Klasztor Bożogrobców/Kloster der Chorherren* (Wächter des hl. Grabes) war die Stadt schon im Mittelalter ein bedeutendes Wallfahrtszentrum. Die Klostergründung erfolgte nach 1169. Aus jener und der Zeit nach 1233 sind in den Kirchenmauern steinerne Überreste erhalten geblieben; die heutige Kirche mit ihrem gotischen Baukörper geht auf die Jahre 1394–1410 zurück. 1749–71 wurde der Innenraum barockisiert und später durch WOJCIECH ROJOWSKI mit reichem plastischem Rokokoschmuck ausgestattet: Statuen von Aposteln und Heiligen an den Pfeilern; Altäre, Kanzel, Gestühl, Orgelprospekt, u. a. In der *Kaplica Grobu Chrystusa/Kapelle des hl. Grabes* (um 1535) findet sich die älteste architektonische Nachahmung des Jerusalemer Grabes Christi in Polen. Sehenswert ist auch die Schatzkammer mit einem spätgotischen Kelch (um 1500) sowie zahlreichen Kaseln.

Wenige Kilometer weiter nördlich, in **Książ Wielki,** konnte das majestätische *Pałac Mirów/Palais Mirów* die Wirren der Geschichte fast unverändert überstehen. In den Jahren 1585–95 von SANTI GUCCI für den Krakauer Bischof PIOTR MYSZKOWSKI errichtet, präsentiert sich der Bau als eine manieristische Magnatenresidenz mit einem streng symmetrischen, axial ausgerichteten Grundriß. Die rechteckige Anlage ist von Stützmauern mit dekorativer Bastion umgeben. Im Ostteil der Plattform steht der quergezogene kompakte Palastbau, vor dem sich der schmale Vorhof mit den beiden Pavillons der Kapelle und der Bibliothek befindet. Hinter dem Palast öffnet sich der geometrisch angelegte Garten.

Über Miechów führt der Weg 31 km südöstlich nach **Skalbmierz** mit der ehemaligen Stiftskirche, der heutigen Pfarrkirche *Kościół św. Jana Chrzciciela/St. Johannes des Täufers.* Der spätgotische Bau aus der ersten Hälfte des 15. Jh. ersetzte die romanische Basilika. Der dreischiffige Baukorpus mündet im Osten in einen länglichen Chor, an dessen Nord- und Südseite zwei viereckige romanische Türme aus Quadersteinen vom Vorgängerbau übriggeblieben sind. Die reiche barocke Innenausstattung beeindruckt vor allem durch die

Wiślica, Fragment des romanischen Gipsfußbodens in der Kirche Mariae Geburt

monumentale Umrahmung des Triumphbogens mit der Passionsgruppe aus dem letzten Viertel des 17. Jh.

Nach Verlassen der Ortschaft Skalbmierz in südöstlicher Richtung biegt man 10 km weiter, in Kazimierza Wielka, nach Nordosten ab. Etwa 20 km von hier entfernt erreicht man die Stiftskirche von **Wiślica**. Die *Kościół Narodzenia Najświętszej Marii Panny/Kirche Mariae Geburt* ist der größte und schönste Bau der sogenannten Kasimir-Kirchen (s. S. 468). Nach 1350 als Stiftung des Königs KAZIMIERZ III. WIELKI errichtet, behielt das Gotteshaus weitgehend seine ursprüngliche Raumwirkung. Charakteristisch sind die drei Gewölbestützen in der Mittelachse und die dadurch erreichte Durchdringung der beiden ›Pseudo-Schiffe‹, an die der dreijochige Chor anschließt. Bemerkenswert erscheinen die Schlußsteine mit Darstellungen der Wappen polnischer Provinzen, der Evangelistensymbole sowie des Christuskopfes. Byzantinisch-russische Malereien (1397–1400) bedecken die Chorwände. Über dem Südportal findet man ein spätgotisches Relief von 1464 mit der vor der Muttergottes knienden Figur des Königs KAZIMIERZ III. WIELKI. Im Kellergeschoß der Kirche können die Überreste der beiden romanischen Vorgängerbauten besichtigt werden. Die Krypta birgt eine wahre Rarität: einen 4 × 2,5 m² großen romanischen Gipsfußboden mit schwarz abgesetzten Rankenbordüren und zwei Figurengruppen. Zu den zahlreichen wertvollen Ausstattungsobjekten gehören u. a. eine Steinfigur der Madonna (um 1300), drei weitere spätgotische Heiligenskulpturen sowie ein spätgotischer Kruzifix aus der ersten Hälfte des 16. Jhs.

Interessant ist auch das *Wikariat w Wiślicy/Vikariat von Wiślica,* ein spätgotischer Bau von 1460, der im Auftrag des Krakauer Domherrn und Historikers JAN DŁUGOSZ errichtet wurde.

Will man die dritte der Kasimir-Kirchen besichtigen, muß man einen Abstecher nach **Stopnica** unternehmen. Über Busko-Zdrój gelangt man in das 17 km entfernte Dorf. Als dritte der königlichen Stiftungen 1362–70 in Stein errichtet, hat die *Kościół ś.ś. Piotra i Pawła/Kirche St. Petrus und Paulus* die Kriegseinwirkungen mit 80 % Verlust der Bausubstanz überstanden; sie wurde in den Jahren 1954–60 originalgetreu rekonstruiert. Authentisch sind ein steinernes Antependium mit eingemeißelten Wappen sowie Schlußsteine mit Wappendarstellungen.

In **Bejsce** beeindruckt die gotische *Kościół św. Mikołaja/Kirche St. Nikolaus,* die um 1400 aus Backstein erbaut wurde. Berühmt machte die Kirche die *Grabkapelle* der Familie FIRLEJ. Der Krakauer Wojewode MIKOŁAJ FIRLEJ ließ die Kapelle in den Jahren 1593–1600 von Meistern der berühmten Pińczów-Werkstatt ausführen. Die quadratische Kapelle im Renaissancestil wurde aufwendig mit Marmor- und Sandstein geschmückt.

Die ganze Westwand der Kapelle nimmt das monumentale Grabmal des MIKOŁAJ FIRLEJ und seiner ersten Gemahlin ELŻBIETA ein. Mit einer verschwenderischen Pracht führte man in kostbaren Materialien wie beispielsweise braunem Marmor und Sandstein die Altardekoration mit Pflanzen- und Tiermotiven aus. Das formale und geistige Zentrum des Grabmals bilden die beiden knienden Figuren von MIKOŁAJ und ELŻBIETA.

Südwestlich von Bejsce liegt der Ort **Książnice Wielkie.** Die dortige Pfarrkirche, *Kościół Wniebowzięcia Najświętszej Marii Panny/Kirche Mariae Himmelfahrt,* wurde mehrmals umgebaut und verdankt ihr heutiges Gesicht restauratorischen Maßnahmen des 19. Jh. Berühmt ist sie wegen des nach dem Marienaltar in Kraków größten erhaltenen Flügelaltars in Kleinpolen. Um 1491 wahrscheinlich vom Krakauer Meister MICHAŁ, einem Gehilfen von VEIT STOSS, ausgeführt, zeigt er im Mittelschrein die Szene des Todes Mariens, darüber eine Himmelfahrtsszene und im baldachinartigen Aufsatz die Krönung der Muttergottes.

Karpaty/Karpaten

Den südlichen Teil des Krakauer Landes bilden die Karpaten, zu denen im Westen der Gebirgszug Beskid Żywiecki mit der Stadt Żywiec gehört, im Osten der Beskid Sądecki mit dem Zentrum Nowy Sącz, im Süden die Tatry/Hohe Tatra mit dem olympischen Wintersportort Zakopane und schließlich das Pieniny-Gebirge. Letzteres ist berühmt durch sein malerisches Dunajec-Tal, dessen Felswände bis zu 300 m steil aufragen. Ein beliebtes Ausflugsvergnügen sind Fahrten auf Flößen, die von traditionell gekleideten Bergbewohnern, den *Góralen,* durch die Stromschnellen gelenkt werden (Abb. 50). Die Bewohner der gesamten Bergregion halten an ihrer alten Sprache und Musik, ihren Volkstrachten, an der traditionellen Holzbauarchitektur sowie an kunstvoller Glasmalerei und Schnitzerei fest.

Die Volkstrachten der *Góralen* wirken sehr malerisch: Die Frauen tragen geblümte Tücher und Röcke, weiße Blusen und rote Korallenketten; die Männer weiße, mit Stikkereien verzierte Tuchhosen, ein kunstvoll besticktes Pelzwams, dazu geflochtene Lederschuhe, runde Filzhüte und die sogenannte *Cucha,* eine über die Schulter geworfene Tuchjacke. Berühmt ist das Folklorefestival der *Góralen* ›Herbst in der Tatra‹, das alljährlich im September in Zakopane stattfindet.

Die Hohe Tatra (Farbabb. 10) hat den Charakter eines Hochgebirges mit tiefen Seen, deren bekanntester, Morskie Oko, von vielen Malern und Schriftstellern thematisiert wurde. In den Tälern wie Dolina Chochołowska und Dolina Kościeliska finden sich viele Höhlen, die teilweise besichtigt werden können.

Besonders farbenprächtig sind auch die Volkstrachten der Bewohner der Beskiden; Spitzen und Stickereien zieren die Trachten der Frauen in Żywiec. Im dortigen *Skansen/Freilichtmuseum* können Beispiele von Häusern in traditioneller ländlicher Bauweise besichtigt werden.

In der gesamten Bergregion Polens blieben Kulturdenkmäler erhalten: Schlösser,

0   5 m

Bejsce, Querschnitt der Firlej-Grabkapelle in der Kirche St. Nikolaus

Villen und Bauernhäuser, kleine katholische und orthodoxe Holzkirchen (Farbabb. 12), nicht selten finden sich an den Wegen und Landstraßen Kapellen und Heiligenfiguren. Landschaftlich sehr reizvoll sind Pieniński-, Tatrzański- und Babiogórski-Nationalpark.

Über Kalwaria Zebrzydowska und Wadowice, den Geburtsort des Papstes JOHANNES PAUL II., gelangt man in das südwestlich von Kraków gelegene **Kobiernice** mit einem typischen klassizistischen *Adelssitz* aus der ersten Hälfte des 19. Jh. 28 km weiter südlich erreicht man einen Stausee mit der Stadt **Żywiec**. Die Familie KOMOROWSKI ließ hier in den Jahren 1569–71 ein *Renaissanceschloß* errichten, dessen zweigeschossiger Säulen-Arkaden-Gang einen geräumigen Innenhof umschließt. Der Südflügel entstand erst 1708–23 im Auftrag der späteren Besitzer, der Familie WIELOPOLSKI. Die Habsburger schließlich nahmen im letzten Drittel des 19. Jh. eine umfangreiche Renovierung des Gebäudekomplexes vor, der das Schloß seine heutige neogotische Außenhaut verdankt.

In dem östlich von Żywiec gelegenen Ort **Sucha Beskidzka** steht das ebenfalls in der Spätrenaissance (um 1614) errichtetes *Zamek Komorowskich/Schloß der Komorowskis,* das in seiner Geschichte mehrmals umgestaltet wurde.

Weiter nach Süden führt der Weg über Rabka und Nowy Targ zunächst durch eine enge Talschlucht, bevor man *das* polnische Wintersportzentrum **Zakopane** erreicht (Abb. 51). Die günstige Lage an den Nordhängen der Hohen Tatra, der natürliche Schutz der umliegenden Berggipfel gegen die kalten Winde und die starke Sonneneinwirkung haben die Entwicklung von Zakopane zu einem der populärsten polnischen Kurorte begünstigt. Noch in der zweiten Hälfte des vergangenen Jahrhunderts war Zakopane ein kleines, unbekanntes *Góralen*-Dorf ohne jegliche Zufahrtsmöglichkeiten. Seine stürmische Entwicklung begann um die Jahrhundertwende, als das Dorf in Künstlerkreisen beliebt wurde. Generationen polnischer Schriftsteller, Wissenschaftler und Kunstschaffender ließen sich von der Folklore der *Góralen* und der landschaftlichen Schönheit der Hohen Tatra inspirieren: Der Maler und Theoretiker STANISŁAW WITKIEWICZ schuf hier in den 80er Jahren des 19. Jh. seinen architektonischen ›Zakopane-Stil‹; in Zakopane lebte auch sein Sohn STANISŁAW IGNACY WITKIEWICZ, ein führender Vertreter der künstlerischen Avantgarde in der Zwischenkriegszeit; KAROL SZYMANOWSKI, der in der Villa ›Atma‹ ein schöpferisches Refugium fand, verwendete Motive der *Góralen*-Musik bei seiner Arbeit an dem Ballettstück ›Harnasie‹ (1926). Auch die Komponisten MIECZYSŁAW KARŁOWICZ und ARTUR MALAWSKI, die Schriftsteller JAN KASPROWICZ und KAZIMIERZ PRZERWA-TETMAJER, nach dem Krieg die Bildhauer ANTONI KENAR und WŁADYSŁAW HASIOR lebten und arbeiteten hier.

Trotz der schnellen Modernisierung und Ausweitung des Urlaubszentrums hat der alte Stadtkern seinen ursprünglichen Charakter weitgehend bewahren können. Besonders sehenswert ist die *Willa pod Jodłami/Villa zu den Tannen* (Abb. 52), ein repräsentatives Beispiel des von STANISŁAW WITKIEWICZ propagierten ›Zakopane-Stils‹, der in der Holzarchitektur von Podhale und der Hohen Tatra seine Vorbilder hatte. Die 1897 errichtete Villa ist ein solcher Holzbau auf hohem gemauerten Fundament, mit großzügigen Terrassen und Balkonen versehen sowie mit Gauben im hohen, schindelgedeckten Fußwalmdach. Kunstvolle Schnitzereien mit stilisierten *Góralen*-Motiven verraten den Einfluß der Jugendstilornamentik.

Bevor man einen Ausflug in die Hohe Tatra unternimmt, lohnt es sich, das Bergpanorama auf der Gubałówka-Höhe zu bewundern und dem *Muzeum Tatr/Tatra-Museum* einen Besuch abzustatten. Es besitzt umfangreiche ethnographische Sammlungen, Modelle von *Góralen*-Häusern und Almhütten, Innenausstattungen mit altertümlichen Geräten, Trachten, Hinterglasmalereien sowie naturkundliche Sammlungen aus der Hohen Tatra und dem Podhale. Der zugehörige Botanische Garten vermittelt einen guten Eindruck von der Pflanzenwelt dieser Region.

Das schönste Beispiel dörflicher Holzbauweise des Podhale ist in **Chochołów**, 19 km nordwestlich von Zakopane, zu finden. Die Bauernhäuser und Wirtschaftsgebäude vermitteln noch den Eindruck eines einheitlichen Dorforganismus, dessen drei älteste Anwesen von 1818, 1825 und 1826 stammen.

Wenn man dem Fluß Biały Dunajec in nordöstlicher Richtung folgt, erreicht man nach etwa 30 km über Nowy Targ und Łopuszna **Dębno Podhalańskie.** Die gotische *Kościół św. Michała Archanioła/Kirche des Erzengels Michael* aus der zweiten Hälfte des 15. Jh. zählt zu den wertvollsten noch erhaltenen Beispielen polnischer sakraler Holzarchitektur des 15./ 16. Jh. (Abb. 53). Neben Prestigebauten aus Stein entstanden zu jener Zeit auch weiterhin hölzerne Kirchen und Kapellen, bei denen die Materialien nicht selten geschickt miteinander kombiniert worden sind. Die Kirche in Dębno zeigt die charakteristische Raumkonzeption der bäuerlichen Holzkirchen Kleinpolens: Der einschiffige Kirchenraum und ein rechteckiger Chor gliedern das Innere auf eine einfache, überschaubare Weise. Das hohe Steildach und die offenen Galerien, die den Altarraum ummanteln sowie der später angebaute Glockenturm sind schindelgedeckt. Berühmt wurde die Kirche durch ihre vorzügliche dekorative Zimmermannsarbeit sowie die vollständig erhaltene Innenausmalung. Über 70 Motive schöner Schablonenmalerei bedecken teppichartig die Decke, Wände, den Triumphbogen, die Emporenbrüstung, Kanzel und Stifterbank. Zu diesem Typ spätgotischer Holzkirchen zählen auch diejenigen in Przydonica (s. S. 480), Sękowa (s. S. 480 und Libusza (s. S. 480 f.).

Von Dębno aus lohnt sich ein Abstecher nach **Niedzica** (schöne Dorfkirche aus dem 15. Jh., Rokoko-Ausstattung, Triptychon 2. H. 15. Jh., gotische Wandmalereien, 1992 freigelegt). Die *Zamek Niedzicki/Burg* gehört zu den wertvollsten Wehrbauten Polens. Die ältere, ›obere‹ Burg wurde 1320–30 durch die ungarische Familie BERZEWYCZY gebaut. 1470–87 entstand die ›mittlere‹, 1601–41 die ›untere‹ Burg im Renaissance-Stil. Die große Anlage mit einem Arkaden-Innenhof und 5 Wehrtürmen war seit dem Mittelalter ständig bewohnt, bis Ende des Krieges von der Familie SALOMON. Heute befindet sich hier ein Museum und *Das Haus der polnischen Kunsthistoriker* (täglich Führungen, 9–17 Uhr).

Nordöstlich von Dębno Podhalańskie liegt das alte, malerische Städtchen **Stary Sącz.** Am Rande eines zum Dunajec abfallenden Hügels liegen die *Kościół św. Trójcy/Dreifaltigkeitskirche* und das dazugehörende Klarissenkloster. Herzogin KINGA (KUNIGUNDE) stiftete dieses Kloster 1280 nach dem Tode ihres Gemahls BOLESŁAW V. WSTYDLIWY und verbrachte hier die letzten 12 Jahre ihres Lebens. Das gotische Kirchenbauwerk wurde 1332 vollendet und erfuhr dann im 15., besonders aber im 17. Jh. mehrere Umbauten; zur reichen Barock- und Rokokoausstattung gehören drei Stuckaltäre im Chor (1696–99 in der Werkstatt BALDASSARE FONTANAS entstanden) sowie die Kanzel (wahrscheinlich von 1671), deren bis zum Baldachin hinaufrankendes Schnitzwerk die Wurzel Jesse darstellt. Die Klosterbauten wurden 1601–04 unter der Leitung von GIOVANNI DE SIMONI errichtet; sie beherbergen ein spätgotisches Gemälde (um 1470–80), das den Schmerzensmann mit Maria darstellt, sowie eine Monstranz mit Reliquien (zweite Hälfte 13. Jh.), die der Tradition nach zu KINGA in Beziehung stehen. Die gesamte Anlage ist von einer Mauer umgeben, die zu Beginn des 17. Jh. durch Schießscharten und eine Sgraffitodekoration ergänzt wurde; auch das Kaplanshaus von 1605 verfügt über eine ähnliche Dekoration an der Fassade.

Die Wojewodschaft **Nowy Sącz** bildet den südlichen Teil des Krakauer Landes; die Stadt gleichen Namens, reizvoll am Fluß Dunajec und südlich des großen Stausees Jezioro Rożnowskie gelegen, ist das wirtschaftliche und kulturelle Zentrum der Region. Das *Muzeum Miejskie/Stadtmuseum* beherbergt eine interessante Sammlung orthodoxer Ikonen, vor allem aber auch etwa 300 Werke des wohl berühmtesten polnischen Volksmalers NIKIFOR AUS KRYNICA. Erhalten geblieben sind Überreste der alten Stadtmauer, sehenswert ist darüber hinaus der Komplex des ehemaligen *Klasztor Franciskanów/Franziskanerklosters* (Ende 13. Jh.) mit der dazugehörigen Kirche teils gotischen, teils barocken Stils. Besucher des nahegelegenen Pieniny-Gebirges, eines prägnanten Kalksteinmassivs (Abb. 50), wählen in der Regel Nowy Sącz als Ausgangspunkt. Auch der Ort Sromowce Niżne, in dem die Floßfahrten auf dem Dunajec beginnen (s. S. 476), ist von hier aus leicht erreichbar.

Nördlich von Nowy Sącz, in der ebenfalls am Dunajec gelegenen Ortschaft **Rożnów**, steht ein nach dem Krieg restaurierter, typischer kleinpolnischer *Gutshof* vom Anfang des 19. Jh., der im Innern mit klassizistischen Wandmalereien, Türen und Kaminen ausgestaltet wurde; im Innenhof sind die Überreste einer vor 1568 für den Hetman JAN TARNOWSKI erbauten Festung erhalten geblieben, das früheste Beispiel einer neuzeitlichen Festungsanlage altitalienischen Typus in Polen.

Bevor man den Stausee von Rożnów südwärts umfährt, um nach Nowy Sącz zurückzukehren, bietet sich ein Abstecher nach **Przydonica** an, wo die spätgotische *Kościół Matki Boskiej Różańcowej/Kirche der Muttergottes des Rosenkranzes* von 1527 eine Besichtigung lohnt. Dem architektonischen Typus von Dębno Podhalańskie folgend (s. S. 479), ist der Innenraum auch dieser Holzkirche reich verziert. Der Altarbereich wurde mit Wandmalereien im Stil der Spätrenaissance von 1596 geschmückt, die Szenen aus der Heiligenlegende des Stanisław, Szenen der Passion Christi und Heiligenfiguren zeigen.

In **Ropa**, etwa 30 km östlich von Nowy Sącz, steht ein prächtiger *Gutshof;* der im barocken und klassizistischen Stil mit Nebengebäuden errichtete Hof der Familie SIEMIEŃSKI entstand 1803 durch den Ausbau eines kleinen Gebäudes aus dem 16. Jh. Unweit, in **Szymbark,** ist ein weiterer nach dem Krieg restaurierter *Gutshof* zu besichtigen. Malerisch am hohen Ufer der Ropa gelegen, gilt er als eindrucksvolles Beispiel eines befestigten Herrenhauses aus dem 16. Jh. vom Typ eines Kastells; Fassaden, Portale und Fenster sind durch schöne Steinmetzarbeiten verziert.

Auf dem Weg nach Zagórzany biegt man in Gorlice nach Süden ab, um die dritte der erwähnten spätgotischen Holzkirchen zu besuchen – die in **Sękowa** 1520 errichtete *Kościół ś.ś. Filipa i Jakuba Apostoła/Kirche St. Phillipus und St. Jakobus.* Die Wirkung des Baukörpers bestimmen die schindelgedeckten Dächer: über dem Kirchenraum ein sehr hohes Steildach, an das die breiten Dächer des offenen Galerieumgangs stoßen. Der viereckige Turm an der Hauptfassade wurde später, vermutlich erst im 17. Jh. angebaut.

Das romantische *Palais* im Stil eines neogotischen englischen Castle in **Zagórzany** entstand 1834–39 unter der Leitung des Architekten FRANCESCO MARIA LANCI. Das in den 50er und 60er Jahren restaurierte Bauwerk besticht durch seine Lage in einem schönen Landschaftspark.

Wenige Kilometer östlich von Zagórzany gelangt man nach **Libusza,** dem Ort mit der vierten Holzkirche ihrer Art, der *Kościół Narodzenia Najświętszej Marii Panny/Kirche*

Mariae Geburt von 1513, die im Sommer 1991 durch ein Feuer vernichtet wurde. Als besonderen Verlust muß man die spätgotischen (1523) Malereien im Innern der Kirche verzeichnen, denen der Ruhm vorauseilte, die schönsten in Kleinpolen gewesen zu sein: Üppige Blüten- und Blättergirlanden hatten Szenen aus dem Marienleben und der Passion Christi sowie Heiligenfiguren umrahmt.

Biecz, schon in der Wojewodschaft Krosno gelegen, gilt als eines der prächtigsten mittelalterlichen, auch ›Klein Krakau‹ genannten Städtchen Kleinpolens, mit dessen Geschichte es engstens verbunden ist. Im 13. Jh. zum ersten Mal mit seinem Kastellan erwähnt, genoß der Ort seit 1303 Stadtrechte, die durch KAZIMIERZ III. WIELKI 1363 ausdrücklich bestätigt wurden. Biecz war früher einmal durch eine gewaltige Stadtmauer mit 16 Türmen und eine Burg befestigt, wovon nur Reste der Mauer und der Stadttore stehengeblieben sind. Die wichtigsten Bauten der Stadt aber blieben erhalten: das *Rathaus* (15./16. Jh.) mit dem mächtigen, den Marktplatz beherrschenden Turm und die *Kościół Bożego Ciała/Fronleichnamskirche.* Das 1521 fertiggestellte Gotteshaus aus Backstein mit Hausteinelementen gehört zu den schönsten spätgotischen Kirchen Kleinpolens; ihren vorzüglichen Innenraum dominiert der prächtige Hauptaltar (vor 1604). Sehenswert sind auch die zehn barocken Seitenaltäre, ein reich verziertes Chorgestühl, das Notenpult von 1633, die Epitaphiengemälde (um 1600) sowie das Renaissancegrabmal des MIKOŁAJ LIGĘZA von 1575.

Von den für das Krakauer Land und ganz Südostpolen typischen Holzkirchen ist keine der vor 1450 entstandenen erhalten geblieben. In seinem ›Liber beneficiorum‹ bezeichnete im Jahre 1470 der Historiker JAN DŁUGOSZ 419 der 529 erwähnten Kirchen als Holzbauten. Die ältesten der erhaltenen Holzkirchen stammen alle aus der zweiten Hälfte des 15. Jh.: Lipnica Murowana (s. S. 470), Dębno Podhalańskie (s. S. 479) und Haczów (s. S. 527), wo die größte und berühmteste der gotischen Kirchen Kleinpolens steht.

In der Wojewodschaft Krosno gelegen und in südöstlicher Richtung über Jasło und Krosno erreichbar, ist die ehemalige **Kościół Wniebowzięcia Matki Boskiej/Kirche Mariae Himmelfahrt** aus der zweiten Hälfte des 15. Jh., heute eine Filiale des Museums in Sanok.

Ganz im Süden der Wojewodschaft Nowy Sącz, schon nahe der slowakischen Grenze, steht in **Powroźnik** eine der schönsten Kirchen der uniierten Christen im Karpatenland: die ehemalige griechisch-katholische *Kościół św. Jakuba Młodszego/Kirche St. Jakobus Minor,* errichtet in den Jahren 1611–43. Der Innenraum ist in drei Bereiche gegliedert. Eine Vorhalle mit Turm, ein quadratischer Kirchenraum und ein länglicher Chor verraten zwar Einflüsse der spätgotischen Raumaufteilung bäuerlicher Holzkirchen, sind aber den liturgischen Bedürfnissen der Ostkirche angepaßt. Dazu gehören auch die Ikonostase (1738–43), einige erhaltene Ikonen und Fragmente von Wandmalereien aus dem 17. Jh., die den einstigen spezifischen Charakter dieses Kirchenraums vermitteln. Über dem Baukörper des Gotteshauses erheben sich zwei Türme mit holzverkleideten Zwiebelhelmen, die als Besonderheit in der polnischen Sakralkultur gelten.

Ivan Bentchev

Częstochowa/Tschenstochau, Kielce, Radom

Częstochowa/Tschenstochau – Szczekociny – Koniecpol

Częstochowa/Tschenstochau, mit 260 000 Einwohnern ein wichtiges Indutriezentrum des Landes, steht in merkwürdigem Kontrast zu seiner Umgebung: Große Betriebe, ein riesiges Hüttenkombinat und verschiedene Textilfabriken prägen das Bild der Stadt und beeinflussen ganz erheblich die Lebensbedingungen ihrer Bewohner. Gleichzeitig beginnt wenige Kilometer außerhalb der Stadtgrenzen eine der reizvollsten Landschaften Polens, die auch als Erholungsgebiet genutzt wird – das ›Krakau-Tschenstochauer Jura‹. Nirgendwo sonst in Polen gibt es so viele Höhlen und Grotten mit bizarren, z. T. phantastisch anmutenden Fels- und Tropfsteinformationen.

An der Kreuzung wichtiger Handelswege gelegen, erhielt Częstochowa um 1375 das Magdeburger Stadtrecht. Dokumente weisen darauf hin, daß in der gleichen Zeit mit der Erzförderung begonnen wurde und man die erste Eisenhütte in der Nähe der Stadt errichtete. Von König Ludwik Węgierski beauftragt, stiftete Herzog Władysław von Opole im Jahre 1382 ein Kloster für die aus Ungarn nach Polen eingewanderten Mönche des Paulinerordens. Der Ort, an dem das Klostergebäude entstand, der Kalksteinhügel *Jasna Góra/Heller Berg,* liegt heute etwa 3 km vom eigentlichen Stadtzentrum entfernt.

Zwei historische Ereignisse im 17. und 18. Jh. waren es, die die Klosterfestung der Pauliner zum Symbol für ein freies Polen werden ließen. Unter der Führung des Priors Augustyn Kordecki widerstanden Mönche, Soldaten und eine Gruppe von Adligen 1655 der Belagerung des Klosters durch ein übermächtiges schwedisches Heer; diese erfolgreiche Verteidigung von Jasna Góra war der Ausgangspunkt für die Befreiung Polens von der schwedischen Besatzung. Im Spätherbst 1770 verteidigte sich hier ein Heer der antirussischen Konföderation von Bar unter seinem Kommandanten Kazimierz Puławski gegen ein Interventionskorps der Zarin Katharina II.

Seit 600 Jahren ist die Geschichte der Stadt eng mit dem Schicksal des *Klasztor o.o. Paulinów/Paulinerklosters* auf dem Jasna Góra verbunden. Seit seiner Gründung im Juni des Jahres 1382 gehört dieses religiöse Zentrum zu den wichtigsten Schauplätzen polnischer Nationalgeschichte. Aus Chroniken des Krakauer Historikers Jan Długosz weiß man,

daß bereits im 14. Jh. hundert Wallfahrer aus Polen, Preußen, Ungarn und Schlesien zur
›Czarna Madonna‹/›Schwarzen Madonna‹ pilgerten. Das Paulinerkloster stellt in dem von
der Geschichte hart geprüften Polen ein einmaliges Beispiel einer unversehrt gebliebenen
›Schatzkammer‹ dar, deren erlesene Sammlung die wichtigsten Ereignisse und Epochen
polnischer Staats- und Kulturgeschichte dokumentiert.

Die ausgedehnte Anlage der *Kościół Wniebowzięcia i Znalezienia Krzyża św./Himmel-
fahrtskirche* und des *Paulinerklosters* ist umgeben von einer viereckigen Festung mit Türmen. Der hohe, schlanke Kirchturm prägt schon von weitem die Silhouette der Stadt. Die
spätgotische *Paulinerkirche* (Abb. 59) aus der Zeit vor 1463 wurde nach dem Brand von 1690
zu einer Basilika umgestaltet; schlesische Künstler schufen zwischen 1690 und 1730 die
reiche barocke Innenausstattung. An allen Gewölben finden sich kostbare Stuckarbeiten
und Medaillons mit Gemälden, die 1690–93 von KARL DANKWART ausgeführt wurden. In
den Seitenschiffen ist das spätgotische Kreuzrippengewölbe erhalten geblieben. Die Stuckdekoration auf dem Fries des Gebälks und in den Fensterlaibungen schuf JOHANN FRANZ
KREMBS. Die Wände wurden in den Jahren 1760–62 farbig marmoriert, die Sockel der Pfeiler
sind aus schwarzem Marmor gefertigt. Auch die Altäre wurden größtenteils in Marmor mit
Vergoldungen und Skulpturen aus weißem Stuck ausgeführt.

Die schwedische Belagerung des Paulinerklosters auf dem Jasna Góra 1655, Stich von 1659

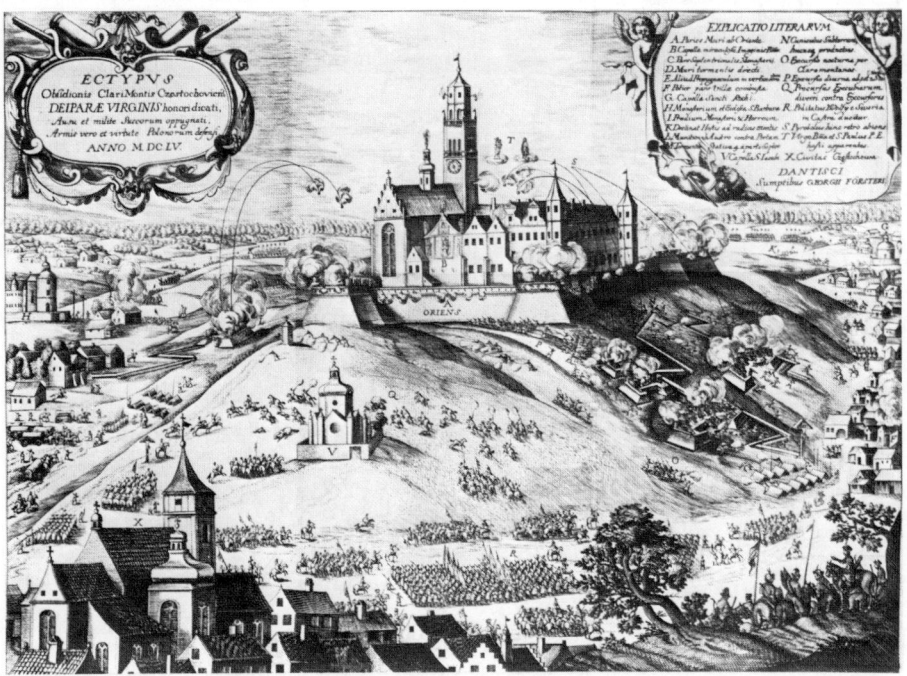

483

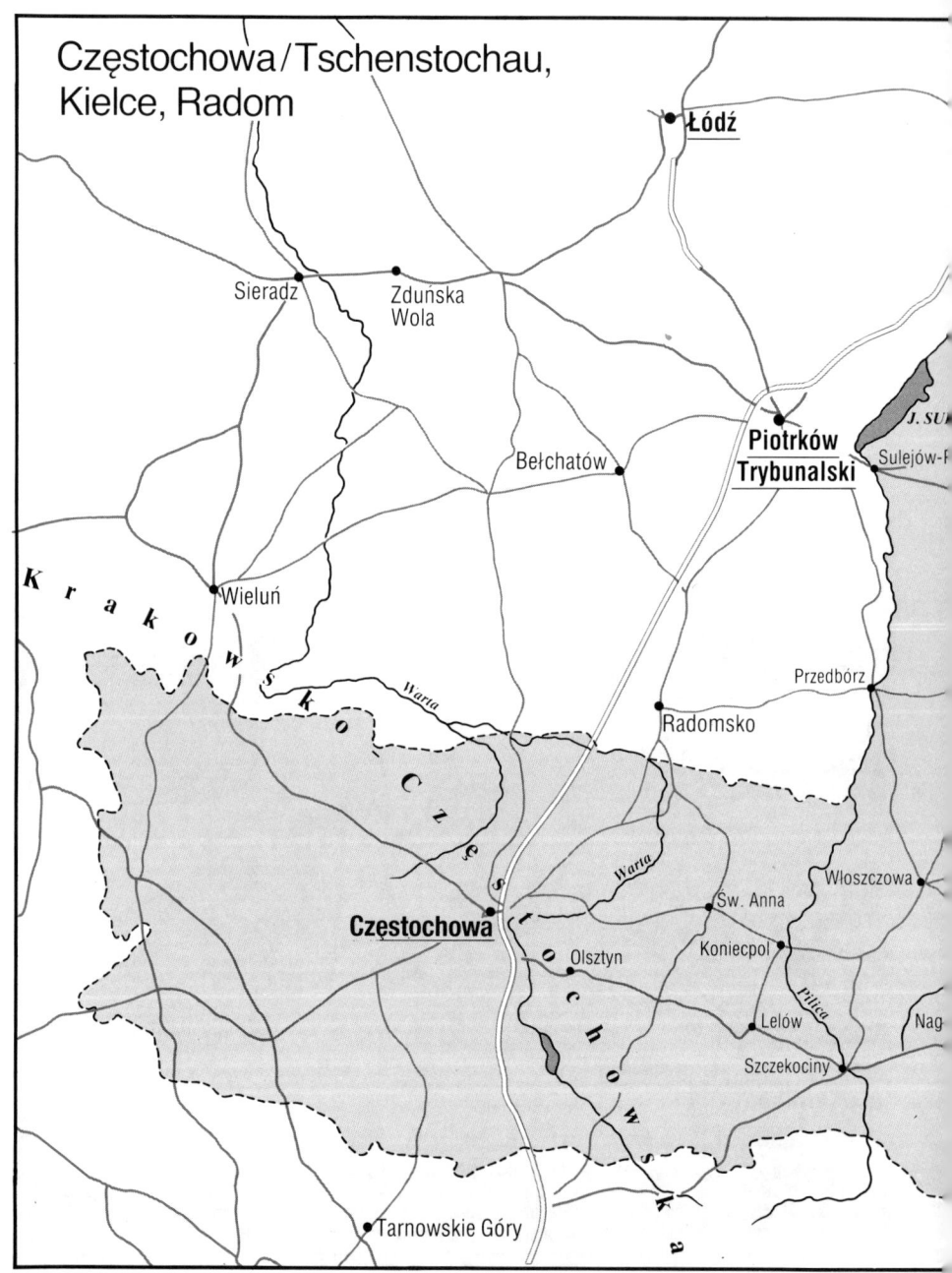

Częstochowa/Tschenstochau, Kielce, Radom

Łódź

Sieradz
Zduńska Wola

Bełchatów

Piotrków Trybunalski

Sulejów-

J. SU

Krakowsko-

Wieluń

Warta

Przedbórz

Radomsko

Częstochowa

Olsztyn

Warta

Sw. Anna

Włoszczowa

Koniecpol

Częstochowska

Lelów

Pilica

Nag

Szczekociny

Tarnowskie Góry

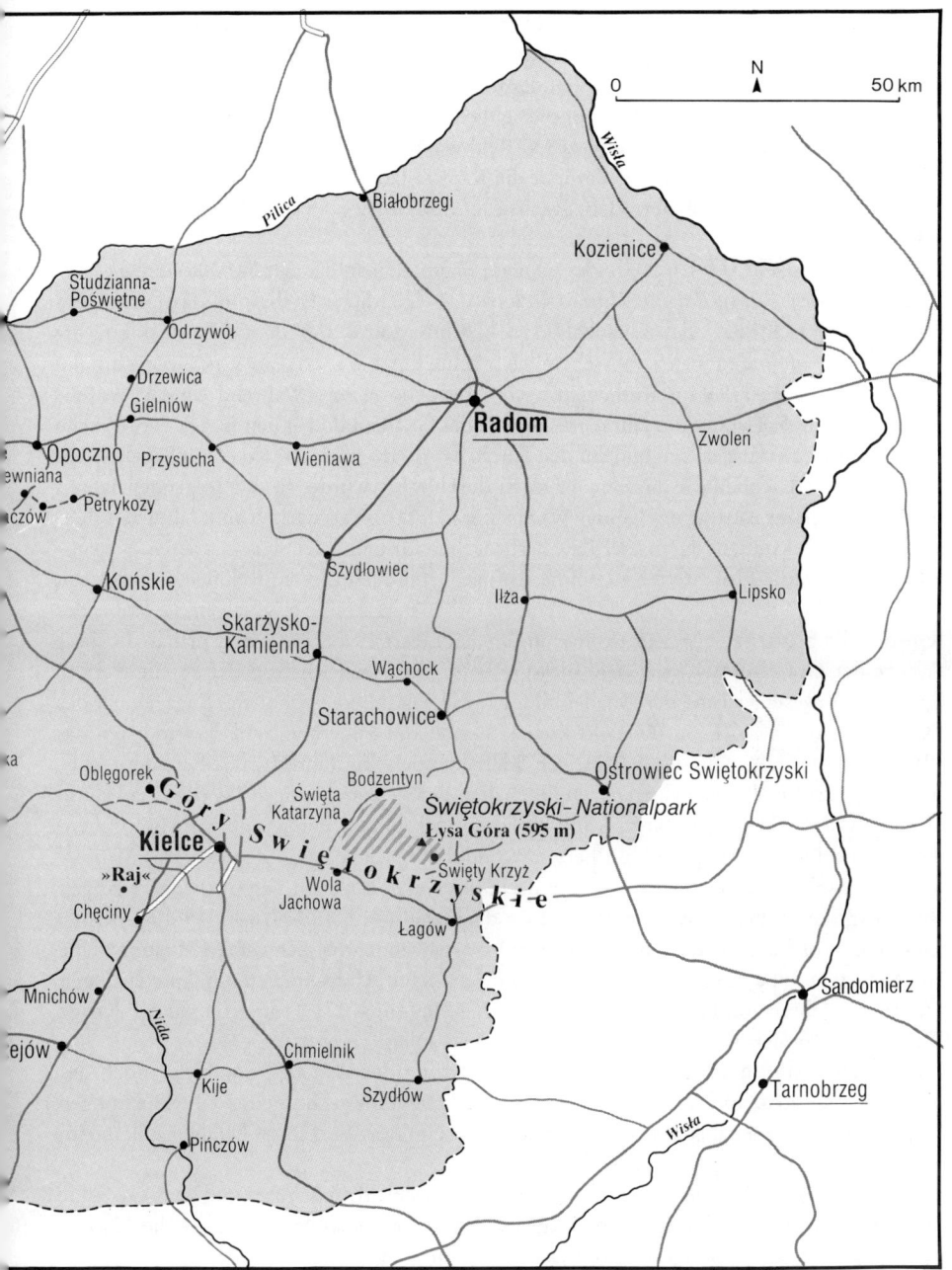

N

0   50 km

Pilica

Białobrzegi

Kozienice

Wisła

Studzianna-Poświętne

Odrzywół

Drzewica

Gielniów

Opoczno

Przysucha

Wieniawa

Radom

Zwoleń

ewniana

czów

Petrykozy

Końskie

Szydłowiec

Iłża

Lipsko

Skarżysko-Kamienna

Wąchock

Starachowice

Oblęgorek

Bodzentyn

Ostrowiec Świętokrzyski

Góry

Święta Katarzyna

Świętokrzyski- Nationalpark

Łysa Góra (595 m)

Kielce

Świętokrzyskie

»Raj«

Wola Jachowa

Święty Krzyż

Chęciny

Łagów

Mnichów

Nida

Sandomierz

ejów

Chmielnik

Kije

Szydłów

Tarnobrzeg

Pińczów

Wisła

An der Südseite der Kirche sind drei überkuppelte Zentralbauten errichtet worden: die Vorhalle (1620–30) mit einem Spätrenaissanceportal; in der Mitte die Kaplica św. Pawła/St. Paulus-Kapelle, frühbarock, 1671 vollendet und mit Wandmalereien geschmückt, die Szenen aus dem Leben des Apostels zeigen; schließlich am vierten Joch des Langhauses die doppelgeschossige Anlage der Kaplica ś.ś. Relikwii/Kapelle der hl. Reliquien, im unteren Teil aus den Jahren 1641–48, und darüber die Kaplica Jabłonowskich/Jabłonowski-Kapelle mit dem Grabmal des Wojewoden STANISŁAW JABŁONOWSKI (1751–54) aus schwarzem Marmor.

An der Nordseite der Kirche findet man am Hauptaltar in der *Kaplica Narodzenia Najświętszej Marii Panny/Kapelle Mariae Geburt* das eigentliche Heiligtum, das Jasna Góra berühmt gemacht hat, das Gnadenbild der Muttergottes mit dem Christuskind, die ›Schwarze Madonna‹. Höchstwahrscheinlich brachte Fürst WŁADYSŁAW VON OPOLE die alte Hodegetria-Ikone 1384 aus Ruthenien nach Częstochowa mit. Während eines Hussitenüberfalls in der Karwoche des Jahres 1430 wurde das Gnadenbild vor den Augen der Mönche aus dem Altar herausgerissen und auf den Kirchenvorplatz gebracht, wo es mit Säbelstichen beschädigt und schließlich mit einem Degen durchbohrt wurde. In den folgenden Jahren bemühten sich im Auftrag des Königs WŁADYSŁAW II. JAGIEŁŁO nacheinander drei verschiedene Malerwerkstätten, die in drei Teile zerbrochene Originaltafel zu restaurieren. Schließlich gelang es, die Holzbretter zusammenzufügen, mit einem festen Rahmen zu umgeben und darauf die auf einer Leinwand mit Temperafarben hergestellte originalgetreue Kopie des Gnadenbildes aufzuziehen. Zur Erinnerung an den Überfall von 1430 ritzte man in die linke Wange der Gottesmutter zwei tiefe Blessuren ein. Die Nachricht von der an ein Wunder grenzenden Restaurierung des Gnadenbildes sowie das außergewöhnliche Engagement des Königs WŁADYSŁAW II. JAGIEŁŁO lockten Tausende von Pilgern an und verwandelten das Paulinerkloster zu einem der beliebtesten Wallfahrtsziele. Im Jahre 1650 stiftete der Großhetman JERZY OSSOLIŃSKI einen neuen Hochaltar, der bis zum heutigen Tag das Gnadenbild der ›Schwarzen Madonna‹ birgt. Seine Holzkonstruktion ist durch eine vornehme Ebenholzverschalung verdeckt und mit hervorragender Silberdekoration verziert. Das Muttergottesbild schützt seit 1673 ein Silberverdeck, das einige Male am Tag unter den Klängen eines Fanfarenstoßes abgenommen wird (in der Regel 6–12, 15.30–16.40, 19–19.45 Uhr). Besonders kostbar sind auch die zahlreichen Votivgewänder der ›Schwarzen Madonna‹: die aus Samt und Silberblech gefertigten, edelsteinverzierten Abdeckungen mit Aussparungen für die Gesichter und Hände. Seit die ›Schwarze Madonna‹ 1717 zur ›Königin der Krone Polens‹ proklamiert wurde, wird sie noch heute als solche verehrt.

Von der ursprünglichen spätgotischen Ausstattung der Kapelle konnte nur noch das monumentale Kruzifix im rechten Nebenaltar gerettet werden. Die letzten Untersuchungen ergaben, daß es sich dabei um eine Arbeit aus dem Umkreis VEIT STOSS handeln soll, die im letzten Jahrzehnt des 15. Jh. entstanden ist.

Bemerkenswert sind auch die Gewölbestukkaturen des Mittelschiffes und zwei Gemälde über dem Triumphbogen. Das eine zeigt die Muttergottes als Siegerin über die Häresie (1656), das andere die Belagerung von Jasna Góra durch die Schweden (1655).

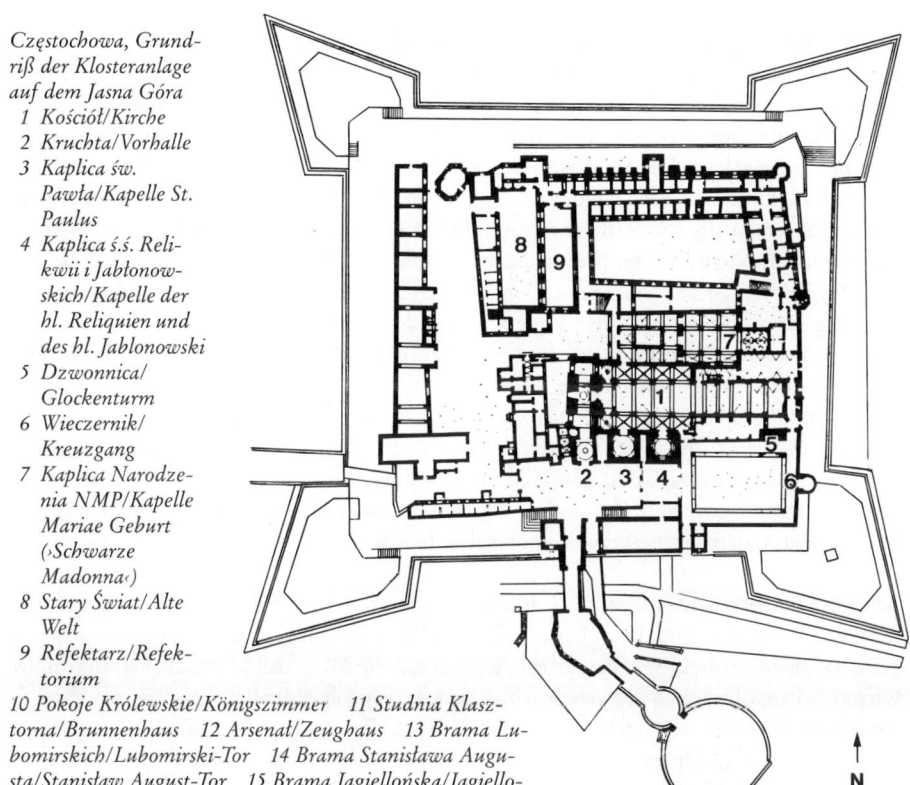

Częstochowa, Grund-
riß der Klosteranlage
auf dem Jasna Góra
 1 Kościół/Kirche
 2 Kruchta/Vorhalle
 3 Kaplica św.
   Pawła/Kapelle St.
   Paulus
 4 Kaplica ś.ś. Reli-
   kwii i Jabłonow-
   skich/Kapelle der
   hl. Reliquien und
   des hl. Jablonowski
 5 Dzwonnica/
   Glockenturm
 6 Wieczernik/
   Kreuzgang
 7 Kaplica Narodze-
   nia NMP/Kapelle
   Mariae Geburt
   (›Schwarze
   Madonna‹)
 8 Stary Świat/Alte
   Welt
 9 Refektarz/Refek-
   torium
10 Pokoje Królewskie/Königszimmer   11 Studnia Klasz-
torna/Brunnenhaus   12 Arsenał/Zeughaus   13 Brama Lu-
bomirskich/Lubomirski-Tor   14 Brama Stanisława Augu-
sta/Stanisław August-Tor   15 Brama Jagiellońska/Jagiello-
nen-Tor

N

Sakristei, Schatzkammer, Magazin sowie Zeughaus beherbergen eine der reichsten kunsthandwerklichen Sammlungen Polens. Über sechs Jahrhunderte hinweg hatten Könige und
Magnaten den Paulinern wertvolle Stiftungen gewährt und die in ihren Diensten stehenden
Künstler nach Jasna Góra entsandt, hatten Pilger und Wallfahrer Votivgaben als Ausdruck
ihrer Verehrung für die ›Schwarze Madonna‹ gespendet. Unter den einige tausend Stücke
umfassenden Goldschmiedearbeiten befinden sich die barocke, mit Edelsteinen besetzte
Monstranz des Priors AUGUSTYN KORDECKI, 1672 vom Warschauer Goldschmied WACŁAW
GROTTKO gefertigt, ein spätgotisches, von König ZYGMUNT I. STARY gestiftetes Kreuzreliquiar, 1510 in Nürnberg entstanden, ein Anhänger (zweite Hälfte 16. Jh.) mit der Darstellung der thronenden Gottesmutter, gedacht als Verzierung der verschiedenen, für das Gnadenbild der ›Schwarzen Madonna‹ genähten Gewänder, und schließlich viele aus Silberblech
hergestellte Votivgaben.

Über hundert liturgische Gewänder, die ältesten aus dem 15. Jh., gehören zur reichen Paramenten-Sammlung auf Jasna Góra; darunter eine violette Kasel, die Christus am Kreuz und zu seinen Füßen die Gottesmutter darstellt, ein Geschenk von Priestern der Marienkirche in Kraków, sowie die mit Edelsteinen und Schmuck besetzte sogenannte Perlenkasel, 1720 im Auftrag des Priors K. Moszyński angefertigt.

Prunkstück der sich nördlich und westlich an die Kapelle Mariae Geburt anschließenden Klosterbauten ist das große Refektorium, dessen Gewölbe Karl Dankwart (nach 1693) ausgemalt hat. Nicht weniger bemerkenswert ist die mit 40000 Bänden ausgestattete Bibliothek des Klosters, deren Innenausstattung von dem Klostertischler Grzegorz Woźniakowic ausgeführt und mit Intarsien verziert worden ist (1733–39).

Das Klosterarchiv verfügt u. a. über Handschriften (erstes Viertel 15. Jh.), ein italienisches Brevier von 1480 und ein von König Jan I. Olbracht gestiftetes Missale, von Miniaturmalern 1506–07 auf dem Krakauer Wawel hergestellt.

In den übrigen Räumen des Klosters befinden sich etwa 150 Gemälde, vorwiegend Werke der Mönche von Jasna Góra, zum Teil (17. Jh.) unter dem Einfluß des am Königshof in Kraków tätigen venezianischen Malers Tommaso Dolabella entstanden, eines Künstlers, der in seiner Malerei große Erzählfreudigkeit offenbarte.

Wenige Kilometer südöstlich von Częstochowa, inmitten malerischer Kalksteinfelsen des ›Krakau-Tschenstochauer Jura‹, liegt die **Zamek Olsztyn/Burgruine Olsztyn.** Die gotische Burg wurde im Auftrag Kazimierz III. Wielki um die Mitte des 14. Jh. als Festung an der Grenze Kleinpolens zu Schlesien errichtet und in den folgenden Jahrhunderten mehrmals ausgebaut. Wie viele andere Bauwerke fiel sie 1556 den Zerstörungen durch die schwedischen Truppen zum Opfer.

Ebenfalls an der Straße nach Jędrzejów findet man in dem Ort **Szczekociny** das heute als Schule genutzte frühere *Pałac Urszuli Dembińskiej/Palais der Starostin Urszula Dembińska.* Der barocke und klassizistische Bau entstand in den Jahren 1770–80: viertelkreisförmige Pfeilerarkaden verbinden das Haupt- mit dem Nebengebäude. Hinter dem Palais erstreckt sich ein ausgedehnter französischer Garten, der in einen Landschaftspark übergeht.

Von Szczekociny gelangt man in nördlicher Richtung nach **Koniecpol.** Die dortige *Kościół św. Trójcy/Dreifaltigkeitskirche* entstand in den Jahren 1633–40 als Stiftung des Großhetmans Stanisław Koniecpolski. Die frühbarocke Kirche auf rechteckigem Grundriß zeigt eine schlichte Fassade mit Pilastergliederung und Eckvoluten. Der spätbarocke Dachreiter stammt aus den Jahren 1758–78. Unter der barocken Innenausstattung fällt das manieristische Kreuzigungsbild aus der zweiten Hälfte des 16. Jh. auf. Doch die Bedeutung der Pfarrkirche von Koniecpol liegt in ihrer Einbindung in das sie umgebende architektonische Ensemble. Das langgestreckte ummauerte Plateau wurde streng symmetrisch gestaltet, indem man an der Frontseite die Ecken für zwei Glockentürme nutzte, die Mauermitte für ein rustiziertes Tor durchbrach und diese Elemente auf die Mittelachse der Kirchenfassade bezog. Somit entsprach die Anlage den zeitgenössischen Forderungen, anstelle isolierter Einzelbauten exakt konzipierte architektonische Gesamtkomplexe zu entwerfen.

Kielce – Oblęgorek

Knapp 120 km nordöstlich von Kraków liegt **Kielce,** früher Zentrum des altpolnischen Industriegebietes und auch heute noch eine wichtige Industriestadt mit annähernd 200 000 Einwohnern. Von hier aus ist der Weg nicht weit zu den geschichtlich und kunsthistorisch bedeutenden Orten Kleinpolens wie Jędrzejów, Pińczów, Święty Krzyż, Bodzentyn und Wąchock. Kielce bietet sich auch als Ausgangspunkt für Fahrten und Wanderungen in Polens ältestem Gebirgsmassiv an, den bewaldeten Höhen der Góry Świętokrzyskie/Heilig-Kreuz-Berge, deren Ausläufer in Form vulkanisch aussehender Kreidefelsen die Stadt umgeben. Durch die Heilig-Kreuz-Berge führt der Weg nach Lublin, ein weiteres historisches Zentrum Kleinpolens.

Im Jahre 1364 wurde Kielce das Magdeburger Stadtrecht zuerkannt. Wenige Jahre zuvor hatten hier die Krakauer Bischöfe ihre Sommerresidenz eingerichtet. Wirtschaftlich erlebte die Stadt im 16. Jh. einen großen Aufschwung, als man begann, die Blei-, Kupfer- und Eisenerzvorkommen der Umgebung auszubeuten. 1815 entstand in Kielce Polens erste Bergbauschule. Traurige Berühmtheit erlangte die Stadt 1946, als in einem Pogrom über 40 Juden, die den Holocaust überlebt hatten, ermordet wurden.

Die Krakauer Bischöfe erwiesen sich in Kielce nicht nur als Kirchenfürsten, als entscheidende theologische Instanz und als Männer der Seelsorge, einige von ihnen waren auch großzügige Kunstmäzene, wie etwa KAJETAN SOŁTYK, der das Theater in Kielce zur Zeit der polnischen Aufklärung förderte. Lange Zeit später, 1955–56, gehörte das Żeromski-Theater in Kielce unter Leitung von IRENA und TADEUSZ BYRSKI zu den Wegbereitern des ›Tauwetters‹ in der polnischen Bühnenkunst.

Südlich des Stadtzentrums (Pl. Partyzantów) findet man die beiden bedeutendsten Baudenkmäler der Stadt, die Kathedrale und den Palast der Krakauer Bischöfe, heute der Sitz des Nationalmuseums.

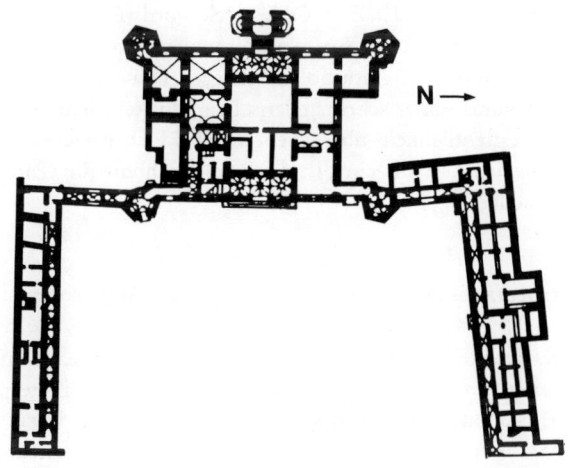

Kielce, Grundriß des Palasts der Bischöfe von Kraków

Die *Kathedra Wniebowzięcia Najświętszej Marii Panny/Kathedrale Mariae Himmelfahrt*, eine frühbarocke Basilika, bis 1805 Stiftskirche, entstand in den Jahren 1632–35 und wurde danach mehrmals umgebaut, vor allem 1869–72, als die neobarocke Fassade entstand. Bemerkenswert an der spätbarocken Ausstattung des Kircheninnern sind vor allem die Arbeiten des hervorragenden Krakauer Schnitzkünstlers ANTONI FRĄCKIEWICZ: mehrere Altäre mit den Figuren des Patriarchen Joseph, des Königs David und des hl. Georg; das Gemälde ›Mariae Himmelfahrt‹ von 1730 schuf SZYMON CZECHOWICZ; das Renaissancegrabmal der ELŻBIETA ZEBRZYDOWSKA mit einem Reliefbild der 1553 Verstorbenen wird GIOVANNI MARIA PADOVANO zugeschrieben, dem Schöpfer der königlichen Grabmäler der Gemahlinnen von König ZYGMUNT II. AUGUST, ELŻBIETA und BARBARA. Zum Kirchenschatz gehören verschiedene Stiftungen KAZIMIERZ III. WIELKI, darunter ein gotischer Kelch, um 1362 in Kraków gefertigt, und ein Büstenreliquiar der hl. Maria Magdalena aus der Zeit um 1370.

Der frühbarocke *Pałac Biskupów Krakowskich/Palast der Bischöfe von Kraków* (Abb. 56) ist ein prägnantes Beispiel für die Palastarchitektur im sogenannten Waza-Stil. Das geschlossene axiale Schema einer norditalienischen Villa wird ergänzt durch nördliche Ecktürme und ein Walmdach. Das Bauwerk entstand im Auftrag des Bischofs JAN ZADZIK in den Jahren 1637–41, wahrscheinlich nach einem Entwurf von GIOVANNI BATTISTA TREVANO und wurde ausgeführt durch den Baumeister TOMMASO PONCINO. Besonders bemerkenswert ist der einstige Speisesaal, heute Porträtsaal genannt, mit einer farbig ornamentierten Balkendecke. Porträts Krakauer Bischöfe in Form eines umlaufenden Frieses schmücken den oberen Teil der Wände. An den Plafonds der benachbarten Räume finden sich – von TOMMASO DOLABELLA auf Leinwand gemalt – Szenen kirchenpolitischer Ereignisse wie etwa das ›Gericht über die Arianer‹.

Im Gymnasium von Kielce ist das *Muzeum Żeromskiego/Żeromski-Museum* untergebracht, benannt nach dem Schriftsteller, der hier in den 70er Jahren des 19. Jh. die Schule besucht hat. Im *Palais* in **Oblęgorek**, nordwestlich von Kielce, erinnert heute das *Muzeum życia i twórczości H. Sienkiewicza* an den Autor von ›Quo vadis‹, HENRYK SIENKIEWICZ, der 1905 mit dem Literaturnobelpreis geehrt wurde. Fünf Jahre zuvor, anläßlich des 25jährigen Jubiläums seiner schriftstellerischen Tätigkeit, hatte man ihm das Bauwerk als ›Geschenk der Öffentlichkeit‹ übergeben. Seit 1958 ist hier ein Museum untergebracht. Südwestlich, nahe dem Ort **Chęciny**, ist die Tropfsteinhöhle *Raj* (Paradies), wohl die schönste Polens, zu besichtigen.

Chęciny – Jędrzejów – Pińczów – Szydłów

Zu den vielen wichtigen Architekturdenkmälern des kleinpolnischen Hochlandes gehört die Ruine der *Burg* von **Chęciny**. Ende des 13. Jh. hatte man im Auftrag des Bischofs JAN MUSKATA, Statthalter des böhmischen Königs WENZEL, mit dem Bau begonnen, der nach 1311 unter König WŁADYSŁAW I. ŁOKIETEK fertiggestellt und später, um 1600, noch einmal umgestaltet wurde. Erhalten geblieben sind der vieleckige, längliche Grundriß der Ringmauern, zwei zylindrische Türme sowie Überreste der Schatzkammer, eines Wohngebäudes und eines Tores.

In Chęciny selbst, seit Beginn des 14. Jh. im Besitz des Stadtrechts, besteht bis heute der mittelalterliche städtebauliche Grundriß: Das Stadtzentrum bildet ein rechteckiger Marktplatz, von dessen Ecken die Straßen ausgehen. Die heute 4000 Einwohner zählende Stadt ist der Geburtsort des berühmten polnischen Orgelbauers SZYMON SADKOWSKI. In der *Kościół św. Józefa/Kirche St. Josef* steht eine der wertvollsten Orgeln Polens. Das Instrument entstand nach 1675 und blieb mit seinen neun Stimmen, der mechanischen Traktur, der Schleiflade und dem Manual bis heute im Originalzustand erhalten.

Wenige Kilometer südlich, in **Mnichów,** findet man eins der schönsten Beispiele für die Übertragung spätbarocker Steinarchitekturformen auf einen Holzbau. Die *Kościół św. Stefana/Kirche St. Stephanus* aus den Jahren 1765–70 verfügt über die wesentlichen Elemente des spätbarocken Formenvokabulars. Den einschiffigen Kirchenbau schließt im Westen eine Doppelturmfassade ab, über der Vierung erhebt sich eine Tambourkuppel (Farbabb. 11). Die Ausstattung des Innenraums im Rokokostil ist noch weitgehend original erhalten geblieben. Die beiden Altäre des Querschiffes, die Kanzel, das Taufbecken und die Beichtstühle sind aus Linden- und Lärchenholz geschnitzt.

In **Jędrzejów** begegnet man der *Kościół Najświętszej Marii Panny i św. Wojciecha/Kirche der hl. Jungfrau Maria und des St. Adalbert* (Abb. 60). 1140 als Stiftung des späteren Erzbischofs von Gniezno/Gnesen JANIK GRYFIT begonnen, sollte die Kirche das geistige Zentrum des ersten Zisterzienserklosters in Polen sein. Die Mönche trafen 1149 ein und gründeten hier eine Filiale des berühmten Klosters von Morimont (Burgund). Dies war das Ende der ersten Niederlassungswelle der Zisterzienser in Polen. Eine zweite folgte in den Jahren 1170–80 und führte zur Gründung der Abteien von Koprzywnica (s. S. 515), Sulejów (s. S. 497) und Wąchock (s. S. 494).

Die 1201 geweihte Kirche von Jędrzejów stellt mit Querschiff und den angrenzenden Zwillingskapellen im Osten den Typus einer spätromanischen Pfeilerbasilika dar. Der gesamte Kirchenraum wurde mit Kreuzrippengewölben versehen – das größte Novum der zisterziensischen basilikalen Architektur. Die Kirche wurde mehrmals umgebaut. Die gotischen Langhausarkaden entstanden im 15. Jh.,doch die größten Veränderungen erfuhr der Baukomplex in den Jahren 1728–54, als der Chor verlängert wurde, der ganze Innenraum ein spätbarockes Gewölbe erhielt, an den Querschiffarmen im Norden und Süden Kuppelbauten entstanden und schließlich im Osten eine repräsentative Blendfassade mit zwei Türmen errichtet wurde. Im Kircheninnern findet man spätbarocke Malereien von ANDRZEJ RADWAŃSKI an Wänden und Gewölben (1734–39), den Hochaltar und das reich geschnitzte Gestühl aus den Jahren 1730–50, wahrscheinlich von der Werkstatt von ANTONI FRĄCZKIEWICZ ausgeführt. Vom ursprünglichen Klostergebäude sind zwei Flügel erhalten geblieben.

Sehenswert ist in Jędrzejów auch das *Muzeum Zegarów Słonecznych* (Gnomoniczne), das eine der umfangreichsten Sammlungen von Sonnenuhren in Europa besitzt, die der Gelehrte und Sammler TADEUSZ PRZYPKOWSKI 1962 dem Staat geschenkt hat.

15 km westlich von Jędrzejów liegt die Ortschaft **Nagłowice,** der Geburtsort von
Mikołaj Rej (1505–69), dem ›Vater der polnischen Literatur‹. Rej, Protestant und streitba-
rer Humanist, setzte sich im 16. Jh. für die Ablösung der lateinischen durch die polnische
Schriftsprache ein (s. S. 88).

Weiter nach Südosten, über Jędrzejów und Kije, gelangt man ins Tal der Nida mit dem
Städtchen **Pińczów.** In der zweiten Hälfte des 16. Jh. avancierte die Ortschaft zum Zentrum
der Reformation in Polen. An dem 1551 von Calvinisten gegründeten Gymnasium lehrten
ausländische protestantische Theologen, und hier erarbeitete Petrus Statorius die erste
polnische Grammatik ›Polonicae grammatices institutio‹ von 1568. Daniel von Łęczyca
druckte in der Stadt an der Nida die Schriften des großen Humanisten Andrzej Frycz
Modrzewski (1503–72).

Die ehemalige Paulinerkirche *Kościół św. Jana Ewangelisty/Kirche St. Johannes des Evangelisten* wurde 1642 vollendet und geht auf eine Stiftung des Krakauer Kardinals Zbigniew
Oleśnicki aus dem 15. Jh. zurück. Das Innere des spätgotischen Baus wurde mit einer
reichen Barockausstattung versehen, so der Hochaltar und die neun Seitenaltäre sowie das
Gestühl mit geschnitzten Darstellungen aus dem Leben der heiligen Eremiten und freiplasti-
schen Apostel- und Heiligenfiguren. Im Südosten schließt an die Kirche der Komplex des
ehemaligen *Klasztor o.o. Paulinów/Paulinerklosters* mit einem rechteckigen Kreuzgang an.

Auf einem Hügel über der Stadt erhebt sich die um 1600 errichtete *Kaplica św. Anny/
Kapelle St. Anna.* Ihr Stifter Zygmunt Myszkowski vergab den Auftrag aller Wahrscheinlichkeit nach an Santo Gucci, dessen bedeutendste Werke das Schloß von Baranów Sandomierski und die Branicki-Grabmäler von Niepołomice sind. Der kleine Bau in Pińczów
gehört zu den seltenen freistehenden Renaissancekapellen und besticht durch die einfache

Ansicht von Szydłów, Stich von 1869

wie elegante architektonische Konzeption zweier zusammengefügter überkuppelter Kuben. An dem perfekt gearbeiteten bauplastischen Dekor erkennt man den vornehmen Stil der sogenannten Werkstätte von Pińczów, deren Steinmetze Ende des 16. bis Anfang des 17. Jh. vor allem plastische Rahmenarchitektur für Kirchen und Magnatenresidenzen schufen.

Südwestlich von Pińczów, in dem kleinen Ort **Młodzawy**, entstand zwischen 1716 und 1740 die spätbarocke *Kościół Ducha św. i Matki Boskiej Bolesnej/Heilig-Geist- und Mater Dolorosa-Kirche,* möglicherweise nach einem Entwurf von KASPER BAŻANKA. Besonders eindrucksvoll ist die prächtige Hausteinfassade mit einer strengen Pilastergliederung, wuchtigen Voluten und freistehenden Figuren.

Die Stadtbefestigungsanlagen von **Szydłów**, Mitte des 14. Jh. vom König KAZIMIERZ III. WIELKI errichtet, vermitteln mit ihren zinnenbewehrten Mauern und den Überresten von Mauertürmen, vor allem aber durch das *Brama Krakowska/Krakauer Tor* einen guten Eindruck von der ursprünglichen Stadtanlage.

Święta Katarzyna – Bodzentyn – Wąchock

Das Zentrum des kleinpolnischen Hochlandes, die Góry Świętokrzyskie/Heilig-Kreuz-Berge östlich von Kielce, sind ein lohnendes Ziel. Man findet hier verwitterte Berggipfel, herrliche Tannen- und Lärchenwälder, dazu launische Einfälle der Natur wie etwa die Geröllfelder des Łysa Góra/Kahlen Berges, und eine Vielzahl seltener Pflanzen- und Tierarten, die im **Świętokrzyski-Nationalpark** geschützt werden. Mehrmals dienten die bewaldeten Höhenrücken der Heilig-Kreuz-Berge polnischen Widerstandskämpfern als Unterschlupf. 1863 schlug hier MARIAN LANGIEWICZ, ein Befehlshaber der Aufständischen, sein Quartier auf; im Zweiten Weltkrieg führten Partisanen von den Bergen aus ihren Kleinkrieg gegen die deutschen Besatzungstruppen.

Święta Katarzyna, ein kleiner Ort 20 km von Kielce entfernt, dient in der Regel als Ausgangspunkt für Wanderungen durch die Heilig-Kreuz-Berge. Am östlichen, nach etwa 36 km Fahrtstrecke zu erreichenden Rand des Świętokrzyski-Nationalparks, auf dem Kahlen Berg, erhebt sich die *Kościół św. Krzyża/Heilig-Kreuz-Kirche,* die bis 1818 Benediktinerabtei war, später in der Zarenzeit ein berüchtigtes Gefängnis wurde und heute ein Oblaten-Kloster mit einem Museum und Ausflugsheim der Polnischen Gesellschaft für Touristik und Landeskunde ist. Die Abtei wurde von König BOLESŁAW III. KRZYWOUSTY im ersten Drittel des 12. Jh. gegründet. Schon im 8. und 9. Jh. befand sich an dem Ort ein heidnisches Kultzentrum, von dem Teile eines Steinwalls erhalten geblieben sind.

Die heutige Heilig-Kreuz-Kirche wurde in den Jahren 1781–89 errichtet; interessant sind ihre spätbarocke Westfassade und die klassizistische Innenausstattung, zu der Altargemälde (um 1800) von FRANCISZEK SZMUGLEWICZ gehören.

Vom spätgotischen *Kloster,* das König KAZIMIERZ IV. JAGIELLOŃCZYK und Kardinal ZBIGNIEW OLEŚNICKI bauen ließen, ist der Kreuzgang erhalten geblieben: Schlußsteine mit Wappen schmücken das Kreuzrippengewölbe. Im Ostflügel steht die überkuppelte Kapelle der OLEŚNICKIS, ausgemalt im Rokokostil von MATTHIAS REICHAN im Jahre 1782; das doppelgeschossige Grabmal des Wojewoden MIKOŁAJ OLEŚNICKI und seiner Gemahlin ist aus farbigem Marmor gestaltet (1611–20).

10 km nordwestlich von Święta Katarzyna, am Rande des Świętokrzyski-Nationalparks, liegt **Bodzentyn.** Die *Kościół Farny Wniebowzięcia Najświętszej Marii Panny/ Pfarrkirche Mariae Himmelfahrt,* in den Jahren 1440–52 erbaut, besitzt den schönsten Renaissancealtar in Polen. 1545–46 als Hauptaltar der Kathedrale auf dem Krakauer Wawel geschaffen, wurde er ein Jahr später in die Stiftskirche von Kielce überführt und schließlich 1728 nach Bodzentyn gebracht. Die geschnitzten Figuren (u. a. des hl. Stanislaus und des hl. Wenzel) stammen von italienischen Künstlern (GIOVANNI CINI?), die auch an der Sigismundkapelle in Kraków gearbeitet hatten; den Mittelteil des Altares bildet die Kreuzigungsszene, ein Gemälde, das PETRUS VENETUS 1547 ebenfalls in Kraków gemalt hat. In dieser Kirche befindet sich auch die Mitteltafel eines spätgotischen Flügelaltars, ein Meisterwerk der polnischen Malerei vom Anfang des 16. Jh., das dem Krakauer Maler MARCIN CZARNY zugeschrieben wird. Dargestellt sind der Tod Mariens, Engelschöre und die kniende Gestalt des Stifters, Bischof JAN KONARSKI.

Die in den Jahren 1440–52 nach dem Vorbild der Krakauer Basiliken errichtete Kirche steht in unmittelbarer Nähe einer stattlichen Schloßruine, der früheren Residenz der Krakauer Bischöfe.

Die *Opactwo Cystersów/Zisterzienserabtei* von **Wąchock** (Abb. 57), nordöstlich von Kielce, nahe der Städte Starachowice und Skarżysko-Kamienna, zählt zu der bereits erwähnten Gruppe kleinpolnischer Zisterzienserabteien (vgl. Jędrzejów, s. S. 491, Koprzywnica, s. S. 515, Sulejów, s. S. 497). Das Kloster und die *Kościół Najświętszej Marii Panny i św. Floriana/Kirche der hl. Jungfrau Maria und des hl. Florian* wurde 1179 durch den

Krakauer Bischof GEDKA für den aus Morimont (Burgund) hierher übersiedelten Konvent gegründet. Die Klosterbauten entstanden in den Jahren 1218–39, wahrscheinlich durch die Mitglieder einer italienischen Bauhütte unter Leitung des MEISTERS SIMON ausgeführt, dessen Name an der Fassade der Kirche eingemeißelt ist. Effektvoll gliedern Schichten gelblicher und rötlichbrauner Sandsteinquader die Außenwände der dreischiffigen Pfeilerbasilika mit dem charakte-

0   1 m

Wąchock, Aufriß von Blattwerkkapitellen in der Kirche der hl. Jungfrau Maria und des hl. Florian

ristischen Kreuzrippengewölbe. Zur Innenausstattung gehören mehrere Barock- und Roko-koaltäre sowie eine reich dekorierte Kanzel.

Vom ursprünglichen Klostergebäude ist der Ostflügel am besten erhalten geblieben, in dem sich der besonders schöne Kapitelsaal befindet. Die Gurtbögen des aus neun Feldern bestehenden Kreuzrippengewölbes ruhen auf vier Säulen, deren Kapitelle ähnlich wie die Konsolen mit Blattwerk verziert sind. Das Refektorium im Südflügel besitzt ebenfalls ein Kreuzrippengewölbe, dessen Konsolen und Schlußsteine Pflanzendekorationen aufweisen. Der Kreuzgang stammt aus dem frühen 16. Jh.; von hier aus führt ein teils gotisches, teils im Renaissancestil gestaltetes Portal in die Kirche. Im Klosterinnern befinden sich zehn Grab-platten, die romanische (erste Hälfte 13. Jh.) mit einem Abtsstab sowie einer Dekoration von Flechtband und Voluten sowie die spätgotische (nach 1521) mit der eingeritzten Gestalt des Abtes Rafał Zaborowita zeichnen sich durch ihre besonders schöne Steinmetzarbeit aus.

Szydłowiec – Radom – Drzewica

Das *Zamek Mikołaja Szydłowieckiego/Schloß* von **Szydłowiec,** für Mikołaj Szydłowiecki in den Jahren 1510–26 errichtet, besteht aus einem viereckigen Innenhof, um den sich im Westen, Norden und Osten die Schloßflügel gruppieren. Im Innern haben sich zwei Renaissanceportale, Fenstereinfassungen sowie Kassettendecken und Wandmalereien (Stanisław Samostrzelnik zugeschrieben) im ursprünglichen Zustand erhalten, die dem *Muzeum Instrumentów Muzycznych/Musikinstrumentenmuseum* einen würdigen Rah-men geben.

Das *Rathaus,* 1602–05 errichtet, zeigt mit seiner hohen Attika und einem Fries aus Blendarkaden seine Abstammung von den Tuchhallen. Ausgestattet mit vier runden und einem viereckigen Turm an der Frontseite, bildet dieses Bauwerk der Spätrenaissance das Zentrum des Marktplatzes der Stadt.

Die spätgotische *Kościół św. Zygmunta/Kirche St. Sigismund,* in den Jahren 1493–1509 erbaut, präsentiert sich als einschiffiger Bau mit einem langgestreckten Chor, der mit einem schönen Sterngewölbe versehen worden ist. Beachtenswert ist die Innenausstattung, allem voran das spätgotische Polyptichon, dessen Mittelteil eine Darstellung der Himmelfahrt Mariens zeigt (vor 1509 in einer Krakauer Werkstatt geschaffen); ferner der manieristische Hochaltar (1618–27) mit reichem Schnitzwerk und einer spätgotischen Gruppe der Marien-krönung; schließlich eine Marmorplatte vom Grabmal des Großkronschatzmeisters Mikołaj Szydłowiecki, nach 1532 von Bartolommeo Berrecci ausgeführt.

Radom mit seinen 232 000 Einwohnern und einer Reihe großer Fabriken gehört zu den wichtigsten Industriestädten Polens (Abb. 61). Im Jahre 1976 geriet der Name der Stadt in die Schlagzeilen westlicher Medien, als die Arbeiter dort mit Streiks und Demonstrationen gegen Preiserhöhungen protestierten.

Alfred Döblin vermerkt in seinem Buch ›Reise in Polen‹, daß vor dem Zweiten Welt-krieg eine große jüdische Gemeinde zur Einwohnerschaft Radoms zählte. Ausführlich

zitiert er aus einer jiddischen Zeitung, die den ›Krieg der Judenschaft von Random mit ihrem Rebben‹ beschreibt. Aus Radom kam Polens erster bedeutender Komponist, MIKOŁAJ
Z RADOMU, der mit geistlichen und weltlichen Kompositionen, darunter dreistimmigen Liedern für Gesang und Begleitung, in die Musikgeschichte eingegangen ist. Einige seiner Kompositionen sind in einer Handschrift aus dem ersten Drittel des 15. Jh. erhalten geblieben.

Das ehemalige *Gmach Komisji Wojewódzkiej/Gebäude des Wojewodschaftsausschusses* in
der ul. Żeromskiego (Haus Nr. 31) stellt ein gutes Beispiel für den späten Klassizismus dar,
der die Architektur im Königreich Polen nach 1815 bestimmte; auffallend ist die 15achsige,
durch Risalite gegliederte Fassade des Bauwerks, das in den Jahren 1825–27 nach einem
Entwurf von ANTONIO CORAZZI entstand.

Radom, Ansicht vom Alten Marktplatz; Zeichnung von 1808

Das *Rathaus* am Markt ist ein Werk des führenden Warschauer Architekten ENRICO
MARCONI (1847–48), der sich bei seinem Entwurf italienische Paläste des Quattrocento zum
Vorbild nahm.

In der ul. Żeromskiego steht die *Kościół św. Katarzyny/Kirche St. Katharina* mit dem
angrenzenden Bernhardiner-Kloster. 1468 gestiftet und in Backstein ausgeführt, wurde der
kompakt erscheinende Baukomplex im Verlauf seiner Geschichte mehrmals umgebaut. Im
Innern der Kirche verdient das spätgotische Kruzifix des auslaufenden 15. Jh. größere
Aufmerksamkeit.

Westlich von Radom, an der Straße nach Piotrków Trybunalski, liegt **Wieniawa** mit der
Kościół św. Katarzyny/Kirche St. Katharina aus dem 16. Jh. Jener Zeit entstammt auch die
Kaplica św. Stanisława/Stanislaus-Kapelle, in der ein schönes Renaissance-Polyptichon mit
Szenen aus der Vita des hl. Stanislaus erhalten geblieben ist (1544).

Über Przysucha und Gielniów erreicht man nach etwa 35 km in nordwestlicher Richtung die *Burgruine* von **Drzewica**. Aus Backstein 1527–35 errichtet, verbindet das Bauwerk spätgotische und Renaissanceelemente. Besonders auffällig ist der interessante Kontrast zwischen den wuchtigen Wehrmauern und den hohen zweiteiligen Giebeln des Hauptgebäudes und der Kapelle.

Über Odrzywół gelangt man nach **Studzianna-Poświętne**. Die dortige *Kościół ś.ś. Filipa Nereusza i Jana Chrzciciela/Kirche St. Philippus Neri und Johannes des Täufers* aus der ersten Hälfte des 18. Jh., wiederholt die barocke Raumplanung der Krakauer Stiftskirche St. Anna (s. S. 441). Die monumentale Fassade des Bauwerks weist eine rhythmisierte Pilastergliederung auf. Der doppelgeschossige Mittelteil trägt einen Giebelabschluß, über den vorgeschobenen Seitenpartien erheben sich achteckige Tambourkuppeln, ein Säulenportikus am Eingang und die Nischen mit Statuen in den Seitenfeldern ergänzen die Fassadendekoration.

Zu der spätbarocken Innenausstattung der Kirche gehören mehrere Säulenaltäre sowie zwei silberne Leuchter mit Wappen des Königs ZYGMUNT III. WAZA, 1620 in Augsburg gefertigt. Im Osten schließt an die Kirche ein langer Trakt des Klosters an.

Białaczów – Petrykozy – Sulejów-Podklasztorze

Diese drei zur Wojewodschaft Piotrków Trybunalski gehörenden Orte beschließen die Fahrt durch den westlichen Teil Kleinpolens.

Der *Pałac Stanisława Małachowskiego/Palast des Marschalls Stanisław Małachowski* in **Białaczów** ist ein Werk des berühmten Warschauer Architekten JAKUB KUBICKI. Das Hauptgebäude, die viertelkreisförmigen Arkadengalerien und die rechtwinklig angeordneten Nebengebäude umschließen zusammen mit zwei Pavillons einen großen Ehrenhof. Im angrenzenden Landschaftspark finden sich Ruinen romantischer Gebäude, die 1825–30 von FRANCESCO MARIA LANCI errichtet wurden. Der Palast selbst stammt aus den Jahren 1797–1800.

10 km weiter östlich, in **Petrykozy**, steht die klassizistische *Kościół św. Doroty/Kirche St. Dorothea*, von dem Sejmmarschall STANISŁAW MAŁACHOWSKI etwa 1791 gestiftet. Nach einem Entwurf von JOHANN CHRISTIAN KAMSETZER wurde die einschiffige Kirche mit einer kompakten Fassade im Osten abgeschlossen, deren plastische Gliederung aus einem Mittelrisaliten und einem turmähnlichen Aufbau besteht.

Zurück über Białaczów und Miedzna-Drewniana gelangt man nach Żarnów und erreicht über die Straße nach Piotrków **Sulejów-Podklasztorze** mit der berühmten, 1177 von KAZIMIERZ II. SPRAWIEDLIWY gestifteten Zisterzienserabtei. Die spätromanische *Kościół Najświętszej Marii Panny i Św. Tomasza/Kirche der hl. Jungfrau Maria und St. Thomas* wurde 1232 geweiht und repräsentiert den bereits bekannten Typus kleinpolnischer Zisterzienserabteien. Die dreischiffige Pfeilerbasilika aus Haustein, vermutlich von der italienischen

Bauhütte des Meisters SIMON errichtet, zeigt die charakteristische Raumaufteilung sowie das Kreuzrippengewölbe. Bemerkenswert ist das weitgehend erhaltene bauplastische Dekor. Das schöne Hauptportal wurde als ein Gewändeportal mit schlanken Säulen, verzierten Kapitellen und einer skulptierten Innenarchivolte konzipiert. Die darüberliegende Fensterrose enthält zum Teil noch das ursprüngliche Maßwerk (Abb. 58). Über dem Eingang zum nördlichen Seitenschiff ist in die Fassade ein romanisches Tympanon eingelassen (12./13. Jh.), das eine symbolische Darstellung der Passion Christi zeigt. Der strenge, monumentale Innenraum der Kirche steht im Kontrast zu der barocken Ausstattung. Altäre aus schwarzem Marmor und Alabaster, die reich dekorierte Kanzel, das Gestühl und die Orgelempore bilden ein imponierendes Ensemble.

Von dem im 19. Jh. teilweise zerstörten Klostergebäude ist glücklicherweise der eindrucksvolle quadratische Kapitelsaal (zweites Viertel 13. Jh.) erhalten geblieben, dessen Gewölbe auf einer Säule inmitten des Raumes ruht. Das Säulenkapitell sowie die Wandkonsolen sind mit dem gleichen Blattwerk verziert, einer der Schlußsteine zeigt vier gemeißelte Männerköpfe. Das Klostergebäude befindet sich nach wie vor in einem ruinösen Zustand.

Von den spätgotischen Wehranlagen (15./16. Jh.) existieren bis heute lange Mauerabschnitte, an die zwischen dem 15. und dem 19. Jh. verschiedene Gebäude angebaut wurden. Erhalten geblieben sind auch ein Torturm, der sogenannte *Brama Krakowska/Krakauer Tor*, sowie der sogenannte Abtturm und ein Turm im Südosten der Anlage mit einer um die Mitte des 16. Jh. aufgesetzten Renaissanceattika. In den Anbauten befindet sich ein passables Hotel der ›Polnischen Touristischen und Landeskundlichen Gesellschaft‹ (PTTK).

Reinhold Vetter

Zwischen Wisła/Weichsel, Bug und Karpaty/Karpaten

Lublin

Lublin ist heute nicht nur die größte polnische Stadt östlich der Weichsel, sondern auch das wichtigste Wirtschafts-, Kultur- und Ausbildungszentrum in Südostpolen. Mit der 1919 gegründeten Katholischen Universität besitzt die Stadt an der Bystrzyca eine Ausbildungsstätte, die ihresgleichen in Mitteleuropa sucht. KAROL WOJTYŁA (Papst JOHANNES PAUL II.), damals noch Kardinal in Kraków/Krakau, lehrte hier ebenso wie WŁADYSŁAW BARTOSZEWSKI, der 1986 den Friedenspreis des Deutschen Buchhandels erhielt. Dozenten dieser Universität gehörten zu den ersten Opfern unter den polnischen Intellektuellen während der deutschen Besetzung im Zweiten Weltkrieg, andere von ihnen wiederum halfen mit, Lublin zu einem Zentrum der gegen die nationalsozialistische Fremdherrschaft wirkenden Untergrundpresse zu machen. Die zweite, die staatliche Universität der Stadt, 1944 gegründet, trägt den Namen einer Frau, die zu Beginn dieses Jahrhunderts Weltruhm erlangte: MARIE CURIE-SKŁODOWSKA – 1903 und 1911 wurde sie für die Entdeckung der radioaktiven Elemente Polonium und Radium mit dem Nobelpreis geehrt.

Wie Tarnów, Przemyśl und andere Städte Südostpolens war Lublin vor dem Zweiten Weltkrieg ein Zentrum jüdischen Lebens. ALFRED DÖBLIN reiste 1924 nach Polen, um dort die Lebensbedingungen der Juden zu studieren; auch Lublin war eines seiner Reiseziele. Doch die jüdische Welt, die er später in seinem Reisebericht beschrieb, existiert heute nicht mehr.

Kunsthistorisch und kulturgeschichtlich ist Lublin in erster Linie eine Stadt der Renaissance und des Humanismus. In das 16. und 17. Jh. fallen die wichtigsten Phasen der Stadtentwicklung. Unter dem Einfluß des damaligen politischen und kulturellen Zentrums Kraków entstanden zu Beginn des 16. Jh. die ersten Renaissancebauten. Vor allem aber entwickelte sich nach 1600 im Lubliner Raum der Manierismus als Kunstrichtung, in der die Renaissance zwar dominierte, barocke Stilformen jedoch ebenso eine Rolle spielten. Charakteristisch für die ›Lubliner Renaissancearchitektur‹ ist der Kirchentyp mit einem Langhaus in spätgotischen Formen und sehr spezifischen reichen Gewölbestukkaturen.

Das Zeitalter der Reformation brachte Lublin heftige religiöse Dispute. BIERNAT VON LUBLIN (etwa 1465 bis nach 1529) war der erste Schriftsteller, der nicht mehr lateinisch,

Zwischen Wisła /
Weichsel, Bug und
Karpaty / Karpaten

Czemierniki

Radom
Czarnolas
Janowiec

Gołąb   Kozłówka
Puławy   Lubartów
Kazimierz
Dolny   Lublin   Puchaczów
Nałęczów   Majdanek   Chełm

Opole Lubelskie

Tarłów   Uchanie
Kraśnik   Hrubieszów
Opatów   Zamość

Ujazd   Roztoczański-
Sandomierz   Nationalpark
Koprzywnica
Staszów   Tarnobrzeg   Stalowa Wola   Biłgoraj   Tomaszów
Rytwiany   Lubelski
Baranów
Sandomierski
Mielec   Leżajsk   Hrebenne

Łańcut
Tarnów   Przeworsk   Jarosław   Ukraine
Rzeszów
Przemyśl   Lwów

StaraWieś   Krasiczyn
Krosno
Haczów
Dukla   Sanok

K A R P A T Y
J. SOLIŃSKIE
B I E S Z C Z A D Y
Słowakei
Bieszczady-
Nationalpark

Wisła
Wieprz
Bug
San

0   50 km
N

500

sondern ausschießlich polnisch geschrieben. SEBASTIAN KLONOWIC (etwa 1545–1602) war auch Bürgermeister der Stadt, und JAN KOCHANOWSKI (1530–84), der bedeutendste Dichter des polnischen Humanismus, starb in Lublin.

Die Geschichte Lublins läßt sich bis ins 7. Jh. zurückverfolgen, als die erste Siedlung auf dem Stadtgebiet entstand. 1317 wurde Lublin durch König WŁADYSŁAW I. ŁOKIETEK das Magdeburger Stadtrecht verliehen. In der Folgezeit entwickelte sich die Stadt zu einem wichtigen Zentrum auf den Handelswegen zwischen Kleinpolen und Litauen sowie Großpolen und der Ukraine. 1569 schloß man im *Sejm* der Stadt die ›Union von Lublin‹, die Polen und Litauen zur Realunion zusammenführte – die Geburtsstunde der ›Rzeczpospolita‹. 1578 wurde Lublin Sitz des Krontribunals für Süd- und Ostpolen.

Gesamtstaatliche Bedeutung erlangte die Stadt erst wieder Jahrhunderte später, gegen Ende des Zweiten Weltkriegs, als dort am 25. 7. 1944 das – wenige Tage zuvor in Chełm gegründete – ›Polnische Komitee der Nationalen Befreiung‹ (die erste polnische Administrative nach der Befreiung vom Faschismus) seine Arbeit aufnahm und Lublin bis zum 1. 2. 1945 als polnische Hauptstadt fungierte. Hier wurde der erste Nachkriegsverlag ›Czytelnik‹ gegründet, und hier entstand auch die erste literarische Zeitschrift des neuen Polens: ›Odrodzenie‹ (›Wiedergeburt‹).

Am Plac Łokietka öffnet das **Brama Krakowska/Krakauer Tor** (1) den Weg in die historische Altstadt. Mit seinem massiven gotischen Backsteinturm ist es Teil der nach dem Tatareneinfall 1341 errichteten Befestigungsanlage. In seiner Grundform bis heute erhalten, erlebte das Tor im Laufe der Zeit mehrere Umbauten und Erweiterungen. So wurde in der ersten Hälfte des 16. Jh. ein niedriges, mit vorkragenden, abgefangenen Türmen und Zinnen geschmücktes Vortor angebaut, des weiteren 1574–84 das obere achteckige Geschoß des Turmes aufgesetzt und schließlich 1782 der Turm mit einer barocken Haube versehen. Seit 1965 beherbergt das Krakauer Tor die historische Abteilung des Lubliner Bezirksmuseums. Vom obersten Geschoß des Tores wandert der Blick auf das **Nowy Ratusz/Neue Rathaus** (2), Anfang des 19. Jh. im neoklassizistischen Stil erbaut, und weiter auf die Dächer und Türme der Altstadt. Den Marktplatz beherrscht das wuchtige Gebäude des **Stary Ratusz/ Alten Rathauses** (3). Der ursprünglich gotische (1389 erbaut), seit 1781 im wesentlichen klassizistische Bau (DOMENICO MERLINI) diente ab 1579 dem Krontribunal als Tagungsort. Nicht weit entfernt befindet sich in einem der historischen Bürgerhäuser das Café ›Pod Czarcią Łapą‹ (›Zur Teufelskralle‹): Die Legende erzählt, daß eine arme Witwe, der das hohe Gericht die letzte Habe wegnehmen wollte, den Teufel um Beistand angefleht habe. In der folgenden Nacht hätten sich daraufhin schwarzgekleidete Teufelsrichter in den Räumen des Tribunals eingefunden, die der armen Frau Recht gaben und das Urteil mit einem Krallenzeichen auf der Tischplatte besiegelten. Der legendäre Tisch befindet sich im Schloßmuseum.

Drei Bürgerhäuser am Markt sind es, die besonderes Interesse verdienen. Das **Kamienica Klonowica/Haus Klonowic,** Haus Nr. 2 (4) – um 1600 von der Familie des Dichters und Lubliner Stadtherren SEBASTIAN KLONOWIC bewohnt, erhielt sein heutiges Aussehen mit

Ansicht von Lublin, kolorierte Zeichnung von 1719

der klassizistischen Fassade durch Umbauarbeiten gegen Ende des 18. Jh.; die Sgraffitomedaillons, die KLONOWIC neben den Dichtern JAN KOCHANOWSKI, WINCENTY POL und BIERNAT VON LUBLIN zeigen, wurden erst 1939 angebracht. Das **Kamienica Lubomelskich/ Haus der Familie Lubomelski,** Haus Nr. 8 (5) – um 1540 errichtet, 1782 (aus dieser Zeit stammt die klassizistische Fassade mit der sie krönenden Balustrade) sowie 1874 umgebaut, beherbergt den überwölbten Raum eines Weinkellers mit einem Eckkamin. Der Keller ist geschmückt mit Renaissancewandmalereien aus der Zeit um 1570 (zwischen Blumenranken sind Felder mit allegorischen Szenen und Zitaten antiker Autoren plaziert). Das **Kamienica Konopniców/Haus der Familie Konopnica,** Haus Nr. 12 (6) – wurde um 1600 errichtet und mit einer schönen Renaissancefassade samt Attika ausgestattet. Im ersten und zweiten Geschoß sind jeweils zwei oder drei miteinander verbundene Fenster durch eine Rahmung eingefaßt, kostbare Steinmetzarbeiten aus den Werkstätten von Pinczów (Hermenpilaster als Fensterpfosten und Fensterstürze mit Porträtmedaillons, Drachen und Kartuschen).

Die kleine ul. Gruella führt vom Marktplatz zum **Wieża Trynitarska/Trinitarierturm** (7), der 1693–99 errichtet und 1819–21 vermutlich von ANTONIO CORAZZI in neogotischem Stil als Glockenturm der Kathedrale umgebaut wurde, und schließlich weiter zur **Katedra/ Kathedrale Johannes des Täufers und Johannes des Evangelisten** (8), bis 1773 Kirche der Jesuiten, seit 1818 Kathedrale. Der Bau wurde nach einem Entwurf des Jesuitenarchitekten

GIAN MARIA BERNARDONI im Stil des Frühbarocks von ortsansässigen Baumeistern in den Jahren 1592–1604 errichtet, ein dreischiffiges, dreijochiges Langhaus mit Pfeilerarkaden und von den Seitenschiffen zugänglichen Kapellen. Nach einem Brand 1752 wurde das oberste Stockwerk der Türme mit den Helmen erbaut; 1820 kam der klassizistische, von ANTONIO CORAZZI entworfene Säulenportikus hinzu. Die Kathedrale war eine der ersten Kirchen in Polen mit barockem Raumprogramm, 1752 erfuhr das Innere eine entscheidende Umgestaltung, bei der die Seitenschiffe in – nur noch durch enge Durchgänge verbundene – Kapellen unterteilt wurden. JOSEPH MAYER gestaltete bis 1757 die illusionistische, spätbarocke Ausmalung des gesamten Innern mit einer Apokalypse-Darstellung. Bilder der Schutzheiligen der Kirche und des Jesuitenordens sowie in der Zakrystia Akustyczna/Akustischen Sakristei mit Szenen der (u. a.) ›Vertreibung des Heliodor aus dem Tempel‹.

Vom Trinitarierturm neben der Kathedrale gelangt man durch die ul. Jezvicka und die ul. Dominikańska, vorbei am Państwowy Teatr Lalki/Staatlichen Puppentheater, zum wohl schönsten Sakralbau der Altstadt, der **Kościół Dominikanów/Dominikanerkirche** (9) (Farbabb. 4). Wahrscheinlich durch den Ausbau einer im 14. Jh. gestifteten einschiffigen, gotischen Kirche wurde das dreischiffige Langhaus im spätgotischen Charakter bis 1668 endgültig gestaltet. In dieser Zeit entstanden Kapellenreihen auf beiden Seiten, die durch Lisenen, Gesimse sowie Voluten gegliederte Fassade mit ihrem hohen Spätrenaissancegiebel und zwei viereckige, flankierende Türme. Die in der ersten Hälfte des 17. Jh. gebauten Kuppelkapellen zeigen reichen architektonischen Schmuck: die Firley-Kapelle, deren Kuppel 1630 von JAN WOLFF mit Stuckplaketten in einem Netz ornamentierter Leisten ausgestattet wurde (das schönste Bauwerk der Spätrenaissance in der ganzen Wojewodschaft); die Heilig-Kreuz-Kapelle, deren achteckiger Innenraum 1655–58 wahrscheinlich von GIO-

Lublin 1 Brama Krakowska/Krakauer Tor 2 Nowy Ratusz/Neues Rathaus 3 Stary Ratusz/Altes Rathaus 4 Kamienica Klonowica/Haus Klonowic 5 Kamienica Lubomelskich/Haus der Familie Lubomelski 6 Kamienica Konopniców/Haus der Familie Konopnica 7 Wieża Trynitarska/Trinitarierturm 8 Katedra/Kathedrale 9 Kościół Dominikanów/Dominikanerkirche 10 Brama Grodzka/Burgtor 11 Zamek/Burg 12 Cerkiew/Orthodoxe Kirche 13 Kościół Nawrócenia św. Pawła/Kirche der Bekehrung des hl. Paulus 14 Kościół NMP/Marienkirche 15 Kościół św. Ducha/Heilig-Geist-Kirche 16 Kościół Karmelitów/Karmeliterkirche

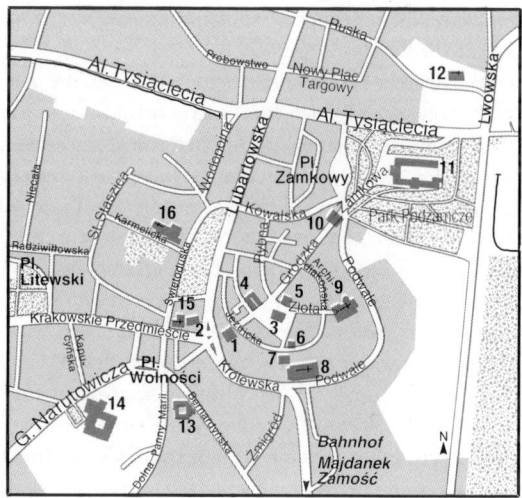

Lublin. Der Alte Marktplatz, Lithographie von A. Lerue 1857

Vanni Battista Falconi mit Stukkaturen (Prophetengestalten) sowie mit der Darstellung des Jüngsten Gerichts von dem Maler Tomasz Muszyński in der elliptischen Kuppel verziert wurde. Zur plastischen Ausschmückung des Kircheninnern gehört eine Anzahl von Rokokoaltären, ausgeführt um 1760 in den Werkstätten von Puławy. Unter den Goldschmiedearbeiten ist eine frühbarocke Monstranz aus dem zweiten Viertel des 17. Jh. hervorzuheben.

Das **Brama Grodzka/Burgtor** (10), das die Altstadt nach Nordosten hin abschließt, wurde 1785 nach Plänen von Domenico Merlini gestaltet; den Giebelaufsatz schmückt das Monogramm des letzten polnischen Königs Stanisław August Poniatowski.

Von der um die Mitte des 14. Jh. errichteten **Zamek/Burg** (11) ist nur ein massiver Rundturm erhalten geblieben. Anstelle der Burg wurde 1823–26 von Ignacy Stompf ein staatliches Gefängnisgebäude in neogotischem Stil errichtet, das im 19. Jh. die zaristische Besatzungsmacht, später auch die deutsche Gestapo nutzte. Heute hat der bizarre Bau seine Schrecklichkeit verloren; er beherbergt in seinem Räumen das *Lubliner Museum für polnische Malerei, Volkskunst und Archäologie.*

Kunsthistorisch sehr bedeutend und auch das wertvollste Baudenkmal der Stadt ist die gotische *Kaplica św. Trójcy/Dreifaltigkeits-Burgkapelle* am Ostende des längeren Burgflügels, die um 1395 auf Initiative von Władysław II. Jagiełło errichtet wurde. Das gesamte Innere des Hallenbaus mit verlängertem Chor – im Untergeschoß befindet sich die Krypta – ist mit Wandmalereien bedeckt, die am besten erhaltenen unter den vier russisch-orthodoxen Wandmalereien in Polen (s. S. 130), 1418 durch den Maler ANDREJ und seine drei Gehilfen ausgeführt. JAGIEŁŁO, selbst praktizierender Katholik, sah in der Einführung ostkirchlicher Kunst in Kirchen des römischen Katholizismus die Festigung seiner Ansprüche auf die Gebiete östlich von Polen dokumentiert. Dem streifenförmigen System der Dekoration entspricht das ikonographische Programm: die hl. Dreifaltigkeit im Gewölbe, alttestamentarische Szenen in den Schildarkaden, der Christus-Zyklus im oberen Bereich der Wände, hagiographische Themen auf der achtteiligen Mittelstütze sowie weltliche Themen (u. a. ein Porträt JAGIEŁŁOS) auf verschiedenen Architekturelementen. Gegen Ende des 19. Jh. hatte man die Fresken unter dem Putz entdeckt (jahrzehntelange Restaurierung).

Unterhalb des Burghügels nach Westen hin liegt der ovale Schloßplatz *Plac Zamkowy*, bis 1943 das Zentrum des jüdischen Ghettos in Lublin. Nordöstlich der Burg, im Stadtviertel Kalinowszczyzna, lassen sich auf dem Gelände des alten jüdischen Friedhofs noch einige Grabsteine mit jahrhundertealten hebräischen Inschriften finden.

Ebenfalls unweit der Burg, in der ul. Ruska, steht Lublins einzige erhalten gebliebene **Cerkiew/Orthodoxe Kirche** (12), errichtet in den Jahren 1607–33 im Stil der Spätrenaissance und nach der Zerstörung um 1875 wiederaufgebaut.

Zwischen ul. Dolna Panny Marii und ul. Bernardyńska, wenige Minuten vom Krakauer Tor entfernt, steht die **Kościół Nawrócenia św. Pawła/Kirche der Bekehrung des hl. Paulus** (13). Das Spätrenaissancebauwerk entstand 1602–07 im Zuge der Umgestaltung einer spätgotischen Kirche; die Dekorationen des Innenraums sind das früheste Beispiel für Stukkaturen der Lubliner Renaissance.

Die teils gotische, teils im Stil der Spätrenaissance gestaltete **Kościół NMP/Kirche St. Marien** (14) an der ul. Narutowicza wurde 1412–26 zum Gedenken an den Sieg WŁADYSŁAWS II. JAGIEŁŁO über den Deutschen Orden (1410 bei Grunwald/Tannenberg) errichtet; in den benachbarten früheren Klosterräumen des Brigittinerinnenordens befindet sich ein Museum, das dem Wirken von JÓZEF CZECHOWICZ (1903–39) und anderen Lubliner Schriftstellern gewidmet ist. CZECHOWICZ kam bei einem Bombenangriff auf seine Heimatstadt ums Leben. Vor dem Museum steht ein Denkmal für JAN KOCHANOWSKI, das 1984 zum vierhundertsten Todestag des Dichters enthüllt wurde.

Etwas versteckt neben dem wuchtigen Bau des Neuen Rathauses in der ul. Krakowskie Przedmieście steht die **Kościół św. Ducha/Heilig-Geist-Kirche** (15), ursprünglich im Stil der Lubliner Renaissance errichtet, später dann nach einem Brand im barocken Stil wiederaufgebaut; das Gotteshaus war 1419 zusammen mit einem Spital von den Bürgern Lublins gestiftet worden.

Die 1634/35 errichtete **Kościół Karmelitów/Karmeliterkirche** (16) mit ihrer eindrucksvollen Renaissancefassade und den dort im Putz eingearbeiteten Figuren findet man in der Świętoduska.

Durch die ul. Krakowskie Przedmieście gelangt man zum Pl. Litewski, einst ein Versammlungsort für die polnischen Adeligen, woran das Denkmal für die Lubliner Union erinnert. Gleich daneben wurden ein Ehrenmal für die sowjetische Armee und ein Gedenkstein für die Verfassung vom 3. 5. 1791 errichtet. Der Litauische Platz ist von mehreren klassizistischen Gebäuden umgeben. Das frühere Stadtpalais der CZARTORYSKIS, nunmehr Sitz der Lubliner Wissenschaftlichen Gesellschaft; daneben das Collegium Juridicum, früher ein Palais der LUBOMIRSKIS; schließlich das ehemalige Palais der RADZIWIŁŁS, heute Rektorat der Marie-Curie-Skłodowska-Universität.

Jede zeitgeschichtliche Würdigung Lublins darf einen Namen nicht verschweigen: **Majdanek**. In diesem Konzentrations- und Vernichtungslager an der Straße nach Zamość wurden in den Jahren 1941–44 nach den – sicher unvollständigen – Dokumenten der SS-Lagerführung etwa 360000 Menschen – vor allem Juden, aber auch Polen und Russen – ermordet. Die noch vorhandenen Baracken und Gaskammern, die Wachtürme und Erschießungsgräben, auch das 1969 errichtete große Mahnmal, werden wohl nie einen vollständigen Eindruck dessen vermitteln können, was Menschen hier an Leid angetan wurde.

Nałęczów – Kazimierz Dolny – Puławy

Westlich von Lublin liegen drei wichtige Städte: der alte Kurort Nałęczów, das Renaissancestädtchen Kazimierz Dolny und Puławy, nach der dritten Teilung Polens 1795 ein Zentrum des künstlerischen und patriotisch-kulturellen Lebens.

Obgleich schon vor 1800 in **Nałęczów** eisenhaltige Quellen entdeckt worden waren, wurde der Ort erst im 19. Jh. als Heil- und Kurzentrum berühmt, als es für die geistige und kulturelle Elite Polens zum guten Ton gehörte, in Nałęczów einen Wohnsitz zu haben oder zeitweise dort zu verweilen. BOLESŁAW PRUS, zu jener Zeit der bedeutendste polnische Romanschriftsteller (im barocken Palais Małachowski von 1727 ist ein *Prus-Museum* eingerichtet), war ebenso hier wie STEFAN ŻEROMSKI, ein Repräsentant des ›Jungen Polen‹. Auch HENRYK SIENKIEWICZ, der Autor von ›Quo Vadis‹, gehörte zu den Gästen. Kurgebäude und Pensionen in Nałęczów tragen Merkmale des Historismus und Jugendstils, Reminiszenzen an die *Belle Epoque*.

Kazimierz Dolny liegt an einem landschaftlich und topographisch interessanten Standort, denn von hier erstreckt sich nach Süden der Weichseldurchbruch, der das südostpolnische Hochland von der Lubliner Hochfläche teilt. Das rechte Ufer, an dem sich die Ortschaft terrassenartig ausbreitet, ist durch Erosionsschluchten zerklüftet und überragt den Fluß teilweise um etwa 100 m. Seinen Namen verdankt Kazimierz Dolny dem Piastenfürsten KAZIMIERZ II. SPRAWIEDLIWY (der Gerechte), der das Dorf im 12. Jh. dem Prämonstratenserorden überschrieb. Später wurde hier ein königlicher Starost eingesetzt. Mitte des 14. Jh. erhielt Kazimierz Dolny das Magdeburger Stadtrecht. In ihrer größten Blütezeit, im 16. und 17. Jh., entwickelte sich die Stadt zu einem der wichtigsten Zentren des polnischen Getreidehandels, den hauptsächlich jüdische Kaufleute im Auftrag einiger weniger Patrizierfamilien (wie den PRZYBYŁOS und den CELEJS) betrieben, die ihren Reichtum zu einem architektonischen Wettstreit mit der Stadt Zamość nutzten. Aus jener Zeit stammen die wertvollsten Bauten in Kazimierz, dessen harmonisches Architekturgefüge wiederholt Schriftsteller, Maler und Bildhauer inspiriert hat.

Gedenkstätte auf dem Gelände des ehemaligen Konzentrationslagers Majdanek

Auf einem Hügel unweit des Marktplatzes erhebt sich die *Kościół św. Jana Chrzciciela i św. Bartłomieja/Kirche St. Johannes des Täufers und St. Bartholomäus,* eines der schönsten Beispiele für die Lubliner Spätrenaissance, errichtet in den Jahren 1586–89 und 1610–13 unter der Leitung des Lubliner Architekten JAKUB BALIN. Pilaster und Arkaden sowie die manieristischen Gewölbestukkaturen (Plaketten, Rosetten, ornamentierte Rahmen) bestimmen den Innenraum. Von den Grabkapellen auf beiden Seiten des Schiffes sind besonders die Maria Himmelfahrt-Kapelle, ein Barockbau mit elliptischer Kuppel, Säulenpaaren an den Ecken und einem von Stuckfiguren gekrönten Portal sowie die Górski-Kapelle mit ihrer reichen Stuckdekoration hervorzuheben. Die in den Jahren 1607–20 entstandene herrliche Orgel – einer der Baumeister war möglicherweise SZYMON LILIUS – ist die älteste vollständig erhaltene Orgel in Polen; sie verfügt über einen reich geschnitzten, aber nicht farbig gefaßten Prospekt im Stil der Spätrenaissance. Führende Organisten aus dem In- und Ausland geben regelmäßig Konzerte auf diesem prachtvollen Instrument.

Oberhalb der Pfarrkirche, schon von weitem sichtbar, stehen die Ruinen der für KAZIMIERZ III. WIELKI, den letzten Piastenkönig, errichteten *Burg* mit einem hohen Wachturm. Am Marktplatz (an der Südfront, Häuser Nr. 1 und 2) dominieren die 1615 vollendeten prächtigen *Kamienice Przybyłów/Patrizierhäuser der Brüder Mikołaj und Krzysztof Przybyło,* einstöckige Gebäude mit dreiarkadigen Laubengängen, hohen Attiken sowie Ädikulen oder Ziergiebeln. Die im Stil der Spätrenaissance gestalteten Fassaden weisen einen großen Reichtum an Motiven auf: figürliche sowie Pflanzen- und Tiermotive,

Inschriften, Beschlagwerk und Rollwerk. Zwischen den Fenstern finden sich in unterschiedlicher Größe die Gestalten der beiden Schutzpatrone, des hl. Nikolaus (links am Haus des MIKOŁAJ PRZYBYŁO) und des hl. Christophorus. Die Fenster sind jeweils von weiblichen und männlichen Hermen eingefaßt. In der ul. Senatorska Nr. 11 steht ein drittes Patrizierhaus, das 1635 errichtete *Kamienica Celejowska/Haus des Bartłomiej Celej*, ebenfalls einstöckig wie die Häuser am Markt sowie ähnlich in Typus und im Reichtum der Dekoration, aber ohne den arkadenartigen Laubengang. Vor dem Hintergrund der leicht rustizierten Fassadenwand finden sich Schmuckrahmungen der Fenster- und Türöffnungen mit Pflanzenmotiven. Über dem Gesims erhebt sich eine gewaltige, nahezu die Höhe des unteren Hauses erreichende, vielfältig verzierte Attika mit einem durch Nischen und Pilaster gegliederten Fries sowie mit einem Kamm, der durch phantastische Figuren und Türmchen und Pilaster- und Nischensegmente gegliedert ist. In den Nischen befinden sich die Gestalten Mariens und Christi sowie des hl. Bartholomäus und Johannes des Täufers.

In der ul. Puławska Nr. 26 steht mit dem sogenannten *Spichlerz Ułanowskich/Ulanowski-Speicher* einer der wenigen erhalten gebliebenen gemauerten Speicher (von einstmals mehreren Dutzend in der Blütezeit der Stadt). Der Bau ist rechteckig, im Innern zweigeteilt, und verfügt an der Frontseite über einen in analoge Halbgiebel geteilten Volutengiebel sowie einen Anbau in gleicher Höhe wie der Baukörper.

Das auf einem Hügel der Oberstadt an der ul. Klasztorna gelegene barocke *Klasztor Reformatorów/Reformatorenkloster* fügt sich ebenso harmonisch in die architektonische Komposition der Stadt ein wie die ehemalige *Synagoge* in der ul. Lubelska (17. Jh., nach dem Krieg wiederhergestellt).

Jenseits des Flusses, oberhalb des Städtchens **Janowiec,** liegt am Rande der Weichsel-Böschung ein ausgedehnter Ruinenkomplex; das ehemalige Schloß der Familie FIRLEJ (älteste Bauteile aus der Zeit vor 1537) war in mehreren Bauphasen entstanden und gehörte ehemals zu den größten in Polen. Erhalten geblieben sind ein Torgebäude, eine bogenförmige Bastei und ein Teil der Ringmauern im spätgotischen sowie Renaissancestil, weiterhin Schießscharten, Fensterrahmungen und Reste der Sgraffitodekoration der Fassade (Spätrenaissance) sowie Portale und Stuckdekorationen in den Sälen des ersten Stockwerks (barock). In der *Pfarrkirche* befindet sich eines der typischen Grabdenkmäler aus der Spätrenaissance, für ANDRZEJ und BARBARA FIRLEJ von SANTI GUCCI in den Jahren 1586–87 geschaffen.

Nördlich von Kazimierz Dolny, an der Auto- und Eisenbahnstrecke von Warszawa nach Lublin, liegt **Puławy,** heute eine 50 000 Einwohner zählende Industriestadt, auf den ersten Blick geprägt von Stickstoff- und Kunstdüngerfabriken. Doch Puławy hat weit mehr zu bieten. Der Name gilt in der polnischen Nationalgeschichte als Symbol für Souveränität in Kultur und Politik. IZABELA CZARTORYSKA, die Gattin des Aufklärers Fürst ADAM CZARTORYSKI, machte Puławy um 1800 zu einem patriotisch-kulturellen Zentrum, das die besten Wissenschaftler, Schriftsteller und Künstler versammelte. Sie gründete ein Museum für ›Nationale Andenken‹, das erste polnische Museum und eine Keimzelle für das spätere Czartoryski-Museum in Kraków. Das Hoftheater der CZARTORYSKIS gehörte zu den besten

Puławy, Sibyllen-
tempel; Lithographie
aus dem 19. Jh.

und berühmtesten im damaligen Polen. Im Zentrum des Palast- und Parkensembles steht das *Pałac Czartoryskich/Palais Czartoryski,* vom Typ her eine italienische Villa, 1676–79 nach einem Entwurf TYLMAN VON GAMERENS erbaut. Der Palast wurde später mehrmals umgestaltet: 1722–36 durch JOHANN SIGISMUND DEIBEL und KARL MEYER, 1788–1801 weitgehend durch CHRYSTIAN PIOTR AIGNER. Seine spätklassizistische Form verdankt der Palast zwei weiteren Umbauten, 1840–44 durch JÓZEF GÓRECKI und 1858 durch JULIAN ANKIEWICZ, die den Palast zu einem Bau mit drei Geschossen, Eckpavillons und einer Arkadengalerie an der Frontseite verwandelten: die Säle im Innern sind klassizistisch und neogotisch gestaltet worden. Nach 1790 entstand im südöstlichen Teil des Parkensembles unter Leitung von AIGNER das *Pałac Marynki/Palais Marynka,* ein rechteckiger, eingeschossiger Bau, dessen Fassaden durch Pilaster gegliedert sind, mit einem Vier-Säulen-Portikus sowie einem halbkreisförmig vorgeschobenen Salon auf der Gartenseite.

IZABELA CZARTORYSKA war es, die den großen *Park Krajobrazowy/Landschaftspark* anlegen ließ, auf dessen Terrain 1788–1810 viele romantische Bauten vor allem durch AIGNER errichtet wurden. Hervorzuheben sind der klassizistische *Świątynia Sybilli/Sibyllentempel* in Form einer von korinthischen Säulen umgebenen Rotunde (1798–1801 nach dem Vorbild des Sibyllentempels in Rom erbaut) und das sog. *Dom Gotycki/Gotische Haus* von 1809, quadratisch und zweigeschossig mit Spitzbogengalerie und Säulenportikus ausgeführt. Die Innenräume sind mit klassizistisch-neogotischen Dekorationen ausgestattet.

Nördlich von Puławy, in **Gołąb**, lohnt die *Kościół Farny ś.ś. Floriana i Katarzyny/Pfarrkirche St. Florian und St. Katharinen* eine Besichtigung. Sie fällt vor allem durch den Kontrast in der Außengestaltung auf: einerseits die Backsteine der Wände, andererseits die hellen, steinernen oder verputzten Elemente der Pilaster-Arkaden-Gliederung, die ornamentierten Fensterumrahmungen und die mit Obelisken und Voluten verzierten Giebel. Die 1628–36 im Stil der Spätrenaissance errichtete Kirche besitzt an der Westfassade zwischen den Türmen ein Portal, das durch eine phantasievolle Umrahmung mit den darüberliegenden Fenstern verbunden ist. Neben der Kirche auf dem Friedhof befindet sich die sogenannte *Domek Loretański/Loreto-Kapelle,* eine entfernte Nachahmung der Santa Casa in Loreto, 1634–38 gestiftet vom Kanzler JERZY OSSOLIŃSKI.

Nicht weit von Gołąb, auf der anderen Seite der Wisła, schon in der Wojewodschaft Radom, liegt **Czarnolas**, wo JAN KOCHANOWSKI seine besten Werke schrieb. Ein *Museum* erinnert an den großen Dichter des polnischen Humanismus.

Opole Lubelskie – Lubartów – Czemierniki – Puchaczów – Kraśnik

In der Wojewodschaft Lublin sowie in der angrenzenden Wojewodschaft Biała Podlaska sind eine Reihe kunsthistorisch interessanter Kirchen zu finden. Die *Kościół Wniebowstąpienia Najświętszej Marii Panny/Kirche Mariae Himmelfahrt* in **Opole Lubelskie,** südwestlich von Lublin, wurde 1650–75 errichtet; spätbarocke Malereien schmücken Wände und Gewölbe: im Chor ›Mariae Himmelfahrt‹, im Schiff ›Majestas Domini‹, in der Nordkapelle ›Kreuzlegende‹, 1751–52 ausgeführt von ANTONI DĘBICKI; bemerkenswert unter den Gemälden ist das Porträt des Wojewoden JAN TARŁO (1744).

In **Lubartów**, nördlich von Lublin, ist die *Kościół św. Anny/Kirche St. Anna* zu besichtigen. Sie gehört zu einer besonderen Gruppe spätbarocker länglicher Zentralbauten (wie die Kirchen in Włodawa [s. S. 517] und Chełm [s. S. 517]) aus dem zweiten Drittel des 18. Jh., die – inspiriert durch die österreichische Architektur – von PAOLO ANTONIO FONTANA entworfen wurden. Zentrales Element ihrer komplizierten architektonischen Komposition ist ein achteckiges, der Form einer Ellipse angenähertes Schiff. Der Westfassade vorgelagert sind zwei viereckige, weit auseinanderstehende Türme. Die Innenausstattung ist spätbarock, mit einer Dekoration im Regencestil; hervorzuheben ist besonders der Hochaltar.

Der barocke *Pałac/Palast* in **Kozłówka,** 10 km westlich von Lubartów, wurde 1742 nach einem Entwurf des Architekten JACOPO FONTANA für die Adelsfamilie BIELIŃSKI vollendet. Die vollständig erhaltenen Innenräume sowie eine ständige Ausstellung zur stalinistischen Kunst sind hier zu sehen. Seit 1977 beherbergt der Palast ein Museum.

Die *Kościół św. Stanisława/Kirche St. Stanislaus* in **Czemierniki,** ebenfalls nördlich von Lublin, beeindruckt durch ihre mit Stukkaturen der Spätrenaissance dekorierten Gewölbe im Kirchenschiff und in den Kapellen, 1614 von JAN WOLFF ausgeführt. Das Gebäude entstand in den Jahren 1603–17.

Die 1778–86 errichtete spätbarocke *Kościół Wniebowstąpienia Najświętszej Marii Panny/ Kirche Mariae Himmelfahrt* in **Puchaczów,** östlich von Lublin, besitzt eine interessante konvex-konkave Fassade mit einem vorgeschobenen Turm in der Mitte.

Die spätgotische *Kirche* gleichen Namens in **Kraśnik,** südlich von Lublin, an der Straße nach Sandomierz, verfügt über drei große Gemälde aus der Werkstatt des TOMMASO DOLA-BELLA (um 1627), die an den Sieg über die Türken bei Lepanto erinnern. In Kraśnik wirkte JAN VON LUBLIN als Kanoniker; seine in den Jahren 1537–48 angefertigte 260 Seiten umfassende Tabulatur ist die aufschlußreichste Quelle der europäischen Orgelmusik des 16. Jh.

Sandomierz – Opatów – Koprzywnica – Baranów Sandomierski

Am Rande der kleinpolnischen Hochebene, wenige Kilometer südlich der Einmündung des San in die Wisła, liegt **Sandomierz,** das durch seinen Gleichklang von Landschaft, Architektur und Kunst ähnlich beeindruckend wirkt wie Kazimierz Dolny.

Um 1244 erhielt die Siedlung Sandomierz aus der Hand des Piastenfürsten LESZEK CZARNY das Magdeburger Stadtrecht und wurde zur Hauptstadt eines eigenen Herzogtums. Aus der Stadtgeschichte sind besonders zwei Ereignisse im historischen Bewußtsein der Bürger lebendig geblieben: der mehrmalige Einfall der Mongolen im 13. Jh. sowie die Verwüstungen, die die Truppen des Schwedenkönigs KARL X. GUSTAV im 17. Jh. anrichteten. Das Zeitalter der Jagiellonen und der polnisch-litauischen Union war auch für Sandomierz der wichtigste Abschnitt in der Stadtgeschichte. Der Getreide- und Holzhandel auf der Weichsel nahm einen großen Aufschwung, wichtige Bauten der weltlichen und der Sakralarchitektur entstanden. Sandomierz entwickelte sich zur schönsten Stadt nach Kraków.

Mittelpunkt der Ortschaft sind der Marktplatz und das historische Rathaus. Im Süden des Stadtzentrums steht die *Kościół Katedralny Narodzenia Najświętszej Marii Panny/Kathedralkirche Mariae Geburt,* 1360–82 auf Initiative von KAZIMIERZ III. WIELKI anstelle einer romanischen Kirche von 1191 errichtet. Die barocke Fassade entstand 1670. Im Innern finden sich gotische Kreuzrippengewölbe mit schönen plastischen Verzierungen an Pfeilern und Schlußsteinen, u. a. den Wappen der Provinzen des polnischen Königreichs. Altrussisch-byzantinische Malereien (um 1430; s. S. 130) bedecken die Wände des Chors, Szenen eines Marien- und eines christologischen Zyklus, Gestalten von Evangelisten und Heiligen. Zur reichen Innenausstattung gehören der spätbarocke marmorne Hochaltar (1755–56), die

Die Zerstörung von Sandomierz durch die Truppen des Schwedenkönigs Karl X. Gustav, Stich (Ausschnitt) von 1656

allegorischen Gestalten an den Pfeilern (1770–76, MACIEJ POLEJOWSKI aus Lwów), die barocke Orgelempore und die Orgel selbst (1694–97, ANDRZEJ NITROWSKI), das frühbarocke Chorgestühl, Renaissancegrabplatten sowie Barockepitaphien. Die Gemälde in den Seitenschiffen illustrieren das Massaker an den Einwohnern von Sandomierz durch die Mongolen (1259) und die Sprengung der Burg durch die Schweden (1656). Von der Kathedrale geht der Blick zum restaurierten *Schloß*, zum spätgotischen *Dom Długosza/Długosz-Haus* (1476–78), benannt nach Polens bedeutendstem Geschichtsschreiber JAN DŁUGOSZ (1415–80), in dem heute das Diözesanmuseum untergebracht ist, und schließlich zum Gebäude des früheren *Kolegium Jezuitów/Jesuitenkollegiums*.

Südwestlich der Kathedrale, auf einem kleinen Hügel, findet man ein weiteres Kleinod der Stadt, die frühere *Kościół Podominikański św. Jakuba/Dominikanerkirche St. Jakobus*. Das spätromanische Gotteshaus, Teil des 1226 gegründeten Dominikanerklosters, ist die früheste, aus Backstein gebaute Basilika Polens und auch das bedeutendste Bauwerk der Bettelorden, die sich im zweiten und dritten Viertel des 13. Jh. in den polnischen Städten ansiedelten. Außen auf der Achse des Langhauses beeindruckt das berühmte spätromanische Gewändeportal. Der zweigeteilte Eingang mit Dreipaßbogen und einer Dekoration aus geformten Backsteinen wurde 1907–08 rekonstruiert. Südlich am Chor ist der Ostflügel des früheren Klosters erhalten geblieben. Ebenfalls am Chor befindet sich die im Stil der Spätrenaissance errichtete Kapelle zum Gedenken an die 1259 von den Mongolen ermordeten 49 Dominikaner mit frühbarocken Stukkaturen von 1642 im Inneren.

Noch weiter im Westen der Stadt erreicht man die in den Jahren 1426–34 errichtete gotische *Kościół Farny św. Pawła*/*Pfarrkirche St. Paulus*, die Mitte des 17. Jh. und nochmals 1706–09 umgebaut wurde. Das einfache Äußere der Kirche steht im Kontrast zu dem an Architekturdekorationen und Schnitzereien reichen Innern; breite Pilaster mit stilisierten Kapitellen stützen die Gewölbe mit den typischen Lubliner Stukkaturen. Die Glocken der Kirche in einem freistehenden Glockenturm am Tor zum Friedhof der Kirche zählen zu den ältesten (1314 und 1389) in Polen.

Der wuchtige Renaissancebau des um die Mitte des 16. Jh. errichteten *Rathauses* (unter Verwendung eines fast quadratischen Turmgebäudes aus dem 14. Jh.) dominiert den nicht mit architektonischen Schönheiten geizenden, leicht nach Osten hin abfallenden Marktplatz. Den Backsteinbau krönt eine prächtige Attika mit einem breiten Arkadenfries. Darüber befinden sich runde Öffnungen im Wechsel mit kleinen Konsolen und schließlich ein Kamm aus senkrechten Bauelementen, Voluten und Steinmasken. Der verputzte, unten viereckige, weiter oben achteckige Turm an der Westseite stammt aus dem zweiten Viertel des 17. Jh., der Helm wurde erst 1873 aufgesetzt. Unter den Häusern am Marktplatz fällt besonders das *Kamienica Oleśnickich*/*Oleśnicki-Haus*, Haus Nr. 10, auf, 1770–80 auf alten Grundmauern errichtet und mit einer spätbarocken Fassade versehen. Die Arkaden des Laubenganges und die Pilastergliederung erhielten Füllungen; am Giebel stehen Vasen. Unterirdische Gänge verbinden das Gebäude mit dem Rathaus.

Nach Norden hin wird die historische Altstadt durch das *Brama Opatowska*/*Opatower Tor* abgeschlossen, einen gotischen Backsteinbau aus dem 14. Jh., quadratisch, fünfgeschossig konzipiert und gekrönt durch eine Renaissanceattika aus dem 16. Jh.

Das Opatower Tor öffnet auch den Blick auf die *Kościół św. Michała*/*Kirche St. Michael*, die bis 1903 Kirche der Benediktinerinnen war. Wichtigster Bestandteil der geschnitzten barocken Innenausstattung (errichtet in den Jahren 1686–92) ist die Kanzel (1694–95), die den genealogischen Baum des Benediktinerordens darstellt. An der Westseite befindet sich das ehemalige Kloster, in dem seit 1903 ein geistliches Seminar untergebracht ist. Dem Kloster der Benediktinerinnen gehörten einst die – 1890 im damaligen St. Petersburg aufgefundenen – Teile der sogenannten Heilig-Kreuz-Predigten, die auf ein Original aus dem 13. Jh. zurückgehen und als eines der ältesten Dokumente polnischsprachiger Literatur gelten; ihre archaische Sprache ist eine wertvolle Quelle zum Studium des Altpolnischen. Sandomierz und seine Kunstschätze sind von geologischen Verwerfungen bedroht, bereits 1967 wurde durch einen schweren Erdrutsch ein Teil der Uferböschung an der Weichsel weggerissen; bislang haben die anschließend ergriffenen Sicherungsmaßnahmen Schlimmeres verhindern können.

Wohl eine der schönsten romanischen Kirchen Südostpolens steht in **Opatów,** eine westlich von Sandomierz gelegene Kleinstadt, die seit 1282 jedoch als *Magna Civitas Opatów* bekannt ist. Die *Kościół Farny św. Marcina*/*Pfarrkirche St. Martin*, ursprünglich Stiftskirche, wurde um die Mitte des 12. Jh. errichtet, als die romanische Kunst in Polen ihrer Blütezeit zustrebte. Die damalige Zersplitterung des Staates in Teilfürstentümer stärkte die

Position der feudalen sowie der kirchlichen Hierarchie und begünstigte so die reichen Stiftungen von Herzögen und kirchlichen Würdenträgern. Die Kathedralen und Klosterkirchen, aber auch die Chorherrenstifte nahmen großzügigere, ja monumentale Formen an. Die dreischiffige Basilika besitzt ein vierjochiges Langhaus, eine doppeltürmige Westfassade, ein östliches Querschiff, an dessen Armen sich zwei kleinere Seitenapsiden anschließen, sowie einen quadratischen Chor, der ursprünglich ebenfalls durch eine Apsis geschlossen war. Von der romanischen Dekoration haben sich das Hauptportal, Zwillingsfenster im Südturm, ein Fries an der Fassade sowie teilweise beschädigte Kämpfer der Arkadenpfeiler erhalten.

In der ersten Hälfte des 16. Jh. erfolgte ein grundlegender Umbau; dazu zählte die Gestaltung eines spätgotischen Netzgewölbes im Mittelschiff, die Ausführung der Staffelgiebel des Chores und des Querschiffes sowie die Errichtung neuer Portale. Die barocken Hauben der Türme und der Dachreiter stammen aus dem Jahre 1734. Wertvollster Bestandteil der Innengestaltung ist eine Gruppe von Renaissancegrabmälern der Familie SZYDŁOWIECKI, ausgeführt in den Jahren 1533–40. Der Kanzler KRZYSZTOF SZYDŁOWIECKI war damals nach dem König eine der wichtigsten politischen Persönlichkeiten in Polen und zudem ein bekannter Mäzen, der den bedeutendsten zeitgenössischen Maler, den Zisterzienser STANISŁAW SAMOSTRZELNIK, förderte. Das in Bronze gegossene Grabmal SZYDŁOWIECKIS an der Nordwand im linken Arm des Querschiffes wurde von BERNARD ZANOBI DE GIANOTIS und GIOVANNI CINI – wie BARTOLOMMEO BERRECCI namhafte italienische Künstler, die ZYGMUNT I. STARY an den Wawel-Hof nach Kraków geholt hatte – in Bronze gegossen (1532–34). Die Künstler übernahmen die Darstellungskonzeption vom Grabmal KAZIMIERZ IV. JAGIELLOŃCZYK in Kraków, allerdings ohne architektonische Umrahmung, sondern mit deutlicher Betonung der Attribute des Standes und der Macht des Verstorbenen: das Schwert und die Lanze mit Wimpel. Die Besonderheit des Grabmals ist die sogenannte *Lament Opatowski/Wehklage von Opatów* (Abb. 67), ein Flachrelief an den Seitenwänden, das die Beweinung des Verstorbenen zeigt. Im oberen Teil des Grabmals ist die Darstellung eines Epitaphs für den im Kindesalter verstorbenen ZYGMUNT, den Sohn des Kanzlers, zu sehen. An der Westwand wurden Elemente verschiedener Grabmäler zusammengesetzt: die Grabplatte der ANNA SZYDŁOWIECKA, die Tochter des Kanzlers, das Kindergrabmal ihres Bruders LUDWIG MIKOŁAJ und eine Platte mit einer Inschrift vom Grabmal des KRZYSZTOF SZYDŁOWIECKI.

Am jenseitigen Ufer der Opatówka stehen das *Klasztor Bernardynów/Bernhardinerkloster* und die *Kościół Wniebowzięcia Najświętszej Marii Panny/Kirche Mariae Himmelfahrt,* ein Bauwerk aus den Jahren 1751–65 mit einheitlicher Rokokoausstattung; beeindruckend ist der Hochaltar – eine Arbeit von MACIEJ POLEJOWSKI, der einer Gruppe von Bildhauern aus Lwów angehörte. Die Werke dieser Künstler gelangten Mitte des 18. Jh. auch in andere polnische Städte wie Chełm, Przemyśl, Leżajsk und Dukla.

Der *Kościół Farny św. Trójcy/Pfarrkiche der hl. Dreifaltigkeit* in **Tarłów,** ganz im Norden der Wojewodschaft Tarnobrzeg, gilt das Interesse vor allem wegen ihrer reichen Stuckdekoration auf dem Chorgewölbe und in den beiden Kapellen. Die realistisch-sarmatischen Stuckreliefs in der südlichen Kapelle (der Grabkapelle der Oleśnicki) beschreiben in verschiedenen Szenen, wie der Tod den Angehörigen verschiedener Stände und Berufe, aber auch verschiedener Generationen erscheint.

In **Ujazd,** westlich von Sandomierz, steht die gewaltige Ruine der *Zamek Krzyżtopór/ Schloß Krzyżtopór,* 1627–44 unter Leitung von Lorenzo Senes als Residenz für den Wojewoden von Sandomierz, Krzysztof Ossoliński, im Stil des Manierismus errichtet. Das Schloß wurde in den Jahren 1655–57 von Soldaten des schwedischen Heeres zerstört. Zu beiden Seiten der Einfahrt verdeutlichen riesige Flachreliefs den Namen des Schlosses: ein großes Kreuz (= polnisch: *Krzyż,* Symbol der Gegenreformation) und ein Beil (= polnisch: *topór)* bilden das Kreuzbeil im Wappenzeichen der Ossolińskis. Auffallend sind die Symmetrie und der komplizierte Grundriß des Bauwerks. Das Schloß wird von einer dem Grundriß des Bauwerks entsprechenden fünfeckigen Festung mit Bastionen umgeben; der große Innenhof hat die Form eines Trapezes, der Palast selbst umschließt in der Mitte einen zweiten kleineren Hof in Form einer Ellipse.

Die *Opactwo Pocysterskie/Abtei Pocysterskie* in **Koprzywnica** gehört zur einheitlichen Gruppe der vier kleinpolnischen Zisterzienserabteien (Jędrzejów, s. S. 491, Wąchock, s. S. 494, Sulejów, s. S. 497). Die spätromanische, aus Steinquadern errichtete Pfeilerbasilika mit einem vierjochigen Langhaus und einem Querschiff wurde zusammen mit dem Kloster in den Jahren 1218–38, wahrscheinlich durch eine italienische Werkstatt unter Leitung des Meisters Simon, errichtet. Im Innenraum findet man sowohl romanische Rundbogenarkaden als auch ein frühgotisches Kreuzrippengewölbe auf spitzbogigen Gurtbögen. Die Fassade schmückt ein Risalit, dazu ein Turm über der Vierung mit einem spätbarocken Helm.

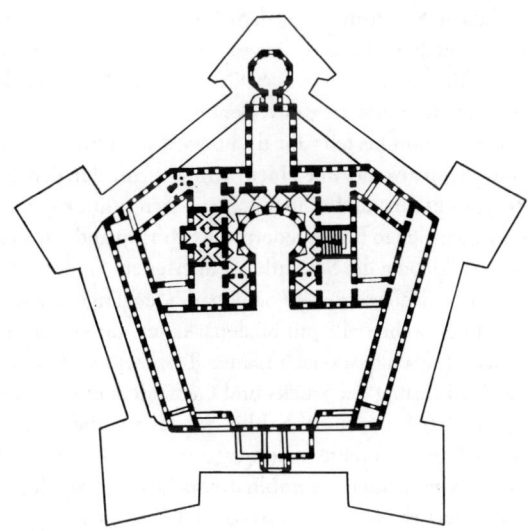

Ujazd, Grundriß des Palais Krzyżtopór

Auffallend sind im Innern die gotischen Wandmalereien, so im nördlichen Seitenschiff ein Gemälde mit den Gestalten des hl. WENZEL und verschiedener Bischöfe. Zur reichen Innenausstattung gehören allein zehn Seitenaltäre und auch der prächtige Hochaltar mit dem Gemälde ›Mariae Himmelfahrt‹, 1645 von dem in königlichen Diensten stehenden BARTHOLOMÄUS STROBEL d. J. gemalt. Die *Kaplica Tęczyńskich/Tęczyński-Kapelle* der Pfarrkirche in **Staszów**, westlich von Sandomierz, ist – wie die Myszkowski-Kapelle in der Krakauer Dominikanerkirche – eine Arbeit aus den berühmten Werkstätten von Pińczów, einer Stadt in Kleinpolen, südlich von Kielce, aus den Jahren 1610–18. Der im Stil der Spätrenaissance errichtete quadratische Bau mit leicht geneigten marmorverkleideten Wänden besitzt eine Kuppel auf einem außen achteckigen Tambour, die wiederum von einer steinernen, mit Steinmetzarbeiten verzierten Laterne gekrönt wird.

Zwei Merkmale der *Kościół Farny Zwiastowania Najświętszej Marii Panny/Pfarrkirche Mariae Verkündigung* in **Rytwiany,** unweit von Staszów, sind hervorzuheben: die konsequente Einfachheit des Grundrisses, die den Raumvorstellungen der italienischen Kamaldulenserarchitektur entspricht, und die Reichhaltigkeit der Stuckdekoration im Innenraum. Rechteckig, geschlossen suggeriert der Baukörper mit dem Schiff und den Seitenteilen (Sakristei, Kapitelsaal) die Raumordnung einer Basilika. Alle Fassaden sind symmetrisch mit Portalen in der Mitte und Fenstern in zwei Geschossen gestaltet. Die um 1630 entstandenen Stuckdekorationen mit Vergoldungen an den Wänden von Schiff und Chor sind durch verzierte Hermenpilaster gegliedert und zeigen darüber verkröpftes Gebälk. Der Bau der frühbarocken Kirche wurde 1624 begonnen und zusammen mit dem Innenraum und der Fassade 1655 vollendet.

Von Sandomierz nach Süden, auf dem Weg nach Tarnów und Rzeszów, gelangt man nach **Baranów Sandomierski,** dem Ort der prächtigen, im Stil der Spätrenaissance errichteten *Pałac Leszczyński/Magnatenresidenz der Leszczyńskis* (Abb. 64). Im Jahre 1569 hatte man (nach dem Plan von SANTI GUCCI) mit dem Bau des Schlosses für RAFAŁ LESZCZYŃSKI begonnen, 1606 wurde es vollendet.

Das Schloß besteht auf drei Seiten aus Flügeltrakten, an der vierten, der Frontseite, aus einer Schirmwand mit einem Mittelturm, der den Eingang sowie die zum Hof führende Treppe enthält, und schließlich aus vier zylindrischen Ecktürmen. Die Außenfassaden sind im wesentlichen ungegliedert; die Schirmwand wird von einer verzierten Attika gekrönt, die zu den Giebeln der Seitenflügel überleitet. An der Schirmwand und den Seitenflügeln befinden sich zweigeschossige Säulenarkadengänge sowie an der Rückwand des Turms ein doppelläufiges, ebenfalls mit Säulenarkaden ausgestattetes Treppenhaus. Nach 1683 wurde das Innere des Schlosses nach Plänen TYLMAN VAN GAMERENS modernisiert, so vor allem durch die Ausführung der Stuck- und Gemäldedekorationen der Appartements. Nach dem Brand von 1849 baute man das Schloß wieder auf, die letzten Restaurierungsarbeiten wurden 1965 abgeschlossen. Heute beherbergt das Schloß u. a. ein *Museum der Schwefelindustrie,* eingerichtet vom Schwefelkombinat von Tarnobrzeg, dem größten Geldgeber für die Restaurierung und Erhaltung des wertvollen Bauwerks.

Chełm – Uchanie – Zamość

Eine knappe Autostunde von Lublin entfernt liegt **Chełm,** Verwaltungssitz der nach Einwohnern kleinsten Wojewodschaft Polens. Von hier sind es nur noch 23 km bis zur ukrainischen Grenze. Annähernd 1000 Jahre läßt sich die Geschichte dieser Stadt zurückverfolgen. Seit 1387 der polnischen Krone zugehörig, erhielt Chełm 1392 von WŁADYSŁAW II. JAGIEŁŁO das Magdeburger Stadtrecht zugesprochen. Heute findet man im Stadtbild nur noch wenige Spuren dafür, daß Chełm wie viele andere ostpolnische Städte auch bis 1939 eine Heimstatt (= Chełm) des Ostjudentums war; viele jüdische Bürger fanden den Tod im nahegelegenen *Vernichtungslager Sobibór.* Auch eine beachtliche Minderheit von Ukrainern lebte bis zum Zweiten Weltkrieg in Chełm. Am 21. 7. 1945 konstituierte sich hier das ›Polnische Komitee der Nationalen Befreiung‹, die erste polnische kommunistische Regierungsmacht nach dem Krieg.

Schon von weitem erkennbar ist die *Kościół Farny/Pfarrkirche,* bis 1864 Piaristenkirche. Entworfen von PAOLO ANTONIO FONTANA und errichtet in den Jahren 1753–63, ist dieses Gotteshaus das eindrucksvollste einer Gruppe von spätbarocken länglichen Zentralbauten im Lubliner Raum (s. S. 510). Die Türme sind seitlich dem ellipsenartigen Oktogon des Langhauses angefügt; Fenster- und Nischenumrandungen, Pilaster und gesprengtes Gebälk bestimmen die Gliederung der Westfassade. Die vier Kapellen im Innern bilden einen Umgang mit Arkadendurchgängen. Wände und Gewölbe tragen die um 1758 von JOSEPH MAYER ausgeführten illusionistischen Malereien: im Schiff die Darstellungen aus dem Leben der Jungfrau Maria, im Chor Apostelszenen, in den Kapellen Episoden aus dem Leben JOSEFS VON CLASANZAS, des Schutzpatrons der Piaristen. Die einheitliche Rokokoausstattung (1774–81) ist im wesentlichen ein Werk des Schnitzers MICHAŁ FILEWICZ.

Etwa 50 km nördlich von Chełm am Bug liegt **Włodawa;** ein ruhiger Grenzort, der den Eindruck erweckt, als sei hier die Zeit stehengeblieben. Hier findet man die dritte jener spätbarocken Kirchen mit ellipsenförmigem Langhaus (s. S. 510): die *Kościół Farny św Ludwika/Pfarrkirche St. Ludwig,* deren Fassade noch reicher gestaltet ist als die der Pfarrkirche in Chełm; der Mittelteil ist gekrönt von einem Giebel mit Pilastern, die Nischen sowie die Fenster- und Türöffnungen sind mit vielfältigen Umrahmungen versehen. Das Kirchengebäude wurde, wie die beiden anderen aus dieser Gruppe, nach einem Entwurf von FONTANA in den Jahren 1739–52 errichtet.

Auf der anderen Seite des großen Marktplatzes von Włodawa steht die klassizistische *Cerkiew/Orthodoxe Kirche.*

In der 1620–25 errichteten *Kościół Farny/Pfarrkirche* von **Uchanie,** auf halbem Wege zwischen Chełm und Zamość, befinden sich zwei doppelstöckige, manieristische Grabmäler mit den Alabasterfiguren der Verstorbenen (PAWEŁ und ANNA UCHAŃSKI), ein Werk der Meister der Firlej-Kapelle in Bejsce (Abb. 65). Die Fassade der Kirche weist reiche Stuckdekorationen mit Flechtband-, Pflanzen- und Tiermotiven auf: bei den Umrahmungen der Fenster, in den Zwickeln über den Arkadenbögen und auf dem Gebälkfries; desgleichen im Innern, besonders in den Gewölben in Form eines Netzes ornamentierter Leisten mit großen Plaketten (Rosetten, Wappenkartuschen). Zusammen mit der Firlej-Kapelle der Dominikanerkirche in Lublin (s. S. 503) ist dies eines der besten Werke von JAN WOLFF.

Zamość, etwa 80 km südöstlich von Lublin gelegen, ist ein Musterbeispiel europäischer Städtebaukunst zur Zeit der Spätrenaissance. Zamość war die erste derartige Stadt in Polen und eine der frühesten in Europa, die als Gesamtkunstwerk geplant und gestaltet worden ist. Von Grund auf neu angelegt und aufgebaut, entwickelte sich die Ortschaft zum Idealtyp eines den Theorien der italienischen Renaissance entsprechenden Gemeinwesens.

Nach den Vorstellungen ihres Gründers und Mäzens JAN ZAMOYSKI, dem Großkanzler und Polens führendem Staatsmann unter König STEFAN BATORY (reg. 1576–1586), sollte die Stadt alle von ihm für bedeutend erachteten urbanen Funktionen erfüllen: städtischer Handelsplatz, Festung, religiöses Zentrum und kultureller Mittelpunkt – eine Magnaten-Stadtresidenz par excellence. ZAMOYSKI vergab den entsprechenden Auftrag an den Architekten BERNARDO MORANDO aus Padua, der bis zu seinem Tode im Jahre 1610 die Bauunternehmungen plante und leitete. 1579 legte er seine Pläne vor, 1581–83 fanden die Vermessungsarbeiten statt, 1587 waren die Befestigungen fertiggestellt. Bis zum Beginn des 17. Jh. entstanden dann das Palais Zamoyskis, die Stiftskirche, die Akademie, das Arsenal, das Rathaus, die Gotteshäuser nichtkatholischer Bekenntnisse und die ersten steinernen Wohnhäuser. Die Stadt erlebte in der Folgezeit einen schnellen Aufschwung. Neben Einheimischen zogen

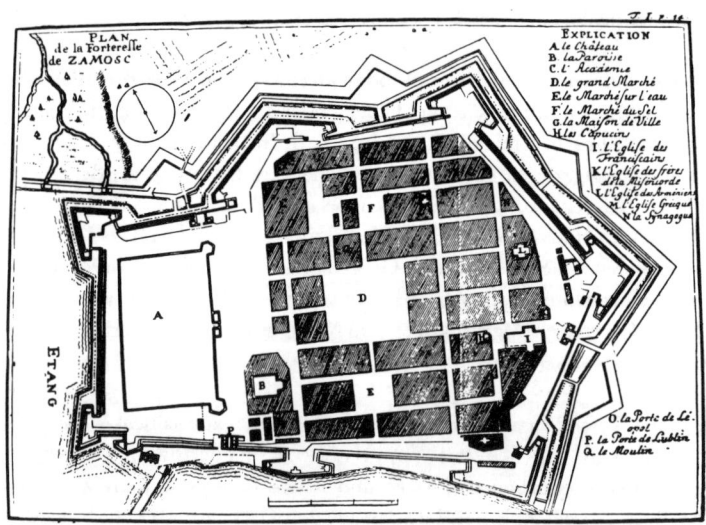

Zamość, Plan der
Stadtanlage;
Stich von 1704

auch Ármenier, Griechen, Juden, Deutsche und Italiener nach Zamość. Handel, Wissenschaften, Dichtung und Theaterleben blühten auf.

Die mächtige Festung widerstand 1655 dem schwedischen Ansturm und war auch zur Zeit der Napoleonischen Kriege (1812–13) wichtigster Verteidigungspunkt. In der Zeit Kongreßpolens (1815–30) ausgebaut, kam sie 1821 in Staatseigentum. Mit der Abtragung der Festung im Jahre 1866 setzte die territoriale Ausweitung von Zamość ein. Im Zweiten Weltkrieg blieb auch Zamość nicht von nationalsozialistischen Greueltaten verschont. 1942–1943 wurden etwa 300 Dörfer gewaltsam geräumt. Den Rassenvorstellungen gemäß sollten die ›Volksdeutschen‹ u. a. aus dem Baltikum anstelle der polnischen Bauern angesiedelt werden. Allein in der Stadt wurden drei Lager für Kriegsgefangene errichtet, in denen annähernd 20 000 Menschen den Tod fanden, viele von ihnen wurden im Zeughaus, der sogenannten Rotunde, hingerichtet.

Ähnliche gesellschaftliche, staatliche und kulturelle Bedeutung wie im 17. Jh. hat Zamość seither nie wieder erreicht. Die Häuser (Anfang 17. Jh.) rund um den *Rynek Wielki/Großen Markt*, einen quadratischen Platz von 100 m Seitenlänge, aber auch am Salzmarkt, in der ul. Staszica und der ul. Ormiańska beeindrucken den Betrachter durch ihre Laubengänge, durch die verzierten Fensterrahmungen und Portale sowie durch ihre Stuckdekorationen in den Gewölben und Balkendecken (Abb. 68). Das schönste und am besten erhaltene Gebäude ist eines der armenischen Häuser an der Nordseite des Marktes: das *Kamienica Pod Aniołem/Haus zum Engel*, Haus Nr. 26 (1). Ursprünglich einstöckig mit einer Attika erbaut, an deren Stelle im 18. Jh. ein zweites Stockwerk errichtet wurde, ist das Gebäude geschmückt mit einer reichen Stuckdekoration aus orientalisierenden Pflanzen- und Tier-

Zamość
1 *Kamienica Pod Aniołem/ Haus zum Engel, Haus Nr. 26*
2 *Ratusz/Rathaus*
3 *Kościół Kolegiacki/Stiftskirche*
4 *Synagoga/Synagoge*
5 *Akademia/Akademie*
6 *Brama Lubelska/Lubliner Tor*
7 *Rotunda/Rotunde*

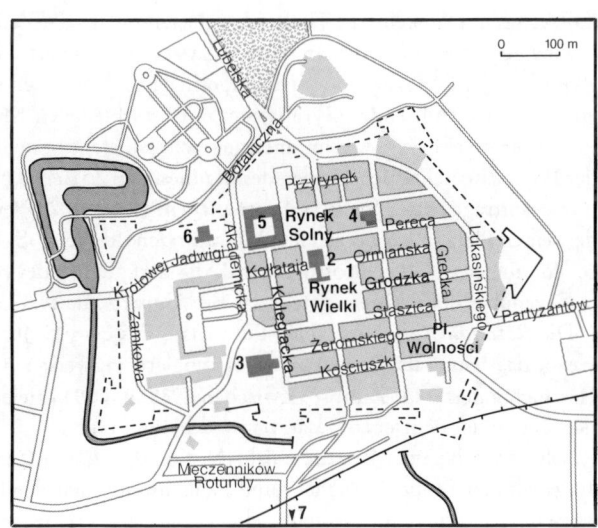

motiven und mit einer Figur des Erzengels Gabriel. Im Innern umrahmen Steinreliefs die Zwillingsfenster und Portale, Balkendecken und gemalte Friese sind zu bewundern. Leider macht sich bei einigen anderen Häusern, z. B. in der ul. Kołłataja, der Zerfallsprozeß bemerkbar, da die Renovierungsarbeiten aus Geldmangel zum Erliegen gekommen sind. Im *Haus Nr. 37* am Großen Markt kam am 25. 12. 1870 ROSA LUXEMBURG, die spätere Mitbegründerin der KPD, als Tochter eines wohlhabenden jüdischen Kaufmanns zur Welt. Die Familie zog allerdings schon drei Jahre später nach Warszawa.

Das *Rathaus* (2), 1639–51 unter der Leitung von JAN JAROSZEWICZ und JAN WOLFF auf den Mauern eines kleineren Bauwerks (1591–1600) von MORANDO an der Nordseite des Marktes errichtet, besitzt einen hohen, schlanken, oben achteckigen Turm mit einem Barockhelm von 1770, der schon von weitem das Stadtbild prägt. Die monumentale, zweiflügelige Barocktreppe an der Frontseite aus den Jahren 1767–68 wurde ursprünglich zusammen mit einer kleinen Wache errichtet. Die Attika wurde 1937–38 rekonstruiert.

Die *Kościół Kolegiacki Zmartwychwstania i św. Tomasza/Auferstehungs- und Stiftskirche St. Thomas* (3) gilt unter polnischen Kunsthistorikern als die schönste Spätrenaissancekirche des Landes. Entstanden in den Jahren 1587–98, wurde ihre Fassade zu Beginn des 19. Jh. klassizistisch umgestaltet. Das dreischiffige Innere weist bedeutende manieristische Bildhauer- und Stuckarbeiten auf; das Kassettennetz und die Stukkaturen des Tonnengewölbes im Chor gehen auf einen Entwurf von BERNARDO MORANDO zurück.

In der Zamoyski-Kapelle im südlichen Seitenschiff befindet sich die Grabplatte für JAN ZAMOYSKI aus schwarzem Marmor mit bronzenen Insignien (um 1618).

Die ehemalige *Synagoge* (4) in der ul. Bazyliańska, nach ihrer Wiederherstellung in der Nachkriegszeit als Bibliothek genutzt, ist ein Spätrenaissancebauwerk aus den Jahren 1610–20. Gewölbekalotten, Lünetten und Nischen im großen Saal besitzen üppige Lubliner Stukkaturen. Der steinerne Thoraschrank stammt aus der Zeit vor 1650.

Eine der interessantesten Initiativen ZAMOYSKIS war die Gründung einer humanistischen *Akademie* (5) 1595, die eine staatsbürgerliche Elite erziehen sollte – keine Universität, eher eine Art weiterführendes Gymnasium mit verschiedenen Klassen. Das Akademiegebäude, in dem heute ein Gymnasium untergebracht ist, steht in der ul. Akademicka. Eine Tafel an der Frontseite nennt den Namen des Mannes, den ZAMOYSKI mit der Gründung der Akademie beauftragt hatte: SZYMON SZYMONOWIC (1558–1629), einen Dichter der Renaissance, der seinen Platz in der polnischen Literatur den ›Idyllen‹ (›Sielanki‹, 1614) verdankt, Milieuschilderungen in Gedichtform, die z. B. das harte Leben der Bauern beschreiben.

Gegenüber der Akademie steht das alte *Brama Lubelska/Lubliner Tor* (6).

Die *Rotunda/Rotunde* (7), ein Pulverhaus aus dem 19. Jh. im Park an der ul. Wyspiańskiego, das heute als Gedenkmuseum fungiert, verweist auf ein tragisches Kapitel in der Geschichte der Stadt Zamość. Zwischen 1939 und 1944 fielen hier nahezu 8000 Menschen dem Terror der deutschen Besatzungsmacht zum Opfer.

Sehr reizvoll ist der **Roztoczański-Nationalpark**, von Zamość schnell zu erreichen. Die ausgedehnten Tannen-, Buchen- und Fichtenwälder wurden bereits vor dem Zweiten Weltkrieg unter Naturschutz gestellt; seltene Tier- und Pflanzenarten existieren dort bis heute.

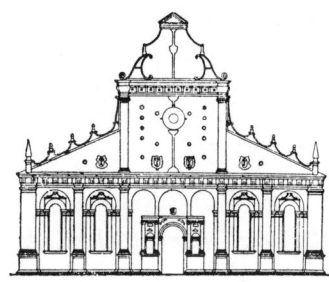

Zamość, Stiftskirche; Aufriß der Westfassade

Holzkirchen von Tomaszów Lubelski, Hrebenne, Radruż

Noch im 15., teilweise sogar im 16. Jh. war die Kulturlandschaft in Polen vielfach durch Holzbauten geprägt. Sie dienten nicht nur den einfachen Menschen, deren Lebensraum auf die jeweilige Ansiedlung, die Pfarre und den Marktbereich beschränkt blieb als Wohnstätte, sondern auch Angehörige der *Szlachta* (des Kleinadels) wurden in Holzhäusern geboren und wohnten dort ihr ganzes Leben lang. Kleinpolen ist heute die Region Polens, in der die meisten kunsthistorisch wichtigen Holzbauten, und das sind vor allem Kirchen, erhalten geblieben sind. Bis ins späte 17. Jh. hinein hielt man bei den hölzernen Kirchen an den spätgotischen Formen mit den schlanken Dächern fest, bereichert durch barocke Hauben. Später, im 18. Jh., ahmte man die barocke Steinarchitektur nach und übernahm von ihr die Doppelturmfassade und die Kuppel über der Vierung. Die hölzernen griechisch-katholischen Kirchen im östlichen Kleinpolen blieben von den darauffolgenden Kunstströmungen im wesentlichen unbeeinflußt.

Die *Kościół Farny/Pfarrkirche in* **Tomaszów Lubelski**, südlich von Zamość, eine barocke Holzkirche aus dem Jahre 1727, besitzt eine dieser doppeltürmigen Fassaden, die gekrönt ist von einem breiten, abgerundeten Gesims, das die Kirche umläuft und die oberen Geschosse der Türme mit den zwiebelförmigen Helmen abgrenzt. Im Innern teilen schlanke Pfeiler, durch Arkaden verbunden, die Seitenschiffe ab, in die wiederum trapezförmige Wandvorsprünge eingebaut sind. Die Ausstattung ist im Stil des Spätbarock gestaltet.

In **Hrebenne**, zwischen Zamość und Lwów, liegt der Grenzübergang in die Ukraine. Sehenswert ist hier die römisch-katholische *Kościół św. Mikołaja/Kirche St. Nikolaus* (Abb. 63), die aus drei quadratischen Bauteilen besteht, dem größeren des Kirchenschiffs sowie den kleineren des Altarraums und der Vorhalle, die von achteckigen Tambouren und achtteiligen Kuppeln nach oben hin abgeschlossen werden. Drei Dachtraufen gliedern die Wände und Dächer: eine umläuft die ganze Kirche auf der Hälfte der Wandhöhe, eine zweite wird durch die Zeltdächer der einzelnen Bauteile gebildet, eine dritte befindet sich am unteren Rand der Kuppeln.

Die ehemalige griechisch-katholische *Kościół św. Paraskewy/Kirche der hl. Paraskeva* in **Radruż**, ebenfalls an der ukrainischen Grenze und schon in der Wojewodschaft Przemyśl gelegen, ist ein schönes Beispiel für die Holzbaukunst der unierten Christen. Auch sie besteht aus drei quadratischen Teilen: Kirchenschiff, Altarraum, Vorhalle. Offene, überdachte Gänge führen rund um die Kirche. Satteldächer schließen Altarraum und Vorhalle nach oben hin ab; über dem Kirchenschiff befindet sich ein Zeltdach mit einem runden Türmchen.

Rzeszów – Łańcut – Leżajsk – Jarosław – Przemyśl

An der traditionellen Ost-West-Route von Kraków über Przemyśl und Lwów bis zum Schwarzen Meer liegt **Rzeszów,** neben Kraków die größte Stadt Südostpolens (159 000 Einw.), in Galizien, wie diese Region zwischen 1772 und 1918 als habsburgisches Kronland hieß, nachdem Polen von den damaligen europäischen Großmächten zum ersten Mal geteilt worden war. Kriegszerstörungen und der Aufbau großer Industrieanlagen haben das traditionelle Aussehen der Stadt verändert. Zwei ehemalige Synagogen und ein Denkmal erinnern an die jüdische Bevölkerung und an das große Ghetto, in dem sie leben mußte. Rzeszów ist moderner als Tarnów oder Przemyśl und kunsthistorisch weniger bedeutend.

Die frühere Bernhardinerkirche (1624–39), heute *Kościół Wniebowzięcia Najświętszej Marii Panny/Kirche Mariae Himmelfahrt,* geht zurück auf eine Stiftung des Kastellans MIKOŁAJ SPYTEK LIGĘZA, der damals Eigentümer der Stadt war. In den Nischen der Seitenwände des Hochaltars finden sich Alabasterfiguren, die Mitglieder der Familie LIGĘZA darstellen. Die gotische *Kościół Farny/Pfarrkirche* ist vor allem wegen der Renaissancegrabmäler im Chor sehenswert. Das ehemalige barocke *Klasztor Pijarów/Piaristenstift* (1703–05) beherbergt heute das Regionalmuseum von Rzeszów. Südlich der Stadt, am Rande des Wisłok-Tales, findet man ein *Schloß* der LUBOMIRSKIS aus dem 17. Jh., heute ein Gefängnis, dessen Befestigungsanlagen (Bastionen, Graben) nach italienischem Vorbild angelegt sind.

Wenige Kilometer östlich von Rzeszów, inmitten eines schönen englischen Parks, liegt das **Schloß Łańcut,** das wertvollste Kunstdenkmal dieser Region, früher die Magnatenresidenz der LUBOMIRSKIS und POTOCKIS. STANISŁAW LUBOMIRSKI ließ das Schloß 1629–41 nach Entwürfen von MACIEJ TRAPOLA errichten. Heute hervorragend restauriert, erlebte der zweistöckige, viereckige Palast mit den vier Ecktürmen und dem Innenhof im 18. und 19. Jh. mehrere Umgestaltungen. Vom ursprünglichen frühbarocken Schmuck ist vor allem das rustizierte Hauptportal auf der Achse der Fassade vor der quadratischen Durchfahrtshalle erhalten geblieben. Der erste Umbau 1717–86 umfaßte im wesentlichen die Errichtung des zweiten Stockwerks, beim zweiten 1795–1807 kam ein neuer Flügel hinzu. Die neobarocke Fassade entstand 1894–1903. Ende des 18. Jh. wohnte hier der Schriftsteller JAN POTOCKI, nach der Französischen Revolution für kurze Zeit LUDWIG XVIII. Bis 1944 war der Palast Eigentum der POTOCKIS. Von den vielen, reich ausgestatteten Innenräumen sind besonders hervorzuheben der große, über zwei Geschosse reichende Ballsaal, die Skulpturengalerie (Ende 19. Jh.) mit der illusionistischen Malerei einer Laube, das Spiegelkabinett

(Mitte 18. Jh.) mit seiner Rokokotäfelung, das chinesische Appartement, geschmückt mit Malereien im fernöstlichen Stil, das pompejanische Zimmer, die Gemächer der Fürstin LUBOMIRSKA und das Theater. Im Schloß findet sich außerdem eine reichhaltige Sammlung (u. a.) von Gemälden, Porzellan, Glas, Möbeln, dazu ein *Fahrzeugmuseum* mit Karossen, Jagdwagen und Kutschen – die umfangreichste derartige Sammlung in Europa.

Im Südosten der Stadt kann man eine kürzlich restaurierte Synagoge (1761) besichtigen, die eine Ausstellung mit Judaica bietet.

Die frühbarocke *Kościół Zwiastowania Najświętszej Marii Panny/Kirche Mariae Verkündigung* in **Leżajsk**, nordöstlich von Łańcut, ist berühmt wegen ihrer *Orgel,* wohl die schönste in Polen und eine der größten und am reichhaltigsten gestalteten Barockorgeln in Europa (Abb. 66). Das gewaltige Instrument mit seinen 78 Stimmen und annähernd 6000 Pfeifen füllt die Westwände des Mittelschiffs und der beiden Seitenschiffe aus. Sie setzt sich zusammen aus einem Haupt- und zwei Seitenteilen sowie drei separierten Positiven, die in die Brüstung der Orgelempore eingebaut wurden; darüber hinaus befinden sich zusätzliche Orgelpfeifen im nördlichen Schiff und an einzelnen Pfeilern. Die Orgelempore und der schwarz-goldene Prospekt sind mit einem ungewöhnlich reichen ornamentalen und figürlichen Schmuck bedeckt, der vielfältige Motive und Themen aufweist. Eine der Darstellungen ist dem Sieg SOBIESKIS über die Türken (1683 vor Wien) gewidmet.

Auch die übrige Innenausstattung der Kirche ist reich an Werken der Schnitzkunst (allein 13 Rokokoaltäre), besonders hervorzuheben ist das Chorgestühl mit Ohrmuschel- und Knorpelwerk, figürlichen Darstellungen und Intarsien.

Auch die *Kościół Bernardynów św. Barbary/Bernhardinerkirche St. Barbara* in **Przeworsk,** ein spötgotischer Backsteinbau aus der Zeit vor 1500, ist ein gutes Beispiel dafür, mit welch barockem Reichtum sakrale Räume gegen Mitte des 17. Jh. ausgestattet wurden. Przeworsk war im 17. und 18. Jahrhundert durch seine Jahrmärkte und Webereien berühmt. Die gotische *Kościół/Kirche* (1430–33) in der ul. Krakowska besitzt Befestigungsmauern, die gegen Tatareneinfälle schützen sollten. In ihrem Turm hängt die berühmte, 1627 gegossene und fast drei Tonnen schwere Glocke ›Sylvester‹.

Drei Klosterhügel bestimmen das Stadtbild von **Jarosław** am San. Die Stadt wird urkundlich erstmals 1152 erwähnt, wahrscheinlich ist sie vom Kiewer Großfürsten JAROSŁAW (D. WEISEN), reg. 978–1054, gegründet worden; 1375 erhielt sie die Stadtrechte. Im Spätmittelalter und in der frühen Neuzeit war Jarosław ein weithin bekannter Handelsplatz. Die *Kościół ›Na Polu‹/Kirche der Schmerzensmutter ›Auf dem Felde‹,* 1629–35 errichtet, seit 1777 Dominikanerkirche, beeindruckt den Betrachter vor allem wegen ihrer spätbarocken Blendfassade an der Stadtseite. Zwei vorgeschobene viereckige Türme mit abgeschrägten Ecken und konkaven Wänden, bekrönt von einem barocken Helm, flankieren den mit einer Balustrade ausgestatteten Mittelteil der Fassade – ohne Zweifel ist diese Doppelturmfassade unter dem künstlerischen Einfluß schlesischer Architekten entstanden.

Angelockt durch die regelmäßig stattfindenden Warenmessen hatten sich wiederholt italienische, griechische und armenische Kaufleute in Jarosław niedergelassen. Zu diesen gehörte auch die Bankiersfamilie ORSETTI, deren prächtiges *Kamienica Orsettich/Patrizier-*

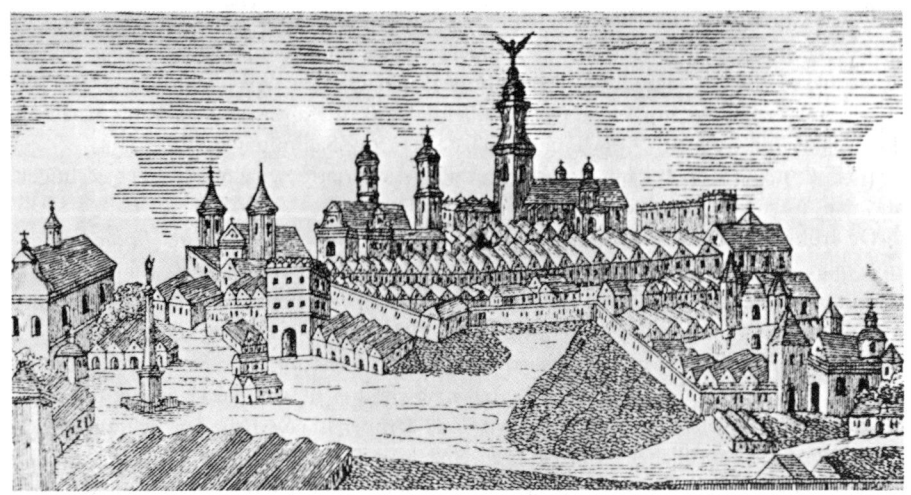

Jarosław, Stadtbild im 17. Jh.; Stich von 1846

haus Orsetti am Marktplatz besichtigt werden kann. Nach 1581 errichtet, besitzt es einen dreiteiligen Laubengang und eine hohe, verzierte Spätrenaissanceattika, die durch Pilaster und Arkaden, Ädikulen und Voluten gegliedert ist.

Aus **Przemyśl**, direkt an der Grenze zur Ukraine gelegen, war einst eine wichtige Handels-metropole. Bereits in vorgeschichtlichen Zeiten bestand hier eine Siedlung, nach dem Zwei-ten Weltkrieg wurden Reste von Bauwerken der ersten Piasten (Schutzwall, Rotunde, Her-zogsitz, um 1000) freigelegt, auch Mauern einer romanischen Kathedrale aus dem 12. Jh. In Przemyśl herrschte einmal babylonisches Sprachengewirr. Zwölf Sprachen und Dialekte dienten zu Habsburgs Zeiten der Verständigung, Zeitungen wurden in vier Sprachen her-ausgegeben. Jüdische Intellektuelle der Stadt, die den Terror der Nationalsozialisten über-lebten, waren an führender Stelle in der zionistischen Bewegung tätig. Przemyśl ist auch Bischofssitz und bis heute ein wichtiges Kulturzentrum; eine Vielzahl von wissenschaftli-chen und kulturellen Vereinigungen leistet hier beachtliche Arbeit. Przemyśl war auch Festungsstadt. Glücklicherweise führte die schwere Belagerung durch russische Truppen in den Jahren 1914–15 nur zur Zerstörung der 1873 durch die Österreicher errichteten Befe-stigungsanlagen, nicht aber des historischen Stadtkerns, dessen älteste Häuser aus dem 16. Jh. stammen.

Im Hintergrund des Marktes steht die *Kościół Franciszkanów św. Marii Magdaleny/ Franziskanerkirche St. Magdalena* (1754–78) mit ihrer eindrucksvollen Fassade, der eine doppelläufige Treppe mit Steinfiguren der Muttergottes sowie der Heiligen Ägidius und Antonius auf der Balustrade des Podestes vorgelagert sind (Farbabb. 8). Der Mittelteil ist von je drei Säulen eingefaßt, gekrönt von einem wellenförmigen Giebel und flankiert von

Türmen mit Pilastern und einfachen Helmen. Vorkragendes Gebälk und Pilaster gliedern auch den prächtig ausgestatteten Innenraum des Bauwerks. An den Wänden und Gewölben finden sich illusionistische Rokokomalereien eines reichhaltigen ikonographischen Programms. Schnitzer aus Lwów haben die einheitliche Rokokoausstattung geschaffen: den in die Apsis eingebauten Hochaltar, die Kanzel, die Orgel und die Holzkapitelle der Pilaster.

Weiter im Westen findet man die ursprünglich spätgotische *Kościół Katedralny św. Jana Chrzciciela/Kathedralkirche St. Johannes des Täufers,* eine dreischiffige Hallenkirche mit dreiseitig geschlossenem Chor, anstelle einer Rotunde (Anfang 13. Jh.) zwischen 1470 und 1571 errichtet. 1724–44 wurde das Gotteshaus barockisiert, wobei man das vierjochige Langhaus zu einer Pseudohalle mit halbrunden Arkaden und einer Gliederung durch Pilasterpaare umgestaltete. 1883–1913 führte man eine Regotisierung des Chores durch. Im Chorgewölbe wurden 1972 Rankenmalereien von 1549 entdeckt und restauriert. An den Seiten des Ostjoches des Langhauses wurden zwei Kuppelkapellen angefügt: südlich die Fredro-Kapelle, spätbarock, elliptisch, mit einer Ausschmückung aus rotem und schwarzem Marmor; nördlich die Drohojowski-Kapelle, achteckig, mit illusionistischer Rokokomalerei. Die Ausstattung des Kircheninnern stammt im allgemeinen auch aus der Zeit zwischen 1883 und 1913. Besonders zu erwähnen sind die Alabasterpietà im Renaissance-Altar (›Jackower Madonna‹) und das Grabmal der FREDRO. Unter dem Chor wurden im Jahre 1961 Fundamente einer spätromanischen steinernen Rotunde mit hufeisenförmiger Apsis entdeckt.

Das Palais Krasiczyn im San-Tal

Anfang der 90er Jahre erlebte Przemyśl einen exemplarischen Konflikt zwischen zwei Religionsgemeinschaften: der römisch-katholischen und der griechisch-katholischen. Die etwa 300 000 in Polen lebenden Ukrainer (eben vor allem im Raum Przemyśl) gehören weitgehend der zweiten Gemeinschaft an, deren Mitglieder auch Unierte genannt werden. In Abstimmung mit dem römisch-katholischen Bischof von Przemyśl und dem Karmeliterorden entschied Papst JOHANNES PAUL II. im Februar 1991, die *Karmeliterkirche* des Ortes (ein barockes Bauwerk aus den Jahren 1625–1630) den Unierten und ihrem Bischof zurückzugeben. Diese Kirche war schon in der langen Zeit von 1785–1945 Kathedrale der Unierten gewesen. Gegen die Entscheidung des Papstes erhob sich jedoch ein Protest, der von den mehrheitlich in der Stadt vertretenen römisch-katholischen Gläubigen getragen wurde. Selbst der Papst mußte diesen Protest akzeptieren und übergab den Unierten schließlich die kleinere, auch kunsthistorisch unbedeutendere *Garnisonskirche* (früher Jesuitenkirche zum Herzen Jesu, errichtet 1627–79). Hintergrund dieses Streites waren die bis heute nicht ausgeräumten Ressentiments zwischen Polen und Ukrainern, die auf verschiedene Auseinandersetzungen vor allem im und nach dem Zweiten Weltkrieg zurückgehen.

Wenige Kilometer westlich von Przemyśl, auch im San-Tal, steht eines der schönsten Schlösser Polens aus der Zeit der Spätrenaissance, das *Pałac Krasiczyn/Palais Krasiczyn,* 1592–1618 für die Magnatenfamilie KRASICKI (Architekt G. APPIANO) gebaut (Farbabb. 9, Abb. 62). Das Bauwerk hat einen quadratischen Grundriß mit Arkadeninnenhof und an den Ecken mächtige Rundbasteien, bekrönt von Attiken. Die Fassade zieren Sgraffitoarbeiten mit den Gestalten polnischer Könige, Motiven aus der Geschichte Roms und des Alten und Neuen Testaments. Die Schloßkapelle ist mit vielfältigen Stuckdekorationen ausgestattet. Das Schloß steht in einem schönen großen Park mit seltenen alten Bäumen.

Krosno – Dukla – Haczów – Stara Wieś

Krosno, Verwaltungssitz der gleichnamigen Wojewodschaft ganz im Südosten Polens, liegt auf einem Berg hoch über dem Wisłok-Tal; 1342 erhielt der Ort das Magdeburger Stadtrecht. Die Erzeugnisse der städtischen Glashütte gehen in viele Länder Europas. Das *Museum* im ehemaligen Bischofspalais ist einem Industriezweig gewidmet, den man hier kaum vermutet und der vor hundert Jahren in dieser Region stark prosperierte: die Erdölindustrie südlich von Lwów war einmal das Zentrum der galizischen Erdölförderung. Der Erfinder der Petroleumlampe, IGNACY ŁUKASIEWICZ, setzte 1854 in dem nahegelegenen Bóbrka bei Krosno die erste Förderanlage in Betrieb (Freilichtmuseum der Erdölförderung).

Am Marktplatz stehen schöne alte Häuser aus dem 16. und 17. Jh. mit Bogengängen, u. a. das *Kamienica Wójtowska/Schulzenhaus* mit einem Renaissanceportal (1550). Auch der Pranger am Markt ist erhalten geblieben.

In der spätgotischen, 1473–1512 errichteten *Kościół św. Trójcy/Dreifaltigkeitskirche* weckt die Vielfalt von Gemälden das Interesse, besonders das 1480 entstandene Gemälde der

Marienkrönung und einige Werke, die von Künstlern aus dem Kreis um TOMMASO DOLA-
BELLA geschaffen wurden.

Reich geschmückt mit Stukkaturen (von GIOVANNI BATTISTA FALCONI) ist die frühbarocke Grabkapelle der Familie OŚWIĘCIM im nördlichen Seitennschiff der *Kościół św. Fran-
ciszka/Franziskanerkirche*. In den Nischen der Kapelle finden sich Porträts der Familien-
mitglieder, wahrscheinlich das Werk eines Malers aus dem Kreis um PETER DANCKERS DE
RIJ. Teil des Altars ist das 1650 endstandene Gemälde der Erweckung des PIOTROWIN durch
den hl. Bischof Stanisław

Die barocke *Kościół Farny/Pfarrkirche* in **Dukla,** nahe der Grenze zur Slowakei, wirkt
beeindruckend durch ihre einheitliche Rokokoausstattung. Die illusionistischen Deckengemälde aus der Zeit um 1775 wurden wahrscheinlich von ANTONI STROIŃSKI ausgeführt.
Beide Kapellen der Kirche werden durch schöne, klassizistische Gitter mit dem Wappen
der Familie des Kronmarschalls JERZY AUGUST MNISZECH vom Kirchenschiff getrennt. In
der südlichen Kapelle steht das Grabmal der AMALIA MNISZECH, ein Sarkophag aus schwarzem Marmor mit Bronzebeschlägen.

Haczów, ebenfalls südlich von Krosno, verfügt mit der *Kościół św. Wniebowzięcia
Najświętszej Marii Panny/Kirche Mariae Himmelfahrt* über die größte der in Polen erhalten gebliebenen gotischen Holzkirchen (s. S. 480f.). Das quadratische Kirchenschiff und
der eingezogene, dreiseitig geschlossene Chor wurden nach 1450 errichtet. Um 1624 kamen
an der Frontseite ein viereckiger Turm mit schrägen Wänden und abgefangener Glocken-
laube sowie überdachte, die ganze Kirche umlaufende Laubengänge hinzu. Von außen sind
Dächer und Wände mit Schindeln bedeckt, unter dem Traufsims finden sich geschnitzte
Zierkonsolen, teilweise in Form menschlicher Masken. Die Wände des Kircheninnern tragen Malereien von 1494, ein großer, aus mehreren Zonen und Feldern bestehender Zyklus
von Passions- und Marienszenen sowie Darstellungen von Heiligen in der Art der kleinpolnischen Tafelmalerei.

Wie die Kirche der Schmerzensmutter ›Auf dem Felde‹ in Jarosław verrät auch die *Kościół
Farny/Pfarrkirche* in **Stara Wieś** den Einfluß schlesischer Architekten, desgleichen die
Rokokoausstattung des Kircheninnern – wahrscheinlich von FRANZ JOSEPH MANGOLD um
1760 geschaffen. Besonders hervorzuheben sind eine Gruppe von Altären, die Kanzel mit
reicher plastischer und ornamentaler Dekoration sowie die Möblierung der Sakristei.

Zu den ältesten Bauwerken von **Sanok** gehören die *Burg* (12. Jh.) und das *Klasztor
Franciszkanów/Franziskanerkloster*, in dem 1417 die Trauung des Königs WŁADYSŁAW II.
JAGIEŁŁO stattfand. Das *Burgmuseum* in Sanok verfügt über die größte Ikonensammlung
(14. bis 19. Jh.) in Polen. Ein *Skansen/Freilichtmuseum* zeigt Objekte der Holzarchitektur:
Bauernhütten, zwei orthodoxe Holzkirchen, Wirtschaftsgebäude, Bienenstöcke.

Sanok ist auch Ausgangspunkt für Wanderungen durch die landschaftlich reizvolle
Bergregion der *Bieszczady* am Dreiländereck Polen – Slowakei – Ukraine. Das Gebiet um
den *Solińskie-Stausee* hat bis heute seine Urwüchsigkeit, seine Vielfalt an Fauna und Flora
erhalten. Im Freigehege des **Bieszczadzki-Nationalparks** leben Wisente, Wölfe, Bären,
Luchse, Äskulapnattern und andere seltene Tierarten.   *Reinhold Vetter*

Śląsk/Schlesien

Schlesien ist heute nur noch ein historischer, kulturgeschichtlicher und geographischer, keineswegs aber ein politischer Begriff. Die Verwaltungsneugliederung Polens im Jahre 1975 verwischte endgültig die Grenzen der alten preußischen Provinz Schlesien mit den übrigen Teilen des heutigen Polens. Die damals geschaffenen Wojewodschaften Zielona Góra/Grünberg, Leszno/Lissa, Kalisz, Częstochowa/Tschenstochau, Katowice/Kattowitz und Bielsko-Biała/Bielitz vereinigen heute Gebiete beiderseits der alten, schlesischen Nord- und Ostgrenze. Andere, von 1815 bis 1945 Schlesien zugehörige Regionen sind heute Staatsgebiet der Bundesrepublik Deutschland (ein Teil der Oberlausitz) und der Tschechischen Republik (das Hultschiner Ländchen und das Olsagebiet). Auf dem historischen Gebiet Schlesiens liegen auch die Wojewodschaften Wrocław/Breslau, Legnica/Liegnitz, Jelenia Góra/Hirschberg, Wałbrzych/Waldenburg und Opole/Oppeln. Regionalbezeichnungen wie das Industriegebiet Górny Śląsk/Oberschlesien oder Śląsk Cieszyński/Teschener Schlesien erinnern an den alten Namen.

Geographisch gesehen ist das mit dem Namen Schlesien umschriebene Territorium vor allem Einzugsgebiet der oberen und mittleren Odra/Oder sowie deren Nebenflüsse. Während die Oder gleichsam die Achse des Landes bildet, stellen die Gebirge im Süden und Südwesten eine natürliche Grenze dar. An seiner Südostecke lehnt sich Schlesien an die westlichen Beskiden an, entlang der Südwestgrenze an den parallel zur Oder verlaufenden, vorwiegend aus Gesteinen wie Granit und Schiefer bestehenden Gebirgszug der Sudeten. Der Gebirgszone ist ein Hügelland vorgelagert, ein mit Löß bedeckter fruchtbarer Landstreifen, der sich von der Ruda in Oberschlesien bis zur Oberlausitz hinzieht. Das anschließende Flachland wird nur von zwei sanften Höhenzügen unterbrochen, Góra św. Anny/Annaberg und Wzgórza Trzebnickie/Katzengebirge.

Durch seine geographische Lage war Schlesien schon seit der Vorzeit ein verkehrsreiches Durchgangsland. Die Verbindungen zu den Nachbarländern schuf in erster Linie das Landstraßennetz, weniger die Oder, die bis ins 18. Jh. keine nennenswerte Bedeutung als Wasserweg hatte. Eine wichtige Rolle im Mittelalter spielte die sogenannte ›Hohe Straße‹, eine Ost-West-Verbindung, die vom Unterrhein bis zum Schwarzen Meer führte und dabei auch das schlesische Gebirgsvorland durchkreuzte. Gleichzeitig liefen alle von Norden (Gdańsk/Danzig, Toruń/Thorn, Poznań/Posen, Szczecin/Stettin) kommenden Straßen in Wrocław zusammen, wo sie die ›Hohe Straße‹ kreuzten und dann den Pässen nach Böhmen und Mähren zustrebten. Erinnert sei auch an die Bernsteinstraße, die zur Römerzeit von der Ostsee durch Schlesien nach Süden führte.

Politisch war Schlesien mehrmals in seiner langen Geschichte direktes Streitobjekt wechselnder europäischer Mächte, oder aber es wurde in deren Kampf um die Vorherrschaft in anderen europäischen Regionen hineingezogen. Die damit verbundenen militärischen Auseinandersetzungen wie etwa die Jahre des Dreißigjährigen und des Siebenjährigen Krieges hatten verheerende Folgen für Land und Leute.

Die archäologischen Funde auf schlesischem Gebiet reichen bis in die Ältere Steinzeit zurück. Um die Mitte des letzten Jahrtausends v. Chr. siedelten hier keltische, aus Böhmen und Mähren zugewanderte Stämme, die im 2. Jh. n. Chr. von Germanen vertrieben wurden, den ›Lugiern‹ der antiken Quellen, heute als ›Oder-Warthe-Gruppe‹ bezeichnet. Ab dem 6. Jh. begannen slawische Stämme das Land zu besiedeln; die Völkertafel des BAYRISCHEN GEOGRAPHEN nennt Mitte des 9. Jh. die *regiones der Dedosize, Slensane, Opolane* und *Golensize; die Boborane* und *Trebowane* werden später in einer Urkunde Kaiser HEINRICH IV. von 1086 erwähnt. Die Führungsrolle der *Slensane* fand schließlich ihren Niederschlag in der Namensgebung für das ganze Land, lateinisch: *Silesia*, polnisch Śląsk. Die Slesane scheinen ihre Bezeichnung vom Wandalenstamm der Silinger übernommen zu haben, der zuvor im Gebiet um den mons Silencii (dem heiligen Berg Zopten, Slenz oder heute Ślęża) ansässig war. Polnische Wissenschaftler stellen auch eine Verbindung des Namens zum slawischen Ślęg (= Nässe) her. Spätestens im Jahre 990 war das slawische Schlesien Bestandteil des 966 entstandenen polnischen Staates; bei der Einrichtung einer selbständigen polnischen Kirchenprovinz im Jahre 1000 wurde das Bistum Wrocław gegründet. Als Stammvater der eigenständigen schlesischen Piastendynastie gilt WŁADYSŁAW II. (reg. 1138–46).

Trotz Einbindung ihres Landes in die polnische Senioratsverfassung wurden die Piastenherzöge durch FRIEDRICH BARBAROSSA 1163 zu Tributzahlungen gegenüber dem Deutschen Reich verpflichtet. In der Folgezeit gerieten sie mehr und mehr in Abhängigkeit von Böhmen (und damit auch vom Deutschen Reich), 1339 schließlich verzichtete König KAZIMIERZ III. WIELKI auf jeglichen polnischen Anspruch gegenüber Schlesien.

Es waren die Piastenherzöge selbst, die deutsche Bauern, Kaufleute, Handwerker, Bergarbeiter und Geistliche ins Land riefen, um das reiche, aber teilweise noch sehr dünn besiedelte Schlesien wirtschaftlich aufblühen zu lassen. Mit den Siedlern kamen die deutsche Sprache und die deutsche Kultur. 1526 wurde Schlesien Teil der Habsburger Monarchie. Die politische Folge war die Eindämmung der Fürstenmacht und die Stärkung des Adels sowie des Großbürgertums in den Städten; wirtschaftlich geriet Schlesien noch mehr in Abhängigkeit von der Krone, gleichzeitig erlebten Bergbau und Eisenverhüttung, Glasbläserei und Leinenweberei einen großen Aufschwung. Geistesgeschichtlich wurde die habsburgische Herrschaft in Schlesien vor allem zum Wegbereiter der Gegenreformation. Der Breslauer Präliminarfriede von 1742 zwang MARIA THERESIA, fast ganz Schlesien an Preußen abzutreten. Der Friedensschluß auf Schloß Hubertusburg 1763 bestätigte endgültig die preußische Herrschaft. Als Teil Preußens mußte sich Schlesien der rigiden Verwaltung eines absolutisti-

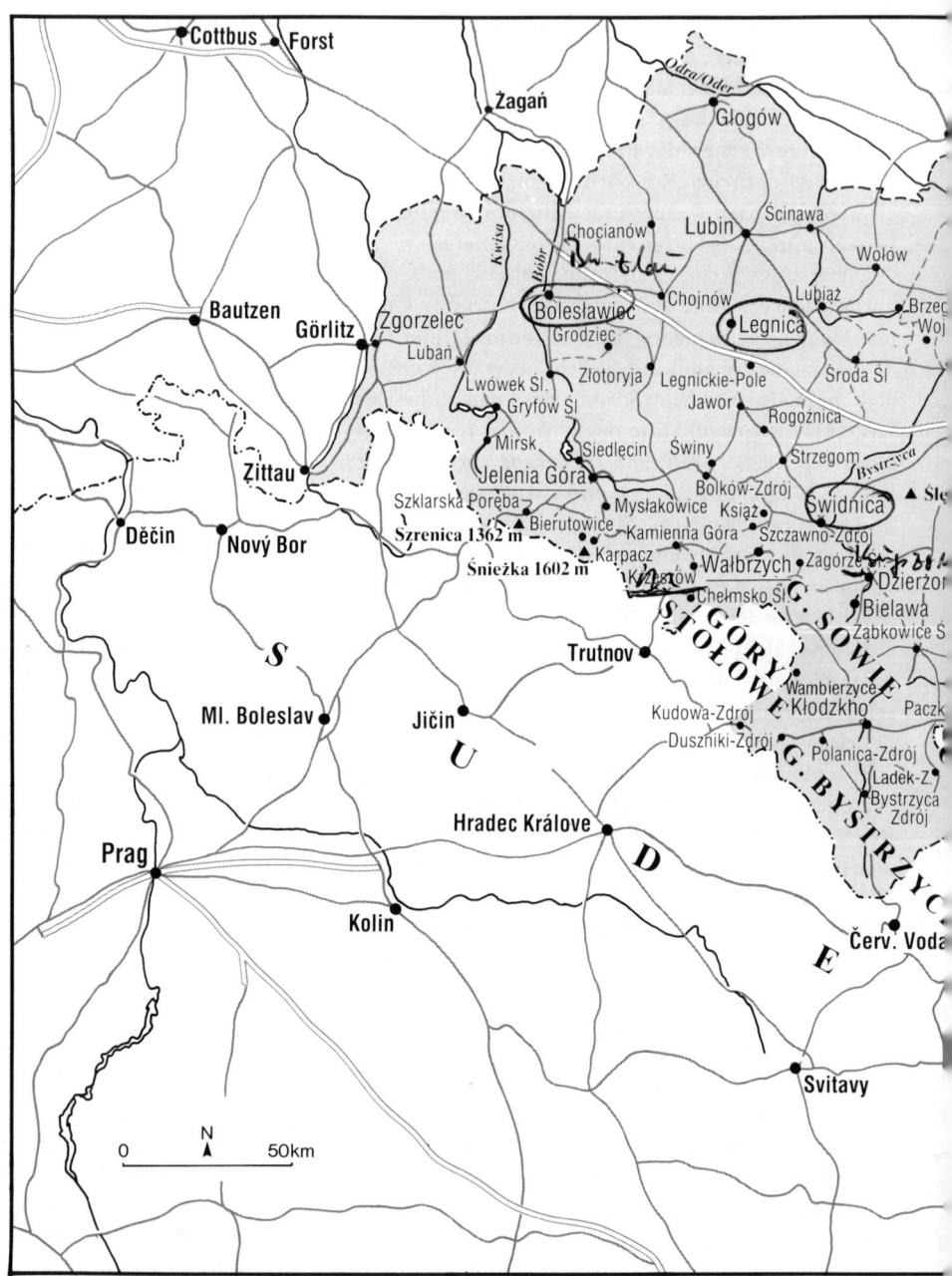

Cottbus • Forst

Żagań •

Odra/Oder

Głogów

Lubin • Ścinawa

Chocianów • Wołów

Bautzen • Görlitz • Zgorzelec • Chojnów • Lubiąż • Brzeg
Boleslawiec • Woj
Lubań • Grodziec • Legnica

Lwówek Śl. • Złotoryja • Legnickie-Pole • Środa Śl
Gryfów Sl • Jawor
Mirsk • Siedlęcin • Świny • Rogoźnica
Zittau • Jelenia Góra • Strzegom • Bystrzyca
Szklarska Poręba • Bolków-Zdrój
Déčin • Nový Bor • Bierutowice • Mysłakowice • Książ • Świdnica • Śle
Szrenica 1362 m • Kamienna Góra • Szczawno-Zdrój
Śnieżka 1602 m • Karpacz • Zagórze Śl. • Dzierżo
Kﬁﬃ;;ﬁﬁ • Wałbrzych • Bielawa
Chełmsko Śl. • GÓRY • Ząbkowice Ś
S • STOŁOWE • G. SOWIE

Trutnov • Wambierzyce • G. BYSTRZYC
U • Kudowa-Zdrój • Kłodzkho • Paczk
Ml. Boleslav • Jičín • Duszniki-Zdrój • Polanica-Zdrój
Lądek-Z.
Bystrzyca
Zdrój
Hradec Králove

Prag • D
Kolin

E • Červ. Voda

N
0 ▲ 50km

Svitavy

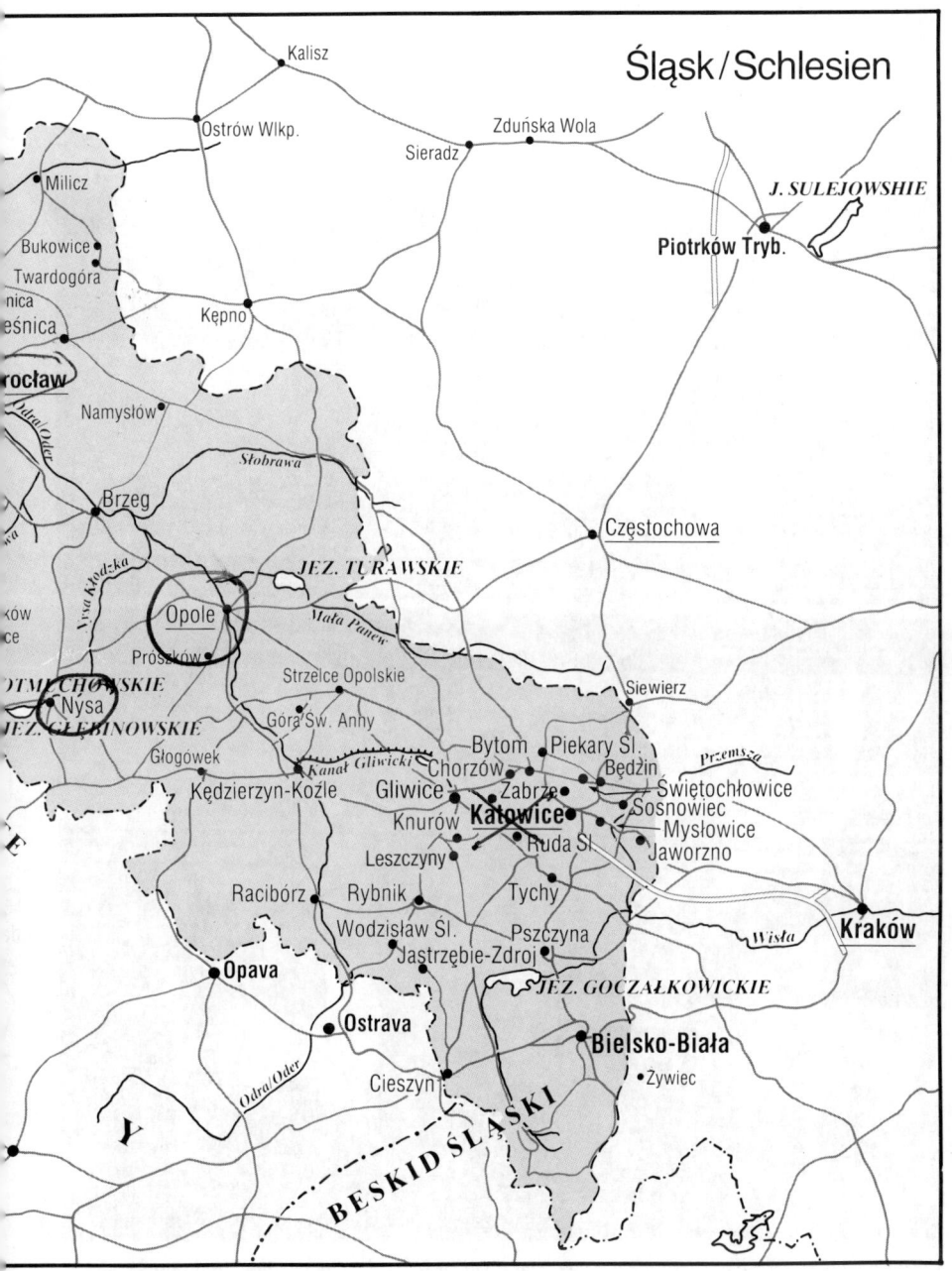

Śląsk / Schlesien

Kalisz

Ostrów Wlkp.

Zduńska Wola

Sieradz

J. SULEJOWSHIE

Milicz

Piotrków Tryb.

Bukowice

Twardogóra

nica

eśnica

Kępno

roclaw

Namysłów

Odra/Oder

Słobrawa

Brzeg

Częstochowa

Nysa Kłodzka

JEZ. TURAWSKIE

ów

ce

Opole

Mała Panew

Proszków

Siewierz

OTMUCHOWSKIE

Nysa

JEZ. GŁĘBINOWSKIE

Strzelce Opolskie

Góra Św. Anny

Głogówek

Kanał Gliwicki

Bytom

Piekary Śl.

Przemsza

Chorzów

Będzin

Świętochłowice

Kędzierzyn-Koźle

Gliwice

Zabrze

Sosnowiec

Knurów

Katowice

Mysłowice

Leszczyny

Ruda Śl.

Jaworzno

Racibórz

Rybnik

Tychy

Raciborz

Wodzisław Śl.

Pszczyna

Wisła

Kraków

Jastrzębie-Zdroj

Opava

JEZ. GOCZAŁKOWICKIE

Ostrava

Bielsko-Biała

Odra/Oder

Cieszyn

Żywiec

Y

BESKID ŚLĄSKI

Die Einnahme von Breslau durch Friedrich II. von Preußen 1757, Ölgemälde, Maler unbekannt

schen Staates unterwerfen, kam gleichzeitig aber in den Genuß der Stein-Hardenbergschen Reformen, die viel von der habsburgischen Rückständigkeit beseitigten.

Als Provinz Preußens und später des Deutschen Reiches nahm Schlesien teil an der explosiven Entwicklung im 19. Jh.: Schaffung der Großindustrie, Herausbildung moderner Klassenverhältnisse, Bevölkerungsexplosion, Verstädterung, Entwicklung des modernen Spektrums politischer Parteien. Der Versailler Vertrag von 1919, vor allem aber ein Völkerbundsbeschluß im Jahre 1921 zwangen Deutschland, einen wesentlichen Teil Oberschlesiens wieder an Polen abzutreten. Dreimal zwischen 1919 und 1921 hatten polnische Aufständische unter WOJCIECH KORFANTY für eine Teilung gekämpft. Seit dem Ende des Zweiten Weltkriegs ist Schlesien fast ausschließlich wieder Teil des polnischen Staates.

Nach den bitteren Erfahrungen der Vertreibung und Neuansiedlung, nach den Zeiten des Kalten Krieges und der Entspannungspolitik, nicht zuletzt aufgrund der Erfahrungen des deutschen Einigungsprozesses kommt Schlesien, d. h. insbesondere Oberschlesien, seit Anfang der 90er Jahre politisch mehr und mehr zur Ruhe. Dazu haben insbesondere die deutsch-polnischen Verträge über die Anerkennung der polnischen Westgrenze (1990), über gute Nachbarschaft und freundschaftliche Zusammenarbeit wie auch die politische Bewegungsfreiheit für die deutsche Minderheit beigetragen.

Heute umfassen die eingangs genannten Wojewodschaften eine Schlüsselregion Polens: das oberschlesische Industrierevier ist das Rückgrat der polnischen Volkswirtschaft, auch Niederschlesien (Wałbrzych, Lubin/Lüben, Głogów/Glogau) leistet industriell und landwirtschaftlich einen wichtigen Beitrag. Die Metropole Wrocław gehört zu den bedeutendsten kulturellen und wissenschaftlichen Zentren des Landes, die Sudeten und die Beskiden sind bei vielen Polen als Erholungsgebiet beliebt.

Viele Denkmäler, zumeist sorgsam restauriert oder nach historischem Vorbild rekonstruiert, geben einen lebendigen Eindruck von der wechselvollen Geschichte Schlesiens. So sind die Reste kultischer Bauten am Ślęża/Zobten, Schlesiens heiligem Berg, Zeugnisse sowohl heidnischer wie frühchristlicher Epochen. Romanische Bauten wie die Klosterkirche in Trzebnica oder das herrliche Portal an der Kirche der hl. Maria Magdalena in Wrocław erinnern an das Schlesien der polnischen Piasten. Gotische Zisterzienserklöster (das älteste in Lubiąż, s. S. 547) weisen auf die deutschen Einflüsse im 13. und 14. Jh. hin. Das schlesische Kunstschaffen stand im 14. Jh. auch unter böhmischem Einfluß, deutlich ist dies an einer Reihe von Sakralbauten (etwa der Pfarrkirche in Świdnica/Schweidnitz) nachweisbar sowie an der gotischen Grabplastik, die in der Tradition der Prager Przemyslidengräber steht. Schlesische Barockkunst brachte Bauwerke von europäischem Rang hervor (Universität in Wrocław), die kaum denkbar wären ohne die Rahmenbedingungen habsburgischer Herrschaft. Die Gegenreformation spornte die katholische Kirche zu ungewöhnlicher Bautätigkeit an, der erstarkende Adel ließ viele Schlösser bauen, wohlhabende Bürger überwanden die Kriegszerstörungen ihrer Städte. Die schönen Künste der Bildhauerei und Malerei schlossen sich dem Baueifer im 17. Jh. an. Der aufgeklärte Absolutismus Preußens schließlich, seine religiöse Toleranz gegenüber dem Protestantismus sowie die Sparsamkeit des Berliner Zentralismus waren die Voraussetzung klassizistischer Kunstformen in Schlesien.

Wrocław/Breslau

Die Wiege Breslaus stand auf der Ostrów Tumski/Dominsel. Archäologen haben hier die Überreste einer durch Erdwälle und Holzbefestigungen geschützten Fürstenburg und einer Siedlung aus dem 10. Jh. freigelegt.

Schon um 1000 ein wohlbekannter, befestigter Handelsplatz, entwickelt sich Wrocław im 12. Jh. mehr und mehr zur Metropole Schlesiens. Der Adlige PETER WLAST ließ damals eine Reihe aufwendiger Kirchenbauten errichten, von denen nur die kleine romanische Ägidius-Kirche neben der Kathedrale vollständig erhalten geblieben ist.

Die bis heute erkennbare städtebauliche Struktur des Zentrums von Wrocław ist das Resultat des Wiederaufbaus nach dem Mongolensturm im Jahre 1241: ein System rechtwinklig sich kreuzender Straßen mit dem Marktplatz in der Mitte. 1335 fiel Wrocław als erstes schlesisches Erbfürstentum unter die Herrschaft Böhmens. Die Stadt erlebte eine wirtschaftliche Blütezeit bis etwa 1420, als die Hussitenkämpfe auch auf Schlesien übergriffen. 1475 erschien hier der erste Druck in polnischer Sprache, aber auch die Germanisierung schritt voran. Von den gotischen Backsteinbauten des 14. und 15. Jh. sind vor allem das Rathaus und eine Reihe von Kirchen (Dom St. Johannes des Täufers auf der Dominsel, die Kirche St. Maria auf dem Sande, die Kirche St. Elisabeth) zu bewundern.

Als die Habsburger die Macht in Schlesien übernahmen, war die Mehrheit der Einwohner Wrocławs schon lutherischen Glaubens. Auch hier schritt die Gegenreformation zur Offensive, doch führte sie in Wrocław nicht zu einem derart militanten Gegeneinander wie anderswo. Handel und Wirtschaft hatten ihre feste Grundlage im heimischen Handwerk, das seit Mitte des 16. Jh. besonders durch die Leinenweberei bereichert worden war. Eine rege Bautätigkeit war für die österreichische Periode bestimmend. Im Stadtbild beeindrukken die Barockbauten dieser Zeit; so die Universität, zunächst als Jesuitenkolleg errichtet, auch verschiedene Stiftsgebäude und Bürgerhäuser. MARTIN OPITZ, ANGELUS SILESIUS und ANDREAS GRYPHIUS sind die Namen der bedeutendsten schlesischen Barockdichter, deren Schicksal mit Wrocław verbunden ist.

Die 1741 beginnende preußische Herrschaft brachte eine Belebung des Manufakturwesens, später, im 19. Jh., eine gewaltige Entwicklung der Industrie. Die Universität wurde vor allem nach dem Wiener Kongreß 1815 ein hervorragendes wissenschaftlich-kulturelles und politisches Zentrum; 1848 war sie einer der geistigen Mittelpunkte der polnischen Nationalbewegung in Preußen. In Wrocław kam am 13. 4. 1825 der deutsche Revolutionär FERDINAND LASSALLE zur Welt, der später den Allgemeinen Deutschen Arbeiterverein gründete. Auf dem jüdischen Friedhof der Stadt ist sein Grab mit einer Inschrift zu finden, die 1947 Vertreter der Polnischen Sozialistischen Partei anbringen ließen. Preußischer Klassizismus bestimmt das frühere Palais Hatzfeld, die Bischofsresidenz auf der Dominsel und die alte Börse.

Mit seinen 643 000 Einwohnern ist Wrocław heute die viertgrößte Stadt Polens. Diejenigen, die nach dem Zweiten Weltkrieg hier eine neue Heimat fanden, kamen aus allen Teilen Polens: aus den heute zur Ukraine, zu Weißrußland und Litauen gehörenden Gebieten jenseits des Bug, aus den zerstörten Städten und Dörfern Zentralpolens und schließlich aus den ärmeren Gegenden Südpolens. Sie mußten eine Stadt wiederaufbauen, die im Zentrum bis zu 90 % zerstört worden war. Das Wrocław von heute hat viele Gesichter. Nahezu 100 000 Menschen arbeiten in zwei Dutzend Großbetrieben, darunter die Waggonfabrik Pafawag, das Generatorenwerk Dolmel und die Autobusfabrik Jelcz. Die zehn akademischen Lehranstalten der Stadt zählen fast 40 000 Studenten. Zwei Disziplinen an der Universität genießen Weltruf: Mathematik und Germanistik. Thea-

Ferdinand Lassalle (1825–64); Stich von 1863

terfreunde in Ost und West kennen die Experimentierbühne des legendären JERZY GROTOWSKI und die phantastischen Schöpfungen des Pantomimetheaters von HENRYK TOMASZEWSKI. Musikliebhaber pilgern alljährlich zu Festivals wie ›Wratislavia Cantans‹ und ›Jazz an der Oder‹. Wrocław ist auch eine Stadt der Bibliotheken; die nach dem Krieg aus Lwów hierher überführte Ossoliński-Nationalbibliothek besitzt viele Raritäten, Erstausgaben der National- und Weltliteratur sowie Manuskripte der Werke der beiden bedeutendsten polnischen Dichter der Romantik, ADAM MICKIEWICZ und JULIUSZ SŁOWACKI. Guten Gewissens kann Wrocław mit seinen ausgedehnten Grünanlagen, Polens größtem Zoologischen Garten und der Pflanzenwelt des Botanischen Gartens als ›grüne Stadt‹ bezeichnet werden. Insgesamt haben es die Bewohner von Wrocław geschafft, viel wertvolle Bausubstanz zu sichern und zu restaurieren. Allerdings wird jeder, der insbesondere das Stadtzentrum zur Kenntnis nimmt, die ins Auge springenden Widersprüche nicht verschweigen können, so vor allem das sehr uneinheitliche Bild historischer und neuer Bauten ohne jedes gestalterische Prinzip, aus Bebauung und öden Freiflächen, aus nebeneinanderstehenden Bauwerken kraß unterschiedlicher Höhe.

Im Herzen der Stadt, von der Kreuzung ul. Świdnicka und ul. Oławska aus, bietet sich der schönste Blick auf Wrocławs gotisches **Ratusz/Rathaus** (1), bis heute das unverwechselbare Wahrzeichen der Stadt (Abb. 69). Bei der Anlage des Rynek/Großen Marktplatzes hatte man 1242 auch den Bau des Rathauses begonnen, 1261 wird bereits der Ratsturm erwähnt, ab 1299 errichtete man die Tuchhallen, den Ratskeller und die Ratsstube. In den Jahren 1343–57 erfolgte der Bau des eigentlichen Rathauses, dessen Ausgestaltung sich noch bis in die zweite Hälfte des 16. Jh. hinzog. Restaurierungen waren notwendig in den Jahren 1884–91 und 1933–38 sowie besonders nach den Zerstörungen durch den Zweiten Weltkrieg (1949–62). (Lageplan S. 536)

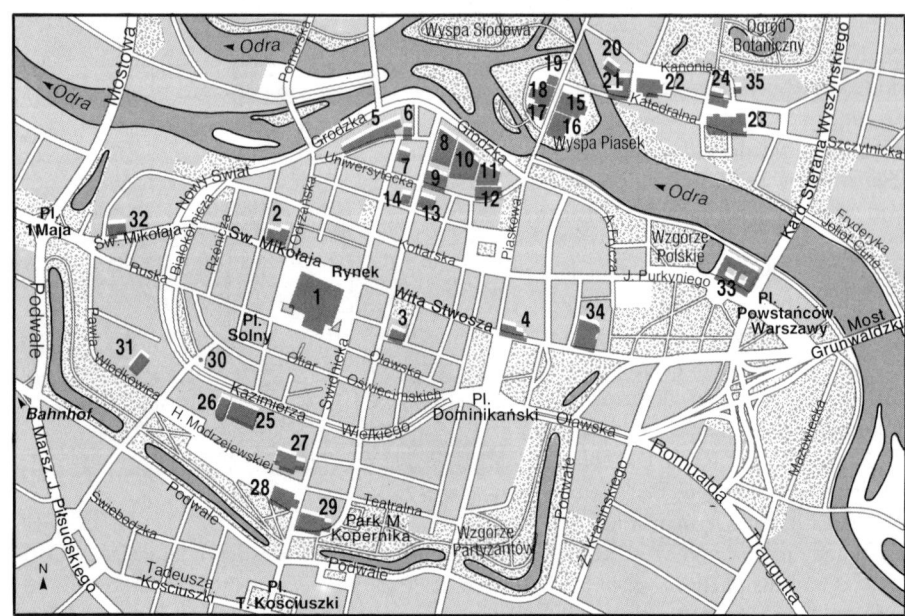

Wrocław/Breslau 1 Ratusz/Rathaus 2 Kościół św. Elżbiety/Kirche St. Elisabeth 3 Kościół św.
Marii Magdaleny/Kirche St. Maria Magdalena 4 Kościół św. Wojciecha/Kirche St. Adalbert 5 Uni-
wersytet/Universität 6 Kościół Uniwersytecki/Universitätskirche 7 Instytut Antropologii/Anthro-
pologisches Institut 8 Biblioteka im. Ossolińskich/Ossoliński-Nationalbibliothek 9 Kościół św.
Macieja/Kirche St. Matthias 10 Mauzoleum Piastów Wrocławskich/Mausoleum der Piastenfürsten
Wrocławs 11 Instytut Filologii/Philologisches Institut 12 Kościół św. Wincentego/Kirche St. Vinzenz
13 Kamienica Piastów Opolskich/Haus der Oppelner Piasten 14 Kamienica Piastów Legnicko-Brze-
skich/Haus der Liegnitz-Brieger Piasten 15 Kościół Najświętszej Marii Panny Na Piasku/Kirche der
Allerheiligsten Jungfrau Maria auf dem Sande 16 Biblioteka Uniwersytecka/Universitätsbibliothek
17 Cerkiew ś.ś. Cyryla, Metodego i Anny/orthodoxe Kirche der Hll. Cyryl, Metod und Anna
18 Budynek Poklasztorny Augustianek/ehem. Klostergebäude der Augustinerinnen 19 Były Szpital
św. Anny/ehem. Bürgerhospital der hl. Anna 20 Kościół św. Marcina/Kirche St. Martin 21 Kościół
ś.ś. Piotra i Pawła/Kirche St. Peter und Paul 22 Kościół św. Krzyża/Kreuzkirche 23 Katedra św.
Jana Chrzciciela/Kathedrale Johannes des Täufers 24 Kościół św. Idziego/Ägidiuskirche 25 Muzeum Archeologiczne i Muzeum Etnograficzne/Archäologie- und Volkskundemuseum 26 Kościół
Opatrzności Bożej/Kirche der Vorsehung Gottes 27 Kościół św. Doroty i św. Stanisława/Kirche St.
Dorothea und St. Stanislaus 28 Opera 29 Kościół Bożego Ciała/Corpus-Christi-Kirche 30 Pl. Bohaterów Getta/Platz der Helden des Ghettos 31 Synagoga Pod Białem Bocianem/Synagoge zum Weißen Storch 32 Kościół św. Barbary/Kirche St. Barbara 33 Muzeum Narodowe/Nationalmuseum
34 Muzeum Architektury/Architekturmuseum 35 Muzeum Archidiecezjalne/Diözesanmuseum

Ein Renaissancehelm krönt den weithin sichtbaren, 66 m hohen Rathausturm, und besonders die Ost- und Südfassade sind durch reichen architektonischen und bildhauerischen
Zierat im Stil der Gotik und Spätgotik geschmückt. Den Mittelgiebel der östlichen Fassade
mit seinen Spitztürmchen und dem kunstvollen Maßwerk, 1471 bis 1504 entstanden, hat

man einmal ein ›Bravourstück des Mittelalters‹ genannt, darunter prangt das große vierekkige Zifferblatt der astronomischen Uhr aus dem Jahre 1580. Den Kapellenerker tragen zwei Frauengestalten; überall in den Ecken der Fenster kauern wie kleine Kobolde Tier- und Menschengestalten aus Stein. Die künstlerische Gestaltung des Südosterkers besorgte der Görlitzer Bildhauer BRICCIUS GAUSSKE, die Kragsteine zeigen das Haupt Johannes des Täufers und die hl. Jungfrau Maria. Vogteigiebel und Mittelerker dominieren die Südfassade, deren reiches Schnitzwerk aus der zweiten Hälfte des 15. Jh. stammt. Die Aushöhlungen der Gesimse enthalten kleine Skulpturen, die eine Art ›steinerne Stadtchronik‹ bilden.

In das Innere des Rathauses gelangt man von der Westseite her; in der Vorhalle finden sich Reste von Renaissancewandmalereien, die während der Restaurierungsarbeiten vor dem Zweiten Weltkrieg zum Vorschein kamen. Die sich anschließende zweischiffige, durch fünf spitzbogige Arkaden geteilte *Bürgerhalle* gehört zu den ältesten Abschnitten des Rathauses, wurde aber 1616 grundlegend umgebaut. Bemerkenswert sind in der 1299 gebauten Vogtstube zwei Renaissanceportale, die in die Grüne Stube und die Bürgermeisterstube führen. Die Wände der *Ratsstube* bedeckte ein Renaissancetafelwerk mit reichen Intarsien, das während des Zweiten Weltkriegs weggebracht wurde und seitdem vermißt wird. Darüber hängen zwei Gemälde von MICHAEL WILLMANN, einem schlesischen Maler des 17. Jh. Durch ein gotisches Steinportal von 1428 betritt man die Kanzlei des Stadtschreibers, die ein spätgotisches Gewölbe mit farbig gefaßten Schlußsteinen besitzt.

Der aus drei Schiffen bestehende *Remter* im Obergeschoß ist der größte und schönste Saal des Rathauses. Die prächtigen Schlußsteine der Kreuzrippengewölbe zeigen christliche Motive, Pflanzen- und Tiergebilde, Porträts bekannter Bürger und Wappen: die polnischen Piastenadler, die Wappen Schlesiens und Böhmens. Auffallend ist dort auch ein Mittelerker, dessen Innenraum mit reichem Schnitzwerk gestaltet ist.

Die Ostwand der *Ratsältestenstube* ist mit einem Tafelwerk aus Esche versehen, geschmückt mit Intarsien aus Eiche. In der *Schatzkammer* findet sich ein kunstvolles Sterngewölbe, dessen Schlußstein das Wappen des Königs WŁADYSŁAW II. JAGIEŁŁO trägt. Der *Fürstensaal* schließlich zeigt ein kunstvolles Kreuzrippengewölbe, das sich auf eine Mittelsäule stützt, deren Kapitell mit figürlichen und pflanzlichen Motiven geschmückt ist. Vor der Westfassade des Rathauses steht seit 1956 das aus Lwów hierher überführte Denkmal des polnischen Komödiendichters ALEKSANDER FREDRO (1798–1876) genau auf jenem Platz, den früher ein Standbild FRIEDRICH DES GROSSEN eingenommen hatte. Hier war im März 1945 der Breslauer Bürgermeister SPIELHAGEN standrechtlich erschossen worden, weil er sich gegen die sinnlosen Durchhalteparolen der Nationalsozialisten gewandt hatte.

Der polnischen Denkmalpflege ist es zu verdanken, daß der *Rynek/Große Marktplatz* und der im Südwesten angrenzende *Plac Solny/Salzmarkt* heute wieder jenes Bild zeigen, das ihnen schon um 1800, also vor den Entstellungen des 19. und 20. Jh. zu eigen gewesen war und das vor allem durch die Bürgerhäuser aus Gotik und Renaissance, Barock und Klassizismus geprägt wird (Farbabb. 3). An der Westseite sind dies besonders das ›Greifenhaus‹, Haus Nr. 8, dessen Giebel 1587 vom Breslauer Stadtbaumeister FRIEDRICH GROSS gestaltet worden war; die Häuser ›Zur Blauen Sonne‹, Haus Nr. 7, und ›Zur Goldenen Sonne‹, Haus

Aufriß der Häuserfront am Solny-Platz

Nr. 6, die böhmischen und habsburgischen Herrschern bei Besuchen als Quartier dienten; sowie das Haus ›Zu den Sieben Kurfürsten‹, Haus Nr. 8, in dem heute die Buchhandlung des polnischen Verlages Ossolineum untergebracht ist. Die sorgfältig restaurierten Häuser Nr. 20 und 21 an der Südseite, gegenüber dem FREDRO-Denkmal, waren lange Zeit in Besitz der Augsburger FUGGER. Den Salzmarkt dominiert der im Süden stehende sehenswerte neoklassizistische Bau der Alten Börse, in den Jahren 1822–24 unter der Leitung von CARL FERDINAND LANGHANS errichtet.

Vom Marktplatz aus ist der Weg nicht weit zu den drei bedeutenden gotischen Sakralbauten Wrocławs, der Kirche St. Elisabeth in der ul. św. Mikołaja, der Kirche der hl. Maria Magdalena in der ul. Szewska sowie der Kirche des hl. Adalbert in der ul. św. Katarzyny.

Der Bau der **Kościól św. Elżbiety/Kirche St. Elisabeth** (2) wurde etwa um 1330 begonnen; der Chor war 1631 vollendet, das Langhaus und die Kapellen aber erst 1380; die Arbeiten am seitlich stehenden Turm zogen sich bis ins 16. Jh. hinein. Die sechsjochige, steil hochgezogene Basilika ist am Langhaus vollständig von Kapellen umgeben, auf das eingezogene Querhaus folgt der dreischiffige, dreiapsidiale Chor. Zwei Brände im September 1975 und Juni 1976 haben der Kirche schweren Schaden zugefügt. Große Teile der Innenausstattung wurden dabei zerstört, so die herrliche Barockorgel von 1750–51, ein Werk des bedeutenden schlesischen Orgelbauers MICHAEL ENGLER, das spätgotische Sakramentshäuschen (1453–55) von JODOCUS TAUCHEN, das Chorgestühl vom Anfang des 16. Jh. sowie die kunstvolle Kanzel aus dunklem italienischem Marmor. Der Marienaltar der Elisabethkirche, 1470–80 von einem deutschen Meister unter dem Einfluß von VEIT STOSS gestaltet, einer der bedeutendsten spätgotischen Schnitzaltäre, befindet sich heute im Warschauer Natonalmuseum, ebenso eine farbig gefaßte Skulptur (1460–70), die die Verkündigung darstellt. Einige wichtige gotische Skulpturen blieben in der Eliabethkapelle erhalten: eine Kreuzigungsgruppe, um 1400 vom Breslauer Ratsherrn DYTWIN DUMLOSE gestiftet, und die Figur der hl. Barbara; desgleichen zwei Epitaphien für den Kaiserlichen Rat HEINRICH VON RYBISCH (1544) und den Breslauer Ratsherrn NICOLAUS JENCKWITZ. In den sich über Jahre hinziehenden Wiederaufbauarbeiten sind bislang der Turm, dessen Helm in Renaissancegestalt sowie das Dach des Kirchenschiffs erneuert worden.

Der Bau der **Kościół św. Marii Magdaleny/Kirche St. Maria Magdalena** (3) wurde mit Ausnahme der Türme und Kapellen im Jahre 1362 vollendet, das Westportal entstand gegen Ende des 14. Jh. Die sechsjochige Basilika hat einen durch alle drei Schiffe flach geschlossenen Chor, im Westen erhebt sich ein mächtiger Doppelturm. Die Südfassade der Kirche ziert Wrocławs wertvollstes Denkmal aus romanischer Zeit, das *Portal* aus dem Kloster des hl. Vinzenz auf dem Elbing (Ołbin), 1546 nach dem Abriß der dortigen Stiftskirche hier eingefügt; ein Archivoltenbogen zeigt die Lebensgeschichte Christi (Abb. 72). Auf dem Tympanon (Original im Muzeum Architektury/Architekturmuseum) sind der Tod Mariens und die Kreuzabnahme dargestellt. Das Portal entstand zwischen 1193 und 1200.

Außen an der Kirche fällt weiterhin die Vielzahl gut erhaltener Grabdenkmäler auf; die schönsten Epitaphien sind das der MARGARETHE IRMISCH (1518) und das des Breslauer Kantors OSWALDUS WINCHLER (1517). Im Kircheninnern sind die Kanzel (JAKOB GROSS, 1581) und der Taufstein (JOHANNES LAUBESSER, 1576) sehenswert. Das Gotteshaus ist seit dem 27. 5. 1972 Kathedrale der sogenannten Polnisch-Katholischen Kirche; ihre kleine Gemeinde bezeichnete man früher auch als Altkatholiken.

Mit dem Bau der **Kościół św. Wojciecha/Kirche St. Adalbert** (4) hatte man schon nach dem Mongolensturm begonnen, aber erst 1330 konnte das Gotteshaus geweiht werden. An das einschiffige Langhaus mit Querhaus schließt sich ein dreischiffiger basilikaler Chor an; der Westgiebel wurde 1492 mit durchlaufenden Fialen und weiß verputzten Blenden dem Langhaus vorgesetzt. Die Adalbertkirche besitzt eine prachtvolle Barockkapelle, die in den Jahren 1715–30 durch den Baumeister BENEDIKT MILLER ausgeführt wurde. Der aus Marmor und Alabaster gestaltete Sarkophag ist ein Werk des Schweidnitzer Bildhauers LEONHARD WEBER von 1725, allegorische Gestalten der Stärke, der Gerechtigkeit, der Mäßigung und der Weisheit tragen die Sarkophagplatte.

Zwischen den Kirchen der hl. Maria Magdalena und des hl. Wojciech findet man in der ul. Wita Stwosza Nr. 31 das ehemalige *Pałac Hatzfeldów/Palais Hatzfeld*, 1765–76 unter der Leitung von CARL GOTTHARD LANGHANS errichtet. Der Säulenportikus und die Einfahrtshalle sind nach schweren Kriegsschäden restauriert oder durch moderne Anbauten ersetzt worden, Foyer und Treppenhaus lassen den früheren Glanz erahnen. Das Gebäude beherbergt heute eine Galerie für zeitgenössische Kunst.

Ausgangspunkt für weitere Erkundungen ist der Pl. Uniwersytecki am Nordrand der Altstadt, nahe des Oder-Ufers. Hier steht der *Fontanna Rzeźba Szermierza/Fechterbrunnen* (1904) von HUGO LEDERER. Das imposante Barockgebäude der **Uniwersytet/Universität** (5), die auf eine Stiftung Kaiser LEOPOLD I. im Jahre 1702 zurückgeht und – wahrscheinlich nach Plänen italienischer Architekten – 1728–40 errichtet wurde, diente bis 1811 als Residenz des Breslauer Jesuitenordens, als hier die von Frankfurt/Oder nach Wrocław verlegte Friedrich-Wilhelm-Universität Quartier nahm. Der asymmetrische astronomische Turm dominiert die Oder-Front des langgestreckten Baus. Vier allegorische Standbilder, von FRANZ JOSEPH MANGOLD geschaffen, versinnbildlichen die vier ehemaligen Fakultäten: kanonisches Recht, Theologie, Astronomie und Medizin. Die dem Stadtzentrum zugewandte Südfassade der Universität ziert ein prächtiges Barockportal. Auf der Balkonbrüstung über dem Portal finden sich vier Sandsteinfiguren von JOHANN ALBRECHT SIEGWITZ, die die sogenannten Kardinaltugenden Gerechtigkeit, Mäßigung, Stärke und Weisheit symbolisieren. Berühmt wurde die Breslauer Universität durch den schönsten ihrer vielen Repräsentationsräume, die in den Jahren 1731–32 von CHRISTOPH HANDTKE und wiederum FRANZ JOSEPH MANGOLD gestaltete *Aula Leopoldina* (Farbabb. 2). Drei Motive bestimmen die Ausgestaltung dieses Barocksaals, die Reihe von Kaiserstandbildern war als Huldigung an das Herrscherhaus gemeint, das Deckengemälde zeigt die Entstehung aller Wissenschaften nach christlicher Vorstellung (Bilder berühmter Gelehrter zieren die Fensterlaibungen), die Büste des Landeshauptmanns SCHAFFGOTSCH stellt den Bezug zu Schlesien her.

Direkt neben dem Universitätsgebäude steht die frühere Kościół Imienia Jezus/Jesuitenkirche, heute **Kościół Uniwersytecki/Universitätskirche** (6), die nach dem Vorbild von Il Gesú in Rom 1689–98 errichtet wurde. Das riesige Deckengemälde – sein Thema ist wie das gesamte ikonographische Programm der Altäre sowie der Wand- und Deckenfresken der Verherrlichung Christi gewidmet – wurde 1704–06 von JOHANN MICHAEL ROTTMAYER geschaffen, einem der bedeutendsten deutschen Freskomaler des Spätbarocks.

Ebenfalls am Pl. Uniwersytecki steht das frühere jesuitische Josephskonvikt, später Steffens-Haus genannt, heute das Gebäude des **Instytut Antropologii/Anthropologischen Instituts** (7); hier hielt der aus Norwegen stammende Philosophie-Professor HEINRICH (HENRIK) STEFFENS am 8. 2. 1813 seine berühmte Rede, in der er die Studenten und Bürger Breslaus zum Kampf gegen NAPOLEON aufforderte.

Wrocławs Ruf als Stadt wertvoller Büchersammlungen begründet vor allem die **Biblioteka im. Ossolińskich/Ossoliński-Nationalbibliothek** (8), die im ehemaligen Matthias-Stift (ul. Szewska Nr. 37) untergebracht ist. Der barocke Bau, zwischen 1675 und 1715 entstanden, beherbergte ursprünglich die Katholische Schule der Jesuiten, die Keimzelle der Universitas Leopoldinae; über einem Erdgeschoß mit rustizierter Fassade erheben sich zwei zur Oder-Front mit Giebeln bekrönte Flügelbauten, verbunden durch einen niedrigen Mitteltrakt mit Kuppel und Laterne.

Von der Nationalbibliothek nicht weit entfernt, stadteinwärts in der ul. Szewska, steht die gotische **Kościół św. Macieja/Kirche St. Matthias** (9) aus dem 13. Jh., davor auf dem Kirchenvorplatz eine der beiden *Posągi Nepomuka/Nepomuk-Säulen* von JOHANN GEORG URBAŃSKI (1723). Im früheren Ursulinenkloster (1699–1701), heute Sitz einer von Nonnen geführten höheren Schule, am Oder-Ufer neben dem Ossolineum gelegen, findet man das **Mauzoleum Piastów Wrocławskich/Mausoleum der Piastenfürsten Wrocławs** (10). Das sich anschließende ehemalige Norbertanerkloster (ursprünglich gotisch, im 17. Jh. umgebaut) beherbergt das **Instytut Filologii/Philologische Institut** (11) der Universität. Das dreigeschossige Klostergebäude stößt an die Nordseite der **Kościół św. Wincentego/Kirche St. Vinzenz** (12), ursprünglich eine spätromanische Basilika, die im 14. Jh. zur gotischen Hallenkirche umgebaut, 1530 anstelle des abgetragenen Klosters auf dem Elbing (Ołbin) den Prämonstratensern zugewiesen und dann erst dem hl. Vinzenz geweiht wurde. Gegenüber der Matthiaskirche, an der Kreuzung der ul. Szewska/ul. Uniwersytecka, stehen zwei ehemalige Stadtpalais, das **Kamienica Piastów Opolskich/Haus der Oppelner Piasten** (13) von

1532 und das **Kamienica Piastów Legni-cko-Brzeskich/Haus der Liegnitz-Brieger Piasten** (14) (1336–1675), letzteres mit schöner Renaissancefassade.

Die **Kościół N. Marii Panny Na Piasku/ Kirche der Allerheiligsten Maria auf dem Sande** (15), genannt Sandkirche, erreicht man über die Most Piaskowy/Sandbrücke. Das zwischen 1334 und 1390 errichtete Got-

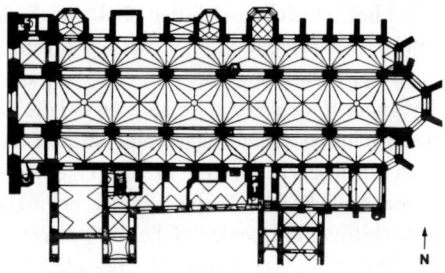

Grundriß der Kirche der Allerheiligsten Maria auf dem Sande

testhaus enthält noch Bestandteile einer frü-heren romanischen Kirche. Um 1150 hatte man das Augustinerchorherren-Stift vom Zobten hierher auf die Sandinsel verlegt. Die dreischiffige sechsjochige Kirche ist ein wichti-ges Glied in der Entwicklung des Hallenbaus in Schlesien: die längsgerichtete Pfeilerbil-dung, die Gewölbeformation, die unmittelbar sich anschließenden Chöre und die ineinan-dergezogenen Apsiden schaffen eine stark dominierende Ost-West-Achse. Über dem Sakri-steieingang der 1369 geweihten Kirche befindet sich ein romanisches Tympanon. Das Relief zeigt die Gottesmutter mit dem Jesuskind sowie die knienden Gestalten der Kirchenstifte-rin, PETER WLASTS Witwe MARIA mit einem Modell der ältesten Sandkirche, und ihres Sohnes SWENTLOSLAUS. Zur Innenausstattung gehören mehrere, sehr schöne gotische Flü-gelaltäre sowie ein altes, mit Szenen aus dem Leben Christi verziertes Taufbecken.

Den Bau des Augustinerchorherren-Stifts 1709–15 leitete der Breslauer Baumeister JOHANN-GEORG KALKBRENNER. Die seit 1811 hier untergebrachte Biblioteka Uniwersy-tecka/Universitätsbibliothek (16) ging 1945 in Flammen auf. Sie wurde bis 1958 wieder auf-gebaut und besitzt allein aus der Zeit vor 1800 rund 225 000 Bände. Darüber hinaus findet sich hier eine der größten Sammlungen deutscher Bücher außerhalb des deutschen Sprach-raums. Der Sandkirche gegenüber stehen die **Cerkiew ś.ś. Cyryla, Metodego i Anny/ Orthodoxe Kirche der Hll. Kyrill, Method und Anna** (17) von 1687–90, das aus dem 18. Jh. stammende frühere **Budynek Klasztorny Augustianek/Klostergebäude der Augustinerinnen** (18) und schließlich das frühere **Szpital św. Anny/Bürgerhospital der hl. Anna** (19) mit einem originellen gotischen Zwillingsportal und dem Grabstein des Stif-ters der Marienkirche, des Abtes JOHANN VON PRAG (gest. 1386). Die Most Tumski/Dom-brücke führt auf die Dominsel, jenen historischen Boden, auf dem Breslaus erste Ansied-lung entstanden war. Die kleine romanische **Kościół św. Marcina/Kirche St. Martin** (20) aus dem 13. Jh. war vermutlich die Kapelle der ältesten Piastenburg. Nebenan erhebt sich ein *Denkmal* für Papst JOHANNES XXIII. aus dem Jahre 1968, übrigens das einzige Denk-mal, das diesem Papst gesetzt worden ist. An der Dombrücke steht die kleine gotische **Kościół ś.ś. Piotra i Pawła/Kirche St. Peter und Paul** (21), ihr schönes Gewölbe wird von einer Mittelsäule getragen. Der Kirche vorgelagert ist das sogenannte *Orphantropheum/ Waisenhaus*, ein kraftvoller Barockbau, der in den Jahren 1702–15 unter der Leitung von JOHANN BLASIUS PEITNER errichtet wurde.

Schließlich richtet sich der Blick auf die hochragende **Kościoł św. Krzyża i św. Bartło-mieja/Kreuzkirche** (22), Wrocławs älteste gotische Hallenkirche (1288–1350) und damit auch der Gründungsbau gotischer Sakralarchitektur in Schlesien. In dem relativ kurzen Langhaus finden sich erstmalig sowohl die flachen schlesischen Schiffspfeiler als auch in den Seitenschiffen die Springgewölbe, die auf die Lage zweier Fenster in einem weitgespannten Joch hin ausgerichtet sind. Höchst eigenwillig stellt sich die Querhaus- und Choranlage mit drei abschließenden Polygonen dar, ebenso die Existenz einer Unterkirche, wiederum eine dreischiffige fünfjochige Halle. Im Altarraum der Kreuzkirche stand bis 1945 das Grabmal HEINRICH IV. VON WROCŁAW (reg.1270–90), das sich heute im Nationalmuseum befindet. Die Nordwand enthält ein frühgotisches Tympanon (um 1350) mit den Figuren des Stifter-ehepaares HEINRICH IV. und seiner Gemahlin MECHTHILD. Vor der Kreuzkirche steht das zweite *Pomnik św. Nepomuka/Denkmal des hl. Nepomuk* (Abb. 70), eine von JOHANN GEORG URBAŃSKI geschaffene und 1732 von JOHANN ALBRECHT SIEGWITZ vollendete Säule.

Durch die ul. Katedralna, vorbei am klassizistischen erzbischöflichen Palais von 1795, führt ein Weg zum **Katedra św. Jana Chrzciciela/Dom St. Johannes des Täufers** (23), ein gotischer, anstelle eines romanischen Gotteshauses zwischen 1244 und 1419 errichteter Bau. 1945 fast vollständig zerstört und heute wiederhergestellt, zeigt die Kathedrale den Typus einer frühgotischen dreischiffigen Basilika mit zwei Türmen sowie einem verlänger-ten Chor mit Umgang. An der Außenwand des nördlichen Seitenschiffes steht die Kopie der *Sandsteinfigur Johannes des Täufers,* nach Bruchstücken und Fotos des um 1160–70 entstandenen und 1945 schwer beschädigten Originals angefertigt, das sich heute im Muzeum Archidiecezjalne/Diözesanmuseum befindet. Dort werden auch die Seitenaltäre des ursprünglich fünfflügeligen *Hochaltars* von BARTHOLOMÄUS FICHTENBERGER aufbe-wahrt. Sowohl Schrein als auch Flügel sind mit kostbaren Silbertreibarbeiten des Breslauer Goldschmieds PAUL NITSCH (1573–1609) versehen; die restlichen Altarteile sind verschol-len. Zu den frühesten Renaissancewerken in Schlesien zählt die *Rahmung des Sakristeipor-tals* im südlichen Chorumgang aus dem Jahre 1517 (Abb. 71); gestelzte Pilaster tragen einen Bogen, über dem Gesims befindet sich ein rundbogig überdachtes Relief, das die Enthaup-tung Johannes des Täufers und den knienden Bischof JAN TURZON als Stifter darstellt.

Vom nördlichen Kirchenschiff führt der Eingang zur Kapelle Johannes des Täufers, in der ein Fragment vom Grabmal des Bischofs TURZON (die Platte des Sockels mit der Figur des Verstorbenen) erhalten geblieben ist. TURZON, Humanist und Kunstmäzen, starb 1520, sein Grabmal wurde 1537 errichtet. Dem Chor sind drei weitere Kapellen angeschlossen; links die Kurfürstenkapelle, von dem berühmten Wiener Hofarchitekten JOHANN BERNHARD FISCHER VON ERLACH 1716–24 im Barockstil mit illusionistischen Fresken ausgestattet; in der Mitte die gotische Marienkapelle (um 1350) mit dem Sarkophag des Bischofs von Wroc-ław, PRZESLAU VON POGARELL (gest. 1376); rechts die Elisabethkapelle mit einem Marmor-altar (1700) und dem Grabmal des Kardinals FRIEDRICH VON HESSEN-DARMSTADT. Die Dom-orgel, die ehemalige Orgel der Jahrhunderthalle, gilt als die größte Polens. Seit Anfang 1992 bietet die Kathedrale ein ungewöhnliches Bild: Steil ragen die neuen überschlanken, dem gotischen Vorbild nachempfundenen Turmspitzen mit einer Höhe von 96 m in den Himmel.

Tympanon aus dem Benediktinerkloster auf dem Elbing (Nationalmuseum)

Neben dem Dom steht die spätromanische **Kościół św. Idziego/Kirche des hl. Ägidius** (24) aus der ersten Hälfte des 13. Jh., heute die älteste erhalten gebliebene Kirche Breslaus. Das ehemalige Pałac Spaetgenów/Palais Spätgen in der ul. Kazimierza Wielkiego, nach 1720 im barocken Stil errichtet und später nach einem Umbau zeitweise Residenzschloß FRIEDRICH DES GROSSEN, beherbergt heute das **Muzeum Archeologiczne i Etnograficzne/Archäologie- und Volkskundemuseum** (25). In der gleichen Straße steht die **Kościół Opatrzności Bożej/Kirche der Vorsehung Gottes** (26), ein Barockbau von 1750, der Vorbild für viele andere evangelische Kirchen in Schlesien gewesen ist. Östlich des Schlosses gelegen ist die gotische **Kościół św. Doroty i św. Stanisława/Kirche St. Dorothea und St. Stanislaus** (27) aus dem 14. Jh., ausgestattet mit schönen barocken Altären. 1524 brachte hier eine öffentliche Diskussion den Durchbruch für die Reformation in Wrocław. Die klassizistische **Opera/Oper** (28) in der ul. Świdnicka ist ein Werk von CARL FERDINAND LANGHANS, 1841 wurde hier das damalige Stadttheater mit einer Aufführung von ›Egmont‹ eröffnet. Gegenüber steht die **Kościół Bożego Ciała/Corpus-Christi-Kirche** (29) des Johanniterordens (14. Jh.). Der **Pl. Bohaterów Getta/Platz der Helden des Ghettos** (30), früher Karlsplatz, mit einem Denkmal zu Ehren der Aufständischen des Warschauer Ghettos war vor 1933 Mittelpunkt jüdischen Stadtlebens in Wrocław; die jüdische Gemeinde der Stadt zählte damals zu den größten in Deutschland. Nicht weit von hier stand das Geburtshaus FERDINAND LASSALLES. Die **Synagoge Pod Białem Bocianem/Syn-**

agoge zum Weißen Storch (31), 1827–29, in einem Hinterhof in der ul. Włodko-wica/Wallstraße Nr. 5/6, wird seit Anfang 1992 restauriert. Am 24. Mai 1975 wurde auch der *Cmentarz Zydowski/Jüdische Friedhof* in der ul. Ślęźna/Lohestraße 37–39 ins Verzeichnis der Sehenswürdigkeiten Breslaus aufgenommen. Die **Kościół św. Barbary/Kirche St. Barbara** (32) in der ul. św. Mikołaja, gegen Ende des 14. Jh. errichtet, beherbergte früher den großartigen doppelflügeligen Barbaraaltar aus dem Jahre 1447, der im Warschauer Nationalmuseum zu besichtigen ist.

Wrocław war schon im 19. Jh. eine Stadt der Museen. Das **Muzeum Narodowe/National-museum** (33) findet man am Plac Powstańców Warszawy Nr. 5. Es verfügt über eine bedeutende Sammlung mittelalterlicher Stein- und Holzplastik sowie Tafelmalerei. Berühmt ist das Tympanon aus dem Benediktinerkloster auf dem Elbing vom Ende des 12. Jh., desgleichen die Grabtumba HEINRICHS IV. (vor 1300). Ausgestellt sind hauptsächlich Werke schlesischer Kunst der Neuzeit sowie Arbeiten polnischer und ausländischer Maler.

Das **Muzeum Architektury/Architekturmuseum** (34) in der ul. Bernardyńska Nr. 5, das ehemalige Bernhardinerkloster, ist der Architekturgeschichte vom Mittelalter bis heute und der Bauplastik gewidmet. Wertvollstes Stück der Sammlung ist das sogenannte Jaxa-Tympanon von 1162 aus diesem Kloster, das älteste derartige Werk in Polen.

Das **Muzeum Archidiecezjalne/Diözesanmuseum** (35) in der ul. Kanonia Nr. 12 zeigt sakrale Kunst von der Romanik bis heute. Unter den exzellenten Objekten findet sich die romanische Figur Johannes des Täufers (um 1160–70) aus der Kathedrale (s. S. 542).

Trzebnica/Trebnitz – Oleśnica/Oels – Lubiąż/Leubus

Die Święta JADWIGA (hl. HEDWIG, 1174–1243), 1267 kanonisiert, wird bis auf den heutigen Tag in Polen und besonders in Schlesien mit tiefer Inbrunst verehrt. Die Gründung des

Die Errichtung des Zisterzienserklosters in Trzebnica, Miniatur aus dem Hedwigskodex, um 1353 im Hofatelier Herzog Ludwigs I. von Liegnitz und Brieg (heute in Malibu/Kalifornien)

Zisterzienserklosters in **Trzebnica/Trebnitz,** 25 km nördlich von Wrocław gelegen, geht auf JADWIGA zurück, die ihren Gemahl, Herzog HEINRICH I. (der Bärtige) veranlaßte, 1202 dieses erste Frauenkloster Schlesiens zu stiften.

Trzebnica gehört mit Lubiąż, Henryków/Heinrichau und Krzeszów/Grüssau zu den geschichtsträchtigsten Orten in Schlesien. Die in den Jahren 1203 bis 1240 errichtete *Kościół Klasztorny/Klosterkirche* ist ein repräsentativer romanischer Backsteinbau, der älteste dieser Art in Schlesien. Die Basilika verfügt über steinerne Konstruktions- und Dekorationselemente mit Transept und einem durch eine Apsis abgeschlossenen Chor, unter dem eine dreischiffige Krypta liegt. Bedeutend sind die *Tympanonreliefs* (nach 1270) an den ältesten gotischen Portalen Polens (Abb. 73, 74, 75). Das nördliche von den ursprünglich drei Westportalen zeigt, durch eine Inschrift ausdrücklich vermerkt, den lautespielenden König David; das zweite, in der nördlichen Stirnwand des Querschiffs, die Gottesmutter, flankiert von zwei Engeln.

In der zweiten Hälfte des 17. Jh. erfuhr die Klosterkirche eine durchgreifende Barockisierung im Innern, an der hauptsächlich der Bildhauer FRANZ JOSEPH MANGOLD und der Maler CHRISTIAN PHILLIP BENTHUM beteiligt waren. Vor dem Hochaltar steht das barocke Doppelgrabmal (1680) des Herzogs HEINRICH I. und des Hochmeisters des Deutschen Ordens, KONRAD VON FEUCHTWANGEN. In der frühgotischen Hedwigskapelle findet man das ebenfalls 1680 geschaffene Marmorgrabmal der hl. JADWIGA, die alte gotische Grabplatte aus dem 13. Jh. und auch die Grabplatte des schlesischen Herzogs KONRAD II. (gest. 1403). Das mächtige spätbarocke *Klostergebäude* (1697–1726) ist südlich der Kirche gelegen und wird wie schon vor dem Zweiten Weltkrieg auch heute als Krankenhaus genutzt. Die 10 000 Einwohner zählende Stadt ist ein vielbesuchter Wallfahrtsort geblieben. Stets schmükken Blumen das Grabmal der hl. JADWIGA, vornehmlich in den Nationalfarben weiß und rot.

Nordwestlich von Trzebnica liegt **Piotrkowice/Groß Peterwitz,** dessen barockes *Schloß* Aufmerksamkeit verdient; vor allem die reich gestalteten Fassaden, die auf die Mitwirkung italienischer Künstler schließen lassen. Wahrscheinlich geht die gesamte Architektur des hochgestaffelten, 1693 im Auftrag des Grafen COLONNA vollendeten Bauwerks auf den Entwurf italienischer Baumeister zurück (wegen Restaurierung z. Zt. nicht zu besichtigen).

Milicz/Militsch, nordöstlich von Trzebnica, erinnert an die Geschichte des schlesischen Protestantismus. Hier steht eine der ›Gnadenkirchen‹, die den evangelischen Christen in Schlesien mit dem sogenannten Altranstädter Frieden 1707 vom Kaiser in Wien zugestanden worden waren. Das in den Jahren 1709–14 am Rande der Altstadt aus Fachwerk errichtete Gotteshaus besitzt eine schöne, im Rokokostil geschnitzte Kanzel und einen wertvollen Taufstein. Wie viele andere protestantische Kirchen Schlesiens ist auch diese nach dem Zweiten Weltkrieg zu einem katholischen Gotteshaus geworden.

Das 1730–40 im Auftrag des Grafen HEINRICH I. LEOPOLD VON REICHENBACH errichtete *Schloß* von **Goszcz/Goschütz** nahe der Stadt Twardogóra/Festenberg ist 1947 ausgebrannt. Fast unbeschädigt geblieben sind die Außenmauern. Der Mittelrisalit und einige Steinskulpturen lassen noch ein wenig von der ehemaligen Schönheit dieser Anlage erahnen, die die Übergangsphase zwischen österreichischem Barock und preußischem Rokoko repräsen-

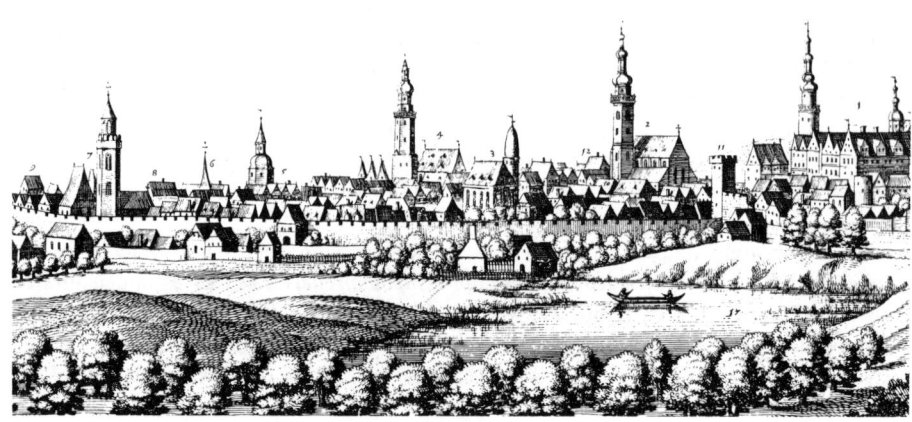

Oleśnica, Stadtanlage im 18. Jh.; Stich von F. B. Werner

tierte. In den vernachlässigten Wirtschaftsgebäuden befindet sich heute eine landwirtschaftliche Produktionsgenossenschaft, die Orangerie wurde abgerissen.

Oleśnica/Oels, 30 km östlich von Wrocław, war lange Residenzstadt der schlesischen Herzöge und vor der Germanisierung auch ein Stützpunkt des polnischen Protestantismus (ab 1538). Das dortige *Schloß* (Umbau der gotischen Teile der alten Burg vor 1548 und Neubau des viergeschossigen Vorschlosses zwischen 1559 und 1562) mit seinem schönen Arkadenhof läßt deutlich die beiden Bauabschnitte der Früh- und Spätrenaissance erkennen. In der *Kościół Zamkowy/Schloßkirche* befinden sich die Renaissancegrabmäler der Herzöge von Oleśnica. Am Rande des historischen Stadtkerns sind Bruchstücke der mittelalterlichen Befestigungsmauern (mit dem Breslauer Tor aus dem 14. Jh.) erhalten geblieben.

Auf halbem Wege zwischen Wrocław und dem südwestlich gelegenen Ort Wałbrzych/Waldenburg erhebt sich der 718 m hohe **Ślęża/Zobten,** Schlesiens heiliger Berg, die höchste Erhebung des mittelschlesischen Hügellandes. Seine exponierte Lage und seine historische Bedeutung ließen den Berg, dessen Name von dem slawischen Stamm der Slenzanen abgeleitet ist, zu einem Wahrzeichen Schlesiens werden. Archäologische Ausgrabungen haben hier zahlreiche Funde zutage gefördert. Schon in der Bronzezeit und der frühen Eisenzeit existierte auf dem Gipfel eine Kultstätte; die entscheidende Gestaltung des Heiligtums wird jedoch erst den um 500 v. Chr. eingewanderten Kelten zugeschrieben. Sie manifestiert sich in steinernen Kultkreisen zur Abgrenzung des geheiligten Raums, wie sie an drei Stellen erhalten sind, in einem steinernen Ringwall auf dem 3 km entfernten Mittelberg und figürlichen Bildwerken (›Bär F‹, ›Gestalt mit Fisch‹), die an verschiedenen Stellen gefunden wurden. Auch die germanischen Wandalen (ca. 100 v. – 400 n. Chr.) und die Slawen (ab 6. Jh.) haben den Berg als Kultplatz benutzt. 1121–28 berief der Breslauer Magnat PETER WLAST flandrische Augustinerchorherren nach Schlesien. Die Forscher sind sich allerdings nicht darüber einig, wo auf dem Berggelände des Zobten die damalige Klosterkirche ihren Standort hatte. 1150 wurde das Chorherrenstift auf die Sandinsel in Wrocław verlegt. Für eine

Klosterkirche sprechen mehrere erhalten gebliebene romanische Portallöwen lombardischen Typus, die später in verschiedenen Bauten wiederverwendet wurden (so in Sobótka).

Westlich von Wrocław, in **Wojnowice/Wohnwitz,** beeindruckt ein schönes *Wasserschloß* (im Renaissancestil), das nach 1513 im Auftrag von NIKOLAUS SCHEBITZ, später Landeshauptmann des Fürstentums Wrocław, errichtet wurde. Die hohen Satteldächer schließen mit Staffelgiebeln; Portal und Fenster, Loggia im Brunnenhof und die Arkadenhalle im Hauptflügel sind reich verziert.

Die *Kościół Farny/Pfarrkirche* von **Środa Śląska/Neumarkt,** an der Straße nach Lubin/Lüben gelegen, im Kern eine spätromanische Basilika, begründete im 13. Jh. die Tradition der freistehenden Glockentürme in Schlesien.

Noch weiter westlich, schon an der Grenze der Wojewodschaft Wrocław, liegt mit **Lubiąż/Leubus** das älteste schlesische Zisterzienserkloster, ein Hauptwerk des schlesischen Barock. Schon von ferne sind die beiden charakteristischen Türme über der weitläufigen Klosteranlage zu sehen (Farbabb. 1). 1175, nach der Stiftung durch Herzog BOLESŁAW I., wurden hier deutsche Mönche aus dem sächsischen Pforta/Saale angesiedelt. Das Kloster blickt auf eine sehr wechselvolle Geschichte zurück. Während der Hussitenkriege wurde es niedergebrannt, zwischen 1527 und 1677 lag das Stift in einem Exemtionsstreit mit den Breslauer Bischöfen, im Dreißigjährigen Krieg wurde das Klostergebäude wiederum schwer beschädigt, in der zweiten Hälfte des 17. Jh. erlebte das Stift erneut einen wirtschaftlichen Aufschwung. Nach der Säkularisation im Jahre 1810 gelangten Archiv, Biblio-

Lubiąż, Ansicht des Zisterzienserklosters; Stich aus dem 18. Jh.

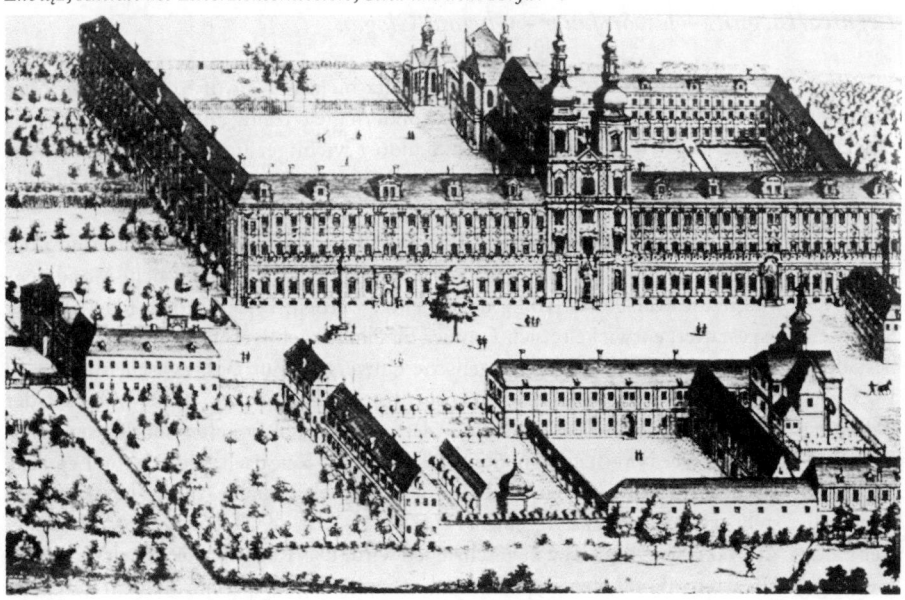

thek und Kunstgegenstände in Museen Wrocławs, nach 1830 unterhielt man im Kloster eine Heilanstalt, 1945–48 diente es als Lazarett für sowjetische Soldaten. Von der prachtvollen Ausstattung blieb nichts erhalten. Einzelne Bilder von MICHAEL WILLMANN wurden in verschiedene Kirchen Warszawas verbracht, Reste des Chorgestühls und des Altars befinden sich heute im Nationalmuseum von Wrocław.

Vom Bau der 1208 erstmals erwähnten *Klosterkirche* ist nur eine romanische Piscina erhalten. 1307–40 errichtete man die sechsjochige Basilika mit Querhaus und dreijochigem, reduziertem Zisterzienserchor. Die Kirche wurde von etwa 1670 bis 1729 durch den barokken Neubau der Klostergebäude eingeschlossen, als man eine Vorhalle vorsetzte, die von zwei Türmen eingefaßt und überragt wird. Im ehemaligen Abteiflügel befindet sich der über zwei Geschosse reichende Fürstensaal mit einem Deckengemälde von CHRISTIAN PHILIPP BENTHUM (Abb. 76). Das ehemalige Sommerrefektorium im Konventsflügel enthält ebenfalls ein großes Deckengemälde von FELIX ANTON SCHEFFLER. Die reiche bildhauerische Arbeit des nur in Fragmenten erhaltenen Chorgestühls wird dem Österreicher MATTHIAS STEINDL zugeschrieben. Abgesehen von den Ausstellungsräumen befindet sich das gesamte Kloster in einem schlechten Zustand.

1996 wurde der Fürstensaal nach der grundlegenden Restaurierung, die aus staatlichen Mitteln finanziert wurde, wieder geöffnet. Der weitere Teil der sanierungsbedürftigen Anlage, der Konventsflügel, soll – unterstützt durch die Deutsch-Polnische Stiftung für Zusammenarbeit – als nächstes restauriert werden.

Legnica/Liegnitz – Jawór/Jauer – Głogów/Glogau

Mit seinen 107 000 Einwohnern ist **Legnica/Liegnitz** nicht nur die drittgrößte Stadt Niederschlesiens (nach Wrocław und Wałbrzych), sondern gleichzeitig auch Verwaltungszentrum der gleichnamigen Wojewodschaft und Standort wichtiger Industrien (Kupferhütte, elektrotechnische Betriebe). Die durch Legnica fließende Kaczawa/Katzbach teilt die Region in fruchtbare Felder und große Waldgebiete.

Wahrscheinlich stand schon im 10. Jh. auf dem heutigen Stadtgebiet die Hauptburg der *Trebowane*, einer jener Stämme, die Schlesien damals besiedelten. Nach dem Mongolensturm 1241 mußte die Anlage fast völlig neuerrichtet werden. 1293 mit dem Magdeburger Stadtrecht ausgestattet, entwickelte sich Legnica zu einer mächtigen Handels- und Gewerbestadt. 1526 entstand hier die erste evangelische Universität Europas, zwischen 1248 und 1675 war Legnica Residenz der Piastenherzöge von Legnica-Brzeg. 1813, während der Befreiungskriege, siegte die schlesische Armee der verbündeten Preußen und Russen unter BLÜCHER über das Heer NAPOLEONS in der Schlacht an der Katzbach, südlich von Legnica.

Das historische Stadtzentrum hat bis heute seine mittelalterliche Anlage bewahrt. Am Marktplatz steht das spätbarocke *Rathaus* (1) (1737–41), das dem Liegnitzer Stadtbaumeister FRANZ MICHAEL SCHEERHOFER zugeschrieben wird. Das Ratsgebäude ähnelt mit seiner großzügigen Pilasterordnung dem Typus barocker Stadtpalais und erfährt zudem durch die

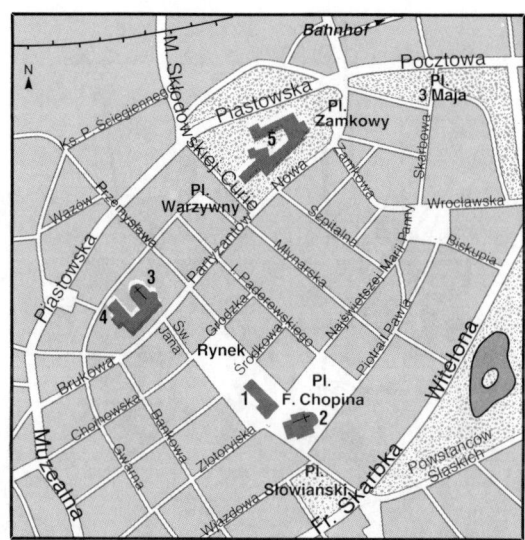

Legnica/Liegnitz 1 Ratusz/Rathaus
2 Kościół ś.ś. Piotra i Pawła/Kirche St.
Peter und Paul 3 Kościół św. Jana/
Kirche des hl. Johannes 4 Mauzoleum Piastów Legnickich/Mausoleum
der Liegnitzer Piasten 5 Zamek Pia-
stowski/Piastenschloß

schöne Front mit dem Eingangsturm und der laternenbesetzten zweiläufigen Treppe eine besondere Bereicherung. Neben dem Rathaus steht seit 1731 der sogenannte *Fontanna Neptuna/Neptunbrunnen*. Den Südteil des Marktplatzes dominiert die *Kościół ś.ś. Piotra i Pawła/Kirche St. Peter und Paul* (2), 1328–78 als gotische Hallenkirche errichtet, 1894 noch einmal umgebaut. An ihrer Nord- und Westfassade sind zwei gotische Portale erhalten geblieben. Das Innere ist mit einem spätgotischen Polyptichon (1498), dem Sarkophag des Herzogs von Legnica, WACŁAW (gest. 1364), und seiner Gemahlin (gest. 1367) sowie im Chor mit einem bronzenen Taufbecken aus dem 13. Jh. ausgestattet, das Flachreliefs (Szenen aus dem Leben Christi, Kleeblattarkaden) schmücken. An den sogenannten *Budy Rybne/Heringsbuden*, eine Gruppe von Häusern am Marktplatz mit Sgraffitomalereien aus der Renaissancezeit (um 1570) sowie barocken und klassizistischen Giebeln, wurden im Zuge der Restaurationsarbeiten nach dem Zweiten Weltkrieg die alten Lauben freigelegt.

Die *Kościół św. Jana/Kirche des hl. Johannes* (3), nördlich des Marktes, 1714–27 anstelle eines älteren Gotteshauses errichtet, gehört zu den bedeutendsten Barockkirchen Schlesiens. Die in der engen Straße steil aufragende zweitürmige Westfassade verrät böhmischen Einfluß, Fresken im Innern stellen die Apotheose der Piastendynastie dar. Vom Kirchengebäude her ist das 1677 im Chor der alten Johanneskirche errichtete *Mauzoleum Piastów Legnickich/Mausoleum der Liegnitzer Piasten* (4) zugänglich. Das künstlerische Programm für die Raumgestaltung geht auf den Barockdichter DANIEL KASPAR VON LOHENSTEIN zurück: ein Oktogon mit anschließenden Nischen für die Sarkophage, von einer Kuppel überwölbt, die Pfeiler schmücken Statuen der Piastenherzöge (vom Wiener Bildhauer MATTHIAS RAUCHMÜLLER). An die Johanneskirche grenzt das ehemalige barocke Jesuitenkolleg.

Die Mongolen mit dem Haupt Heinrichs II. vor Wahlstatt/Legnickie Pole, Miniatur aus dem Hedwigs-kodex, um 1353

Nördlich des Marktplatzes gelangt man zum ehemaligen *Zamek Piastów/Piastenschloß* (5). Zwischen 1201 und 1238 hatte man an dieser Stelle zunächst eine massive Burg errichtet – die unteren Geschosse des achteckigen Petersturms und des runden Hedwigsturms stammen aus jener Zeit. Um die Mitte des 16. Jh. wurde die Burg in ein Renaissanceschloß umgebaut. Bedeutendstes Zeugnis der Bauperiode der Renaissance ist das nördliche Tor, ein Werk GEORG VON AMBERGS mit reichem und sorgfältig bearbeitetem plastischen Dekor. Nach einem Brand 1835 wurde das Schloß unter der Leitung von KARL FRIEDRICH SCHINKEL in neogotischen Formen wieder aufgebaut.

Wenige Kilometer südlich von Legnica, an der Straße nach Świdnica und Wałbrzych, liegt der Ort **Legnickie Pole/Wahlstatt,** dem das Datum 9. 4. 1241 historische Bedeutung verleiht. Damals trat hier der schlesische Herzog HEINRICH II. mit seinen polnischen und deutschen Rittern dem Mongolenheer entgegen; die Mongolen siegten, verzichteten aber auf ein weiteres Vordringen und zogen nach Mähren weiter.

Die *Kirche* am Marktplatz geht auf eine Stiftung der Mutter HEINRICHS II., der hl. JADWIGA, zurück; der Legende zufolge wurde die ursprüngliche Kirche am Ort des einstigen Schlachtfeldes errichtet, das bis heute erhaltene Bauwerk stammt allerdings erst aus dem 14. Jh. Die barocke *Kościół św. Jadwigi/Kirche St. Hedwig,* ein Werk des Baumeisters IGNAZ KILIAN DIENTZENHOFER, entstand 1727–31 als Teil eines Benediktinerklosters. Das

Bauwerk wurde auf einem ovalen Grundriß errichtet. Imposant wirkt die zweitürmige Fassade mit den kraftvoll gewölbten Turmhelmen und den aufgesetzten Kronen. Die herrlichen Deckengemälde schuf Cosmas Damian Asam aus Bayern (1733), das Hochaltarbild Franz de Backer (vor 1731) und die Bilder der vier Seitenaltäre Wenzel Lorenz Reiner (ebenfalls vor 1731).

Auch **Jawór/Jauer** liegt an der Straße nach Świdnica. Hier befindet sich eine der drei sogenannten Friedenskirchen, die den schlesischen Protestanten durch den Westfälischen Frieden 1648 zugestanden worden waren. Der vom Breslauer Festungsbaumeister Albrecht von Saebisch entworfene und von Andreas Kemper 1654–55 errichtete Fachwerkbau – kulturhistorisch und geschichtlich von hohem Rang – bietet etwa 6000 Menschen Platz. Beeindruckend ist der Innenraum mit seinen vier übereinanderliegenden Emporen und der volkstümlichen bunten Ausmalung.

Złotoryja/Goldberg, südwestlich von Legnica, verdankt seinen Namen tatsächlich dem Umstand, daß hier im 13. und 14. Jh. Bergleute nach Gold schürften. Ab dem 16. Jh. war es der Kupferbergbau, der vielen Stadtbewohnern Arbeit gab. Kunsthistorisch interessant ist die *Kościół Mariacki/Marienkirche* wegen ihrer spätromanischen Bauphase, aus der das Südportal des Querschiffes und der Chorraum stammen. Die ursprünglich basilikal angelegte Kirche, deren Bau nur bis zum Abschluß des Querhauses gedieh, wurde im 14. Jh. als gotische Hallenkirche vollendet.

Nordwestlich von Złotoryja erreicht man den Ort **Grodziec/Gröditzberg**. Auf dem gleichnamigen 390 m hohen Berg stand schon im 10. Jh. eine Burg, die wahrscheinlich als Verteidigungsstützpunkt an der damaligen schlesischen Westgrenze gedient hat. Um 1500 wurde unter der Leitung des Görlitzer Baumeisters Wendelin Rosskopf eine große *Burganlage* im spätgotischen Stil auf sechseckigem Grundriß errichtet. Die umfangreichen Restaurierungen im späten 19. und frühen 20. Jh. haben die Burg vor dem Verfall bewahrt, aber auch zahlreiche Entstellungen mit sich gebracht. Die wichtigsten Bauelemente der Anlage sind der Bergfried, das Torhaus und der Saalbau; spätgotische und Renaissanceformen stehen in Gewölben und Pilastern unmittelbar nebeneinander.

Die beiden Mittelstädte **Lubin/Lüben** und **Głogów/Glogau** sind die Zentren des niederschlesischen Kupferbeckens; 1957 in dieser Region entdeckte Kupferschichten zählen zu den größten derartigen Vorkommen in Europa. Allerdings ist dieses Gebiet mittlerweile stark von Umweltverschmutzung betroffen; 1986 wurde es vom Polnischen Parlament auf die Liste der ›ökologischen Katastrophenregionen‹ gesetzt. Von der 1349 vollendeten *Kapelle* des Schlosses in Lubin sind die Hauptmauern erhalten geblieben; desgleichen das Tympanon eines Portals, das den leidenden Christus zusammen mit der hl. Jadwiga und der hl. Maria Magdalena zeigt. In Głogów stand früher eine der drei protestantischen ›Gnadenkirchen‹, bevor sie bei einem Feuer 1758 vernichtet wurde. Vom gotischen, im 15. Jh. als dreischiffige Hallenkirche entstandenen *Katedra św. Marii Panny/Mariendom* blieb nach dem Brand 1945 nur der Turm im wesentlichen erhalten. Kurz nach dem Krieg hat man die Ruine gesichert, die Außenmauern teilweise vervollständigt und die Kapellen mit Schutzdächern versehen.

Jelenia Góra/Hirschberg – Jagniątków/Agnetendorf – Lwówek Śląski/ Löwenberg – Bolesławiec/Bunzlau – Krzeszów/Grüssau

Am Zusammenschluß von Bóbr/Bober und Kamienna gelegen dominiert **Jelenia Góra/ Hirschberg** den Talkessel zwischen Karkonosze/Riesengebirge und Góry Kaczawskie/ Katzbachgebirge. Mit ihren 93 000 Einwohnern ist die Stadt nicht nur ein wichtiges industrielles Zentrum – große pharmazeutische Werke sowie Zellulose- und Kunstfaserkombinate arbeiten hier –, sondern auch ein bevorzugtes Ziel von Urlaubern aus ganz Polen. Die Geschichte Jelenia Góras läßt sich nach schriftlichen Quellen bis ins Jahr 1288 zurückverfolgen; wirtschaftlich war die Stadtentwicklung vor allem mit dem Aufschwung der Tuchmacherei, der nachfolgenden Leinenweberei sowie der Kristallschleiferei verbunden.

Die Innenstadt hat ihren mittelalterlichen Grundriß beibehalten. Der Marktplatz mit den Bürgerhäusern, dem Rathaus und dem Neptunbrunnen gehört zu den schönsten in ganz Schlesien. Zum Teil auf spätmittelalterlichen Grundmauern im 17. und 18. Jh. erbaut, später teils restauriert, teils rekonstruiert, sind die Häuser der Leinenkaufleute heute vorzügliche Beispiele einzelner Stilepochen, wobei Barock- und Rokokoformen überwiegen. Ein Laubengang zieht sich um den ganzen Marktplatz. Das 1747 vollendete *Rathaus* ist das bestimmende Element am Marktplatz.

Ältestes kirchliches Bauwerk der Stadt ist die *Kościół ś.ś. Erazma i Pankracego/Kirche St. Erasmus und Pankratius*, deren 70 m hoher Turm das Stadtbild prägt. Der barocke, 1713–18 gefertigte Hochaltar im gotischen Chor der Kirche geht auf einen Entwurf des Hirschberger Tischlers David Hielscher zurück, die 14 Figuren stammen aus der Werkstatt des Breslauer Bildhauers Thomas Weissfeld; das Altarbild, die Verklärung Christi darstellend, ist eine Arbeit des Glogauer Malers Johann Kretschmer. An der ul. 1 Maj findet der Besucher eine jener ›Gnadenkirchen‹, die den protestantischen Gläubigen im Rahmen der Altranstädter Konvention zugestanden wurden. Das auf dem Grund eines griechischen Kreuzes errichtete Bauwerk entstand in den Jahren 1709–18 unter der Leitung des Baumeisters Martin Frantz aus Legnica. Als Vorbild diente dabei Jean de Vallées Stockholmer Katharinenkirche. Die originelle Altar-Orgel-Anlage nimmt die gesamte Ostwand des Gotteshauses ein. Als Stifter hatte der Kaufmann Christian Menzel aus Jelenia Góra die Bedingung gestellt, daß die Orgel im Angesicht der Gemeinde hinter bzw. über dem Altar aufgestellt werden solle. Die Kirche wurde in den 70er Jahren restauriert. Das Gotteshaus dient heute als katholische Kirche der *Garnisonspfarrei zum Hl. Kreuz/Kościół Garnizonowej Parafii św. Krzyża.*

Cieplice Śląskie-Zdrój/Bad Warmbrunn ist im Laufe der Zeit mit Jelenia Góra zusammengewachsen. Schon im 13. Jh. existierte hier ein Badeort, der zunächst (1281–1381) von den Johannitern, später (1404–1810) von den Zisterziensern betreut wurde. Heute noch ist Cieplice Śląskie-Zdrój einer der bekanntesten Kurorte in Polen mit acht schwefelhaltigen Thermalquellen. Allerdings bedarf der Kurbetrieb dringend der Modernisierung.

Auch **Sobieszów/Hermsdorf** gehört mittlerweile zum Stadtgebiet von Jelenia Góra. Der Ort liegt am Fuße des steilen, 627 m hohen Granitfelsens *Chojnik/Kynast.* Der älteste Teil

Gerhart Hauptmann (1862–1946) im Jahre 1897

der *Burganlage* auf der Bergkuppe ist lediglich der rechteckige, aus der Mauer vorkragende Kapellenerker (1393) erhalten geblieben, gestützt von einer Steinkonsole in Form eines bärtigen Kopfes. Die auf BOLKO II., Herzog von Świdnica und Jawor, zurückgehende Burg wurde im 15., 16. und 17. Jh. mehrmals umgebaut.

Wenige Kilometer südlich, in **Jagniątków/Agnetendorf,** lebte GERHART HAUPTMANN, der schlesische Dichter und Autor des Dramas ›Die Weber‹. Sein 1900–01 erbautes *Haus Wiesenstein* beherbergt heute ein Kinderheim und eine ihm gewidmete Gedenkstätte. Jagniątków liegt schon weit im Karkonosze/Riesengebirge, dessen 1602 m hoher Gipfel Śnieżka/Schneekoppe das höchste Gebirgsmassiv der 300 km langen Bergkette der Sudeten ist. Die bekanntesten Ferien- und Wintersportorte in dieser Region sind **Szklarska Poręba/Schreiberhau,** nicht weit vom 1362 m hohen Szrenica gelegen, und **Karpacz/Krummhübel,** direkt am Fuße der Śnieżka. Im oberen Teil von Karpacz, einst Brückenberg, liegt mit der *Kościół Wang/Kirche Wang* wohl das einzige Gotteshaus romanischer Baukunst aus Skandinavien in Mitteleuropa. Es handelt sich um eine der norwegischen *Valdress*-Kirchen aus der Zeit OLAFS DES HEILIGEN, die nach 1200 als Stabkirche erbaut worden war. Der aus Norwegen stammende und in Dresden lebende Landschaftsmaler J. CHR. CLAUSEN DAHL hatte die dem Abbruch preisgegebene Kirche 1841 ersteigert; ein genaues Aufmaß ermöglichte den Abtransport aus seiner Heimat und den Wiederaufbau im Riesengebirge.

Die frühere evangelische *Kirche* in **Mysłakowice/Zillerthal-Erdmannsdorf** erinnert an italienische Vorbilder. 1837–40 nach einem Entwurf von KARL FRIEDRICH SCHINKEL gebaut, besitzt sie einen hohen schlanken Campanile und im Innern einen offenen, reich verzierten Dachstuhl. Im gleichen Ort ist auch das Schinkelsche Schloß sehenswert.

Ein mittelalterlicher sogenannter *Wohnturm* aus dem 14. Jh. steht in **Siedlęcin/Boberröhrsdorf,** nordwestlich von Jelenia Góra. Er gehört zu den bedeutendsten Baudenkmälern Schlesiens. Der Rittersaal im dritten Geschoß, mit tiefen Fensternischen und einer mächtigen Holzbalkendecke versehen, enthält kostbare Wandmalereien (Szenen aus einem unbekannten Ritterroman), die als einziges erhaltenes Beispiel die profane Wandmalerei des frühen 14. Jh. in Schlesien dokumentieren.

Eines der schönsten *Rathäuser* in Schlesien besitzt **Lwówek Śląski/Löwenberg,** an der Straße von Jelenia Góra nach Bolesławiec gelegen. Das Bauwerk entstand Ende des 15./

Anfang des 16. Jh. wahrscheinlich unter Leitung des berühmten WENDELIN ROSSKOPF; die zweischiffige Bürgerhalle im Erdgeschoß erstreckt sich über die beiden aneinandergestellten Gebäudeteile des Rathauses; die Gewölbe sind mit schweren Rippen geschlossen, an den Wänden und den Fensterlaibungen befinden sich Renaissancemalereien. Aus der ehemaligen *Kościół Franciszkanów/Franziskanerkirche* wurden mehrere Grabmäler ins Rathaus überführt, u. a. die Grabplatte des Piastenherzogs von Jawór, HEINRICH I. (um 1350).

Die im 13. Jh. errichtete *Kościół Wniebowstąpienia Marii Panny/Kirche Mariae Himmelfahrt* wurde um 1500 baulich verändert. Vom romanischen Gebäude blieb im wesentlichen das Westwerk mit zwei Türmen und dem Portal erhalten; letzteres, mit naturalistischem Laubwerk auf Kapitellen und Archivolten versehen, stammt von 1270; das Tympanon zeigt Szenen der Marienkrönung. Die Stadtbefestigung von Lwówek Śląski (Doppelmauer, Tortürme), teils aus dem 13., teils aus dem 15. Jh., ist fast vollständig erhalten geblieben.

Nicht weit entfernt, in **Płakowice/Plagwitz**, steht ein bemerkenswertes schlesisches Adelsschloß des 16. Jh., zunächst im Besitz RAMPOLD VON TALKENBERGS, später von CASPAR VON SCHAFFGOTSCH übernommen. Den Eingang des dreigeschossigen *Palais* schmückt ein schönes, mit dekorativen Flachreliefs ausgestattetes Renaissanceportal. Der Innenhof besitzt im Untergeschoß einen Arkadengang, dessen Säulen ionische Kapitelle tragen; der offene Umgang des ersten Stockwerks besitzt eine prächtige Balustrade.

Einige Kilometer weiter nördlich liegt **Bolesławiec/Bunzlau**, mit 40 000 Einwohnern die zweitgrößte Stadt der Wojewodschaft Jelenia Góra. Bolesławiec gilt bis heute als schlesische Töpferstadt. 1543 wurde hier die Zunft der Töpfer gegründet, Braun- und Buntgeschirr machten die Stadt später weltberühmt. Nach wie vor arbeiten hier mehrere keramische Betriebe. Im städtischen Museum sind Exponate der Töpferei vom 17. Jh. bis heute zusammengetragen worden.

Bolków/Bolkenhain, auf halbem Wege zwischen Jelenia Góra und Wałbrzych, liegt im Schutz eines 400 m hohen Bergrückens, auf dem die mächtige *Ruine* einer alten Piastenburg thront. Herzog BOLKO I. ließ Burg und Stadt gegen Ende des 13. Jh. ausbauen.

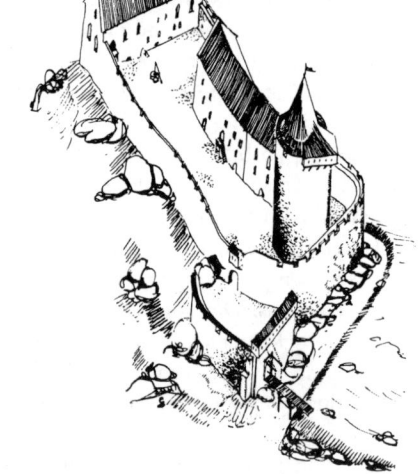

Auch in **Świny/Schweinhaus** begegnet man einer *Burgruine*, deren Wohnturm aus dem 14. Jh. schon von weitem zu sehen ist. In der Cosmas-Chronik 1108 zum ersten Mal erwähnt, war die Burg im Mittelalter Sitz des Adelsgeschlechts derer von SCHWENICHEN.

Südlich von Kamienna Góra/Landeshut, am Fuße des Riesengebirges, liegt **Krze-**

Bolków, Rekonstruktionszeichnung der Burg

szów/Grüssau, desen Geschichte vor allem die des dortigen berühmten *Klosters* ist. 1242 zunächst von Benediktinern gegründet, wurde es 1292 von Zisterziensern aus Henryków übernommen, die hier über 500 Jahre lang blieben, ungeachtet der Auseinandersetzungen während der Hussitenkriege und der Wirren des Dreißigjährigen Krieges. 1810 setzte die in Preußen durchgeführte Säkularisation dem Wirken der Mönche ein Ende. Seit dem Zweiten Weltkrieg leben hier Benediktinerinnen aus Lemberg. Das in den Jahren 1728–35 erbaute *Marienmünster* ist ein Werk des Stiftbaumeisters A. J. HENTSCH aus Jelenia Góra. Die eindrucksvolle zweitürmige Fassade der Kirche wurde mit reichem plastischen Schmuck versehen, geschaffen von den Prager Bildhauern FERDINAND BROCKOFF und MATTHIAS BRAUN, darunter die in Bewegung und Ausdruck großartige Gestalt des Moses mit den Gesetzestafeln. Der gewaltige Sakralbau mit Querschiff und vorkragenden Emporen zwischen über Eck gestellten Pilastern wird von böhmischen Kappen überwölbt. Die reiche Ausstattung – Altäre, Kanzel, Chorgestühl und Orgelprospekt – ist aus der Bildhauerwerkstatt des Klosters unter der Leitung von ANTON DORAZIL und später MARIANUS LACHEL hervorgegangen. Die Orgel mit ihren 52 Registern und 6606 Pfeifen, ein Werk MICHAEL ENGLERS aus Wrocław, gehört zu den Spitzenleistungen schlesischer Orgelbaukunst. Das Hochaltarbild stammt vom Prager Maler PETER BRANDL (1731–32), die Deckengemälde hat GEORG WILHELM NEUNHERTZ 1733–36 geschaffen. Das sogenannte Mausoleum der SCHWEIDNITZER PIASTEN an der Ostseite der Kirche besteht aus zwei symmetrisch angeordneten, kuppelgedeckten Räumen. Die Statuen (Gemahlinnen der Piastenfürsten Bolko I. und Bolko II., Erzengel Michael und Raphael, Allegorien der Liebe und der Vorsehung Gottes) stammen von ANTON DORAZIL, die Kuppelfresken (Stiftungsgeschichte und Geschichte des Klosters) von GEORG WILHELM NEUNHERTZ. Das Mausoleum wurde 1728–35 gestaltet. Vom monumental geplanten Neubau des Klosterkomplexes wurde in der zweiten Hälfte des 18. Jh. nur der dreigeschossige Südflügel vollendet. Die gewaltige Anlage sollte Zeugnis von Einfluß und Bedeutung der Zisterzienser Krzeszóws ablegen, deren Grundbesitz einst vom Riesengebirge bis zum Waldenburger Bergland reichte.

In der *Kościół św. Józefa/Josephskirche* von Krzeszów ist eine großartige Folge von Fresken aus der Josephslegende zu bewundern, die der ›schlesische Rembrandt‹ MICHAEL WILLMANN in den Jahren 1692–95 geschaffen hat.

Eine Besonderheit von **Chełmsko Śląskie/Schömberg** sind die aus dem frühen 18. Jh. stammenden hölzernen *Weberhäuser,* die sogenannten Häuser der Zwölf Apostel und der Sieben Brüder.

Wałbrzych/Waldenburg – Strzegom/Striegau – Świdnica/Schweidnitz – Kłodzko/Glatz – Henryków/Heinrichau

Wałbrzych/Waldenburg, seit 1975 Verwaltungssitz der gleichnamigen Wojewodschaft und mit etwa 120 000 Einwohnern zweitgrößte Stadt Niederschlesiens, ist eines der Zentren des polnischen Kohlebergbaus; drei Gruben arbeiten hier, mehrere Kokereien, eine Eisenhütte, darüber hinaus ein elektrotechnischer Betrieb und zwei Porzellanfabriken. Der Abbau der Kohleflöze unter der Stadt hatte zur Folge, daß sich das Wohngebiet immer mehr auf die umliegenden Ortschaften verlagerte, die nach und nach eingemeindet wurden.

Die Stadt Wałbrzych wurde erstmals 1426 erwähnt, wirtschaftliche und politische Bedeutung erlangte sie aber erst mit der Entfaltung des Leinenhandels im 18. Jh. Die Weber hatten damals erheblich unter der Exportsteigerung zu leiden, die mit der Verlängerung der Arbeitszeiten und Erhöhung der Produktionsleistung einherging. In verschiedenen Aufständen machten die Betroffenen auf ihre Notlage und die soziale Ungerechtigkeit der Unternehmer aufmerksam. Durch die spätere Mechanisierung der Textilindustrie behauptete sich Wałbrzych als Mittelpunkt des Leinenhandels. Mit dem Ausbau der kohlefördernden und kohleverarbeitenden Betriebe zu Beginn des 19. Jh. sowie dem Anschluß an das Eisenbahnnetz 1853–68 wurde aus der Handels- eine Industriestadt.

Die barocke *Kościół św. Marii Panny/Kirche St. Maria*, 1714 anstelle eines hölzernen Sakralbaus errichtet, ist das älteste Kirchenbauwerk der Stadt. Das *Rathaus* im neogotischen Stil wurde 1855–56 unter der Leitung von HERMANN FRIEDRICH WÄSEMANN errichtet. Bürgerhäuser des 18. Jh. säumen noch heute den Markt: ›Drei Rosen‹ (1777), ›Tageblatt-Haus‹ (1793) und ›Ankerhaus‹ (1799). Die früher *evangelische Kirche* wurde 1785–88 nach Plänen von CARL GOTTHARD LANGHANS im klassizistischen Stil erbaut.

Am Eingang des Sanatoriums ›Pisten-Krone‹ in **Szczawno-Zdrój/Bad Salzbrunn,** früher ›Hauptmanns Hotel zur Krone‹ und auch ›Hotel zur preußischen Krone‹ genannt, erinnert eine Gedenktafel daran, daß in diesem Gebäude der Dichter GERHART HAUPTMANN, 1912 Träger des Nobelpreises, und dessen Burder CARL geboren wurden. Im Kurtheater von Bad Salzbrunn gewann der junge HAUPTMANN erste Theatereindrücke. Schon im 17. Jh. wegen seiner Mineralquellen berühmt, entwickelte sich der Ort im 19. Jh. zum beliebtesten schlesi-

Szczawno-Zdrój, Gerhart Hauptmanns Geburtshaus, ›Hauptmanns Hotel zur Krone‹

schen Kurbad. Auch wenn der Kurbetrieb weitergeht, sind die Glanzzeiten von Bad Salzbrunn sicher vorbei. Durch verschiedene Produktionsbetriebe wie eine Spiegelglashütte entstand nun eine seltsame Mischung aus Kur- und Industriestandort. Ende November 1992 führte ein Brand zu schweren Schäden an Kurgebäuden, insbesondere an der Trinkhalle, dem Konzertsaal und an den Räumen der Musikgesellschaft von Wałbrzych.

Unweit von Wałbrzych, inmitten eines großen alten Parks am Fluß Pelcznica, liegt **Pałac Książ/Schloß Fürstenstein.** Im 13. Jh. stand dort die Stammburg der Herzöge von Świdnica. Aus jener Zeit ist lediglich der Bergfried erhalten geblieben, die neobarocke Haube ist eine Zugabe aus dem 19. Jh. Beim Bau der Schloßanlage folgte man dem Grundriß der alten Burg, die einzelnen Gebäudekomplexe wurden oval um den Bergfried angeordnet. Die eigentlichen Schloßflügel mit dem dazwischenliegenden Treppenhaus im Barockstil fügte man 1722–24 hinzu. Architekt war FELIX ANTON HAMMERSCHMIED, die Steinmetzarbeiten stammen von JOHANN SCHWIBS, die Deckenmalereien von FELIX ANTON SCHEFFLER. Die sogenannte Alte Burg, als eine Art künstlerische Ruine in neogotischen Formen von CHRISTIAN WILHELM TISCHBEIN entworfen und 1794 fertiggestellt, zeigt Einflüsse der Romantik in der Landschaftsgestaltung des Spätbarock.

Kaum bekannt ist die *Kirche* von **Rybnica Leśna/Reimswaldau** im Tal der Rybna, wenige Kilometer südlich von Wałbrzych. Die ›Schrotholzkirche‹ wurde 1557 von Protestanten gebaut als eine jener Gebetsstätten, die hier und dort schon lange vor den evangelischen ›Friedens- und Gnadenkirchen‹ geschaffen wurden. Sie besitzt einen freistehenden Glockenturm, der gleichzeitig als Torturm der Mauerumfriedung dient. Das Kircheninnere wurde im 17. Jh. mit bäuerlichen Motiven ausgemalt.

Strzegom/Striegau an der Straße nach Jawór und Legnica geht auf das Gründungsjahr 1239 zurück. Zusammen mit Świdnica und Jawór übernahm es die Funktion einer Wehrburg an den Gebirgspässen und diente gleichzeitig dem Schutz des immer wichtiger werdenden, die Sudeten entlangführenden Handelsweges. Haupterwerbszweig der Stadtbewohner waren bis zum Dreißigjährigen Krieg die Tuchmacherei und die Leinenweberei, im 19. Jh. der Granitabbau in den nahegelegenen Felsen. Ältestes Baudenkmal in Strzegom ist die *Kościół ś.ś. Piotra i Pawła/Kirche St. Peter und Paul* mit einem sehr steilen Dach und zwei nicht vollendeten Türmen, im 14. Jh. als dreischiffige Bruchsteinbasilika mit ausladendem Querhaus und langem dreiapsidialem Chor errichtet. Die drei Portale der gotischen Kirche (zweite Hälfte 14. Jh.) sind mit figuralen Tympanons ausgeschmückt. Im Wimperg des Westportals findet man Maria, Johannes den Täufer und Christus als Weltenrichter dargestellt.

Der Name **Rogoźnica/Groß Rosen** ruft mit aller Deutlichkeit die Verbrechen des Nationalsozialismus ins Gedächtnis. Gut zwei Kilometer vom Dorf entfernt, an der Bahnlinie Strzegom – Jawór, entstand ab März 1941 eines der berüchtigten *Konzentrationslager*. Ein Denkmal auf dem ehemaligen Lagergelände erinnert daran, daß hier annähernd 200000 Menschen, vor allem Juden, ermordet wurden, nachdem sie vorher wie Sklaven in den Granitsteinbrüchen von Strzegom hatten arbeiten müssen.

Der Ort **Krzyżowa/Kreisau** hingegen, wenige Kilometer südlich von Świdnica, ist nach dem Zweiten Weltkrieg zu einem wichtigen Symbol des Widerstandes gegen die national-sozialistische Herrschaft geworden. Im dortigen *Schloß*, im Besitz der Familie MOLTKE, rief HELMUTH JAMES GRAF MOLTKE zusammen mit seinem Freund PETER GRAF YORCK VON WARTENBURG den ›Kreisauer Kreis‹ zusammen, eine Gruppe von demokratisch gesinnten Persönlichkeiten, die sich Gedanken über ein Deutschland nach HITLER und dessen Diktatur machten. MOLTKE, der am 23. 1. 1945 in Berlin-Plötzensee hingerichtet wurde, hatte vorausgesehen, daß Deutschland für seine Verbrechen an anderen Völkern, insbesondere an den Polen, u. a. mit territorialen Verlusten nach Kriegsende würde bezahlen müssen.

Das Bauwerk wurde nach der Wende restauriert und dient heute u. a. als Internationales Jugendzentrum. Diese zur Aussöhnung der Völker beitragende Funktion wurde im November 1989 vereinbart, während eines Treffens des polnischen Ministerpräsidenten Tadeusz Mazowiecki und des Kanzlers der Bundesrepublik Deutschland, Helmut Kohl, dessen Höhepunkt eine Messe auf dem Schloßgelände war.

Świdnica/Schweidnitz, um 1550 bereits 5000 Einwohner zählend, war zu jener Zeit ebenso groß wie Wrocław und stand auch in wirtschaftlicher Hinsicht der niederschlesischen Metropole kaum nach. Hier wurden Vieh und Getreide aus Polen, Holz und Felle aus Rußland, Tuche aus Flandern und Weine aus Ungarn gehandelt, das berühmte ›Schweidnitzer Bier‹ ging in alle Länder Mitteleuropas. Eine erste Ansiedlung auf dem späteren Stadtgebiet hatte sich schon um 500 v. Chr. entwickelt, ab 1314 war Świdnica Hauptort des größten der schlesischen Piastenherzogtümer.

Der Bau der gotischen *Kościół ś.ś. Stanisława i Wacława/Kirche St. Stanislaus und Wenzel,* einer sechsjochigen Basilika, wurde um 1330 begonnen, aber erst im späten 15. Jh. fortgesetzt; der Kirchturm, von einer dreifach durchbrochenen Renaissancehaube bekrönt,

Ansicht von Świdnica, Stich von M. Merian 16. Jh.

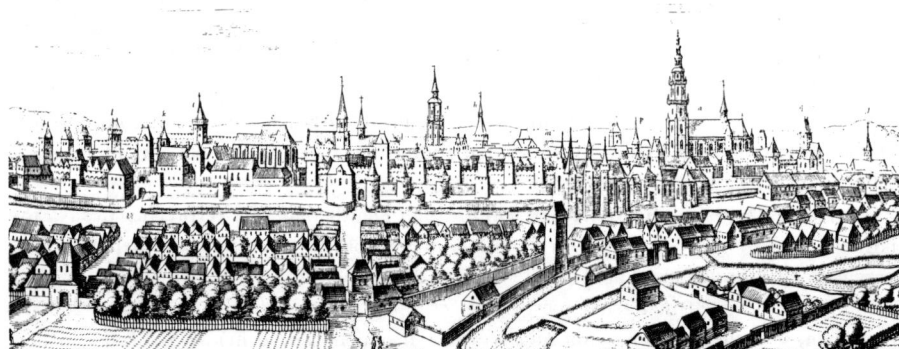

558

ist mit seinen 104 m der höchste in ganz Schlesien. Zwischen 1532–35 wurde die Basilika zur Hallenkirche umgebaut, ihr Inneres um 1700 im barocken Stil umgestaltet. Als man 1694 den mittelalterlichen Hochaltar durch einen großen Barockaltar ersetzte, blieb glücklicherweise der spätgotische Mittelschrein erhalten; geöffnet zeigt dieser den Tod Mariens. Der Schöpfer des Kunstwerks ist wahrscheinlich im Kreis der zahlreichen Schüler von VEIT STOSS in Kraków zu suchen. In Świdnica steht auch die *Dreifaltigkeitskirche*, eine der bekanntesten unter den schlesischen ›Friedenskirchen‹. Der das Kirchengebäude umgebende Friedhof ist heute in schlechtem Zustand, die Grabsteine mit deutschen Inschriften von Gras überwuchert. Der Fachwerkbau auf dem Grundriß eines griechischen Kreuzes mit zwei Emporenstockwerken und flacher, reich dekorierter Decke wurde in den Jahren 1656/57 errichtet. Der 3000 Sitz- und 4500 Stehplätze bietende Innenraum besticht nicht allein durch die Ausschmückung der Decke und Emporen, sondern auch des Altars und der Kanzel – allesamt Werke einheimischer Maler, Bildhauer und Tischler. 1993 übernahm das Deutsche Zentrum für Handwerk und Denkmalpflege in Fulda die Aufgabe, Restaurierungsarbeiten an der Kirche durchzuführen. Das Projekt, veranschlagt auf etwa 20 Mio. DM, wird durch die Deutsche Bundesstiftung für Umweltschutz, das Bundesforschungsministerium und die Stiftung Deutsch-Polnischer Zusammenarbeit finanziert. Von polnischer Seite nehmen die Evangelische Pfarrgemeinde von Świdnica, der Wojwodschaftskonservator von Wałbrzych, die Kopernikus-Universität in Toruń/Thorn und das Komitee der Polnischen Regierung für Wissenschaftliche Forschung teil.

Der Kotlina Kłodzka/Glatzer Talkessel, der südlich von Wałbrzych bis nach Tschechien hineinragt, wird von mehreren Gebirgszügen umrahmt. Das ganze Gebiet, Tal- wie Bergregionen, ist landschaftlich äußerst reizvoll und bietet eine Fülle von Wander- und Wintersportmöglichkeiten. Wirtschaftliches und touristisches Zentrum dieser Region ist **Kłodzko/Glatz,** im Mittelalter eine bedeutende Festungsstadt am Handelsweg zwischen Polen und Böhmen. Das Stadtzentrum hat seinen früheren, im 14. Jh. gestalteten Plan bewahrt. Am Marktplatz steht das ursprünglich gotische, Ende des 19. Jahrhunderts umgebaute *Rathaus,* dessen Renaissanceturm (1654) das Stadtbild prägt. Die gotische *Kościół św. Marii Panny/Kirche St. Maria* (14./15. Jahrhundert) erfuhr um 1660–70 im Innern eine durchgreifende Barockisierung; die *Nepomuk-Säule* vor dem Kirchentor versinnbildlicht in typischer Weise die böhmisch-habsburgische Gegenreformation in Schlesien. Die steinerne *Brücke* (14. Jh.) über einen Nebenarm der Nysa Kłodzka erinnert mit ihren barocken Heiligenfiguren ein wenig an die berühmte Karlsbrücke in Prag. Auf der Anhöhe über der Stadt erhebt sich die *Festung,* Mitte des 18. Jh. im Auftrag von FRIEDRICH II. anstelle der einstigen Burg errichtet. An der Straße, die von Kłodzko westwärts auch das Tal zwischen Góry Stołowe und Góry Bystrzyckie zum tschechischen Grenzort Náchod führt, liegen drei beliebte Kur- und Ferienorte: **Polanica-Zdrój/Bad Altheide, Duszniki-Zdrój/Bad Reinerz** und **Kudowa-Zdrój/Bad Kudowa.** Im alten Theater von Duszniki Zdrój findet jährlich im August das internationale CHOPIN-Festival statt, in Kudowa Zdrój werden regelmäßig Musikfeste zu Ehren von STANISŁAW MONIUSZKO abgehalten.

Über 700 Jahre alt ist der Marienkult in **Wambierzyce/Albendorf** (nordwestlich von Kłodzko). Verbunden ist er mit der Heilung eines Blinden beim Gebet vor der Figur der Maria mit dem Jesuskind, die man an einer Linde angebracht hatte. Heute betreuen Jesuiten den Wallfahrtsort. Die berühmte *Kościół Nawiedzewia Marii/Kirche der Heimsuchung Mariae* entstand in den Jahren 1715–20, die monumentale Treppe mit 33 Stufen (das Alter Christi) 1724. Die barocke Ausstattung mit Hauptaltar (1720), der Kanzel (1723), den Altären des hl. Johannes von Nepomuk und des hl. Antonius sowie die Figuren der Kirchenväter schuf der Glatzer Bildhauer KARL SEBASTIAN FLACKER.

Südlich von Kłodzko liegt **Bystrzyca Kłodzka/Habelschwerdt,** das mit seinem *Muzeum Filumenistyczne* (eine Sammlung zur Geschichte des Feuers) zahlreiche Besucher anlockt. Sehenswert sind am Marktplatz das *Rathaus* (16. Jh., 1854 umgebaut) und die *Bürgerhäuser* mit reizvollen Renaissance- und Barockfassaden, desgleichen die Reste der mittelalterlichen Stadtbefestigung, u. a. das sogenannte *Brama Wodna/Wasser-Tor.*

Lądek-Zdrój/Bad Landeck, mitten im Reichensteiner Gebirge, sah schon GOETHE und TURGENJEW als Kurgäste; 1498 war hier das erste Badehaus entstanden, das 1678 nach ›türkischem‹ Vorbild umgebaut wurde. Die Ruine der *Zamek Grodno/Kynsburg* bei **Zagórze Śląskie/Kynau** am Nordrand des Eulengebirges ist ein weiteres Beispiel für die kunstvolle Art und Weise, mit der im Schlesien des 14. Jh. Befestigungsbauten errichtet wurden. Weiter östlich liegen mit **Pieszyce/Peterswaldau** und **Bielawa/Langenbielau** jene zwei Orte, die im Zentrum des Weberaufstandes vom Juni 1844 standen (s. S. 553). Wahrzeichen von **Ząbkowice Śląskie/Frankenstein** ist der Glockenturm der *Kościół św. Anny/Kirche St. Anna,* seit den Bergsenkungen Ende des 16. Jh. auch Schiefer Turm genannt. Ząbkowice Śląskie gehörte ebenfalls seit dem 15. Jh. zu den Zentren schlesischer Tuchmacherei und Leinenweberei.

Wenige Kilometer weiter östlich, am Oberlauf der Oława/Ohle, liegt das ehemalige Kloster **Henryków/Heinrichau** (Abb. 79), zusammen mit Lubiąż, Trzebnica und Krzeszów eines der mittelalterlichen Mönchszentren, die bei der deutschen Besiedlung Schlesiens eine ent-

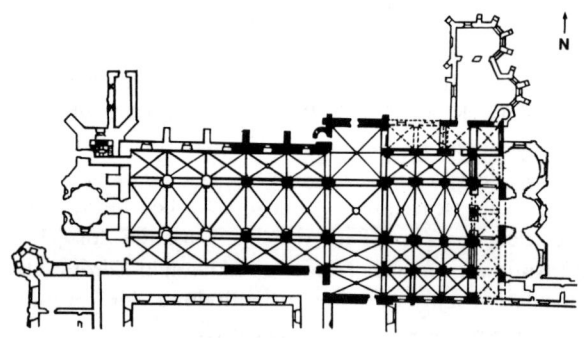

Henryków, Grundriß der Zisterzienserkirche

scheidende Rolle spielten. 1227 zog der erste Konvent von Zisterziensern aus Lubiąż hier ein, ein Jahr später wurde die erste Kirche eingeweiht und ein Stiftungsprivileg ausgestellt. Henryków spielt aber auch in der frühen polnischen Literaturgeschichte eine wichtige Rolle. Mitglieder des Konvents verfaßten gegen 1270 das ›Liber Fundationis claustri Sanctae Mariae Virginis‹, das Gründungsbuch des Klosters. Es ist die älteste polnische Schrifturkunde, denn der lateinische Text enthält erstmals einen polnischen Satz. Das Gründungsbuch schildert den damaligen Alltag in anschaulicher Art.

Die mittelalterliche *Klosterkirche* von Henryków ist die älteste erhaltene gotische Zisterzienserkirche Schlesiens und zudem eine der wichtigsten, der Chor stammt aus dem 13., das Langhaus aus dem 14. Jh. Die fünfschiffige, auf dem Grundriß eines Kreuzes errichtete Basilika blieb beim barocken Neubau des Klostergebäudes zwischen 1682 und 1698 im wesentlichen erhalten. Allerdings fügte man der Kirchenfront einen barocken Westgiebel und einen überkuppelten Vorbau, dem Turm an der Nordwestecke eine durchbrochene barocke Haube hinzu. Gleichzeitig wurde das Kircheninnere barockisiert und mit prunkvollen Altären, Malereien (MICHAEL WILLMANN), Orgel, Kanzel und kostbarem Chorgestühl, dem prachtvollsten und schönsten in ganz Schlesien, versehen. In der Maria Magdalenen-Kapelle befindet sich das Grabmal des Herzogs BOLKO II. (gest. 1341) und seiner Gemahlin; von der mittelalterlichen Grabtumba ist allerdings nur die Deckplatte erhalten.

Im Jahre 1810 wurde das Kloster säkularisiert, später kam es in den Besitz der Großherzöge von Sachsen-Weimar-Eisenach. Heute beherbergt das einstige Stiftsgebäude, zu dem annähernd 30000 Morgen Land gehören, eine Landwirtschaftshochschule. Das Refektorium, der Fürstensaal mit seinen Wandmalereien und die frühere Zimmerflucht des Abtes lohnen einen ausführlichen Rundgang.

Wertvollstes Baudenkmal in **Ziębice/Münsterberg** ist die *Kościół Farny/Pfarrkirche St. Maria und St. Georg*. Das Langhaus wurde in den Jahren 1265–75 errichtet, im 15. Jh. ersetzte man den romanischen Chor durch einen dreischiffigen spätgotischen mit einem Dreiapsidenabschluß. Vom *Rathaus* des 16. Jh. blieb nur der Turm erhalten, desgleichen Teile der Stadtbefestigung wie etwa der *Patschkauer Torturm*.

Opole/Oppeln – Nysa/Neisse – Brzeg/Brieg – Góra św. Anny/St. Annaberg

Standort eines uralten Flußüberganges ist **Opole/Oppeln** an der Oder, heute eine Stadt mit über 130000 Einwohnern und zudem Verwaltungssitz der gleichnamigen Wojewodschaft. Von 1919–39 war Opole Hauptstadt der eigenständigen Provinz Oberschlesien. Die Kalksteinlager in der Umgebung liefern den Rohstoff für den wichtigsten Wirtschaftszweig der Stadt, die Zementindustrie. Eine Reihe anderer wichtiger Betriebe dient vor allem der Verarbeitung landwirtschaftlicher Produkte.

Der Name der Stadt leitet sich her von *Opole,* einer alten slawischen Bezeichnung für eine kleine Siedlungsgemeinschaft. Archäologische Forschungen im nördlichen Teil der zwischen Oder und Mühlengraben gegenüber dem Stadtzentrum gelegenen und Piaseka genannten Insel haben ergeben, daß hier bereits im 8. Jh. eine Siedlung bestand. Bei den Arbeiten wurde der gesamte Grundriß einer altslawischen Stadt freigelegt und im Boden konservierte Häuserwände und einzelne Gegenstände (Hausgeräte, Schuhwerk, Amulette) entdeckt. Der sogenannte BAYRISCHE GEOGRAPH (Mitte 9. Jh.) nennt Opole als Hauptort der Opolanen, die zu den sechs slawischen Stämmen im damals polnischen Schlesien gehörten.

Im Zentrum von Opole, am rechten Oder-Ufer, liegt der Marktplatz mit dem *Rathaus,* das 1936 als Nachbildung des Palazzo Vecchio in Florenz vollendet wurde. Die Barock- und Rokokofassaden der *Bürgerhäuser* am Marktplatz hat man nach dem Zweiten Weltkrieg wiederhergestellt (Abb. 77).

Die *Kościół św. Marii Panny/Kirche St. Maria* (ursprünglich 14. Jh.) erhielt ihre Renaissancegestalt durch einen Umbau im 16. Jh.; die Ausstattung des Innern folgt weitgehend barocken Formen. Unweit der Kirche findet man ein aus älteren Bürgerhäusern entstandenes Gebäude aus dem 17. Jh. Es beherbergt heute das *Muzeum Śląska Opolskiego/Museum des Oppelner Schlesien* mit Sammlungen zu Geschichte und Ethnographie. Im Norden des Stadtzentrums steht die gotische *Kathedrale* (1400) mit dem Grabmal des letzten Piastenfürsten von Opole, JAN II., der 1532 starb. Die *Kościół Franciszkanów/Franziskanerkirche* in der zur Piaseka-Insel führenden ul. Zamkowa stammt in ihrer Grundgestaltung aus dem 14. Jh. und wurde später (17./18. Jh.) teilweise umgebaut. In der gotischen *Kaplica św. Anny/Kapelle St. Anna* (1309) stehen Grabmäler der Herzöge von Oppeln.

Das *Schloß* in **Proszków/Proskau,** südlich von Opole, besticht durch seinen Sgraffitoschmuck (nach 1671) an den Außenfassaden; dargestellt sind Allegorien, Abbildungen berühmter Philosophen und auch Szenen aus verschiedenen Kriegen. Die ursprünglich zweigeschossige Schloßanlage im Renaissancestil mit einem Arkadeninnenhof und bastionsartigen Eckbauten war nach 1563 (im Auftrag GEORG VON PROSKAUS) errichtet worden. Nach Zerstörungen im Dreißigjährigen Krieg wurde sie 1677–83 unter der Leitung des italienischen Architekten JOHANN SEREGNO wiederaufgebaut und teilweise barock umgestaltet, etwa durch Hinzufügen zweier Türme in der Hauptfassade.

Głogówek/Oberglogau, nahe der Grenze zu Tschechien, ist sehenswert wegen der dortigen *Kościół św. Bartłomieja/Kirche St. Bartholomäus.* Das aus dem 14. Jh. stammende Bauwerk erfuhr 1775–81 eine prachtvolle Barockisierung im Innern: die Fresken des aus Böhmen stammenden Malers FRANZ ANTON SEBASTINI verherrlichen Leben und Wirken des Kirchenheiligen St. Bartholomäus, die zahlreichen Figuren sind ein Werk des Bildhauers JOHANN SCHUBERT aus Mähren.

Nysa/Neisse gehört zu den ältesten Städten Schlesiens: im 12. Jh. war es Sitz des Piastenherzogs von Nysa, kam nach 1198 in den Besitz der Bischöfe von Wrocław und erhielt 1308 eigenes Stadtrecht. Besonders im 16. und 17. Jh. spielte Nysa eine wichtige Rolle im religiösen und kulturellen Leben Schlesiens. So wurden am Jesuitenkollegium ›Carolinum‹ die späteren polnischen Könige MICHAŁ KORYBUT WIŚNIOWIECKI (reg. 1669–73) und JAN III.

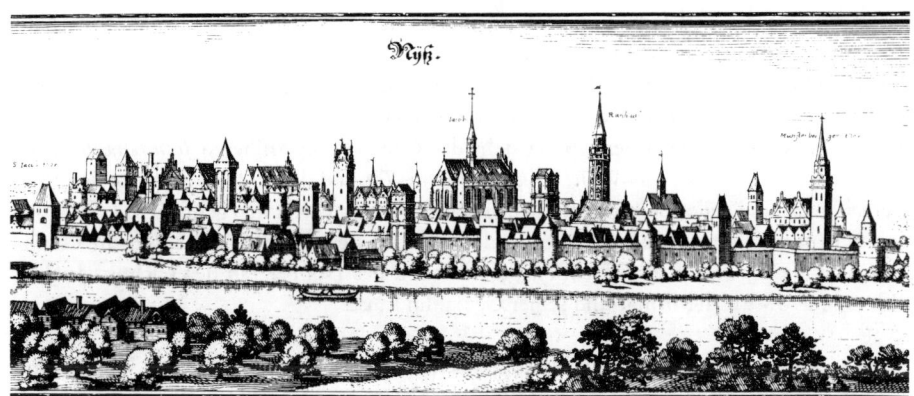

Ansicht von Nysa, Stich von M. Merian 16.Jh.

SOBIESKI (reg. 1674–96) erzogen. Gleichzeitig erlebte die Stadt zu dieser Zeit wirtschaftlich einen großen Aufschwung. Hier wurde mit Leinen und Garnen gehandelt, und besonders berühmt war Nysa für seinen Handel mit österreichischen und ungarischen Weinen, die in gewaltigen Kellergewölben gelagert wurden.

Heute bilden Betriebe der Metall- und Nahrungsmittelindustrie und Gerbereien das wirtschaftliche Rückgrat der Stadt. Ältestes Baudenkmal ist die *Kościół św. Jakuba/Kirche St. Jakobus* nahe dem Marktplatz. Die große neunjochige Hallenkirche des 14./15.Jh. hatte – wie Ausgrabungen ergaben – bereits eine Vorgängerin in Form einer romanischen Basilika, die nach 1198 errichtet worden war. Das jetzige Gotteshaus, nach teilweiser Zerstörung im Zweiten Weltkrieg inzwischen wiederhergestellt, entstand in den Jahren 1392–1430. Der Westgiebel wurde im 16.Jh. aufgerichtet, das Mittelschiffgewölbe im 19.Jh. stark verändert. Die insgesamt 20 Kapellen enthalten eine Fülle von Kunstdenkmälern, so das bekannte Epitaph des BISCHOFS BALTHASAR VON PROMNITZ (gest. 1539), eine aus Salzburger Marmor gestaltete hohe Tumba mit einer lebensgroßen Figur des Bischofs und einem Baldachin. Die Kirche besitzt zudem einen aus mächtigen Granitquadern gebauten, freistehenden Glockenturm. Unweit der Kirche St. Jakob steht die spätgotische, 1372 erstmals erwähnte und nach der Zerstörung 1743 wiederaufgebaute *Kościół św. Barbary/Kirche St. Barbara.*

Ein erlesenes Baudenkmal der Renaissance war vor seiner Zerstörung und dürftigen Rekonstruktion nach dem Krieg die 1604 vollendete *Waga Miejska/Stadtwaage* am Innenstadtmarkt. Die Bogendurchfahrt im Erdgeschoß des vorspringenden Hauses war durch Bossenmauerwerk strukturiert, Skulpturen und Sgraffito schmückten das Hauptgeschoß, der vierfach gestaffelte Giebel umfaßte vielfältige architektonische und plastische Elemente.

Die barocke *Kościół ś.ś. Piotra i Pawła/Kirche St. Peter und Paul* südlich des Innenstadtmarktes entstand in den Jahren 1719–30 unter Leitung des Hofbaumeisters MICHAEL KLEIN aus Ungarn. Das zweitürmige Gotteshaus ist vor allem berühmt wegen seiner prächtigen Deckengemälde, die von den Brüdern FELIX ANTON und CHRISTOPH THOMAS SCHEFFLER geschaffen wurden und deren Leitmotiv die Anbetung und Verehrung des Kreuzes durch die triumphierende Kirche ist.

Die 1688–92 errichtete barocke *Kościół Jezuitów/Jesuitenkirche* im Osten der Innenstadt läßt als Vorbild die Kirche Il Gesu in Rom erkennen, ihr Inneres schmücken Fresken von KARL DANKWART. Neben der Kirche steht das Gebäude des früheren *Jesuitenkollegiums Carolinum*. Mit dem *Brama Wrocławska/Breslauer Tor* und dem *Baszta Ziębicka/Münsterberger Turm* sind Teile der mittelalterlichen Stadtbefestigung erhalten geblieben.

Auf dem gut 1 km vom Markt entfernten ehemaligen ›Jerusalemer Friedhof‹ heute *Cmentarz Komunalny/Städtischer Friedhof*, befindet sich das Doppelgrab des Dichters JOSEPH FREIHERR VON EICHENDORFF und seiner Gemahlin Luise.

Wenige Kilometer westlich von Nysa, zwischen den beiden Seen Jezioro Nyskie und Jezioro Otmuchowskie, liegt **Otmuchów/Ottmachau,** dessen Siedlungsgeschichte sich bis ins 12. Jh. zurückverfolgen läßt, als König BOLESŁAW III. KRZYWOUSTY hier ein Kastell errichten ließ. Obwohl die Stadt insgesamt in den letzten Tagen des Zweiten Weltkriegs weitgehende Zerstörungen erlitt, blieben die wichtigsten Baudenkmäler im Zentrum erhalten. Dazu gehören der Nordostflügel der im 16. Jh. errichteten *Burg* auf dem Hügel zwischen Neiße und Stadtzentrum und – etwas unterhalb – das barocke *Schloß*, 1706–07 unter der Leitung von MICHAEL KLEIN gebaut. Der sogenannte *Sperlingsturm* nordöstlich des Marktplatzes war ehedem Bestandteil der Stadtbefestigung aus dem 14. Jh. Am Marktplatz selbst steht das 1538 vollendete *Renaissance-Rathaus,* an der unteren Seite des Platzes findet man einige barocke Bürgerhäuser. Die drei anderen Seiten des Rings sowie dahinter liegende Stadtviertel sind 1945 abgebrannt. Das linke Ufer der Neiße säumt die barocke *Kościół św. Mikołaja/Kirche St. Nikolaus,* 1690–93 nach Plänen von JOHANN PETER TOBLER errichtet; die Fresken im Innern (1698) stammen von KARL DANKWART, das Gemälde am Hochaltar (1696) von MICHAEL WILLMANN.

Auch **Paczków/Patschkau,** am Fuße des Reichensteiner Gebirges gelegen, hat sein historisches Antlitz bewahrt. So ist die *Stadtmauer* aus dem 14. Jh. zusammen mit Wehrtürmen und Toren fast vollständig erhalten. Am Marktplatz stehen einzelne *Bürgerhäuser* mit Renaissance- und Barockfassaden; der 45 m hohe Renaissanceturm (von 1552) des *Rathauses* dominiert das Stadtbild. Zur Stadtbefestigung paßt die – äußerlich als Wehrkirche gestaltete – *Kóściół św. Marii Panny, św. Jana Ewangelisty i św. Jana Baptysty/Kirche St. Mariae, St. Johannes des Evangelisten und St. Johannes des Täufers* (Abb. 80). Die dreischiffige Hallenkirche ist in der zweiten Hälfte des 14. Jh. entstanden, außen erhielt das Gotteshaus im 16. Jh. eine die Dächer verdeckende Zinnenbewehrung im Stil der Renaissance. Wertvollster Bestandteil der Innenausstattung ist ein silbernes, teilweise vergoldetes Standkreuz aus dem Jahre 1516; auf der Vorderseite befinden sich vier Reliquienbehälter, in der Mitte ist ein plastischer Korpus aufgeheftet.

Der Name der Stadt **Brzeg/Brieg,** auf halbem Wege zwischen Opole und Wrocław, geht zurück auf ein dort bereits um 1200 bestehendes Fischerdorf, *Wysokibrzeg,* Hohes Ufer genannt, das an einem alten Oder-Übergang angelegt worden war und später ebenso wie die Burg in die befestigte Stadt miteinbezogen wurde. Das genaue Datum der Stadtgründung ist bisher nicht bekannt, wahrscheinlich ist das Jahr 1246 oder 1250. Heute eine wichtige Industriestadt mit 37000 Einwohnern, erlebte Brzeg die historisch bemerkenswerteste Periode seiner Stadtentwicklung in der Renaissance, als die lutherischen Herzöge Reformation, Humanismus und Kultur förderten und Bauwerke entstanden, die noch heute das Stadtbild prägen. Vor den Toren von Brzeg, bei dem 5 km entfernten Dorf Mollwitz/Malujowice, errangen preußische Truppen 1741 ihren ersten Sieg über das österreichische Heer. Preußische Kanonen waren es aber auch, mit denen während der Belagerung der Stadt (Eroberung am 4. 5. 1741) das herrliche Piastenschloß in Brand geschossen wurde.

Zwischen 1370 und 1417 entstand die gotische *Kościół św. Mikołaja/Kirche St. Nikolaus*, eine dreischiffige Pfeilerbasilika mit zwei wuchtigen Türmen, die zu den geräumigsten Kirchen auf schlesischem Gebiet zählt. Das schmale, mit einem steilen Satteldach abgedeckte Mittelschiff überragt die beiden durch Kapellenanbauten erweiterten und mit flachen Pultdächern bedeckten Seitenschiffe. Bis zum Zweiten Weltkrieg verfügte die Kirche über eine schöne, von MICHAEL ENGLER in den Jahren 1724–30 gebaute Barockorgel. Das *Rathaus* von Brzeg symbolisiert den großen Aufschwung, den die Profanarchitektur in Schlesien während der Renaissance genommen hat. Es ist überdies das einzige vollständig erhaltene Renaissancerathaus in Schlesien. Gebaut wurde es 1570–77 unter der Leitung der Baumeister JACOBO PAHR und BERNHARD NIURON, nachdem der ältere mittelalterliche Bau 1569 einem Brand zum Oper gefallen war. Sehenswert im Innern ist der Ratssaal, der 1746 im Stil des Rokoko gestaltet wurde.

Brzeg, *Torhaus des Piastenschlosses*

Im Stadtzentrum sind auch mehrere Bürgerhäuser mit Renaissancefassaden erhalten geblieben.

Das reich verzierte *Portal* ist der am besten erhalteneTeil des alten *Piastenschlosses:* über dem von Pilastern flankierten Torbogen erhebt sich eine Attika, die mit Wappen geschmückt ist und vor der sich die Skulpturen des Herzogs GEORG II. und seiner Gemahlin BARBARA erheben. Darüber befinden sich verschiedene Inschriften, u. a. das Datum der Eheschließung: 1553; zwischen den Fenstern des ersten und zweiten Stockwerks sind in zwei Reihen Porträtbüsten der

Ahnen des Paares angeordnet. 1544 hatte man auf Initiative FRIEDRICH II. den Grundstein für das Schloß gelegt, das dann unter GEORG II. auch 1547 durch die Baumeister PAHR und NIURON seine Renaissancegestaltung erhielt. Direkt links neben dem Torbau des Schlosses steht die 1369 vollendete *Kościół Zamkowy/Schloßkirche*. Nach den Zerstörungen von 1741 und durch den Zweiten Weltkrieg wurde sie später in ihrer gotischen Gestalt wiederhergestellt. PAHR leitete 1564–69 auch den Bau des *Gymnasiums* unweit des Schlosses, das seine Blütezeit als – betont evangelische – Bildungsstätte im 17. Jh. erlebte.

Etwa 30 km südöstlich von Opole liegt **Góra Świętej Anny/Sankt Annaberg**, das im Laufe der Geschichte zum religiösen wie politischen Wahrzeichen von Oberschlesien geworden ist. Mit seinen 410 m Höhe überragt der aus schwarzem Basalt bestehende Berg, Chełm genannt, die Wälder und Äcker im weiten Umkreis. In der barocken *Wallfahrtskirche* wird eine schlichte, aus Holz geschnitzte Figur der hl. Anna verehrt, die aus dem 15. Jh. stammt und der Anna Selbdritt nachempfunden ist. Die nach 1665 errichtete Kirche (1958 restauriert) besitzt insgesamt vierzig Kapellen, in denen der Leidensweg Christi dargestellt ist. Pfingsten 1991 fand zum ersten Mal seit dem Zweiten Weltkrieg wieder ein kulturelles Freundschaftstreffen der deutschen Oberschlesier auf dem St. Anna-Berg statt. Unter tatkräftiger Mithilfe der Franziskaner gelang es den Organisatoren, das Treffen aus den ideologischen Verwirrungen deutsch-polnischer Politik herauszuhalten und so zum Symbol für die Zukunft zu machen. Das 1953 anstelle eines alten deutschen Denkmals errichtete *Mahnmal* auf dem Bergrücken erinnert an den dritten polnischen Aufstand in Oberschlesien 1921 (Abb. 81).

Katowice/Kattowitz – Racibórz/Ratibor – Bielsko Biała/Bielitz – Cieszyn/Teschen

Die Wojewodschaft Katowice ist die Verwaltungsregion mit dem stärksten Industrieaufkommen und der größten Bevölkerungsdichte Polens. Fast vier Millionen Menschen leben hier in nicht weniger als 44 Städten und 48 Gemeinden. Der mittlere, industriell am stärksten entwickelte und urbanisierte Teil der Wojewodschaft wird GOP – Górnośląski Okręg Przemysłowy/Oberschlesisches Industriegebiet genannt und ist das Rückgrat der polnischen Volkswirtschaft. Es umfaßt dreizehn größere Städte (u. a. Katowice mit 362000, Sosnowiec mit 252000, Bytom/Beuthen mit 238000, Gliwice/Gleiwitz mit 211000, Zabrze/Hindenburg mit 197000 Einwohnern), die durch Eisenbahn-, Omnibus- und Straßenbahnlinien miteinander verbunden sind und letztlich einen einheitlichen industriell-städtischen Organismus bilden. Sechzig Kohlegruben arbeiten hier, darunter Europas größte, die Grube ›Piast‹ bei Tychy, des weiteren 20 Eisenhütten, mit der gewaltigen ›Huta Katowice‹ an der Spitze, schließlich auch elf Kokereien. Die Belastung der Umwelt in dieser Region ist

Zabrze, die Alte Post nach ihrer Restaurierung

so stark, daß das Parlament Oberschlesien bereits 1986 als ›ökologische Katastrophenregion‹ klassifiziert hat.

Über Entstehung und Entwicklung dieses Industriezentrums entschieden die hier lagernden Bodenschätze, insbesondere die Metallerze (Eisen, Zink, Blei) und die Steinkohlenflöze. Die Bodenschätze Oberschlesiens waren schon im Mittelalter bekannt, bereits im 13. Jh. gruben Bergleute aus Bytom nach Blei und Silber. Der eigentliche Aufschwung einer Region, wie sie in Europa nur mit dem Ruhrgebiet vergleichbar ist, erfolgte erst im 18. und 19. Jh. mit der Entwicklung der modernen Industrie. Die Einwohnerzahlen der Städte stiegen explosionsartig an, die Lebensbedingungen vieler Arbeiterfamilien waren hart und entbehrungsreich. Das heutige Gesicht Oberschlesiens wurde vor allem Ende der 60er und Anfang der 70er Jahre geprägt.

Die Wojewodschaftshauptstadt **Katowice/Kattowitz** ist in erster Linie Industriemetropole (Abb. 82). Gleichzeitig hat sie sich aber auch zu einem wissenschaftlich-kulturellen Zentrum entwickelt: 1968 wurde hier die Uniwersytet Śląski/Schlesische Universität gegründet, und mittlerweile studieren mehr als 20 000 Studenten an insgesamt sechs Hochschulen in der Stadt. Das Spielfilmstudio in Katowice hat sich filmisch der historischen und sozialen Probleme Oberschlesiens angenommen. Ein großes *Denkmal* nördlich des Stadtzentrums erinnert an die Aufständischen der Jahre 1919–21.

Das *Muzeum Górnośląskie* in **Bytom/Beuthen** dokumentiert die Kulturgeschichte der ganzen Region. Gleichzeitig findet man in der Stadt eine der seltenen ›*Schrotholzkirchen*‹ aus dem 18. Jh.

Gliwice/Gleiwitz steht für die Tradition der Kunstgußproduktion, bereits Ende des 18. Jh. wurden hier nach Modellen namhafter Bildhauer Gußskulpturen hergestellt.

Będzin, nordöstlich von Katowice, gehört zu den ältesten Städten der Region. Im 17. Jh. war es wegen seiner Tucherzeugnisse berühmt, 1766 wurde hier das erste Steinkohlebergwerk gegründet. Schon von weitem sichtbar ist das gotische *Piastenschloß* (13./14. Jh.) auf einem Hügel nahe der Stadt (Abb. 78). Aus dem frühen 12. Jh. stammt die schlichte, einschiffige Kirche Johannes des Täufers in **Siewierz,** die Westempore des romanischen Bauwerks (in Form eines Balkons) ruht auf Arkaden.

Die alles überragenden, teilweise bis zu 100 m hohen Kohlehalden deuten darauf hin, daß auch **Rybnik,** südwestlich von Katowice, ein wichtiger Standort des oberschlesischen Kohlebergbaus ist. Der Name der Stadt erinnert allerdings daran, daß schon im 10. Jh. auf dem heutigen Stadtgebiet eine Siedlung von Fischern existierte.

An der Stelle eines uralten Flußübergangs, da wo die Oder Schlesien erreicht, liegt **Racibórz/Ratibor.** Im 12. Jh. stand hier eine Wallburg, die den Handelsweg von der Mährischen Pforte nach Kraków sichern sollte; der Sage nach hat die Burg sogar dem Mongolensturm 1241 widerstanden. Racibórz bietet eines der schönsten historischen Stadtbilder Oberschlesiens. Wertvollstes Baudenkmal der Stadt ist die *Liebfrauenkirche.* Der Chor, der älteste Bestandteil des Gotteshauses, stammt aus der Zeit um 1285; sehenswert sind vor allem der barocke Hochaltar (1656) und das kunstvolle Chorgestühl (1653).

Bielsko-Biała/Bielitz ist seit dem 19. Jh. ein Zentrum der Textilindustrie; 1806 wurde hier die erste Wollspinnmaschine aufgestellt. Die Stadt ist Ausgangspunkt für viele Urlauber, die in den Schlesischen Beskiden Erholung suchen: in Żywiec am Stausee des Sola-Flusses, in Wisła, nicht weit von der Quelle der Weichsel, oder in Szczyrk, dem wichtigsten Kurort der Region.

Seit 1920 teilt der Olsa-Fluß das historische Teschen in das polnische **Cieszyn** und das tschechische Český Těšín. Die Teilung geht zurück auf den Beschluß der Siegermächte nach der Niederlage Österreich-Ungarns im Ersten Weltkrieg (Botschafterkonferenz von 1920). Cieszyn, eine Stadt mit vielen Grünanlagen, besitzt mit der *Kościół św. Mikołaja/Kirche St. Nikolaus* eines der ältesten Gotteshäuser in Polen, die romanische Rotunde entstand Mitte bis Ende des 11. Jh. Darüber hinaus lohnen das *Rathaus* (1800), die Bürgerhäuser am Marktplatz (18. Jh.), die ursprünglich gotische *Kościół Dominikanów/Dominikanerkirche* (14. Jh.), die Dreifaltigkeitskirche (1585), das alte habsburgische *Schloß* (1837) ebenso wie das *Muzeum Cieszyńskie/Cieszyńskie-Museum* einen Besuch. Letzteres illustriert die wechselvolle Kulturgeschichte dieser Grenzregion.

Reinhold Vetter

Glossar

Ädikula Rahmung eines Fensters, eines Portals oder einer Nische in Form von Säulchen (oder → Pilastern), die einen Giebel tragen.

Allegorie Gleichnishafte figürliche Darstellung eines abstrakten Begriffes, der symbolische Attribute beigegeben werden (Liebe, Wohlstand, Gerechtigkeit usw.).

Amphitheater Römischer Theatertypus mit ellipsenförmiger Arena und rundum geschlossenen Sitzreihen. Im Gegensatz dazu die halbrunden Theater und der langovale Zirkus.

Anna Selbdritt Darstellung der hl. Anna mit ihrer Tochter Maria und dem Jesusknaben.

Antependium Verkleidung des Altarunterbaus aus kostbarem Stoff, auch als aufwendiggestaltete Holz- oder Metalltafel.

Apotheose Bildliche Darstellung der Erhebung eines Menschen zum Gott. Verherrlichung, Verklärung.

Apsis Halbrunder, mit einer Halbkuppel überdeckter Raum, der sich zu einem Hauptraum öffnet.

Aquädukt Römische Wasserleitung mit leichtem Gefälle, die Täler und Schluchten auf oft mehrstöckigen Bogenstellungen überquert.

Archivolte Profilierung, die einem Bogenlauf an der Bogenstirn und/oder in der Bogenlaibung folgt.

Arkade Bogenstellung über Pfeilern oder Säulen.

Atlant Gewölbe- oder Gebälkstütze in Form einer männlichen Steinfigur. Benannt nach dem Titan Atlas, welcher der griechischen Mythologie zufolge das Himmelsgewölbe stützt.

Attika Niedriger, geschlossener oder balustradenförmiger Mauerstreifen über dem obersten → Gesims eines Gebäudes (auch auf Stadttoren), der zusätzlich mit Statuen, Inschriften, Wappen usw. geschmückt sein kann. Die A. dient oftmals zur Kaschierung des Daches.

Balustrade Ein aus kleinen, gedrungenen Stützen (Baluster) gebildetes Geländer an Treppen, Balkonen oder als Dachabschluß.

Baptisterium Kleine Taufkirche als selbständiges Bauwerk oder Anbau an einer Kirche. Meist Zentralbau.

Basilika Drei-, fünf- oder mehrschiffige Kirche, deren Mittelschiff höher (und oft breiter) ist als die Seitenschiffe, so daß der durchfensterte → Obergaden für die Beleuchtung des Mittelschiffs sorgt. Die → Apsis mit dem Altar kann direkt an das Langhaus angefügt sein, nach dem 4. Jh. n. Chr. wird gewöhnlich zwischen Apsis und Langhaus ein Querhaus eingeschoben.

Basis Wulstförmiger oder profilierter Fuß einer Säule, eines Pfeilers oder Pilasters. Auch Standblock einer Plastik.

Bastei Vorspringender Bauteil einer Festung, auch → Bastion genannt. Im Polnischen ein Wehrturm aus Stein.

Bastion → Bastei

Bergfried Hauptturm einer Burg, der bei Belagerungen als letzte Zuflucht der Burgbewohner diente.

Beschlagwerk Wie gestanzt wirkendes band- oder leistenförmiges Flächenornament (auf Säulenschäften, in Fensterlaibungen usw.).

Binder Der im Mauerverband quer zur Mauerflucht liegende, in die Mauer ›einbindende‹ Stein.

Blendarkade → Arkade, die einer geschlossenen Wand als Gliederung vorgelegt ist, hinter der sich jedoch keine Öffnungen befinden.

Böhmische Kappe Kuppelform, bei der die Basis der Kuppel einen gedachten Kreis bildet, der ein Grundrißquadrat umschreibt. Die über das Quadrat hinausgehenden seitlichen Kugelsegmente sind als geklappt vorzustellen. Auch Hängekuppel genannt.

Bossenquader Baustein, dessen sichtbare Seite nur grob bearbeitet ist. Im Mauerverband nennt man eine solche aus groben Bossen- oder Buckelquadern gebaute Struktur → Rustika.

Chor Bezeichnung für den Hochaltarraum einer Kirche, der einige Stufen höher liegen kann als der Gemeinderaum, architektonisch besonders ausgestaltet wurde und durch Schranken oder ein Gitter vom übrigen Kirchenraum abgetrennt ist.

Chorgestühl An den Längsseiten des → Chors aufgestellte Sitzreihen für die Geistlichen, meist reich verziert.

Corps de Logis Hauptgebäude eines Barockschlosses, das architektonisch gegenüber den Nebenflügeln besonders hervorgehoben wird.

Dachformen 1. Das Zeltd. (Pyramidend.) ist aus vier gleichen Dreiecken zusammengesetzt. 2. Das Pultd. besitzt nur eine schräge Dachfläche. 3. Das Sattel- oder Giebeld. besteht aus zwei schräg gegeneinandergestellten Dachflächen und zwei Giebeln; die häufigste Dachform. 4. Bei einem Walmd. sind die vertikalen Giebelflächen des Satteld. durch schräge Dachflächen ersetzt. Ist nur der Fuß der Giebelfläche abgeschrägt (abgewalmt), entsteht ein Fußwalmd. 5. Das Mansardd. ist ein Knickd., dessen unterer Teil steiler ist als der obere; besonders bei zu Wohnzwecken ausgebauten Dächern.

Dachreiter Schlankes Türmchen auf dem First eines Daches. In der Zisterzienserbaukunst als Glockentürmchen. Auch an Profanbauten als Uhr- oder Glockentürmchen verwendet.

Dansker Abortanlage mittelalterlicher Burgen und Klöster.

Dormitorium Schlafsaal der Mönche in einem Kloster.

Dreipaß → Paß

Empore Galerie- oder tribünenartiger Einbau in einem Innenraum. In der Kirche Standplatz für die Orgel oder Raum für Besucher, die vom Laienraum abgesondert werden sollen (Frauen, Angehörige des Hofes usw.).

Epitaph Erinnerungsmal (Inschrift, figürliche Darstellung) für einen Verstorbenen. Das Epitaph steht meist nicht in Zusammenhang mit dem Grab.

Feston Dekoratives Element in Form einer durchhängenden Girlande aus Zweigen, Blumen, Früchten usw. Oft mit einem Band umwickelt. Als durchlaufender Fries aneinandergereihter Girlanden gestaltet.

Fiale Schlankes, spitz auslaufendes Ziertürmchen an gotischen Bauwerken. Auf Strebepfeilern oder → Wimpergen.

Flügelaltar Altar, bestehend als einem Mittelteil (Altarschrein) und beweglichen, bemalten oder mit Schnitzwerk verzierten Seitenflügeln.

Fresko Auf noch feuchtem (frischem) Kalkmörtel ausgeführte Malerei, bei der sich die Farben mit dem Putz verbinden und so besonders haltbar werden (im Gegensatz dazu die Seccomalerei auf trockenem Putz).

Fries Waagerechter Mauerstreifen mit ornamentalen oder figürlichen Darstellungen, als Schmuck, Gliederung oder Abschluß einer Wand.

Fußwalmdach → Dachformen 4

Gaube Großes Dachfenster mit eigenem Dach.

Gebälk Oberer Abschluß einer Säulenstellung, bestehend aus Architrav, Fries und Gesims.

Gesims Ein waagerecht aus einer Mauer vortretender Streifen, der die horizontalen Geschosse eines Gebäudes gegeneinander absetzt und so die Wand gliedert.

Gewändeportal Schräg in die Mauer eingeschnittenes, mit Säulen und Figuren geschmücktes Portal.

Gewölbe Gekrümmte Raumdecke. 1. Das Tonneng. mit halbkreisförmigem Querschnitt ist die einfachste Gewölbeform. 2. Die Durchdringung von zwei Tonneng. gleicher Größe heißt Kreuzg.; auch Kreuzgratg. genannt wegen der bei der Durchdringung entstehenden Grate. 3. Wird die Gewölbelast von Rippen übernommen, die ein Traggerüst bilden, nennt man dies Rippeng. 4. Beim Sterng. bilden die Rippen eines → Joches eine Sternform. 5. Beim Netzgewölbe bilden die Rippen des Gewölbes ein über die einzelnen → Joche hinausgreifendes zusammenhängendes Netz.

Giebeldach → Dachformen 3

Gurtbogen Verstärkungsbogen quer zur Hauptrichtung des → Gewölbes, der von Pfeiler zu Pfeiler gespannt ist und die Gliederung des Gewölbes in → Joche betont.

Hallenkirche Kirche, deren Schiffe ganz oder fast gleich hoch sind. Die Fenster befinden sich in den Wänden der Seitenschiffe.

Handfeste In der älteren Rechtssprache eine Urkunde, insbesondere ein öffentlich-rechtliches Privileg.

Herme Pfeiler mit Aufsatz in Form einer männlichen oder weiblichen Büste.

Hohlkehle Konkav eingezogenes Bauglied (z. B. an → Gesimsen), das meist in Verbindung mit anderen Zierprofilen auftritt.

Ikone Kultbild oder geweihtes Tafelbild in der orthodoxen Kirche.

Ikonostasis In orthodoxen Kirchen hohe Schranke zwischen Längsschiff und → Chor, die von drei Türen durchbrochen und mit Säulen und → Pilastern gegliedert wurde. In den so gebildeten Nischen und Feldern befinden sich → Ikonen, daher der Name: wörtlich ›Standplatz des Bildes‹.

Inkrustation Verkleidung von Innen- oder Außenwänden mit verschiedenfarbigem Stein.

Intarsien Einlegearbeit in verschiedenfarbigen Materialien, neben Holz auch Elfenbein, Stein, Schildpatt, Perlmutt usw.

Joch Gewölbefeld oder -abschnitt

Kämpfer Steinlage, auf der ein Bogen oder ein → Gewölbe ansetzt. Auch Kurzbezeichnung für Kämpferkapitell, Kämpferstein usw.

Kalotte Flache Kuppel. Auch Bezeichnung für eine Viertelkugel als Wölbung über einer halbrunden → Apsis.

Kalvarienberg Plastische Nachbildung der Kreuzigungsstätte Christi.

Kapitell Oberer Abschluß einer Säule, eines Pfeilers oder eines Pilasters mit ornamentaler, figürlicher oder pflanzlicher Dekoration.

Kapitelsaal Versammlungsraum der Mönche im Kloster.

Kartusche Ornament oder Rahmen, der eine glatte Fläche für Büsten, Wappen, Inschriften usw. umschließt.

Kasel Meßgewand des (katholischen) Priesters.

Kassettendecke Flache oder gewölbte, mit eingetieften runden oder eckigen Feldern gegliederte Decke. Die Felder selbst sind oft mit Reliefs oder pflanzlichen Ornamenten verziert.

Kathedrale Kirche, in der ein Bischof seinen Sitz hat. Demgegenüber werden die Begriffe ›Dom‹ und ›Münster‹ willkürlich angewendet.

Knorpelwerk Ornament, das aus knorpel- oder muschelartigen Gebilden zusammengesetzt ist.

Kolossalordnung Mehrere Geschosse übergreifende Säulen- oder Pilastergliederung einer Fassade.

Kragstein Aus der Mauer vorspringender Tragstein, der an der Vorderseite oft ornamental verziert ist. Auch Konsole genannt.

Kreuzgewölbe (Kreuzgratgewölbe) → Gewölbe 2

Krypta Unterirdischer Raum unter dem Ostabschluß einer Kirche zur Aufbewahrung von Reliquien, Bestattung von Heiligen und Märtyrern. Später auch Begräbnisstätte für geistliche und weltliche Würdenträger.

Laterne Kleiner, runder oder vieleckiger durchfensterter Aufbau über einer Decken-, Gewölbe- oder Kuppelöffnung.

Laubengang Ein meist überwölbter Bogengang an der Front eines Gebäudes, diesem vorgestellt oder in ihn eingerückt.

Lisene Flacher, auf eine Mauer aufgelegter senkrechter Wandstreifen ohne Basis und → Kapitell (vgl. → Pilaster) zur Gliederung und Dekoration, bes. an romanischen Bauwerken.

Loggia Gewölbte, offene Bogenhalle in oder vor einem Gebäude, die, im Gegensatz zum Balkon, in ihrer Brüstung mit der Mauer fluchtet. Sie kann auch unabhängig von einem Gebäude bestehen.

Lünette Halbkreisförmiges dekoriertes Feld über einer Tür oder einem Fenster. Der Begriff wird teilweise im weiteren Sinne auch für andere halbkreisförmige Flächen verwendet.

Mansarddach → Dachformen 5

Maskaron Menschen- oder Fratzengesicht, ›Maske‹, Ziermotiv in der Baukunst (bes. im Barock).

Maßwerk Gotisches Bauornament, zunächst nur zur Unterteilung von großen Fenstern, später auch zur Gliederung und Ornamentierung von Wandflächen, Giebeln usw.

Mausoleum Prächtig ausgestattetes monumentales Grabmal.

Muschelwerk Dekoration aus muschelähnlichen Formen.

Netzgewölbe → Gewölbe 5

Obelisk Freistehender, im Grundriß quadratischer sich nach oben verjüngender Pfeiler mit pyramidenförmigem Abschluß.

Obergaden Wandabschnitt über den Mittelschiffarkaden einer → Basilika, in dem sich die Fenster befinden. Auch Licht- oder Fenstergaden genannt.

Oktogon Achteck

Orgelprospekt Künstlerisch gestaltete Schauseite einer Orgel.

Pantokrator Darstellung des thronenden Christus als Weltenherrscher mit Evangelienbuch und erhobener Rechten.

Paß Der P. ist der Kreisbogen des gotischen → Maßwerks. Nach der Zahl der Kreisbögen Drei-, Vier- und Vielpaß.

Pendentif Sphärisches Dreieck, das vom Quadrat des Grundrisses zum Kreis der Kuppel überleitet.

Pentaptychon Fünfteiliges Altarbild. Vgl. → Triptychon

Pilaster Der Wand o. einem anderen Bauglied vorgelegter vertikaler Mauerstreifen mit Basis und → Kapitell (vgl. Lisene).

Piscina 1. Taufbrunnen im altchristlichen → Baptisterium. 2. Ausgußbecken in mittelalterlichen Kirchen für das Wasser, das zur liturgischen Reinigung der Hände und Gefäße bei der Messe benutzt wurde.

Plafond Flache Decke

Polychromie Vielfarbigkeit

Polygonal Vieleckig

Polyptychon Vielflügeliges Altarbild (vgl. → Triptychon).

Portikus Ein an den Seiten offener oder teilweise geschlossener, überdeckter Raum aus freistehenden oder mit der Mauer verbundenen Säulen, der dem Eingang oder der Fassadenmitte eines Tempels, einer Kirche oder eines Hauses vorgelagert ist.

Predella Untersatz eines Altaraufsatzes, mit Schnitzereien oder Malerei verziert.

Presbyterium Der den Priestern vorbehaltene Raumteil der Kirche, in dem sich der Hochaltar befindet (muß nicht mit dem → Chor identisch sein).

Pultdach → Dachformen 2

Pyramidendach → Dachformen 1

Refektorium Speisesaal eines Klosters.

Remter Speisesaal (→ Refektorium) der Ordensburg.

Retabel Mit Gemälden oder Skulpturen geschmückter Altaraufsatz. Wurde weiter zum → Triptychon oder → Polyptychon entwickelt.

Rippengewölbe → Gewölbe 3

Risalit Ein in ganzer Höhe des Baus vor dessen Flucht tretender Bauteil. Mittel-, Seiten- und Eckrisalite sollen Fassaden gliedern und auflockern.

Rollwerk Bandförmiges Ornament, dessen Enden sich plastisch aufrollen.

Rotunde Rundbau

Rustika Mauerwerk, das aus grob behauenen → Bossenquadern besteht.

Saalkirche Kirche ohne Seitenschiffe.

Säulenformen Eine S. ist ein im Querschnitt kreisförmiges senkrecht stehendes Stützglied. S. treten in der Architektur meistens in Reihen angeordnet auf. Ihre Formen werden nach der Art ihrer → Kapitelle unterschieden. 1. Die dorische S. besitzt keine → Basis, ihr Kapitell besteht aus einem wulstförmigen Kissen (Echinus) und einer quadratischen Deckplatte (Abakus). 2. Die gegenüber der dorischen schlankere ionische S. hat eine Basis, das Kapitell besteht aus → Voluten und einer Deckplatte, die reliefiert sein kann. 3. Die korinthische S. unterscheidet sich von der ionischen vorwiegend durch größere Schlankheit und das Kapitell, das aus kreisförmig angeordneten großen Blättern mit gezahnten Rändern und kleinen Voluten besteht. 4. Die toskanische S. ist eine Variante der dorischen S.

Sakramentshäuschen Architektonisch ausgebildetes Behältnis zur Aufbewahrung geweihter Hostien an der Nordwand des → Chors; aus Stein oder Holz.

Satteldach → Dachformen 3

Schildbogen Begrenzt das → Joch seitlich zu den → Obergadenwänden hin.

Schlußstein Oberster, als letzter eingesetzter Stein eines Bogens oder eines → Gewölbes, oft mit Ornamenten (Wappen, Köpfe, Tiere usw.) geschmückt.

Sgraffito Wetterbeständige Fassadenmalerei, bei der aus übereinandergelagerten verschiedenfarbigen Putzschichten durch unterschiedlich tiefes Kratzen farbige Darstellungen entstehen.

Staffelgiebel Auch Treppen- oder Stufengiebel genannt. Giebel mit abgetrepptem Profil.

Sterngewölbe → Gewölbe 4

Stiftskirche (poln. Kolegiata) Kollegiatskirche, auch Pfarr- oder Wallfahrtskirche mit Grundbesitz und einer Vereinigung von Klerikern, genannt Kapitel, ähnlich wie an einer Bischofskirche. Auch Kirchen alter Mönchsorden werden so bezeichnet.

Supraporte Bildlich oder dekorativ gestaltetes oder gerahmtes Feld über dem Türsturz.

Tabernakel 1. Gehäuse zur Aufbewahrung geweihter Hostien in der Gotik zum → Sakramentshäuschen ausgestaltet. 2. Synonym für Baldachin oder → Ziborium. 3. In der Gotik Aufbau aus Säulen und Spitzdach.

Tambour Runder oder vieleckiger Unterbau einer Kuppel.

Tonnengewölbe → Gewölbe 1

Traufe Waagerechte Kante eines Dachvorsprungs an der Langseite des Dachs, parallel zum First verlaufend, für den Ablauf des Regenwassers.

Triforium Laufgang in der Kirchenwand über den → Arkaden und unter den Fenstern des → Obergadens, der sich in einer Bogenstellung zum Mittelschiff öffnet.

Triptychon Dreiteiliges Altarbild, bestehend aus dem Mittelbild und zwei Seitenflügeln.

Triumphbogen Der das Mittelschiff überspannende Bogen zwischen Mittelschiff und Vierung bzw. zwischen Mittelschiff und → Chor.

Tumba Sarkophagartiger Überbau eines Grabes mit Grabplatte.

Tympanon 1. Bogenfeld über einem mittelalterlichen Portal, meist mit plastischem Schmuck. 2. Giebelfeld eines antiken Tempels, mit oder ohne plastischem Schmuck.

Verkröpfung Das Herumführen eines Gebälkes oder eines Gesimses um vorstehende Bauteile (Säulen, → Pilaster usw.).

Vierpaß → Paß

Vierung Der bei der Durchdringung von Längs- und Querhaus entstehende Raumteil einer Kirche.

Volute Spiralförmig aufgerolltes Ornament an → Kapitellen der ionischen Bauordnung. In Renaissance und Barock auch an Giebeln und Konsolen.

Walmdach → Dachformen 4

Westwerk Westabschluß an romanischen Kirchen. Wirkt wie ein breiter Turm und ist oft von seitlichen Treppentürmen flankiert. Mit eigenem Altar, der meist dem hl. Michael geweiht war.

Wimperg Giebelförmiger Aufbau in der gotischen Kunst, über Portalen, Fenstern usw.

Zeltdach → Dachformen 1

Zentralbau Kreisförmiger, elliptischer, kreuzförmiger, quadratischer oder vieleckiger Bau, bei dem alle Teile auf einen Mittelpunkt bezogen sind. Im Gegensatz dazu der einseitig ausgerichtete Langhausbau.

Ziborium 1. Ein auf Säulen ruhender, baldachinförmiger Altarüberbau, der einen Altar besonders betonen soll. 2. Bezeichnung für den Deckelkelch mit den geweihten Hostien. *Helga Willinghöfer*

Verwaltungsgliederung

Nach der Verwaltungsreform von 1975 wurden in Polen 49 Wojewodschaften (Verwaltungseinheiten) einschließlich der drei Stadtwojewodschaften Łódź, Kraków und Warszawa gebildet.

Raum für Reisenotizen

Praktische Reiseinformationen

Inhalt

Vor Reiseantritt

Informationsstellen

Die polnischen Fremdenverkehrsvertretungen und Reiseveranstalter in der Bundesrepublik Deutschland, in Österreich und deren Vertragspartner in der Schweiz erteilen Auskunft und versenden Prospektmaterial.

... in der Bundesrepublik
Polnisches Informationszentrum für Touristik
Weidmarkt 24
50676 Köln
✆ 02 21/23 05 45, Fax: 23 89 90

POLORBIS Reiseunternehmen GmbH
Hohenzollernring 99–101
50672 Köln
✆ 02 21/95 15 34 13, Fax: 52 82 77

Reisebüro POLORBIS
Inhaber: O. Görges
Ernst-Merck-Str. 12–14
20099 Hamburg
✆ 0 40/2 80 87 30, Fax 2 80 73 73

Reisebüro POLORBIS
Inhaber: John De Sanitas
Rotebühlstr. 51
70778 Stuttgart
✆ 07 11/61 24 20, Fax 61 21 06

Reisebüro POLORBIS
Inhaber: O. Görges

Warschauer Str. 5
10243 Berlin
✆ 0 30/29 49 03 15, Fax 29 49 03 17

... in Österreich
Polnisches Informationsbüro für Touristik ORBIS und AUSTRO-ORBIS Touristik- und Handelsgesellschaft
Lilienbrunngasse 5
1020 Wien
✆ 02 22/2 14 76 88, Fax: 2 14 76 89

... in der Schweiz
Chrobot-Reisen
Winterthurer Str. 70
8006 Zürich
✆ 01/36 20 77, Fax: 3 62 69 92

Dorizzi-Reisen A. G.
Missionsstraße 55
4055 Basel
✆ 0 61/3 82 56 u. 3 82 67 72

Kuoni A. G. Reisebüro
Neuhard Str. 7
8037 Zürich
✆ 01/2 77 44 44, Fax: 2 71 52 82

Karten, Spezialführer

Gute Autokarten – zumeist mit einem zweisprachigen Ortsindex versehen – (Maßstab 1 : 750 000) erhalten Sie in den heimischen Buchhandlungen. Über ein breites Angebot polnisch- und deutschsprachiger

Reiseliteratur und Spezialführer verfügt die *Versandbuchhandlung Wawel* Stephanstr. 11, 50676 Köln ℰ und Fax: 02 21/24 61 60

Die jeweiligen ›it‹ und ORBIS-Geschäftsstellen in Polen halten in der Regel detailgenaue Stadtpläne und Karten der von ihnen betreuten Region bzw. Wojewodschaft bereit. In den Buchhandlungen vor Ort sind neue Auto- und Wanderkarten sowie Stadtpläne in Polnisch erhältlich.

Einreisebestimmungen

Reisepapiere

Zur Einreise nach Polen ist ein ab Einreisetag noch mindestens 6 Monate gültiger Reisepaß erforderlich. Einwohner von Berlin und Orten, die bis zu 30 km Entfernung entlang der Grenze liegen, brauchen zum Passieren der Grenze im Nahverkehr lediglich einen gültigen Personalausweis. Kinder, Jugendliche unter 15$^{1}/_{2}$ Jahren benötigen einen gültigen Kinderausweis. Bei einer Aufenthaltsdauer von mehr als 90 Tagen muß in Polen in den jeweiligen Meldebüros ein Visum beantragt werden. Dieselben Bedingungen treffen für die Bürger Österreichs und der Schweiz zu.

Anmeldepflicht

In Polen besteht eine Anmeldepflicht, der innerhalb von 48 Stunden nach Überschreiten der Staatsgrenze nachzukommen ist, bei Reisen in grenznahe Gebiete innerhalb von 24 Stunden.

Die Anmeldung wird von der Hotelrezeption oder der Campingplatzverwaltung vorgenommen; bei Aufenthalten in Privatpensionen, bei Bekannten oder Verwandten hat eine Anmeldung zusammen mit dem Unterkunftgeber bei der zuständigen Meldebehörde zu erfolgen. Diese Regelung wird aber heute nicht mehr allzu streng genommen, man sollte sich erkundigen.

Kraftfahrzeugpapier

Autofahrer benötigen neben nationalem Führerschein und Kfz-Schein eine grüne Versicherungskarte. Autofahrer, die nicht im Besitz dieses Dokuments sind, müssen am Grenzübergang in den PZM(polnischer Straßenhilfsdienst)-Wechselkassen für die Dauer des Aufenthaltes eine Haftpflichtversicherung abschließen.

Verleiht ein Fahrzeughalter sein Auto zur Einreise nach Polen an Dritte, ist eine amtlich beglaubigte Benutzungsvollmacht für den Wagen erforderlich. Formulare hierfür sind bei den Automobilclubs erhältlich und werden für Mitglieder dort auch beglaubigt (für Nichtmitglieder u. a. bei der Polizei). Darüber hinaus erteilen die Clubs Auskünfte über das Mitführen von Wohnwagen und CB-Funkgeräten. Das eigene Fahrzeug darf in Polen nicht von einer dort wohnhaften Person benutzt werden.

Diplomatische Vertretungen Polens

... in der Bundesrepublik Deutschland
Botschaft der Republik Polen:
Lindenallee 7
50968 Köln
ℰ 02 21/93 73 00, Fax 34 30 89

Konsulate:
Unter den Linden 72, 10117 Berlin
☎ 0 30/2 20 25 51, Fax 2 29 14 36

Leybold Str. 74, 50968 Köln
☎ 02 21/38 70 32, Fax 38 50 74

Generalkonsulate:
Gründgensstr. 20, 22309 Hamburg
☎ 0 40/6 32 24 05, Fax 6 32 50 30

Poetenweg 51, 04155 Leipzig
☎ 03 41/5 85 27 63, Fax 5 85 21 30

Ismaningerstr. 62 A, 81675 München
☎ 0 89/4 70 92 16, Fax 47 13 18

... in Österreich
Botschaft der Republik Polen:
Hietzinger Hauptstr. 42c, 1130 Wien
☎ 02 22/87 77 44 40, Fax 87 77 44 42 22

... in der Schweiz
Botschaft der Republik Polen:
Elfenstr. 20a, 3006 Bern
☎ 0 31/3 52 04 52, 3 52 54 57,
Fax 3 52 34 16

Reisezeit

Polens Klima unterscheidet sich von dem unserer Breiten nur unwesentlich. In den Sommermonaten steigen die Temperaturen etwas höher; die Winter dauern länger und bringen häufig mehr Schneefälle mit sich als in der Bundesrepublik Deutschland.

Polen ist deshalb ganzjährig – mit den jahreszeitlich bedingten Einschränkungen – gut zu bereisen.

Gesundheitsvorsorge

Für Reisende aus deutschsprachigen Ländern sind keine Impfungen vorgeschrieben. Wer regelmäßig bestimmte Medikamente benötigt, sollte diese unbedingt in ausreichenden Mengen mitnehmen.

Da die Kostenerstattung für medizinische Maßnahmen bei den hiesigen Krankenkassen nicht einheitlich geregelt ist, empfiehlt sich – nach Rücksprache mit der jeweiligen Kasse – ggf. eine in jedem Reisebüro abschließbare Reisekrankenversicherung.

Da sich auch in Polen AIDS-Fälle mehren, sind Schutzmaßnahmen angeraten.

Devisen- und Zollbestimmungen

Devisen
Ausländische Währung darf in unbegrenzter Höhe eingeführt werden. Falls verlangt, muß man diese allerdings anmelden. Die Ausfuhr darf die Höhe der Einfuhr nicht überschreiten.

Ohne Devisenerlaubnis oder Genehmigung von der Bank ist weder Einfuhr noch Ausfuhr von polnischer Währung oder in Złoty ausgestellter Wertpapier etc. erlaubt.

Zollbestimmungen
Touristen, die nach Polen kommen, sind nach Aufforderung verpflichtet, alle mitgeführten Gegenstände mündlich zu deklarieren oder vorzuzeigen.

Zollfrei eingeführt werden dürfen nachfolgende Warengruppen: bis zum Zielort benötigte *Lebensmittel*, ferner 1 kg Schokolade und 200 g Kaffee.

Genußmittel: bis $^1/_2$l Schnaps oder $^3/_4$l Wein oder 1l Bier, zudem 250 Zigaretten oder 50 Zigarren oder 250g Tabak können Touristen ab 18 Jahren mitführen.

Gegenstände des persönlichen Bedarfs: 1 Fernglas, 1 tragbares Musikinstrument, 1 tragbare Schreibmaschine, 1 Laptop oder Computer, 2 Fotoapparate, 1 Schmalfilmkamera, 1 Videokamera, 1 Videorekorder, 10 Filme, 1 Plattenspieler, 1 Tonbandgerät, 1 Radio, 1 Fernseher, 10 Tonbänder.

Schmuck: Gold, Platin, Edelsteine und Perlen insgesamt bis zu 50g.

Geschenke: bis zu einem Wert von 100 US-$. Der Wert des Dollars richtet sich nach dem Tageskurs.

Sportausrüstung: 1 Surfbrett, 1 Boot oder Kanu (max. 5,5 m lang), 1 Fahrrad, 1 Zelt, 1 Paar Skier, 2 Tennisschläger; 2 Jagd- oder Sportwaffen sowie 1 Handfeuerwaffe oder 1 Gaspistole. Pro Waffe sind 100 Patronen zugelassen. Die *Einfuhr von Waffen* bedingt allerdings eine Genehmigung des polnischen Konsularamts.

Fahrzeuge mit ständiger ausländischer Registrierung unterliegen der Zollabfertigung für die Zeit, in der sich der Reisende in Polen aufhält. Falls das Fahrzeug nicht wieder aus Polen ausgeführt wird, ist man verpflichtet, den Zoll zu bezahlen oder das Fahrzeug unter der Aufsicht des Zollamtes zu lassen.

Einer *Genehmigung* bedarf die Mitnahme von *Autotelefonen* und *Funkgeräten.* Über die neuesten Bestimmungen sollte man sich frühzeitig bei den Automobilclubs oder den polnischen Konsulaten informieren.

Besondere Genehmigungen benötigt man für Pornographie, Betäubungsmittel, Dro-

gen und Gifte, radioaktive Substanzen, Sprengstoffe, Tiere (außer normalen Haustieren, Bestimmungen s. u.) und Tierprodukte, Pflanzen und manche pflanzlichen Produkte.

Typische Haustiere wie Hunde und Katzen müssen mindestens 3 Wochen vor Einreise nach Polen gegen Tollwut geimpft worden sein. Diese Impfungen sind ein Jahr gültig. Der Impfpaß muß durch eine ›Amtliche tierärztliche Gesundheitsbescheinigung‹ kurz vor Reiseantritt bestätigt sein.

Zollfreie Ausfuhr gilt für die o. g. Gegenstände, die bei der Einreise als persönlicher Bedarf deklariert wurden.

Andenken dürfen aus Polen ausgeführt werden, wenn sie den Wert von 100 US-$ nicht übersteigen, sonst werden 10% des Warenwerts als Zoll veranschlagt.

Antiquitäten, die vor dem 9. Mai 1945 hergestellt wurden, bedürfen für die Ausfuhr unbedingt einer Genehmigung des Kultusministeriums.

Bei Ausfuhr von in Polen eingekauften Waren erhalten Touristen keine Mehrwertsteuerrückerstattung.

Da sich Bestimmungen oft ändern, sollte man *Zollinformationen* einholen in den Reisebüros, die Auslandsreisen führen, bzw. in Polen bei folgenden Zollämtern:

Hauptzollamt in Warszawa
Pl. Powstancóv Warszawy
✆ 0 22/26 84 65 oder 26 25 91

Zollamt auf dem Internationalen Flughafen in Warszawa
✆ 02/6 50 28 73

Anreise

... mit dem Auto

Die zur Verfügung stehenden, nachfolgenden Grenzübergänge sind problemlos und müssen für die Ein- und Ausreise nicht identisch sein:

Grenze BRD – Polen

Ahlbeck – Świnoujscie (nur für Fußgänger)
Linken – Lubieszyn
Pomellen – Kołbaskowo
Rosow – Rosówek
Schwedt – Krajnik Dolny
Hohenwutzen – Osinów Dolny
Kietz – Kostrzyn
Frankfurt/Oder – Słubice (Stadtbrücke, auch für Fußgänger)
Frankfurt/Oder – Świecko
Guben – Gubin
Forst – Olszyna
Bad Muskau-Łęknica
Podrosche – Przewóz
Görlitz – Zgorzelec (wegen langer Wartezeiten nicht mehr zu empfehlen)
Zittau – Sieniawka

Grenze Polen – Tschechien

Zawidow – Habartice
Jakuszyce – Harrachov
Lubawka – Kralovec
Kudowa Słone – Nachod
Boboszo – Dolni Lipka
Głuchołazy – Mikulovice
Pietrowice – Krnov
Chałupki – Stary Bohumin
Cieszyn – Cesky Tesin

Grenze Polen – Slowakei

Chyżne – Trstena
Łysa Polana – Javorina
Piwniczna – Mnisek
Barwinek – Vysny Komarnik

Grenze Polen – Ukraine

Medyka – Mostiska
Hrebenne – Rawa Ruska
Dorohusk – Jagodin

Grenze Polen – Weißrußland

Terespol – Brest

Grenze Polen – Litauen

Ogrodniki – Lazdijai
Szypliszki – Kalvarija

Grenze Polen – Rußland

Bezłedy – Bagrationowsk

... mit der Bahn

Von Deutschland aus bestehen viele Bahnverbindungen nach Polen. Die meisten davon führen über Berlin und Frankfurt/Oder nach Warszawa. Von Frankfurt/Main existiert eine Direktverbindung über Leipzig, Wrocław, Opole, Katowice und Kraków nach Warszawa. Von Wien nach Warszawa verkehrt der traditionsreiche ›Chopin-Express‹ über Prag und Kraków. Von Basel gibt es eine Direktverbindung nach Warszawa über Berlin und Poznań. Seit 1992 verkehrt der ›Berolina‹-Zug zwischen Berlin und Warszawa als Euro-City. – Polen verfügt über ein recht gut ausgebautes Schienennetz. Auskünfte über Fahrpläne und -zeiten sowie Beförderungsbedingungen (auch für Fahrräder, s. S. 593) erteilen neben dem Bahnhofspersonal vor Ort auch die Geschäftsstellen des Polnischen Informationsbüros in Polen oder im Heimatland (s. S. 578). Über sie kann man sich bereits vor der Abreise den *Polrail-Paß* besorgen. Er gilt für alle in den Fahrplänen der Polnischen Staatsbahn-Gesellschaft (PKP) angegebenen Personen-, Schnell- und Expreßzüge, wird für die 1. bzw. 2. Klasse für 8 Tage bzw. 1 Monat ausgestellt.

... mit dem Bus

Zwischen verschiedenen Städten Deutschlands und Polens gibt es regelmäßige Verbindung durch Linienbusse, z.B. ab Frankfurt/M., Hamburg, Köln oder München in polnische Städte wie Warszawa, Kraków, Katowice und Olsztyn. Auch mehrere private deutsche und polnische Unternehmen bieten zu unterschiedlichen Konditionen Verbindungen zwischen deutschen Städten und polnischen Metropolen oder Ferienorten an. Reisebüros mit speziellen Polen-Programmen verfügen über die aktuellen Fahrpläne und verkaufen Fahrkarten.

Das *Busnetz in Polen* (PKS) ist dicht und weit verzweigt. Normale Busse haben keinerlei Komfort; die Fahrpläne sind nicht sonderlich aufeinander abgestimmt. Auf längeren Strecken fahren Schnellbusse. Fahrkarten sind in PKS-Busbahnhöfen und in manchen ORBIS-Büros erhältlich.

Neben den regionalen und städtischen Busunternehmen haben sich in Polen auch Privatfirmen etabliert. Diese sind im wesentlichen auf touristische Fahrten spezialisiert. Sie verfügen über moderne Fahrzeuge und bieten ihre Dienstleistungen über Hotels und Touristeninformationsbüros an. Auch *Stadtrundfahrten* mit dem Bus sind in größeren Städten möglich.

EUROREISEN GmbH in Warszawa:
ul. Krucza 46
✆ 6 23 34 71/2 29 32 10, Fax 6 21 93 97

... mit dem Flugzeug

Zwischen der Bundesrepublik Deutschland, Österreich, der Schweiz und Polen verkehren regelmäßig diverse Fluglinien.

Die *Polnische Fluggesellschaft LOT* bietet täglich Direktflüge von Berlin, Frankfurt/M., Wien und Zürich nach Warszawa an, darüber hinaus die folgenden Direktverbindungen: täglich Hamburg – Gdańsk, 2 × wöchentlich Köln – Kraków, 4 × wöchentlich Frankfurt/M. – Kraków sowie 2 × wöchentlich Düsseldorf – Poznań und weiter nach Wrocław.

Innerhalb Polens unterhält die LOT Verbindungen zwischen den größeren Städten. Flugkarten erhält man in den LOT-Verkaufsstellen und Reisebüros.

Flughafeninformation in Warszawa:
Al. Jerozolimskie 65/79
✆ 6 28 75 80, 6 28 10 09 (Ausland),
✆ 6 50 16 24, 6 50 19 53 (Inland)

Lufthansavertretung in Warszawa:
Al. Jerozolimskie 56c (neben IKEA)
✆ 6 30 25 55, Fax 6 30 25 35;
am Flughafen: ✆ 46 25 27, 6 30 45 10

Apotheken und ärztliche Versorgung

Die Apotheken (apteka) sind leider nicht mehr einheitlich geöffnet. In größeren Städten besteht jedoch ein Notdienst. Bagatellarzneien sind i. d. R. erhältlich, wer aber auf bestimmte Medikamente angewiesen ist, sollte diese mitbringen. Arzneien und ärztliche Leistungen müssen sofort in Złoty bezahlt werden (Quittung aufbewahren; zur Rückerstattung s. S. 580).

Auskünfte und Reisebüros

An allen Grenzübergängen, in touristischen Zentren, sämtlichen Wojewodschaftshauptstädten (s. S. 575), größeren Bahnhöfen, Flughäfen und in den Empfangshallen größerer Hotels befinden sich die mit gleichlautendem Schild ausgewiesenen ›it‹-Stellen (Informacja Turystyczna). Diese regionalen Informationsbüros geben Auskünfte und halten Informationsmaterial, Prospekte, Landkarten etc. des betreffenden Gebietes bereit.

Neben den staatlichen *ORBIS-Reisebüros,* die auch über eigene Unterkünfte verfügen, haben sich inzwischen viele *private Reisebüros* etabliert, die touristische Belange ebenfalls überregional organisieren.

Die *Polnische Gesellschaft für Touristik und Landeskunde (PTTK)* ist in Sachen Natur spezialisiert: In ca. 200 Büros organisiert sie Wanderungen und Bootsfahrten etc.,

stellt Führer zur Verfügung, unterhält Hütten und Herbergen in den Nationalparks sowie an touristisch interessanten Routen und vergibt Tramperausweise:
ul. Senatorska 11, 00-075 Warszawa
✆ 0 22/26 57 35

Autofahren

Polen verfügt über ein dichtes Straßennetz, allerdings meist mit abgenutztem Straßenbelag. Auf Nebenstrecken muß man mit Schlaglöchern rechnen. Da die Fernverkehrsstraßen nur einspurig sind, sollte man beim Überholen sehr aufpassen. Vorsicht ist im Straßenverkehr generell geboten. Es sind viele Radfahrer, Pferdefuhrwerke und Landwirtschaftsfahrzeuge unterwegs, die meist nur unzureichend beleuchtet sind. Hinzu kommt, daß seit der Wende der Verkehr stark zugenommen hat und auf den westlichem Niveau noch nicht entsprechenden Straßen rauh und aggressiv gefahren wird – auch im Stadtverkehr. Vorsicht auch beim Anhalten in unübersichtlichem Gelände, es kommt leider manchmal zu Raubüberfällen.

Kostspielige Autos wie Mercedes, BMW oder Audi und auch Golf sind bevorzugte Diebstahlobjekte. Es empfiehlt sich, weder Radio noch sonstige Gegenstände im Wagen zu lassen und generell bewachte Parkplätze zu benutzen, die es in fast allen kleineren Städten und Stadtvierteln der Großstädte gibt (ca. 2–10,– DM pro Nacht).

Auch die meisten Hotels verfügen über solche bewachten Parkplätze, wenige auch über Garagen. Für neue Autos wäre eine Vollkaskoversicherung nützlich.

Fernverkehrsstraßen

E-77 Warszawa – Radom – Kielce – Kraków – Zakopane

E-30 Frankfurt/Oder – Poznań – Konin – Warszawa – Siedlce – Biała Podlaska

E-67 Wałbrzych – Wrocław – Sieradz – Łódź – Warszawa – Białystok

E-65 Świnoujscie – Szczecin – Gorzów Wlkp. – Zielona Góra – Jelenia Góra

E-75 Gdańsk – Grudziądz – Toruń – Łódź – Piotrków Trybunalski

E-40 Legnica – Wrocław – Opole – Chorzów – Kraków – Rzeszów – Przemyśl

E-77 Gdańsk – Ostróda – Warszawa

Abweichende Verkehrsbestimmungen

Als Tempolimits gelten innerorts 60 km/h, außerhalb von Ortschaften 90 km/h, auf Autobahnen für PKWs 110 km/h (für Motorradfahrer 90 km/h); für PKWs mit Anhänger außerorts generell 70 km/h. Im Bereich von Kreuzungen ist das Überholen verboten. Straßenbahnen haben an Kreuzungen von gleichrangigen Straßen Vorfahrt.

Halten ist innerhalb von 100 m vor und nach Bahnübergängen untersagt, bei Verstößen gibt es Strafzettel von ca. 30,– DM aufwärts. Vom 1.11.–1.3. muß man tagsüber mit Abblendlicht fahren. Für Motorräder gilt dies das ganze Jahr über. Das Führen eines Fahrzeugs nach dem Genuß einer geringen Menge Alkohols ist strafbar. Die Höchstgrenze liegt bei 0,2 Promille.

Tankstellen

Entlang der großen Fernverkehrsstraßen existiert inzwischen ein dichtes Tankstellennetz. Viele Tankstellen haben durchgehend geöffnet.

Es gibt inzwischen verschiedene Bezeichnungen für den Treibstoff. *OP* bedeutet Diesel, *98* Super plus bleifrei, *95* Super bleifrei, *94* Normalbenzin verbleit.

Werkstätten

Außer dem Straßenhilfsdienst (s. u.) gibt es staatliche und private Reparaturwerkstätten. Manche sind von westlichen Automarken autorisiert. Ersatzteile bekommt man in allen größeren Städten.

Pannenhilfe

Bei technischen Pannen kann man telefonisch die Straßenhilfsdienste *PZM,* einen Partner der westlichen Automobilclubs, oder ›*Poltos*‹ herbeirufen. Für Mitglieder ausländischer Automobil- oder Touringclubs (Ausweis!) ist Pannenhilfe bis zu 1 Stunde oder 25 km Abschleppen kostenlos.

PZM ✆ 981
Poltos ✆ 954

Inhaber eines Schutzbriefes der internationalen Automobilclubs können sich bei Problemen auch wenden an:
AUTOTOUR –
Service Automobile Assistance
Al. Jerozolimskie 63, 00-697 Warszawa
✆ 0 22/21 07 89, 02/6 28 62 55

Unfallhilfe

Bei Unfällen ist in jedem Fall die Bürgermiliz zu verständigen. Bei schweren Unfällen sind die polnischen Behörden berechtigt, bis zur Klärung der Unfallursache evtl. die Kfz-Papiere, den Reisepaß sowie den PKW einzuziehen. Für die Schadensabwicklung mit der Versicherung werden die erforderlichen Daten des Unfallgegners, ein Protokoll der Bürgermiliz sowie ggf. auch die Anschrift des zuständigen Gerichts und das betreffende Aktenzeichen benötigt.

Die hiesigen Automobilclubs halten ein ›Unfallmerkblatt‹ bereit.

Bürgermiliz ✆ 997
Unfallrettung ✆ 999

Autostopp

Das Mindestalter für Tramper in Polen beträgt 17 Jahre. Erforderlich ist ein Anhalterausweis, den man in den PTTK- oder ›it‹-Büros bekommt. Per Anhalter reisen ist aber ein riskantes Unternehmen, da Raubüberfälle auf den Strecken nichts Ungewöhnliches sind.

Autovermietung

Die großen internationalen Autoverleihfirmen haben in Polen ihre Niederlassungen. Man kann bereits im Ausland buchen oder direkt vor Ort. Informationen darüber erhält man in Hotels und bei größeren Touristeninformationen. Standard und Preise entsprechen dem internationalen Niveau; Kreditkarten werden angenommen.

Camping

In Polen gibt es etwa 240 Campingplätze, die der polnischen (PFCC) und internationalen Camping- und Caravaning-Föderation angehören. Die Campingplätze der Kategorien I, II und III verfügen alle über fließend Wasser, sanitäre Einrichtungen und Elektrizität, die der II. Kategorie zusätzlich über Waschräume und die Plätze der III. Kategorie des weiteren über Waschräume mit fließend warmem Wasser und Restaurants. Die Campingsaison dauert vom 15. 5.–15. 9. Die Platzgebühren sind uneinheitlich. Die PFCC gibt jährlich eine aktualisierte Liste der Campingplätze heraus. Inhabern einer internationalen FICC-Karte wird eine Ermäßigung von 10 % eingeräumt. Das dem PFCC angeschlossene Reisebüro nimmt auch Reservierungen vor:

Camptour
ul. Grochowska 331, 03-823 Warszawa
✆ 0 22/10 60 50

Von freiem Campen ist aus Sicherheitsgründen unbedingt abzuraten.

Diplomatische Vertretungen in Polen

Deutsche Botschaft
ul. Jazdow 12b, 00–467 Warszawa
✆ 0 22/6 21 92 31/36, 6 28 43 60

Deutsche Konsulate:
Al. Zwycięstwa 23, 80-219 Gdańsk
✆ 0 58/41 43 66
ul. Stolarska 7, 31-043 Kraków
✆ 0 12/21 84 73
ul. Strzelców Bytomskich 11, 45-084 Opole
✆ 0 77/32 18 84
ul. Ignacego Paderewskiego 7, 61–770 Poznan
✆ 0 61/52 02 21
ul. Królowej Korony Polskiej 31
70-485 Szczecin
✆ 0 91/22 52 12

ul. Podwale 76, 50-449 Wrocław
✆ 071/44 26 04

Botschaft der Republik Österreich
ul. Gagarina 34, 00-959 Warszawa
✆ 022/41 00 81

Botschaft der Schweiz
Al. Ujazdowskie 27, 00-540 Warszawa
✆ 022/28 04 81

Österreichisches Generalkonsulat
ul. Krupnicza 42, 31-123 Kraków
✆ 0 12/21 67 37

Einkäufe und Souvenirs

Teilweise originelles *Kunsthandwerk* erhält man in den ›Cepelia‹-Läden, die an ihrem Emblem, ein Hahn, zu erkennen sind und in etwa unseren Kunstgewerbegeschäften entsprechen. Daneben läßt sich in privaten Kunstgewerbeläden Ausschau halten nach Lederwaren, handbemaltem Porzellan und Tiffany-Lampen, Silberschmuck, naiver oder auch moderner Malerei. Töpferwaren, handgewebte Teppiche usw. kann man günstiger auch bei Handwerkern anfertigen lassen. *Schmuck* (Bernstein) und Juwelen bekommt man in den ›Jubiler‹-Läden.

Der *Kunstmarkt* zeigt sich im heutigen Polen so vielgestaltig wie nie zuvor. Neben den etablierten staatlichen sind in letzter Zeit zahlreiche kleine private Galerien eröffnet worden. Moderne Kunst wird zu erstaunlich niedrigen Preisen gehandelt. Außerdem bieten viele Künstler ihre Werke an Touristenplätzen an. Neben Dekorationsgegenständen verkaufen auch die ›Desa‹-Läden Skulpturen, Graphik, Gemälde etc.

In größeren Städten finden z. T. interessante *Flohmärkte* (pchli targ) statt, die man erfragen muß. In ganz Polen vertreiben östliche ›Handelstouristen‹ verschiedene Waren auf der Straße oder auf großangelegten Märkten für *fliegende Händler*. Es ist unbedingt ratsam, die Angebote zu überprüfen und auf Taschendiebe zu achten.

Waren ausländischer Herkunft und Lebensmittel sind mittlerweile in jedem Geschäft erhältlich.

Elektrizität

Die Elektrizitätsversorgung erfolgt mit 220 Volt Wechselstrom. Die Steckdosen entsprechen nicht immer der Euro-Norm. Da die Beleuchtung einzelner Straßenzüge oft noch ungenügend ist, sind für den Aufenthalt in der Provinz Taschenlampen nützlich.

Essen und Trinken

Die einfache polnische Küche ist recht deftig. Doch neben äußerst kalorienreichen Schweinefleisch- und Kartoffelgerichten gibt es auch leichtere Gemüsespeisen. Die Gemahlin von Zygmunt Stary, Königin Bona Sforza, eine Italienerin, machte viele der heute gern gegessenen Gemüsesorten Anfang des 16. Jh. in Polen populär. Zu den *typischen Gerichten* gehören u. a. eine Rote-Rüben-Suppe (barszcz), saure Mehlsuppe mit Wurstscheiben (żurek), gedämpftes Sauerkraut mit verschiedenen Fleischsorten (bigos, das polnische Nationalgericht), Rinderrouladen (zrazy), Schweinekotelett (schab), gefüllte Maultaschen mit Fleisch,

Quark-Kartoffelfüllung, Sauerkraut und Pilzfüllung, aber auch mit Obst (pierogi), Kuttelfleck (flaki) und als Beilagen die schon erwähnten Kartoffeln (ziemniaki), Buchweizengrütze und andere Sorten Getreide (kasza), hervorragende Salzgurken (ogórek kiszony) sowie Waldpilze (grzyby, nicht mit Champignons zu verwechseln). Überaus beliebt sind Fischgerichte mit Hering (śledź) oder Karpfen (karp).

Die polnische Gastronomie hat sich inzwischen sehr entwickelt. Besonders in den Großstädten kann der Gast in anspruchsvollen Restaurants eine nach altpolnischen Rezepten verfeinerte Küche genießen, die der üblichen Schwere ledig ist. Darüber hinaus haben sich gute private Restaurants etabliert, die eine reiche Auswahl an italienischer, französischer, griechischer oder asiatischer Küche bieten und qualitätvolle ausländische Weine oder deutsche Biere servieren. Es gibt sogar vereinzelt vegetarische Restaurants, wie in Warszawa am Rynek Nowego Miasta/Neustädter Marktplatz. Einige Apsekte der neuen Gastronomie wollen wir in der Hauptstadt zeigen:

Der Warschauer Altmarkt, bis 1915 Mittelpunkt des städtischen Lebens, hat seine Tradition wieder aufgenommen. Auf der Zakrzewskj-Seite des Rynek Starego Miasta 3/9 bekommt man im populären *Bazyliszek* ausgezeichnete Wildspezialitäten. Auf der Kołłątaj-Seite, Haus 19/21, kann man sich Ferkel auf altpolnische Art im rustikalen Kellerlokal *Pod Krokodylem* bestellen und bis 2 Uhr nachts einer Kabarettvorführung beiwohnen. Ein Stück weiter, im Fukier-Haus, setzt die *Winiarnia Fukierowska* ihre fast 400 Jahre alte Tradition fort: Die frühklassizistische Einrichtung vermittelt Alt-Warschauer Atmosphäre, an

der Nouvelle Cuisine orientiert ist die große Auswahl erlesener Speisen und Weine. Um die Ecke, in der ul. Piwna 47, finden wir *Le Petit Trianon,* ein kleines romantisches Restaurant mit französischer und polnischer Küche. In der benachbarten ul. Szerokj Dunaj bietet das *Rycerska* Wildgerichte an. Das *Lapidarium* in der ul. Nowomiejska, Richtung Nowego Miasta, ist ein schönes Café mit begrüntem Innenhof, in dem sommers Jazz- und Theateraufführungen stattfinden. Kosmopolitische Küche findet man im malerischen Kellergewölbe des *Świętoszek,* Anfang der ul. Jezuicka 6/8 – und die Businessclass läßt sich im Restaurant des *Hotel Bristol* in Krakowskie Przedmieście 42/44 von einem schweizerischen Koch verwöhnen. *Gessler* im Sächsischen Garten war das erste Restaurant, das sich der Nouvelle Cuisine verpflichtet fühlte; hervorragend sind die erfrischenden grünen Salate. Die besten Steaks gibt es im ›Chicago Grill‹ des *Hotel Marriot,* Al. Jerozolimskie 65/69. Im schon etwas außerhalb liegenden *Biała Dalia,* ul Sobieskiego 24, stehen die in Polen wenig servierten Flußkrebse auf der Speisekarte. Nach der Besichtigung des Palastes in Wilanów kann man im dortigen *Kuźnia Kólewska* polnische und litauische Küche und im *Forum* Wildspezialitäten genießen.

Eine spezielle polnische Einrichtung sind die *Milchbars* (bar mleczny) mit Selbstbedienung, in denen man für wenig Geld Milch-, Mehl- und Eierspeisen bekommt.

Einen beliebten Ort für gesellschaftliche Begegnungen stellen in Polen *Kaffeehäuser* dar. Sie bieten Kaffee, Tee, kalte Getränke, Kuchen und alkoholische Getränke.

Bitte beachten Sie, daß der Verkauf von Alkohol vor 13 Uhr verboten ist; dies gilt sowohl für Restaurants und Cocktail-Bars, als auch für Lebensmittelgeschäfte. Tischreservierungen sind empfehlenswert.

Trinkgeld: Obligatorisch sind 10 % vom Rechnungsbetrag.

Feiertage und Feste

Neujahr	1. Januar
Ostern (So und Mo)	März/April
Maifeiertag	1. Mai
Verfassungstag	3. Mai
Fronleichnam (Do)	Mai/Juni
Mariae Himmelfahrt	15. August
Allerheiligen	1. November
Unabhängigkeitstag	11. November
Heiligabend	24. Dezember
Weihnachten	25./26. Dezember

Fotografieren

Das Fotografieren von Militär-, Verkehrs- und öffentlichen Einrichtungen, Brücken, Bahn- und Hafenanlagen sowie Industrie- und Grenzbauten ist grundsätzlich weiter verboten. Doch werden die Verbotsschilder (von rotem Balken durchkreuzter Fotoapparat) heute kaum mehr beachtet.

Film- und Fotomaterial aller bekannten Marken sind auch in Polen erhältlich. In den größeren Städten wurden Labors zur Schnellentwicklung eingerichtet.

Geld- und Geldwechsel

Die polnische Landeswährung ist der Polnische Złoty (PZł). Kurs (Stand Nov. 1996: 100 Zł. = 59 DM.

Umtauschen kann man in jeder Bank, unkomplizierter in den Geldwechselstuben (kantor wymiany waluty). Da die Kurse der Wechselstuben und Banken differieren, lohnt ein Vergleich. Geldwechsel ist auch über die offiziellen Wechselstellen an den Grenzübergängen, in den ORBIS- und den meisten staatlichen oder privaten Hotels möglich. Euroschecks werden angenommen, die Ausstellung und Auszahlung erfolgt in Złoty. Kreditkarten werden in größeren Hotels und Restaurants akzeptiert.

Kur- und Heilbäder

Empfehlenswerte Kurorte sind: Krynica-Zdrój, Ciechocinek, Busko-Zdrój, Szczawno-Zdrój, Wieliczka, Kołobrzeg, Kudowa-Zdrój, Nałęczów, Polanica-Zdrój. Dort werden Erkrankungen der Atemwege, des Kreislaufs, der Bewegungsorgane, der Harnwege, des Stoffwechsels, der Verdauungsorgane und der Haut behandelt.

Da zwischen Deutschland und Polen kein Krankenversicherungsabkommen existiert, ist eine Kostenübernahme durch die Kassen nicht möglich. Die ehemals staatlichen Kurmittelanlagen entsprechen nicht dem westlichen Standard. Es gibt inzwischen genügend private Einrichtungen mit Fitneßprogrammen u. ä. Auskünfte über Informationsstellen und Reisebüros (s. S. 578, 584).

Medien

Die ›Deutsche Welle‹ ist auf Kurzwelle (6075 und 3995 KHz) zu hören. Fast alle Hotels empfangen über Satellitenantennen auch westeuropäische Sender.

In Hotels und an Kiosken der Großstädte sind deutsch- und englischsprachige *Zeitungen* und *Zeitschriften* erhältlich.

Museen

An einem Wochentag (meist donnerstags) ist der Eintritt frei oder ermäßigt.

Gdańsk/Danzig
Muzeum Narodowe/National Museum, ul. Toruńska 1; Centralne Muzeum Morza/ Zentrales Meeresmuseum, ul. Szeroka 67/ 68; Muzeum Historii Miasta Gdańska/Historisches Museum der Stadt Gdańsk; ul. Długa 46.

Jędrzejów
Państwowe Muzeum Przypkowskiego/ Staatl. Przypkowski-Museum, Rynek 7/8.

Kraków/Krakau
Panstwowe Zbiory Sztuki na Wawelu/ Staatliche Kunstsammlungen auf dem Wawel, Wawel Hügel (königliche Kemenaten, königliche Schatzkammer und Rüstkammer, Königsgräber und das Kathedralmuseum); Muzeum Narodowe w Sukiennicach/Nationalmuseum in den Tuchhallen, Rynek Główny; Muzeum Narodowe Zbiory Czartoryskich/Nationalmuseum Czartoryski-Sammlungen, ul. św. Jana 19; Dom Jana Matejki/Jan Matejko-Haus, ul. Floriańska 41; Muzeum Uniwersytetu Jagiellońskiego/Museum der Jagiellonen-Universität, ul. św. Anny 8, Muzeum Historyczne Miasta Krakowa/Historisches Museum der Stadt Krakau, Rynek Główny 35, Krzysztofory Palais.

Lódź/Lodz
Muzeum Sztuki/Kunstmuseum, ul. Dr. Stanisława Więckowskiego 36; Muzeum Historii Przemysłu Tkackiego/Museum der Geschichte der Textilindustrie, ul. Piotrkowska 282.

Malbork/Marienburg
Muzeum Zamku/Burgmuseum, ul. Hibnera 1.

Olsztyn/Allenstein
Muzeum Mazur i Warmii/Museum von Masuren und Warmia, ul. Zamkowa 2.

Poznań/Posen
Muzeum Narodowe/Nationalmuseum, Al. Marcinkowskiego 9; Muzeum Historii Miasta Poznania/Historisches Museum der Stadt Poznań, Rathaus, Stary Rynek 1; Muzeum Arcybiskupstwa/Museum der Erzdiözese, ul. Lubrańskiego 1.

Szczecin/Stettin
Muzeum Narodowe/Nationalmuseum, ul. Staromłyńska 27.

Szydłowiec
Muzeum Ludowych Instrumentów Muzycznych/Volksmusikinstrumentenmuseum, Schloß in Szydłowiec.

Torún/Thorn
Muzeum Mikołaja Kopernika/Nikolaus Kopernikus Museum, ul. Kopernika 17.

Warszawa/Warschau
Muzeum Narodowe, Nationalmuseum, Al Jerozolimskie 3, mit Abteilungen in Łazienki und Wilanów; Muzeum Etnograficzne/Völkerkundliches Museum, ul. Kredytowa 1; Muzeum Historyczne Miasta Warszawy/Historisches Museum der Stadt Warschau, Rynek Starego Miasta 28; Muzeum na Zamku Królewskim/Museum im Königschloß; Muzeum Xawerego Dunikowskiego w Królikarni/Xawer Dunikowski-Museum in Królikarnia-Palais, ul. Puławska 113; Państwowe Muzeum Archeologiczne/ Staatliches Archäologisches Museum, ul. Długa 52; Muzeum w X Pawilonie War-

szawskiej Cytadeli/Museum im X. Pavillon der Warschauer Zitadelle, ul. Skazańców 25; Muzeum Więzienia Pawiak/Museum des Pawiak-Gefängnisses, ul. Dzielna 24/26.

Wrocław/Breslau
Muzeum Narodowe/Nationalmuseum, Pl. Pwstańców Warszawy 5; Oddział Numizmatyczny Biblioteki Narodowego Instytutu Ossolińskich/Numismatische Abteilung der Bibliothek des Nationalen Ossoliński-Institutes, ul. Szewska 37; Muzeum Poczty i Telekomunikacji/Post- und Fernmeldemuseum, ul. Krasińskiego 1.

Zakopane
Muzeum Tatrzańskie/Tatra Museum, ul. Krupówki 10.

Nationalparks

146 000 ha umfaßt die Gesamtfläche der 16 Nationalparks. Sie vertreten fast alle europäischen Landschaftstypen in nahezu unverändertem Zustand und beeindrucken mit einer Fülle seltener Pflanzen und freilebender, in Europa selten gewordener Tiere wie Biber, Braunbären, Luchse, Wisente und Wölfe.

– Babiogórski-Park in der Hohen Tatra
– Białowieski-Park an der Grenze zu Weißrußland
– Bieszczadzki-Park im Südosten Polens
– Gorczański-Park im südpolnischen West-Beskiden-Gebirge
– Kampinowski-Park westlich von Warszawa
– Karkonowski-Park im Sudetengebirge
– Ojcowski-Park nördlich von Kraków
– Pieniński-Park bei Nowy Sącz
– Poleski-Park nahe der ukrainischen Grenze
– Roztoczański-Park zwischen Kraków und Lublin
– Słowiński-Park an der Ostseeküste
– Świętokrzyski-Park in der Nähe von Kielce
– Tatrzański-Park bei Zakopane/Hohe Tatra
– Wielkopolski-Park südlich von Poznań
– Wigierski-Park um den Wigry-See im Nordosten Polens
– Woliński-Park auf der Insel Wolin

Öffnungszeiten

Die Öffnungszeiten ändern sich ständig; je größer der Ort, desto gewinnorientierter die Einrichtungen. Generell sollten folgende Öffnungszeiten gelten:

Apotheken: Mo–Sa 8–20 Uhr
Banken: Mo–Fr 9–13 Uhr, aber auch Sa
Wechselstuben: z. T. bis spät in die Nacht, im Grenzgebiet rund um die Uhr
Lebensmittelgeschäfte: Mo–Sa 6–19 Uhr, z. T. auch So und rund um die Uhr
Warenhäuser: Mo–Sa 8–20 Uhr
Fernmeldeämter: wie Post, in größeren Städten bis 24 Uhr
Hauptpostämter: in größeren Städten rund um die Uhr
Postämter: Mo–Fr 8–20 Uhr
ORBIS-Büros: Mo–Sa 11–16 Uhr, in Großstädten Mo–Sa 8–18 Uhr
Museen: Di–So 10–16 Uhr, geschl. nach einem Feiertag
Restaurants: Mittagessen ab 13 Uhr, Abendessen 18.30–22 Uhr; einige private Restaurants haben sich auf späte Gäste eingestellt und sind länger geöffnet.

Post und Telefon

Briefmarken erhält man auch in den meisten Hotels und oftmals an den Verkaufsstellen für Ansichtskarten. Da sich die Portogebühren ständig erhöhen, sollte man bei der Post (poczta) nachfragen. Die Hauptpostämter in größeren Städten verfügen über Telex und Telefax.

In den großen Städten oder Touristikzentren lassen sich Auslands- und Inlandsgespräche problemlos von den öffentlichen Fernsprechern führen (nur mit Telefonkarte, karta telefoniczna, erhältlich bei der Post oder in Wechselstuben). In den Wojewodschaftsstädten können Ferngespräche durch die Hauptpostämter, in der Provinz über das Fernmeldeamt vermittelt werden. Dringende Gespräche (pilna rozmowa) über das Amt kosten den doppelten Tarif.

Vorwahl nach Deutschland	0049
Vorwahl nach Österreich	0043
Vorwahl in die Schweiz	0041
Vorwahl nach Polen	0048

Wichtigste Vorwahlen in Polen:

Warszawa	022
Gdańsk	058
Kraków	012
Poznań	061
Szczecin	091
Wrocław	071

Ratschläge für den Reisenden

Falls Sie in einer Ortschaft übernachten, benutzen Sie möglichst immer Hotels, Motels, Pensionen, Campingplätze und gehen Sie nicht auf Angebote von Privatpersonen ein.

Ihr Auto sollte mit einer Alarmanlage ausgestattet sein. Vermeiden Sie es, im Halte- oder Parkverbot zu parken, da Ihr Fahrzeug kostenpflichtig abgeschleppt werden kann und zudem ein Strafzettel auf Sie zukommt. Parken Sie Ihr Auto auf bewachten Parkplätzen; ziehen Sie die Antenne ein und schließen Sie den Tankdeckel ab. Lenkradblockade unbedingt einschlagen. Lassen Sie keine Gegenstände und vor allem kein Radio in Ihrem Wagen.

Falls Sie mit dem Zug reisen, achten Sie auf Ihr Gepäck, Bargeld und Kreditkarten, besonders auch auf den Bahnhöfen. Führen Sie keine größeren Geldsummen bei sich. Wenn möglich, verteilen Sie Ihr Geld auf zwei, drei Taschen.

Tauschen Sie Ihr Geld in Banken und Wechselstuben.

Sport

Angeln
Erforderlich ist eine namentlich ausgestellte Angellizenz, die für alle freigegebenen Gewässer i. d. R. 7 Tage gültig ist. Man kann sie bei den ORBIS-Stellen oder bei örtlichen Anglerzirkeln (kółko rybackie) erwerben.

Baden
An der Küste sind ganze Strandabschnitte wegen der Verschmutzung der Ostsee gesperrt. Die meisten Seen in Nordpolen sind zum Baden geeignet. Schilder, auf denen ein durchgestrichener Schwimmer abgebildet ist, sollte man unbedingt beachten, sonst Einheimische fragen.

Ein großes FKK-Gelände wurde auf der Halbinsel Hela eingerichtet. Auch an einigen anderen Ostseestränden hat man inzwischen Abschnitte für FKK-Anhänger geschaffen. Sonst ist das Nacktbaden im Lande nicht erlaubt.

Kanufahrten

Polnische Gewässer bieten dem Wasserwanderer beste Möglichkeiten. Moderne Kanus werden privat oder von Leihstationen vermietet. Viele Reisebüros organisieren auch Kanutouren mit begleitendem Führer, und deutsche Kanuvereine unternehmen Vereinsfahrten, oft zusammen mit polnischen Vereinen. Auskunft:

Deutscher Kanuverband
Bertaallee 8, 47055 Duisburg
✆ 02 03/72 10 65

Radfahren

Ob man das Rad mitbringt oder vor Ort mietet, es ist vorzüglich geeignet, die polnischen Landschaften zu erschließen. Radfahrer erhalten Hinweise beim:

Allgemeinen Deutschen Fahrrad-Club (ADFC)
Hollerallee 23, 28209 Bremen
✆ 04 21/34 62 90

Reiten

In Polen, einem Land der Pferdeliebhaber, können Sie einen Urlaub im Sattel verbringen. Masuren und viele Gebiete in Nordpolen sind zu einem Dorado der Reitsportler geworden. Viele Gestüte gewähren Unterkunft und Verpflegung. Für ein solches Unternehmen empfiehlt sich eine zusätzliche Unfall- und Haftpflichtversicherung. Auskunft über Urlaub im Sattel:

Polnischer Reitsportverband (Polski Zwiazek Jezdziecki)
ul. Sienkiewicza 12/14, 00-010 Warszawa
✆ 0 22/27 01 97

Segeln

Die Masurischen und Pommerschen Seen bieten gute Segelmöglichkeiten. Vor der Reise sollte man sich jedoch erkundigen, ob nicht einzelne Gewässer in Pommern wegen der Umweltverschmutzung gesperrt sind. Boote kann man vor Ort ausleihen. Der Yachthafen an der Ostsee erfreut sich großer Beliebtheit bei den deutschen Touristen. Doch die unklaren Zollbestimmungen führen häufig zu Unstimmigkeiten zwischen den Seglern und den polnischen Behörden. Die wenigen Hochseeboote gehören den Sportvereinen. Auskünfte bei Polnischen Informationsbüros (s. S. 578) oder beim *Polnischen Segelsportverband*
ul. Chocimska 14, 00-791 Warszawa
✆ 0 22/49 57 31, Fax: 48 04 82

Sprache

Das Polnische gehört wie das Tschechische, Slowakische und Sorbische zu den westslawischen Sprachen und benutzt wie diese das lateinische Alphabet.

Charakteristisch für das Polnische sind zum einen die *Nasale*, wie wir sie aus dem Französischen kennen, zum anderen die ›erweichten‹ *Konsonanten*, die etwa so ähnlich klingen, als würde man sie in Kombination mit einem flüchtigen ›j‹ sprechen (ähnlich wie in ›Tanja‹).

Darüber hinaus benutzt das Polnische wie alle anderen slawischen Sprachen ein differenziertes System von *Zischlauten*.

Konsonanten und Konsonantenpaare		
Buchstabe	Laut	Beispiel
b	b	*B*ach
c	z	*Z*eit
ć	flüchtig gesprochenes *tsch*, mehr zu *tch* tendierend	–
d	d	*D*ach
f	f	*f*ort
g	g	*g*elb
h	(hartes) ch	a*ch*
j	j	*j*a
k	k	*k*alt
l	l	*l*aut
ł	ähnlich dem engl. *w*, das mit nicht ganz geschlossenen Lippen gesprochen wird.	wie in engl. *w*hat
m	m	*M*al
n	n	*n*ein
ń	nj	Ca*ñ*on, I*nj*ektion
p	p	*P*aket
r	(gerolltes) r	*R*ille
s	s	Ku*ß*, wa*s*
ś	flüchtig gesprochenes *sch*, mehr zu *ch* tendierend	–
t	t	*T*al
w	w	*W*ind
z	stimmhaftes s	*s*au*s*en
ź	stimmhaftes *s* mit kurzem j	–
ż	stimmhaftes sch (sh)	*J*alousie, *G*endarm
ch	ch	a*ch*
cz	tsch	Qua*tsch*
dz	weiches, stimmhaftes *dz*	–
dź	wie *dz* mit ganz kurzem j	–
dż	stimmhaftes dsch	(engl.) *J*ohn
rz	stimmhaftes sch	*J*alousie, *G*endarm
sz	sch	*sch*on
szcz	schtsch	Chru*sch*t*sch*ow

Vokale		
Buchstabe	Laut	Beispiel
a	a	d*a*nn
ą	nasales o	Flak*on*, Sal*on*
e	e	*E*cke
ę	Nasallaut	wie in T*ein*t
i	i	w*i*r
o	o	*o*ffen
ó	u	*U*nion
u	u	*U*nion
y	kurzes i	b*i*n
	oder unbetontes e	Sonn*e*

Die Nasallaute werden im Schriftbild durch das Zeichen [˛] (ą, ę), die erweichten Konsonanten durch das Zeichen ['] (ń, ć) oder durch nachfolgendes ›i‹, das meist nicht mitgesprochen wird, gekennzeichnet.

Die polnischen Laute werden in der schematischen Übersicht (s. o. u. S. 594) so weit wie möglich anhand deutscher Schreibung und deutscher Beispiele dargestellt.

Taxi

Taxifahrten in Polen sind im Verhältnis zu Deutschland billig (ca. 50 Pfg/km). Das Taxameter zeigt einen Betrag an, der mit einem Faktor multipliziert wird. Doch kosten manche Fahrten mehr als andere: Vom Flughafen oder Hauptbahnhof zahlt man z. B. das Doppelte oder Dreifache zum Zielort als normal wäre, denn einige Taxifahrer haben diese Standorte monopolisiert und verlangen überhöhte Preise. Andere gehen sogar so weit, sich die Rückfahrt bezahlen zu lassen. Davon abgesehen sind Fahrten nachts sowie an Sonn- und Feierta-

gen generell teurer. Mancher Taxifahrer kann sehr hilfreich sein bei der Suche nach einer privaten Unterkunft oder eines empfehlenswerten Restaurants. Und mit einigen deutschsprachigen Fahrern läßt sich in größeren Orten sogar eine informative Stadtrundfahrt aushandeln. In der Provinz gelten i. d. R. Normaltarife.

Toiletten

Die polnische Kennzeichnung der Toiletten ist völlig verschieden von der westlichen: ein Kreis bedeutet ›Damen‹ und ein Dreieck ›Herren‹. An einigen Türen ist statt dessen ›Damski‹ (Damen) oder ›Męski‹ (Herren) zu lesen. Alle öffentlichen Toiletten stehen wie jene in Hotels oder Gaststätten unter der Obhut von Toilettenfrauen/-männern, die eine Benutzungsgebühr erheben.

Unterkunft

Polnische *Hotels* sind nach dem 5-Sternesystem klassifiziert, wobei die Kategorien 3–4 annähernd westlichem Standard entsprechen. Manche Hotels – besonders der Luxusklasse – gehören zu internationalen Hotelketten, z. B. Interconti, Holiday-Inn, Marriot, Novotel, Forte, Vienna International, Radisson. Viele Hotels des ehemaligen Monopolunternehmens ORBIS haben sich selbständig gemacht. Zudem gibt es private Hotels und Pensionen. Reservierungen sind direkt möglich oder über die Handelspartner polnischer Reisebüros im Heimatland. Einige Hotels haben sich auch bereits auf behinderte Gäste eingestellt. Eine Liste bekommt man bei den Polnischen Informationsstellen (s. S. 578).

Privatzimmer werden überall angeboten, und in einigen touristisch erschlossenen Gebieten halten die ›it‹-Stellen Adressen bereit. Auch kann man auf die deutschsprachigen Schilder ›Zimmer frei‹ achten.

Verhalten im Alltag

Die Polen sind ein gastfreundliches und ›auf gute Manieren‹ achtendes Volk. Entsprechend dem alten Lebensmotto ›Der Gast soll sich am Reichtum des Hauses erfreuen‹ wird man bei privaten Besuchen oft großzügig bewirtet. Mitbringsel wie Blumen oder Pralinen für die Dame, qualitätvolle Spirituosen für den Herrn gehören daher zum guten Ton. Obwohl es reichlich gute Lebensmittel gibt, sind sie für das Gros der Bevölkerung kaum bezahlbar – eine Restauranteinladung ist somit willkommen. Männer verhalten sich gegenüber den Frauen noch galant und kultivieren bei der Begrüßung den Handkuß. Der ›unerträglichen Leichtigkeit des Seins‹ soll so etwas Charme verliehen werden. Bei einem Restaurant- oder Cafébesuch zahlt i. d. R. derjenige, der eingeladen hat, bzw. der Mann zahlt für die Frau, doch es bleibt unverbindlich.

Da der Minimalstandard in Polen heute nicht mehr gesichert ist, Reichtum und Armut auseinanderklaffen und die Menschen weiterhin ihr Leben improvisieren müssen, können einige Begegnungen auch merkantil und weniger erfreulich sein.

Wichtige Telefonnummern

998	Feuerwehr
997	Polizei
999	Rettungsdienst
981	Straßenhilfsdienst (PZM)
954	Straßenhilfsdienst (Poltos)
919	Taxiruf
900	Telefonvermittlung (Inland)
901	Telefonvermittlung (Ausland)
905	Telefonische Telegrammaufgabe

Zeittafel zur Geschichte Polens

966	Taufe des polnischen Fürsten MIESZKO I.
1000	Errichtung des Erzbistums Gniezno/Gnesen als polnische Kirchenprovinz
1024	BOLESŁAW I. CHROBRY erster polnischer König
1138	Einführung des Senioratsprinzips durch BOLESŁAW III. KRZYWOUSTY
1241	Abwehr der Mongolen bei Legnica/Liegnitz durch ein polnisch-deutsches Heer
1320	WŁADYSŁAW I. ŁOKIETEK wird polnischer König; Ende der Teilfürstenzeit
1374	Kaschauer Privileg: Dem Adel werden politsche Rechte als Gegenleistung für die Anerkennung der weiblichen Thronfolge gewährt
1386	Heirat der polnischen Thronerbin JADWIGA/HEDWIG mit dem Großfürsten JAGIEŁŁO VON LITAUEN, der als WŁADYSŁAW II. JAGIEŁŁO König wird; beide Reiche in Personalunion verbunden
1410	Schlacht bei Grunwald/Tannenberg
1466	Zweiter Thorner Friede; Polen gewinnt den Zugang zur Ostsee; größte Ausdehnung des Landes von der Ostsee bis zum Schwarzen Meer
1493	Erster Reichstag in Piotrków/Petrikau: Vertreter der Landtage *(Sejmiki)* als Landboten im *Sejm*
1501	Rechte des Senats (Magnatenadel) in der Konstitution *De non praestanda oboedientia* begründet
1505	Konstitution *Nihil novi* auf dem Reichstag von Radom: Die Rechte des Adels im *Sejm* werden festgelegt; Begründung der ›Adelsdemokratie‹
1525	›Die preußische Huldigung‹: Der säkularisierte Ordensstaat wird unter Herzog ALBRECHT VON HOHENZOLLERN polnisches Lehen
1552	Der Reichstag beschließt das Recht auf Glaubensfreiheit
1564	Bischof HOSIUS VON ERMLAND ruft Jesuiten ins Land; Beginn Gegenreformation
1569	Union von Lublin; Polen und Litauen sollen ein ›unteilbares Ganzes‹ bilden
1573	Nach der Wahl von HENRI DE VALOIS zum polnischen König werden in den *Articuli Henriciani* die Grundlagen der Adelsrepublik festgelegt
1595	Begründung der Unierten Kirche in der Bulle *Magnus Dominus* durch Papst CLEMENS VIII.
1606	›Rokosz des Zebrzydowski‹ (Adelskonföderation und Aufstand) gegen Eigenmächtigkeiten des Königs; Niedergang der Reformation in Polen
1621	Ostpreußen fällt an Kurfürst GEORG WILHELM VON BRANDENBURG und wird seither von Berlin aus regiert
1648	Aufstand der Kosaken unter BOGDAN CHMIELNICKI
1652	Erstes *Liberum veto* (›Zerreißung des Reichstages‹)
1654	Vertrag von Perejaslav: Die Kosaken unterstellen sich dem Zaren von Moskau
1655	Einfall der Schweden; Beginn der ›Kriege der blutigen Sintflut‹
1660	Friede von Oliwa, der den schwedisch-polnischen Thronstreit beendet; das Herzogtum Preußen verbleibt bei Brandenburg
1667	Waffenstillstand von Andruszów/Andrussovo; Moskau erhält die westliche Ukraine und Kiew; Polens Großmachtstellung in Osteuropa ist beendet

1683	Befreiung Wiens von der türkischen Belagerung unter maßgeblicher Beteiligung von JAN III. SOBIESKI
1697	Wahl des Kurfürsten FRIEDRICH AUGUST VON SACHSEN zum polnischen König AUGUST II.; Beginn der ›Sachsenzeit‹
1735–63	Wegen des *Liberum veto* kommt kein Reichstagsbeschluß mehr zustande
1764	Wahl von STANISŁAW AUGUST PONIATOWSKI zum (letzten) polnischen König
1772	Erste Teilung Polens
1791	3. Mai: Verfassung
1793, 1795	Zweite/dritte Teilung Polens, Abdankung des Königs
1807–13	Herzogtum Warszawa/Warschau, Herrschaft NAPOLEONS
1814/15	Wiener Kongreß; Entstehung des ›Königreiches Polen‹ unter der Herrschaft des Zaren (›Kongreßpolen‹)
1830	›Novemberaufstand‹; nach dessen Niederschlagung die ›Große Emigration‹
1830–1840	EDUARD VON FLOTTWELL Oberpräsident im ›Großherzogtum Posen‹
1832	›Organisches Statut‹ im ›Königreich Polen‹; Schließung der polnischen Hochschulen, verstärkte russische Aufsicht
1846	Aufstand in Kraków; Ende der gleichnamigen Republik
1848	Revolutionäre Unruhen in Berlin und Wien
1849	Sonderstellung der ›Provinz Posen‹ in Preußen beendet; Beginn verstärkter Germanisierung
1863	›Januaraufstand‹ in Warszawa; harte Strafmaßnahmen, Russifizierungspolitik
1892	Gründung der PPS in Paris
1894	Gründung des Ostmarkenvereins (v. HANSEMANN, KENNEMANN und v. TIEDEMANN, nach den Anfangsbuchstaben der Namen Hakatisten genannt)
1897	Gründung der ›Nationaldemokratischen Partei‹, ROMAN DMOWSKI
1904	Russisch-japanischer Krieg
1905	Der Zar verspricht die Demokratisierung Rußlands, Wahl zur Duma
1914	Beginn des Ersten Weltkriegs
1916	5. November: Proklamation des ›Königreiches Polen‹ im Namen des deutschen und österreichischen Kaisers
1918	8. Januar: 14-Punkte-Erklärung des amerikanischen Präsidenten WILSON
	7. Oktober: Der Regentschaftsrat proklamiert unabhängigen polnischen Staat
	11. November: PIŁSUDSKI übernimmt den Oberbefehl über die polnische Armee
	22. November: PIŁSUDSKI ›vorläufiger Staatschef‹
1919	20. Februar: ›Kleine Verfassung‹
	16./17. August: erster polnischer Aufstand in Oberschlesien
1920	10. Januar: Der Versailler Vertrag tritt in Kraft
	7. Mai: Die polnische Armee besetzt Kiew
	16.–25. August: Schlacht um Warszawa, ›Wunder an der Weichsel‹
	9. Oktober: General ŻELIGOWSKI besetzt Wilno/Wilna
	15. November: Die Freie Stadt Gdańsk/Danzig wird proklamiert
1921	17. März: die ›Große Verfassung‹
	20. März: Abstimmung in Oberschlesien

	3. Mai: dritter Aufstand in Oberschlesien
	21. Oktober: Oberschlesien wird durch die Botschafterkonferenz geteilt
1922	16. Dezember: Ermordung des Präsidenten Narutowicz (am 9. Dezember gewählt
1923	30. Mai: Piłsudski legt seine Ämter nieder
1925	5.–16. Oktober: Konferenz in Locarno
1926	12. Mai: Putsch Piłsudskis
1927	Dezember: Gründung des BBWR (›Parteiloser Block der Zusammenarbeit mit der Regierung‹)
1930	10. September: Inhaftierung von Oppositionspolitikern in Brześć/Brest
1934	26. Januar: deutsch-polnischer Nichtangriffspakt
1935	Februar: Die Opposition sammelt sich in der ›Morges-Front‹ in der Schweiz
	23. April: neue Verfassung (›Aprilverfassung‹)
	12. Mai: Piłsudski stirbt
1938	1. Oktober: Abtretung des Olsa-Gebietes durch die Tschechoslowakei
1939	31. März: englische Garantieerklärung für Polen
	28. April: Kündigung des Nichtangriffspaktes durch Hitler
	23. August: Hitler-Stalin-Pakt unterzeichnet
	1. September: Mit dem deutschen Überfall beginnt der Zweite Weltkrieg
	17. September: Die polnische Staatsführung wird in Rumänien interniert
	30. September: Der Staatspräsident im Exil Raczkiewicz ernennt General Władysław Sikorski zum Chef einer Exilregierung
	1./2. November: Eingliederung der an die Sowjetunion gefallenen Gebiete Ostpolens in die weißrussische und ukrainische SSR
1942	Januar: Gründung der PPR (die Kommunistische Partei)
	Februar: Untergrundarmee in *Armia Krajowa* (Heimatarmee) umbenannt
1943	13. April: Der deutsche Rundfunk meldet den Fund von Leichen polnischer Offiziere in Katyń/Smolensk
	19. April–16. Mai: Aufstand im Warschauer Ghetto
	25. April: Stalin bricht mit der polnischen Exilregierung
	4. Juli: General Sikorski verunglückt bei Gibraltar
	28. November–1. Dezember: Konferenz in Teheran
1944	1. Januar: Konstituierung des Landesnationalrates (KRN) in Warszawa, Vorsitzender Bolesław Bierut
	25. Juli: Polnisches Komitee der nationalen Befreiung in Lublin
	1. August–2. Oktober: ›Warschauer Aufstand‹
	24. November: Mikołajczyk tritt als Ministerpräsident der Exilregierung zurück
1945	1. Januar: Das ›Lubliner Komitee‹ erklärt sich zur provisorischen Regierung
	4.–11. Februar: Konferenz in Jalta
	17. Juli–2. August: Konferenz in Potsdam
1946	30. Juni: Volksabstimmung als Kraftprobe
1947	19. Januar: Wahlen zum ›Verfassungsgebenden *Sejm*‹
	31. Oktober: Mikołajczyk verläßt Polen

1948	31. August–3. September: BIERUT zwingt WŁADYSŁAW GOMUŁKA zum Rücktritt
	15.–21. Dezember: Vereinigung von PPS und PPR zur PZPR (›Vereinigte Polnische Arbeiterpartei‹)
	25. Dezember: STEFAN WYSZYŃSKI wird Erzbischof von Warszawa und Gniezno
1950	6. Juli: Abkommen von Görlitz über die Grenze zwischen Polen und der DDR
1952	22. Juli: neue Verfassung: Polen wird Volksdemokratie
1953	3. März: STALIN stirbt
1955	11.–14. Mai: Gründung des ›Warschauer Paktes‹: ›Vertrag über Freundschaft, Zusammenarbeit und gegenseitigen Beistand‹
1956	22. Juni: Streiks und Unruhen in Poznań/Posen
	19.–21. Oktober: GOMUŁKA wird Erster Sekretär der Partei
1970	7. Dezember: ›Vertrag über die Grundlagen der Normalisierung der gegenseitigen Beziehungen zwischen Polen und der Bundesrepublik Deutschland‹
	14. Dezember: Streiks und Unruhen in Gdańsk
	19. Dezember: GOMUŁKA tritt zurück, GIEREK wird Erster Sekretär der Partei
1976	24. Juni: Unruhen nach Erhöhung der Fleischpreise
	27. September: Gründung des ›Komitees zur Verteidigung der Arbeiter‹, KOR
1978	18. Oktober: der Erzbischof von Kraków KAROL WOJTYŁA wird zum Papst gewählt (JOHANNES PAUL II)
1980	14. August: Streiks in Gdańsk, Ausrufung der unabhängigen Gewerkschaft ›Solidarność‹ (›Solidarität‹)
	5./6. September: GIEREK abgesetzt, STANISŁAW KANIA Erster Sekretär der Partei
1981	11./12. Februar: Der Verteidigungsminister und Oberbefehlshaber der Armee General WOJCIECH JARUZELSKI wird Ministerpräsident
	25. Mai: KARDINAL WYSZYŃSKI stirbt
	10. Juli: JÓZEF GLEMP wird Erzbischof von Warszawa und Gniezno
	18. Oktober: General JARUZELSKI wird Erster Sekretär der Partei
	13. Dezember: Verhängung des Kriegsrechts in Polen (bis Juli 1983)
1989	7. April: zahlreiche Gesetzesänderungen bringen Polen auf den Weg der Rechtsstaatlichkeit
	4. Juni: erste freie Wahlen in Polen
	19. Juni: WOJCIECH JARUZELSKI vom *Sejm* zum Staatspräsidenten gewählt
	24. August: TADEUSZ MAZOWIECKI zum Ministerpräsidenten gewählt
	30. Dezember: neuer Staatsname: ›Republik Polen‹
1990	16. Dezember: erste Direktwahl des Staatspräsidenten
	22. Dezember: LECH WAŁĘSA in sein Amt als Staatspräsident eingeführt
1993	19. September: Die Wahlen zum *Sejm* und *Senat* bringen einen Linksruck; die postkommunistischen Parteien (Polnische Volkspartei und Demokratische Linksallianz) bilden Koalitionsregierungen
1995	19. November: Aleksander Kwaśniewski wird im zweiten Wahlgang zum Präsidenten gewählt
	23. Dezember: Amtseinführung von Kwaśniewski; sein Amtsvorgänger Wałęsa verweigert die Teilnahme an der Zeremonie

Weiterführende Literatur (Auswahl)

Geschichte, Literaturgeschichte

BARTOSZEWSKI, WŁADYSŁAW: Aus der Geschichte lernen? München 1986
BARTOSZEWSKI, WŁADYSŁAW: Uns eint vergossenes Blut. Juden und Polen zur Zeit der Endlösung. Frankfurt/Main 1987
Beter und Rebellen: Aus 1000 Jahren Judentum in Polen. Hrsg. von MICHAEL BROCKE. Frankfurt/Main 1983
BOOCKMANN, HARTMUT: Der Deutsche Orden. München 1981
BROSZAT, MARTIN: Nationalsozialistische Polenpolitik 1939–1945. 2. Aufl. Frankfurt/Main u. a. 1965
BROSZAT, MARTIN: Zweihundert Jahre deutsche Polenpolitik. Frankfurt/Main 1972
EPP, WALDEMAR: Danzig. Esslingen 1983
Handbuch der historischen Stätten Deutschlands. Stuttgart. Bd. 13: Ost- und Westpreussen. Hrsg. von ERICH WEISE. Unveränd. Neudruck 1981
Bd. 14: Schlesien: Hrsg. von HUGO WECZERKA. 1977
HELLMANN, MANFRED: Daten der polnischen Geschichte. München 1985
HOENSCH, JÖRG K.: Geschichte Polens. Stuttgart 1983
JAENECKE, HEINRICH: Polen – Träumer, Helden, Opfer. Geschichte einer rebellischen Nation. Hamburg 1981
LANGER, DIETGER: Grundzüge der polnischen Literaturgeschichte. Darmstadt 1975
MIŁOSZ, CZESŁAW: Geschichte der Polnischen Literatur. Köln 1981
Polen. Daten – Bilder – Perspektiven. Mit einem Länderbericht von KLAUS BEDNARZ. Luzern; Frankfurt 1980
Polen/mit Beitr. von ADOLF KARGER ... Stuttgart; Berlin; Köln; Mainz 1986
RHODE, GOTTHOLD: Kleine Geschichte Polens. Darmstadt 1965
ROOS, HANS: Geschichte der polnischen Nation. 1918–1985, 4. überarb. u. erw. Aufl. Stuttgart 1986
SUCHODOLSKI, BOGDAN: Geschichte der polnischen Kultur. Warschau 1986

Kunst und Kultur

BOCHNAK, ADAM u. KAZIMIERZ BUCZKOWSKI: Kunsthandwerk in Polen. Wien; München 1972
DEDECIUS, KARL: Zur Literatur und Kultur Polens. Frankfurt/Main 1981
FUNK, VEIT: Veit Stoß, der Krakauer Marienaltar. Freiburg im Breisgau u. a. 1985
GROTOWSKI, JERZY: Für ein Armes Theater. Zürich 1986
GRODZKI, AUGUST: Regisseure des polnischen Theaters. Warschau 1979
ŁOZIŃSKI, JERZY Z.: Kunstdenkmäler in Polen. Südostpolen. Ein Bildhandbuch. Warschau/Leipzig 1984
HEINE, HEINRICH: Sämtliche Schriften. München. Bd. 2: Briefe aus Berlin, über Polen, Reisebilder... Hrsg. von GÜNTER HÄNTZSCHEL. 2. Aufl. 1976
LORENTZ, STANISŁAW: Museen und Sammlungen in Polen. Leipzig 1974
Die Sammlungen des Königsschlosses auf dem Wawel. Ausw. d. Abb. von JERZY SZABLOWSKI u. ANDRZEJ FISCHINGER. 2. erw. Aufl. Warschau 1975
ZACHWATOWICZ, JAN: Polnische Architektur bis zur Mitte des 19. Jh. Warschau 1956

Ausstellungskataloge

Das Zeitalter Kaiser Franz Josephs. T. 1.2. Wien 1984–87. 2. Teil: 1880–1916. Glanz und Elend. Schloß Grafenegg. 9. Mai – 26. Okt. 1987.
Polen im Zeitalter der Jagiellonen 1386–1572. 8. Mai – 2. Nov. 1986. Schallaburg 1986.
Polnische Tage in Ingelheim am Rhein. Der Jugendstil in Polen. 22. April – 28. Mai 78 (Offenbach 1978).

Biographien, Erzählungen, Romane

BIENEK, HORST: Die erste Polka. 2. Aufl. München 1975
BIENEK, HORST: Erde und Feuer. München 1982
BIENEK, HORST: Septemberlicht. München 1977
BIENEK, HORST: Zeit ohne Glocken. München 1979
BOURNIQUEL, CAMILLE: Frédéric Chopin. Hamburg 1959
CURIE, EVE: Madame Curie. 5. Aufl. Frankfurt/Main 1987
DÖBLIN, ALFRED: Reise in Polen. Freiburg im Breisgau 1968
DÖNHOFF, MARION GRÄFIN: Eine Kindheit in Preußen. Berlin 1988
DÖNHOFF, MARION GRÄFIN: Namen, die keiner mehr kennt, Ostpreußen – Menschen und Geschichte. Düsseldorf; Köln 1986
DÖNHOFF, MARION GRÄFIN: Preußen – Maß und Maßlosigkeit. Berlin 1987
KIRCHHOFF, JOCHEN: Kopernikus. Reinbek bei Hamburg 1985
LENZ, SIEGFRIED: Heimatmuseum. Hamburg 1978
PELZER, WOLFGANG: Janusz Korczak. Reinbek bei Hamburg 1987
TANK, KURT LOTHAR: Gerhart Hauptmann. Hamburg 1959
UEXKÜLL, GÖSTA VON: Ferdinand Lassalle. Reinbek bei Hamburg 1974

Abbildungsnachweis

Farbabbildungen

Ifa Bilderteam, München   3, 22, 23
Jürgens Ost und Europa Photo, Köln   26
Muzeum Narodowe, Kraków   5, 7, Umschlagklappe vorn, Umschlagklappe hinten
Polska Agencja Interpress, Warszawa   16
Tadeusz Sumiński, Warszawa   6, 10, 14, 15, 17, 24, 25, Titelbild
Krzysztof Wójcik, Warszawa   1, 2, 4, 8, 9, 11, 18, 19, 20, 21

Schwarzweiß-Abbildungen

Arkady, Warszawa   12, 13, 21, 55, 59, 72, 74, 75
Ifa Bilderteam, München   7
Edmund Kupiecki, Warszawa   18, 22, 54, 58, 68, 71, 83
Polska Agencja Interpress, Warszawa   8, 9, 17, 52, 53, 81, 82
Tadeusz Sumiński, Warszawa   1, 2, 3, 4, 5, 6, 10, 11, 26, 32, 34, 38, 41, 42, 43, 44, 45, 46, 47, 48,
    49, 50, 51, 61, 64, 77
Krzysztof Wójcik, Warszawa   14, 15, 16, 19, 20, 23, 24, 25, 27, 28, 29, 30, 31, 33, 35, 36, 37, 39,
    40, 56, 57, 60, 62, 63, 65, 66, 67, 69, 70, 73, 76, 78, 79, 80

Textabbildungen

Arkady, Warszawa   S. 144, 170, 332, 442, 451, 477, 521, 525, 538, 554, 565
J. G. Herder-Institut, Marburg   S. 209, 291, 294, 314, 319, 321, 337, 347, 349, 360, 392
Adam Kraft Verlag, Mannheim   S. 351, 353
Ryszard Kubiczek, Kraków   S. 413
Isolde Ohlbaum, München   S. 96
Państwowe Wydawnictwo Naukowe, Warszawa   S. 268, 269, 276, 494
Polska Agencja Interpress, Warszawa   S. 13, 35, 90, 95, 101, 245, 266, 271, 468, 507, 509
Gerhard Rautenberg Verlag, Leer   S. 343
Tadeusz Sumiński, Warszawa   S. 229, 399
Ullstein Bilderdienst, Berlin   S. 55, 58, 63, 136, 227, 346, 396, 464, 553
Urania Verlag, Leipzig   S. 259, 265
Westpreußisches Landesmuseum, Münster-Wolbeck   Frontispiz, S. 365, 375

Alle übrigen Textabbildungen stammen aus dem Archiv der Autoren und des Verlages.
Grundrisse, Karten und Pläne: DuMont Buchverlag, Köln

Register

Personen

PERSONENREGISTER

Orte

ORTSREGISTER

621